2020

Selected Cases

on the Information Mangament to Insurance Industry

保险业信息化优秀案例精编

中国银行保险传媒股份有限公司 ◎ 编

中国金融出版社

责任编辑：张清民
责任校对：张志文
责任印制：程　颖

图书在版编目（CIP）数据

2020 保险业信息化优秀案例精编 / 中国银行保险传媒股份有限公司编．—北京：中国金融出版社，2020.12
ISBN 978－7－5220－0955－1

Ⅰ.①2…　Ⅱ.①中…　Ⅲ.①保险业—信息化—案例—中国—2020　Ⅳ.①F842

中国版本图书馆 CIP 数据核字（2020）第 252771 号

2020 保险业信息化优秀案例精编
2020 BAOXIANYE XINXIHUA YOUXIU ANLI JINGBIAN

出版发行　中国金融出版社
社址　北京市丰台区益泽路 2 号
市场开发部　(010)66024766，63805472，63439533（传真）
网上书店　http://www.chinafph.com
　　(010)66024766，63372837（传真）
读者服务部　(010)66070833，62568380
邮编　100071
经销　新华书店
印刷　北京市松源印刷有限公司
尺寸　210 毫米×285 毫米
印张　33.25
字数　732 千
版次　2020 年 12 月第 1 版
印次　2020 年 12 月第 1 次印刷
定价　158.00 元
ISBN 978－7－5220－0955－1
如出现印装错误本社负责调换　联系电话(010)63263947

本书编委会

前　言

世界正处于百年未有之大变局，科技自立自强的重要性也被提上新高度。在党的十九届五中全会审议通过的《中共中央关于制定国民经济和社会发展第十四个五年规划和二〇三五年远景目标的建议》中，创新、科技分别出现49和36次，明显反映出信息技术创新转型的严峻性、紧迫性。

作为金融业三大支柱之一，中国保险业正进入转型升级的关键阶段。随着国民保险意识的提高，保险将逐步成为生产生活的必需品，市场对保险业的信息化水平也提出了更高的要求。在云计算、大数据、5G、物联网、AI等新技术引领下的数字化转型浪潮中，保险业将在服务双循环新发展格局中发挥更大作用。

通过大数据、AI等保险科技使得客户服务以及营销环节，使得用户精确分类、用户全生命周期精细化运营管理成为可能，从而实现效率和效果的双提升；依托云计算及其他先进技术完成对信息化基础设施的云化改造、迁移上线，有利于企业运营的降本增效；基于物联网、5G技术的支撑，移动终端、智能穿戴等硬件则逐渐构建出了保险业新的业务模式和生态圈。

为进一步深化行业信息技术交流，大力推动行业信息科技建设，加快推动行业转型升级，《中国银行保险报》于2020年7月启动“2020保险业数字化转型成果暨线上化技术应用案例征集活动”，从行业征集各方面的案例200余个。

项目组联合复旦大学中国保险科技实验室，经过初评与专家组评审，从业务理念、技术创新、自主产权、项目效果、示范性及安全性等方面综合考虑，聚焦行业的难点、痛点，评选出线上化技术应用入围案例92个，涵盖了产品开发、保险营销、保险代理、客户服务、基础设施、信息安全等多个环节；从数字化转型的总体进展和全面成果的领先型、创新性和示范性等方面评选出数字化转型成果优秀单位12家，涵盖了平台建设、应用中台及营销服务一体化等新技术创新应用成果。

本书收录了精心筛选的技术应用案例92个和12家保险公司的实践成果案例，以技术应用领域为划分依据，将精选的案例分为赋能营销、智能风控、客户服务、运营效率、科技与信息化基础设施建设、人员管理模式与数字化转型成果七个篇章，旨在通过一系列案例展现保险业信息科技建设发展现状，以及优秀示范保险公司转型成果的展示，为保险业企业的成功转型提供参考借鉴。

目 录

2020 Selected Cases on the Information Mangament to Insurance Industry | 保险业信息化优秀案例精编

第一章

科技赋能保险营销

泰康泰生活 APP 健康服务生态体系

◎ 泰康保险集团股份有限公司

一、项目概述

泰康泰生活 APP 健康服务生态体系，基于泰康大健康产业战略目标，围绕客户需求和健康数据积累，打通线上与线下、机构与家庭、医疗与健康、服务与支付，构建全生命周期的健康医疗服务和健康行为激励闭环，从服务供应和激励控费两个维度无缝对接支付体系。

二、项目背景及意义

（一）项目背景

泰康泰生活 APP 健康服务业务商业模式通过智能通用产品、智慧行业方案和智能决策引擎的搭建，服务泰康在线、泰康健投、泰康养老、泰康人寿等多家业务主体，以及作为政府/医保的未来主要支付方，为其高客、贵宾、普客等不同维度的用户提供的服务包括慢病管理服务权益、健康激励规则、医疗服务权益等，促进支付保费及维持健康承诺。见图 1。

（二）项目核心价值

1. 通过为用户提供优质的“线上 + 线下”的医疗健康服务，提升健康险产品的市场竞争力和用户黏性、为代理人提供更优质精准的客户接触机会。

2. 协助商保研发健康险产品（开拓市场），并提供可控费的“线上 + 线下” 的医疗健康管理

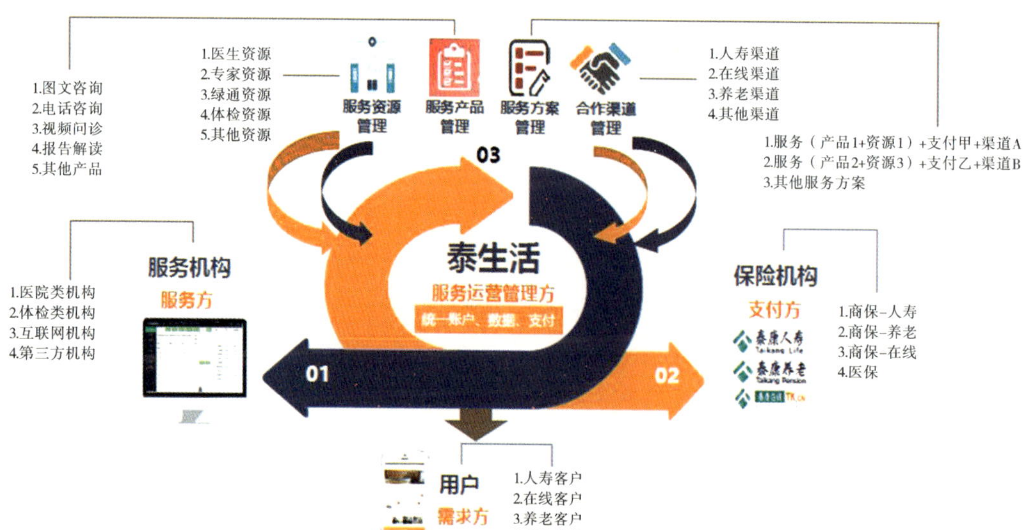

图 1　泰康泰生活 APP 健康服务业务商业模式

服务。

3. 在选定区域内协同医保、商保建立 HMO 服务体系，协助区域医疗机构做好医疗健康服务和控费。

4. 积累用户健康数据，开展分析和评估，为用户推荐更合适的健康险产品。

三、项目重点解决的问题及主要创新点

（一）泰康集团互联网医院体系

泰康泰生活 APP 健康服务业务商业模式通过健康服务产品“大闭环 + 小闭环”产品框架，以线上保险会员为主要客户，通过泰生活全渠道多触点（APP、H5、小程序、智能硬件）的一致体验，解决客户在线诊前、诊中、诊后的需求，即咨询、服务预约、慢病管理、复诊的需求。首创泰康互联网医院总院的概念，提供通用功能，分院根据实际需求包装个性化功能。

（二）泰生活健康档案

通过泰生活 APP 建立患者健康医疗数据模型，通过对用户的内部、外部数据整合，通过 AI 大数据进行医疗数据整合，最终形成用户画像及知识图谱。

（三）泰生活慢病管理产品体系

泰生活建立了一套完整的健康服务慢病管理产品体系，整合医疗机构、药店、商业保险、健康管理机构多方资源，构建“医 + 药 + 险 + 管理”的生态服务体系，实现销售增量和控费的目标。

（四）泰康泰生活 APP 应用于健康服务生态体系

健康服务生态体系中的慢病管理产品已经开始有效赋能集团子公司——泰康人寿、泰康养老、泰康在线的保险业务，定制了针对高客用户的慢病管理服务，结合慢病管理的家庭险产品，实施“重疾险 + 长辈版”慢病管理。在短期内，通过健康服务产品吸引了潜在客户，提升了获客能力。在长期保险客户服务中，提高了保险客户使用体验的同时，更加了解了客户的健康状况，从而有效进行健康干预，有效控制理赔成本。

四、项目主要建设内容

（一）泰康集团互联网医院体系

互联网医院总院提供包括咨询复诊、慢病管理、处方流转、云药房、O2O 服务、健康商城、混合支付、智能辅助的底层服务支撑。

在小闭环产品框架中，泰康保险集团自有医院体系，仙林鼓楼医院、泰康武汉同济互联网医院通过总院的底层服务能力，为医院辐射区域的患者提供在线咨询、复诊、慢病管理、服务预约等服务。同时，与外部三甲医院共建互联网医院患者端的问诊、服务、用药建议的共享，形成健康服务产品、资源产品、数据智能三环共同在线为用户提供闭环服务。见图 2。

（二）泰生活健康档案

后端通过数据支撑平台提供实时个人健康档案调阅服务，通过时间轴、对比图等可视化技术，为医院、诊所、慢病管理、个人健康管理等各类泰生活线上、线下服务提供智能化支撑。可应用于智能问诊服务场景、保险智能核保/理赔以及新险种的开发等多这种保险业场景。

（三）泰生活慢病管理产品体系

在疾病管理能力方面，通过“医学 + 技术”

的结合，打造了标准化的管理路径，以及科学的医学管理指标，通过多渠道多维度的数据输入，打破数据“孤岛”，为智能化分析打下了良好的基础，泰生活慢病管理体系同时具备了智能干预能力和协同管理能力，为用户提供个性化健康管理方案，并对用户健康数据进行跟踪，以及对用户的健康行为进行干预。协同泰康的线下医院和养老社区，结合线上的互联网管理手段，完成“线上＋线下”的全方位健康管理闭环。与此同时我们可以将整体健康管理体系及服务标准输出到其他医院和社区，满足更多患者的慢病管理需求。

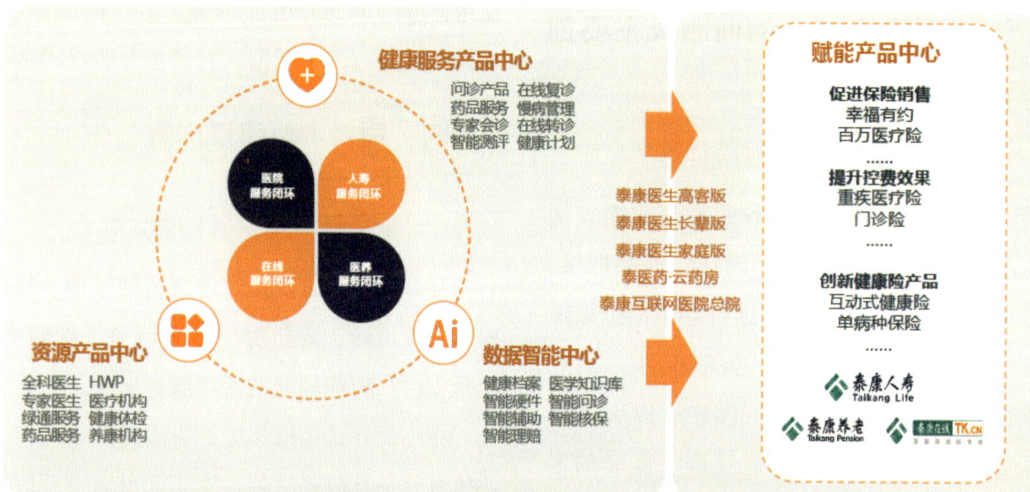

图 2 泰康集团互联网医院体系

泰康慢病管理体系已经为泰康保险业务提供了有力支撑及赋能，用于提高健康服务类业务的获客能力，降低了保险新用户的获客成本，打通了从医疗健康服务到保险的路径，同时也促进了老用户保险产品的复购。更重要的是，通过了解客户的健康状况及有效的健康管理，可以协助评估及控制保险端的理赔成本，达到健康服务营收及保险业务降本增效的双赢局面。见图 3。

在医生端方面，泰康慢病管理体系产品赋能医生，为医生打造了数字化慢病管理工具。通过系统化的管理路径、智能化的管理工具解决慢病管理从 0 到 1 和效率提升的问题，通过 AI 辅助诊断、智能随访体系、人机结合共管、结构化数据分析、智能审方系统等效率提升工具，可为医生拓展到超 1000 人的管理半径，极大地提升了医生线上对患者的管理效率。

泰康慢病管理体系从患者的切身需求角度出发，为患者提供优质的工具与服务。以高血压、糖尿病为切入点，打造深度的专病管理工具，已经成体系投入使用的有智能健康管理方案、智能穿戴产品的数据收集能力、专业就诊指导以及对应的单病种保险的个性化推荐。通过标准化智能化的管理，满足客户家庭对慢病管理的需求，提升就医质量。

（四）泰康泰生活 APP 健康服务生态体系保险应用案例

在泰生活 APP 上线的健康实验室的血压大

考验（高血压管理）活动，就是线上、线下相结合，通过互动性智慧医疗激发保险营销的案例。通过和保险产品搭配，将高血压管理产品应用在投保人家庭中需要被管理的中老年用户。在线下通过医生的现场指导及血压测量，联动泰生活 APP，获取个性化血压管理方案，建立慢病管理计划，持续通过视频问诊等线上方式与患者保持联系，从而在适当节点促进保险业务的跟进。

图 3 互联网慢病管理平台架构

五、项目效果

疫情之下，泰康保险集团积极推行零接触的在线理赔服务，简化理赔流程，同时在开展业务时更多依托于线上营销并实现在线投保核保。而这一切的背后其实是保险科技正在发挥巨大的应用价值。正是由于过去几年保险科技的快速发展，泰康保险集团已经形成了体系化的线上运营流程，从而为此次应对疫情提供了必要的底层技术支持。疫情过后，集团科技中心会更加重视保险线上化及泰生活健康服务生态体系建设的投入，转型升级的进程仍将进一步深化。集团科技中心已经成为集团及各子公司业务线上化转型的重要推进器。

（一）集团科技研发经费

2017—2019 年，泰康保险集团股份有限公司在 IT 科技方面的预算分别为 9.8 亿元、17.6 亿元、20.6 亿元，占集团营收的比例分别为0.8%、1.36%、1.35%。科技研发预算3年增长 210%。

（二）集团技术类专利申请

泰康保险集团股份有限公司在保险及健康服务类的技术创新中不断创新，申报专利。2017—2019 年，分别在知识产权局获得专利 229 件、461 件、656 件。专利三年增长 282%。

（三）集团科技中心建设

2017—2019 年，泰康保险集团股份有限公司科技中心的人员在集团的占比分别为 1.5%、2.5%、3.4%。

六、总结

泰康保险集团泰生活 APP 通过线上化保险

产品领域、线上化业务流程领域、延伸服务链条，构建服务生态圈，打造线上线下健康服务生态闭环。未来泰生活 APP 将基于现有的战略目标，完善产品功能建设。通过外部人才的引入及组织架构上敏捷团队的建设，实现大健康服务生态的稳步构建。

专家点评

本案例从项目背景、项目内容、项目意义和项目效果等方面详细介绍了泰康泰生活 APP 健康服务生态体系的基本概况，行为逻辑链完整而充实。就内容本身而言，该系统的创新程度、实用价值以及指导意义都表现突出，对未来将保险科技应用于健康险领域具有重要意义。本文的一大亮点在于对系统项目效果的展示，其科研投入、人才队伍建设以及专利申请的市场经验数据对其他公司开展科技创新具有很好的借鉴作用。

人保财险 DevOps 实践

◎ 中国人民财产保险股份有限公司

一、项目概述

在中国人民保险集团股份有限公司（以下简称中国人保）的新架构规划引领下，中国人民财产保险股份有限公司（以下简称中国人保财险）决心对核心软件系统进行微服务化和分布式等一系列的新架构改造。新架构体系的建设对软件开发交付和运维效能有更高的要求，原有研发测试和运维的工作方式和平台已无法满足，为此中国人保财险借鉴了业界领先的研发运营一体化（DevOps）思想和经验，面向整个新架构项目群建设了具有人保特色的研发运营一体化全流程平台，打破了传统的部门壁垒和职责边界，将需求、开发、测试、运维等各个环节进行整合，通过自动化流水线和度量平台管理整个软件交付过程，对各个流程环节的状态和结果提供实时反馈，强化质量内建、安全内建，加强测试等工作环节的自动化处理和流转，促进全功能团队的建设和团队成员间的高效协作，并将快速开发、持续部署等理念贯穿整个软件交付周期，从而提高交付效率与质量。

二、项目背景及意义

随着新技术的不断突破与发展，为提升效能、降低成本，数字化已经成为各行各业的发展趋势。为全面深入提升客户体验，持续提升价值创造能力，中国人保集团发布了“智·惠人保”数字化战略，利用数字化技术，赋能运营转型与商业模式创新。研发运营一体化体系作为公司战略中重要的创新实践与平台保障，发挥着提升科技效率、提高质量能力、加强架构管控、提供服务支持的支撑力量。见图 1。

三、项目重点解决的问题及主要创新点

（一）重点解决的问题

面向新架构转型，DevOps 体系建设主要需要解决以下问题：

1. 新架构下原有应用系统普遍被拆分为多个微服务，采用多中心多实例的容器化部署，而公司原本普遍采用的人工下载安装包、部署和配置的效率无法满足要求，很难保证环境的一致性。

2. 应用的研发过程、测试过程和运维过程不透明，传统的职能型组织架构下各职能环节相对独立，整体效率有待提升。

3. 研发运维工作的流程、规范的落地、监督和改进主要依靠人工开展，相关信息和数据的收集比较困难，准确性也无法保障，投入大收效慢。

4. 应用升级普遍采用停机升级方式，试点运行需要以分公司为单位开展，无法保障服务的连续性，并且升级风险较高。

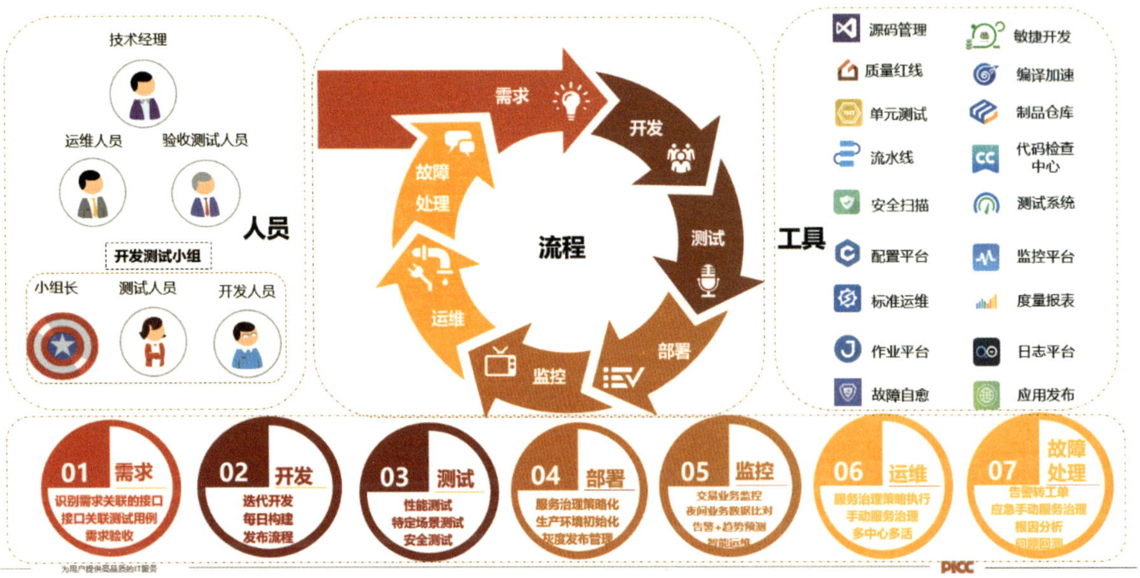

图 1 中国人保财险 DevOps 概览

（二）主要创新点

1. 统一技术规范，统一落地实施。中国人保财险于 2019 年初开始规划 DevOps 体系，成立跨职能中心的 DevOps 体系建设团队，全面梳理了包含需求、开发、测试和运维的标准流程，制定了适合公司新架构转型的 DevOps 模式，完成了技术方案制定和工具平台选型，并发布了《研发运营一体化管理规范》，在 2019 年 6 月DevOps 平台正式上线。

DevOps 体系的落地过程跟新架构上线过程高度重合，压力很大，领导层给予了最大的支持，强调按照高标准建设，遵循统一技术架构、统一规范标准和统一应用实施的设计原则，严格要求，不打折扣，自上而下推动规范落地，从而确保了 DevOps 体系在包括核心业务应用在内的所有新架构项目范围内得以推广，不留死角。

2. 发布流水线贯穿研发测试运维。中国人保财险的 DevOps 体系建设团队针对不同的研发运维场景分别设计了流水线，其中面向新架构应用上线的发布流水线贯穿了开发、测试和发布的完整链条，将各环节工作清晰有序地连接到一起，促进了各职能组织成员的紧密配合，也有力地推广了 DevOps 的文化理念。

3. 度量驱动。为确保 DevOps 体系的落地和持续改进，中国人保财险从 DevOps 体系建立之初即同步推进度量工作，研究制定了组织级和项目级的度量指标体系和规范，同步建设了度量平台。在 DevOps 体系建设实践过程中面向全体项目组成员公示指标和实时数据，并基于度量数据周期性地对 DevOps 实践情况进行总结分析和公示，为公司、各项目组和 DevOps 体系建设团队提供了重要的数据依据和参考。

四、项目主要建设内容

（一）建设目标

中国人保财险 DevOps 体系建设的目标是软

件开发过程的标准化、自动化、可视化，打通开发、测试和运维的组织墙，在保证质量的前提下通过规范的、可视化的流程发布需求，并且实现流程的高度自动化。

（二）建设步骤

1. 统一技术架构。建立涵盖开发、测试、运维等软件全生命周期的技术体系，实现各类技术组件的标准化，涉及微服务、容器化、研发运营一体化、云管理等多个领域，将研发运营一体化平台作为中国人保财险新架构应用发布上线的唯一渠道。

2. 统一标准规范。建立研发运营一体化管理规范，梳理软件全生命周期中的人员角色和职责，制定需求管理、分支管理、流水线编排、自动化测试、质量门禁、制品管理、环境管理、部署发布等领域的标准和规范，使团队成员能够按照标准规范地开展 DevOps 活动。

3. 统一应用实施。伴随中国人保财险新架构应用的分批上线，准备配套资源，逐批全量的应用 DevOps 平台和标准规范，保证所有应用的研发运维过程遵守相同的标准和规范，使用相同的平台及工具链，避免质量和兼容性等风险。

（三）架构设计

1. 架构技术的先进性。在集团数字化战略实施背景下，公司的 IT 技术正在向云计算、分布式、大数据、区块链迈进。DevOps 平台使用 PaaS 架构，以充分利用云计算的支撑能力，并吸收分布式的技术优势，保证 DevOps 架构技术的先进性。

2. 架构扩展的灵活性。DevOps 平台要具有良好的扩展性与灵活性，能够进行平台能力的横向扩展和纵向提升；DevOps 平台实施团队可基于使用场景的需求，快速进行组装式的应用开发实践。

3. 架构安全的规范性。DevOps 平台要具备用户识别、访问授权、操作审计等安全特性并符合组织的安全管理规范。

4. 架构模块的组件化。DevOps 平台需采用组件化的技术，便于功能模块的插件式开发、快速问题定位，同时确保功能模块能够独立部署和服务升降级。

5. 高可用性的要求。DevOps 平台需采用同城双活、异地灾备的高可用架构设计，保障在构建、部署等操作高峰时的业务连续性。

（四）功能设计

在 DevOps 体系规划下，DevOps 平台要包含敏捷协同、需求开发、测试安全和运维运营等视角的管理门户，也要包括开发、测试和运维等研运层面的场景，同时，还需要有度量和平台管理等基础功能。见图 2。

DevOps 平台的功能要求主要包括以下几个：

一是高效的敏捷协同平台，支持项目的需求、任务、缺陷、迭代、Wiki 等协同功能服务。

二是支持市场主流码仓库的管理与对接，配置支持可视化操作。

三是支持流水线任务的可视化编排，拖拽配置流水线的阶段、任务，支持并行或者串行任务，支持流水线级的参数设定，支持流水线模板。

四是支持多种构建环境，包括 Windows、iOS 和 Linux 等，对于 Linux，具备完善的基于容器的构建环境自管理能力，可自动动态调配和释放构建环境资源。

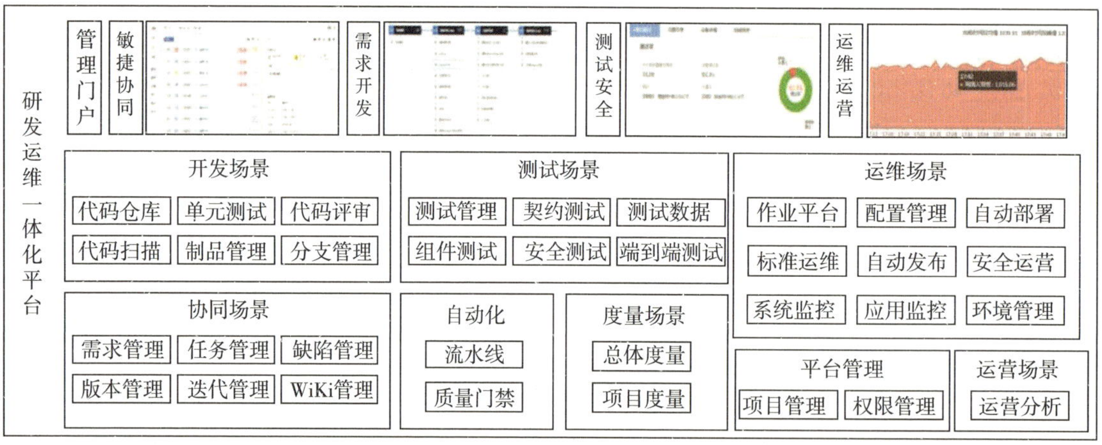

图 2 DevOps 功能视图

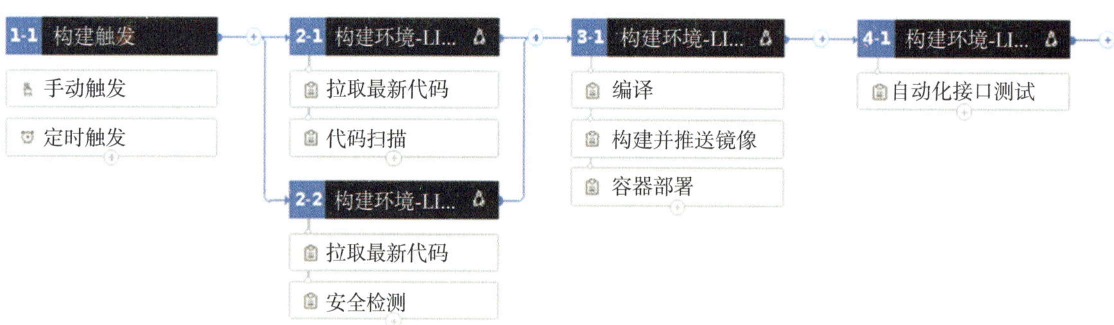

图 3 流水线模板示意图

五是支持全面测试管理，包括 UI 测试、功能测试、接口测试等常用测试类型的测试用例、测试用例集、测试脚本、测试结果等测试相关资源的统一管理。

六是支持自定义质量门禁，包括代码扫描、自动化测试等门禁规则定义，以及规则触发后的操作定义，操作包括流水线终止或者人工审核，并可对终止后的通知人员和通知方式进行设定。

七是集成 DevOps 工具链，支持与企业的工具平台进行对接扩展。

下面重点介绍流水线模板、质量红线和度量可视化的设计。

1. 流水线模板。流水线模板化是管理规范落地的强力手段。流水线模板按应用场景分为集成、发布等流水线模板类型。流水线模板由 DevOps平台配置管理员负责管理，项目团队根据应用场景选择恰当的流水线模板进行配置。见图 3。

集成流水线。集成流水线用于应用的持续集成和日常测试，主要包括代码质量扫描、安全漏洞扫描、自动化测试等环节，可每日定时触发，项目团队发现集成流水线执行失败后需及时修复。

发布流水线。发布流水线用于应用版本的验

收测试和发布，主要包括代码质量扫描、安全漏洞扫描、自动化测试、性能测试、需求验收、关联应用状态校验、生产环境部署、升级结果反馈等环节。

2. 质量红线。质量红线是质量门禁的可视化呈现，在质量红线中定义质量规则，当流水线不符合规则时，可以设置为流水线执行失败，或停止在控制点并将问题反馈给质量管理人员进行人工审核，根据项目实际情况来确定是否让流水线执行后续步骤。见图4。

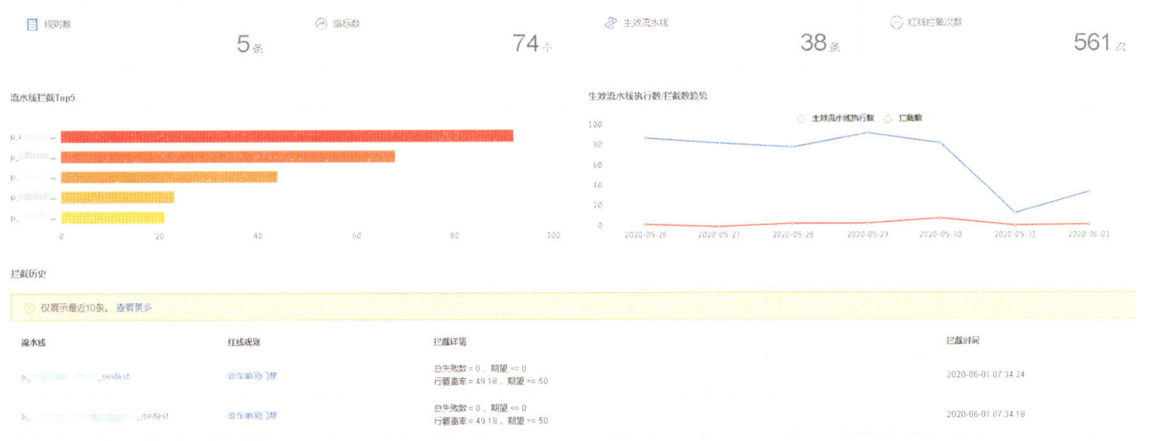

图4　质量红线仪表盘示意图

质量红线包括指标选择、规则设置、执行记录和仪表盘展示等功能。根据发布质量要求和测试前置的原则，我们定义了单元测试、技术债、安全扫描和自动化测试等质量红线，随着管理要求和团队能力逐步提高，红线阈值也会相应提高。

3. 度量可视化。度量可视化是推动 DevOps 体系落地、跟踪实施和改进效果、发挥 DevOps 平台优势的重要举措，中国人保财险定制开发了企业级 DevOps 度量平台，建立了跨部门、跨系统、全流程的研发数据模型，通过指标数据的实时刷新提供及时反馈，引导团队持续改进。见图5。

度量平台对接了各个研发运维相关系统，获取基础数据集，主要包括需求数据、协作任务数据、流水线执行数据、版本质量数据等；将基础数据抽象出数据模型，按照管理目标和导向，灵活展示各类视图。项目组根据度量视图关注项目状态，发现问题及时制订改进任务和计划，从度量视图中看到改进效果，从而形成度量的正向反馈。

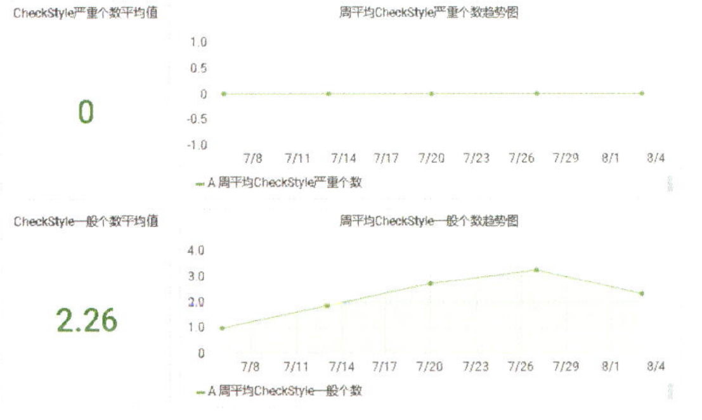

图5　度量平台页面示意图

（五）实践心得

研运能力建设，或者说 DevOps 落地，是知易行难，只有主动作为、迎难而上，才能做到知行合一。

1. 借势而为。这个势，就是新架构总体规划和落地之势，中国人保财险意识到新架构不仅仅是技术的转型，要实现新架构“快速交付价值，灵活响应变化”的目标，必须要深化研发运营一体化，将提升研运能力作为转型的目标和任务之一，并将其纳入新架构“三横四纵”规划中，使其成为总体规划的一个重要支柱。

2. 强势推进。DevOps 体系的落地过程跟新架构上线过程高度重合，压力很大，领导层给予了最大的支持，强调按照高标准建设，遵循统一技术架构、统一规范标准和统一应用实施的设计原则，严格要求，不打折扣，自上而下地推动规范落地。

3. 文化先导。DevOps 首先是一种文化，是敏捷文化变革的延续，它解决的是组织中的每个人如何以正确的方式参与到敏捷的研运工作中来，提倡高度信任，提倡分享、协作和深度沟通。中国人保财险通过培训宣导、能力共建和正向激励等方式，打造出一个包括 40 多个分布式项目团队、涉及上千人的健康、蓬勃发展的 DevOps组织实践。

4. 做实做细。中国人保财险于 2019 年初开始规划 DevOps 体系，成立跨职能中心的 DevOps 体系建设团队，全面梳理了包含需求、开发、测试和运维的标准流程，制定了适合公司新架构转型的 DevOps 模式，完成技术方案制定和工具平台选型，并发布了《研发运营一体化管理规范》，在 2019 年 6 月 DevOps 平台正式上线。

5. 迭代优化。中国人保财险的 DevOps 体系是不断迭代、持续优化的，上线以来逐步完成了质量门禁增强、自动化增强、度量平台建设和性能调优等工作。随着成熟度不断提高，接下来中国人保财险会更加全面地关注 DevOps 方法论的发展，如智能运营、安全、移动端应用支持等方面，形成一个良性发展的 DevOps 生态圈。

五、项目效果

目前中国人保财险的 DevOps 体系已经在超过 40 个分布式项目团队中推广应用，应用于约 400 个应用的研发运维工作，已建立流水线超过 1500 条，日均执行流水线 800 次以上，执行总量已超过 10 万次。在示范团队中，需求平均开发周期由 35 天下降至 7 天；持续集成响应时间由每天一次集成优化为合入即集成；编译构建时长由 1 小时下降至 20 分钟，同时在编译阶段集成了代码静态扫描、质量门禁等质量保证措施，以及单元测试、接口测试等自动化测试；投产频率由每月 1 次提高到每月 3 ~ 4 次，而且具备 1 天内投产的能力；平均红灯修复时长由 7 天下降到 2 小时。

2020 年 6 月 19 日，中国人保财险的分布式核心系统项目顺利通过由中国信息通信研究院开展的《研发运营一体化（DevOps）能力成熟度模型》系列标准持续交付部分 3 级评估，是国内保险业中首个达到 DevOps 标准持续交付 3 级能力的 IT 项目。

2020 年 6 月 29 日，中国人保财险通过了《保险行业基于云计算平台支撑的研运能力成熟度模型》标准的评估并获得最高等级“先进级”，成为国内保险业独家获此殊荣的公司。该标准由中国保险行业协会在 2019 年底发布，广泛覆盖了研发、技术运营和系统平台等研发运营工作的各个方面。

六、总结

目前取得的效果和成绩代表着中国人保财险的研发运营一体化能力达到国内保险业的领先水平。DevOps 体系已成为中国人保财险数字化转型建设的有力保障，助力提升科技创新和服务创新力度，以科技赋能释放价值，以服务延伸创造价值，打造“保险 + 服务 + 科技”的科技新模式，实现价值提升。

今后，中国人保财险会更全面地关注DevOps方法论的发展，如技术运营、安全管理领域等方面，以及在移动端应用方面的推广和应用，借此不断提升公司的 IT 效能，从而为用户提供高品质的 IT 服务。

专家点评

中国人保财险作为一家大型国有财产保险公司，能够积极主动地推进 DevOps 体系建设，对包括核心业务应用在内的所有新架构项目进行推广，并作为国内保险业第一家通过多个 DevOps 领域的等级评估，是企业级 DevOps 应用的优秀案例。

人保财险产品工厂项目

◎ 中国人民财产保险股份有限公司

一、项目概述

产品工厂是产品全生命周期管理的统一平台，将公司相对分散的产品管理功能整合成一套全流程无缝连接的自动化平台，实现了公司产品审核、产品报批备、产品配置、产品发布和产品评估预警一站式、一体化和标准化操作。主要有以下五个功能：

1. 支持包含产品基础信息、产品出单信息、风控规则、产品销售信息、产品运营信息五个方面的全面配置；

2. 实现集团产品库，支持全集团财险、寿险、健康险统一的产品信息配置、查询等功能，为集团一体化综拓提供支持；

3. 产品实务开发过程的条款、产品审核，支持差异化审批类型的管理，实现差异化流程，保证报行合一；

4. 产品出单全流程配置，贯穿承保、核保、单证打印、再保、财务、理赔等环节，实现产品快速上下线的全生命周期管理；

5. 实现产品出单系统的出单要素灵活按需配置。

通过产品工厂，公司原有相对分散的产品管理支持功能可以整合成一套全流程无缝连接的自动化平台，实现公司产品审核、产品报批备、产品配置、产品发布和产品评估预警一站式、一体化和标准化操作。

二、项目背景及意义

随着市场环境的变化，保险业产品管理面临的主要挑战有以下三个方面：

1. 在监管要求方面，根据银保监会严监管的要求，人保财险作为龙头企业，需要更严格的内部管理机制。

2. 对标行业，各保险公司均在开展产品工厂方面的研究。

3. 根据互联网现状，需要企业适应互联网要求，实现产品快速上线，抢占市场。同时，结合公司现有的多个出单系统，如非车承保系统、人保 e 通等，在推出新产品时，涉及多个系统的同步修改上线，目前还无法做到多平台同时上线，且各系统上线时间互相影响。

三、项目重点解决的问题及主要创新点

（一）技术方面

该项目基于中国人保新一代 IT 架构规划，融合互联网行业的云化、分布式等技术特点，主要特色如下：

1. 在应用架构层面，采用了前台、中台、后台三层体系设计，打造服务中心、微服务和元服务，实现积木式系统构建，能够快速适应商业

模式的变化与创新；同时，面向业务场景重塑承保、理赔、销售、服务等流程，升级用户体验。

2. 在技术架构层面，基于中国人民保险自主可控的分布式微服务技术架构体系（PDF－C）建设，以先进分布式开发框架及数据库技术为基础，保障大并发环境下的运行效率和稳定性。

3. 在基础架构层面，基于专属云模式与容器技术，大幅增强系统横向扩展能力，根据业务交易量的变化，能够快速实现设备资源的弹性扩缩与运行环境交付，从而更好地适应突发业务高峰与营销事件。基于云基础平台和数据库快速复制技术，实现了多活多中心的运行保障能力，可以实现 2000 千米异地智能引流，极大地保障了业务连续性和运行稳定性。

4. 自研工作流引擎工具，解决国外成熟工作流产品不具备的撤回、加签等特殊流程，进行整体设计、开发，更适合复杂业务流程，提升友好性。

（二）业务方面

作为中国人保新一代核心项目，依托最新技术，进行了整体高阶设计，对标准化产品实现从天到小时的发布提升，主要特色如下：

1. 突破单系统建设思维定式，对产品相关的所有系统配置信息进行统一分析设计，如投保录入环节配置页面要素、要素配置、保费计算公式等；提交核保环节配置常规自留额等；再保分出环节配置产品是否参与协议/合约等。

2. 出单要素灵活配置，且 PC 端和移动端可正确解析配置内容进行友好展示。对出单要素区分为公共要素、个性要素、动态要素，考虑到交互友好性，提炼各险类各产品的共同要素作为公共要素；对于产品的特性要素设置为个性要素；对于不参与保费计算、不参与打印的要素，可以按需随机增加。

3. 算费公式有效建模，降低开发时间成本。

4. 构建配置发布体系，实现配置数据的版本管理。

5. 实现出单要素的结构化管理，基于出单要素的结构化数据，可以进行各系统差异化出单的合理性分析，也为后继编写产品标准化录入指引提供基础。

四、项目主要建设内容

突破单系统建设思维定式，对产品相关的所有系统配置信息进行统一分析设计，如投保录入环节配置页面要素、要素配置、保费计算公式等；提交核保环节配置常规自留额等；再保分出环节配置产品是否参与协议/合约等。解决新产品落地实施时，需进行源码开发、系统升级等，且各个系统间存在版本等待，或者发布时间不统一导致出现异常的情况。

出单要素灵活配置，且 PC 端和移动端可正确解析配置内容并进行友好展示。对出单要素区分为公共要素、个性要素、动态要素，考虑到交互友好性，提炼各险类各产品的共同要素作为公共要素；对于产品的特性要素设置个性要素；对于不参与保费计算、不参与打印的要素，可以按需随机增加。出单要素灵活配置、统一发布，实现同一新产品多个前台出单系统统一上线，解决 PC 端上线而手机端不同步等问题。

算费公式有效建模，降低开发时间成本。构建算费模型，实现复杂业务积累沉淀。

构建配置发布体系，实现配置数据的版本管理。实现同一条款代码按照不同时间展示不同条款内容等复杂化功能，且可进行历史追溯。

实现出单要素的结构化管理，基于出单要素的结构化数据，可以进行各系统差异化出单的合理性分析，也为后继编写产品标准化录入指引提供基础。

自研工作流引擎工具，解决国外成熟工作流产品不具备的撤回、加签等特殊流程。根据复杂业务流程审核需求，提炼分析设计自我研发工作流引擎工具，满足了业务复杂流程审核需求，更好地服务复杂业务场景。

五、项目效果

目前，产品工厂已在人保财险全面上线，支持全国性和地方性产品条款的在线审核、在线配置和在线发布。产品工厂的上线具有以下重要意义：

1. 全面加速产品管理数字化运营。产品工厂在公司原“产品创新引擎”建设的基础上，重新梳理了产品配置完整流程，形成了涵盖产品基础信息、产品出单信息、风控规则、产品销售信息、产品运营信息五大类内容的产品上线全流程配置能力，并通过配置数据集中管理实现业务规则的统一管控。在产品工厂中，所有的条款、费率、产品要件、保险责任、保险标的、产品方案、出单要素、算费逻辑、再保规则、财务代码等要素全部进行标准化、模块化梳理和配置，为后续产品快速上线夯实基础，产品上线周期从天变为小时。目前，产品工厂“全流程出单配置”功能已实现了421款产品的实时上线、实时出单。

2. 有效管控产品合规管理风险。在产品工厂中，产品经理按照标准化产品开发要件、开发流程和开发要素进行开发设计并提交相关部门进行论证审核，使现有的通过OA办公流程对文档的人工审核向产品要素“人工＋自动”审核的转变，并实现产品开发各环节数据共享交互，减少人工操作录入。目前，产品工厂已实现条款数据与出单配置数据的刚性关联，解决手工填报误操作造成的报行不一风险，确保公司产品主数据库的权威性。

3. 逐步优化产品开发用户体验。产品工厂实现产品经理随时随地开发产品，并支持友好的拖拽式配置方式，极大地降低了对IT人员的依赖，业务人员从等待系统升级版本发布，转变为主动配置发布，提升了对产品上线的管控度。

六、总结

面对新的发展形势，中国人民保险集团将推进数字化战略作为构建整体竞争优势、加快推进向高质量发展转型的核心支撑。中国人保财险根据集团新一代IT架构规划，全力推进新架构落地实施。在产品管理领域，开展集团通用平台产品工厂建设，形成集团统一的数字化资产，建立行业领先、金融比肩的一站式产品全流程管理体系，有力支撑集团数字化转型和一体化运营战略的落地。目前系统已经投产，公司会实时跟踪投产情况，持续进行优化工作，更好地为业务发展保驾护航。

专家点评

人保财险产品工厂项目在人保集团数据化战略的指导下，以先进分布式开发框架及数据库技术为基础建设，保障了大并发环境下的运行效率和稳定性。在产品管理领域，建立了行业领先的一站式产品全流程管理体系。该项目充分应用了先进技术，发挥了技术优势，促进了业务提升。

人保财险线上智能化数字营销

◎ 中国人民财产保险股份有限公司

一、项目建设背景及目标

（一）项目建设背景

随着大数据、云计算、AI 等新技术的不断创新应用，数字经济已经步入高速发展阶段。以新技术驱动的数字化产品、创新商业模式不断向产业、行业下沉，并依托移动互联技术和产品深入工作生活中，影响并改变着人们原有的社交、消费和思维模式。人保财险立足于数字体验时代的保险新需求，践行数字战略，面向微信公众号、微信小程序、APP、企业微信、人保官网等线上渠道构建了智能数字营销服务支持平台，利用大数据、人工智能技术助力业务运营和客户营销服务模式优化升级。

（二）项目建设目标

随着移动互联网的高速发展与主力客户群体的变迁，线上客户及线上交易呈现出显著上升趋势。受新冠疫情影响，人们工作生活模式发生巨大改变，进一步促使线下客户与线下场景向线上迁移。客户的线上迁移与保险场景的线上化，极大地增加了保险与客户的接触面，为保险企业更好地了解客户提供了数据可能性，也为保险企业服务客户、保有客户、发掘客户的保险价值提出了新的挑战。智能数字营销服务支持平台以 Hadoop、Kafka 等大数据处理组件为支撑，整合传统基础承保数据、理赔数据、产品数据、客户数据以及线上客户浏览、交易等行为数据，应用分布式计算和机器学习技术，构建客户分群、客户保险产品需求预测、客户智能保险产品推荐、智能保顾等系列智能营销算法模型，并结合微信公众号、微信小程序、APP、企业微信、人保官网等线上客户触点，创新商业模型，实现了场景化智能营销数字服务体系。该项目建设，为保险线上场景开展数字营销、客户留存、个性化服务等提供了新思路和数据解决方案，是实现数字化运营、智慧运营的重要举措，助力公司向高质量发展转型。

二、项目功能与亮点

（一）建立一站式分布数据计算平台，提供海量数据准实时处理能力

线上化带来了客户行为数据的爆炸性增长，同时线上营销数字化服务要求响应的实时性与准确性，都为底层数据处理带来了极大的压力和挑战。本项目以 Hadoop 平台为基础框架，引入 Spark、Kafka 等大数据处理分析组件，并采用增量数据处理模式，对客户线上行为、线下传统承保理赔等数据进行一站式采集、清洗、整合、运算，构建以客户为中心的标签体系、行为/消费模式等数据，为线上各保险场景构建数字化营销模型提供稳定、实时、高效的数据处理服务。

（二）构建场景化营销算法池，为保险线上营销场景提供智能营销数字化服务

场景化营销算法池基于增量数据更新模式，对线上行为数据、线下传统承保理赔数据采用了分层次多阶段的开发应用机制，实现了长期消费习惯模型离线升级与短期保险需求预测在线更新的并行优化模式，满足了线上实时运算更新的响应需求。

智能数字营销服务支持平台通过渠道标志、埋点等方式对数字营销服务效果进行追踪，构建结果反馈机制以促进模型自学习，形成了从建模、实时运算、应用推广、效果评估再到模型优化的数据流生态闭环，实现了模型的自主升级优化，从而持续为线上业务应用场景提供高质量的数字化支持服务。如图1所示。

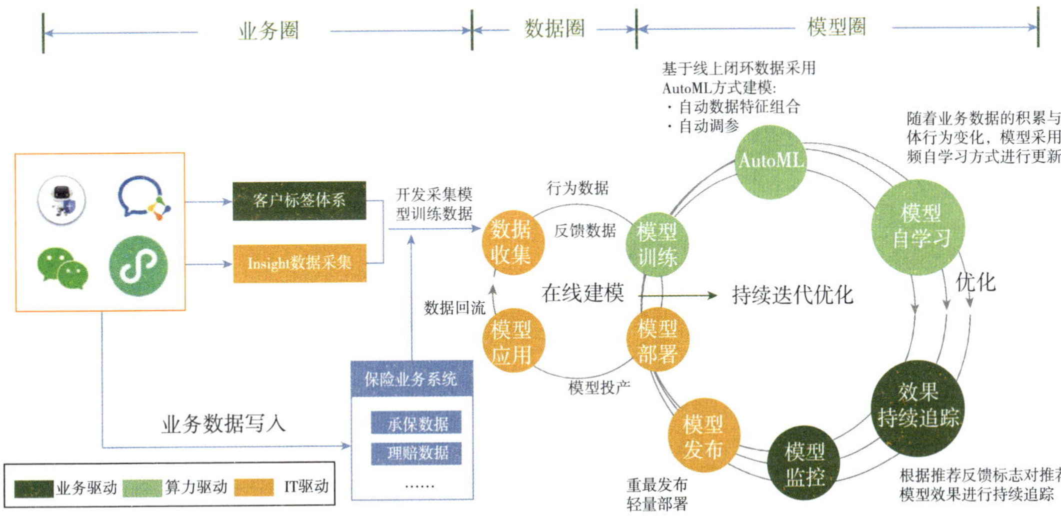

图1　场景化营销算法池架构

（三）提供场景化数字营销产品和解决方案，助力线上客户转化率及服务质量提升

智能数字营销服务支持平台面向官网、电销、企业微信、微信公众号、小程序、APP等线上工具端提供智能保顾、“猜你喜欢”个性化智能产品推荐、客户投保概率预测、潜客发掘等智能数据服务产品和成熟的解决方案，为数据赋能线上业务发展提供了新的方向和选择，助力线上业务与客户黏性的提升。

1. 官网、移动端车险报价留资客户的保险成单预测。整合官网、移动端客户行为数据、电销服务数据、客户历史承保理赔等基础数据，应用机器学习技术构建算法模型并嵌入网销系统，对登录官网或移动端的车险报价客户进行最终成单概率的实时预测，供电销坐席执行分批次差异化服务策略。

2. 企业微信端客户经理门户的客户智能产品推荐。利用企业微信第三方工具的兼容功能，开发客户经理门户工具，基于车险业务清分建立“我的客户”列表，嵌入传统智能产品推荐结果，充分发挥数据辅助支持与客户经理销售技能的融合效应，通过客户微信直达的方式开展一对一的精准营销服务。

3. 智能保顾数字产品。研发智能保顾虚拟机器人，通过调查问卷的方式与用户交互，融合自有数据进行关联建模，为用户生成财产、意外、健康、家庭四个方面的风险评测报告，并提出针对性保险产品建议。用户通过试投保或已投保功能项，可动态体验风险评测的变动情况，为用户配置保险产品提供数据支持与直观体验，增强了客户黏性。

智能保顾机器人包装成 H5 数字产品，可通过微信公众号软文链接、消息，企业微信客户经理门户绑定发送等多种方式触达终端用户。

4. 微信公众号、微信小程序、APP 个性化产品推荐。从“以客户为中心”的基本理念出发，运用大数据、机器学习技术整合微信公众号、微信小程序、APP 的渠道业务数据、客户线上行为数据、传统承保理赔基础数据、保险产品数据，构建客户标签体系，通过线上线下数据相互融合，生成长期消费习惯与短期保险需求相结合的智能产品推荐模型，为 C 端客户提供个性化智能产品推荐服务。

三、项目技术方案

智能数字营销服务支持平台以一站式分布式数据计算平台为基础，创新研发了数字化营销服务领域的多种算法模型，并整合不同的线上业务营销场景，形成数字化产品和解决方案，为营销人员和线上客户提供系列智能营销数字化服务。如图 2 所示。

四、项目效果

（一）应用情况

微信小程序个性化智能产品推荐服务已全面投产上线，微信公众号、人保 APP、企业微信端、智能保顾数字化产品、官网车险报价留资客户的保险成单预测也在分阶段逐步推广应用当中。截至目前，各项智能数字营销服务稳步进行，与传统营销模式相比表现优异。

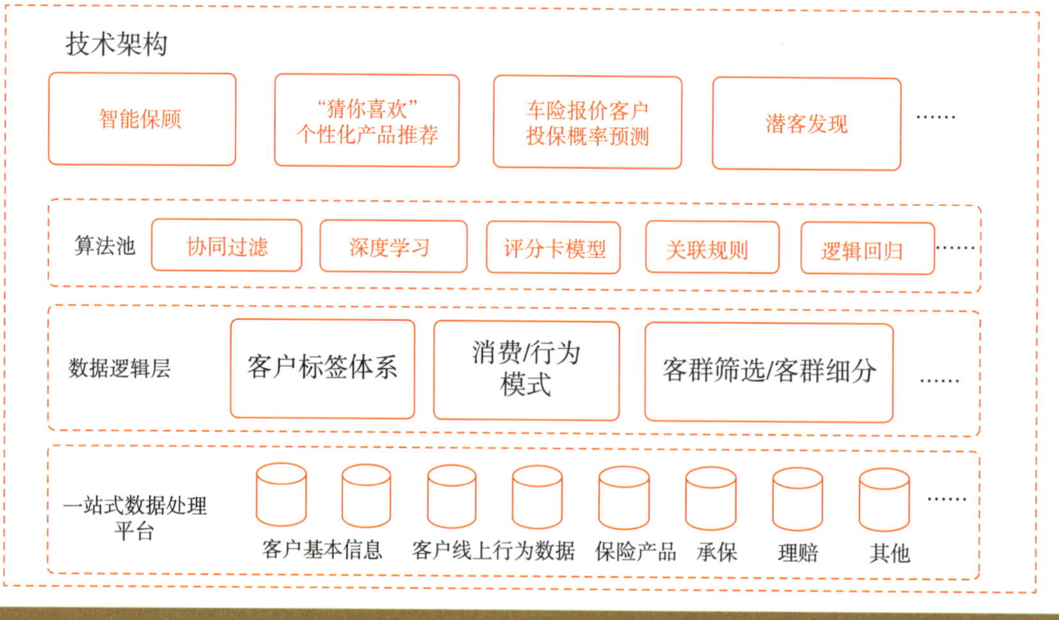

图 2 智能数字营销服务支持平台技术架构

（二）推广价值

智能数字营销服务支持平台可在以下方面发挥作用：

1. 面向线上各营销场景提供客户全方位智能数字化服务，助力线上业务能力提升。保险场景的线上化与客户群体的线上化创造了多种多样的营销场景，智能数字营销服务支持平台以机器学习、人工智能等技术构建的智能解决方案替代了简易规则，实现了线上营销活动的潜客群体匹配、差异化营销策略、交互式的保险顾问，显著提升了线上营销工具的保险业务能力。

2. 提升数字化运营能力水平，促进线上线下融合发展。通过对客户线上行为数据、传统承保理赔数据、客户线上留资、电销服务等线上线下数据进行一站式整合处理，构建智能数字服务能力，并输送到电销坐席、企业微信客户经理门户，实现以数据驱动的线上线下智能营销闭环。

3. 改善运营效率，助力高质量发展转型。围绕“客户运营”的基本理念，实现了数据采集、清洗、融合、特征工程、算法模型、前端推广、效果追踪全套流程的自学习、自优化，显著提升了运营管理效率，助力实现高质量发展转型。

专家点评

该项目应用分布式运算、机器学习等技术，创新算法与模式，围绕线上多客户触点，构建了一站式分布数据计算平台及自学习、自适应的快速、轻量迭代的智能数字营销模型框架，满足了线上客户实时、精准的响应需要。其多种场景化数字营销产品和解决方案既是保险数字化建设的重要成果，也为行业线上数据营销服务等提供了新的思路和方向。

泰康人寿区域精准营销平台

◎ 泰康人寿保险有限责任公司

一、项目概述

区域精准营销平台是基于保险代理人对空间区块内潜在客户群体难以有效挖掘的现状，利用GIS、网络爬虫、推荐算法等技术，结合现有区块内老客户信息，将区块内潜在的高价值客户群体推荐给代理人，助力业绩增长，建设集客户经营和潜在客户挖掘功能于一体的营销平台。

在现有空间区块的基础上，通过老客户的保险产品、理赔等信息，分析该区块内的客户标签，并基于区块内的客户群信息分析区块内的老客户群体的消费倾向，比如重疾险、年金险、健康险和寿险等基础保障，以及提供倾向于财富传承、资产保值、高端养老等高端服务。

以爬虫或第三方数据产品等方式获取老客户所在或相邻社区的数据，进而统计该区块的相关信息，并将其标签化，与老客户信息结合进而赋能代理人销售。

代理人在进行客户面访的时候，通过路径规划功能对代理人行程进行优化调整，选择最优路径给代理人，并在沿途对高潜质的潜在客户进行挖掘。

二、项目背景及意义

随着人口红利逐渐消失，增量时代的步伐开始放缓，尤其2020年受新冠疫情的影响凸显了保险业数字化转型的必要性与紧迫性，科技赋能已成为行业的共识，如何通过科技的手段助力代理人销售业绩的提升是行业一直探索和尝试的热点话题。

尽管部分保险公司基于GIS手段对老客户资源进行管理和分配，但是针对区域内的其他信息了解不多，尤其是对有价值的潜在客户开发不足，在代理人的实际经营中丢失了地理信息，将区域客户作为一个个独立个体来经营，没有进行空间的拓展。同时，在老客户经营拜访中时间成本高、效率低下，没有在沿途做顺带的展业工作，可以概括为投入产出低、潜在客户待挖掘和空间信息未利用三大特征。

因此，打造以老客户经营为支点，潜在客户拓展为牵引，空间信息贯穿为脉络，以老客户带动新客户，点带面的立体化区域精准营销平台，助力业绩增长极其重要。

三、项目重点解决的问题及主要创新点

（一）项目重点解决的问题

1. 隐私问题。在之前互联网环境下，用户的隐私保护存在诸多问题，不过随着法律法规的完善以及用户防范意识的增强，该问题也在不断改善。然而大数据又需要海量数据为支撑才能服务于业务。本系统创造性地将两者有机地结合起

来，数据获取及整合以社区或公司为单位，在充分尊重用户个人隐私的前提下，利用大数据来为保险业服务。

2. 营销不精确。普通业务员在进行产品推荐时，无法准确把握客户的喜好，不能有针对性地推销产品，都是在经过一段时间的沟通后才能了解客户的需求。但这时部分客户可能已经产生了厌烦或抵触的情绪，从而导致沟通失利。事前的社区模型分析可以帮助代理人避免此类情况。在推荐产品时根据现有老客户信息进而投其所好，从一开始就充分把握客户的兴趣。

3. 老客户社区信息获取不充分。在以往的案例中，单一代理人无法把握社区的整体信息。通过对社区既往信息的分析，可以准备把握该小区的营销情况，使营销更有针对性，同时也能调动老客户做品牌宣传，邻居转介绍等。社区保险的购买情况和保险意识对区域的深度经营极其重要，但受限于数据，无法准确刻画区域维度的保险画像。

4. 产说会选址不科学。当前情况下的产说会及宣讲会的选址往往考虑的是便利性，但是如果有多个同类选择的情况下，就无法科学抉择了。地理信息系统的空间分析功能，可以科学的计算出一场产说会所能影响的范围，以及该范围内所有的小区及公司分布。结合之前的大数据统计社区标签，进而可以分析出最佳的选址位置，以及最合适的产品推荐。

5. 业务员面访规划不充分。业务员在进行客户面访的过程中，不能充分利用自己的日程规划，往往一两个客户的面访就要占据一天的时间。地理信息的路径规划功能，可以规划出面访客户的最优路径，在面访的同时，顺道完成对潜在客户的挖掘。

（二）项目主要创新点

基于老客户空间信息化，形成以空间区域为统计粒度的消费倾向和老客户群视图，以老客户为中心辐射周边区域，挖掘潜在的高价值客户。同时，基于地理信息技术，合理规划业务员的拜访路径和最佳经营地址，提高效率，降低成本。

四、项目主要建设内容

本项目的主要建设内容有以下几个功能：

1. 数据获取。通过网络爬虫或者是从第三方（联通大数据、高德地图、百度地图）渠道获取海量数据，将其按照社区地理空间信息进行整合归类。

2. 区域标签。使用大数据对社区内的空间数据进行归类整合，对社区进行标签化，统计各标签内最合适的产品推荐。

3. 空间分析功能。利用地理信息系统的缓冲区分析功能，计算产说会的辐射面，进而选取最佳位置。利用路径规划功能，为代理人拜访客户和潜在客户挖掘最佳路径规划。

4. 数据和算法驱动。结合代理人的空间活动轨迹及潜在客户资源分布信息，利用推荐算法将这些区块信息推荐给代理人，实现代理人区域的空间展业和经营。

五、项目效果

（一）老客户经营

将一个小区中的客户信息整理归纳统计，对小区进行“标签化”。基于区块内的客户群信息分析该区块的老客户群体的消费倾向。对同类别、同标签小区进行有针对性的产品推荐。

（二）潜在区域挖掘

分析任意辐射区域内（一次活动所能影响的范围）的公司及社区，根据标签分类，依照老客户经营中的分析结果，结合老客户消费倾向，将潜在区域智能推荐给代理人。

（三）路径导航规划

结合保险代理人所服务客户的空间位置，分析出最佳的行动路线，既能智能规划拜访地点，还能安排客户拜访的空档期，对周边的高价值区域进行精准挖掘。

（四）保险代理人区域管理

通过代理人活动轨迹，结合线上经营的数据，科学管理代理人日常经营。并给予代理人空间轨迹和客户空间信息，利用空间缓冲区算法科学管理客户的触达度。

（五）机构经营驾驶舱

将业务管理指标以空间可视化的形式在地图上展示出来，使得信息更直观，更立体，更多样化。

六、总结

随着物联网的发展、计算机算力的提升、5G移动互联应用的深化，未来人类在衣食住行的各个方面必然朝着一个精细化的方向发展，保险业传统的销售模式已开始积极变革，通过业务中台和数据中台建设，智能武装保险代理人，提升销售的技能和服务质量。本系统是地理信息技术在保险业应用方向上的一个探索。系统存在以下不足。

（一）数据获取和精细化管理

当前使用爬虫获取数据，在各方数据汇总时存在一定的数据冗余问题，影响数据分析的精度，同时小区“标签化”对社区的各维度信息量要求大。在符合法律法规的条件下，如何获取精准的、代表性强的数据极其重要。因此未来数据的获取和精细化分析极其重要。

（二）社区保险标签挖掘

小区“标签化”对保险代理人开发新客户极其重要，但是产品处于起步阶段，小区的标签量较大，如何定量分析对销售活动影响最大的标签，并进行精细化深入管理分析这部分的经验和研究尚不足，未来在产品不断迭代的过程中，逐渐积累经验，进而有针对性地管理和细化。

专家点评

本案例从项目背景、项目内容、项目意义和项目效果等方面详细介绍了泰康人寿区域精准营销平台的基本概况，行为逻辑链完整而充实，符合认知规律，有助于帮助读者全面认识该系统的全貌。常规精准营销的着眼点往往在于通过年龄、性别等相关特征判断其保险需求，而本案例将着眼点改为空间上，有显著的创新价值。同时本案例关注对用户隐私问题的解决，对于这个严重的痛点具有较大的启示作用。

大家财险电销线上化培训案例

◎大家财产保险有限责任公司

一、项目概述

电销线上化培训平台是为业务员销售话术练习所创建的专业平台，使用业内先进的智能机器人培训技术，利用科技手段搭建“一对一对话”“虚拟销售场景”演练平台，实现人机对话提升销售话术学习的趣味性和灵活性，帮助新人掌握基础销售话术，从容应对实战中的销售场景。前期，电网销事业部通过组织“销售话术研讨会”，提炼出70个常见的销售问题，制定了一套完整的销售流程话术及105段异议处理话术。

二、项目背景及意义

因需要对电销中心新入司人员的销售话术和异议处理开展培训工作，全年预计培训人次超过1700人次，按照每次开班30人计算，全年累计开班约58班次，至少需要配置8名培训讲师。按每位讲师年人力成本10万元计算，2020年需发生人力培训成本80万元。

项目经过前期市场调研，了解市场上陪练机器人的陪练方式以及作用，可通过采购一套AI智能陪练机器人系统对公司未来坐席人员提供更好的培训工作支持。通过对外采购AI智能陪练机器人系统，达到降本增效的目的。

三、项目重点解决的问题及主要创新点

（一）重点解决的问题

通过“电销线上化培训”平台可支持200坐席并发，且对每个学员不同的特点提供个性化的培训和针对性地提高练习、考试评估、问题诊断等方面的水平。根据公司新入人员培训课程评估，人员入职后随时可以开始培训，既不受培训班人员的数量约束也不受地域限制（各地可同时开班），且系统采购费用低于人力培训费用，达到降本增效的目的。

同时，电销线上化培训可充分满足大家保险200坐席同时陪练及考试的服务，有效节约时间成本，保障了坐席人员的日常使用、系统化的课程设置、陪练考试、报表分析等要求。

（二）主要创新点

情景化的陪练，具备一问一答的对话训练能力，能够对业务知识点的掌握情况进行全面和准确的考核，包括但不限于对知识点能够进行准确打分，以及能够支持对知识点进行分类考察，让坐席学员主动地依据话术与陪练机器人做交互，考察学员对于固定业务场景的话术流程和掌握情况。同时，实时监控学员情况、语速及敏感词的能力，包括话术准确性判断、话术逻辑性判断、违禁语检测、语速情绪检测等创新点。

四、项目主要建设内容

“电销线上化培训”平台达到对每个坐席不同的特点提供个性化的培训和针对性地提高练习、考试评估、问题诊断等方面的水平，同时为培训管理人员提供智能化、定制化的培训解决方案，包括语音识别和语音合成引擎、自然语言理解平台、意图引擎、多轮对话引擎、智能知识库，需要支持系统自学习、数据优化和模型训练，实现对话的上下文理解和多意图识别。

（一）陪练场景

需要根据财险电销业务，提供场景化的陪练课程。通过机器人模拟客户，以提问或倾听的方式锻炼学员达成具体目标或完成具体任务的对话技巧，或者通过一问一答的方式考察学员对业务知识点的掌握情况。陪练可支持练习模式和考试模式（闯关模式）。

（二）交互模式

坐席通过麦克风耳机与陪练机器人实现语音对话，模拟真实环境下的客户对话场景。学员端的陪练界面可实时显示学员和陪练机器人的对话文本、对话过程中的知识点提示、练习场景流程、实时情绪、语速、敏感词提示，还可查看个人能力模型、本次课程陪练要求以及系统根据个人能力模型推荐的能力提升课程。陪练结束后系统会针对本次练习给出个人成绩。

（三）学员能力模型

根据学员课程练习的成绩，综合学员在课程练习中的情绪、语速等信息，根据话术熟练度、反应力、技巧能力、逻辑性、亲和力五个维度给出学员能力模型，形成学员能力特征标签。

（四）个性化陪练课程推荐

学员课程支持标签分类，可根据学员能力模型，推荐个性化的课程安排，弥补学员在能力方面的劣势。

（五）陪练评分规则

通过对话、静音、语速、抢插话、情绪五种评分维度考察学员服务的亲和力、表达沟通能力、对话逻辑、服务流程，同时避免敏感词、违规用语等重大失误。

（六）陪练课程管理

支持创建不同类型的课程，帮助学员提升不同方向的能力技能，支持课程的添加、查看、修改和删除，可以对课程设置练习次数，增加学员的学习紧迫性，督促学员在一定练习次数内通过课程练习。

（七）组织架构及权限管理

系统可配置企业组织架构，支持树形组织架构设置，学员课程按组织架构与课程级别控制。学员只能看到有自己所在组织架构内的课程，只能操作不高于自己当前级别的课程。

（八）统计分析机报表

具备统计分析模块，展示学员和课程的各类型数据，以帮助学员自己和培训老师等掌握学习情况，适时作出调整。

（九）未来扩展性需求

系统具备开放性接口，未来可通过对接坐席助手和质检平台，获取客服在实际工作场景的坐席能力画像，可以在陪练平台上依据坐席的能力画像为其推荐个性化提升方案，也可以通过坐席助手将陪练过程中的劣势点做实时提醒，真正实现对员工的全生命周期持续性呵护。

五、项目效果

通过机器模拟真实客户的销售场景，实现坐席与机器人的对话训练，实现营销场景的仿真类训练。通过陪练系统可以快速提升坐席的销售技能，巩固专业知识，同时锻炼坐席与客户沟通的心理素质。具体项目效果如下：

（一）业务知识的问答训练

具备一问一答的对话训练能力，能够对业务知识点的掌握情况进行全面和准确的考核，包括但不限于对知识点能够进行准确打分，以及能够支持对知识点进行分类考察。

（二）情景化的陪练模式

具备场景化的对话训练能力，可以帮助学员理解并掌握在特定情景下达成具体目标或完成具体任务的对话技巧，包括但不限于话术流程顺序的训练、标准话术/知识点的训练，以及合规/风控方面的训练。

（三）智能交互对话

通过模拟服务场景中真实客户的角色，学员可根据培训目的选择练习模式或者闯关模式。学员通过进入选定的智能培训场景，机器人按照话术设定学员可能的话术提出或回答问题，由坐席通过麦克风、耳机进行对话。

（四）支持多人并发使用

电销线上化培训平台可以同时承载大批量的人员使用学习，后台针对字句的准确度进行评分，提高培训效率和话术培训效果。

六、总结

电销线上化培训平台虽然提升了对新人的培训效率，解决了新人基础话术的问题，但是缺乏个性化针对性的训练。未来，智能陪练系统将升级实现“千人千面”功能，针对“新人”“老人”个性化培训需求，推送个性化培训课程，确保坐席获得更为个性化的培训，帮助坐席全面掌握销售技能，不断完善培训赋能工作。

（一）新人话术培训

可以依据每名新人不同的特点，兼顾学员个性特征标签与每次练习的结果，进行综合判断，实现学习阶段的个性化课程推荐与陪练后的针对化提高练习。针对新人欠缺的能力，推送个性化课程，针对性地进行练习，补齐新人技能短板。

（二）老人话术培训

分析老人能力模型，针对不同层级的老人，设置不同类型的话术课程，丰富多维度、多层次的话术场景，精进老人的话术内容，同步提升老人的培训教学能力。

专家点评

本案例从项目背景、项目内容、项目意义和项目效果等方面详细介绍了大家财险电销线上化培训的基本概况，行为逻辑链完整而充实，符合认知规律，有助于帮助读者全面地认识该系统的全貌。营销员的培训一向是保险公司所面临的核心经营问题，本案例对于保险公司降低培训成本，提高经营效率有很大意义。同时伴随中国老龄化趋势的加快，老年人成为保险公司客户的重要组成部分，本案例对老人话术的培训，为今后相关培训做了卓有意义的探索和借鉴。

中航安盟慧眼识猪

◎ 中航安盟财产保险有限公司

一、项目概述

中航安盟慧眼识猪管理平台是基于物联网、无人机、人工智能平台打造的线上化智能平台，主要为解决类似非洲猪瘟，查勘员无法进行现场查勘的场景，同时由于受新冠疫情影响，为扶持中小微养殖企业扩大规模复养，探索中航安盟特色创新金融”活体贷”服务模式，打通政府、银行及金融、保险、养殖集团及中小微企业而打造的智能化管理平台。

二、项目背景及意义

2019 年因非洲猪瘟的影响，四川省内大面积生猪死亡，公司报案数量剧增，查勘员每天超负荷工作，部分养殖场无法进行现场查勘，赔付率陡增，由于案件量大、照片多，理算、核赔人员无法对案件的真实性进行核实。

为减少查勘员的工作量，公司探索是否能通过技术智能识别照片中死猪的重量和长度，用于简化理赔查勘工作量以及降低赔付，同时在大数据、云计算、物联网等互联网科技不断发展的背景下，运用互联网思维，通过对保险价值链的重新审视和创新升级，探索打通保险、养殖户、银行、政府新的“活体贷”金融模式，运用新技术创造“互联网 + 保险 + 金融”的全新模式，将传统养殖转变为线上化、智能化管理，同时将保险承保验标、理赔进行线上化转变。

三、项目重点解决的问题及主要创新点

项目主要为扶持中小微养殖企业扩大规模复养，通过对保险价值链的重新审视和创新升级，探索中航安盟特色创新金融“活体贷”服务模式，打通政府、银行及金融、保险、养殖集团及中小微企业，用科技手段简化理赔查勘流程，将养殖场进行线上化管理以及保险查勘理赔线上化。见图 1。

（一）对于养殖户

通过慧眼识猪管理平台可以实现由传统养殖场向智慧养殖场的线上化转变，通过慧眼识猪管理监控大屏及惠农易（E）保通小程序，实现对养殖场全方位监控，获取养殖场的异常预警和在线监控视频查看，同时简化理赔流程，通过小程序实现一键报案，自助查勘，快速理赔。同时通过保险增信，方便银行“活体”贷款，进一步扩大养殖场的养殖规模。

（二）对于保险公司

实现自动识别进栏、出栏生猪数量，确保用户足额投保，以及为用户提供保险增值服务，简化理赔流程，实现生猪承保、验标以及理赔全流程线上化。基于智慧养殖实现的“活体贷”可

以在商业农险给公司带来新的业务增长点。

（三）对于政府

获取慧眼识猪管理平台数据可以实时获取生猪养殖企业的存栏数据、出栏数据、养殖企业所在位置等数据，让政府补贴用到实处。

（四）对于银行

通过物联网和人工智能平台，可以更方便银行了解养殖企业的真实情况，可以为养殖企业提供无固定资产抵押的“活体贷”，真正盘活生猪资产，实现普惠金融。

（五）对于代养殖集团

“物联网 + 人工智能”平台可以帮助养殖集团实现对代养户及养殖场的线上化管理，包括养殖场生猪进出栏及存栏数据、远程指导养殖、人员车辆进出管理与预警等，实现养殖场数字化管理。

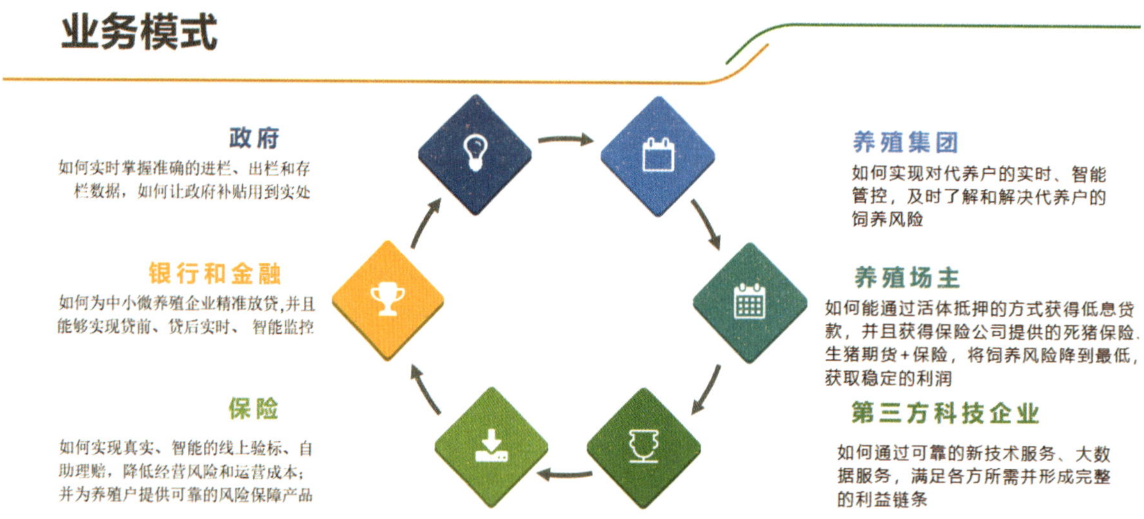

图 1　中航安盟慧眼识猪管理平台业务模式

四、项目主要建设内容

系统总体包括基础层、使能层以及应用层，基础层由部署在养殖场的物联网设备及网络设备构成，包括部署在养殖场进出口人脸、车辆识别摄像头、养殖场内各个通道入口的 AI 点数摄像头以及猪圈内的鱼眼摄像头，通过网关设备，将数据上报至使能层的慧眼识猪管理后台系统，慧眼识猪管理后台系统通过摄像头数据和 AI 算法进行 AI 点数以及进出栏识别，养殖场进出口进行人员以及车辆识别，识别数据上报至应用层，应用层由监控大屏、惠农易（E）保通小程序呈现给最终用户使用。见图 2。

五、项目效果

慧眼识猪管理平台通过监控大屏对智慧养殖场的生猪利用 AI 算法进行点数识别，统计进出栏以及当前的存栏情况，通过监控摄像头可以进行人员、车辆识别，配置白名单后，可以对非白名单人员进行告警，养殖户通过注册小程序，可以获取报警推送，以及在移动端直接管理白名单人员及车辆，视频监控实时查看以及历史视频查看，动态展示养殖场生猪进出栏数据等。

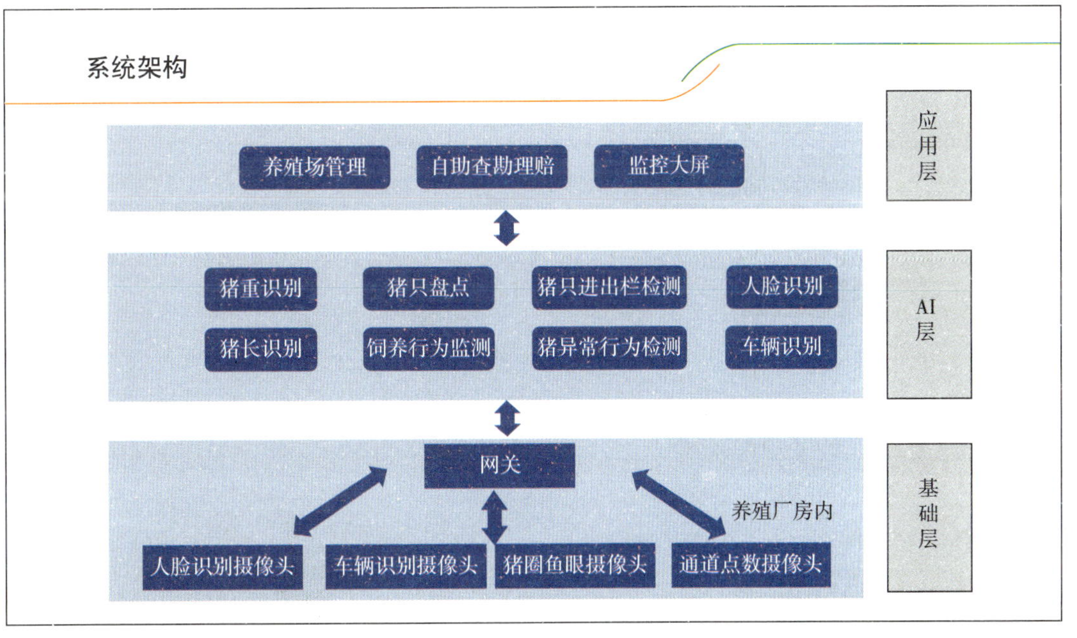

图2 中航安盟慧眼识猪管理平台系统架构

（一）监控大屏

监控大屏主要用于智慧养殖户、保险公司、贷款银行等授权账户对养殖场数据进行统计分析，预警及查看相关视频监控。

（二）慧农易保通小程序

养殖户注册惠农易保通小程序后，后台绑定对应的养殖场，即可通过小程序查看及管理养殖场。小程序主要提供视频监控、白名单管理、活猪进出栏监控管理、工作人员管理及预警提醒，当生猪死亡时可以通过小程序一键报案、自助查勘、快速理赔。见图3。

1. 视频监控，可以查看养殖场所有摄像头拍摄的实时视频，以及历史视频。

2. 白名单设置。通过小程序对养殖场人员、车辆白名单进行管理，非白名单人员、车辆出入养殖场，系统会进行预警提醒。

3. 预警提醒。当非法人员、车辆进入养殖场监控范围内，系统会推送微信消息提醒，点击消息可以查看预警详情，也可直接进行微信小程序查看历史预警消息。

4. 活猪进出栏监控。通过AI和物联网技术对进栏猪只数据量和出栏猪只数量进行识别，通过监控大屏或微信小程序查看每次进出栏数据及死猪理赔数据，对养殖场进行数字化、智能化管理。

5. 工作人员管理。可以为养殖场的工作人员授权分配不同的管理权限，人员更换可以进行权限收回或变更，方便养殖场管理。

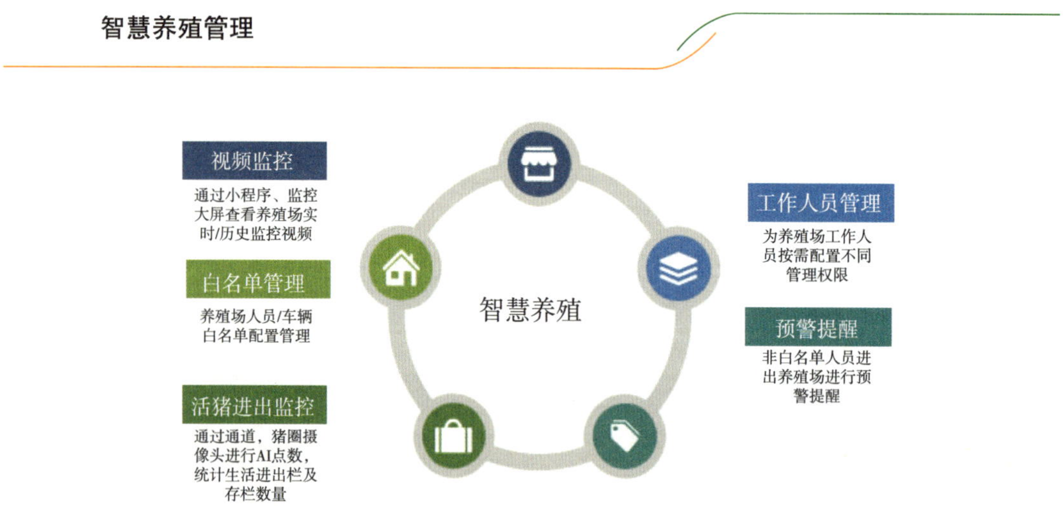

图 3　惠农易保通智慧养殖管理架构

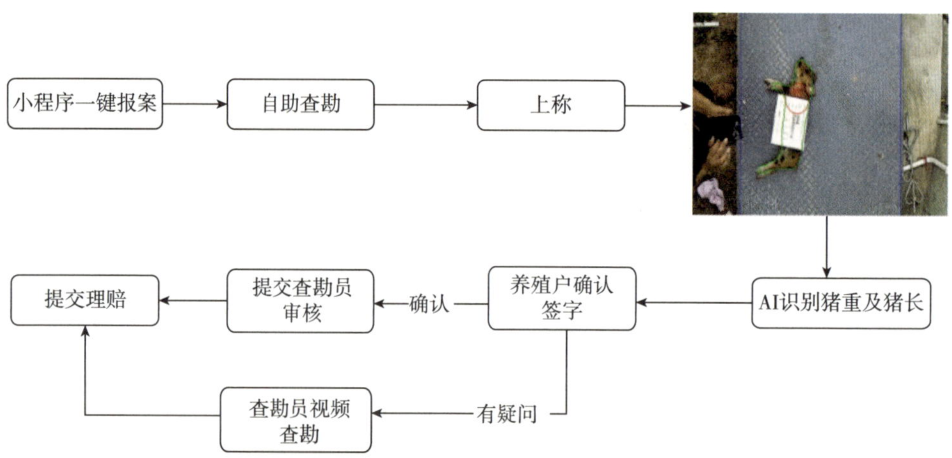

图 4　惠农易保通小程序客户自助报案查勘

6. 客户自助报案查勘。智慧养殖户绑定专属查勘员，通过小程序一键报案，系统自动调度案件到对应的查勘员，通过小程序自助查勘，AI 进行猪重及猪长识别，有疑问直接远程视频连线查勘员，完成一键报案自助快赔。见图4。

7. 视频查勘。智慧养殖户报案后，也可选择视频查勘方式，查勘员远程指导查勘，查勘员远程填写案件资料以及拍照，最终提交用户审核确认，用户对填写资料及影像确认无误后签字提交，完成查勘流程。

六、总结

通过慧眼识猪管理平台，养殖户投保后可以体验线上化、智能化的保险增值服务，保险公司提升了用户体验，减少了查勘员的工作量。在投保阶段进行了自动验标，保障足额投保，做到自助理赔，降低经营风险和运营成本。通过“物联网 + 人工智能”平台，养殖企业可以通过保险增信，通过活体抵押的方式获得低息贷款，并且获得保险公司提供的死猪保险、生猪“期货 + 保险”，将饲养风险降到最低，获取稳定的利润，进一步扩大养殖规模，银行通过慧眼识猪管理平台可以做到为中小微养殖企业精准放贷，并且能够实现贷前、贷后实时智能监控，降低放贷风险。目前项目已于 2020 年 6 月在金堂县完成了第一个试点养殖场的落地，8 月完成了绵阳市三台县养殖场接入。南充市南部县养殖场与南充农商银行的生猪贷正在进行中。后续进一步完善总体流程，实现标准化流程接入与管理，为客户提供更优质的增值服务，同时降低运营成本，减少欺诈赔付。

专家点评

本案例从项目背景、项目内容、项目意义和项目效果等方面详细介绍了中航安盟慧眼识猪的基本概况，行为逻辑链完整而充实，符合认知规律，有助于帮助读者全面认识该系统的全貌。本案例着眼点较小，整篇案例聚焦于猪瘟疫的现场勘探问题，具有极高的实践指导价值。猪瘟疫与 2019 年非洲猪瘟以及当下的新冠病毒等社会热点问题都有较强的关联性，对于解决社会问题也具有良好的启发作用，同时本案例综合运用多项保险科技技术，对于保险科技的综合运用也有很好的借鉴意义。

中国人寿财险“财数宝”：基于客户价值挖掘的精准营销支持

◎ 中国人寿财产保险股份有限公司

一、项目概述

在中国人寿集团“三转、四型、三化”的战略思路下，数字化转型工作在中国人寿财产保险股份有限公司（以下简称中国人寿财险）被赋予了新的、更重要的历史使命。未来科技、大数据要引领财险公司打造行业领先能力，通过科技赋能，让大数据成为财险公司快速发展、争先进位的新引擎。

为利用科技赋能营销，中国人寿财险搭建了“财数宝”——基于客户价值挖掘的精准营销支持平台，该平台旨在通过整合公司海量客户数据资源与客户标签画像，以及中国人寿集团联合分析区中客户标签大数据，利用大数据分析和认知计算能力，为各类产品量身圈定高购买概率的专属客群，以全局性客户价值挖掘助力精准营销。

“财数宝”的推出迅速提升了公司的产品营销能力。自平台及精准客群营销模式推出以来，在公司各个条线多部门联合推动下和总分公司的上下联动下，“财数宝”在多个热销产品精准客群营销活动中起了重大保费促进作用。

通过“财数宝”的推广，中国人寿财险也开始形成具有数字化思维的企业文化。各个部门均开始主动思考如何通过大数据进行客户多角度建模，找到适合自己产品和渠道的客群特征，并通过“财数宝”定制专属精准客群，持续改善营销效率，提高成本效益，促进业务增长。

二、项目背景及意义

目前我国财产保险市场中的车险占比近七成，而同期的美国财险市场中的车险占比仅为四成，这表明我国非车险市场仍有巨大的发展潜力。与此同时，随着我国国民经济的快速发展，汽车早已不是百姓最为重要的财产，房屋、医疗、意外都比汽车在百姓心中重要数倍，同时针对企业客户的财产、工程、责任、信保等保障也越发迫切，无论是个人客户还是企业客户的潜在非车险保障需求都是巨大的。然而，尽管公司自开业以来已经积累海量客户数据，这些数据虽然是一座巨大的金矿，却始终未被充分挖掘。因此，亟须从公司已有客户中挖掘具有潜在购买倾向的客户，特别是具有非车险购买潜力的客户。

另外，在公司的数字化转型进程中，由于部分机构缺乏精细化开发客户、服务客户的有效办法，过度依赖费用打拼，导致业务获取成本较高。如何降低获客成本，实现精准获客，如何根据不同产品特点基于业务营销经验与大数据分析结果为每个产品量身打造专属客群，助力一线人员针对客户群展开精准营销，成为公司数字化转型道路上的一大痛点。

为解决上述痛点，利用科技和数字化能力赋能营销，中国人寿财险搭建了“财数宝”——基于客户价值挖掘的精准营销支持平台，该平台旨在整合公司海量客户数据资源与客户标签画像，利用大数据技术、认知挖掘技术等辅助决策者从海量客户数据中精确圈定具有特定产品购买潜力的客户，为各类产品量身圈定高购买概率的专属客群，绘制客群脸谱，以全局性客户价值挖掘助力精准营销，进而辅助业务人员进行营销资源的精准投放，在促进保费增长的同时避免销售资源的浪费。

三、项目重点解决的问题及主要创新点

为有效挖掘公司的客户数据价值，推进公司精准营销，项目打造了“财数宝”——基于客户价值挖掘的精准营销支持平台。该平台旨在通过整合中国人寿财险海量客户数据资源与客户标签画像以及中国人寿集团联合建模分析区寿险、银行等客户综合标签数据，利用一线业务经验与认知挖掘计算能力，形成不同推荐产品高概率购买客群画像，同时计算满足客群画像的客户清单并下发一线营销人员，以全局性客户数据分析与价值挖掘助力基层精准营销。

本项目的核心是利用认知计算、大数据分析和机器学习模型，包括当前最新、最热的 LightGBM 模型、XGBoost 模型等，从海量客户特征中挖掘购买公司各类产品客户的显著特征。特别是本项目除利用了中国人寿财险数据平台积累的海量大数据外，还利用了中国人寿集团大数据联合建模区存储的集团其他成员单位的标签数据，以提升客群挖掘精准度。通过综合运用财险、寿险以及广发银行客户标签，从客户财险保费、投保年限、出险次数、寿险保费、寿险星级、广发银行资产、储蓄情况等多个维度，分析与客户购买财险公司车险、意外险、健康险、家财险等高度相关的特征，并依据特征形成各类产品综合营销模型。最终，利用综合营销模型以及客户保险消费特征打造财险公司不同财险产品高购买概率客群画像，并基于客群画像精准投放营销资源，引导分支机构进行更为精准的个车展业，同时让过往车险客户购买率不到万分之一的非车险产品实现推荐购买率 10 倍以上的提升。

四、项目主要建设内容

本项目主要建设内容包括两大部分。第一大部分为搭建“财数宝”——基于客户价值挖掘的精准营销支持平台，以系统化、平台化的方式支持不同产品、不同营销场景精准客群脸谱定制、精准客群清单提取和客群营销效果跟踪。图 1 展示了“财数宝”平台中客群脸谱绘制和客群推广营销效果追踪统计功能。

第二大部分也是本项目的核心部分，利用认知计算能力和中国人寿财险以及中国人寿集团积累的海量客户标签数据，针对不同产品和营销场景量身打造各类模型、形成一系列标签库和模型库，最终投递到不同营销场景中，并利用“财数宝”平台完成后续营销活动支持。

截至目前，中国人寿财险已经完成不少于 10 个产品或营销场景的客群模型构建，包括百万医疗险精准客群模型、家财险客群模型、车险高续保客群模型、驾乘意外险精准客群模型、车险效益条款关联销售模型、换车客群模型，等等。下面以家庭财产保险精准客群、百万医疗险

精准客群模型和车险高续保客群模型为例，简要介绍精准客群模型构建的主要方法和内容。

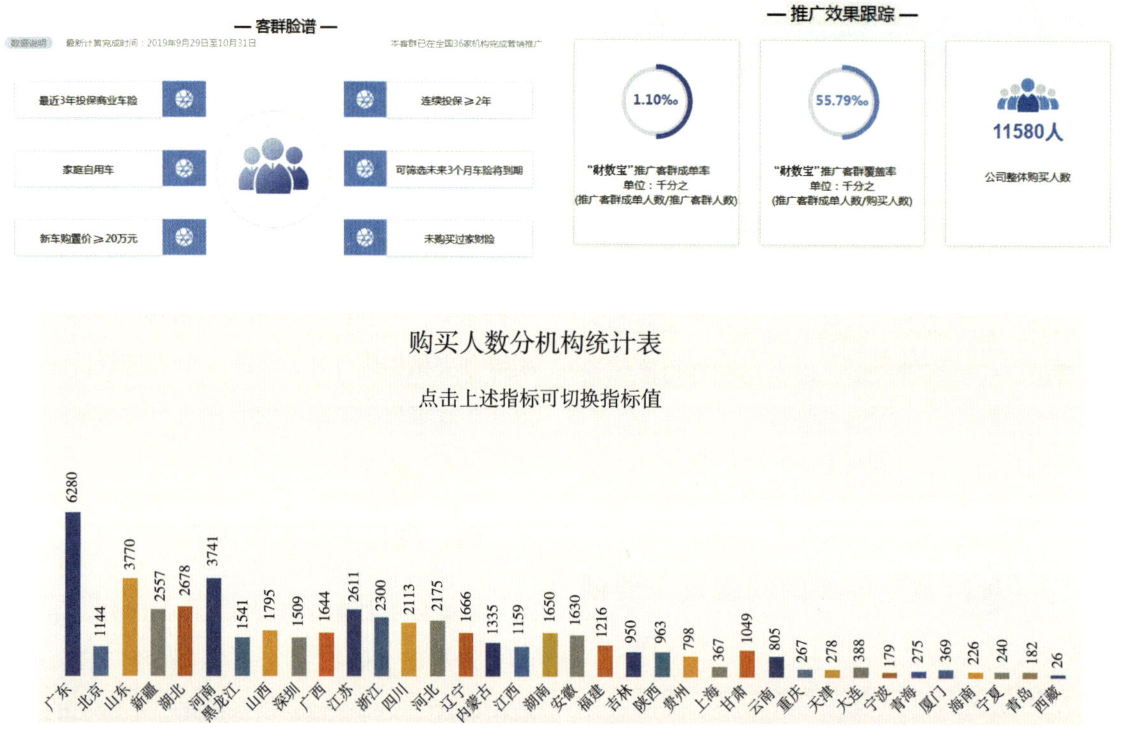

图 1 “财数宝”平台客群脸谱和推广效果追踪统计功能

（一）家庭财产保险精准客群模型

本模型的构建基于以下两个部分的数据：一是中国人寿财险公司车险全量客户数据；二是中国人寿集团联合建模区产寿交叉客户数据。模型构建的目的为从全量车险客户以及产寿交叉客户中挖掘有家财险购买潜力的客户。

模型构建的过程结合了逻辑回归和随机森林算法。通过模型分析发现，车险客户中，女性客户且连续投保年限超过 5 年且车险保费超过 1 万元的客户更易购买家财险，如针对该类车险客户推荐家财险产品，成本效益最高；同时，车险和家财险同时购买的客户为更加优质的客户，其赔付率比车险整体赔付率低 6 个百分点，因此，还可针对车险和家财险交叉客户，推出一系列保费优惠措施或提供专属客户服务，从而进一步提升公司品牌形象和客户黏性。

针对产寿交叉客户数据建模分析发现，产寿交叉客户家财险购买率达到比财险公司家财险整体购买率高出 15 个百分点，特别是寿险星级较高的客户，家财险购买率提升更为明显，比财险公司家财险整体购买率高出约 30 个百分点。而目前产寿交叉客户中，仍有超六成客户尚未拥有家财险产品，如能针对上述保险缺口，面向产寿交叉客户推荐财险公司家财险产品，对提升销售资源投放效率，促进财险保费收入增长意义重大。

基于上述分析结论，“财数宝”平台完成了

家财险 70 周年产品精准营销活动。

（二）百万医疗险精准客群模型

该模型首先利用关联规则算法，针对全公司所有产品与百万医疗交叉购买情况进行了分析，分析发现，家财险与百万医疗险有较高的交叉销售率，意味着给家财险客户推荐百万医疗保险成功率更好。在此分析结论的基础上，我们提取了全量家财险客户特征数据，针对客户特征与百万医疗保险销售的相关关系进行了进一步分析，分析采用了随机森林和 XGBoost 算法，目的是找到与家财险客户交叉购买百万医疗保险相关性最高的特征。

经测算发现，百万医疗险精准客群脸谱可以从三个维度绘制，包括土豪指数、胆小者指数和忠诚指数。从土豪指数角度看，当家财险保费收入为 50 ~ 100 元及 150 ~ 200 元时，交叉购买百万医疗险的比例相对较高，家财险保费收入在 150 ~ 200 元时最高；从胆小者指数角度看，同时投保财险公司其他非车险种的客户交叉购买百万医疗险的概率会提升 10 倍，其他险种单数大于 3 单时，交叉购买百万医疗险概率达 15%；从忠诚指数角度看，客户寿险长险生效年份越早的客户品牌黏性越强，交叉购买百万医疗险概率也越高。

基于模型分析找到的百万医疗险客群特征，2020 年“财数宝”平台陆续支持了确诊宝精准客群、数字渠道安心系列客群、上海分公司安心系列健康险产品等精准客群的清单下发和跟踪统计功能。

（三）车险续保模型

本模型的构建基于财险公司自有客户、车辆、保险数据、业务员、品牌等数据以及中国人寿集团联合建模区寿险客户数据的维度，如寿险长险标志，寿险三年内长险总保费的标签，长险保单生效日距今的时间点，等等。建模使用了包括朴素贝叶斯、逻辑回归、决策树、KNN、XGBoost、LightGBM 等多种算法，经反复测试分析比较，LightGBM 算法准确率最高。基于 LightGBM 算法，中国人寿财险各个分公司均构建了不同的车险概率预测模型，各个模型的平均预测准确率达到 70%，召回率达到 80%，在行业处于领先水平。

通过建模分析，找到了影响车险续保的关键因素。比如，通过分析发现，随着客户年龄的增长，客户续保率会呈上升趋势。又如，随着客户连续投保年限增长，客户续保率也会增加。结合集团其他成员单位综合数据分析发现，随着客户寿险长险年交保费额度的提高，其车险流失率呈相对递减趋势，其中长险年交保费额度在 10 万元以上的客群其车险流失率比平均低 20 个百分点。

结合模型分析找到的与车险续保相关性比较高的要素，再利用 LightGBM 算法，可构建车险待续保保单续保率预测模型，进而预测每一份保单、每一辆车、每一位客户的续保率，并最终将预测续保率投递到与车险续保相关的营销场景中。

五、项目效果

基于建模分析发现的各类精准客群特征，本项目已完成多个产品和应用场景的精准客群画像绘制，并在“财数宝”平台上线了多个精准营销客群，以支持精准客群投放和营销追踪，包括家财险 70 周年产品精准客群、疫情期间赠险新客客群、赠险老客客群、车行渠道高续保客群、上海百万安心疗精准客群、数字渠道安心系列产品客群、关税履约保证保险客群、建工履约保证保险客群等。下面以家财险70周年产品精准客群、车行渠道高续保客群、疫情期间赠险客群为例说明项目效果。

（一）家财险70周年产品精准客群

2019年10月，基于“财数宝”平台的家财险70周年产品精准营销活动用时33天，带动了10月家财险产品保费收入超过250万元，较该产品7~9月平均保费收入增长35%。基于家财险精准客群挖掘分析结果，“财数宝”圈定的两个家财险70周年产品高购买概率精准客群客群的签单率是全量客户签单率的10.1倍和17.7倍，实现了推荐购买率10倍以上提升。

（二）疫情期间赠险客群

2020年5~7月，公司开展了基于“财数宝”的“法定传染病”赠险精准客户营销活动。其间，推出了“赠险老客”和“赠险新客”两个精准客群。营销活动持续2个月，全系统“赠险老客”带动保费收入超过6000万元，“赠险老客”成单率为79.2‰（是指活动期间购买保险人数/累计下发总人数），人均购买保单较公司同期个人客户人均保单的增幅为12.9%。“赠险新客”推动效果也达到公司车险客户交叉购买非车险产品成单率的3.17倍。

（三）车行高续保客群

基于车险续保预测模型并配合车行渠道续保营销，“财数宝”2020年第三季度上线了车行渠道高续保概率客群，应用效果优异。以2020年9月续保效果为例，预测模型获得的高续保概率客群最终续保率超过了65%，是车行渠道实际续保率的2倍以上，其中全国共有13家机构模型预测高续保客群续保率较车行整体实际续保率提升30个百分点以上，提升最高的机构达54个百分点。验证了通过车险续保预测模型可准确识别客户到期留存与流失行为，基于认知挖掘模型识别的精准客群，可有效提升营销活动效率。

“财数宝”项目也得到行业的高度认可，荣获中国信息协会和中国金融CIO联盟评选的“中国保险行业信息化创新项目奖”和全球著名的第三方研究机构IDC（国际数据公司）评选的“2020中国金融行业技术应用场景创新奖”。

六、总结

通过本项目的应用推广，公司已开始形成利用基于大数据分析的客户特征和客户分群指导营销活动的企业文化。各个产品条线和销售部门均开始主动思考如何利用中国人寿财险积累的客户大数据以及中国人寿集团联合建模区其他成员单位的客户标签数据进行多角度的综合建模及客户分群，找到适合自己产品和渠道的客群特征，并通过“财数宝”定制客群，针对不同客户分群投放不同的销售资源，提升客户推荐购买率和客户忠诚度，持续改善营销效率，提高成本效益，促进业务增长。针对不同的营销活动，总分公司基于营销数据持续追踪各分公司的效果达成情况，各分公司也通过细化方案、制定考核等方式推动活动落地，力求最大化精准客群投放效果。由于本项目先后获得两个金融行业创新类项目奖项，预计本项目还将引领行业客群营销概念的推广和相关产品的研发；同时本项目也通过科技和大数据的创新应用，提升了公司在行业的品牌形象。

未来，中国人寿财险将进一步加深基于大数

据和认知挖掘建模的客户资源价值，加强客群营销服务支持力度，结合历史开拓成功客群，通过相关标签数据、购买险种、转化率等数据进一步精准筛选分析，更好地支持客群特征分析和模型计算，丰富高概率购买客群画像，为后续精准拓客奠定基础，助力业务发展。同时，还将不断总结客群建模分析经验和客群营销推广经验，综合基层意见建议以及同业优秀做法，进一步优化客群资源拓展方案，制定差异化分配策略，不断提升公司客户资源利用成效。

专家点评

中国人寿保险股份有限公司的“财数宝”平台，通过整合公司海量的客户数据资源与客户标签画像，充分利用了大数据的分析和认知计算能力，圈定了高购买概率的专属客群，对客户的价值挖掘有了精准的营销。该平台能够针对不同的客户分群挖掘客户的资源价值，制定差异化的分配策略，提升了公司产品营销能力，在促进保费快速增长的同时也避免了销售资源的浪费，具备一定的借鉴意义。公司充分利用科技和大数据进行创新，对客户价值挖掘进行精准营销，提高了成本效益，促进了业务增长，为保险公司的快速发展提供了有力的后续保障，具备一定的代表性。

泰康在线数字化智能营销平台赋能保险业务

◎泰康在线财产保险股份有限公司

一、项目概述

在自身业务发展和互联网特点的驱动下，泰康在线打造“数据 + 场景 + 智能”跨界融合的一站式数字化智能营销平台，赋能保险业务。智能营销平台应用“互联网 + 大数据”技术，实现内外部多源数据采集、用户画像统一、用户洞察分析、智能触达、营销效果监控回溯等功能。平台支持多场景、多渠道、多形式营销，帮助营销人员洞察用户诉求、精准定位用户、实时或周期性营销触达、快速获取用户反馈，从而提升营销效率、优化营销效果，通过深化数据分析、挖掘能力，洞察客户、透视企业，将大数据技术转化为实际生产力的重要应用之一。

二、项目背景及意义

在互联网保险业蓬勃发展的当今，出现了高速度获客和海量保单支付的保单交易特征，传统保险业的营销方式适用客户单一维度分析、低频高价的保单交易特征，不足够支撑互联网保险公司的快速营销发展，由此“高频 + 高效”的营销需求迫在眉睫。泰康在线作为互联网保险头部公司，应用数字化智能营销平台，深入赋能营销业务各场景，助力业务实现全面的数字化营销转型，有效实现了用户精确分类、用户快速触达、用户高效服务的客户经营目标，有助于达成保费提升、效率提升、用户体验提升的业务运营目标。

三、项目重点解决的问题及主要创新点

（一）重点解决的问题

泰康在线互联网保险业务在高速发展中，营销环节需要解决以下问题：

1. 用户数据“孤岛”。存量客户数据量大，且数据分散在各系统中，广告平台、“三端一微”行为数据，保单转化等数据“孤岛”，暂未打通。

2. 触达方式单一。无法对用户做群体营销、个性化精准营销、交叉营销以及提供服务，需持续优化。不支持实时触发或按特定条件触发，营销场景受限。触达方式单一，触达策略粗放，缺乏有效手段及运营经验去吸引用户，导致触达率低。用户筛选不精细，用户标签维度不全，分群不够精细。

3. 数据营销闭环未形成。广告监测数据、行为数据、保单转化数据暂未打通，未形成营销闭环，难以精细化评估运营的真实效果。没有一

个集触达任务创建、执行、管理、反馈、迭代为一体的自动化运营平台。

4. 精细化运营效率较低。人工提取数据，数据分析弱，人力投入成本高，开发周期长，且存在数据安全性隐患。不能通过用户行为、属性、标签等数据筛选受众，实现目标人群的精准触达，提升关键指标和运营效率。

（二）主要创新点

泰康在线数字营销平台是以保险用户为中心的全流程、全场景、全渠道营销解决方案。

1. 通过对在线互联网用户行为日志的收集分析，打通用户互联网端与业务端的数据，完成用户数据的整合统一。

2. 利用大数据平台技术，刻画用户画像，通过用户画像对用户进行细分及分析，充分把握用户需求，为公司产品的定位与营销服务提供数据支持，进一步为用户提供个性化的优质服务。

3. 通过搭建数字化智能营销系统，帮助泰康在线实现依托于大数据精准定位，支撑端到端多维度营销服务体系，构建大数据平台应用生态。

四、项目主要建设内容

泰康在线数字化智能营销平台主要由数据和系统两大部分组成，依照业务优先级和平台特性分步骤迭代建设，目前已经发布 V2.0 版本，完成了平台主要功能模块的搭建，有效支持营销相关业务的开展。

（一）全面收集用户数据

整合数据源获取内外部数据，同时通过在 Web 端、APP 端、H5 端、微信端的页面埋点，全面收集用户互联网数据，为用户画像提供全面的分析数据。收集的数据如下：

1. 用户信息。用户行为信息、来源信息、拓展信息、活跃拓展信息。

2. 设备环境信息。设备信息、版本信息、位置信息、网络信息、其他信息、视区展示空间。

3. 渠道活动数据。来源信息、转化信息、制式化经营手段的触达数据。

（二）统一用户画像

1. 统一用户识别。建立泰康在线统一 TKID，打通客户与会员、粉丝、设备指纹、邮箱等用户形态数据，实现用户多来源数据拉通，支持数据价值链路分析追踪与优化。

2. 完成用户标签体系构建。包含用户基础信息、保险消费、订单信息、服务信息、行为信息、就诊信息、理赔信息、网电语音信息、理赔信息、资产信息等 12 类共 247 个标签，对用户进行全方位刻画。

3. 建设用户标签规范。从 0 到 1 建立泰康在线统一用户标签体系管理规范，规范用户标签定义，标签命名，标签开发，标签维护和标签安全等流程，并且对标签生命周期进行跟踪管理，从而提高用户标签质量和服务效率，同时加强客户信息的安全管理。

4. 提供标准服务。提供基于用户标签的标准 API，赋能多个业务场景，应用在战略决策、个性化推荐、产品优化、风控管理等场景。

（三）智能化营销

1. 用户洞察。通过规则模型、机器学习模型识别用户标签，形成用户客群，同时支持营销人员自定义筛选客群，避免冗长数据需求流程，帮助营销人员更快抓住商机。可视化看板展示客群关键指标，帮助营销人员感知客群整体情况，从而有针对性地选择触达方式，设计触达内容。

2. 用户触达。打通短信、邮件、微信、APP、电销等多种触达方式，实现多渠道自动下发营销消息，支持按照多种渠道设置触达方式，按照单次、循环设置触达形式，支持按照用户偏好渠道触达用户。

3. 活动管理。提供丰富多样的营销活动模板，帮助运营人员完成日常拉新获客、热点营销活动的快速落地。提供先进的活动反作弊机制，为营销活动全周期保驾护航，有效拦截“羊毛党”，节省营销成本。

4. 活动奖品库。提供丰富的奖品库及奖品管理后台，一键完成奖品配置，可视化管理奖品库存及营销预算。

5. 活动效果分析。活动执行后，活动的执行数据以及触达用户的结果数据将记录保留，支持依照关键指标进行多维度分析，包括执行效果分析，如发送记录、客群总量、发送量、成功量、失败量等；营销结果分析，如注册、转化、保单量、保单客户数、保费等。方便营销人员实时监控营销执行情况和营销结果达成情况，从而有针对性地调整优化活动。

（四）营销规则管控

1. 用户防打扰。通过敏感词提醒、疲劳度管理、黑名单库，全面管控触达规则。

2. 二次补发。针对首次触达未成功的用户，自定义配置和匹配不同的触达方式及触达规则，提升二次触达效果。

（五）流量分析

1. 全平台能力覆盖。支持网站、APP、小程序、H5 等多种平台；媒体渠道已经实现今日头条主流投放平台对接。

2. 全业务场景追踪能力覆盖。流量分析功能支持现有互联网全部场景，包括广告投放、平台活动、轮播广告、短信营销、CPS 合作和流量置换等。

3. 一键配置来源监测代码。便捷的代码管理，一键生成数据监测代码。

4. 全链路效果分析。打通广告、行为和业务数据，从曝光、点击到注册、转化的全链路业务数据；支持用户访问轨迹双向追踪，支持渠道维度、用户维度、衍生保费维度的统计。

五、项目效果

数字营销平台已经在直营事业部、大健康事业部、互联网事业部、车险事业部和运营中心部门广泛应用，支持以下业务应用场景，预计将扩展到公司全部互联网保险业务场景。

（一）精准营销

1. 广告人群定向。在信息流广告投放中，提供用户用于媒体种子人群拓展和过滤黑名单服务，从而优化广告投放策略和效果。

2. 智能主动营销。支持智能营销平台用户洞察及客群筛选，并支持智能触达，沉淀了 12 类共 247 个标签，覆盖亿级用户，上线后累计执行 581 个触达任务，触达千万级人次；单日最多执行 22 个触达任务，触达百万级人次。

3. 主题活动赋能。支持 822 集团司庆活动、支付宝私立门诊推广活动、920 爱牙日拜博活动、五周年公司司庆等活动，实现活动模板部分自动化，人群筛选、智能触达、效果分析一站式管理。

4. 线索赋能。本年累计产生线索量过百万条，根据用户行为标签生成线索推送给网电坐席进行电销；基于用户画像建立防脱退风险评分，已推送至电销系统，效果监控中。

（二）精细化运营

1. 直营平台千人千面。打通 APP 设备指纹信息，在用户未登录的状态下，实现用户识别，并根据不同的用户属性，展现不同的产品和页面，该功能自上线后，关键经营指标得到优化，次日留存率、第 3 日留存率有显著提升，优于历史各版本。

2. 互联网保险可回溯。覆盖所有互联网保险场景和平台，包括网站、APP、小程序、H5 等多种平台，支持“160 +”线上保险产品销售行为可回溯。

3. 埋点数据标准化。完成“20 +”互联网保险业务场景埋点方案的梳理，沉淀“500 +”标准事件库。

4. 用户画像可视化。智能营销平台基于用户人群包筛选画像可视化，指导运营决策。

5. 特殊渠道用户保护。2020 年 10 月已经实现特殊渠道用户屏蔽，避免法律合规风险。

6. 外部渠道运营优化。实现外部渠道的数据对接，监控外部渠道用户全生命周期、全链路业务指标，可以基于转化率、触达率、注册率、ROI 等关键指标调整运营策略。

（三）专利申请

1. 已申请以下几个专利：

（1）基于 ACTIVITI、HIVE 的自动分组营销择优触达技术。

（2）基于 HIVE、ES 的个性化精准营销技术。

（3）客户评估方法、装置、设备以及存储介质。

2. 正在申请的专利有以下几个：

（1）一种基于客户关系的智能触达方法。

（2）基于机器学习算法的失效客户复购预测装置。

（3）财险购买意向评分卡营销装置。

（4）一种基于保险深度的健康险需求评估模型。

（5）基于统计学算法预测广告渠道质量评分装置。

（6）保险投保流程中虚假用户的识别方法。

六、总结

数字营销平台仍在持续不断地迭代和优化，后续将基于业务扩展更多功能（如营销优化、多波次营销、营销奖励库、审批流程等），覆盖更多业务应用场景，同时为更好地支持保险业务，也将探索以下更前瞻的方向：

1. 战略决策。提供用户画像全景视图，提供用户洞察及分析报告，指导公司整体战略决策发展。

2. 智能推荐。通过用户历史浏览及购买情况预测用户未来的购买意向，根据客户的购买意向确定定制化经营客户，为其提供个性化推荐产品和活动，持续提升用户转化。

3. 智能客服。通过用户标签做全面用户洞察，沉淀出不同类型客户的实施和服务流程，通过不断迭代优化，让业务流程更顺畅，提升智能客服用户体验和满意度。

专家点评

泰康在线财产保险股份有限公司能够打造“数据 + 场景 + 智能”跨界融合的一站式数字化智能营销平台，该平台通过深化数据分析赋能保险业务，将大数据技术转化为实际生产力，将用户数据进行有效的整合统一。该平台依照业务优先级和平台特性分步建设，使营销业务数字化智能化，实现用户精确分类，提升了用户的体验和满意度；通过精细化的营销和运营，能够有效支持保险公司日常开展的相关营销业务，达成保费提升、效率提升、用户体验提升的业务运营目标，具备一定的代表性和较强的应用意义，值得推广。

安心财险基于用户行为分析的营销分析

◎安心财产保险有限责任公司

一、项目概述

安心保险为深度挖掘保险数据后面的真实用户行为，本着了解用户、还原用户的真实心理过程，制定设计基于行为分析的用户管理系统。用户行为分析系统的设计主要关于用户路径、用户行为漏斗、用户生命周期、用户操作元素、用户画像、用户留存、用户地域统计分布、访客来源、访问分析、用户性别、年龄、用户终端系统等数据多元化分析，针对不同渠道、不同时间段、不同投放点等切入点进行数据的可视化桌面展示。营销人员可直观获取用户的行为分析信息，也可依据直观的分析在用户投放渠道抑或投放策略中出现问题的时候，依据用户行为数据进行进一步的改进和策略优化。

二、项目背景及意义

传统保险业在大多数场景下无法具备线上直接接触客户的能力，从而导致用户线上体验差，经常需要依赖线下支持，本项目的目的则是对这块空白的一次初次尝试。此次尝试让安心对互联网保险的意义又有了新的理解，在营销方面，安心的 ROI 得以领先行业 20%，原因是做到了大规模的准实时数据分析，日数据吞吐量达到 6000 万个，时间延迟能达到秒级别，在 TB 数据总量级别下多表实时关联分析查询延迟做到秒级别，为分析带来了非常强大的便利，方便运营人员能根据实时数据情况调整营销策略。

三、项目重点解决的问题及主要创新点

（一）行为与业务数据的实时采集

1. 数据实时采集。安心数据的实时采集包含多项范围，除了基础的行为数据，还包含业务数据、日志数据、历史数据及三方数据等。行为数据通过前端 JSSDK 在线上报的方式实现实时采集；业务数据的实时采集是通过对业务数据库日志进行监听后台实时上报。

2. 数据缓冲。数据缓冲是为后续数据计算起到承上启下的作用，在安心分析平台中，业务数据日消息采集量约为 3000 万个，行为数据日采集量为 4000 万～5000 万个，如果采用直连的方式，需要花费大量的时间去完成网络数据传输，并且对计算机的内存要求非常大，数据缓冲机制满足大数据量在数据时效和存储空间上的要求，采集过程中也做到了全链路监控告警，当消息量异常发生时触发警告，保证最大延迟在分钟级别解决。

（二）用户身份实时识别

用户身份跨端关联。安心使用一种特定的 ID 生成规则，可以将注册用户跟任意多个设备

进行关联，在这种机制下，一个注册用户可以使用多个用户进行登录，并且它在这些设备上注册/登录前后的行为都会被准确地识别到同一个用户身上，从而使后续分析能精准地定位到一个用户行为序列。

（三）用户行为在线分析

用户行为数据具有信息基数大、增长速度快、有效期限短等特点，所以如果想进行用户行为的在线分析，就需要一个能存储海量数据的存储介质和具有大规模算力的计算引擎，针对这两点，安心引入了如下两种技术方案来解决此问题。

1. 列式存储支持统计分析。安心引入 kudu 与 parquet 来解决上述问题，kudu 与 parquet 都是列式存储并且是分布式部署，在存储海量数据方面存在天然优势，并且可以横向扩展；安心使用 kudu 记录短期内插入和更新的数据，当数据经过一定时间沉淀后转储到 parquet 存储中，方便后续计算引擎读取数据。

2. MPP 架构计算引擎。在线分析需要在短期时间内获得分析结果，如果等待时间过长则会丧失行为数据的时效，要实现这样的场景就需要强大的算力保证，MPP 架构计算引擎 impala 可以较完美的解决此问题。首先，impala 的全内存计算方式可以最大限度地提升计算速度；其次，在算力不足的情况下可以支持不停机横向扩展；最后，impala 可以与列式存储介质完美结合，在执行复杂计算时，可以将筛选条件直接下推到存储层面，这样一来参与计算的消耗就会降到最低，从而达到秒级别响应的目的。

平台整体技术架构如图 1 所示。

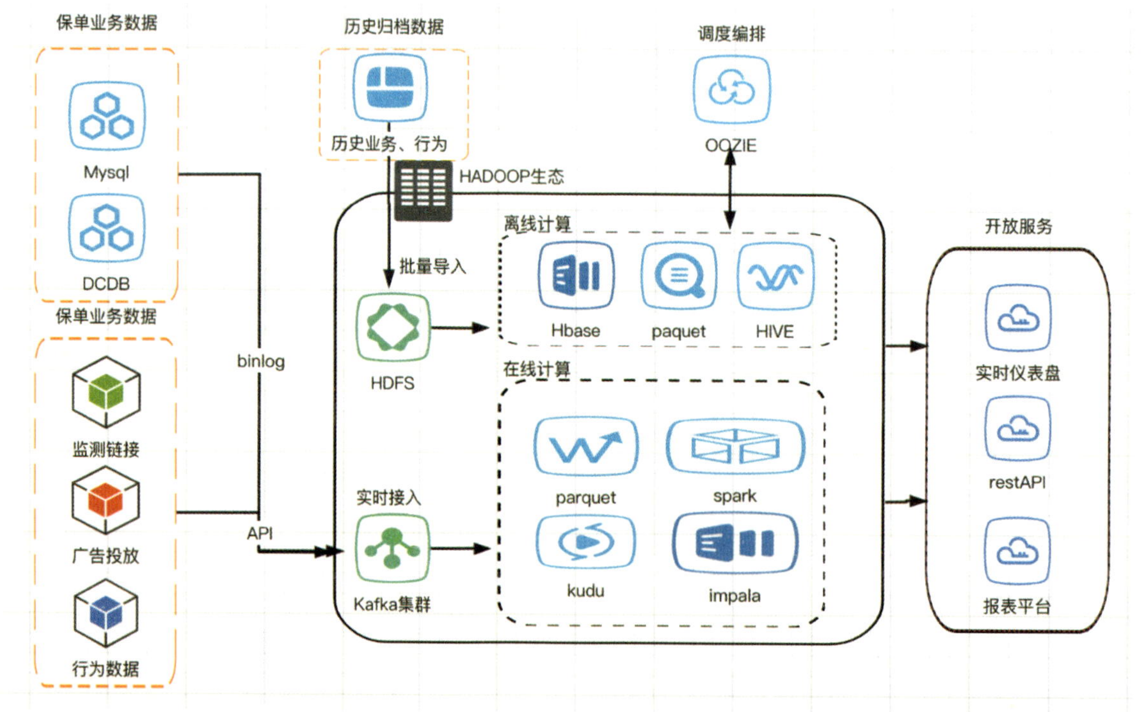

图 1　平台整体技术架构

四、项目主要建设内容

（一）分析模型

行为数据的分析是洞察客户心理的关键一环，而做到这一点必须要依靠分析模型的支持，安心内部引入以下七种模型实现客户心理的洞察，以便后续对客户进行精准营销。

1. 用户路径分析模型。可视化用户流向，基于业务流程事件的上下游进行用户流向的可视化展示，查询相关节点用户的行为，对用户在上下游所看到的不同页面属性、对页面的点击、直接退出页面 、在页面各项输入等相关数据进行分析，挖掘用户规律。

2. 用户画像分析模型。“标签化”用户画像，基于业务流用户操作数据，根据用户的属性（如年龄群体、性别）、偏好（如浏览内容、点击内容、咨询）、位置（如一线城市、二线城市）、习惯（如访问时间点、浏览的路径行为、查看内容类型、浏览的产品类型）、设备（如PC、安卓、iOS）等相关属性进行抽象化标签，依据相关标签进行用户画像描述。见图2。

3. 用户漏斗分析模型。流式漏斗转化，基于用户从投放页面开始填写信息、获取验证码、报价、核保、支付等流程进行层级转化监控，多方面展示用户转化节点，针对不同人群、不同展示页面、不同地域人群进行转化对比分析和优化，从而提升整体用户转化率。见图3。

4. 用户留存分析模型。留存周期率，针对不同时期产品效果及留存标准分析真实用户转为私域用户、活跃用户、稳定用户、忠实用户的转化率，分析转化率判断产品对用户的吸引点及对用户的价值高低。衡量产品的体现效果，延长用户使用周期。见图4。

5. 用户业务点击分析模型。页面热力分析，基于用户对产品的每一次点击埋点数据，以热力图的形式展示不同用户在页面上对点击功能点的使用率及整体产品页面功能点击率。结合整体效果数据分析用户通用点、用户聚焦点、用户深入需求点。

6. 用户群生命周期模型。用户群周期模型，

图2 用户画像分析模型“标签化”用户画像

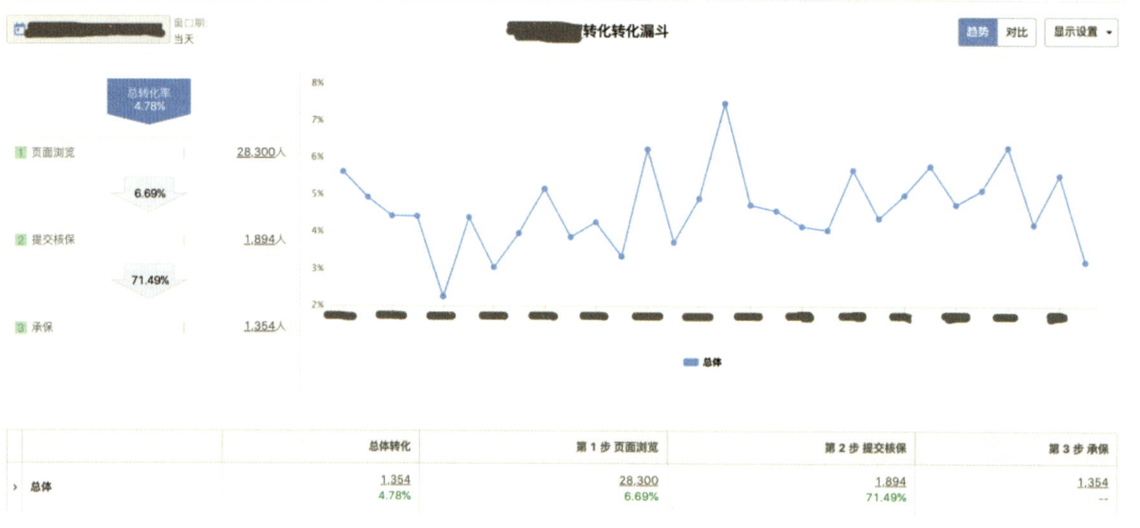

图 3　用户漏斗分析模型流式漏斗转化

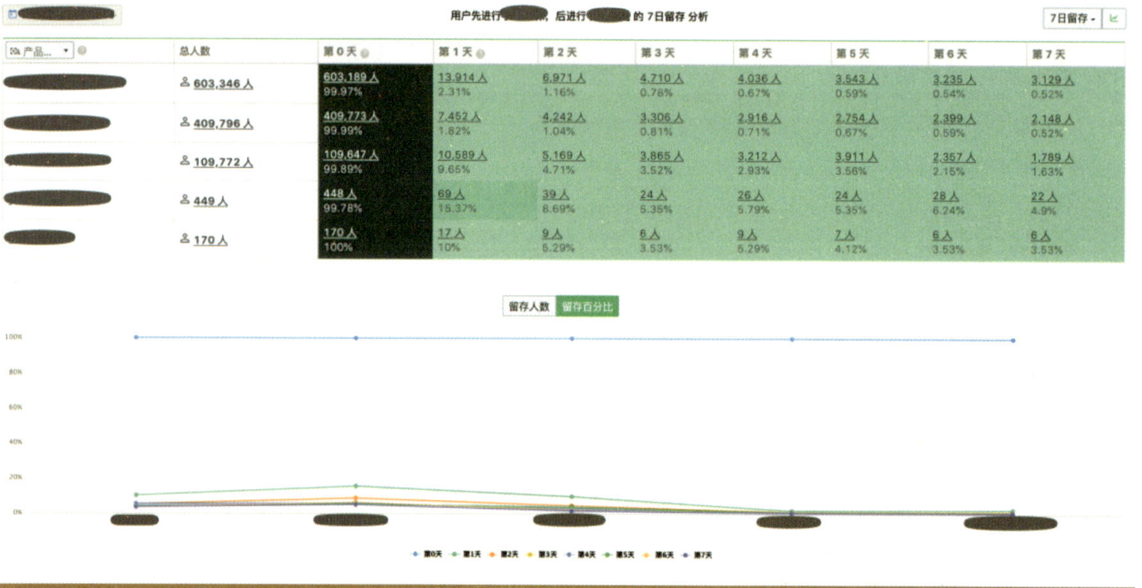

图 4　用户留存分析模型留存周期率

基于不同时间段分析用户行为数据，判定指定用户群体在不同时间段的访问量、转化率、活跃度的增长情况，进行相关产品功能的合理性。

7. 用户分群分析模型。用户分群模型，针对不同产品购买群体、不同的客户端来源、不同的保费用户群、是否客服咨询、是否绑定用户信息、是否关注公众号、是否查看保单、是否答题等各种关键属性进行用户群体分析，关联目标用户行为，寻找产品增长机会。

（二）A/B 测试

安心的同一个宣传广告会定义两个主要的宣传页面，然后让同一类别的用户一部分看 A 方案，另一部分看 B 方案，实时采集 A 方案和 B 方案用户的信息，分析平台就可以根据特殊标记完成 A 方案和 B 方案的对比工作，大量数据进行比较后确定 A 方案更适合市场还是 B 方案更适合。

（三）实时数据感知（仪表盘）

在广告投放中，任何一项小的数据变动就可能影响一天的效益，所以实时的数据感知是一件必须要重点保障的工作，在仪表盘中可以看到各个广告的 ROI、消耗等，业务人员就会根据这些数据定制投放策略，当 ROI 或者消耗存在异常趋势时，则适当的调整对应策略，延缓或者遏制异常趋势，以便能达到利益的最大化。见图 5。

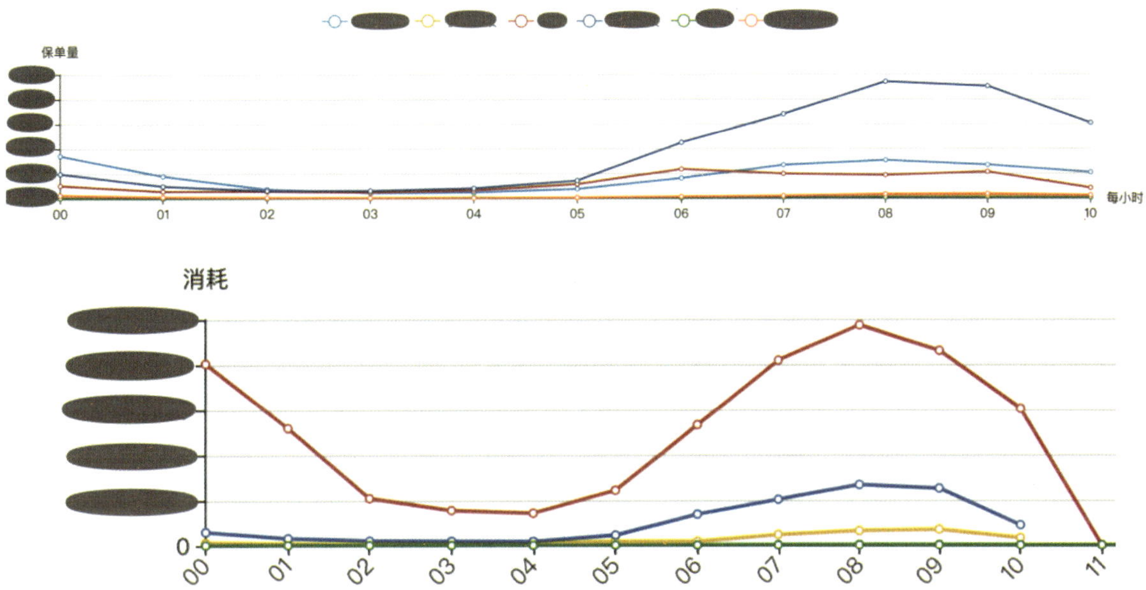

图 5　实时数据感知（仪表盘）

五、项目效果

基于用户行为分析在公司营销投放方面提供更直观的、更准确的用户行为数据分析，为运营人员提供了更精准的用户流程数据统计。

（一）提高用户行为信息统计分析

安心保险目前已积累客户信息数据达“1.3 亿 +”个，日营销数据吞吐量高达到 6000 万个，针对实时的用户数据收集、分析、建模，快速便捷地统计用户的标签归属，为营销及客服提供更有效的数据支撑服务。

（二）提高营销分析能力

通过对用户的路径、画像、漏斗、留存、业务点击等行为分析，为营销团队提供最直观的用户行为轨迹、用户分群分组、功能点击率、留存转化率等各方面的分析图谱。对日吞吐量高达 6000 万个的数据进行大规模的准实时分析，也使得安心的营销 ROI 得以领先行业 20%。

（三）运营统计分析

各类活动是互联网公司最常有的拉新促活的有效办法，如何确定用户是否理解活动，如何确定用户参与的积极性，如何确定用户参与的力度，如何确定活动是否有吸引力，等等，各种问题也是拉新促活最直观的阻力，自用户行为分析上线后，支持各类活动运营用户数据分析达30多场次，为运营人员提供了最实时的活动集中点、活跃点分析来调整营销策略，同时也降低了拉新促活成本。

六、总结

在以数据为导向的今天，大数据驱动高效的用户行为分析平台已是行业标准，是保险业业务发展的基石，用户路径、用户画像、漏斗模型、页面元素埋点、用户生命周期等一系列行为分析场景，透过用户行为数据，深入挖掘用户表面行为背后最本质的需求，全面分析用户行为数据进行精细化业务运营，驱动业务增长，为业务发展提供准确的方向。

专家点评

安心财产保险有限责任公司基于用户行为分析的营销分析项目，通过开发用户行为分析系统来助推营销人员直观获取用户的行为分析信息，解决了传统保险业在大多数场景下不具备线上直接接触客户的能力这一问题。除此之外，该项目还具有行为与业务数据的实时采集、用户身份实时识别以及用户行为在线分析三大创新点。安心保险的用户行为分析系统提高了公司对用户行为信息的统计分析能力、营销分析能力以及运营统计分析能力。在当下大数据时代，该项目通过大数据分析来驱动高效的用户行为分析，具备一定的代表性和行业引领性。

新华人寿智能先行，让双录更美好

◎ 新华人寿保险股份有限公司

一、项目概述

为践行监管要求、规范一线展业、提升客户体验，新华保险（以下简称公司）在 2018 年首创部分语音播报与人工诵读相结合的双录模式基础上，持续对标赶超，不断丰富完善线上技术，年度内引入智能语音、智能识别、智能投屏、智能同框等新技术，持续赋能双录，解决话术诵读不准、文件/签字展示不清晰、客户与业务员异地不能同框双录等难题，满足特殊情况下的销售与投保需求，并使一线更易操作、客户体验更顺畅。

二、项目背景及意义

（一）项目背景

2017 年监管下发保险销售行为可回溯管理办法，要求相关保险业务须由业务员向客户履行明确相应说明义务、诵读关键信息，并就其销售关键环节以录音录像等技术手段采集视听资料，记录和保存保险销售过程中的关键环节，实现销售行为可回放、重要信息可查询、问题责任可确认，在此基础上，陆续有地方监管因地制宜主动在辖区内扩大双录实施，双录业务量逐年递增。作为传统销售流程的新增环节，对一线展业提出了更高要求，同时也需要客户层面的高度配合。如何能使这一新增必备环节在与销售实务衔接过程中尽快磨合顺畅，让一线人员熟练操作、准确操作，客户感受度不断提升，成为行业内所面临的重要挑战。公司以监管要求为依据，不断探索智能技术与双录相结合，期待通过科技赋能，优化流程、便捷操作，使双录不再成为销售展业的障碍，而是保护公司、一线和客户三方权益的利器。

（二）项目意义

公司通过引用智能技术，包括智能语音、智能识别、智能投屏、智能同框等，解决双录实务操作过程中诵读不方便、操作不方便、展示容易错、展业设备多、质检结果慢、客户在异地等现实问题，使得操作更方便、客户能认同，双录不再是难事。

三、项目重点解决的问题及主要创新点

在双录流程、录制步骤趋同下，业内纷纷聚焦技术创新以简化前端操作。在双录过程中，诵读不准确、录制时间长、操作不熟练等原因导致质检不通过、须反复联系客户补录引发客户不满，使队伍展业有压力、心理有抵触，便捷操作、消除抵触迫在眉睫。公司围绕双录实务的难点痛点，引入智能技术，通过科技赋能，使双录操作更加智能、简便。

（一）智能语音解决诵读难

业内首家引入智能语音播报技术，实现投保差异化内容人工诵读、制式化内容智能语音播报、业务员说明与答疑相结合模式，解决业务员诵读慢、口音不利质检的痛点。此后公司深耕细作，通过数据对接进一步扩展语音范围，实现投保差异化内容自动播报，目前除自我介绍需人工诵读外，其余内容全部实现语音播报，在减轻业务员诵读压力的同时增加了业务员与客户的互动感。在此基础上，还增加了多档语速及拟人化语音功能，客户可结合理解能力及听觉习惯选择不同的语速、语音、语调，整体提升客户与业务员的听觉体验。

（二）智能投屏解决展示不清晰

在双录过程中，证件、条款及各类单证镜头聚焦、操作人手持晃动等情况经常导致录制不清晰、导致人工质检不通过。为此，公司实现将业务员身份证件（身份证、执业证）、双录相关单证及客户签字内容在双录录制界面的对应环节直接显示，并由客户进行翻阅、查看，省去操作人员手动展示与录制对焦，在便捷操作的同时大幅提升准确度。

（三）智能识别解决操作不准确

双录结束后，业务员及客户需等待较长时间才能获取质检结果，一旦人工质检不通过还需要客户配合进行双录补录。公司通过同框校验、身份识别、语义识别、OCR 识别等智能技术应用，于录制过程中自动检查录制顺序、客户应答及单证展示等关键环节的操作完整性及准确性，并在录制中、录制结束时实时展示初检结果，指导业务员当场检查与重录，方便业务员与客户即时了解质检初审结果，最大限度地保障现场录制操作的准确度，提升一次质检通过率，最大限度地降低人工质检时发现问题并需要客户配合补录的情况发生。

（四）智能同框解决客户无法在现场

2020 年因疫情突发，特殊时期客户与业务员无法直接接触，为满足特殊情况下客户投保需求与双录录制，公司引入智能化线上技术实现两地、三地远程录制，同时以技术手段智能识别业务员及客户全程同框录制，在符合监管要求的基础上，满足特殊场景下为更多客户提供保险保障。

四、项目主要建设内容

（一）植入 OCR、人脸识别功能，强化客户身份识别

1. 引入 OCR 技术，实现证件与单证等所载明的文字识别。结合双录话术，规范用户在特定的步骤向镜头展示身份证件，并将识别到的证件信息与业务单中记录的信息进行对比，降低用户的输入成本和人为差错，并有效控制业务风险。具体实现为：一是业务员证件上传时，系统可自动对上传的身份证件的姓名、性别、出生年月和地址等信息进行 OCR 识别；二是对客户进行人脸识别时，系统自动匹配证件信息与实际信息，如匹配不通过，则予以提示。具体技术应用说明如下：

采用百度证件识别技术，支持对二代居民身份证正反两面全部字段的结构化识别，充分满足身份证使用场景中对任意字段的识别需求。检测上传的图片是否为身份证复印件、临时身份证、屏幕翻拍身份证或被 PS 过的身份证，并返回对

应的风险类型。双录系统使用时可实时检测取景框中是否包含身份证，是否存在模糊、欠/过曝等情况，并提示用户矫正，提高图片采集质量，提升识别准确率。双录系统通过对证件识别技术的引入，通过与客户、业务员留存信息进行比对，有效保障客户与业务员身份和证件的真实性。

2. 实现将人证比对、人脸识别、活体检测等技术结合应用。在双录过程中，通过人工智能检测技术，对摄像头预览的画面进行人脸识别，必须真人出镜，使用照片或替身时无法通过检测。双录系统通过投保人头像与身份证、与公民信息联网核对，辅以活体检测，确保客户的真实性、业务的真实性。具体技术应用说明如下：

（1）人证比对。在活体检测和身份证识别的过程中，将收集到的图像数据以及姓名调用认证比对服务进行检测，获取比对的分数结果，并关联视频时间节点进行记录，更严格地核查客户是不是本人。其中，对于人证比对服务及本次双录系统采用云从科技提供的服务，在保证安全的前提下，提供高性价比且简单易用的全新鉴身服务，目前识别率已突破99.8%。

（2）人脸识别。人脸识别技术主要是通过视频中的人脸与人脸库中的人脸样本进行比对，从而有效的识别到个人，进一步提高双录过程中人员核对的便利性和安全性，针对iOS和安卓机型，分别采用了如下技术：

双录iOS版本采用系统人脸识别API，此技术和iPhone系统中的人脸解锁功能采用相同的API，是目前世界领先的专业级人脸检测技术。人脸识别精准，识别快，离线识别，不受网络影响，用户体验好。

Android版本采用中科院开源的SeetaFaceEngine面部识别引擎，纯离线识别。由中国科学院计算技术研究所视觉信息处理与学习（VIPL）组开发，采用C++编写，不依赖于任何第三方库，用于实时多视图面部检测的漏斗结构（FuSt）级联架构，在检测精度和速度之间实现了良好的平衡，性能消耗低，识别率可达97.1%。

（3）活体检测。对连续的摄像头预览画面（实时视频流，非静态图像）进行检测，限制双录过程中必须真人出镜，使用照片或替身时则检测失败。通过该技术再结合身份证识别、人证比对等技术，能够有效地确认客户的真实身份，本次双录系统同样采用云从科技技术：支持算法模型终端设备在线灰度升级，现有数据持续标注训练，持续提高算法模型的准确率；支持动作活体识别，能够识别点头、张嘴、眨眼等面部动作；支持后端防hack功能，提高了人脸隐私数据的保密性和安全性。

（二）加大智能语音关联技术应用，优化客户双录体验

1. 智能语音播报与人工解答相结合。人工诵读模式下，受业务员的方言、年龄等因素影响，关键环节内容诵读不准或诵读不畅，直接导致客户不理解、体验差，2018年4月公司首创“部分语音播报”模式并成功试点。经过一年多的生产应用，系统持续优化，目前已实现由业务员人工进行自我介绍后，如客户认可，其他环节均采用语音播报，业务员随时进行解答的全程语音播报模式，每条内容播报完毕后，均等待客户作出明确肯定的答复，过程中业务员还可与客户随时互动，不断提升双录效率、减轻业务员的诵读压力、提升诵读内容的准确性。在此基础上，

年度内植入类人音技术，将文本转换成类似真人诵读的自然流畅的语音，并提供成熟女声、甜美女声、成熟男声等多种音色选择，使客户体验更好。具体技术应用说明如下：

第一版语音合成，采用百度语音合成技术，合成效率高，发音准，支持结合上下文语义智能化模拟人的语气。

第二版语音合成，采用阿里云语音交互技术，支持情景化的拟人角色语气发声，断句精准，发音清晰，支持语速、语调调节，播报效果更自然，客户收听体验更佳。

2. 智能语音变速可选，迎合客户收听差异。根据客户喜好，提供舒缓、正常、敏捷三档语速选择，满足各类客户收听诉求，使得播报过程更契合客户体验。

（三）引入肢体识别与证件投屏，减轻双录操作压力

1. 引入肢体识别技术。在业务员与客户的双录过程中，如采用后置摄像头，则需要另外一名辅助人员协助拍摄；如使用前置摄像头，则一些辅助操作如点击“下一步”等则需要业务员手动操作，鉴于此，公司引入阿里云手势识别技术，系统可自动检测画面中特定手势及动作，如用手出示“OK”“剪刀手”“大拇指”等手势，在个别无法自动进入下一步的场景中，业务员可以做到无须手动点击，仅展示正确动作，系统即可自动根据后台定义进行智能判断，实现无须接触即可自动操作。该技术算法目前业界领先，识别速度毫秒级响应、准确率高达 90% 以上，能够准确检测图像中的所有手部，识别手势类型，不限手势数量；支持自拍、他人拍摄、各种角度等多样化场景。

2. 引入证件投屏、单证及签名投屏技术。根据一线队伍反馈，双录实务中因手机分辨率不高、手机对手机屏幕展示反光等客观因素，经常导致证件、单证、签字等展示不清晰引发反复双录。为解决这个痛点，公司引入投屏技术，将需要展示的身份证件、投保单证、客户签名信息等均投屏至双录录制界面，支持缩放、滑动、翻页等操作，实现所有单证展示内容和观看过程，都直接记录至双录视频中。同时，可结合话术环节，在不同的步骤，展示投保单、免责条款、业务条款等单证内容。这既提升了双录效率及品质，客户操作的便捷性也大幅提升，使双录更加顺畅。具体技术应用说明如下：

双录系统采用客户端录屏技术与 MuPDF 渲染框架结合，能够清晰展示文件，并将内容记录到视频中。MuPDF 中的渲染器是为高质量的抗锯齿图形量身定制的，可以使度量和间距的文本精确到像素的几分之一以内，从而在屏幕上再现打印页面的外观时具有最高保真度。

（四）引入多重智能质检，提升双录操作正确度

1. 同框校验。系统可自动校验画面中的入镜人数等，确保同框双录。

2. 语义识别。为提升质检效率及操作人员的便捷性，对录制过程中的客户回答内容进行自动识别，如为肯定答复则自动进入下一步，如客户回答不明确，系统将予以提示。

3. 自动质检。录制完毕后系统根据预设规则自动检查各环节是否符合录制标准，并给予操作提示，便于业务员当场与客户就问题步骤重新确认。录制过程中一旦发现有缺失或自动质检异常，在不中断录制的基础上，可针对问题内容及

时补录。

（五）搭建质检平台，实现线上质检

自主搭建质检处理平台，一是支持在离场模式下，双录质检人员通过线上任务抓取，及时处理公司双录质检任务；二是实现前端录制中智能初检结果直接同步，直观展现初检结果，便于后台质检人员进行针对性复检，实现人工质检效率与品质双提升。

（六）应用智能化线上技术，支持远程双录

为更好地满足客户和业务员在特殊情况下“零接触”合理诉求，公司在专属双录APP中应用智能化线上技术实现远程双录，解决无法同框的难题，无需借助微信视频、QQ视频等第三方聊天软件录制，在满足监管要求的基础上提升客户体验，更好地保障客户权益。目前两地远程已成功试点上线，三地远程双录目前在研发阶段。具体技术应用说明如下：

双录系统此次采用RTC技术实现音视频同方通话场景，RTC技术目前广泛应用于多人音视频通话、低延时互动直播等各场景。通过端到端的实时通信技术，将通话延迟降低到1秒以内，在网络层、设备层、服务层均进行了一系列的优化，保证通话的时效性和稳定性。尤其是点对点通话技术，实现了全国各地通话平均延时300ms以下。

（七）系统架构设计先进，部署方式合理

采用混合云部署设计，在公有云部署接收处理组件、私有云部署质检与管理组件。充分利用公有云充足带宽的优势，解决全国业务员视听资料上传及质检时效等难点问题；同时，该部署方式也为业务信息在公司私有云中安全保存和与内部系统交互的安全性提供了基础技术保障。

（八）安全管控严密

采取了在影像采集时对生成的视频文件签名加密、在上传过程进行用户身份验证与加密传输方式，既保证视频文件的防篡改，也避免了数据泄露。同时采用限时链接、限时播放等措施，避免数据被盗取；视听资料采用加密存储，确保资料安全保存。

五、项目效果

公司在首创实现部分语音智能播报模式后，切实解决了业务员在双录实施过程中的方言、诵读不准或诵读不畅导致客户不易理解、体验不佳，且后期质检不畅需要客户配合再次补录等问题，自该应用上线后，客户满意度及公司双录可回溯工作质检和效率不断提升，吸引同业多次交流沟通，也有利于可回溯管理实施深度与广度的推进。在此基础上，公司持续对标同业、不断创新，通过智能技术赋能双录，实现“自助化、场景化、即时化”的双录智能化操作，努力使双录更便捷，体验更流畅，实施效果主要有以下几个方面。

（一）充分尊重客户意愿，保护客户权益

所有智能技术均以合规为准绳，赋予客户自主选择权。支持业务员人工讲解，如客户年龄大或不同意语音播报，可随时关闭语音播报，业务员直接讲解；支持“本地录制”“视频通话录制”两种选择，客户在特殊情况下不与业务员面对面也可进行双录与投保，充分尊重客户意愿、支持特殊情况下的保险销售；支持语音、语速选择，方便各类人群使用。

（二）助力一线拓宽展业范围，获得队伍好评

业务员应用后前端录制方便、后期质检通过率高，让一线重拾展业信心，提升其对符合双录范围的投保准客户的展业能力。功能上线前，试点机构双录业务月均几百件，功能上线后，月均已超千余件，进一步扩大投保客户群，为更多客户提供保险保障。

（三）录制过程更顺畅，双录质效双提升

1. 提升效率、优化体验。语音播报不仅实现诵读内容准确清晰，而且有效解决了业务员诵读不熟练等导致录制时间过长让客户体验不佳的弊端。根据机构申请，目前在公司 29 家分公司使用，单险种平均双录时长为 14 分钟，较未上线机构的 18.89 分钟，改善度达 35%。

2. 便捷操作。智能技术应用前，业务员双录时须对话术、展示文件、展示证件等全方位掌握，极易因年龄较大等因素导致录制过程烦琐。智能技术应用后，业务员仅需要自我介绍，其余证件展示、话术诵读、单证阅读等环节均可由系统自动实现，关注重点由操作层面转变为客户问题解答，有利于队伍销售能力与服务能力提升、客户对保险销售的认可和保险保障的理解，更契合双录政策实施初衷。

3. 提升品质。语音播报的标准性、流畅性均相较于人工诵读有很大优势，同时险种信息等均由系统自动获取，诵读的准确性大大提高；同时，同框校验、语音识别、智能初检等一系列技术的辅助应用，在录制现场自动提示录制问题，便于业务员现场整改，有效提升录制成功率，一次质检通过率由上线前的 51% 提升至目前的 81%，改善度达 60%，使得业务员展业信心明显加强，双录不再是“老大难”。

（四）扎实践行监管要求，运营管理更聚焦

1. 运营管理更精益。机构运营管理由原来的重过程指导，即投入大量精力培养专业人员全程指导双录拍摄，转向重结果分析，即针对不合格的问题重点分析、强化督导、专项突破，联动一线精准提升，更有利于公司全面、扎实的践行和推进监管要求。

2. 运营成本更集约。通过自建质检平台，实现双录初检结果的同步显示以及录制环节节点性提示，便利质检人员进行针对性的人工核查，依靠智能技术识别，从全视频播放质检优化为可重点核实智能识别未通过环节，提高整体质检效率，集约运营成本，提升管理效能。

3. 风险管理更精细。双录过程中增加客户身份识别功能，引入 OCR 技术，通过证件与客户身份的识别，进一步提升客户信息的准确性及真实性，也便于公司管理精细化实施，支持根据地方业务差异化实现风险分级管理，保障客户权益的同时，提升整体业务品质。

六、总结

双录既是挑战也是机遇，既是对公司、业务员、客户三方权益的有效保障，更是对当前的技术实现、运营管理提出更高要求，也极大地带动、促进了技术进步。“唯创新者进，唯创新者强，唯创新者胜”，公司有创新的土壤，有创新的机制，更有创新的意愿与动力，技术无止境、服务无止境，双录不可能一蹴而就，更不可能一劳永逸，只有深耕自作、不断挖掘、持续提升，才有可能体验收获。尽管雄关漫道真如铁，终会

直挂云帆济沧海！

专家点评

新华人寿保险股份有限公司的智能双录与全流程线上承保项目，通过引入智能语音、智能识别、智能投屏、智能同框等新技术，能够以技术的手段，智能地解决双录工作中存在的话术诵读不准、文件及签字等展示不清晰、客户与业务员在异地不能同框双录等难题，做到了使销售行为可回放、重要信息可查询、问题责任可确认，具备较强的应用意义。该项目满足了特殊场景下为更多客户提供的保险保障，有利于一线销售能力与服务能力的提升，降低了用户输入成本和人为差错，加强了客户信息的准确性及真实性，从而有效提升了客户体验，值得借鉴与推广。

中宏保险、众安科技“数据+智能+场景”，一站式营销活动管理平台

◎中宏人寿保险有限公司　众安信息技术服务有限公司

一、项目背景及意义

中宏人寿保险有限公司（以下简称中宏保险）一站式营销活动管理平台，是中宏保险借助众安信息技术服务有限公司（以下简称众安科技）自主研发的X－Man智能营销平台，打造的以活动管理为中心的一站式“数据+智能+场景”平台，实现了满足不同部门或渠道对线上活动的多样运营需求，帮助业务部门实现数字化转型，提升线上客户的活跃率、转化率和满意度。

二、项目重点解决的问题及主要创新点

中宏保险在互联网化发展的过程中，各个部门、各个渠道对于线上营销活动的需求量越来越大。中宏保险希望通过打造统一的活动管理平台，统一管理活动模板、规则配置、相关接口等方面，来实现活动的快速上线、灵活配置、更好地与客户和营销员互动、节约活动开发成本，同时对活动数据实现有效管理和分析，从而解决在互联网营销活动管理方面的痛点：既往活动采取单个开发，各自部署的形式，上线时间长且复用性较差，开发成本较大。

基于此，中宏保险引入众安科技X－Man智能营销平台，帮助其快速搭建高质量的营销活动管理平台。众安科技X－Man智能营销平台，是基于众安丰富的保险业数字化运营经验，研发的数字化运营平台，致力于打造真正的智能营销闭环，从活动创建、配置、发布、管理，到全面用户洞察，触达目标用户，效果追踪与优化，为中宏保险提供一整套解决方案。基于众安的数据挖掘与分析能力，已沉淀“2000+”精准人群标签，用数据驱动营销决策。深耕保险业需求，已为多家大型保险公司提供本地化部署解决方案。在增值服务方面，配套运营增值服务，为中宏保险提供专业的数据产品、运营工具和咨询服务。

三、项目主要建设内容

（一）项目建设内容

中宏保险一站式营销活动管理平台包括活动工场、用户洞察、智能触达等功能模块：

1. 活动工场。

（1）丰富的活动模板，个性化灵活配置。根据不同营销目的，配以丰富的活动模板，覆盖节假日、热点事件、话题以及赠险活动等主题，简单配置既可以快速上线，持续增加平台人气及用户黏性。

（2）海量奖品池，奖品自动化分发。支持对接自有奖品库和外部商城，灵活应对各种奖品

需求，包括实物、虚拟卡券，快速对接与发放，提升运营人员效率，满足不同运营需求。

（3）通过活动参与数据分析活动效果。包括四大基础指标：页面浏览量（PV）、独立访客数（UV）、分享次数、分享后打开次数等，支持可视化图表呈现、支持数据导出。

（4）支持与不同场景的对接，如微信、APP等，完成活动发布的闭环。

2. 用户洞察。

（1）实现统一的用户标识。通过 ID - Mapping 将同一用户在不同场景下的行为串联起来，消除数据“孤岛”，提供完整的用户行为视图。

（2）行为建模，搭建用户的标签体系。包括用户属性标签、行为属性标签、人身健康标签、投保标签、风险控制标签、客户满意度标签等。

（3）构建用户画像。根据用户标签的集合，形成对应的用户特点，形成 360°用户画像，方便运营人员了解和分析用户群特征，如基于用户全生命周期，进行有效的运营。

（4）用户画像的可视化。通过可视化图表，直观地提供数据的分析和结果，以便运营人员作出运营决策，使运营工作更加高效。

3. 智能触达。

（1）支持微信、APP Push、邮件等多种消息发送渠道，可以根据活动需要灵活配置和选择相应的触达方式。

（2）可以进行消息发送规则的管控，如营销消息疲劳度设置、营销消息发送时间设置等。

（3）可以根据不同人群包匹配触达任务，将指定的活动向定向人群包发送。

（4）服务统计报表统计各渠道消息的发送量、成功量和成功率，可以通过时间、签名、任务进行发送数据的筛选，支持统计数据的导出。

4. 具体应用场景。

（1）线上营销场景。根据用户的标签或者互动行为进行定向触达，既节省了触达成本也提升了每次触达的营销转化。过去的保险营销触达简单粗暴，比如给全部存量用户发送新品上线的短信，这样无差别推送的做法触达成本高，转化率也很难提升。通过营销活动管理平台可以实现用户精细化运营。

（2）服务体验场景。通过智能触达，保证用户在保单生命周期内的完整体验。例如，用户线上投保完成后，通知用户出单结果和保单查询/下载路径；用户提交理赔后，通知用户理赔的结果或者需要补充的材料等。

（3）用户运营场景。围绕用户生命周期，通过智能触达，激发用户保险需求、引导用户首次购买、引导用户复购升级保障等都需要通过用户触达来达到运营目标。比如，当用户在 APP 中完成下单动作但未进行最终的支付动作，针对下单未支付的用户可以通过系统设定在不同时间以不同的方式触达用户，提示用户还有一笔未支付的订单等。

（二）架构设计

在产品设计和解决方案实施策略上，众安科技以稳定性优先，坚持开放性、可扩展性及实用性原则，保证系统与其他业务系统能实现有效的连接、集成以构造企业的完整信息环境。采取对策如下：

1. 可靠性设计策略。高可靠性的支撑平台，采用性能好、运行稳定的服务器；采用企业级的中间件服务器；支持 7×24 小时的正常运行，整体可靠性应达到 99.99% 以上，具有较高的运行性能；支持负载均衡，提高应用系统的稳定运行。

2. 开放性与扩展性设计策略。支持开放系统，具有跨操作系统，跨数据库，跨应用服务器等特性；支持开放的技术标准；支持与现有与未来相关系统的整合；基础平台和工具的可替代性，系统的松耦合设计、标准服务接口和对技术标准的支持使得分布式缓存、消息推送等各类基础工具组件均可替换，可以方便地与保险机构选定的第三方产品集成；后台服务使用分布式的架构。后台数据库支持分库分表，读写分离，可以根据服务扩展数据库容量。

（三）网络安全

在防火墙的设置与安全策略上，根据网络状况，本系统在连接出口位置部署2台防火墙，设置为HA模式，并设置严格的访问策略和包过滤策略，严格限制外网对内部系统的访问。同时，考虑本系统与现有相关系统之间的关键性数据交互也通过该防火墙做相关限制，以确保流经的所有数据都是预期和合法的。

除此之外，众安科技为中宏保险提供了一整套网络安全实施方案，以提高本系统服务平台的安全性。

四、项目效果

（一）实现“千人千面”个性化精准营销

根据不同模型人群，中宏保险一站式营销活动管理平台实现了“千人千面”个性化精准营销策略，基于用户身份与人生阶段的个性化运营，提升访问活跃度与复购率。

（二）灵活配置、快速上线、降本增效

根据不同营销目的，配以丰富的活动模板，熟悉活动的运营人员，最快几分钟内就可以完成一个营销活动配置并提交上线，持续增加平台人气及用户黏性。在实际应用过程中，中宏保险一站式营销活动管理平台有效节省开发时间80%，预计提升60%的运营工作效率。通过丰富的活动形式及奖品激励，客户活跃度能够较之前提升40%，做到了事半功倍，提质增效。

（三）满足不同部门、不同渠道对线上营销活动的多样需求

实际运营数据显示，发起一个线上运营活动，平均1个活动需要投入10人/月，且大概率无法复用；1个数据分析需求需要8人工作半个月。中宏保险一站式营销活动管理平台，有效解决活动形式单一、开发周期长、运营效率低等痛点，统一的活动管理平台，统一管理活动模板、规则配置、相关接口等，满足不同部门、不同渠道对于线上营销活动的多样需求。

五、总结

综上所述，中宏保险携手众安科技打造的一站式营销活动管理平台，通过有效的营销活动工具以及数字化运营体系的搭建，助力运营人员实现全面的用户全生命周期管理，提升用户黏性，提高平台活跃度；并通过个性化精准推荐，进行精细化运营，达到效率和效果的双效提升，实现平台运营的价值最大化。同时，推动IT架构转型，支撑业务线上化，实现敏捷交付等方面的创新。

专家点评

中宏人寿保险有限公司和众安信息技术服务有限公司的一站式营销活动管理平台，包括活动工场、用户洞察、智能触达等功能模块，是以活动管理为中心的一站式“数据＋智能＋场景”平台，统一的活动管理平台，能够满足不同部门或渠道对线上活动的多样运营需求，帮助业务部门实现数字化转型，提升线上客户的活跃率、转化率和满意度。通过有效的营销活动工具以及数字化运营体系的搭建，该平台能够帮助运营人员实现全面的用户全生命周期管理，提升用户的紧密度和提高平台的活跃度，并通过个性化的精准推荐，进行精细化运营管理，达到效率和效果的双提升，实现平台运营的价值最大化，具备较强的应用价值与借鉴意义。

平安健康产品运营平台

◎ 平安健康保险股份有限公司

一、项目概述

本项目的主要目标为产品间组合能力及产品组合后快速上线能力。

（一）产品组合

通过对产品库中存在的产品进行组合，并在产品上配置营销规则来实现对日益复杂的市场需求的快速响应能力。

（二）快速上线

商品配置完成后，投保页及相关文档的整理配置需要花费大量的人力、时间。对投保页进行统一的模板化配置、对素材实现从险种到商品维度的聚合，实现素材的复用，提升上线速度。

二、项目背景及意义

现有健康险产品销售从险种到产品、从产品到商品、从商品到投保页面展示需要长达半个月甚至一个月的时间。在底层产品组合时，由于很多规则都需要从险种合并继承到产品层面，这些规则合并往往需要人工介入，合并风险出错较高；整个过程中，开发需要根据不同的产品形态，定制化开发出一套投保页面供前端投保使用，即使前端可复用度为 80%，仍然需要重新开发一套页面，严重消耗开发人力成本。

同时，以往对保险条款管理均在线下完成，需要人手动将险种层面的文档合并到商品维度，在前端投保页面使用时，写到前端页面进行展示，但每次文档更新时，需要重新执行上述操作，很难保证时效性，也无法满足可回溯对前端文档版本化管理的要求。

所以综合上述痛点，产品运营平台项目应运而生，从根本上解决线上配置问题，将过去一个月需要完成的工作线上化后降至一周内完成，提升效率为 70%。

三、项目重点解决的问题及主要创新点

项目主要解决了上线时效问题、开发成本问题、动态规则实时计算的问题，在时效上提升 70%，开发成本上减少 90%。

（一）产品组合

原有系统售卖的是产品计划，对于用户而言，其能购买的内容是固定的，不能应对日益复杂的市场需求。

现在通过产品组合的方式将多个产品组合在一个商品内销售，通过在不同的产品上配置不同的销售规则（年龄、赠送时间、赠送份数、起赠人数、性别限制、有无社保等）来实现针对不同人群的差异化需求。

商品配置完成后，将页面配置的规则转化为规则引擎可以识别的规则。

配置的规则。用户投保时，不同的被保人可以购买的产品、赠送的产品存在差异性，规则引擎根据被保人的信息匹配出被保人在该商品内可以投保的产品和赠送的产品，并将其返回前端，展示给用户。用户根据其看到的产品进行投保，投保内容对用户而言更清晰，所见即所得。

原有的赠险是在用户主险承保以后通过短信通知的方式，让用户单独领取，现在直接在投保过程中就一同承保。

通过以上这些方式，能够满足用户的更多需求，吸引更多人投保，同时提升了用户投保的感受。

（二）素材管理及投保页快速配置

一个完整的保险产品不仅仅只有契约、保全、核保等功能，更重要的是对前端用户的展现形式。目前在售产品多为一个用户单次只能购买一款产品，并且产品投保页每次都需要单独开发，严重影响上线时间及开发成本。

本项目着重解决了上述问题，对页面所展示的保险条款及其他文档统一管理，根据产品险种的组合关系动态合并文档，并指定在投保页面的不同位置进行展示，且支持条款等文件版本化管理，一切文档均可以在管理后台动态上传及配置，指定生效时间后，用户在生效日前和生效日后可动态看到不同的条款及文档。

投保页的配置同样支持版本化管理，每一个版本都支持自定义化图片、文本、视频、素材等展示，并且每套版本都可以完全不同。熟练的配置一版页面只需要半小时即可，在应对不同节日等特殊场景下，可以迅速组装页面并上线。同时支持指定生效时间的功能，如新年时，可以将页面组合为新年风格，指定在 1 月 1 日零时生效，同时复制一版页面在 1 月 2 日零时生效，这样，用户在 1 日看到的就是新年版本，2 日看到的就是常规版本了，无需系统发版，大大节约了开发成本及上线时效。

四、项目主要建设内容

本项目主要建设以下四个功能。

（一）产品组合功能

目前健康险针对已有险种的组合，响应速度慢，灵活度不够，流程性不高，应对能力不强，产品组合功能就是为了解决这些问题。

用户可通过该功能对现在系统内已有的险种进行组合。通过险种过滤功能，选择拟组合的险种，再选择对应的险种计划及可选责任即可组合成新的产品，原来配置一款产品需要 3 天，现在只需要 2 小时，极大提升了效率。

用户可以在产品组合时选择是否可赠、赠险年龄区间及赠送时间限制，用于控制产品组合为商品时的赠送属性，避免将不合适的险种计划用于营销活动。

原有产品的规则分散在各个系统进行配置，配置及审核流程非常烦琐且易出问题。产品运营平台将这些规则整合在一起配置，配置完成后下发给各系统，大幅提升了配置效率，且易于审核，降低了风险概率。

（二）商品组合功能

目前健康险商品只支持单个产品，且售卖的是产品计划，售卖方式不灵活，当产品计划发生改动时，需要在多个系统进行变更，整体工作量非常大。

商品组合功能可将多个产品组合成商品进行售卖，可以实现产品的组合销售。同时，可以配置营销活动，通过在活动期间内赠送低端产品吸引用户购买高端产品等方式提升公司保费。比如，可以设置一个活动，设置活动的开始时间及结束时间，在该活动期间内购买A产品，则赠送B产品；可以设置一个针对女性的活动，购买A产品的女性，可以赠送B产品；可以设置一个针对家庭的活动，当一个家庭的投保人数大于3人时，为每个人赠送一个产品，可以针对不同年龄群体赠送不同的产品。通过这些活动吸引更多的人来投保。

且现在用户购买的不再是产品计划，而是险种计划及可选责任，用户的选择更加灵活，商品组合功能能够满足更多人群的需求，提升客户体验，提高公司保费收入。

（三）投保页面组合配置

在上述商品配置完成后，进入投保页面配置阶段。此阶段可以在商品信息不变的情况下，根据不同的时间，配置不同的投保页面，在半天内配置完成并对外投产，例如，春节时，页面可以将风格改为符合春节期间的图片，给客户更贴切的感受；进入下一个营销阶段时，可以将投保页面更改为另一种风格，能保证实时配置，实时生效，极大地提高了产品上线的效率。

新开创所见即所得的页面配置功能，在左侧配置后，右侧可以将未来在手机端展示的情况实时预览，方便用户直接修改，极大地减少了开发和测试人力成本，同时提高上线效率。

产品介绍页富文本支持图文展示，同时可以插入视频内容，提供更多丰富的展示形式，让用户可以更加直观地了解保险产品。富文本还支持文档跳转，将文字或图片绑定到保险条款中，在用户点击后可打开更详细的产品介绍或者更详尽的保险条款，帮助客户更准确地做决定。

为了针对不同商品做定制化帮助直调，还增加了针对不同商品添加不同帮助信息的入口，点击进入配置页面后可以以富文本形式填写，同样支持“图文 + 视频”的方式，让用户针对更多细节进行查看，避免出现模棱两可的情况发生。

（四）素材管理

在投保流程中，有大量的条款及文档需要进行管理。比如，通用类包括理赔须知、自动交费转账扣款客户须知等条款及文档；险种层面包括服务条款、直结协议、责任免除等条款及文档；商品层面包括服务条款、直结协议、责任免除等条款及文档。在配置过程中，由于险种层面的文档几乎无变化，但是在组合商品时，文档的顺序和售卖计划是不同的。为了支持此场景，系统增加了自动合并的功能，在配置页面时，提前将文档合并至商品维度，并且支持指定合并顺序，保证在销售不同险种计划的情况下，仍然能展示正确的文档。

合并完成文档后，还可以指定生效日，当用户在生效日后访问此文档时，自动给用户展示最新的文档，不必像原来一样每次更新文档还需要发版，并且新流程更符合可回溯要求，即客户什么时候投保看到的文档就是对应的版本，在未来可回溯时，可以按照不同的时间，获取对应的文档版本，完成可回溯。合并完成后的文档会自动上传至商品维度下，用户无需再次上传即可用于页面配置。

当未来商品层面因为某些原因需要变更时，依旧可以在线下将文档准备好，直接选择对应的商品，将文档上传，设定生效时间后，提交文档的版本号会逐步增加，保证在同一有效时间范围内，对外只提供一个有效文档，并且无需发版即可生效，减少了发版的繁杂流程，提高了上线效率。

五、项目效果

本项目上线以后，对接2020“开门红”需求时仅需花费4个小时，就完成了商品配置、素材聚合、投保页配置。

（一）快速上线

1. 接收到业务部门2020“开门红”的需求后，与业务部门经过沟通，首先完成商品形态的配置。

2. 商品配置完成后，将险种文档聚合到商品维度。

3. 文档全部聚合完成后，进行投保页配置。

4. 投保页配置完成后，预览效果。

5. 预览无误后审核通过，用户就可以投保了。

以上流程在4个小时内完成，大大提升了商品上线效率。

（二）“开门红”案例

将平安e生保长期医疗（费率可调）、i药保（升级版）、质重医疗、特定疾病特需医疗4款产品组合为一款“开门红”商品来销售。其中，平安e生保长期医疗（费率可调）、i药保（升级版）作为组合产品必须一同购买，质重医疗产品赠送给0～45岁的人群，特定疾病特需医疗作为可选产品。

组合销售、赠送规则等都通过配置完成，当有另外的商品形态需要支持时，可以通过配置化的方式复用，无需再次开发。

六、总结

该项目于2020年11月上线，主要应用场景为“开门红”期间，对接多家渠道并且稳定使用，经受住了交易量和时效性的考验，但是总体上存在两个问题。

（一）健康告知需要配置到产品层面

目前健康告知存在于商品层面，应对当前的“一+N”场景是没有问题的，但是未来出现N选M的情况，则无法支持。所以，需要将健康告知配置到产品层面，在用户选择某个产品后，可以动态的展示不同的健康告知给用户，当用户重新选择产品后，则重新进行健康告知。当出现N选M的情况时，则在用户选择多个产品时，系统动态将M个产品的健康告知合并到一个页面中，用户进行一次健康告知即可。

（二）投保页面选择逻辑不清晰

现在投保页面的多险种、多产品层级不清晰，客户很难直观判断产品之间的互斥关系、级联关系等。

所以，后期我们会将基础产品选择改为弹窗模式，在弹窗中将互斥关系和级联关系进行明示，并且增加更详细的产品说明，在用户点击对应的产品时，展示对应的简介，让客户可对比选择。

专家点评

平安健康保险股份有限公司的产品运营平台，具有产品间组合能力及产品组合后快速上线能力，即通过对产品库中存在的产品进行组合，通过配置产品的营销规则来实现市场需求的快速响应能力。该运营平台通过对投保页进行统一的模板化配置、对素材实现从险种到商品维度的聚合，实现素材的复用，提升上线速度；同时，减少了开发成本，解决了上线时效的问题、动态规则实时计算的问题，具备较好的经济价值和现实意义。公司应当进一步完善产品运营平台的投保页面选择逻辑，完善客户体验。

长城人寿智能营销服务管理平台

◎ 长城人寿保险股份有限公司

一、项目概述

智能营销服务管理平台以“快速投保，E 化服务，线上管理”为目标，采用分层隔离、组件隔离的高可用设计理念，实现了业务处理移动化、智能化、电子化、一体化和自助化。支持多终端跨平台投保、函件 E 化、回执 E 化、客户管理、保单管理、代理人营销微店、在线培训等业务，在投保时效、服务支持力度方面获得了客户的一致认可。项目通过引入图像识别、人脸识别、电子签名、移动支付、人工智能、大数据等新技术为客户提供快速投保、异地保全、便捷支付等服务，同时保障信息安全，杜绝代办、误操作等问题的发生。目前该系统已覆盖长城人寿个险、经代、收展、银保、网销等多个渠道，支持 7×24 小时不停机运行，实现保险业务不间断，人性化自助服务。

二、项目背景及意义

线上化、智能化已成为我国传统保险公司的战略转型关键词，近两年，多家保险公司纷纷提出数字化转型发展战略，寻求以科技赋能保险业。通过互联网渠道、大数据、AI、区款连等保险科技实现保险核心价值链的数字化转型。长城人寿近年来在线上化技术应用方面不断探索突破，其线上化技术应用“智能营销服务管理平台”在承保、核保、理赔、服务、营销等方面均取得突出成果。

三、项目重点解决的问题及主要创新点

（一）为保险销售全流程提供科技支撑

为解决传统线下承保流程保单填写复杂且工作重复、错误率高，纸质函件、回执回销流程漫长，核保效率低且高度依赖核保人员的专业性等问题，本项目建设了全数字化、线上化的展业平台，为保险销售全流程提供科技支撑，打破时间地点限制。通过智能识别、自然语言处理、数据筛查等技术实现保单信息智能录入，减少重复工作，提升信息准确率；病例资料智能分析结合行业及医疗大数据自动核保，减少核保工作量，降低对专业人员的技术依赖，提升核保效率；同时将人脸识别、电子签名等技术广泛深入到投保、回执、函件、回访等环节，提高信息准确性，提升展业效率。

（二）科技赋能实现营销团队高效管理

针对团队管理中存在的管理效率低、差错率高、高度依赖人工等问题，本项目引入营销微店的概念，集销售、增员、管理、工具等功能于一体。生成代理人专属名片，个性化荣誉展示，自定义风采展示，吸引客户关注，提升获客增员成

功率；同时管理者可通过后台快速提取团队人员报表、荣誉体系报表、进行档案管理等，提升管理效率，减少档案管理、核对工作量，降低差错率；项目还引入在线培训系统，嵌入直播功能，包含课程管理、考试管理、直播平台、权限管理等功能模块，支持线上学习、考试、课程指定，同时支持多人线上直播互动，提升内外勤沟通效率，提升内勤人员管理的便捷性和精准性，提升用户培训体验。

四、项目主要建设内容

（一）全数字化、线上化展业平台

支持公众号、APP、手机浏览器等多终端线上承保，支持建议书制作、录单、支付、保单签署、函件处理、电子回执、在线回访等全流程线上化处理，通过 OCR 识别、定位等功能实现快速录单，电子签名/签章、远程分享等技术，实现远距离投保，让承保不受时间、地点限制，促单提效。见图 1。

1. 在线投保。重组投保流程，简化信息，通过 OCR 识别实现快速录入，根据产品属性智能显示录入信息；客户信息修改时自动变更产品信息，及时更新保费；已有客户投保信息自动回显，简单确认即可完成投保。

2. 回执/函件回销。增加移动端回执、函件回销功能，对函件回销过程中所需的资料，如病例、银行卡影像等支持电子资料上载，免去纸质资料的打印与递送；同时支持分享签名方式对回执回销内容进行确认核实，保障用户权益，降低管理成本。

3. 智能核保。引入智能核保技术，实现线上实时核保。智能核保系统依托医疗数据网络，

图 1　全数字化、线上化展业平台

建立风险识别模型，通过问答实时互动，以及录入健康数据的解析分析，进行自动化既往就诊排查、风险评估、智能匹配承保条件，精准预测综合核保风险，从而实现快速承保，简化核保流程，核保过程平均耗时缩短至1分钟内，相较于过去传统人工核保方式，在精准度和效率方面都有显著提高。体检报告资料电子化，通过智能医学影像识别对体检资料进行智能识别与判定、筛查，给出相关数据和结论，供核保人员参考处理，实现智能医学核保，从而提高承保效率。

4. 在线回访。保单生效后会向客户推送回访链接，客户可通过链接自主进行在线回访，人脸识别身份核验通过后，通过简单问答信息即可完成回访，回访结果实时同步至电话中心以及核心系统，系统自动识别回访成功保单，不再进行新契约抽档和电话回访。降低新契约回访、问题件处理的人工成本，提高回访效率，提升用户体验。

（二）代理人营销微店

为代理人提供一套专属的个人展业平台，集销售、增员、活动管理、客户管理、展业工具、信息维护等功能于一体。线上化、标准化的微店平台，不仅可以降低培训成本，还可以辅助代理人更好地进行展业以及个人信息管理。

代理人可通过微店进行个人信息的展示与管理，包括个人基本信息、荣誉信息、资质信息、自定义热销产品、查看店铺访客记录、查看店铺转发记录等功能，并且代理人可以将个人微店分享至客户；客户访问代理人微店可以查看当前代理人的信息，以及通过微信或电话方便快捷地联系代理人，邀请其参与公司活动，查看产品以及进行产品的投保购买等操作。

（三）智能培训系统

利用人脸识别、语音识别、语音合成、语音质检、语义理解等AI技术，依托知识图谱模拟真实业务场景进行语音对练，通过线上学习与线下培训结合，辅以移动学习、游戏化学习等方式强化效果。全方位助力企业培训提效率、强管控、降成本。包括线上学习、考试、评估等线上学习考核功能，考试统计、培训统计、学员报表、讲师报表等评估统计功能，报名管理、考试管理等组织管理功能，以及支持库管理、课程管理、试题试卷等资源管理功能。通过体系化培训管理，需求/计划—培训—学习/考勤—考试—评估—归档全程留痕可追踪可监控，保障培训效果。

五、项目效果

长城人寿营销服务管理平台项目的建设，有效地保障了业务发展，在经济效益、管理效益、社会效益方面都取得了丰硕成果，具有良好的推广和实用价值。

（一）经济效益

1. 大幅提升营销服务管理平台系统性能，移动APP出单时间降至6分钟，系统最大承载能力明显增强，能够从容应对未来3～5年业务增长带来的系统压力。

2. 全面推进承保全流程无纸化，为保险销售提供了极大的便捷，推广“电子函件”“电子回执”“电子签名”“电子合同”功能，“电子函件”使用率已达93.3%；“电子回执”使用率已达99.2%；“电子签名”使用率已达99.4%；“电子合同”使用率已达80.4%，大大节约了服务运营成本。

3. 采用前沿新技术，在 OCR 识别、人脸识别、智能核保、智能客服等方面进行创新，节省人力物力成本，响应速度更快、核赔更高效、问答更准确，极大地提升了客户满意度。

4. 优化产品开发流程，实现产品管理标准化、集中化、自动化，提升产品上市速度，降低产品后期的维护、管理成本。

5. 支持保险产品根据渠道、分公司、中介渠道等不同维度进行配置销售。涵盖个险、收展、经代、银保、网销渠道，险类涉及传统寿险、新型寿险、健康险、意外险等，支持工行、农行、中行、建行等银行的传统支付方式以及微信、支付宝等互联网新兴支付方式。

6. 通过对互联网新技术的运用，提升系统的处理能力，推动业务数字化、智能化转型。

（二）管理效益

提升长城人寿保险业务系统在移动化、智能化、电子化、标准化和自动化五大方面的水平和能力。通过简化业务规则，降低对操作人员个人能力的依赖度，降低业务管理难度，很好地控制了财务风险、业务风险、品质风险等经营风险。在管理方面实现的具体效益如下：

1. 移动化。投保、建议书、客户管理、保单查询、保单签收、函件处理等多项功能可实现客户在移动端自主操作，节省客户往来柜面办理业务的时间，同时提高柜面管理效率，节省柜员人力成本。

2. 智能化。营销服务管理平台利用人工智能技术，实现与客户的智能沟通，为客户精准定制录入要素，从而进一步优化投保流程，完善销售流程管理；同时，利用大数据技术手段，提升风险筛查与识别的处理效率，支持决策分析，为风险管理提供更加便捷可靠的技术保障。

3. 电子化。实现各类函件电子化、单证签名电子化，在满足监管要求的前提下，使投保流程更加方便快捷、客户体验更加称心满意。

4. 标准化。营销服务管理平台在整体架构方面采用市场上统一的标准规范，实现产品开发和渠道接入协议的标准化，从而为后续优化打下了坚实的基础。

5. 自动化。实现系统测试、编译和发布的自动化，系统监控和异常提醒的自动化，高效节省冗余工作，及时处理异常警报。

（三）社会效益

1. 营销服务管理平台电子合同、电子函件、电子回执等功能极大地减少了纸张使用，践行环保理念。

2. 营销服务管理平台为长城人寿实现“让每个家庭都拥有一份保险”的美好愿景提供保障，促进社会经济发展，保障经济稳定运行，维护平安和谐，提高全社会保障水平。

六、总结

保险业正处于数字化转型阶段，众多新兴技术已融入保险领域并改变着行业业态，作为保险从业机构需始终保持对新兴技术的敏感度，以应对科技发展带来的挑战和机遇。加速企业数字化转型，通过科技赋能，降本增效，实现从人力密集向技术密集转移。

专家点评

线上化、智能化已成为我国传统保险公司的战略转型关键词，保险科技实现了营销、承保、核保、理赔和服务多维度的赋能。智能营销服务管理平台以“快速投保、E化服务、线上管理”为目标，通过引入图像识别、人脸识别、电子签名、移动支付、人工智能、大数据等新技术，采用分层隔离、组件隔离的高可用设计理念，大幅提升营销服务管理平台系统性能，降低移动APP出单时间，降低业务管理难度，实现了业务处理移动化、智能化、电子化、一体化和自助化。平台建设覆盖长城人寿个险、经代、收展、银保、网销等多个渠道，支持7×24小时不停机运行，实现保险业务不间断，人性化自助服务，成果显著。

阳光人寿线上化客户服务和综合销售平台（电销移动出单）

◎阳光人寿保险股份有限公司

一、项目概述

受未来电话营销发展方向的影响，以及突发疫情所面临的一系列困难问题的推动下，阳光人寿信息技术部发挥团队科技赋能的能力，紧急筹建公网发布改造团队和移动电销建设团队，进行“寿险电销移动互联网线上化转型项目”可行性论证和技术方案准备。对电销销售系统、电销客服系统、电销回访系统、电销知识库系统4个系统的外网发布并完成移动电销应用上线，实现坐席通过手机就可以进行电话外呼、任务管理、业务查询、移动出单、线上赠险等业务操作。实现寿险电销业务团队由内网办公向互联网线上化办公的转型，及时解决业务部门约8500人的移动出单和线上办公问题，缓解因疫情期间公司远程办公VPN资源紧张等问题。

二、项目背景及意义

近年来，电销业务发展趋势整体缩减，电销业务增速出现放缓趋势，传统电话销售业务模式遇到“瓶颈”，根据中国保险行业协会发布的《2020年上半年寿险电销行业经营情况分析报告》显示，人身险公司经营寿险电销业务从2014年的33家下降至现在的21家。在保费收入方面，2020年上半年，寿险电销累计实现规模保费69.22亿元，较2019年同期下降了30.35%，保费整体行业趋于下滑趋势，传统电话销售业务依靠频繁呼出开发更多陌生客户，导致电销模式局限性逐渐显露，扩展业务困难，促使电话销售业务模式需要向探索新的业务发展模式转变。

在互联网保险朝着“移动化、专业化、社交化、场景化”快速发展的背景下，未来电话营销业务会逐步由传统的纯电销模式向线上线下、网电结合、“空地”等融合模式发展，2020年初的疫情危机，更是加剧了传统业务的展业难度，促使公司进一步向客户线上化、自主化模式转变。这就要求信息系统建设者为新业务模式，构建一个全新的作业平台，除解决传统电销业务痛点外，还需要提供拓展业务、客户管理、团队管理等功能，扭转传统电销在公司内部集中办公模式，为代理人提供“在任意时间（anytime）、任意地点（anywhere）、任意方式（any－mode）”进行展业的线上化办公场景，方便与客户进行互动。同时，团队管理由线下向线上转变，方便跟踪团队工作任务执行情况，追踪客户服务执行水平，利用“红黄蓝”管理办法进行追踪预警等。

三、项目重点解决的问题及主要创新点

阳光人寿通过借助互联网、微服务、大数据及开源等技术手段，结合过去阳光人寿积累的科技成果，在传统的寿险电销的基础上，从单一的电销模式向多元化模式转型，围绕产品销售，团队管理，客服服务等场景，重新规划整个业务作业模型，构建了一套符合业务发展趋势的线上化客户服务和综合销售平台来满足当前业务发展要求。产品销售由支持单一的电销渠道产品向支持电销、网销、个险等多渠道产品交叉销售转变；将“红黄蓝”管理思想引入到营销指标、数据指标、任务指标、坐席通话状态等现场管理指标跟踪，方便营销人员通过线上管理平台，实时掌握本人的工作任务执行情况，以便于合理规划个人工作计划；管理人员通过线上管理平台，可实时掌握团队的整体运行情况，掌握当前成员的通话次数、通话时长、数据指标、营销指标、任务指标等状态，以便于及时跟踪预警和工作策略调整；将客户服务线上化纳入系统建设范围，依托公众号、APP、官网门户等，打造集业务与客户服务为一体的综合信息服务管理平台，同时深入挖掘存量客户潜力，为客户提供多元化销售和高附加值产品增值服务；对接各服务平台，根据客户需要进行产品组装，真正解决客户“产品选择难”的痛点问题，增强客户体验感，同时提升客户对保险产品的认知水平和认同度，为后续销售及客户服务创造有利条件。

四、项目主要建设内容

线上化客户服务和综合销售平台建设项目充分利用原电销系统资源和集团公共资源，对PC版电销系统进行公网发布改造、移动版电销系统建设，快速解决电销坐席“居家办公”问题。

1. 充分利用原电销系统新技术特点，复用电销系统微服务功能和基础架构资源，降低硬件投入，缩短研发周期。通过在阿里云引入网关层和安全策略，将公网访问流量引流至通州Nginx生产节点，复用原电销系统基础架构资源，降低亦庄数据中心、通州数据中心本地互联网资源、VPN等资源压力。同时公网流量不引流至亦庄生产节点（原电销系统支持亦庄、通州双活接入方案），可以有效应对公网发布紧急情况。

2. 提高用户体验，内外网域名保持一致，为用户提供无差异访问体验。外网域名仍使用现电销系统域名，通过安全策略及网关控制实现内外网隔离，保证系统的安全性和一致性，保证无差异化的用户体验。同时将公网数据落地在原电销系统，为用户在不同环境下的作业，保证数据的一致性。

3. 以信息安全为核心，打造符合公网发布的电销系统。为保证系统符合公网发布安全标准，在集团信息安全部、基础架构部协同作业下，对现有电销系统重点功能进行安全性改造，从登录授权、基础组件引用、系统预警及越权防控等多方面进行了系统安全性的完善及加固，以确保业务系统的安全性、可靠性。

4. 严格检测及验证，实时监控用户状态。开放个别电销中心进行试点，及时跟进分析系统压力（系统指标监控包括CPU使用率、内存使用率、IO读写效率、SLB的监控状态、Nginx状态以及日志），为业务部门的正常展业提供了系统保障，并对异常登录等场景发出实时预警。

5. 快速推广系统改造和线上部署方案。上述方案在电销销售系统验证通过后，复用至电销

客服系统、电销回访系统、电销知识库系统、单点登录平台，解决了电销自有电脑用户远程办公和缓解集团公共资源紧张的问题。

五、项目效果

对于线上化客户服务和综合销售平台，通过复用现有电销系统微服务功能和基础架构资源，大幅降低项目周期和建设成本，为今后类似转型项目提供经验和理论依据。坐席通过系统可以进行移动外呼，满足随时随地展业的需求，并为电销“多元化”战略项目转型、开展新业务场景提供了平台支持；通过将“红黄蓝”模式引入线上管理场景，为非现场团队管理模式提供平台工具；通过集成 APP，公众号等平台，方便坐席给客户推送相关内容信息，如产品介绍、投保计划书、投保链接、在线回访、在线理赔等功能；通过对接各服务中台，实现客户自主服务，客户通过各门户即可以进行在线保单签收、续期交费、在线咨询等服务，提升客户自主服务体验。项目一期、二期上线后，线上化客户服务和综合销售平台累计处理任务量约 1044 万条，共产生承保保费 6103 万元，为网销引流承保保费 4656 万元，为 62.9 万名客户免费赠送产品保障，有效推动电销业务向多渠道融合业务场景发展。

六、总结

电销移动出单项目，在传统的电话销售业务模式向线上化客户服务和综合销售的管理模式转化建设过程中，存在一些注意事项及建议。

（一）加强客户信息安全建设

客户数据是企业最宝贵的资源，如何有效保护客户隐私，防止客户信息泄露，提升客户信息安全性，保障客户合法权益，是系统建设过程中首要解决的问题，要具备有效的脱敏、加密机制，通过后台监控对客户的异常行为及时发现预警，设置定时系统安全扫描策略等措施，有助于解决上述问题，提高信息安全。

（二）提供技术支持

移动端系统线上化依赖严重，出现问题如何及时有效地提供技术保障、提高客户满意度是关键。解决上述问题需要有完善的自动化监控预警机制，具备主动发现问题、主动精准定位、主动熔断限流等能力，及时发现和处理问题。同时对线上化用户体验提出更高要求，需要通过友好的系统提示和体验，使问题反馈简单明了、一目了然，让用户在线上化平台使用过程中具备初步判断是系统故障还是终端设备故障的能力。

专家点评

近年来，电销业务发展趋势整体缩减，电销业务增速呈现出放缓趋势，传统电话销售业务模式遇到“瓶颈”。未来电话营销业务会逐步由传统的纯电销模式向线上线下、网电结合、“空地”等融合模式发展。本案例实现了电销销售、电销客服、电销回访、电销知识库4个系统的外网发布并完成移动电销应用上线。实现寿险电销业务团队由内网办公向互联网线上化办公的转型，及时解决业务部门约8500人的移动出单和线上办公问题，缓解因疫情期间公司远程办公VPN资源紧张等问题。在保险科技赋能个险营销模式变革外，关注电销的科技变革具有创新性。

德华安顾人寿营销员一站式平台

——安顾赢家 APP

◎ 德华安顾人寿保险有限公司

一、项目概述

安顾赢家 APP 是德华安顾人寿保险有限公司（以下简称德华安顾人寿）为赋能营销推出的一站式展业 APP。安顾赢家 APP 着手打造增员、拓客、客户管理、展业、学习、组织管理、客户服务、荣誉激励等版块，涵盖营销管理全流程，形成营销管理生态闭环，结合营销伙伴业务场景，开发贴合工作需求的功能版块，成为营销人员工作中不可或缺的展业工具。

二、项目背景及意义

在科技浪潮的推动下，终有一天，所有企业都将成为科技企业，无法适应的企业大多会被时代淘汰。

自 2013 年开业以来，德华安顾人寿就将“数字化”定位为与个险渠道并驾齐驱的公司战略，只用 1 年时间便实现了 100% 的营销员移动展业，第三年便完成了非结构性数据库的应用及客户、代理人画像体系统一数据平台建设。

历经百余次迭代后，现在每位德华安顾人寿代理人都能够熟练运用公司数字化平台进行获客、展业、出单，做工作计划，与主管交流、学习、管理客户信息。目的是让我们的“钢铁侠”（代理人）穿上数字化盔甲。目前我们已是业内为数不多实现全流程数字化展业的中小寿险公司之一。

总体来说，是用数字化的工具武装个险队伍，用数字化的工具提高运营效率，用数字化的效率减少运营费用，以及用数字化方式发现和防范风险。通过数字化赋能达到增产、降费、提效、风控和提升客户体验的目的，满足消费者多元化的保险需求。

三、项目重点解决的问题及主要创新点

（一）线上出单，降本增效

以往出单需通过纸质方式录入核心系统，不仅需亲自拜访客户填写各项所需的信息，还需交还运营保管保单原件，其中出现信息错误及其他纰漏在所难免。而安顾赢家 APP 出单流程使用人脸识别、OCR 智能身份信息识别等技术完全解决了这个难题。100% 无纸化出单，从出单到回执签收、客户回访，全部实现线上化操作，为公司降本增效添砖加瓦。尤其是在疫情期间，安顾赢家 APP 使得远程无接触展业成为可能。

（二）一站式服务平台

现今行业中的展业 APP，基本都将业务中的多项流程或工作行为分解成多个 APP。不同于行

业中的其他展业 APP，安顾赢家 APP 将全部功能整合至一款 APP 中，真正实现了一站式服务平台的展业 APP。无论是获客、拜访，建议书提交及出单、客户的维护、加保及续期管理，也无论是增员的前中后期拓展，还是从业务管理支持到培训学习，到客户管理、客户服务，安顾赢家 APP 一个平台，将每个工作流程紧密联系在一起，环环相扣，使展业人员在使用过程中极大地享受到数字化带来便捷与效率。

（三）技术创新

人脸识别系统通过与公安部系统对接，保证人员与信息一致、准确。利用 OCR 识别技术识别身份证信息，将识别的证件信息回填系统，实现客户少动手，系统多“跑路”。当客户与业务员不在同一场景时，以往只能由业务员去联系客户预约时间进行现场签单，现在通过“微信分享 + 人脸识别”的方式，业务员可以将出单链接通过微信分享给客户，客户可在家中通过人脸识别实现远程签单。

安顾赢家整套系统采用“dubbo + zookeeper”的分布式开发技术框架，将模块与资源进行分布式整合，搭建适用本项目的良好性能框架技术，保证系统的高可用性、可扩展性。引入分布式系统可以很好地降低单点压力，注明系统间模块间的依赖关系以及统计功能。

1. 单点压力。当服务越来越多时，服务 URL 配置管理变得非常困难，F5 硬件负载均衡器的单点压力也越来越大，Dubbo 提供了一个服务注册中心，动态的注册和发现服务，使服务的位置透明，并通过在消费方获取服务提供方地址列表，实现软负载均衡和 Failover，降低对 F5 硬件负载均衡器的依赖，也能减少部分成本。

2. 依赖关系。Dubbo 提供的服务注册中心清晰的标明了服务提供方、服务的消费方，以及各个服务方、消费方的地址，依赖关系一目了然。

3. 统计功能。Dubbo 可以将服务每天的调用量，响应时间，都统计出来，作为容量规划的参考指标。管理员可根据此指标动态调整权重，在线上，将某台机器的权重一直加大，或者调低某台机器的权重。

四、项目主要建设内容

安顾赢家架设主要基于 SpringMVC 三层结构结合 Redis 缓存技术开发的整体应用系统。

使用 springmvc 框架可以很好地与 dubbo 框架进行兼容。采用前后端分离的开发模式，前端开发人员只专注页面的开发，后端开发人员只专注后台接口以及业务逻辑的开发，前后分离在提高开发效率的同时更能保住专业性。使用 redis 缓存技术可以缓存访问频率较高的数据，比如微信平台中使用的令牌、用户标识等，这些数据没有必要存储到数据库中，减少数据库的访问次数，降低数据库服务器压力，提高访问效率。同时，springmvc 框架在性能、结构以及稳定性上也有较大的优势。

1. 使用 Spring 的 IOC 容器，将对象之间的依赖关系交给 Spring，降低组件之间的耦合性。

2. 可以提供众多服务，事务管理。

3. 可以很好地支持 AOP，方便面向切面编程。

4. 对主流的框架提供了很好的集成支持，如 Hibernate，Struts2，JPA 等。

5. Spring DI 机制降低了业务对象替换的复杂性。

6. Spring 的高度可开放性，并不强制依赖于

Spring，开发者可以自由选择 Spring 部分或全部。

基于以上开发架构模型，安顾赢家从以下六大方面入手，着手进行了全方位整体性系统打造。

（一）展业体系

定制开发符合德华安顾人寿营销特色的移动展业工具，建立全生命周期的客户经营理念，提供行销辅助工具。活动功能拥有丰富的活动形式，包括赠险、问卷、直播讲座。红点计划包括以下几个方面：增加营销员客户接触节点；建立家庭风险防御能力模型—家庭保障需求模型—家庭理想保额模型；产品建议书系统在需求分析模型提供按需方案；业务产品及时支持，运营规则制式化形成，根据公司内部不同业务渠道销售节奏有针对性地推出符合其需求的产品；结合人脸识别客户、OCR 技术更加省时便捷地出单；针对 2020 年突发疫情状况，客户签字可进行微信端远程发送签字页与投保信息确认页面，待客户签字完成，系统自动确认提交，实时扣款，并通过安顾赢家发送电子回执与电子保单。保单生效后，通过续期管理平台，使续期拜访活动量管理更加行之有效，形成全生命周期展业体系。

（二）增员体系

体系包含“增中、增前、增后”，形成有效增员体系闭环。“增前”包含新人职业测评（性向测试）——员工增员可通过微信发送测试邀请，新人扫描二维码进入，可对自己的工作优劣势进行有效测评。进行过测评的新人，可直接显示在增员列表中，方便联系与查询该新人的具体情况，增员人员可对参加测评的新人进行筛选，达到人才有效推荐。增前还包括增员资讯信息，由个险业务部门进行资讯的完善，方便新人了解公司前景与职业前景，进一步提高公司增员的影响力；“增中”上线电子化增员手册、未来收入测算，让新人提前了解职业未来走向，加深对公司的印象；“增后”提供电子化入职系统，方便员工自助入司，及时上报。

（三）积分体系

安顾赢家的积分体系，针对用户在安顾赢家上的一切使用行为，比如登录、考勤、出单、递送建议书、拜访等进行积分奖励，对接京东商城，积分可换购京东商城上万种商品，针对工作过程管理而非结果管理，有效养成营销人员良好的工作习惯。

（四）线上学习体系

学习体系提供保险学习资料、产品资料、成长课程等，根据用户所处职级、阶段进行培训课程推送，完成会有相应积分奖励，提高学习主动性，并且引入课程，通过生动活泼的 H5 动画页面，几分钟讲清保险知识要点；利用直播功能，打造优秀直播明星，根据业务节奏，推出业绩榜样，提高荣誉感和归属感；邀请专业人士对比如理赔核保资产等进行定期直播分享，专业知识一线触达；配合个险的有效管理与即将上线的考试功能，对所学知识进行测评，检验自身能力，学习、测试两不误，既能做到知识储备又可进行自我考察，安顾赢家打造出了全新的数字化智能学习体系。

（五）组织管理体系

结合个险管理节奏推出 PEP 面谈功能；通过赠险、问卷等活动增加与客户进行交互手段；提供拜访记录功能，有效记录业务工作点滴；协助丰富组织架构，架构人力缺省、架构业绩达成，一目了然；搭建业务荣誉体系；协助营销员进行有效管理与自我管理。通过活动量管理平台，所有营销员在安顾赢家上的过程数据一目了然，协助主管管理团队及员工自我管理，业绩查询、佣金查询以及荣誉查询，助力营销员进行自我经营。

（六）客户管理体系

新增的标签管理选项，点击进入，可看到针对客户星级的有效分类，营销伙伴可自行编辑，将客户随时进行分类，也可进行一键电话拨打及拜访创建。客户信息的展示新增了客户家人信息与转介绍客户信息填写，系统帮营销员记录核心影响力客户。当客户的转介绍客户达到五个，系统自动形成影响力中心的标记，提醒营销员伙伴进行重点维护。另外，客户管理支持一键导入手机客户通信录，方便快捷地添加客户。从记录客户到维护客户，安顾赢家结合各类业务场景进行全方位开发。

五、项目效果

（一）展业体系

协助营销员获客，帮助其在朋友圈进行私域流量运营；对客户生日、保单周年日、续期计划定期推送拜访提醒，助力二次销售最佳时点及客户加保最佳时点，围绕转介绍中心客户进行客户画像描绘，安顾赢家客户管理体系帮助营销员捕捉每一位客户经营的最佳时点；专业解决客户给谁买、买什么、买多少的问题；而后通过建议书系统，实现真正以客户为中心而非以产品为中心，有效帮助用户按需为客户提供产品方案。针对疫情突发情况，公司结合人脸识别客户、OCR技术进行更省时便捷地出单，足不出户可完成对客户的签单，完全实现零接触出单。而续期管理系统将续期由线下支持变为线上支持，极大地提高了续期拜访效率。

从初期获客工具到客户管理、拜访沟通、需求分析、递交建议书、完成出单、后续客户服务，安顾赢家 APP 为营销员形成展业闭环思路。

（二）增员体系

依托强有力的内容支持，增员体系不仅有效配合业务伙伴在增员时需要的帮助，更清晰明了地展示了公司的行业前景及平台实力，支持转发，支持外部浏览，在增员的同时也推广了公司形象。入司前可进行职业测试，为增员人是否适合保险业提供了参考及建议。电子化入司流程，线上直接采集入司人员的信息，审批全在线上进行，最终生成电子档案，改变了保险公司内勤人员收集资料、录入资料，为营销人员开工号、纸质档案管理的冗杂工作量，有效节省了人力成本，提高了工作效率，同时也实现了营销人员入司全线上闭环流程。

（三）积分体系

将营销人员每日的工作必须做成积分激励体系，每天提示他们去完成来获取积分奖励，提升营销人员的营销价值感与数字化行为价值感，有效引导业务人员进行数字化工作流程的转型，以过程管理取代结果管理，协助营销人员养成良好的工作习惯，增强了业务人员的展业营销信心。

（四）线上学习体系

展业、增员体系的良好建立离不开培训学

习，安顾赢家 APP 充分考虑营销员学习时间碎片化情况，提供培训学习体系，养成业务条线的积极学习能力，为展业、增员提供知识“子弹”，为业务开展增砖添瓦。从岗前培训到岗后的业务衔接训练，对于在线课程学习与考试，目前公司整条数字化业务学习流程已搭建完成并形成考核条例，在今后的工作中将逐渐展示其培训支持能力。

（五）组织管理体系

PEP 面谈进行问题指引，不同营销人员展示不同的面谈问题，使面谈更有效、更有针对性，做到不让每一位营销员掉队；增加获客范围，可后台导出获客数据，随时分析营销员的展业情况；荣誉体系内有达成情况提醒、达成等级及查询达成缺口及荣誉公告；从帮扶到监督，从管理报表提供到荣誉体系搭建，安顾赢家 APP 始终不忘协助管理人员，依托数字化工具提升管理效率。

（六）客户管理体系

对客户管理版块的开发设计不仅贴合了营销需求，更适用于各类营销场景。从记录客户到维护客户，安顾赢家结合各类业务场景进行全方位开发。客户管理取代了老式的客户通信录，客户标签、需求偏好均可体现，整个体系完成了客户管理闭环。

六、总结

德华安顾人寿自开业以来，围绕“个险 + 数字化”作为突破口，继续完善德华安顾人寿在科技赋能、数字化转型上的战略部署。围绕营销员核心业务 APP“安顾赢家”，数字化事业部在搭建多层次、全面化的服务平台上将继续稳步提升，着力使用技术手段支撑业务稳步发展。

专家点评

德华安顾人寿保险有限公司作为实现全流程数字化展业的中小寿险公司之一，着力通过数字化工具武装个险队伍、提高运营效率、减少运营费用，以及发现和防范风险。通过数字化赋能达到增产、降费、提效、风控和提升客户体验的目的，满足消费者多元化的保险需求。德华安顾人寿为赋能营销推出的一站式展业 APP，从增员、拓客、客户管理、展业、学习、组织管理、客户服务、荣誉激励等板块出发，涵盖全流程营销管理，形成营销管理生态闭环，结合营销伙伴业务场景，开发贴合工作需求的功能板块，为营销员展业及客户服务提供新模式。

横琴人寿哆徕咪平台

◎横琴人寿保险有限公司

一、项目概述

2017 年，横琴人寿在科技驱动战略指引下（该战略现已全新升级为“数字横琴”），对公司业务发展规划和行业现状进行深入分析，基于科技赋能经代合作伙伴的业务理念，在行业内率先推出了专为经代合作伙伴打造的展业平台——哆徕咪，该平台可以作为保险业内部通用的经代渠道展业平台，全方位赋能经代合作伙伴。

二、项目背景及意义

伴随着互联网、大数据、人工智能等技术的不断进步，“金融 + 科技”时代已经来临，科技创新正在逐步改变保险业的经营、服务和创新模式，保险科技有效拓展了我国保险业的深度和广度。在这个时代潮流下，保险公司应当不断革新经营理念，顺应时代潮流，将新技术与传统经营模式深度融合，才能确保在保险市场上占据一席之地。

横琴人寿在成立之初，兰亚东董事长前瞻性地提出了“科技驱动、混合型前端、家庭账户”三大战略，希望借助科技驱动手段，尤其是成熟科技在保险领域的应用，探索混合型前端特色化发展模式，推动家庭账户战略落地，深耕用户家庭，为用户及其家庭提供精准保障和个性化服务，实现横琴人寿“百年老店”的美好愿景。

保险经代公司是中国保险业主要的销售渠道之一，但现阶段保险经代公司的发展面临一个比较突出的问题：缺乏专业化的 IT 系统，无有效的出单平台。经代公司与保险公司合作过程中多采用线下纸质投保单的形式出单，展业过程较长，操作不灵活。

横琴人寿根据自身业务发展需要，经过充分的市场调研，于 2017 年 6 月启动了哆徕咪平台建设项目，助力公司经代渠道发展，为合作伙伴提供一站式的智能营销平台，科技赋能经代合作伙伴。

哆徕咪平台全面覆盖经代渠道展业场景，通过丰富的产品线支撑、电子化线上展业、灵活便捷的社交分享等形式，帮助合作伙伴快速获客、灵活展业。

三、项目重点解决的问题及主要创新点

（一）充分利用多种保险新科技打造轻量、灵活、便捷的展业平台

1．免安装，易推广，移动社交，全方位触达获客。基于社交平台进行功能搭建，使得该平台自诞生起就具备了易于传播的特性，便于营销员与客户进行营销互动，通过移动化、社交化方式分享链接，促进品牌传播、产品营销。从传统的由点及面，以代理人为中心的关系链，转化为

以客户为中心的环状结构。借助社交平台，全方位、多渠道触达客户。

相较于移动端APP，哆徕咪平台以微信公众号的方式服务合作伙伴，具备了免安装、易推广的显著优势，使用效果好。

2. 运用OCR、人脸识别、空中签名等多种保险新科技，提高投保效率和安全性。在投保流程中，集成了证件OCR、人脸识别、空中签名等主流AI技术，一方面确保投保过程真实、有效，另一方面也使得代理人展业过程更加顺畅，让客户足不出户得以快速办理业务，代理人也得以更高效地完成服务。该平台的投入使用使得代理人可以做到24小时与客户相连、随时随地为客户提供服务。

3. 历久弥新的微服务架构应用，提升平台稳定性和扩展性。平台采用微服务治理框架Spring Cloud，具备诸多优点：稳定性高、技术领先、达99.99%的高可用性、服务灵活扩展（10分钟扩展1台服务器）、敏捷部署，可更好地支撑平台功能快速迭代、支持场景化营销和互联网碎片化交易等未来应用场景。

4. 跨平台复用的配置化组件，提升平台应用价值。产品定义组件的应用，可以实现险种一次开发，多个平台（电商、微信等）复用。商品管理组件可支持商品基本信息的快速配置。通过各类配置化组件来实现产品的快速定义和销售。

（二）行业内领先推出专为经代公司服务的展业平台，助力横琴人寿“合伙型分销网络”战略落地

哆徕咪是横琴人寿专为经代公司、公司综拓人员打造的一款展业工具，平台具备前端展业和后端管理两大类功能，展业端可支持在线投保、保单管理等功能，管理端可支持经代公司团队管理的相关功能以及代理人分享入职、在线签约、订单管理、在线培训、佣金结算等功能。

（三）率先引入家庭账户概念

“家庭账户”作为横琴人寿重要的发展战略，已成为各个数字化平台建设的重要指导思想，哆徕咪平台在建设时也融入了“家庭账户”的相关理念，能够支持以家庭为单位的客户保单管理功能，已具备家庭账户的雏形，以实际行动推动公司战略落地。

四、项目主要建设内容

（一）弹性、灵活的技术架构设计与云部署方案应用

哆徕咪平台采用分布式微服务架构设计，使用Spring Cloud作为微服务治理组件，实现了服务健康检查、服务监控、注册发现、负载均衡、链路追踪等功能，保证系统的高可用性与高可扩展性。

哆徕咪平台整体部署在阿里金融云上，充分利用阿里金融云的成熟PAAS层服务组件（如RDS数据库、Redis缓存数据库、ONS消息服务、OSS存储等），借助阿里金融云提供的ECS虚拟服务器和安全保障体系（如态势感知、安骑士等），确保平台的安全性以及服务的高可用性和可扩展性。见图1。

（二）跨平台复用的配置化组件应用

平台建设时，立足公司互联网端多个平台建设的整体布局，打造跨平台级产品定义组件，可以实现险种一次开发，多个平台复用（如公司电

商、官微等多平台可通用）。

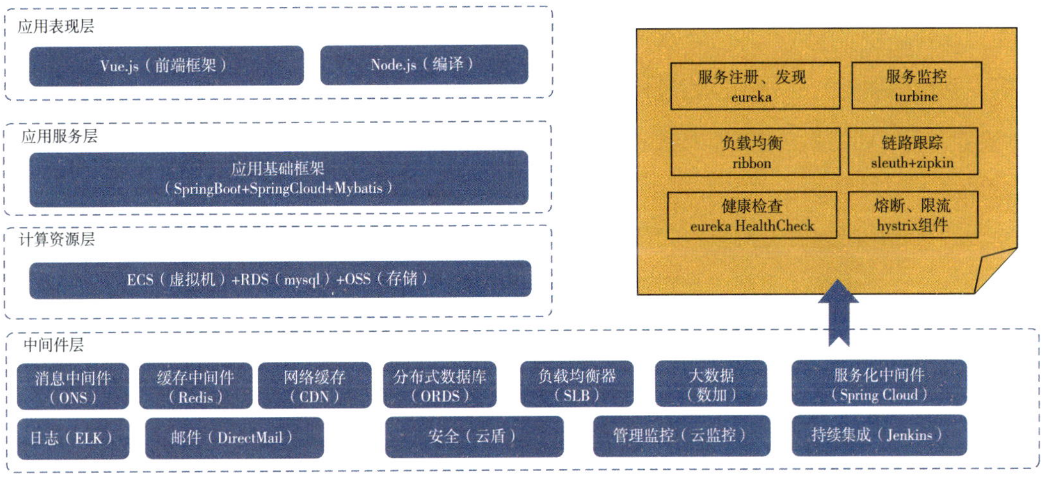

图 1　哆徕咪平台技术架构

（三）线上化作业体系搭建

哆徕咪平台以“线上”展业支持为基本出发点，充分考虑经代合作伙伴展业场景，规划了完善的线上投保流程以及配套的线上服务功能体系。

在投保流程中，集成了证件 OCR、人脸识别、空中签名等主流 AI 技术，在确保投保过程真实、有效的同时也使得代理人展业过程更加顺畅。从客户角度出发，线上化的作业流程，使得客户足不出户就可快速办理投保业务，为用户享受保险保障服务提供了极大便利。

哆徕咪平台包含热销产品、计划书、专属服务以及后台管理等 20 个功能模块，涵盖了在线获客、线上投保、线上服务、线上团队管理全流程相关功能。

五、项目效果

截至目前，通过哆徕咪平台与横琴人寿达成合作意向的经代机构已超过 600 个，注册代理人近 5 万人。现在平台已支持横琴人寿所有合作方经代人员和公司综拓人员注册使用。

（一）为经代公司提供全方位的对接方式，实现无缝对接

对于有合作意向的经代公司，如无开发能力或不希望进行开发投入，可以直接选择使用哆徕咪平台在线功能进行展业和团队管理。对于有一定开发能力的经代公司，如不想使用哆徕咪微信公众号，也可通过哆徕咪平台提供的后台接口与横琴人寿进行对接，仅需简单开发即可完成对接工作。为经代渠道业务合作提供了更为便利的条件。

（二）哆徕咪平台贴合经代公司代理人、独立代理人实际展业需求，提供全面、便捷的功能，吸引大批中介机构和代理人注册使用本平台

目前哆徕咪平台已上线 20 个功能模块，上架 42 款热销产品。

从展业角度来看，代理人可利用平台完成各款热销产品的计划书制作，并实时将计划书分享给投保人。平台还支持生成代理人专属产品海报和二维码，并借助微信完成分享，通过自媒体扩大综合影响力和宣传力度，为代理人获客提供更便捷的途径。

在扩大获客概率的同时，对于告知不符或者身处异地的客户，平台也可通过线上转线下人工核保以及身份识别、空中签名功能完成投保操作，减少客户流失率。

以微信支付为主的多种交费方式的应用，进一步提升了平台在线投保的便利性和效率，提升用户综合使用体验。

为满足经代机构团队建设需求，平台提供个人入职信息分享及邀请入职功能，被邀请人员通过平台可在线快速完成入职登记并自动记录邀请人员与被邀请人员关系，以支撑后续团队管理。

在经代机构团队管理方面，平台提供完善的后台管理功能，具备团队建设、团队管理、人员管理、账号管理、佣金管理等全方位的功能支持。

（三）借助强大的配置化组件，支撑产品快速上线和营销

通过统一的跨平台级产品定义组件（电商、微信、移动展业平台通用）及可配置化的商品管理模块，极大地缩短了产品开发周期，目前新上架一款产品仅需“1～2人天开发工作量＋2～3人天测试工作量”即可，降低了长期运维成本，为公司占领市场抢占先机，并极大地推动了业务的迅猛发展。

（四）有助于横琴人寿“合伙型分销网络”发展战略落地

横琴人寿提出“合伙型分销网络”发展战略，旨在将横琴人寿打造成为一个平台型的公司，吸引有流量、有资源的机构或个人在监管允许范围内展开充分合作。哆徕咪平台就是横琴人寿在践行这一战略落地过程中开发出来的A端平台，它的投入使用将为很大一部分代理人参与保险业带来极大便利。在平台运营及持续优化过程中，横琴人寿也将收获关于“合伙型分销网络”战略落地的更多实践经验，并借助这些经验不断提高公司内在驱动力，助力公司战略更快、更稳落地。

六、总结

哆徕咪平台充分利用大数据、人工智能等技术赋能经代合作伙伴及其代理人，在满足监管合规要求的前提下，实现保险销售的突破性变革，助力公司经代业务的高速发展。

后疫情时代下，“线上、线下融合”已成为主旋律，更好地服务最终用户、更高效的赋能经代合作伙伴是横琴人寿不断迭代哆徕咪平台始终坚守的目标。

专家点评

“金融＋科技”时代已经来临，科技创新正在逐步改变保险业的经营、服务和创新模式，保险科技有效拓展了我国保险业的深度和广度。横琴人寿推出的哆徕咪平台全面覆盖经代渠道展业场景，通过丰富的产品线支撑、电子化线上展业、灵活便捷的社交分享等形式，帮助合作伙伴快速获客、灵活展业，解决了传统保险经代公司缺乏专业化的IT系统，无有效的出单平台、展业过程较长，操作不灵活的问题，全方位赋能经代合作平台，有助于优化保险业展业模式。

上海安国智能展业系统保阁 APP：线上新技术应用与业务流程优化

◎ 上海安国保险经纪有限公司

一、项目概述

近年来，随着云计算、人工智能等技术的发展，整个保险业掀起了一场数字化浪潮，保险业的运行方式发生了巨大变化。中国保险行业协会会长邢炜在中国银行保险业国际高峰论坛上表示，接下来中国保险行业协会将组织全行业的力量，在金融科技方面发力，让科技在保险业的应用快速发展。

在这个背景下，上海安国保险经纪有限公司（以下简称安国）大力引进行业内外高科技人才，基于股东方在信息安全管理和服务、过程组织、AI 研发、项目管理等技术研发背景，力求快速建设起行业领先、功能完备的信息系统与行销工具，推出安国经纪人专属智能展业系统——保阁 APP。

保阁 APP 作为安国的官方自营平台，为安国经纪人提供智能精准的展业工具、便捷贴心的客户管理、高效专业的职涯培养、全面智能的在线服务、7 × 24 小时的智能客服等全方位支持，让经纪人轻松成为专业保险（财富）管理方案的提供者。

平台打通了从招募获客、营销展业、客户服务，到职涯成长、团队管理的全流程保险线上化服务，以科技手段线上化监控业务层面的诚信展业情况，合规经营，稳健发展；为客户提供全面的风险解决方案及服务；全方位助力经纪人展业线上化、标准化、制式化；在公司业务运营各个环节真正实现降本增效，推动保险科技的线上化发展。

二、项目背景及意义

安国始终拥抱互联网科技，通过“寿险为主、产寿兼营”的运营模式、“科技 + 保险 + 风控”结合并进、合法完善的内控管理体系、稳定高效的后援服务，推动“线上 + 线下”统筹发展。通过独立研发的智能展业系统——保阁 APP，精准洞察客户需求，实现线上咨询、获客、营销、投保、风控、核保、核赔等环节的降本增效，全方位推动保险业务高速发展、全心服务客户、助力保险经纪人在安国平台实现自身价值。

（一）科技赋能，服务全面升级

安国基于人工智能和大数据算法，在智能搜索、匹配、推荐，智能客服，大数据风控，反欺诈等方面具备独家的技术优势，依托保险核心科技，以技术创新驱动服务升级。保阁 APP 从经纪人入职培训、产品对比、计划书制作、客户管理、客户维护，到深造学习、核保核赔、保单托管等环节均以科技为本，APP为实现方式，高效赋予经纪人专业技能提升，助力推动行业发展。

保险中介机构的职责不仅体现在推动以消费者为中心的个性化、定制化保险产品的不断升级，还体现在让保险回归保障，打造保险智能服务，提升保险服务体验等方面。安国在赋能保险经纪人的同时，持续通过“线上+线下”相结合的服务模式，以保阁A有限公司作为连接，为客户提供风险预警、咨询、核保、理赔等服务的全面升级，秉承“成为客户和员工信赖的专业保险中介机构”的企业愿景，打造专业、优质、便捷、高效的一站式保险经纪服务。

（二）内外兼修，屡获行业殊荣

2020年7月，安国在中国保险业数字化与人工智能发展大会上荣获“年度保险科技创新之星”。保阁APP以客户为中心，持续进行数字化、智能化变革，在保险科技领域进行多场景、多方向探索，为客户提供全方位的解决方案及服务，直击传统业务痛点。

2020年9月，安国携保阁APP亮相服贸会金融服务线上展厅。借助线上展厅，安国向世界展示了中国保险科技及保险中介机构的面貌。

同月，中国互联网金融协会发布新一批移动金融客户端名单，保阁APP成功入选备案名单，意味保阁APP通过了专业的合规检测认证，在安全性和可信性方面获得认可和信赖。

2020年10月，安国在中国保险中介发展高峰论坛荣获“年度保险中介成长之星”。疫情期间，保阁APP让经纪人足不出户，正常开展保险营销工作，实现业务的稳健发展。

安国始终严格遵守相关法律法规，贯彻落实监管方各项工作要求，按照“新国十条”的要求，保阁APP有效通过系统化管理，推动经纪公司IT架构的风控系统转型，支撑业务线上化，提升预警风控效率，降低公司运营风险，维护保险业与经纪人形象，推动保险业创新发展。

三、项目重点解决的问题及主要创新点

安国以技术创新驱动服务升级，吸纳百余名来自互联网上市公司、独角兽平台的高学历、高端技术人才，技术研发高成本投入，独立研发上线保阁APP，力求从客户需求出发，精准把握行业痛点，全面提能增效，助力推动行业发展。

（一）智能精准的展业工具

保阁APP通过数字技术和算法模型，依托全息用户画像、智能分析决策等方面的技术支撑，通过与客户智能交互问答了解客户保障需求，自动分析家庭风险缺口，为客户生成定制化、专业、高性价比的家庭风险保障方案。

为了提升保险产品差异化对比效能，安国推出产品智能对比工具，支持市场上各品类的热门产品对比，将差异展示给经纪人和客户，助力经纪人为客户提供系统化、定制化、专业、高性价比的家庭风险保障方案及产品推介。

（二）专业成熟的团队管理

安国经纪人通过保阁APP实现了全国范围的线上增员。作为安国团队长，通过APP内置线上化早会管理、日常培训管理、拜访管理、陪访管理、客户活动管理、照会管理、招募管理等实用管理工具，随时随地了解团队成员的业务完成进度、培训学习完成率等数据，减少日常管理环节，提高日常运营及团队管理效率。

安国率先实现利益结算系统化管理，支持经纪人实时查询个人、团队利益，定期自动结算佣金，改变行业利益结算依靠人工管理，工作量大、差错率高的现状，大幅减少公司管理成本。

（三）高效专业的线上化职涯培养

安国结合传统保险营销模式，根据保险业务特点，经纪人通过保阁 APP 可以在线定制学习任务、自主建设团队学习知识库，运用在线答疑、场景模拟、话术演练等互动方式，强化保险经纪人的学习效果，帮助每一位保险经纪人实现从小白、专家到精英大咖的全周期成长。

（四）便捷贴心的客户管理

保阁 APP 通过强大的访客管理系统，帮助经纪人及时、全面掌握互联网推广效果，经纪人时刻了解哪些客户关注了其在朋友圈的推广素材、关注了多久等数据信息，全方位提高获客效果。

经纪人利用保单托管工具，为客户梳理保单，及时填补保障缺口，通过续保提醒、生日提醒等贴心功能，增强与客户的情感黏性，并利用拜访日志功能快速记录与客户的沟通情况，方便追踪进度。

（五）7 ×24 小时智能客户服务

保阁 APP 利用语义分析、智能机器人、AI 深度学习等计算机前沿技术，实现流畅人机交互服务体验。通过 7 ×24 小时在线智能客服和全国统一的客户服务热线，为每一位客户提供最耐心、最专业的智慧客服。同时通过全面的售后服务数据库，一键检索各家保险公司的售后问题，显著提升经纪人的问题处理效率。

四、项目主要建设内容

安国以“科技让保险更简单”为使命，大力引进行业内外高科技人才，力求快速建设起行业领先、功能完备的信息系统与行销工具，推出智能展业系统——保阁 APP。

保阁 APP 作为安国的官方自营平台，为安国经纪人提供智能精准的展业工具、便捷贴心的客户管理、高效专业的职涯培养、全面智能的在线服务、7 ×24 小时的智能客服，让经纪人轻松成为专业保险/财富管理方案的提供者。平台打通了从前端招募展业、中端营销运营到后端服务支持的全流程保险线上化服务，在“科技 + 保险”的时代，全方位助力经纪人展业线上化、标准化、制式化，在公司业务运营各个环节真正实现降本增效，推动保险科技的线上化发展。

（一）线上获客营销

保阁 APP 通过数字技术和算法模型，依托全息用户画像、智能分析决策等方面的数据沉淀和技术支撑，通过与客户智能交互问答了解客户保障需求，自动分析家庭风险缺口，为客户生成定制化、专业化、高性价比的家庭风险保障方案。

为支持精准营销的销售流程，安国与 80 余家大中型、新锐热门的保险公司深度合作，依托保阁 APP 搭建了包括健康险、寿险、意外险、车险、家财险、年金险等千余款线上、线下产品在内的在线产品库，并根据客户的需求持续更新。

为了提升保险产品差异化对比效能，改善传统经纪人手工做表进行产品对比的工作方式，安国为经纪人研发了“产品智能对比”模块，支持市场上各品类的热门产品对比，将产品的保险公司信息、投保信息、保险责任、产品价格差异展示给经纪人和客户，再通过“计划书”模块，为客户提供系统化、定制化、专业化、高性价比的家庭风险保障方案及产品推介。

保阁 APP“资讯”“展业海报”“朋友圈助手”等智能模块，支持经纪人将专属名片绑定至资讯、展业海报、朋友圈助手等展业功能模块，满足经纪人多场景使用需求，真正实现智能高效展业。

（二）团队线上化管理

安国经纪人可以通过保阁 APP 实现全国范围的线上增员，在线轻松办理入职手续，无需烦琐的线下签约手续，既满足了监管合规的要求，又减少了交通与时间成本。安国团队长通过 APP 内置线上化早会管理、日常培训管理、拜访管理、陪访管理、客户活动管理、照会管理、招募管理等实用管理工具，随时随地了解团队成员的业务完成进度、培训学习完成率等数据，减少日常管理环节，提高日常运营及团队管理效率。

安国率先实现利益结算系统化管理，支持经纪人实时查询个人、团队利益，定期自动结算佣金，改变行业利益结算依靠人工管理，工作量大、差错率高的现状，大幅减少公司管理成本。

（三）综合培训赋能

仅研究保险产品，无论是产品条款、增值服务、后续理赔还是适合人群等问题，都能在有限的时间内获得成绩。但现代保险业的发展，因更完备的保险服务而衍生的核保、医疗、养老、信托、税务、法律等问题，越来越成为行业内被广泛关注的热点。

上述技能的获得，需要保险从业人员有独立的学习能力，良好的时间管理能力和大量且正确的专业知识，这对绝大多数的保险从业人员来说，都是非常占用精力的。如何平衡从业人员的时间精力去获取相关知识，获取的相关知识能否在正常的保险经营上有所加成；如何在与客户长期的交往过程中，通过不断学习积累获得更有价值的提升，这是当代保险从业人员需要面对的新课题。

因此，在增员的同时，安国结合传统保险营销模式，根据保险业务特点，经纪人通过保阁 APP 可以在线定制学习任务、自主建设团队学习知识库，通过专业的课程设置和辅导支持提升专业性。同时运用在线答疑、场景模拟、话术演练等互动方式，强化保险经纪人的学习效果。

在保阁 APP 培训模块，不仅包含能够帮助经纪人成为合格的保险从业人员的基础知识和技能，也包含了能够迅速提升经纪人综合能力的知识点和分享。按类别进行划分，按需要进行获取，按水平选择进阶，这是安国希望传递给经纪人专业、朴实的观点。帮助每一位保险经纪人找到自己的学习路径，实现从小白、专家到精英大咖的全周期成长。

（四）智能核保系统

随着人们生活水平的逐渐提升，慢病、特病人群数量呈现出逐年递增的趋势。与线上智能核保服务相比，传统线下往往存在流程烦琐、人工介入环节多、核保系统无法通过客户各异的健康情况实现精准疾病评估、疾病风控难等难点，造成了客户投保过程中体验感差、保险从业人员销售过程中展业效率下降、保险公司核保风控效果突破难等现象。

保险经纪人展业时，会接触到很多客户有过

既往住院史、病史或体检异常。如何实现这部分群体的保障，已经成为保险从业者和客户共同的“痛点”。安国通过人工智能、大数据、云计算等科技沉淀，整合疾病数据、各家保险公司的核保结论数据等，在保阁 APP 内嵌入独立研发的智能核保系统。

该系统简化了传统核保模式中资料收集、人工核保后出具结论的流程，通过分析疾病类型、病种、治疗方式等医疗信息，结合寿险、重疾险、意外险、医疗险保障责任，自主研发智能核保模型，搭建了“1000 +”种疾病数据库，根据客户疾病情况进行自动化评估、打通各保险公司的核保结论、秒速给出核保结果及各险种的投保建议，将客户投保前的核保流程智能化、数字化、自动化，改善客户体验，充分满足非标体客户的疾病核保、投保问题，同时为保险从业人员展业提能增效，通过客户疾病数据的系统化管理，以保险线上智能核保服务为纽带，共同构建展业线上服务新生态。

（五）客户管理系统

客户是经纪人在行业中赖以生存的最根本的价值。客户从哪里来，签单前如何沟通，签单后如何维护，如何转介绍，已成交客户如何再次成交等都是保险从业人员需要重点考虑的问题。

很多保险从业者初入行业时，确实能通过过往经历的积累，高效迅速地完成签单和客户维护，但在保险业的时间越长，想在行业获得的利益越多，客户管理的压力也就越大。保阁 APP 便可以轻松解决这个问题。

保阁 APP 的客户管理功能，从线上互联网展业和线下面谈拜访两大类场景出发，为经纪人提供客户全营销周期管理支持。在线上场景中，客户管理联结资讯头条、计划书、朋友圈话术、营销海报在内的全量保阁展业工具集，支持收集客户线上访问动态、访问时长及重点关注信息，并借助大数据分析，帮助经纪人及时、全面掌握互联网推广效果，辅助经纪人筛选高意向客户群，更加精准地启动后续展业动作。在线下面谈拜访中，客户管理的拜访日志通过清晰的时间流呈现方式，能有效辅助经纪人回顾拜访节奏及拜访效果。两大场景的支持，使得经纪人后续沟通、拜访策略的制定更具有方向感和针对性。

除两大展业场景的支持外，客户管理打通平台保单数据，成单客户信息自动同步，并基于投保信息，提供生日祝福、续期提醒工具，帮助经纪人精准关注时间节点。

（六）保单托管

依托于保阁 APP 底层产品信息库、责任标签库及责任保额计算引擎，保阁 APP 推出“保单托管”工具，用于帮助经纪人梳理客户现有保单、明确保障范围、梳理保障缺口，并输出专业化托管报告。

保单托管报告的设计，打破了既有产品界限，将保障责任拆分至最小颗粒度，并从客户风险类别角度出发进行了责任重组设计。通过保障目标值与既有保障的计算，明确保障缺口，辅助经纪人更加科学地为客户制订保障计划。

除核心的保障缺口计算外，保单托管从客户服务角度，也为经纪人及客户带来便利。简单拍照上传操作，即可完成全面精细的保单梳理；系统同时会基于托管保单信息，提供续保提醒、生日提醒等贴心功能，增强与客户的情感黏性，并利用拜访日志功能快速记录与客户的沟通情况，方便追踪进度。

通过保单托管功能的上线联动，安国把客户管理功能的深度及广度提升到一个新的台阶，借助托管，保阁 APP 将能够辅助经纪人全面了解客户的现有保障方案，更加及时、全面地提供客户服务、全方位提高获客效果。

（七）7 ×24 小时后端服务

基于人工智能和大数据算法，通过智能搜索、匹配、推荐，智能客服，大数据风控，反欺诈等技术实现，为个人客户及企业客户提供长期的保险管理、咨询、分析、理赔协助等服务；为客户提供投保规则解读、收益试算、理赔前咨询、理赔后慰问等服务，安国经纪人可通过保阁 APP 帮助客户理顺整个理赔流程。

同时为了提升客户和安国经纪人的咨询解决时效，保阁 APP 将探索利用语义分析、智能机器人、AI 深度学习等计算机前沿技术，准确捕捉经纪人和客户的需求，实现流畅人机交互服务体验。通过 7 ×24 小时在线智能客服和全国统一的客户服务热线，为每一位客户提供最耐心、最专业的智慧客服。同时安国搭建了全面的售后服务数据库，一键检索各家保险公司的售后问题，显著提升了经纪人问题处理效率。

（八）绿色无纸化线上办公

合规经营是安国持续发展的基石，安国运用技术优势，将合规监管点纳入公司系统中，对经纪人日常管理及展业过程中的合规工作转入系统实时监控，将客户满意度调查表纳入 APP 展业流程的最后一个环节，包括风险提示、确认本人签字、联系方式、对经纪人专业与服务的调查打分统计等，有效规避未来可能发生的纠纷与投诉。

五、项目效果

（一）科技赋能，管理服务全面提能增效

金融科技正在加快保险业的生态重塑。安国无论是从系统建设、数据安全，还是从客户画像、精准营销、数据分析、模型搭建等方面，都在进行全面化、系统化搭建。保阁 APP 打通了从前端招募展业、中端营销运营到后端服务支持的全流程保险线上化服务，在公司业务运营各个环节真正实现降本增效。

增员效能和团队管理方面，保阁 APP 助力经纪人实现从招募到上岗全流程增员在线化，提高新人上岗效率，节省公司新人培训与手工操作成本。与此同时，保阁 APP 有效解决了“传统展业时，业务员业绩大多依靠保险公司内勤督导追踪，并无统一的代理人管理工具”等问题，通过内勤督导、团队管理等功能，可以更加便捷地进行销售培训、业绩分析、收入测算、客户服务等。针对经纪人团队建设，团队长可在保阁 APP 即时查看团队个人各类产能指标、测算月度收入，时刻了解团队发展动态。

展业获客方面，保阁 APP 从展业资料的获取、展业资料的个性化制作、客户全生命周期管理等几个维度出发进行功能设计，达到提能增效的目标。

在不同展业场景中，经纪人可以根据需求，选择保阁 APP 的计划书、产品对比等展业工具；既往需要通过纸质手写或 Word 排版美化完成的保障方案制作，现在均可通过保阁 1 分钟完成制作并生成精美的报告。同时，为了满足不同经纪人的差异化习惯，保阁 APP 还支持手机 H5 版、PDF 版、Word 可二次编辑版、图表版等多种报

告的呈现方式。

除展业资料制作效率的提升外，客户管理的访客来访数据动态分析功能，为很多经纪人实现了纯线上转介绍获客从 0 至 1 的突破。经纪人将展业资料分享至客户后，客户本人的来访以及客户二次转发及后续多层级转发链条均可被获取，实现了陌生客户主动咨询、主动投保的效果，为经纪人拓展客户资源带来更多可能。

客户服务方面，保阁 APP 对经纪人标准化的展业工具辅助，也使得客户的投保体验得到了提升，高效而且多元化服务客户。经纪人利用保单托管功能，既能辅助客户更加清晰地梳理现有保单，认识现有保障缺口；解决了历史旧有纸质保单不宜存放管理的问题；保单交费期、终止期的提醒功能，避免了客户由于断交、到期而造成的保障缺失风险。

面对非标体客群，保阁 APP 内自主研发的智能核保工具，涵盖“1000 +”种疾病数据库，根据客户疾病情况进行自动化评估、打通各保险公司的核保结论、秒速给出核保结果及各险种的投保建议，将客户投保前的核保流程智能化、数字化、自动化，改善客户体验，充分满足非标体客户的疾病核保、投保问题，同时通过客户疾病数据的系统化管理，以保险线上智能核保服务为纽带，提升核保效率、支持经纪人更加高效、专业地给予客户个性化保险配置方案，为保险从业人员展业提能增效，共同构建展业线上服务新生态。

保阁 APP 作为安国官方经纪人专属智能展业平台，不断推动技术革新，通过大数据挖掘与分析客户需求、开展线上营销与批量获客，整体提升增员、营销、服务效率，全方位助力经纪人展业提升、全面做好客户的需求保障及综合保险服务。

（二）合规经营，稳健发展

2020 年 6 月 30 日，银保监会官网发布《关于规范互联网保险销售行为可回溯管理的通知》（以下简称《通知》），对互联网保险销售行为的可回溯管理作出了明确规范。

保阁 APP 作为安国保险经纪官方自营平台，根据《通知》的规定要求，安国立刻启动为期 2 个月的保阁 APP 迭代更新，确保销售页面包含提示投保人即将进入投保流程、需仔细阅读的保险条款、投保人在销售页面的操作，如点选时的相关内容及时间节点进行全流程记录保存，供监管机构定期核查。

身份核实与反洗钱是保险业务合规经营的重要组成部分。对于网络平台销售，由于缺少面对面环节，进行身份验证的难度无疑加大。保阁 APP 通过人脸识别技术、录音录像核实、电子签名确认、证件 OCR 识别等方式对每个环节进行确认。同时根据《通知》要求，对相关数据进行加密存储，确保数据安全、可回溯，以保障消费者利益。

为了高效提升风控效率，安国通过保阁 APP 将“线上 + 线下”的前后端业务、服务、风控体系系统化集中运营。安国基于股东方在信息安全管理和服务、项目管理等技术的研发背景，搭建后台风控核心系统，将重大交易预警、退保/减额交清预警、短期内重复投保预警和客户满意度调查等业务品质与合规监管点纳入其中，提升在线服务、数据处理的能力。安国以科技手段线上化监控业务层面的诚信展业情况，履行机构反洗钱义务。随着保险业数字化转型大潮的到来，“科技 + 服务 + 风控” 的保险时代正在拉开帷幕。

六、总结

迄今为止，安国仍在不断优化保阁APP的核心功能，将保险科技持续应用到产品销售、人员招募、疾病核保、学习培训、客户服务等各领域，打通从招募获客、营销展业、客户服务，到职涯成长、团队管理的全流程保险线上化服务，力求快速建设起行业领先、功能完备的信息系统与行销工具。

在不断的迭代和优化中，保阁APP持续致力于提升系统的安全性和智能化，在确保信息安全的前提下，实现更大范围的广泛连接与多渠道融合，借助大数据分析，为经纪人及客户提供更加优质的行业解决方案，推动互联网保险线上业务的科技化。

安国将继续建立健全客户端软件安全管理全程覆盖机制，继续加强个人金融信息保护，保障金融消费者合法权益。更将持续为个人客户和企业客户提供适合、优质的风险保障方案，提升客户抵御风险的能力，在公司业务运营的各个环节真正实现降本增效，推动保险业创新发展。

作为一家以互联网为背景，以科技力量为加速器的全国综合性保险经纪公司，安国立志在保险经纪行业生根经营，全力打造融合全部功能、服务为一体的APP——保阁。

专家点评

上海安国保险经纪作为专业的保险经纪平台，依托公司专业优势，基于人工智能和大数据算法，在智能搜索、匹配、推荐以及智能客服、大数据风控、反欺诈等方面具备技术优势，以技术创新驱动服务升级，推出了安国经纪人专属的智能展业系统——保阁APP，能够为安国经纪人提供智能精准的展业工具、便捷贴心的客户管理、高效专业的职涯培养、全面智能的在线服务、7×24小时的智能客服等全方位支持。全方位助力保险营销优化及客户服务便捷化，有助于实现各个环节的降本增效。

泰康养老 O2O 5G

——“泰易销”

◎ 泰康养老保险股份有限公司

一、项目概述

“泰易销”是泰康养老开发的面向业务伙伴的线上行销辅助系统，该平台从客户营销体系、客户服务体系、项目管理体系、培训成长体系为客户经理提供全方位支持。

二、项目背景及意义

整合泰康养老 GBC 战略条线所有的产品与服务，以各种渠道引入客户流量，并通过产品与功能的整合，提高客户黏性，提供更多二次转化的机会，支持各种业务场景下的业务模式，为条线间的业务互动打下技术基础。

在以上思想下，根据 O2O 业务模式“量身定制”，为泰康养老 BBC 条线设计开发移动营销支持工具。

（一）项目背景

产业互联网时代，从营销管理、客户信息与关系管理、线上营销活动工具、学习培训与内容传播、客户服务、营销员个人能力建设（在建）等全套支持都需要更高效、更精准、更便捷，为满足业务需求、提升客户体验、增强科学管理，开发了泰康养老特色的移动互联端全方位行销辅助系统。

（二）项目意义

“泰易销”平台技术上与养老综合商城、微服务、城市平台、核心系统等系统对接，实时采集客户行为、访问意向、购买流程、活动参与、赠险接收等信息，及时整理并提供给对应的业务人员，可助力其开展业务、提升客户体验。

同时“泰易销”也是泰康养老“项目制”营销模式的主力支持平台，包括对项目组的管理、成效监控等功能。

三、项目重点解决的问题及主要创新点

打造泰康养老线上化、数字化、智能化行销支持体系，助力提升 OTO 项目开拓效率，降低管理成本

“泰易销”具有客户管理、营销工具、知识库、行事历、保单查询、个人信息、任务追踪、智能报价八大功能，致力于为业务员打造学习、展业、交流的一体化平台，助力提升 OTO 项目开拓效率，降低管理成本。

四、项目主要建设内容

围绕养老特色“BBC 项目制”，打造“O2O 5G”项目管理系统，以“6 个易”子

系统为抓手，帮助业务促进销售 C 端转化

“泰易销”系统主要聚焦营销体系提升，聚焦泰康养老特色的“BBC 项目制”营销管理体系，打造“O2O 5G”项目管理系统，以“易管理”“易学习”“易转化”“易服务”“易指挥”“易成长”等子系统为抓手，打造营销获客子系统、知识库子系统、智能问卷等子系统，通过数据量化、科学分析，帮助业务员加强 C 端保险销售转化能力，为 BBC 业务的销售效率提升提供了支持。

五、项目效果：“6 个易”体系初步建成，业务员注册率达到 97.5%，月活率为 94%，有效助推 C 端批量转化

目前“泰易销”的“6 个易”体系中的 5 个已经初步建设完成，业务员注册率达到 97.5%，月活率为 94%。以下我们将对主要的“易管理”“易学习”“易转化”“易服务”“易指挥”“易成长”6 个子系统进行现状和功能介绍：

（一）易管理

功能模块，包括项目管理、项目下客户管理、作战效率分析工具。

建设成果，从 2019 年 10 月开始进行开发，目前已完成 2 个大版本迭代。现运行易管理 2.0 版，管理项目 3400 多个，收集并管理项目下客户资料约 19 万人次。

（二）易学习

功能模块，包括视频培训、督导工具。

建设成果，从 2020 年 3 月开始开发，已完成 2 个版本迭代，支持录播、直播等形式课程。到目前为止共上线课程 111 门，参与学习的业务员达 8942 人，平均学习时长约 52 小时，有效帮助业务员学习销售知识、提升销售能力。

（三）易转化

功能模块，包括获客、黏客、筛客效率提升工具。

建设成果，自系统开发至今，已完成上线 108 款活动，助力 O2O 业务各销售环节，业务员转发分享共计 5.6 万次，获取客户线索 60.8 万条，提升线上获客、筛客、黏客效率。

（四）易服务

功能模块，客户服务工具，包含保单查询、保单回执功能，集成智能报价、续期管理、车险等功能。

建设成果，系统支持业务员线上快速进行保单查询、保单回执问题，集成智能报价、续期管理、车险等功能，以问题件处理为例，业务员通过系统处理回销问题件共约 1.3 万件，约占总数的 40%。

（五）易指挥

功能模块，督导管理工具，包含项目管理、易学习督导功能

建设成果，根据养老 O2O 项目特点，聚焦管理效率提升，定制开发的项目管理平台。目前系统内全国项目总数已达 3400 个。

（六）易成长

功能模块，业务员考核、成长体系。

建设成果，系统功能已设计完成，快速开发中。

六、总结

“泰易销”是泰康养老基于自身独特的 BBC 模式进行定制化开发的线上行销管理工具，由于

泰康养老 BBC 业务在行业处于领先地位，其定制化开发的“泰易销”系统配合业务不断探索建设需求，利用科技建设赋能业务，从无到有打造适配 BBC 业务的行销体系，并取得初步进展。未来，“泰易销”将继续以 BBC 为核心，持续围绕项目管理打造泰康养老数字化行销支持体系，并逐步向智能化发展，引入 AI 技术进行智能营销。

专家点评

“泰易销”是泰康养老开发的面向业务伙伴的线上行销辅助系统，实现了营销管理、客户信息与关系管理、线上营销活动工具、学习培训与内容传播、客户服务、营销员个人能力建设的全套支持服务。“泰易销”通过整合泰康养老 GBC 战略条线所有的产品与服务，通过各种渠道引入客户流量，并通过产品与功能的整合，提高客户黏性，提供更多二次转化的机会，是针对特定产品线，面向保险营销员的线上行销辅助系统。

中邮保险精准营销应用实践

◎ 中邮人寿保险股份有限公司

一、项目概述

为创新经营发展模式、加强客户资源管理、增强可持续发展能力，中邮保险启动精准营销线上化建设，充分利用大数据分析、移动互联技术，以中邮保险 ECIF 平台为基础，以中邮保险 CRM 系统为核心，以“邮客行”APP 为触点，开展客户画像与客户行为分析，实现邮政金融客户画像和中邮保险潜在客户信息数据向营销一线推送。

二、项目背景及意义

随着保险业信息化水平的不断提高，保险公司越来越深刻地意识到通过构建精准营销体系对创新经营发展模式和增强客户资源管理的重要性。中邮保险自开业以来，营销分析和客户信息管理仅通过固定报表和核心业务系统（后台数据库或附加接口）进行，所有的营销数据和客户信息均基于以保单为中心的核心业务数据模型，客户信息相互隔离，经营分析数据单一，客户资源管理能力亟待提升。因此，中邮保险组织实施了中邮保险 ECIF 平台、CRM 系统和“邮客行”APP 等系统的项目建设，推动板块协同，促进客户整合，实现交叉营销，强化精准营销。

三、项目重点解决的问题及主要创新点

中邮保险精准营销项目是邮政系统内第一个以 CRM 系统为核心，依托中邮保险和中国邮政集团公司客户资源，实现跨板块、全国性的具体市场营销应用，是利用大数据技术进行客户资源挖掘的典型运用。项目充分体现中邮保险“自营＋代管”模式优势，有效整合邮政品牌、客户、营销及渠道资源，实现“以客户为中心、以市场为导向”的转型发展的迫切需要，是加强板块协同，支撑交叉营销，促进公司做大做强做优，实现集团公司整体价值最大化的客观要求。

四、项目主要建设内容

中邮保险精准营销项目以中邮保险 ECIF 平台为基础，依托邮政代理金融 CRM 系统，立足中邮保险 CRM 系统和邮客行 APP，建立统一的数据模型、构建保险客户画像并实现客户数据推送功能，进行代理金融潜在客户开发，完成中邮保险存量客户二开功能，实现精准营销的闭环管理。

（一）中邮保险 ECIF（Enterprise Customer Information Facility）平台

建设基于数据库一体机的数据整合平台 ODS 和基于 hadoop 开源体系的大数据平台，建立以

客户为中心的数据模型，对客户信息进行统一梳理，初步完成企业级数据仓库 EDW 建设，汇集业务运营、市场经营、客户管理等多个主题域数据集市，将分散在各个系统中的客户信息进行识别、采集、归纳和整理，并对同一个客户进行归并和整合，最后将归纳整理后的客户信息进行统一存储。

（二）中邮保险客户关系管理系统（CRM）

支撑高质量的客户服务、对客户信息进行分析并提供精准营销策略获得新客户和在已有客户群体中实现一站式的交叉销售，以及降低客户开发成本等方面提供一体化的客户信息管理解决方案。围绕客户基本信息、资产信息、保险保障信息、营销机会、其他信息五大方面，聚焦 35 项指标，构建了客户画像基本模型。同时，结合公司产品特点，研究确定了 6 款主销产品目标客户数据筛选模型。

（三）邮客行 APP

基于 CRM 平台和基础模块支撑，与 CRM 系统数据和功能保持联动和同步，为一线营销人员提供客户维系、精准营销、活动推广等能力支撑，为管理人员提供客户看板、业务看板等决策支撑的移动端 APP。具体流程如图 1 所示。

五、项目效果

2020 年上半年，中邮保险克服疫情影响，在两个区域启动产品 A 精准营销试点活动，在客户转化率等方面取得了良好效果。

（一）模型构建，转化率有效提升

通过建立数据模型，向营销人员推送目标客户。试点期间共推送客户 2291 个，两个区域目标客户（邮政代理金融产品全口径）转化率分别为 9.15% 和 3.65%，是常规销售模式下客户转化率的 2.5 倍。推送目标客户的 A 产品转化率，区域一精准营销是 0.98%，常规营销是 0.083%，前者是后者的 11.8 倍。客户及产品转化率有明显提升。

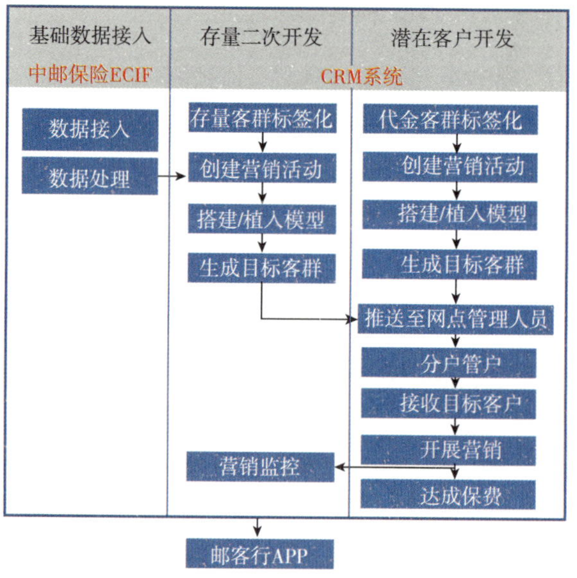

图 1　邮客行 APP 流程

（二）数据推送，获客范围不断扩大

精准营销客户开发克服了营销人员靠经验维护开发客户的局限性，扩大了客户开发的范围。根据推送实施效果反馈，精准推送客户的邀约成功率是随机分派客户邀约成功率的5倍左右。

（三）后台监控，重点指标随时展示

通过精准营销的数据监控功能，重点监控跟进客户数、目标客户跟进比、购买客户数、购买客户比等可量化指标，通过 CRM 系统和邮客行

APP平台，将中邮保险产品营销话术直接推送营销人员，实现了产品营销话术和客户宣传的扁平化支撑。

（四）APP展示，移动营销有效支撑

通过邮客行APP，营销人员可以直接利用手机通信和短信发送对客户进行跟进沟通，可以通过APP及时记录跟进情况，及时挖掘存量客户资源，较原来手工记录提高效率，有效支撑移动营销新趋势。

（五）系统管理，营销体系逐步完善

通过CRM系统，管理人员可以及时掌握营销人员对分派维护客户的跟进情况；针对营销人员轮岗，管理人员可以回收轮岗人员负责维护的客户，并可以选择性对其他营销人员再分配，个人营销系统的相应功能更具针对性。

基于前期试点取得的良好效果，自2020年第三季度开始，中邮保险精准营销应用项目推广工作已全面展开，实现覆盖全国21个省、140个地市、733个网点、共计近70万客户数据的推送，实现了数据系统推送和精准营销模式在21个省的全面落地，助推公司强化客户资源挖掘、增强渠道综合营销能力。

六、总结

精准营销以大数据为基础，利用数据挖掘等技术，对产品和客户进行细分，深度挖掘客户的需求和产品的本质。在深度分析的基础上，做到营销精准、服务精准、产品精准，从而实现精准营销。在保险业，企业拥有海量的客户数据，通过大数据分析驱动企业精准化运营，是保险企业转型的必由之路。未来，中邮保险将持续借助大数据应用和移动互联技术，推进精准营销智能化建设，在合规前提下，以现有保险客户画像为基础，支撑从代理金融、邮政业务、速递物流、中邮证券等板块内，筛选潜在中邮保险潜在客户，为做好集团板块客户协同提供基础；同时，增加保险客户信息来源，实现与微信等平台的对接，丰富续期、保全、理赔、营销、投诉和建议等信息，为保险存量客户的二次开发提供标签信息，不断加强客户资源管理，增强精准营销的可持续发展能力。

专家点评

中邮人寿保险股份有限公司的保险精准营销应用实践，利用大数据细分保险产品与具体客户群体，有利于精准定位客户群体的需求与保险产品的本质，促进了客户资源的整合与精准产品的营销，具有一定的代表意义。该项目将ECIF平台、CRM系统以及邮客行APP有效结合，实现了客户及产品转化率的有效提升、获客范围的不断扩大以及营销体系的逐步完善，具有一定的应用价值。在保险业竞争日趋激烈的背景下，该项目以保险科技赋能保险营销展业，实现了在营销、服务以及保险产品三个层级上的精准定位，在降低成本的同时也有利于改善自身客户资源管理能力，符合行业发展方向，值得借鉴。

2020 Selected Cases on the Information Mangament to Insurance Industry

保险业信息化优秀案例精编

第二章

科技改变保险风控

瑞士再保险“信瑞智农”智能农业风险管理平台

◎瑞士再保险股份有限公司北京分公司

一、项目概述

“信瑞智农”（SRAIRMP）是一款由瑞士再保险自主研发的，旨在提高农业保险天气指数产品开发效率、提升农业生产风险管理能力、支持农业保险创新业务高质量发展的线上化、综合性的智能农业风险管理平台。该平台以遥感、气象、农情和农业损失等农业大数据为基础，一方面基于智能化算法实现天气指数产品的自动化开发与实时赔付计算，极大地提高了产品开发与管理效率；另一方面，结合瑞士再保险多年累积的风险经验和灾害模型开发了农业风险地图，为各级政府、保险公司及农户主动制定农业灾害风险管理机制和灾害预防提供了有效的量化指标。

平台主要有以下创新点：

1. 数据驱动。平台集成了全国范围内高维度、多模态、长时间周期的海量数据，通过高效的数据处理、统计、展示模块，为指数保险产品精算、风险分析提供有效的大数据支持。

2. 科技赋能。平台功能简单易操作，可视化程度高，大大增强了用户对业务管理和风险把控能力。天气指数产品自动定价工具使得用户可在几分钟内完成方案设计、生成精算报告等。

3. 系统灵活。“信瑞智农”采用“平台即服务”（PaaS）的理念，在云端高性能集群 7×24 小时无间断支持海量数据处理。用户基于 Web 端登录使用，无需软件安装。

二、项目背景及意义

农业保险是转移和分散农业风险的有效手段。但是，随着农业保险的实践发展，传统农业保险的弊端逐渐显露，如道德风险和逆向选择难以防范，保险费率的厘定存在技术上和应用上的困难，保险公司经营农业保险的成本居高不下。这些问题在传统农业保险经营中将会长期存在，对农业保险的发展构成了障碍。气象指数保险在很大程度上可缓解传统农业保险存在的固有难题。与此同时，农业灾害风险管理是防范和化解农业生产风险的一项非常重要的机制。多种自然灾害频发、重发且较容易形成大规模的系统性灾害，如 2020 年夏季在广东、广西、四川、云南等地的暴雨，大大增加了农业经济发展的不确定性，同时也为脱贫攻坚工作带来巨大的返贫压力。

2019 年 9 月，中央全面深化改革委员会第八次会议审议并原则同意《关于加快农业保险高质量发展的指导意见》（以下简称《指导意见》）。《指导意见》明确，到 2022 年，稻谷、小麦、玉米三大主粮作物农业保险覆盖率达 70% 以上，收入保险成为我国农业保险的重要险种，农业保险深度达 1%，农业保险密度达到 500 元/人。到 2030 年，农业保险持续提质增效、转型升级，总体发展基本达到国际先进水平，实现补贴有效率、产业有保障、农民得实惠、机构可持续的多赢格局。《指导意见》提出农业保险产品“扩面、增品、提标”，对指数保险等保险创新寄予厚望，要求充分发挥保险在事前风险防范、事中风险控制、事后理赔服务等方面的功能作用。这些都对保险公司参与农业保险经营提出了更高的要求。

三、项目重点解决的问题及主要创新点

（一）项目重点解决的问题

1. 农业天气指数保险定价工具。面对农业风险领域巨大的风险敞口和农业保险提质增效突出的创新需求，瑞士再保险推出的智能农业天气指数保险定价工具旨在解决农业保险产品创新难、赔付成本高、赔付速度慢等问题。平台可支持保险公司高效开发相应的保险产品，在相关保险产品及服务研发过程中，相较于传统的研发流程可大幅节省时间，为农民提供及时的保障。

2. 农业风险可视化管理工具。基于农业灾害风险管理复杂性的挑战，瑞士再保险以遥感、气象、农情和农业损失等农业大数据为基础，结合自身的农业灾害模型，推出了全国主粮作物的高分辨率农业风险管理平台。该平台可以为各级政府和农户主动制定农业灾害风险管理机制、进行灾害预防提供有效的量化衡量指标。

（二）主要创新点

1. 数据驱动的自动化产品设计。在数据方面，有别于以往“一产品一收集”的低效模式，平台整合了全国范围内高维度、多模态、长时间周期的海量数据，通过高效的数据处理、统计、展示模块，为指数保险产品精算、方案设计提供有效的大数据支持；在产品设计方面，平台既支持传统的手工产品设计，同时也可以通过自研核心机器学习算法，根据高定制化的业务目标，自动生成优化的保险产品设计方案，大大提高了产品设计效率。

2. 全流程云端可追溯管理。“信瑞智农”平台采用了“平台即服务”的理念，在云端高性能集群 7×24 小时无间断支持海量数据处理、AI 算法运算、结果分发、日志存储。平台在云端提供覆盖产品“需求—设计—精算—定价—监测—理赔”全生命周期的管理框架，支持与企业系统无缝定制化对接，赋能保险产品全流程云端闭环可追溯管理。

3. 直观的农业风险可视化。平台通过海量历史数据及机器学习算法对历史风险趋势进行科学分析，并通过不断获取动态卫星遥感产品、气象大数据等信息，高效识别引发农业风险的灾因，对风险量级、风险范围进行量化，通过可视化管理工具，向各类用户提供直观的风险地图功能，并可以通过移动端/PC 端等多种形式将最新农业风险情况快速同步到农户、政府、保险公司等各个利益相关方。

四、“信瑞智农”线上化业务系统主要建设内容

（一）瑞再农业天气指数保险定价平台

这个平台配有自动产品设计引擎，可利用相关气象数据，计算出预期赔付率，并自动生成保险产品优化建议。此外，这款引擎还可以实现实

时赔付计算，支持保险公司以快速、直接的方式管理业务风险。见图1。

该平台操作方式简单明了，并涵盖多样化的产品设计方法，可快速自动设计保险产品，并拥有强大的批量化处理功能，有效解决农业保险产品设计难的问题。平台还可开放不同的用户权限，极大地满足用户定制化服务的需求，可对现有的农业保险进行有效补充。通过智能化设计流程，平台可支持保险公司高效开发相应的保险产品，在相关保险产品及服务研发过程中，相较于传统的研发流程可大幅节省时间，为农民提供及时的保障。

图1 "信瑞智农"天气指数保险定价平台核心功能

（二）瑞再农业风险可视化管理平台

基于农业灾害风险管理复杂性的挑战，瑞士再保险以遥感、气象、农情和农业损失等农业大数据为基础，结合自身的农业灾害模型，推出了全国主粮作物的高分辨率农业风险管理平台。其中，全国范围的县级尺度农业风险图模块为政府、产业扶贫项目、保险公司和农户提供农业灾害风险敞口的量化指标。该平台可以为各级政府和农户主动制定农业灾害风险管理机制、进行灾害预防提供有效的量化衡量指标。

瑞士再保险的农业风险管理平台具备全国范围实时监测大型农业灾害风险的功能，其中包括全国范围的县级尺度的灾情实时监控、当前灾情与历史大灾年同比比较以及自主选择历史年份灾情与当前灾情比较等的强大功能，以协助各级政府精准救灾并将救灾资金精准投放以提高政府救灾效率，为保险公司进行农业保险查勘定损降低成本，提高服务效率；同时为产业扶贫项目提供灾害严重程度的实时监测量化指标，为产业扶贫项目主动进行减灾减损工作提供量化指标以增强自身的农业灾害风险管理能力。

五、项目效果

（一）科技赋能农业保险，帮助防灾减灾

疏解农业保险的行业痛点需要依赖保险科技的发展。在瑞再“信瑞智农”线上化业务系统的赋能下，通过结合大数据和人工智能，保险公司将拥有前瞻性的风险预测能力，不仅可以优化现场服务人员和设备的布局，降低保险经营成本，还可以帮助客户提高防灾减损能力，减少风险损失。扩展农业保险产品设计和定价的框架，推动农业保险现代化。

（二）引入瑞再全球市场经验，推动农业保险高质量发展

作为再保险行业领导者，瑞士再保险拥有来自多个市场的整合行业数据，还有专业知识处理和分析用于精算定价、基准测试和趋势设置的大数据集。“信瑞智农”线上化业务系统基于瑞士再保险过去几十年对于天气灾害的深刻理解和全球农业保险市场的经验积累，借鉴了发达农业保险市场的成熟模式，融合了中国农业保险市场的经验和全球视野，针对当前市场对于农业风险管理和产品创新的新要求，定制化提供产品服务方案，实现线上平台和线下服务互通，助力农业保险高质量发展。

（三）推动缩小保障缺口，助力乡村振兴战略

乡村振兴离不开科技的投入，保障缺口的缩小同样依赖农业科技的力量。瑞士再保险研发的“信瑞智农”线上化业务系统，积极回应当前农业保险市场巨大的保障缺口，考虑各地政府农业保险要求和绩效考核方向，在传统农业保险产品基础上创新业务流程，改善风险管理模式，提升产品质量，利用农业科技，全力为中国农业保险市场打造普惠金融服务样板，实现金融服务乡村振兴效果最大化。

六、总结

从传统物化成本保险的发展到创新型农业保险的探索，再从完全成本保险到未来的产量保险和收入保险的转型升级，瑞士再保险积极响应了中国的乡村振兴战略，一直致力于以科技助推农业保险高质量的发展，助力推动解决“三农”问题并助力保障中国的粮食安全。“信瑞智农”作为瑞士再保险在中国推出的首个综合性智能农业风险管理平台能够帮助提升中国在应对农业自然灾害和气候变化方面的韧性、助推农业供给侧改革，从而有助于保障农民提高收入。

专家点评

本案例从项目背景、项目内容、项目意义和项目效果等方面详细介绍了“信瑞智农”智能农业风险管理平台的基本概况，行为逻辑链完整而充实，符合认知规律，有助于帮助读者全面系统地认识该系统的全貌。“三农”问题是我国的重要社会问题，而农业的防灾减灾是解决“三农”问题的重要手段，本案例将出发点聚焦于农业防灾减灾的问题上，对于将保险科技应用在农业问题上，从而推动农业保险发展，解决“三农”问题和保障中国粮食安全等社会热点、焦点问题都有重要的作用和意义。

阳光保险集团科技赋能子公司之全链路监控平台

◎阳光保险集团股份有限公司

一、项目概述

阳光保险集团全链路监控平台通过打通传统各设施“孤岛”式的监控数据，将监控范围覆盖业务请求各个环节，帮助系统运维人员快速“问诊”并定位问题的原因，进而快速解决异常问题。同时，通过大数据进行智能预警，及时有效地定点推送，从而避免异常发生，避免业务损失。

作为集团公司，充分发挥了集团公司资源共享的优势，在科技层面赋能集团各主体子公司，提升公司整体科技能力，体现出集团服务各主体子公司的职能特点。本项目秉着集团科技赋能子公司的原则，充分考虑各主体子公司的自助性，自主性和个性化，集团提供监控数据集市、标准数据输出服务接口和灵活的接入方式，各主体子公司可基于各自的监控数据打造个性化需求，从而实现集团科技赋能子公司，提升各主体子公司的系统运营数字化能力。

二、项目背景及意义

随着科技进步，众多新的技术、平台、系统逐渐投入使用，各系统向智能化、微服务化和高可用化转型，系统服务能力及运行效率显著提升，也为业务开展提供了坚实基础，但同时也带来了新的挑战。

1. 面对越来越多的平台、子系统、服务器、数据库等设施，需在设施异常时具备快速定位、有效诊断的能力。

2. 目前监控工具种类繁多且各自为阵，存在严重的数据“孤岛”现象，无法进行端到端的追踪，且监控指标有限，告警方式单一，不同主体子公司对监控的需求往往不一样，传统的监控方式已无法满足系统运营的个性要求。

三、项目重点解决的问题及主要创新点

本方案可实现多监控数据源的整合。业务系统稳定运营对业务开展至关重要，而业务系统运行又依赖基础设施、应用、中间件、网络、数据库等设施，任何设施出现异常都会直接影响业务系统，进而影响业务开展。

目前常规监控工具能监控到的数据有限，比如只能单独监控基础设施、中间件、网络或者其他应用、数据、容器、大数据、日志等类型，无法通过统一平台实现全面监控，需要有一个监控平台在复用原有监控工具的同时，对监控链路进行完善和补充，并且一方面将原来各设施“孤岛”式的监控数据打通，形成监控数据集市；另

一方面，整合前后端监控数据，实现端到端追踪，监控范围覆盖业务请求的各个环节，实现全链路监控。全链路监控流程见图1。

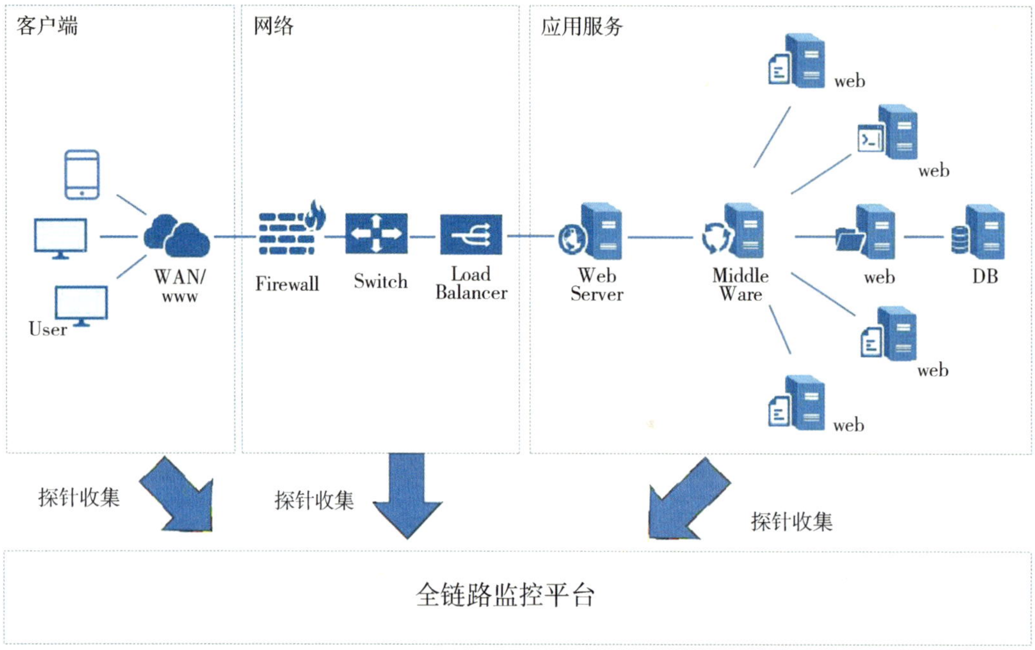

图1　全链路监控流程

四、项目主要建设内容

全链路监控平台，采用大数据技术，整合基础架构层、业务应用层和用户端运行数据，实现实时的系统运营全生命周期监控，提供多视角、多维度的可视化展示，既可为公司整体IT运营决策性提供数据支持，又为一线运营人员提供及时的问题定位工具。闭环、可视化管理，提升系统运营数字化能力，极大地提高系统运营效率和质量，概要设计见图2。

全链路监控系统在系统功能层面主要分为以下四个部分：

1. 监控数据源。产生并记录监控数据，具备产生、记录监控数据能力的系统、工具、服务、设备统称为监控数据源。本方案主要包括前端监控数据，应用相关监控数据，基础设施相关监控数据，业务流程相关监控数据。

2. 监控数据收集。从各处收集监控数据，数据收集模块根据数据源的特点，通过不同方式将监控的数据源进行收集汇总成统一的格式，发送到大数据平台进行处理计算。

3. 监控数据计算。实时、批处理进行监控数据计算、分析、存储，通过使用阳光云提供的大数据计算能力，将汇总的监控数据进行实时或定时计算、分析、统计，最终将结果持久化到数据库中，供前端数据展示使用。

4. 监控数据展示。对监控数据进行大屏展示，供运维人员实时监控系统健康状态，通过告警推送（包括多告警源接入、告警设置、告警通知等功能），及时提醒运维人员处理系统问题。

在系统运营管理层面，为满足各主体子公司对监控的个性要求，本系统设计了数据分发模块，提供标准的数据输出服务接口和灵活的接入方式，将不同子公司的监控数据分发给各子公司，各子公司可基于各自的监控数据打造个性化的监控需求，充分发挥各主体子公司的自助性和自主性，很好地满足了子公司的个性化需求。

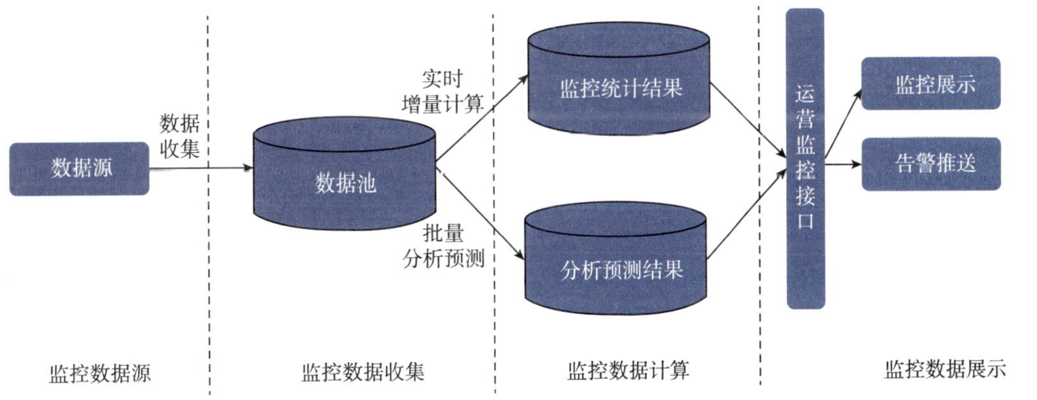

图 2 全链路监控平台概要设计图

五、项目效果

目前系统已完成集团近 7000 余台服务器指标监控，300 余个应用系统指标监控，实现累计 51 个监控指标的展示。用户覆盖阳光集团、阳光财险、阳光人寿以及阳光信保，截至发稿日期实现系统告警近 1000 余次，及时有效地避免了异常发生，避免了业务损失。对于出现异常的情况，系统提供详细的监控数据，助力运维人员快速定位并解决问题，大大提升了各主体子公司的运维能力。系统主要从以下三个维度进行展示。

（一）系统运营监控大屏

从运营的角度整体判断系统的运行情况，对所有系统的运行状态进行监控，大屏展示重要指标，各项指标取各系统 top5 数据，通过该界面，可以对所有系统的运行状态有一个整体的判断。

（二）应用运营监控大屏

为了项目组成员可以更加准确及时地了解系统的运行情况，平台提供了应用层面的监控展示，从应用层的视角来看，展示了应用系统整体的运行概况和系统关键运行指标的实时数据，实时反映了系统运行状态和异常情况，并增加告警管理及告警接口，提升了公司 IT 整体运营能力。

（三）应用运营监控大屏

在问题定位层面，提供用户端访问链路端到端的追踪，从前端页面的性能到网络再到后端服务和数据库的性能，实现全方位的监控以及指标追踪，帮助运维人员快速定位问题。各监控明细数据以及端到端追踪，均提供展示页面。

六、总结

本着以集团科技赋能子公司为原则，通过集团搭建的全链路监控平台，提供公共监控数据供各主体和子公司使用，有效地赋能各主体子公司。由于不同的系统在监控指标的要求上可能会存在一定的差异，各主体子公司的系统业务特性也存在较多个性，本方案中集团作为数据供体，提供了公共的监控数据平台，提供灵活的数据对接方式，将监控数据个性化的传输给各主体子公司，充分发挥各主体和子公司的自主性与自助性，帮助主体子公司基于集团的平台发展自己的个性需求，帮助业务系统运维人员快速“问诊”并定位发生问题的设施，进而快速解决异常，减少业务损失。赋能主要体现在以下几个方面：

1. 监控数据具备标准化的输出能力，赋能各主体子公司，使得各主体子公司可以快速对接集团平台，并结合自己的业务特点，充分利用监控数据，有效提高系统运营数字化能力。

2. 聚合原有各类型数据对接方式和技术，形成了一套完整的多数据源统一汇总加工到输出实时展示的方案，为后续同类型项目提供了多类型、多数据源的大数据量实时计算及展示的解决方案及思路。

3. 各设施监控数据的统一采集，并实现前后端的全链路数据追踪，海量的监控数据为后续数据湖的形成以及 AIOPS 提供坚实的数据基础。

专家点评

本案例从项目背景、项目内容、项目意义和项目效果等方面详细介绍了阳光保险集团科技赋能子公司之全链路监控平台的基本概况，行为逻辑链完整而充实，符合认知规律，有助于帮助读者全面系统地认识该系统的全貌。信息“孤岛”不只是行业内部的问题，在当下的中国众多集团公司中，这个问题同样严重。本案例介绍了阳光保险在打破公司内部信息壁垒、拓展监控范围为业务全流程的实践经验，对于应用保险科技整合公司资源、降低运营成本以及进行反欺诈等众多方面都具有巨大的价值，是成功的保险科技综合运用案例。

泰康保险集团业务安全平台建设实践

◎ 泰康保险集团股份有限公司

一、项目概述

随着金融业整体的互联网化、移动化、数字化和智能化的演进，推动了银行保险业创新业务尤其是线上金融业务的迅猛发展。特别是经过这次疫情的洗礼，整个保险业更加的拥抱互联网，线上业务的趋势和规模得到持续扩大。泰康保险集团顺应保险业的发展趋势，推动“三个在线”，即客户在线、销售在线、管理在线的创新发展，通过规划和建设线上多渠道，为客户和员工提供灵活的、垂直的业务入口。

业务安全平台建设项目，依托集团“三个在线”的创新发展方向，旨在通过建设一整套业务安全平台，以健全泰康保险集团的整体安全防护架构，构建从设备识别、人机识别到业务反欺诈的综合防护能力，有效防止机器攻击及业务欺诈的侵害，为集团和子公司的各大业务板块提供业务安全解决方案。

业务安全风险存在于线上业务的全流程多环节中，唯有全生命周期做好安全防护才能取得良好的效果。本项目优先接入注册登录、营销场景，通过规则与模型设计，形成适合泰康现状的各类业务安全的解决方案。最终目标是提高集团和子公司的业务安全技术和服务能力，降低欺诈损失，提升客户体验，促进业务更好更快的发展。

二、项目背景及意义

近年来，随着信息安全环境的演变，信息安全本身逐渐由“以系统为核心的安全”转为“以业务为核心的安全”，利用业务规则漏洞或者防范死角来进行欺诈的行为获利不断增加，且成为主要的获利方式。攻击破解工具不断提升，黑产形成产业链，面对此现状，业务安全防控的策略也应该是多维度、组合拳，避免因防控能力限制新业务大规模展开。

（一）服务于集团业务发展战略

泰康保险集团依托保险、资管、医养三大业务板块，打造长寿、健康、富足三个闭环，构建大健康产业生态体系，其总体业务开展、业务运营和客户服务都会通过“线上＋线下”联动的方式展开。特别是在当前的后疫情时代，泰康保险集团大力发展“三个在线”创新业务，坚持为客户提供更好的线上服务和体验，极大地扩展了保险发展空间的边界和功能。但这也是使得安全问题大量暴露出来，线上线下安全风险交织被放大，在推动创新业务发展的同时，需要未雨绸缪、提早防控，针对泰康业务安全进行研究、防控和预警。

（二）沉淀集团业务安全场景

业务安全是为业务服务的，业务目标的实现

才是根本。在对当前线上主要服务渠道和门户进行需求调研和风险梳理后，对主要业务安全场景进行归类，沉淀了账号安全、营销活动、交易、支付等业务场景的解决方案。系统还支持与模型、数据的对接，通过离线分析实现策略的自我演进，更好地适应业务安全的变化速度，持续更新迭代反欺诈的防控手段。

（三）业务安全防控的示范实践

通过集团业务安全平台建设项目的实施，探索并实践出一整套适配保险业多业态环境下的业务安全防控方法，包括实时决策引擎/设备指纹/智能无感验证，面向实时反欺诈核心场景，提供全流程多环节、全链路按需组合的快速风控决策构建以及智能辅助的自主演进，最大限度地保护了泰康的业务安全，同时也为保险业的业务安全防控提供建设思路和实践经验。

三、项目重点解决的问题及主要创新点

（一）事前事中事后的业务安全方案

本项目通过事前事中事后技术手段有效降低业务安全风险，有效平衡业务运营与安全管理，让防控更精准高效且保持与时俱进。

事前预防。通过设备指纹、验证码的防护，发现潜在风险点，增强客户端自身安全性。设备指纹能够对每台访问设备赋予一个唯一的标识，验证码进行人机识别，在提供灵活的风险处置方式的同时兼顾用户体验。事前环节的通用技术，支持推广营销、交易支付等场景的业务安全管控。

事中处置。基于业务中的流量进行特征匹配、检测、分析。实时决策引擎通过信息的搜集、汇总、加工、整合，借助大数据、人工智能、云计算等技术处理和运算，进行风险欺诈的预警、发现与控制。

事后分析。使用的手段是对大数据进行分析建模，通过海量的大数据收集、分析，挖掘出某个实际问题或客观事物的现象本质及运行规律，利用抽象的概念分析存在问题或风险，计算推演出减轻、防范问题或风险的对策过程，并形成一套体系化的策略或规则集，构建不同业务或场景的模型等。

（二）纵深的防控体系

本项目构建了面向端安全、业务风控、策略模型，提供全流程多环节、全链路的纵深防控体系，实现端防护、实时决策、二次验证和离线分析。其中，第一层次为实时决策，通过毫秒级响应的风控引擎，利用策略和实时计算，同步识别风险，直接阻断恶意风险，或通过二次验证确认疑似风险；第二层次为近线分析，毫秒级近线计算，计算各种特征，为实时决策提供指标参数，并从更多维度观测安全状态，发现异常及时报警；第三层次为离线挖掘，通过各种离线的挖掘和模型技术的使用，为实时决策和离线处置提供依据特征挖掘、模型训练、用户风险画像、设备风险画像等功能，适用于营销活动等线上业务的风险防控。

（三）基于数字时代业务安全

数字时代的业务线上化是一种随时随地、7×24小时不间断提供服务的模式，提升了用户使用体验，也对业务安全提出了更高要求。本项目对用户行为风险、业务逻辑风险、系统攻击风险等进行智能评估，有效支持各场景进行业务安全防控，为业务的稳定、安全运行保驾护航。

四、项目主要建设内容

业务安全平台，基于前沿的业务风控、实时反欺诈、终端安全和大数据智能技术，实时感知、发现、分析保险线上业务中出现的安全威胁与业务风险，秒级决策拦截威胁与风险，打造基于实践需求的安全大脑及全场景、智能化、可信赖的业务安全体系，降低资产损失，提升业务效率。

（一）平台建设思路

随着公司业务增多和变化，灰黑产的攻击模式也在变化。同时，在遭受防御和抵抗后，灰黑产的攻击方法和模式也是不断变化的。因此，在被保护的业务系统现有架构和应用不变的前提下，业务安全系统需要具备灵活应对风险变化的能力，通过简单的配置调整或新增策略，便能有效阻挡变化的风险和威胁。

基于业务数据的重要性、业务负载的递增性、业务风险的变化性以及风控方案的落地性考虑，业务安全解决方案需要考虑和满足以下几个基础要求：

1. 纵深防御。为避免单点防御工具所带来的一破全破的问题，业务防控方案需具备多层次的纵深防御能力。需要具备至少四个方面的能力：一是端的安全防护，保护业务的核心逻辑；二是接口链路防护，利用被端安全保护的加签机制进行登录接口的防护；三是基于设备指纹、IP、账号、时间多维度的综合实时风控决策；四是疑似风险的二次验证。

2. 用户体验：对业务访问需求进行实时判断，实时返回结果，保证正常用户没有被打扰。出现无法判定的事件，采取二次确认，有效拦截恶意请求，同时避免造成“误杀”。

3. 流程控制。日常运营应用中，需要有技术手段和管理措施，确保运营过程不出问题，比如策略配置生效有观察的时间窗口、影响范围可控的颗粒度窗口；升级具备冗余功能，确保升级过程不出事故。

4. 快速响应。随着业务的变化风险也在变化，甚至同一个业务所面临的风险和威胁也是动态变化的。面对新的风险，防控平台需支持快速上线新的方案，及时应对风险。应对突发威胁，支持灵活调整，迅速上线应急处置措施。出现故障时，需要具备快速复原的能力。建立可迅速上线的应急处置体系，应对突发威胁，具备新风险应对能力。

5. 动态扩容。配合业务的发展，随着业务的需求动态增长，防控平台需支持热更新和扩容，确保升级和运营过程不影响业务应用。

6. 低成本运营。日常管理过程中，防控平台需提供风险展示、预警界面，具备通告措施，帮助管理员及时发现风险、调整策略，既降低人员管理成本，又能快速发现问题。

除了需要具备以上的基本能力，防控平台还需具备未来可扩展性的能力，应用机器学习技术，形成数据的沉淀。一方面可以为决策引擎系统提供风控模型、指标、名单优化的支持，另一方面可为业务拓展做进一步的数据挖掘，形成有价值的客户名单和数据，帮助企业了解客户，打破业务营销、管理方法的限制，为各个业务的可持续发展提供数据支持。

平台整体防护流程思路如下：

在客户端（Web、Android、iOS、H5、小程序）集成设备指纹和验证码，在客户业务端集成数据转发及风控结果处置 SDK，决策引擎、建模平台独立部署，风控评估过程中涉及的指标、规则、策略、模型均在平台进行配置和计算，实时返回风控判断结果。总体建设思路见图1。

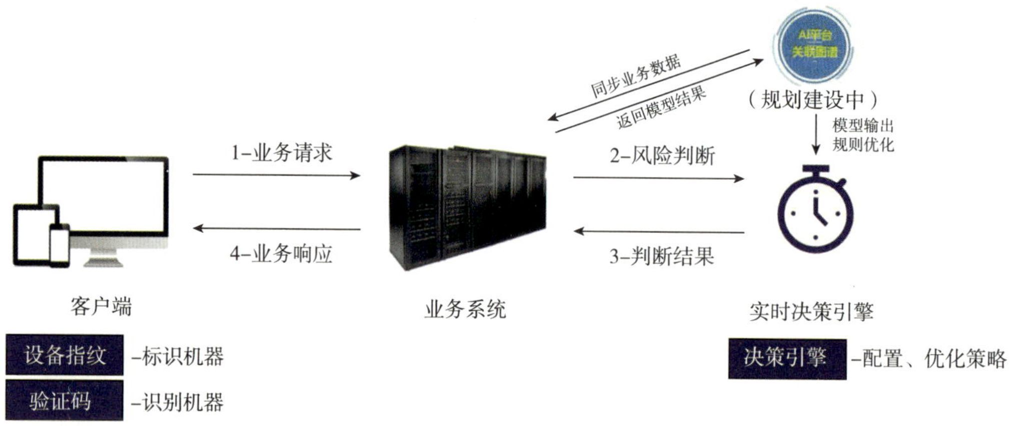

图1　业务安全平台总体建设思路视图

业务流程。客户端进行设备指纹埋点，获取设备指纹，发送业务请求和设备指纹信息到客户业务系统，业务系统将业务字段和设备指纹信息转发给平台实时决策引擎，引擎将根据专家规则及模型、知识图谱的评估结果进行判断，风险判断结果返回给业务系统，业务系统根据返回结果对所属请求做具体操作（通过/拦截/复审，或其他配置结果）。

当返回“通过”时，业务系统可视为正常请求。

当返回“复审”时，调用无感验证码，在提高验证友好性的同时，拦截机器访问行为。

当返回“拒绝”时，业务系统可直接拦截该请求。

（二）系统架构设计

业务安全平台可以有效阻挡线上化中的设备反欺诈、账号反欺诈、数据反欺诈、交易反欺诈、信贷反欺诈、营销反欺诈等业务安全问题。本项目建设实施实时决策引擎、设备指纹、智能无感验证三个模块，计划在后续项目中展开智能模型平台、知识图谱的建设。该平台的系统架构见图2，技术架构见图3。

图2、图3中的每个功能组件（虚框所示）都可以独立进行扩展，按照实际业务需求进行动态伸缩，在保证系统性能的前提下，最大限度地节省成本投入。

（三）核心系统功能

1. 实时决策引擎。实时决策引擎是构建业务安全体系的核心，快速建设大数据智能风控体系，实现线上服务的业务反欺诈的实时风控管理。实时决策引擎的功能模块见图4。

（1）可视化策略管理，可针对不同场景的业务需求，自定义配置风险决策流程，包括规则引擎、决策流、模型管理、版本管理等。可视化界面帮助客户精确而简洁地描述复杂逻辑，维护策略信息。

（2）智能风险监控，可视化的风险大盘通过风险地域分布、风险趋势及实时请求等维度数据，展示当前的风险趋势。通过策略命中排行、风险类型占比、请求设备分布等维度数据，为风控人员提供数据依据。

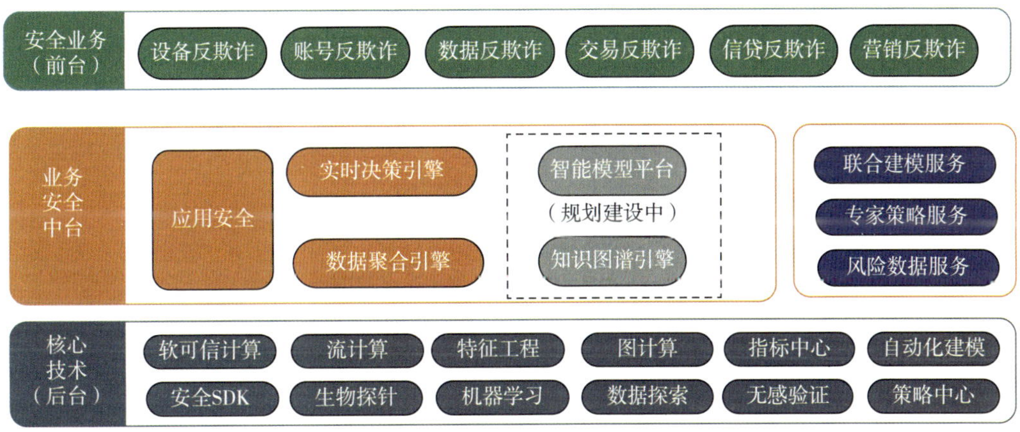

图2　业务安全平台系统架构

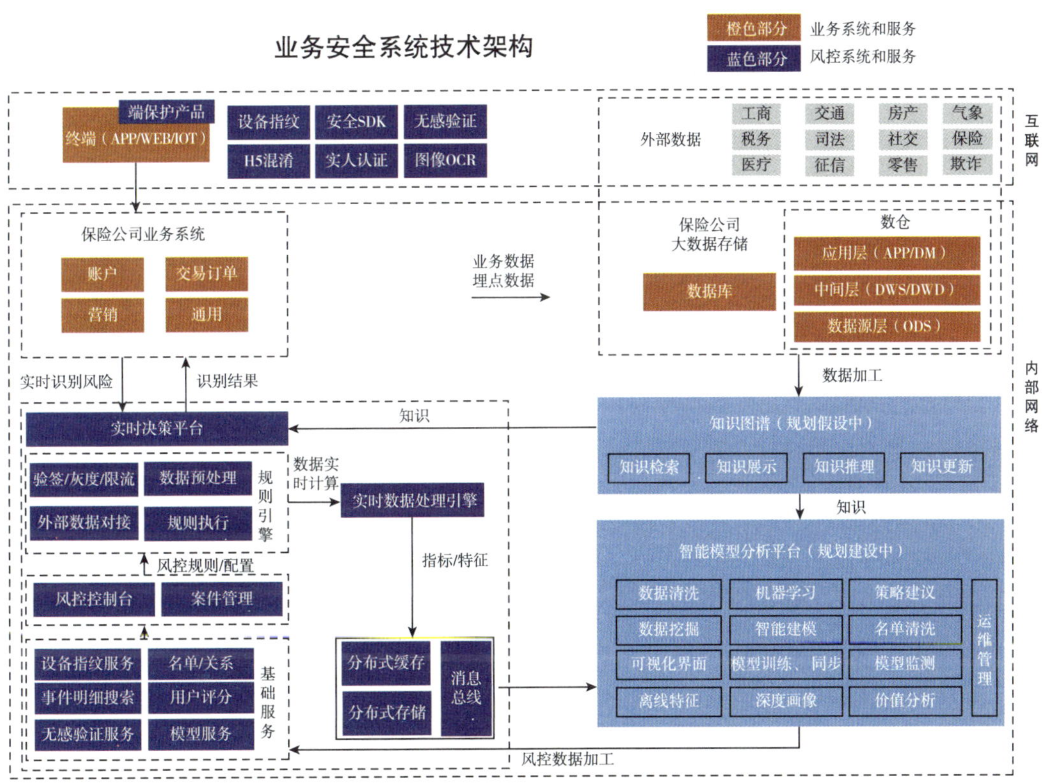

图3　业务系统技术架构

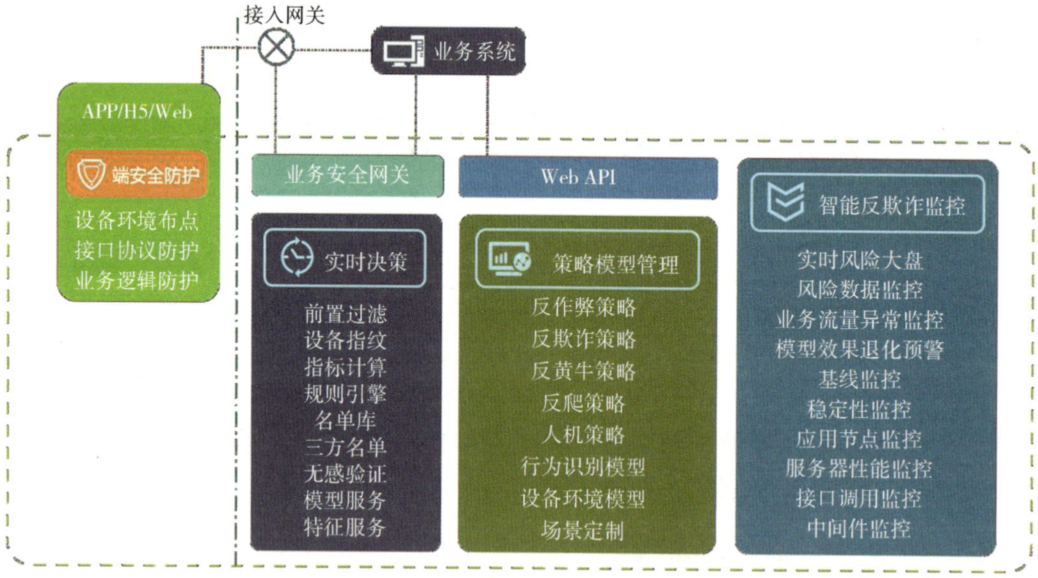

图 4 实时决策引擎功能模块

(3) 实时指标计算，将风控的请求数据进行聚合、分析、处理，得到可进一步使用的特征。内置统计、求和、求平均、求关联、历史趋势递增/递减等指标配置，并支持自定义计算公式。

(4) 策略实验室，策略实验室用于策略调优，支持用户手动新建，也可引用线上策略。支持选择线上实时数据、线上历史数据或自定义数据三种数据源对策略进行试验。调优后的策略可复制到线上运行。

2. 设备指纹。灰产拥有专业的设备牧场，通过使用模拟器、刷机改机等手段，批量、反复地利用终端设备作案。对互联网场景下的金融、电商等行业，进行恶意爬取、虚假注册、账号盗用、“薅羊毛”、推广作弊等其他恶意行为。设备指纹技术，为每一台设备生成一个全球唯一的设备指纹 ID，不可被篡改，保持追踪设备，设备指纹 ID 不会随模拟器、虚拟机、刷机改机而改变。同时设备环境风险检测可辅助识别终端设备作弊行为，为泰康的业务安全提供实时风险决策所需的设备信息。

3. 智能无感验证。智能无感验证，是基于用户行为特征与设备指纹信息，进行智能人机识别的行为验证方式。根据用户的风险程度，采取不同难度的验证方式，安全用户无感知通过，避免恶意攻击带来的业务损失，留存真实用户。系统从技术上实现全平台兼容，支持多平台接入，包括 Web、Android、iOS、小程序等。系统毫秒级响应，极速采集、丰富基础数据，匹配多维度风险特征。通过多重验证，集成专家策略与人机模型，核心模块交互验证，对环境信息和用户行为特征进行综合判断。泰康业务安全管理人员通过可视后台，丰富的可视化图表，防御拦截数据尽收眼底，实时查看当日验证详情与近期验证趋势。通过智能场景模式可智能识别并应用于任何需要验证的应用场景，实现全场景覆盖。

后续计划建设的智能模型分析平台利用建模方式实现基于数据分析的风控模型训练与部署，

能够将训练成熟的模型与实时决策平台无缝对接，实现闭环应用。知识图谱可实现基础数据的标准化、统一化，提高信息遍历速度的同时能够自动挖掘、更新知识信息，其可在对接大数据平台基础上实现知识图谱网络的搭建，并在后续增量数据补进的同时实现图谱自动扩展，同时可与实时决策引擎、智能模型分析平台实现技术对接，实现图谱知识的高效挖掘与利用。

（四）业务服务能力

通过业务安全平台的建设，整理形成业务安全平台接入规范指引和接口文档，提供各业务场景的模型规则，对各业务风险场景提供服务能力。

1. 账号安全。账号安全是业务安全的第一道防线，从横向维度看，主要从注册、登录、密码找回三个环节进行防护；从纵向维度看，需要从网络层、数据层、业务层防护。梳理业务的各个注册渠道，如 APP、微信公众号、微信小程序、Web 门户等各立体的渠道矩阵，加强各个注册登录入口的监控，特别在注册渠道量波动较大时，要加强关注，进行相应的分析处置；在合规基础上采集用户注册环节的数据，如账号数据、设备数据、网络数据等，基于数据和规则识别垃圾注册风险，并针对不同的风险情况采取安全处置措施，如滑块验证码、短信验证等。

2. 营销活动。营销活动保护主要针对企业通过线上开展的优惠券、积分、补贴等营销活动获取用户时产生的欺诈风险，互联网上有组织的“薅羊毛”、机器刷单、模拟操作等欺诈行为日益猖獗，营销活动价值严重受损。通过接入业务安全平台，利用设备指纹、实时风险决策、大数据、人工智能等手段，有效、快速、准确地识别营销活动中的作弊风险行为和用户，有效保护企业的资金安全，提升营销资源精准投放能力。

3. 交易支付。支付订单是线上业务的关键环节，在给企业和用户带来便利的同时，也面临恶意下单、虚假交易、盗卡盗刷、信用套现等风险。本项目可在交易支付场景中，通过客户端设备指纹的采集，智能无感验证服务，同时基于设备指纹终端维度、账户、IP、行为、位置、管理关系等多维度的综合判断，为实时决策引擎提供有力数据支撑，及时预警异常操作，有效识别用户，挖掘潜在风险。同时，对积累的风险数据进行汇总分析，建立专属的反欺诈模型，进一步优化业务安全精准度。

4. 其他通用场景。线上各个业务场景中充斥着各类风险，本项目的建设除了支撑账号安全、营销活动、支付场景的服务，在其他通用业务场景中，通过接入业务安全防控体系，也可以有效减低风险：通过无感验证码，防止机器注册风险；通过设备指纹，防止多开、模拟器、秒拨 IP 等机器软件；通过风控引擎，及时发现和防范各类异常操作等。全链路纵深化防御，多节点安全防护，避免攻击的单点绕过，有效拦截各种非法行为，又不影响正常用户体验。

五、项目效果

业务安全平台有效降低了成本，提高了效率，原本需要大量人工审核工作进行客户风险识别，现在利用实时决策引擎可以实现秒级响应，业务人员审核效率大大提高，在降低人工成本的同时，显著缩减了业务环节内的时间成本，提高了集团的市场竞争力。同时，沉淀了以下四个成果。

（一）构建泰康通用业务安全技术能力

本项目构建泰康保险集团通用的业务安全技术能力，包括精准的设备指纹技术、人机识别技术、毫秒级实时计算能力的智能决策引擎，对保险客户获客、交易、设备、人员等数据进行清洗和分析，深度挖掘数据之间的关联关系，为防范保险业务线上化欺诈场景的扩展打下基础。

（二）业务安全服务能力

紧密贴合业务场景，做好业务风险控制，有效降低虚假注册、营销欺诈、“薅羊毛”、推广作弊、盗用冒用等业务安全风险，提高风控效率和水平。方案部署后，风险欺诈的定位与决策效率得到有效的提升。

（三）降本增效

传统的客户风险识别需要大量人工面审，难以满足客户高效率、便捷性的需求，通过接入业务安全基础平台，在降低人工成本的同时，也缩减业务环节内的时间成本。

（四）提升客户体验

通过业务安全防控体系的建设，建立各业务场景的服务能力，在面对黑产团伙的恶意行为的同时，兼顾业务适应性、客户集成灵活性、实时大并发流量支撑、用户体验，达到利益制衡。系统快速响应客户需求，减少客户等待时间，优化客户体验。方案部署后，正常用户访问占比得到提高，用户体验满意度大幅度上升。

（五）为保险业在业务安全平台建设进行了有益探索

该项目运用科技赋能实现保险金融数字化服务化落地及共享，不仅在业务安全方面树立了标杆，还帮助业务部门挖掘用户的准确信息，完善用户画像以收集统一化标准的用户数据，突破渠道壁垒，实现资源与服务共享，产生更高的商业价值。

六、总结

波士顿咨询公司发布的《中国保险业在集团化、数字化、国际化趋势下的组织与人才变革之道》报告显示，中国保险业迎来数字化新时代，利用互联网开展业务的趋势越发明显，数字化转型势在必行。伴随着保险业数字化转型的加快，相应的业务安全也需要创新和变革，以适应新形势下的保险业信息化发展的需要。面对外部市场变化、内部的安全管控要求以及企业持续高速发展需求，泰康保险集团必须保持高度的市场敏捷度和科技创新能力。

本项目应对外部市场上各类业务安全风险欺诈变化，内部管控加强线上安全防控新挑战，在激烈竞争的环境下进一步提升同业竞争及日益提高的客户要求。通过事前、事中、事后的安全思路及全链路的纵深防控体系，保障泰康保险集团线上业务安全，为营销和运营提供更好的支撑，为集团整体数字化发展提供更坚实的安全保障。

专家点评

本案例从项目背景、项目内容、项目意义和项目效果等方面详细介绍了泰康保险集团业务安全平台建设实践的基本概况，有助于帮助读者全面系统地认识该系统的全貌。保险反欺诈是目前逐渐兴起的保险科技应用的热点话题，也是未来保险科技发展的重要方向。本案例详细介绍了泰康保险集团在保险反欺诈领域的重要实践经验，在保险科技与保险反欺诈的结合方面做了卓有成效的探索，对未来有良好的指导和引领作用。

中国大地保险车险理赔反欺诈模型

◎ 中国大地财产保险股份有限公司

一、项目概述

中国大地财产保险股份有限公司（以下简称大地保险）于2020年10月发布的车险理赔反欺诈模型，实现了对案件欺诈风险的评估，提高了车险理赔的反欺诈防范能力。大地保险运用精细化业务数据和业务部门的专业知识，通过多阶段的业务规则和模型运算对车险理赔案件进行多维度的风险预测，形成对案件欺诈风险的综合评价，有效控制了经营管理过程中的风险因素，降低整体赔付水平。大地保险根据车险理赔业务流程将案件风险的评估划分为查勘、定损和理算三个环节，在各环节中，运用大数据分析技术及LightGBM算法框架，形成各环节下的案件风险分。在该模型的辅助下，车险理赔业务部门以有限的人力资源识别并处理了更多的高风险案件。根据上线以来的统计，模型欺诈案件检出率较原第三方商业机器学习模型大幅提升，欺诈案件覆盖率达到40%，检出欺诈案件逾600件，欺诈案件减损金额覆盖率为60%，减损金额逾4000万元。

二、项目背景及意义

（一）项目背景

在中国保险市场蓬勃发展的同时，居高不下的赔付率直接影响保险业的盈利水平和发展的可持续性，而加强风险管控则是控制赔付率的关键。如何通过风险识别有效地控制经营过程中的风险因素，降低整体赔付水平，是保险公司普遍面临的难题。

2019年中国保险学会发布的《2019年中国保险行业智能风控白皮书》中显示，我国车险在财产险中占比高达72.7%，而我国车险的欺诈渗漏占理赔金额的比例至少达到20%，对应每年损失超过200亿元。机动车的高流动性、车险赔付对象多样性，导致其风险管控非常复杂。从车险本身性质来看，其标的数量繁杂，出险频率高且事先难以预防。从保险公司内部来看，车险反欺诈工作高度依赖理赔人员现场查勘定损及人工后台审核，且部分欺诈行为需要借助资深业务人员的经验和知识，因此车险理赔反欺诈工作存在较高的难度。

（二）项目意义

目前，公司车险理赔业务的欺诈案件识别主要运用了第三方商业风控系统，其中包括规则引擎和机器学习模型两部分，在查勘、定损和理算三个环节实现对理赔案件的风险评估，生成的案件风险提示将显示在现有理赔业务系统中，若案件被判定为高风险，则会交至业务专家进一步核查。以案件量为统计口径，业务人员一年能够查验的高风险案件数占总案件量的3%～5%。

尽管第三方商业风控系统提供的风控机制，特别是其中的机器学习模型，对公司车险理赔欺诈案件的识别具有一定的科学指导意义，然而仍存在提升空间。首先，业务部门的专家人员数量有限，且需付出额外时间对专业人员进行培训，在短时间内无法有效增加业务人员。其次，机器学习模型部分的效果会随时间及业务变化而不断衰减。第三方商业风控模型的风控机制开发和部署较早，且近年来公司车险业务不断扩张，现有第三方机器学习风控模块已无法完全承载当前的业务，其模型基于第二代神经网络，虽然能够在一定程度上处理非线性问题，但无法向更高维度拓展，而且其技术框架陈旧，未能有效利用BP算法，导致模型难以扩展。因此，从长远来看，有必要对车险理赔的反欺诈工作进行进一步探索。

三、项目重点解决的问题及主要创新点

本项目采用了人工经验为主的规则引擎与统计机器学习算法相结合的方式，从大量历史业务数据中挖掘车险理赔的重要风险因子，搭建案件风险评估模型，对案件风险进行事中评估，接着，通过模型的落地与持续反馈，进而推动模型的迭代与优化。随着模型的进一步部署与应用，公司能够更好地捕捉风险特征不突出的因子或群体，以提高公司识别高风险案件的能力。

本项目核心技术均自主研发，由公司业务部门和科技部门自主完成需求规划及功能设计。其中，业务部门提供风险识别经验、风控因子建议、欺诈目标识别口径、模型评估方案以及模型实际验证；科技部门完成系统IT架构方案设计、数据及环境准备、反欺诈模型搭建。

具体而言，与传统第三方商业风控系统相比，本项目的创新性及核心价值主要体现在：

（1）模型具有更快的迭代速度。由于机器学习模型在应用过程中存在模型效果衰减的问题，因此需要不断更新业务规则或重建模型。利用大地保险自主研发的理赔反欺诈模型在业务数据沉淀过程中积累的欺诈案件及处理结果，可以学习新的案件特征，从而实现模型的迭代与优化，而且该过程还可以完全自动化，以实现模型的持续监控和定期更新。

（2）模型具有更高的精准度。根据上线以来的统计数据，本项目在保持每年3%～5%人力数量的情况下，在查勘阶段对欺诈案件的覆盖率达40%，且能检测出原第三方风控模型中尚未检出的欺诈案件，欺诈减损金额覆盖率达60%，减损金额约3935万元。

（3）模型具有可持续发展性。车险理赔反欺诈模型为人工智能相关技术和保险业务的结合提供了多种可能性。人工智能技术的应用可以从事中案件的风险评估，逐渐向事后审计、事前承保风控等环节扩展，最终形成人工智能技术风控闭环，打造车险风控全流程智能化覆盖，进而提升公司的风险控制水平。

四、项目主要建设内容

本项目中，公司技术人员根据车险业务部门提供的理赔流程，将业务数据分为承保、事故、损失、涉案人员、医院、修理厂、黑名单七个风控因子数据域，以Python为建模语言对理赔数据进行整合、清洗、加工。为了使模型具有良好的效果并贴合实际业务场景，在原始特征变量的基础上开发了3000余个衍生变量。根据车险理

赔业务专家提供的风控因子，运用 LightGBM 算法框架完成模型训练。LightGBM 是微软亚洲研究院近年来发布的基于解决梯度提升决策树（Gradient Boosting Decision Tree，GBDT）的算法框架，由于其高效、精准的特点，阿里等公司都使用该算法框架搭建其风控模型并获得成效。LightGBM 从属于 Boost 回归树模型一族，通过利用多棵回归树进行分类任务，从而把其结论合并为一个精确的最终分类结论。相较于同类算法，LightGBM 在保证运算速度的前提下提高了模型精度，且不容易过拟合。根据理赔部门的业务诉求以及现有的 IT 综合情况，本文选择 LightGBM 搭建车险理赔反欺诈模型，按照查勘、定损和理赔三个环节分批实现。此外，在定损和理算环节加入了模型融合（Stacking）的思想进行组合建模。

（一）技术原理

本项目主要运用了 LightGBM 算法框架，它是一个快速的，分布式的、高性能的基于决策树算法的梯度提升框架，可用于排序、分类、回归以及很多其他的机器学习任务中。该框架主要实现了 GBDT 这类机器学习算法，其思想是通过多轮迭代在每轮产生一个弱分类器，每个分类器在上一轮分类器的残差基础上进行训练，形成的弱分类器经过加权求和得到总分类器。与同类别的算法相比，LightGBM 具有更好的计算性能，更小的占用空间以及更高效的计算性能。

模型可描述为

$$F_m(x) = \sum_{m=1}^{m} T(x;\theta_m)$$

其中，$T(x;\theta_m)$ 为每一轮训练得出的弱分类器，共训练了 M 轮，θ 为每个弱分类器的参数。

在第 m 轮中形成的弱分类器，其损失函数为

$$\hat{\theta}_m = \underset{\theta_m}{\operatorname{argmin}} \sum_{i=1}^{N} L(y_i, F_{m-1}(x_i) + T(x_i;\theta_m))$$

其中，$F_{m-1}(x_i)$ 为当前得到的总模型。

LightGBM 在 GBDT 的基础上进行了优化，减少了模型训练的时间和空间消耗，优化点如下：

1. 基于梯度的单边检测（GOSS）。在 LightGBM 中，树的分割特征主要通过计算方差来衡量分割后的信息增益，根据梯度绝对值抽取前若干比例的全量数据，在剩下的数据中采用若干比例进行随机抽样，在减少计算消耗的同时又保证了计算精度。

2. 排他性特征捆绑（EFB）。在实际应用中，高维度特征具有稀疏性，因此在稀疏数据上减少特征数量而产生的误差也在可控范围内。排他性特征捆绑利用贪心算法，将特征捆绑问题转化为图着色问题，形成特征捆绑，从而减少了特征数量。

（二）建模过程

本模型根据赔案流入后的理赔业务流程顺序将查勘、定损和理算三个环节作为模型部署点，利用 LightGBM 算法框架进行组合建模，分批对理赔案件的三个环节进行欺诈风险的评估，主要过程如下：

1. 查勘节点使用保单域和事故域的风控因子数据，根据项目 POC 成果以及 EDA（探索性数据分析）对风控因子进行进一步的统计特征检验，同时加入专家建议，对可能产生欺诈的特征变量进行衍生。以 Python 语言为基础，将 pandas 和 scikit－learn 作为数据处理管道，采用 LightGBM 算法框架训练模型，形成查勘风险分，以评估案件在查勘阶段的风险。

2. 定损节点着重关注损失信息，因此使用损失域的风险因子数据，并在原有的基本特征上进行衍生。根据各损失类型下的数据分布及维度特征差异，将源数据划分为人、车、财、标的、三者六类，利用模型融合（Stacking）将这六类数据整合到同一个模型中，形成案件的定损风险分。

3. 理算阶段的建模在定损域风险因子数据的基础上增加了医院和修理厂域的风险因子数据，形成模型的特征变量。与定损模型的建模思路类似，将损失类型划分为六类进行建模，输出各类损失类型下的风险概率分数，加入医院和修理厂域的数据进行模型融合，形成该案件的理算风险分。

五、项目效果

（一）模型效果

本项目中，基于黑白样本比例的严重倾斜，一般机器学习方法的 ROC/AUC 指标难以反映模型对高风险案件的识别率，因此，本项目主要采用以下两个指标进行模型评测：

1. 模型精度（Precision）=（告警且欺诈数）/（告警欺诈数 + 未告警欺诈数）

该指标评价的是模型告警的精确程度，根据实际情况对案件风险概率截取阈值进行调整，阈值越高，告警中所含欺诈案件越多。

2. 根据第三方风控模型同比例案件量检出比的情况，将 LightGBM 模型告警分结果按从高到低排序，取案件量前 3%，统计检出欺诈案件数量；将第三方风控模型结果按从高到低排序，同样取案件量前 3%，统计检出欺诈案件数量，取两者比值。比值代表 LightGBM 模型与第三方风控模型在相同案件量下的表现，以比值 1 作为基准，进行比较，比值大于 1 表示 LightGBM 模型效果优于第三方风控模型，反之表示第三方风控模型更好。

从模型训练结果来看，三个阶段模型精确率均高于 40%，检出比均大于 1。

（二）应用效果

本模型运用大量的公司历史赔案，结合业务多年来打假降赔实际经验，作为模型训练数据基础，实现了在理赔流程各阶段对案件风险进行预测，通过业务部门预先设定的风险告警线进行案件核查，风险告警线可以根据理赔业务的实际业务需要进行灵活调整。

本项目现已完成查勘、定损、理算模型的开发、部署，于 2020 年 6 月、8 月和 10 月分三个阶段上线，项目整体已于 10 月正式上线。从理赔实际业务流程来看，以查勘节点模型为例，自建反欺诈模型将分数线划分在总案件量的前 3%。据上线以来统计，模型欺诈案件检出率较原第三方商业机器学习模型提升 98%，欺诈案件覆盖率达到 40%，检出欺诈案件逾 600 件，欺诈案件减损金额覆盖率为 60%，减损金额约为 3935 万元。

模型部署理赔系统简要流程如图 1 所示。

（三）实际价值

与目前第三方商业风控系统相比，本项目实现了对车险理赔案件多方位的筛查。一方面，本项目借助大数据技术整合和丰富了理赔业务系统数据，完成了对案件风险多方面的评估；另一方面，基于大数据和人工智能的机器学习能力，运用多维度的风险变量进行建模，可帮助理赔业务部门设置风险预警方案，并进行及时预警。

同时，本项目在保持当前人力资源的数量下提高了车险理赔业务部门的风险识别能力。一方面，本项目在保持当前人力成本的情况下查验了更多数量的高风险案件，对于业务规则的更新和识别有效的建模字段具有帮助；另一方面，相较于第三方风控模型，本项目的开发更贴近公司近年不断扩张的车险业务，且本模型可根据实际业务需要进行更高维度的扩展。

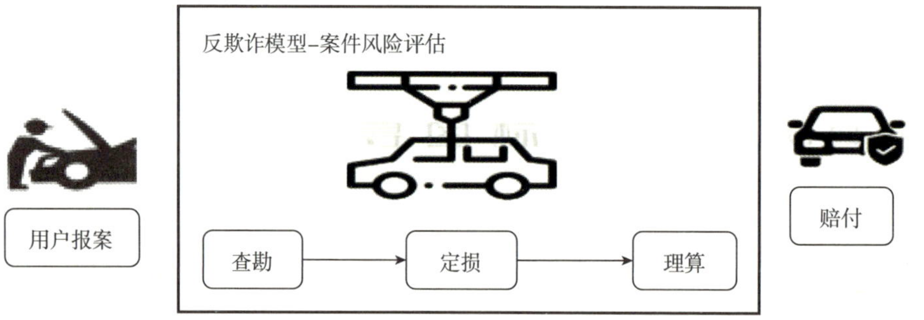

图 1　反欺诈模型的案件风险评估路程

六、总结

（一）项目总结

大地保险车险业务利用历史理赔业务数据在查勘、定损和理算三个环节分阶段建模，实现了对案件欺诈风险的预判，以提高车险理赔的反欺诈防范能力。通过三个环节的模型预测，实现了对案件风险的事中评估，使公司在经营管理过程中有效地控制了经营风险。同时，业务专家通过预先设定的风险告警线进行案件核查，风险告警线可以根据理赔业务的实际业务需要进行灵活调整，使得公司经营决策更为科学。

（二）项目展望

本项目下的建模方法主要利用有监督模型对案件进行查勘、定损和理算三个环节的风险评估，形成了该案件在各个重要节点的风险评分。有监督模型是其中主要采用的建模思路。通过对特征和标签的学习，能够识别出大部分的高风险案件。然而目前，公司业务部门的人力资源情况比较有限，且欺诈案件的分布也较为分散，仍有一部分欺诈案件尚未被探查，因此，为进一步提高欺诈案件的查全率，本项目仍存在改进空间。

1. 利用非监督模型进行风险案件和因子的自动发现。一方面，为了更贴近实际的业务逻辑并保证模型的可解释性，目前三个阶段的特征衍生工作都采用了手工衍生的方式，在后续建模过程中加入风险因子的自动发现，以挖掘更多潜在的特征因子及组合，以期进一步提高模型识别欺诈案件的概率；另一方面，尝试非监督模型，以识别当前尚未发现的欺诈案件的规律，进一步欺诈案件的检出率。

2. 基于模型蒸馏的特定类型风险案件狙击。当前的有监督模型能够发现头部的高风险案件，然而通过事后统计发现，因模型泛用性较强，从业务诉求和实际检出情况看，针对一些特定类型的案件，还有进一步挖掘提升的空间。因此，计划用模型蒸馏的方法，对某些特定类型的风险案件进一步开发狙击模型。

专家点评

本案例从项目背景、项目内容、项目意义和项目效果等方面详细介绍了中国大地财险集团有限公司的车险理赔反欺诈模型的基本概况，行为逻辑链完整而充实，符合认知规律，有助于帮助读者全面系统认识该系统的全貌。保险欺诈是中国车险市场的热点问题，本案例聚焦于如何解决车险欺诈问题，通过应用保险科技在查勘、定损和理算分阶段的建模，有效地降低了保险欺诈发生的可能，对于未来车险市场反欺诈的进行有重要的借鉴、引领作用和实践指导意义。

中国人寿财险车险理赔智能反欺诈平台

◎ 中国人寿财产保险股份有限公司

一、项目概述

针对传统车险理赔风险把控能力较低的缺陷，基于XGBoost算法建立车险理赔智能反欺诈识别模型。通过对车险承保、理赔等原始数据清理加工，完成欺诈风险因子提取并建立特征工程，选取历史车险理赔案件数据进行模型训练，最终建立车险理赔智能反欺诈识别模型。针对海量案件信息无法发现关联深层关系的缺陷，采用图数据库分析理赔案件、修理厂、车辆等主体关系，建立车险理赔反欺诈关联图谱，挖掘数据深层次关系，识别欺诈团伙并最终集成车险理赔智能反欺诈平台，实时监控理赔风险，强化公司欺诈识别能力，降低保险欺诈损失，为车险理赔筑起防御篱笆。

二、项目背景及意义

纵观保险业历史发展，保险欺诈一直是影响保险业健康发展的“毒瘤”，直接侵害保险消费者的合法权益、保险公司利益，间接推高保险产品和服务的价格、扰乱保险市场秩序。保险欺诈已成为世界各国保险业不得不面对的共同难题，风控机制相对完善的国外保险业仍然无法从根源杜绝欺诈行为；而国内的反保险欺诈起步较晚，经验积累较少；再加之保险欺诈实施犯罪成本低等情况，导致欺诈形势不断恶化，并且呈现出上升趋势。欺诈风险规则是保险理赔基于反欺诈经验为基础将欺诈场景因子进行组合，形成对应规则，对理赔事中反欺诈起到一定的辅助作用。但随着保险欺诈更专业化、职业化、团伙化、复杂化，简单的欺诈风险规则已无法满足及时有效的预防保险欺诈的发生。

保险公司的应对策略仍是更多地依赖理赔人员的自主发现来识别风险，存在人力耗费大、成本高、专业技能有限等问题，难以有效识别专业欺诈。当前大数据和人工智能的快速发展，促使智能化成为未来保险反欺诈发展的方向。与此同时，互联网公司开始进行理赔智能化探究，基于人工智能技术手段减少车险人伤理赔的人工干预，驱动自动化、智能化、提升效能，进而提升保险公司营收。

综上所述，为应对日益严峻的保险欺诈形势，中国人寿财产保险股份有限公司理赔服务部、金融科技中心信息技术部于2019年联合启动车险理赔智能反欺诈项目，着力运用大数据、人工智能等先进技术，推动反欺诈科技赋能，向纵深发展，实现“科技＋反保险欺诈”突破。

三、项目重点解决的问题及主要创新点

（一）项目重点解决的问题

1. 当前保险欺诈形势严峻，依靠个人经验

和专业技能识别欺诈风险，投入的时间和人力成本高，并且依靠人力很难发现不同案件中的关联风险。

2. 专业化、职业化、团伙化保险欺诈案件难以通过人工识别。

3. 欺诈已形成产业，会针对不同保险公司与保险产品进行研究，不断翻新欺诈手段以提高欺诈成功率，已有防控手段逐渐被规避，风险防范效果逐渐衰减。

4. 近几年随着监管机构对理赔服务要求不断提升，简化理赔、降低投诉等为保险欺诈提供了可乘之机。

5. 随着公司业务量增长，尤其部分新兴业务存在较高道德风险，但是相应的理赔专业人员严重不足，导致欺诈风险增加。

（二）项目创新点

1. 使用当前最新、最前沿的多种机器学习分类算法，对数以亿计的承保、理赔等数据进行清洗加工，建立完整的特征工程，对每一项特征均进行分析和测试。对接核心理赔，每日完成数以万计的案件风险预测。以稽核经验为基础，智能技术为引导，实现智能反欺诈。

2. 使用目前高性能无关系型数据库，将结构化数据存储在网络上，使用司客户手机号、车架号、修理厂信息、案件出险信息等建立关系图谱，每个信息都有四层关系节点，每个分公司的数据都是千万级节点。在保证性能的同时，通过关系网络发现职业化、专业化的欺诈团伙，辅助预测模型，查缺补漏，建立完整的风险控制体系。

3. 基于 UNIC 框架和 VUE 等新技术建立的反欺诈平台，彻底解决实时数据统计查询的困点，促进理赔端更为直观地发现风险，提高用户体验并针对性分析模型使用准确性和欺诈风险分布情况，为模型的进一步提升打下坚实的基础。

4. 为保证外部风险识别模型预测更为精准、实时，采用多环节预测的办法，实现在理赔报案、查勘、定损、理算四个环节实时风险预测并基于理赔数据不断完善优化模型，预测更为精准、全面、有效。

四、项目主要建设内容

基于大数据实现理赔欺诈风险预警监控体系。

（一）运用大数据、人工智能等高新技术建立反欺诈模型以精准打击各类保险欺诈

本项目选取历史车险理赔已结案件（事故维度），共分为整案欺诈、部分欺诈、疑似欺诈、正常案件四种类型，选取前两种案件为正样本，正常案件为负样本。经过空值数据处理、噪音数据处理、离散化处理等方式对数据进行清洗，并选取相应风险因子建立特征工程，为风险识别模型打下基础。

车险理赔欺诈风险识别的实质是判断案件理赔是否涉嫌欺诈，是数据挖掘中典型的二分类问题，且在本项目中欺诈案件在核心理赔中已完成标签化，是有监督学习场景，决策树算法因其具有可解释性、分类速度快等优点，而在该类问题中被广泛应用。但其预测结果稳定性较低且容易出现过拟合，即在训练数据集中拟合。

效果很好，但在新的数据集中预测效果不佳。而这个问题能够通过集成多棵决策树得以解决，即增强决策树（Tree Boosting）。

Adaboost（Adaptive Boosting）、XGBoost（eXtreme Gradient Boosting）和 GBDT（Gradient

Boosting Decision Tree）是最常用的增强决策树算法。其中 XGBoost 算法即极端梯度提升算法，是结合分类与回归树算法（Classification and Regression Tree，CART）提出梯度提升算法的变体，是一种适用于大规模数据的分布式集成算法。特点是运算速度快，不易过拟合以及预测极为精准，在当前分类算法场景中得到广泛的应用，因此本项目选用 XGBoost 算法最终建立车险理赔风险识别模型。

借助技术手段回溯和分析历史反欺诈数据，建立智能反欺诈模型，可实时针对理赔业务流程欺诈风险监督、预警，有效提高风险识别能力，为公司理赔筑起防御篱笆。

（二）智能分析理赔案件数据，在报案、查勘、定损、理算等环节实时对案件欺诈概率预测，辅助理赔人员提升欺诈风险识别能力，更为准确、有效发现欺诈风险点，抓住最佳调查时机，减少欺诈金额

对接核心理赔系统，在理赔流程中实现多环节预测，并根据预测分数实现案件风险等级划分，辅助理赔人员有效监控风险案件，对风险案件实现事中打击。由理赔人员总结风险识别模型预测结果，查漏补缺辅助提升模型优化，进一步提高模型预测精度，行之有效的对理赔案件形成全方位监控。

（三）利用大数据建立关联分析网络谱图，挖掘潜在欺诈和职业团伙欺诈

关联图谱分析模型是基于承保、理赔业务数据分析，对具有关联特性的车辆、修理厂、案件等信息，形成可视化关联网络图谱的模型，有助于识别具有关联关系的团伙化欺诈风险。综合我公司历年查处团伙欺诈案件核查和分析经验，使用高性能图数据库，将具有同质欺诈风险的特征信息形成结构化数据，建立数以亿计节点的关系图谱。

本项目按照中国行政区域划分，将近五年承保、理赔数据共分为华东、华北、华南、西北、西南、东北、华中七个大区，采集理赔案件、车辆、修理厂等四类实体，并基于实体在理赔中产生的关系最终建立区域关系图谱。实体关系建立过程中需去除脏数据，如杂乱的车牌号、修理厂名称等信息，并基于车架号等作为键来确定同一实体，建立实体关系。通过信息补充修改车辆等信息，以保证各项信息的完整、准确。数据处理完毕后，使用图数据库建立区域完整关联图谱。

通过关系网络准确识别不同案件中关联风险信息，形成关联网络，辅助理赔人员准确识别团伙欺诈，减少人工成本和时间成本投入。

（四）建立反欺诈风险平台，完善反欺诈调查数据记录信息，增强欺诈风险分布统计分析，反馈业管有针对性加强管理

基于公司 UNIC 框架和 VUE 技术等技术建立反欺诈平台，提供实时统计风险识别模型预测情况、查看欺诈案件分布情况、查询风险案件等功能。一是基于反欺诈模型实时预测理赔案件风险分数和确定案件欺诈风险阈值，统计当前各区域、省、市地区风险案件预测分布情况及准确度，有效监控模型在全国范围内整体运行情况。二是基于已确定欺诈案件，按照出险类型，是否第一现场报案、车牌号种类等维度进行统计分析，为反欺诈人员提供数据支持，有效辅助稽核人员查找欺诈案件共同点。三是提供理赔案件预测信息查询，辅助反欺诈人员针对不同分数案件进行风险分析。

五、项目效果

（一）外部风险识别模型

应用范围：各级机构全部车险理赔案件，全部理赔人员。

时间：2020 年 5 月底开始在山东、内蒙古2家分公司试点上线，同年7月中旬完成全国上线。

外部风险识别模型上线后，共识别出欺诈案件 500 件余件（已拒赔），共挽回欺诈金额 2000 余万元。其中高风险（90 分以上）案件全国实时预测命中率达 24.64%。随着风险分数提升，预测命中率不断提升，有效将欺诈案件与普通案件进行区分。经人工对高风险案件筛查后，部分高风险案件已启动风险调查环节。外部风险识别模型有效发现高风险案件，实时为理赔人员提供风险提醒，提高理赔人员注意力，精准打击欺诈案件。

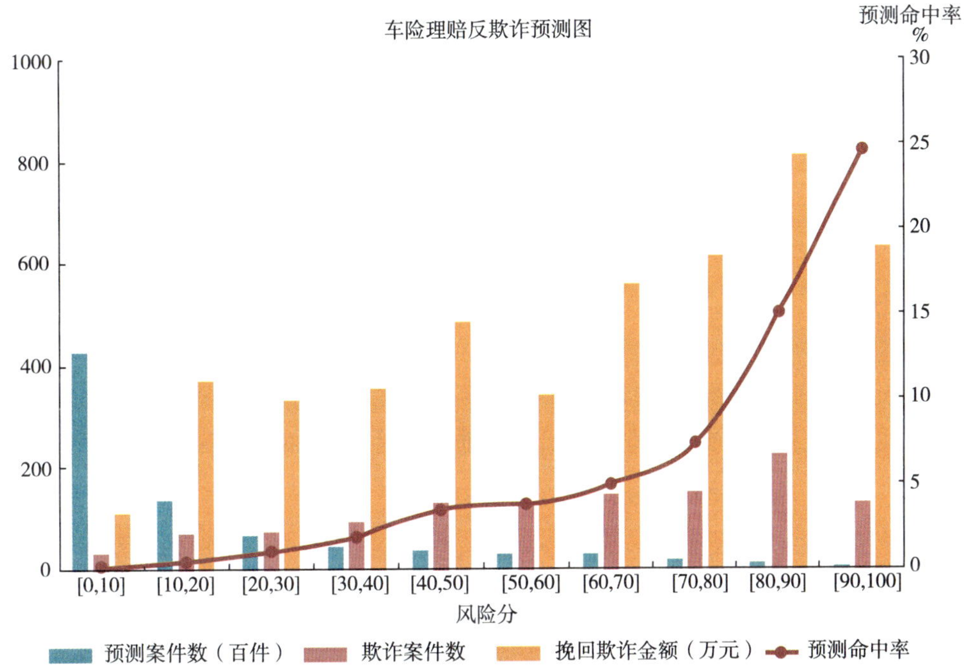

图 1　风险案件预测

（二）反欺诈平台

为方便反欺诈人员实时查看各地区、省市外部风险识别模型反欺诈预测精准率情况以及地区分布，建设反欺诈平台。该平台可实时查看欺诈案件地区分布、预测精准度、欺诈挽回金额等信息，有效监控风险识别模型运行情况。

基于欺诈案件特征分布，展现不同地区不同特征的案件分布情况。其次，通过反欺诈平台可实时获取高风险案件清单，有助于理赔业务人员进行专项反欺诈工作，进一步提高案件风险把控，为理赔筑起防御篱笆。

（三）知识图谱

应用范围：各级机构全部车险理赔案件，全部理赔人员。

时间：2020 年 6 月中旬在华东地区试点上线，同年 7 月中旬完成全国上线。

基于承保、理赔等数据，筛选案件、车辆、修理厂等主体，通过实体间关系建立车险理赔反欺诈知识图谱，有效查找专业化、职业化、团伙化保险欺诈案件。例如，某车牌号豫 ATJ9 在关系图谱中进行查询，发现该车作为三者车共参与多件案件，且均在同一家修理厂进行维修在发现案件风险后，目前该批案件已初步确定为三者车碰瓷，涉及行业共 20 余笔案件，案件已着手调查。

六、总结

通过创新技术赋能，推动保险业风控发展向数字化、立体化、前置化、智能化演进，是保险业健康发展的重要保障。车险理赔智能反欺诈项目基于行业稽核经验，运用大数据、人工智能、关系图谱等方式搭建完善的智能风控体系，是业务与技术的有效结合。采用环节差异化、地域差异化等方式建立多版模型交叉验证结果，提高风险识别准确率；制定风险案件筛查制度，要求理赔人员对中高风险案件逐一筛查，总结风险遗漏点，不断提高智能风控识别能力；以稽核经验为基础，智能技术为引导，实现智能反欺诈。

专家点评

中国人寿财产保险股份有限公司的车险理赔智能反欺诈平台，运用大数据、人工智能等先进技术，将业务与技术有效结合，实现了智能反欺诈。通过对车险承保、理赔等原始数据清理加工、历史车险理赔案件数据的选取以及欺诈风险因子提取，该平台能够实时进行监控理赔风险。该平台强化公司欺诈识别能力、降低保险欺诈损失以及提高风险识别准确率的优点，值得推广。运用先进技术，智能反欺诈，提升效能，进而提升保险公司营收，并推动保险业风控向数字化、智能化发展，是保险业健康发展的重要保障。车险作为我国财产保险中的第一大险种，近年来呈现出欺诈团伙化、专业化作案趋势。公司通过车险理赔智能反欺诈平台提升反欺诈能力，具备一定的行业引领性和代表性。

泰康在线反欺诈智能风控系统

◎泰康在线财产保险股份有限公司

一、项目概述

泰康在线财产保险股份有限公司（以下简称泰康在线）大数据部通过对用户健康信息数据、电信数据、信用数据、司法数据进行分析，通过科学的数据建模方法论，建立业务专家风控模型和机器学习风控模型，组建反欺诈大数据智能风控系统，采用提前甄别欺诈者模式，防范互联网保险欺诈风险。

项目采用微服务架构，通过建立统一的风控 Open API 来实现和满足各系统对各产品线的风控需求，在满足业务时效性和功能性的要求上，通过专家模型和算法模型的前端配置实现面向不同产品的核保规则。通过技术手段实现了 Java 架构和 Python 算法的耦合，将模型算法的研发与系统应用架构的开发剥离，有助于解决算法建模团队优化的技术难度。目前，反欺诈大数据智能风控系统核心功能由以下三部分组成。

（一）累计风险保额

基于行业内核保数据分析，得出可以应用在意外险、健康险产品的风险保额核保规则，通过与核心系统耦合校验进行风险控制。

（二）专家风控模型

面向健康险，通过基于 ICD10 编码的重大疾病大数据分析，制定精细化的健康险核保规则，通过 Java 工程开发方案，实现相关专家模型的功能实现。

面向信保业务，通过实时分析客户信用、履约能力等征信风险，判断客户信用履约能力，实现对客户还款能力的有效评估，控制客户违约率。

（三）机器学习模型

通过对 GDBT、RF、SVM、LR、ADA－BOOST、Xgboost 等算法进行选择和测试，对模型运行结果进行排序和选择，利用 Python 工程开发的方案，实现机器学习模型的功能。

二、项目背景及意义

泰康在线成立于 2015 年 11 月 18 日，是国内首家由大型保险企业发起成立的专业互联网财险公司。作为泰康保险集团的全资子公司，泰康在线以“保险＋科技”“保险＋服务”等主要商业模式，充分融合泰康保险集团现代金融服务元素，专注于互联网保险业务的创新开拓。秉持“让保险更安心、更便捷、更实惠”的理念，泰康在线致力于开发完全贴合互联网生态的保险产品。

反欺诈大数据智能风控系统是泰康在线建设整体“客户在线、服务在线、管理在线”的重要手段，帮助泰康在线在风控技术上保持行业领先的位置。

在互联网保险场景建设方面，反欺诈大数据智能风控系统帮助泰康在线在更多线上远程场景中提供风险判断能力，从助于提高保险业务质量。在传统保险场景中，保险公司可以通过代理人将大部分保险购买者锁定在某个区域，或者某种组织关系中。传统保险公司，可以通过对代理人进行监管和培训等手段来降低欺诈风险。然而，在互联网保险场景中，许多保险形态，如个人信用保险、健康险等，挣脱了地域、组织关系的限制，也没代理人作为投保人欺诈甄别的媒介。在这种场景下，互联网保险公司需要获得客户授权，充分利用外部数据，如个人征信、个人健康、个人医疗等多维度数据，作为反欺诈辅助判断的信息源。

随着互联网保险商业模式越发深入人心，通过大数据甄别欺诈骗保行为，判断理赔案件的真实程度，并基于欺诈风险判断结果优化案件调查资源的配置，能够帮助泰康在线实现降本增效，全方位提高泰康在线保险产品的价格优势和运营优势，使公司通过差异化定价、差异化服务，帮助更多的传统保险产品无法触及的客户能够享受保险服务。

在公司内部建设方面，反欺诈大数据智能风控系统从两个方面完善组织架构。

（一）实现业务风控的统一归口

泰康在线业务形态非常丰富，各业务渠道的业务开展方式也呈现出多样化的态势，但不同业务渠道之间却体现出类似的反欺诈诉求。反欺诈大数据智能风控通过整合各业务渠道获得的外部数据资源，将数据在合法合规的情况下有效应用到所有业务渠道的风控中。统一的风控归口，不仅能帮助各业务渠道丰富风控组合手段，更能有效狙击跨渠道团伙欺诈作案。

（二）对内部风险控制进行辅助

泰康在线一直重视内部两核能力的建设。在反欺诈大数据智能风控系统的建设过程中，两核专家团队的意见对专家模型的建设起到关键的作用。同时，反欺诈大数据智能风控系统也通过对自动化核保、人工核赔决定的辅助，识别人工作业与智能作业差异化较大的两核决定，防范内部欺诈风险。

三、项目重点解决的问题及主要创新点

反欺诈大数据智能风控系统旨在建立支持多业务渠道、多规则分层的风控体系，其面临的主要问题有以下几个，针对这些问题项目组也进行了相应的技术创新。

（一）客户数据整合

泰康在线各业务渠道对客户数据的存储方式、处理方式不尽相同。只有将这些数据放在同一维度，相同标准下进行整合才有业务使用价值。

在反欺诈大数据智能风控系统建设的过程中，项目组建立了客户甄别的机制，将各业务渠道的客户数据与泰康在线千万级存量客户数据进行匹配。

同时，项目组对各业务渠道已经接入的多种外部数据和客户进行分析，并以客户为维度建立数据宽表。项目组对每类数据建立筛选规则，对数据可用时间区间、数据有效时间区间、数据可使用范围等关键因素进行评估，在数据接入、数据清洗、数据维护过程中实施监控。

客户数据整合是风控数据应用的基础，多数据源的整合帮助专家模型中的黑名单应用及机器学习模型中的关键特征筛选做好了充分的准备。

（二）模型特征选择

泰康在线的两核专家团队与大数据专家团队在项目组中对智能反欺诈的方案进行了深入探讨。通过对泰康在线关键产品的运营指标分析，利用智能风控系统，降低赔付率，提高利润率。通过对目标产品进行前期业务数据探查，确认产品赔付率高的“痛点”原因；利用数据建模方法论，建立专家模型与数学模型。

赔付率分析。分析目标产品保险条款、销售方案和核保核赔规则。

数据抽取。根据业务规则提取核保因子和理赔因子，将特征信息加工成宽表供建模使用。

数据挖掘。利用常规数学算法求得特征因子的标准差和信息差。

数学建模。通过 GDBT、RF、SVM、LR、ADABOOST、Xgboost 等算法进行选择和测试，对模型运行结果进行排序和选择。

由于项目组对赔付率的降低是有具体期望的，在验证优化的过程中，如何切实提高模型对赔付率的影响，成为项目组研究的重点问题。最终，项目组通过循环刀切法对特征因子不断优化，提高模型的 AUC 值，根据查准率和查全率，选择最优效果实施算法。该方法获得了业务方向上的《一种基于业绩目标的利润贡献值及装置》和技术方向上的《多轮循环刀切局最优点选法》两项专利。

四、项目主要建设内容

反欺诈大数据智能风控系统在围绕业绩目标进行建设的过程中，充分考虑了监管要求和系统完备性。项目组以四个部分的内容为主要建设方向。

（一）整合客户数据，建立风险标签

客户数据整合是针对单个客户或多个客户反欺诈风险分析的基础，其主要分为数据采集、客户数据整合、客户数据应用三个模块。

在进行数据采集及清洗时，由于不同业务渠道对客户进行标示的主键不同，需要通过算法和外部数据对客户进行相似性分析。

项目组确定手机号、身份证号、官微绑定微信 OPENID 等关键可识别特征，并根据这些特征的缺失程度确认匹配时使用的优先级。对同一客户的同一微信号，绑定泰康在线旗下的多个微信公众号 ID、绑定多个手机号、绑定多个身份证号等，客户数据源呈现出多对一的特殊情况，优先采用 FASISS 特征匹配工具，再通过外部数据，比如手机号或身份证号对应的征信信息或医疗信息等，对相似客户的信息进行补足，最终通过相似性算法；又如杰卡德算法对重复数据进行合并和删除。

与一般 ECIF（企业客户信息系统）系统相同的是，本系统的基础客户数据也是以 ODS 作为汇总数据源。与一般 ECIF 不同的是，本系统在客户整合环节就将外部数据作为客户识别的标准。一方面，关键可识别特征多由交叉销售渠道的代理人、第三方代理渠道提供，其真实性需要通过一定的外部数据进行验证；另一方面，“冒用身份”“盗用账户”“重复注册”是互联网金融场景中的常见欺诈风险，在客户整合环节对社会补充信息高度重复客户的识别本身是反欺诈的一种手段。

在进行客户数据整合时，为适应不同业务场景下客户数据的特有结构，构建了家庭账户数据集市、网络行为数据集市、理赔客户信息表、承保客户信息表、健康险核心客户数据集市。各数据集市在对敏感数据进行屏蔽后与CRM（客户关系管理营销）系统、DMP（数据管理平台）系统等与客户相关的系统进行对接，为风控以外的其他场景提供帮助。

同时，项目组还通过外部数据补充客户之间的关系信息，从而建立客户关系网络。本系统根据人群特征，如年龄、活动地域、借贷关系、操作习惯等，通过图计算方法，如K－means，进行人群分组。人群分组不仅应用于后续团体欺诈作案的识别，还为正常用户群体差异定价的核保建模做好了准备。

在客户数据应用时，项目组通过累计风险保额、专家风控模型、机器学习模型分别解决不同业务场景的具体风控要求。在通过接口输出风控结果的同时，项目组还创建了客户风控大屏，对集体欺诈、地区性紧急事件等进行可视化预警。

（二）专家模型与算法模型的建模与应用

反欺诈大数据智能风控系统目前支持通用反欺诈场景、健康险场景、信保场景三块业务风控功能。这里以健康险风控建模为例进行介绍。

数据准备阶段包括以下步骤：第一步，从医疗理赔大数据中获取与理赔客户风险相关的数据，包括理赔客户的个人信息和就诊信息，就诊信息包括但不限于就诊费用信息；第二步，从数据中提取训练GBM模型所需的特征，形成数据集。以健康险风险识别为例，体检结果与体检时间的关联度会影响健康风险的判断效果，经过与业务专家分析研讨，识别不同的风险特征因子之间的关联关系，提高评分的准确度。

模型训练阶段包括以下步骤：第一步，将数据集中的部分数据作为训练集，输入GBM模型的训练器，进行训练；第二步，生成训练完毕的GBM模型。

模型实施阶段包括以下步骤：第一步，采集理赔客户的当前理赔数据，并提取GBM模型所需的特征及外部数据。在这里需要注意的是，模型中所用到的部分就诊信息来自各个地区的外部数据提供商。考虑到并行调用所有外部数据接口的成本较高，而同一人在多地就医的可能性较低。所以，在采集数据时，需要优先通过该客户的个人信息及外部数据确认该客户在出险日前后经常活动的地区，再根据地区调用对应地区的外部数据接口，最后再将获得的就诊信息按照特征格式进行修改。第二步，将特征输入GBM模型，生成识别结果，识别结果包括理赔客户的欺诈风险评分。

由于互联网保险公司的模式是业务流程全线上化，千万级线上客户对应的是少量的两核人员，直接给两核人员返回明细就诊数据会给运营人员的审核工作带来较大负担，同时也较依赖运营人员的个人经验判断。风控评分结果基于海量客户数据分析，为健康险核赔提供更快捷中立的辅助建议。

（三）风控规则统一配置、数据资产统一管理

各业务场景本身存在业务流程风险控制模型，但散落在各个业务系统中。反欺诈大数据智能风控系统将这些风控模型整合到一起，并提供统一的规则配置和管理界面。

在本系统运行初期，原有的规则引擎系统，比如ILOG，仍与本系统并行。从业务上看，由于反欺诈规则，在初期主要起对现有规则的辅助作用，故规则引擎中的规则优先于本系统中的反欺诈规则。规则引擎中的专家规则与本系统中的专家规则区别在于，规则系统中的专家规则为行业内通用的标准规则，或银保监会、行业协会制定的相应规则，其范围包含但不限于风控规则。而本系统中的专家规则是针对风控的，由本公司的两核专家根据泰康在线在经营过程中的业务经验形成的规则。

在对专家风控模型及机器学习模型进行配置时，本系统允许对模型所应用的业务类型、渠道、地区、产品、应用时间、授权要求等关键维度进行配置。即使部分通用欺诈模型是基于所有业务类型、产品、渠道、地区下的客户进行建模的，在实际上线时，为限制业务影响范围，可以将模型应用范围限制于指定地区。在模型继续训练时，也会根据该限制，统一配置，让运营部门对风控手段有更强的控制能力。

由于多个应用于不同业务渠道的机器学习模型可能会用到同一外部数据源，在数据应用计费上，本系统也建立了便于各业务渠道统计的三层模式。在业务渠道调用机器学习模型时，接口中将包含来源字段；在机器学习模型调用外部接口时，日志将包括来源字段；在调用完接口后将调用是否计费计入对应日志。例如，在调用部分查得付费的接口时，若接口返回结果为未查得，则计入日志的是否计费标记为0；若接口返回结果为查得，则计入日志的计费标记为1。在本系统调用外部数据源接口时，会对回传结果进行缓存，并为缓存设定有效期限，在有效期限内，如果同一业务渠道或其他业务渠道通过相同参数调用同一外部数据源接口，本系统将返回缓存结果，同时记录计费标记为0。

在定期结算时，本系统根据数据来源、是否计费、调用时间等记录进行调用计费判断，并在完成付费后，更新是否已付费字段。统一外部数据调用有助于完善公司数据资产管理，进行费用成本分摊、控制数据安全、节省公司整体数据开销。

（四）支持可扩展的微服务架构设计

各业务场景的业务周期有所不同，需要分布式的系统架构。所以，本系统采用的是微服务架构。在信保风控、健康险风控及通用风控等业务区隔下，又对业务具体流程进行区隔。例如，信保业务分为贷前、贷中、贷后风险控制；又如，健康险业务可以分为核保、理赔风险控制，理赔风险控制又可以分为公估流程风险控制、虚假报案风险等。每个独立的业务模块都根据独立的业务需求进行模型组合和功能上线。

为保证服务接口上线后可以满足各业务渠道的高频调用需求，泰康在线基于泰康集团的混合云部署应用服务器，并支持根据业务量增长水平扩展，支持500并发、毫秒级响应、百万级订单业务量，各服务器CPU使用率均小于15%。

考虑到未来泰康在线风控能力能够赋能第三方渠道，共同降低业务运营风险，微服务架构的能力保障，为反欺诈大数据智能风控系统的业务延伸扩展，打下基础。

五、项目效果

反欺诈大数据智能风控系统是一整套保险公司两核线上风险控制解决方案，能够有效帮助泰康在线实现产品赔付率控制、高风险客户甄别，运营服务成本下降，助力公司实现降本增效、量质并举的经营目标，该项目被评选为公司级和行业级“科技创新优秀项目”，并应用于核心业务板块，以及运营中心和产品精算部、风险管理部等中后台部门的日常工作中。

该系统上线后，得到公司经营委员会的高度认可，公司各业务部门与大数据部联合成立数字化风控小组，以推进泰康在线的线上风控能力建设，两核专业人员和建模专家持续推动该系统在更多的应用场景落地，并持续提高相关风控模型的匹配准确度。

反欺诈大数据智能风控系统从 2018 年 6 月开始立项，一期功能覆盖于 2018 年 9 月上线，并在 2020 年 3 月功能升级为 2.0 版本。目前已实现覆盖公司逾“300 +”家渠道的意外险、健康险、信保等公司核心产品的线上两核风控，对 3500 万公司用户进行过两核风险筛查，覆盖全公司 87% 的保费业务规模，持续赋能生态伙伴。

泰康在线将数字风控作为公司打造的核心能力之一，会持续不断地探索对客户疾病筛查、已病人群风险管理等场景的支持。

六、总结

随着 2020 年新冠疫情带来的群体保险意识增强，传统保险公司纷纷进行数字化转型，保险公司能够识别多样化的互联网欺诈，成为各家公司比拼科技能力和运营能力的核心竞争力，场景化服务能力的高低决定了未来企业服务客户的能力，甚至决定了企业发展的路能走多远。同时，互联网个人信息保护规范逐步完善，如何合法合规地应用客户数据，是各家公司需要共同思考的问题。泰康在线致力于利用保险科技决绝互联网保险模式下的特有问题。

专家点评

泰康在线财产保险股份有限公司的泰康在线反欺诈智能风控系统，是通过对用户健康信息数据、电信数据、信用数据、司法数据进行分析，以科学数据组建反欺诈大数据智能风控系统，并将其用于防范互联网保险欺诈风险。该反欺诈大数据智能风控系统能够帮助公司在更多线上远程场景中提升风险判断能力，从而提高保险业务质量，具备一定的借鉴意义和推广价值。公司应当在推进该项目的过程中持续提高相关风险控制模型的匹配准确度，将反欺诈智能风控系统在更多的应用场景落地，让客户能够享受更为优质的保险服务，真正做到利用科技改变保险风险控制。

新疆前海移动展业终端“移动核保”

◎新疆前海联合财产保险股份有限公司

一、项目概述

移动核保是围绕“以客为尊、至诚至臻”的服务理念，用移动网络来搭建的快速响应业务管理平台，将人工核保任务响应时效压缩到3分钟内，为客户提供最及时、最有效的服务，极大地提高了承保效率，使核保人能随时、随地完成核保工作成为可能。

（一）目标项目

1. 建设能快速响应、适用于各级别人员使用的业务管理活动平台，让核保人告别电脑前“坐班”的现象，能在移动端快速处理审核任务。

2. 提高核保时效、提升客户服务满意度、提升公司办公效率、提高市场竞争力。

（二）主要功能简介

1. 统一管理系统账户密码，使用域用户管理和认证鉴权。

2. 审核任务自动提醒、超时任务自动催单，避免客户和业务员长时间等待。

3. 支持任务分类标记、快速处理审核任务。

4. 支持影像、往年保单和理赔等信息查看，精准识别风险实施正确审核处理。

5. 支持“同一个标的车、同一个客户”的非同一产品大类的任务联合审核。

（三）未来计划

1. 随着业务渠道的拓展，承保的团单业务数目日益增多，针对团单业务销售，将搭建团单业务活动方案审核功能。

2. 开发业务政策任务宣导功能，进一步降低沟通成本，提升工作效率。

3. 随着线上业务销售的多样化，将建设适应于各类产品、各种业务场景、功能全面的移动业务管理平台。

二、项目背景及意义

在移动互联网迅速发展和智能终端全面普及的双趋势推动下，移动展业终端“移动核保”的实现，不仅能提升核保时效，提升客户的服务体验，也能给核保人员的工作带来便利性，打破办公空间约束，同时，也能成为提升公司经营管理水平和核心技术竞争力的必备工具。

（一）7 ×24小时在线核保

1. 在没有实现移动核保时，核保人员工作日通用使用电脑核单，非工作日时间只能登录VPN核单，但通常会出现核保人员正在会议或者公出不方便使用电脑或者无网络、无电脑等原因无法及时实现核单的现象。

2. 打破了传统PC端核保对时间、空间、设备等要求的限制，只要有手机就能核保，打破了办公时间、空间的约束，可实现 7×24 小时在线核保。

3. 管理方面，可以不用再安排专人在电脑旁边值班，从而减少物资消耗，降低人员劳动消耗，节约管理成本。

（二）提升客户服务体验度，增加客户黏度

1. 在没有实现移动核保时，完成报价转核保时，时常会出现会因未及时响应处理核保任务，给客户带去较差的服务体验感。

2. 移动核保提高了核保时效，非工作日也能实现无阻碍投保，提升客户服务体验度，增加客户对公司的黏度。

（三）经营管理水平和核心技术竞争力提升

公司想提升经营管理水平和核心技术竞争力，必须依靠自身的实力，要有自己的核心技术，做到人无我有，人有我优，人优我新，技高一筹。因此，移动核保成为市场竞争的必备工具。

三、项目重点解决的问题及主要创新点

移动核保是应用微服务技术搭建的适配于 PC 端和移动端操作系统的线上化业务管理平台，解决了传统核保对办公时间、办公场地、办公网络要求高，网页加载速度慢，使用不方便的问题，节约了物资消耗，降低了人员劳动消耗，提升了核保效率。

（一）统一管理系统账户密码，使用域用户管理和认证鉴权

1. 传统情况下，核保人需牢牢地记住自己复杂的工号和密码，用分配的工号和密码登录到核保管理系统处理任务，经常会出现密码的情况，需要找回密码等。

2. 移动核保的实现，核保人无须担心忘记业务系统分配的个人工号和密码，也无需担心个人工号被盗用。

3. 应用公司分配的个人域账户密码登录，再引用手机验证码认证功能提高安全性，实现与公司内部管理系统、邮件、沟通工具等共用账户信息，减少修改个人信息时，需调整多处系统的现象。

（二）任务自动提示、超时任务自动催单

1. 传统情况下，核保人都是登录到系统后手动查询待处理任务，需要花费大量的时间不断地重复相同操作刷选任务列表，会出现再处理其他事物的情况，遗忘了刷选任务列表，出现未第一时间响应处理待核保任务，导致客户流失、客户对保险产生不可信的错觉等。

2. 移动核保的实现，对于进入待核保任务池的业务未被及时接收，系统会根据审批链路自动分配 APP 用户，在 APP 的右上角醒目地提示待处理任务数目；针对超过规定时间的任务，系统在 APP 右上角醒目地提示情况下也对接了短信服务，给 APP 用户短信提示，催促核保人快速处理任务。

（三）关联业务审核

1. 传统情况下，“同一个标的车、同一个客户”的非同一产品大类的业务需分开，处理过程需切换到不同的业务系统关联的风险信息，系统间毫无关联性，核保人需人工线下手动关联，人工识别风险因素等。

2. 移动核保实现，处理同一个节点的“同一个标的车、同一个客户”的非同一产品大类将根据配置的规则自动关联，在审核页面组合

显示，支持一起审核，无须分开审核。

四、项目主要建设内容

移动核保 APP 采用前后端分离技术，前端使用了 vue 框架以及 mint－ui 组件库，与后台数据交互用 axios 实现，后端采用了 SpringBoot 框架开发。开发了基于 iOS 操作系统、Android 操作系统的应用。系统采用 Apache Shiro ＋ CAS 的认证、鉴权体系实现用户的安全认证和权限管理，集成了第三方消息推送平台，实现了消息推送功能。下面从用户管理和认证鉴权、核保消息推送、超时任务自动催单以及核保任务查询处理三个方面介绍该系统。

（一）用户管理和认证鉴权

1. 公司有统一用户管理平台，同时核保系统也有自己的用户体系，为了使用户可以实现一个账号通用于所有系统，所以在统一用户管理系统关联了核保系统的核保工号，打通了用户体系。

2. 移动核保 APP 的用户登录模块基于 Apache Shiro ＋ CAS 的认证、鉴权体系实现，与办公网络的域用户验证统一。

3. 同时为了避免账号泄露被恶意操作风险，加入了手机验证码的二次校验，系统的安全性得到了极大的提升。

（二）核保消息推送、超时任务自动催单

1. 移动核保 APP 对接了第三方消息推送平台，实现了核保任务的及时推送、移动端 APP 的红点消息提醒。

2. 移动核保 APP 的 iOS、Android 客户端集成 JPush 的 SDK 客户端启动后会建立一个到 JPush Cloud 的长链接，提供 APP 永远在线的能力。

3. 移动核保服务器可以将实时的核保消息、定时查询的超时任务以及需要通知的核保员，组织报文将调用 JPush API 服务接口，将核保消息实时推送到指定核保员的移动核保客户端。

4. 核保员摆脱了职场的束缚，提升了用户体验，增加了核保效率，科技赋能更好地服务客户。

（三）核保任务查询处理

1. 移动核保 APP 主界面由待处理、暂存、核保通过三个模块组成了移动核保 APP 的主体功能。通过这些模块为核保用户提供简单、便捷的操作体验。移动办公的方式解决了办公职场、上班时间的限制，更好地服务客户，体现公司价值。

2. 待处理模块为分配到自己的核保任务列表，点击任一内容可以查询到对应的保单详情、影像信息、关联历史单以及历史核保意见，核保岗员工可以基于已有内容给出相应的核保意见。

3. 暂存模块为用户操作提供了缓存，有些需要定夺或者需要标记的任务可以暂存到此，其他的操作同待处理模块。

4. 核保通过模块可以查询自己核保过的历史案件，对于案件追溯以及类似案例核保意见查询提供了便利。

五、项目效果

移动核保的实现，符合公司战略规划，提升了信息化体系建设。通过信息化方法提升了公司的工作效率和风险管控能力，成为公司提升市场竞争力的必备工具，成为核保人喜爱的工具，主要从以下三个方面简述。

（一）应用场景

移动核保 APP 自 2019 年 10 月 24 日已上线逾一年，目前已成为总公司、分公司车险部的各级权限核保人在日常工作中不可缺少的办公工具，主要应用包括但不限于以下场景，为核保人提供了极大的便捷。

1. 保险公司核保人往往需要参加各类经营分析会议或专项培训学习，根据分工不同，参会频率在每日一两次会议到每两三日一次会议，高频次的会议与前线常发生的紧急核保要求之间易发生时间冲突。

2. 每月保险公司内部会进行常规版本发布和若干次紧急版本发布，且为避免影响业务，版本发布基本安排在晚八时以后。发布后需要就优化内容进行针对性测试，完成出单全流程测试，其中包含核保环节。

3. 核保人在公出时进行业务查勘、经营汇报、实务检查等工作。

4. 部分客户有节假日投保需求，保险公司可安排远程轮换值班制度。

（二）可观性直接价值

1. 使用移动核保后，因各类情况无法立即核保的事件大幅减少，平均核保时效提升 42%。

2. 移动核保会定期提醒核保人，避免核保人未及时发现待核保任务导致出现过夜单、超长单，目前系统内 8 小时以上滞留的任务减少了 83%。

3. 原出单要求中有对出单员、业务员最晚提交核保时间的规定，可能客户已经达成投保意向，但因不能及时生成保单使客户投保意愿降低，造成业务流失，现在已经可以支持前线人员在沟通后随时出单。

4. 对属于常规工作时间外的出单任务，车险部门无须再安排在岗支持核保作业，核保人可手机接通知后即时确认出单员、业务员上报的投保单的风险情况是否符合承保政策。

5. 无须专门配置核保专用笔记本电脑，节省硬件支出和资产折旧。同时须各分公司 IT 岗逐个配置、调整核保人的 VPN 权限，节省人力成本。

（三）隐性持续价值

1. 目前保险业具有办公移动化、单证电子化的趋势，通过最便捷的方式直达客户，是系统建设的必备考量。在通过手机移动端进行出单报价、电子投保确认客户意愿、线上支付直接付款的同时，也应从保险公司的中台去匹配相应的服务支持，才能符合现代保险的要求，全面实现提速和便捷。

2. 采用移动核保减少了客户平均等待时间，改善了非工作时间投保困难的问题，大幅提升客户体验，可以有效帮助保险公司增加客户黏性。

3. 车险移动核保是财产保险公司信息化体系建设的重要组成部分，除对外经营的直观提升外，对内运营也必不可少，关系着从出单到核保的时效管理考核指标，前台的客户满意度评分，以及公司技术水平竞争力等。

4. 移动核保工具既可支持前线展业，又可减少后线工作负担，其本身也是对于公司员工个人的助力，在提升员工工作满意度方面有一定的作用。

六、总结

移动核保的实现，首先，提升了公司市场竞争力，节约了物资消耗，降低了人员劳动消耗，给核保人员的工作带来便利，间接提升了企业品牌推广力度和盈利；其次，提高了核保效率，实现随时随地轻松核保；再次，提升了客户服务满意度，增加客户黏性；最后，提升公司经营管理水平和核心技术竞争力，备受核保人员的喜欢。

（一）取得成果

1. 突破了传统核保对办公时间、办公场地、办公网络要求高，网页加载速度慢，使用不方便，降低对网络依赖度低，页面加载速度快，用户体验流畅。

2. 核保人可以在不同场地处理审核任务，降低了因时效慢导致客户流失的概率。

3. 实现快速高效核保的要求。

（二）存在问题

1. APP 需要用户下载安装才能使用，占据一定的手机内存空间。

2. 查看影像信息比较消耗流量。

3. APP 页面的直观性和联动性不方便。

（三）改进举措

1. 搭建公众号应用来解决下载安装不便利的问题。

2. 引用图像和视频压缩技术降低影像加载消耗和缓慢的问题。

3. 简化审核页面，凸出重点风险信息，让风险显而易见。

专家点评

新疆前海联合财产保险股份有限公司的移动展业终端移动核保业务，能够为客户提供最及时、最有效的服务，极大地提高了承保效率，使核保人能随时、随地完成核保工作。该移动核保应用了微服务技术，能在移动端快速处理审核任务，解决了传统核保对办公时间、场地、网络要求高，网页加载速度慢，使用不方便存在的系列问题，具备较强的借鉴意义。公司应当进一步完善移动展业终端移动核保业务，完善客户体验感和使用流畅度，突出重点风险信息，真正将其作为降低人员劳动消耗、提高核保效率、提升客户服务满意度的有效手段，为公司经营管理水平和核心技术竞争力提升奠定基础。

太平慧眼项目

◎ 太平人寿保险有限公司

一、项目概述

（一）项目内容

太平慧眼旨在从消费者真实需求出发，帮助客户在购买保险时，在了解自己已有保障的基础上，基于地理位置，参考身边类似群体保险配置情况，获得个性化保险配置建议，从而打破由保险公司提供保险产品和服务的传统营销方式。

（二）项目创新点

以客户为中心打造数字化保险营销的新模式；运用大数据、云计算、移动互联技术，结合保险营销的实际应用场景，进行数据采集、建模、分析；采用互联网化的创新型项目运作模式。

二、项目背景及意义

（一）项目背景

随着大数据、人工智能、云计算、移动互联等新一代技术的发展，科技与金融深度融合，数字化转型也成为保险业未来的发展趋势。

过去在没有大数据分析的情况下，保险公司会把所有客户都放在同一水平之上，大多数情况下为消费者提供的是同质化产品及服务。太平慧眼旨在从消费者真实需求出发，帮助客户在购买保险时，在了解自己已有保障的基础上，基于地理位置，参考身边类似群体对保险配置情况，获得个性化保险配置建议。通过慧眼大数据赋能业务一线，助力保险业的数字化转型，给客户带来全新的数字化保险服务新体验。

（二）项目意义

太平慧眼于 2019 年 1 月在全国 300 余个城市范围内推广使用，累计 2214 位保险营销员通过平台获取保险大数据报告。基于各地使用反馈情况，截至目前在国内保险业中尚未发现同类型项目。

太平推出的太平慧眼项目以太平人寿复业 18 年经营数据、结合地理位置的大数据作为基础，融合客户在太平人寿的保障分析，通过不断完善基于地理位置的客群保险配置信息、精准客服、智能销售顾问等功能，落实“共享太平，科技赋能”。

三、项目重点解决的问题及主要创新点

（一）重点解决的问题

项目重点需要解决保险业的营销“瓶颈”问题，旨在改变传统的保险营销方式——由保险公司提供保险产品和服务，通过大数据赋能保险客户，帮助客户参考类似投保案例，在风险来临

之前合理选择保险产品，做好家庭资产的规划。

（二）主要创新点

1. 以客户为中心打造数字化保险营销的新模式。通过大数据赋能保险客户，帮助客户参考类似投保案例，在风险来临之前合理选择保险产品，做好家庭资产的规划。通过大数据赋能一线营销员，让营销员在销售过程中的各个环节拥有数字化的分析和决策能力，提升营销员的专业形象。

2. 基于地理位置的大数据云计算技术运用。整合系统已有的太平国内复业 18 年经营数据，包括客户的基本信息和保障信息，接入地理位置 GIS 信息数据，运用大数据、云计算、移动互联技术，结合保险营销的实际应用场景，进行数据采集、建模、分析。通过一部手机，就可以助力保险一线营销模式的数字化转型。

3. 互联网化的创新型项目运作模式。太平慧眼项目设立专门的互联网化项目运营团队，对项目进行平台化运营。运营团队负责系统功能培训、收集成功案例、建立使用场景库、进行日常数据追踪、提出优化迭代方案。运营团队是连接一线营销员（用户）和研发人员（研发）的重要纽带。从收集的 122323 例使用反馈中，总结经验，不断摸索，探索出更多慧眼大数据的实际应用场景，发掘慧眼大数据的使用价值，打造应用场景→目标用户→用户需求→慧眼报告→应用场景的互联网化的产品迭代生态。

四、项目主要建设内容

目前太平慧眼包含三大核心功能：产品地图报告、赔付地图报告、账户地图报告；同时应用大数据、云计算、移动互联技术，通过数据整合分类建模，可应用在寿险营销的各类场景中。

1. 产品地图报告。截至 2019 年 12 月底，累计采集太平人寿 1.7 亿笔真实的保险产品购买记录。通过健康险、保障险和年金险客户的可视化地图分布，可以帮助客户迅速了解身边/城市的保险购买情况。通过条件筛选，发现类似的历史购买案例，为客户提供合理的保险配置建议。

2. 赔付地图报告。截至 2019 年 12 月底，累计采集太平人寿 1034 万例真实的理赔和给付案件。通过可视化的赔付地图分布图，迅速了解客户所在城市赔付的情况。太平慧眼通过展示客户身边的真实赔付数据及赔付案例，让客户了解风险客观存在、风险面前人人平等，每一个人都应该通过配置保险提前为未来不确定风险的发生做好准备。

3. 账户地图报告。截至 2019 年 12 月底，采集 558 万个万能账户 4 亿笔结算数据。通过历史已购买万能账户的地图分布帮助客户了解所在城市/地区的配置概况。同时，通过展示万能账户的历史结算利率及实际收益排行榜，让客户更为直观地理解“年金保险 + 万能账户”作为个人家庭资产长期配置的优势。

五、项目效果

截至 2019 年 12 月，太平慧眼累计生成 128399 份大数据报告，根据一线在实际营销场景中的使用反馈，共有效助力增员 18290 例、主顾开拓 47781 例、老客户加保 22739 例、获得转介绍 15868 例、新人留存 8934 例、辅导新人签单 15837 例。

2019 年 12 月 17 日，太平慧眼在青岛市成功举办媒体发布会，获得现场近 150 位客户的一致好评。

2019年11月至2020年1月，太平慧眼在全国范围共举办的37场各类市场活动中被采用，累计为4541位到场客户提供大数据服务，意向签单1192件，保费11271万元。

通过移动化展示基于地理位置的客户身边类似投保案例的大数据报告，让保险不再神秘。

加深客户对保险的认识，让客户更加清晰地理解保险作为个人家庭资产长期配置的重要性，客户及营销员反响强烈。传播了保险服务的美誉度，为保险业健康持续发展作出积极贡献。

六、总结

太平慧眼目前仅包含公司的销售和理赔数据，后续将不断丰富数据纬度，比如房产数据、车辆信息、医疗数据等，通过大数据分析特定区域范围内客户群体的消费力水平，进行同类客户对比，为客户提供更加合理的个性化保障方案。

专家点评

太平人寿保险有限公司的太平慧眼项目从消费者的真实需求出发，帮助客户在购买保险时获取个性化保险配置建议。该项目的创新性在于公司运用大数据、云计算等移动互联技术，结合保险营销的实际情况，进行数据采集分析的创新型项目运作；通过大数据赋能保险客户，帮助客户参考类似投保案例，在风险来临之前合理选择保险产品，做好家庭资产的规划。公司在推进太平慧眼项目的过程中，应当进一步丰富数据纬度、拓展数据广度，通过大数据分析特定区域范围内客户群体的消费力水平，实现为客户提供精准的保险产品与保障方案的目标，推动保险在个人家庭资产长期配置的占比提升。

平安养老团体保险线上核保报价模式的实践与探索

◎ 平安养老保险股份有限公司

一、项目概述

在大数据、人工智能等科学技术逐步应用的行业背景下，平安养老保险股份有限公司（以下简称公司）基于积累多年的团体保险核保经验，积极研究创新，探索团体保险线上核保报价模式。目前，该模式以团体保险线上核保模型为核心，已实现团体保险核保报价从既往线下人工，到全流程100%线上核保报价的转变，包括业务人员询价、风险成本评估、核保定价、核保报价意见结论输出以及投保审核全部环节均在线上实现，同时依托团体保险线上核保模型，进一步加大价值输出，实现业务从人工报价到自动报价的突破，提升核保报价效率和销售体验。

本案例从立项的背景、创新性、项目内容、应用性、公司实践结果五个部分对具体内容进行细化说明。

二、项目背景及意义

（一）行业：团体保险业发展需紧跟科技发展步伐

从我国目前保险市场保费收入情况来看，团体保险与个人保险保费收入明显，个人保险收入远超团体保险，这主要与个人保险和团体保险的目标市场不同相关，但目前团体保险与个人保险技术创新和应用也存在一定的差异，在一定程度上间接也影响着团体保险的发展。个人保险的核保定价相对标准和简单，科技应用也更充分，可快速将产品价格反馈给投保人。团体保险在每个销售场景基本需根据企业客户保障需求和财务安排进行方案设计，并重新定价，不仅要满足企业客户方案的差异化和定制化，同时需根据差异方案精准快速进行成本评估和定价。因此团体保险的定价，需要更多差异化风险数据、不同风险评估模型，对保险公司核保人员的经验及风险判断水平有更高的要求。保险公司目前在团体保险定价精准程度和时效性方面依靠人工线下为主，为企业提供的方案灵活性不强，特别是中小企业，在一定程度上影响市场的快速发展，团体保险业发展需紧跟科技发展步伐，向大数据、人工智能、科技应用以及科学报价方向发展。个人保险和团体保险对比见表1。

（二）企业：企业团体保险保障规划需要专业的服务

人是企业发展的根本，企业需要持续发展必须有健全的企业人力资源管理制度，而其中就包括职工福利，企业为员工及家属提供的团体保险作为职工福利的一部分，用于防范职工各种风险支付，是一种必要的制度性安排。

但是目前企业为员工规划团体保险时存在以下问题：保险保障服务预算支出与企业面临员工人身风险不相匹配，企业财务预算安排不能保持稳定；不同企业风险不同但价格无明显差异，存在价格不公平的情形；方案沟通及核保报价时效较长，无法满足企业需求；方案制定和报价高度依赖于人，缺乏智能化线上方案推荐及报价投保流程。

表 1　个人保险和团体保险对比概要

项目	个人保险	团体保险
产品方案	固定产品	可变
产品价格	价格依据产品，不可调	逐个企业客户确定
销售定价	无需定价（仅部分非标准体需审核）	逐个企业客户评估成本进行定价
销售结论	固定方案同意或拒绝	方案和价格两端均可调整，直到满足企业客户需求
影响行业发展因素（核保方面）	标准产品，审核相对简单，时效快	逐单适配产品、风险和定价，定价的效率、准确度及公平性对行业发展影响大

在竞争加剧及科技化大背景下，企业需要团体保险，需要有为自己量身打造的方案订制服务，需要快速高效获得精准的保险保障方案报价，需要市场上能为其提供专业服务的保险公司。

（三）保险公司：自身经营需要不断创新

随着市场的发展，团体保险业务规模逐年增长，比如公司每年为企业提供近 50 万次的团体保险报价，且报价量年复合增长率为 6% ~10%，依赖人工线下评估成本及报价，在人力成本、报价效率及服务体验等方面存在较大压力。因此从保险公司自身经营需要角度，可降本增效的核保报价模式创新也是势在必行。

三、项目重点解决的问题及主要创新点

（一）主要解决的问题

团体保险线上核保报价模式从公司实践效果来看，目前已实现核保报价 100% 线上化，主要效果包括内部和外部两个方面。

1. 内部方面。

（1）时效大幅提升。保险公司对于企业客户需求可实时进行风险成本评估和报价，系统运行即时报价最快不到 1 分钟。

（2）客户体验提升。团体保险线上核保模型输出更为精准的报价，对于客户的报价可达到更公平的效果，同时随着报价时效的提升，客户体验进一步提升。

（3）人力成本下降。从既往手工操作作业到线上自动完成，可节省保险公司人力成本。

（4）作业更规范。系统数据及操作记录均可回溯和追寻，避免操作风险，保证公司经营稳定并为企业提供稳定的风险管理服务。

团体保险线上核保报价模式底层设计逻辑为其延展应用提供可能，未来可在销售管理和企业服务方面发挥更大的价值。例如，依托精准风险

评估和线上模式的前提，可支持保险公司销售人员在营销沟通现场，根据企业客户预算、风险等情况，自动推荐风险转移方案并现场进行报价；以高细分精细化数据库和报价模型为基础，投保过程中为企业客户提供风险分析报告，针对员工的健康风险情况，针对性地提供健康风险管理方案。

2. 外部方面。

（1）从公司的实践效果来看，模式的创新可为社会、行业、企业及员工与保险公司服务生态圈良性发展发挥着促进作用。

（2）社会角度，助力多层次医疗保障体系建设发挥应有的作用。

（3）行业角度，尝试突破，为行业提供创新经验，推动团体保险业智能化发展。

（4）企业角度，通过精准测算，公平定价，保证企业预算稳定，风险评估和分析报告助力企业风险管理，提高企业风险抵抗能力。

（5）员工角度，根据员工健康状况标签，帮助员工疾病防治，主动给予精准的健康管理服务，为企业员工提供多层次健康管理服务，提升健康水平。

（二）主要创新点

1. 新颖：行业首创团险核保报价模型。目前团体保险业仅简单计算整体赔付率，主要通过人工植入固定报价结果为主，无差异化报价模型，所有企业客户简单计算后反馈报价结论，且仅能支持意外险等简单业务报价场景。

本项目首次在行业内尝试进行创新和突破，从简单计算整体赔付率到精准评估成本进行定价的转变，根据企业客户的风险情况进行公平定价；从简单的线下作业操作，到全流程线上化的实现；从手工计算到系统自动化智能化运算结果；从关注公司业绩到关注企业客户真实风险及解决方案的转变。行业模式和本项目简要对比见表2。

表2　行业模式和本项目简要对比

对比项目	行业模式	本项目
报价标准	给出统一固定价格标准	根据每个企业实际风险水平
支持场景	仅意外险简单场景	全部场景
报价结论	所有客户统一价格	企业风险不同，价格不同
价格公平性	不完全公平	公平
操作方式	线下操作计算	线上自动运算
举例	（1）保险公司产品。意外伤害保额10万元，意外医疗保额2万元； （2）企业需求。仅可选择保险公司提供产品； （3）方案价格。统一价格150元/人； （4）企业反馈。不接受方案价格或接受方案价格。	（1）保险公司产品。根据行业风险水平、企业风险和预算等，保险公司推荐方案。 （2）企业需求。企业根据推荐，结合需求决策最终采纳的产品方案。 （3）方案价格。企业A人数100人，人员外出少、年龄以30岁女性为主等因素，价格120元；企业B人数60人，方案需增加疾病身故保额10万元，住院津贴100元/天，男性为主，有车一族，地处山区，工作弹性管理，价格310元。 （4）企业反馈。大概率接受方案（前端已充分考虑企业需求），未接受方案系统将给出新的解决方案。

2. 实用：模型100%输出核保解决方案。本项目的创新性也体现在实现方式和结果方面，既往相似模型（如个人核保智能问卷），即对每一种可能遇到的情况给出“是”和“否”的结论，最终的结论也只有拒保或者承保两种；本项目通过灵活的系统模型权限控制方式和系统可反算的设置，可100%输出核保解决方案。

3. 技术：区别行业类似技术的突破。个人保险标准产品统一定价的方式下，首先固定产品，再审核被保险人是否符合产品条件，在此种场景下进行报价相对更为简单；本项目模型在产品端需要支持企业客户多样化、个性化方案需求，根据个性化需求进行定价，需求和定价两端均进行适配，在实现技术上本项目也进行了创新突破。

四、项目主要建设内容

本项目主要囊括三大模块内容：多维数据库、报价模型、智能预警，报价模型依托实时更新的数据库，自动完成风险识别和定价分析，智能预警是报价模型和多维数据库之间的贯通纽带，三个模块共同构成了线上核保报价模型。

（一）技术：多维数据库

多维数据库为公司最全的高准确细分核心数据云库，采用HADOOP技术搭建，以科学方式进行存储和应用。

（二）模型：团体保险线上核保模型

团体保险线上核保模型通过系统自动识别和分析企业客户特征及其提交的方案信息要求，分场景自动从后台成本数据库中，匹配出相应的成本，从而根据成本对团体保险客户进行精准风险识别、实时更新风险成本，从而实现线上精准快速报价

（三）目标：线上化、智能化、自动化

本项目的目标是实现团体保险销售和定价100%线上化，核保风险评估和企业风险控制和预警智能化，报价流程的自动化。

五、项目效果

从公司本项目实践效果来看，在线上化、智能化和自动化已经达到以下效果：

1. 线上化。团险核保报价由既往线下人工，到已实现全流程100%线上化的转变，包括业务人员询价、核保成本评估、核保定价、核保报价意见以及投保出单全部环节均在线上实现。

实际上，团体保险线上核保报价模式公司实践效果除实现作业全流程100%线上化的转变外，在智能化和自动化方面也进行了研究。

2. 智能化。从运行效果来看，在风险控制判断、报价准确度方面，团体保险线上核保模型基本上相当于4年左右的专业人员。同时模型优于专业人员的方面包括可支持多种算法同时进行运算后，判断不同风险成本，进而支持保险公司作出业务决策；模型根据企业需求，可同时进行运算，即相当于多名专业人员同时在线工作，大幅提升工作效率；最后数据过程系统留存，可回溯，经验积累，持续迭代，未来模型可逐渐优化甚至超越专业人员的智能化程度。

3. 自动化。团体保险线上核保模型可实现定价过程自动测算成本，进而自动报价，报价时效从既往平均1～2个工作日到目前最快不到1分钟。

六、总结

团体保险线上核保报价模式为行业创新发展

提供了有益的尝试，为积极构建社会、企业、行业、保险公司的良好服务生态圈起到促进作用，助力多层次社会医疗保障体系建设，提升运营效率，减轻社会成本，公司实践案例证明该模式是有效的路径。

专家点评

平安养老保险股份有限公司的团体保险线上核保报价模式项目，以团体保险线上核保模型为核心，将业务人员询价、风险成本评估、核保定价、核保报价意见结论输出以及投保审核全部环节在线上运行，并且加大了数字化的进程，实现了人工报价到自动报价的突破，具有一定的代表意义。该项目开创了保险业首个团险核保报价模型，通过灵活的系统模型权限控制方式和系统输出完善的核保解决方案，在行业内具有一定的示范作用。具体而言，该项目的多维数据库、报价模型、智能预警体现了线上化、智能化和自动化的三大特征，具有一定的先进性。公司的团体保险线上核保报价模式作为一大创新性举措，具有较好的发展前景，值得借鉴。

平安健康数据化风控项目

◎ 平安健康保险股份有限公司

一、项目概述

将数据科技引入风险管理是商业医保形成健康经营的必经之路，因而数据化风控项目从公司业务实操中风控不足的主要原因出发，借助“互联网 + 科技”的力量，逐步搭建以数据为驱动的联合动态的风控系统，以达到全公司、各机构、各部门数据共享、降本增效，并赋能于前端保险业务的目的。

数据化风控管理平台利用广泛多元的数据，依托大数据处理能力，破除数据“孤岛”，释放数据价值，实现风控相关指标的自动化秒极分析及可视化动态展示。利用专家经验的赔付因子拆解，建立 AI 赔付归因分析模型，实现对预警内容的赔付风险权重分布测算及风险人群定位，并基于大数据算法挖掘未知决策因子推荐分析路径。同时，结合 AI 赔付风险预测模型，完成多维度交叉组合下的赔付相关指标预测，支持业务先知、先觉、先行的风险管理模式。基于此，实现风险前瞻管理、定位分析、快速决策及风控效果追踪，进一步助力公司的数据化、精细化运营。

二、项目背景及意义

行业报告显示，2020 年上半年健康险业务逆势而上，在疫情影响下仍保持高速增长。但是，商业医保若要进一步提升保障且健康险公司若需同步提升营收，则绕不开对风险的合理控制。健康险如何做好风控一直是行业亟须解决的痛点。平安健康险业务实操中，我们发现风险监控着眼于事后、风险原因定位能力不足、数据结构化有待提高等是公司风控薄弱的主要原因。立足理赔，放眼行业，只有数据化的智能风控才能提高健康险业务全流程效率、降低人工成本，并及时进行风险干预、降低风险，切实提升健康险价值。

三、项目重点解决的问题及主要创新点

数据化风控项目从数据层出发，首先解决各类数据断点及粗放的问题，实现全量数据化及数据标准化。基于此，对数据进行分组处理分析，形成不同风控模型，应用不同风控场景并通过数据化风控管理平台对各类风险指标监测、分析、预测及定位，最终结合相应风控举措及数据追踪，达到风控减损的提升。

（一）借助广泛多元数据，搭建风控数据体系

针对数据收集难的问题，主要通过“OCR + 智能对码”、电子票据及医院直连等手段，将非结构化的数据加工成结构化特征，获得细粒度数据，同时增加业务核心系统字段类别，将底层数据源进一步扩充优化。

（二）建立医疗知识图谱

对于保险从业人员来说，医疗行业是全新且有一定准入门槛的领域。而要识别客户的医疗风险，并在风险中合理控制费用，则要依托全类目医疗数据库的搭建。通过市场数据及理赔数据的匹配组合，逐步完善疾病库、医院库、药品库、手术库、诊疗库、器械耗材库等数据库的建立。基于结构化数据，将诊疗数据映射到标准化代码库，在业务核心系统内置风控规则，通过唯一性代码进行逻辑校验，进行理赔审核提示或直接输出理算结果。同时，通过公司的不同端口，整合各类价格价值信息，为健康管理服务及产品开发定价提供数据基础。

（三）风控模型及场景的本土化应用

平安健康险作为中国领先的健康保险公司，通过风险、医疗专业人士、医院、药品与设备、欺诈的整体战略 5 个领域管理赔付风险。平安健康险引入先进的风险管理工具，并结合国内医疗及保险市场发展特点，优化 DEG、DRG 等风控模型。通过对疾病、医院等级、治疗方式进行分组，选择高应用价值的风控场景，包括核保除外责任、高成本治疗、异常值识别等，进一步加强事前、事中的风险流程管控。

四、项目主要建设内容

基于保单生命周期中各节点产生的数据，经清洗、整合形成以 HIVE 数据库为支撑的数据仓库，以 SpringCloud、VUE 为主体开发框架，破除数据“孤岛”，释放数据价值，统一数据口径，从而搭建联合动态的数据化风控系统。将所有风险指标或关键因素置入数据化平台内，各部门可按各自业务所需定期监测重要指标及相关维度，依托大数据团队形成亿级数据处理能力，通过大数据分布式快速检索技术 ElasticSearch，实现自动化秒极分析及可视化动态展示。

通过在数据化平台预置业务风险预警规则，输出直观的赔付波动变化。不同机构或部门用户可根据自身需求自定义预警内容，利用专家经验的交叉特征及拆解因子，结合 AI 智能及派拉权重分析法，建立赔付归因分析模型，实现对预警内容的赔付风险权重分布提示及风险人群定位，并基于大数据算法挖掘未知决策因子推荐管控路径。除了对已知风险的分析及管控，AI 通过多次“随机抽样（欠采样）+随机森林回归算法”进一步建立了赔付风险预测模型，可实现不同机构、产品、投保单位等多种维度交叉组合下的赔付相关指标预测，支持业务在未来一年内的先知、先觉、先行的风险管理模式。

（一）数据分析及下钻

通过数据仓库，对各业务模块涉及的指标统一数据归口，并提炼各指标的常用分析维度，做默认展示窗口，提升查看的便捷性。结合业务分析规律，将相关指标分级，维度聚合，实现多指标、多维度的自动化下钻分析。见图 1。

（二）预警预测及定位

对现状及未来进行双重预警，一是通过大屏进行主体维度的预警结果展示，二是用户可自定义预警组合并个性化订阅预警内容，定时推送预警信息。同时，用户可查看不同风险等级的 AI 智能归因分析结果，帮助用户定位风险人群及推荐分析路径。现状预警见图 2（图 2 中的数值均为虚拟值），分析结果见图 3。

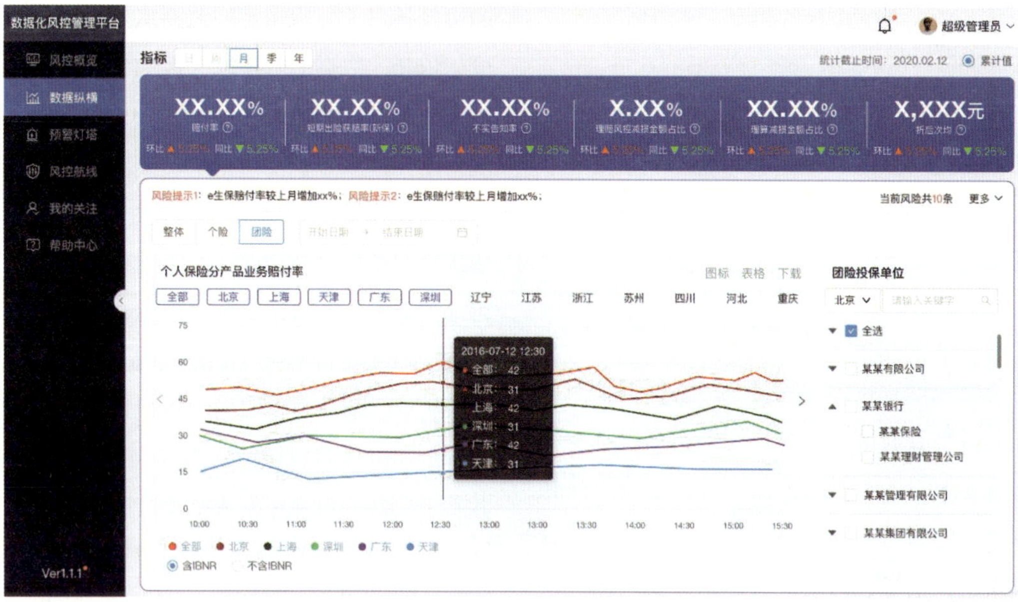

图 1　数据化风控管理平台的数据纵横层

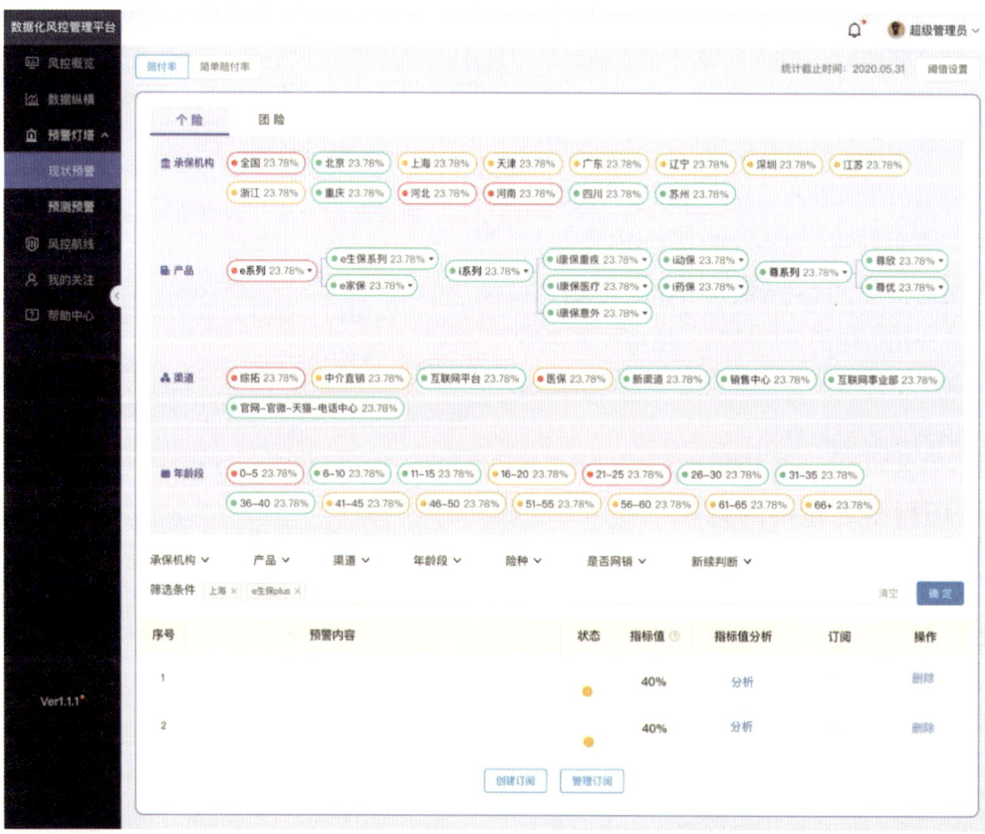

图 2　数据化风控管理平台的现状预警层

图3　数据化风控管理平台的分析结果层

五、项目效果

（一）数字化风控运营能力

通过数据化风控管理平台，将各业务模块的核心功能、数据信息、流程标签等整合打通，摒弃以往碎片化的低效运营，记录各风控模型、风控规则的实际应用效果，将底层的工作流转前台化，进一步暴露风控盲点，汇总整理各类管控措施的达成效果，便于公司管理层对整体行进方向把握纠正。除了已有流程的监测，公司也通过AI进行业务风险预测，目前模型预测偏差<1%，能够支持业务提前应对风险变化。在一体化风控管理体系下，风控减损金额较2019年提升上千万元。

（二）业务高效分析定位能力

平台上线前，业务需要线下整合处理、分析数据。数据累计量大、周期长、管理困难导致手动统计分析容易出错，难以迅速监测各类风险指标变化，且人力分析时间长，投入人力成本过多，协同合作效率低。另外，人员变动也易造成数据和文件丢失。平台上线后，数据由公司大数据数仓提供，对数据口径及来源进行了统一，将线下手工分析转为线上自动化分析与定位，实现了亿级大数据体量的在线快速计算。按照公司核心用户体量保守估计，至少释放300万元业务人力的分析成本，切实达到降本增效，以线上数字化转型赋能前端保险业务的目标。

六、总结

数据化风控项目的建设不是一蹴而就的，对于数据的规范整合更是一切行动的基础，这需要公司诸多部门长久的配合与支持，因此，项目建设者需要有啃硬骨头的恒心和决心。

互联网时代，数据就是风控利刃，随着业务体量的增大及线上化数据的扩充，公司可以在事前、事中形成更多的风控抓手。未来数据化风控项目将对各类数据结合切入，分析形成不同阶段的风险疾病人群画像，以确定病情的类型和状态，掌握患者病情演化周期及并发症的种类和概率，通过数据化风控系统，识别异常客户数据，并推送风险标签至数据流程各个业务节点。另外，将平台中形成的智能赔付分析报告及AI决策建议输出至不同业务系统及移动端，对前端业务实行轻量化支持……以大数据为基点，数据关联分析为切入点，理赔终端为决策点，使保险科技赋能于产品研发、营销、核保、理赔等全业务流程。

专家点评

平安健康保险股份有限公司的数据化风控案例项目将数据科技引入风险管理，搭建以数据为驱动的联合动态的风控系统，以达到数据共享、降本增效的目的。该数据化风控管理平台利用广泛多元的数据，依托大数据处理能力，实现风控相关指标的自动化秒极分析及可视化动态展示；该平台通过数据化风控系统，识别异常客户数据，并推送风险标签至数据流程各个业务节点，具备一定的代表性和借鉴意义。互联网时代，保险公司应当深度挖掘使用大数据。该项目以大数据为基点，数据关联分析为切入点，理赔终端为决策点，使保险科技赋能于产品研发、营销、核保、理赔等全业务流程，有助于公司的精细化运营，值得推广。

京东安联 AI 人脸识别系统在保险领域的应用

◎京东安联财产保险有限公司

一、项目概述

人工智能时代，对保险业充满着机遇。基于近几年大数据和算法的快速发展，保险业引入人脸识别技术，在投保、理赔、客服等传统模式上都迎来了创新。京东安联财产保险有限公司（以下简称京东安联）作为一家数字化科技保险公司，不断尝试应用云计算、大数据、人工智能等一系列前沿技术到保险的售卖、运营、服务、风控等环节，为业务高质量发展提供有力支撑。

2019 年，京东安联引入 AI 人脸活体识别技术，率先运用在航延险业务理赔环节，助力实现理赔、风控的简单和高效。

二、项目背景及意义

京东安联十分重视数字化转型，自 2018 年合资以来，公司依托京东集团和安联集团的技术及服务能力，全方位创新，多角度突围，探索了科技发展之路。作为一家旅行险保费收入连续两年领先的公司，针对航延险类业务，京东安联率先将人脸识别技术应用在理赔环节。

目前，市场上存在大量的“人不对证”的情况，少数不法分子利用他人证件多次、重复购买可能出险的航班，“薅羊毛”骗取高额理赔款，扰乱行业秩序。对此，公司针对航延险发起了 AI 人脸活体识别项目，并联合京东集团大数据部门，共同进行了包括人脸识别、证件识别等方向的技术应用及研发。针对可疑风险客户及已确定的风险客户，在微信端进行航延险索赔报案及资料补交时要求其做人脸识别，以确保申请人为被保险人本人。

京东安联将人脸识别技术应用在客户购买以及理赔的环节，通过用户图像与身份信息进行比对，实现身份验证，从而帮助保险公司科学高效地处理数据，降低风险。

三、项目重点解决的问题及主要创新点

此项目的创新点是由多项技术整合完成的，是针对特定场景，运用大数据风控、AI 人脸识别、ICR 证照识别等技术整合实现了对航延风险客户的甄别；针对航延险骗赔场景，公司在限定客户理赔时，对可能的高风险客户（大数据风控识别）进行人脸活体识别，判定为活体人脸后，获取的真实人脸影像数据与识别出的证照数据进行比对，比对通过则自动进行后续理赔流程流转，如比对不过，则需进行人工二次甄别。

四、项目主要建设内容

京东安联除了在业内率先将 AI 人脸识别技

术应用于航延险报案环节，在登机牌、机票以及发票的识别上，创新应用智能字符识别（Intelligent Character Recognition，ICR）技术。ICR 技术是在 OCR 基础上引入计算机深度学习的新人工智能技术，这项技术在甄别可疑票据方面发挥了重大作用，对典型骗保案件的关键节点及时进行风险干预，实现可疑案件赔付同比减少约 20%。

五、项目效果

项目上线以来，在"海量""高频"的航空延误险线上理赔时，为低风险客户提供了更便捷的服务，同时增强了公司风险的抵御能力，2019 年通过该创新项目，实现可疑案件赔付同比减少 20%。对于国际旅行险、意外险等产品，有效避免损失累计达千万元，相关技术在业内保持领先，为后续人脸识别拓展至其他应用场景提供了宝贵的借鉴价值。

六、总结

在保险领域，人工智能将会渗透到各个环节，对降低成本、提高效率、提升隐私安全，以人脸识别为代表的人工智能技术将成为未来保险业中非常重要的载体。未来人脸识别技术将会应用到更加复杂的保险服务中，推动各项服务智能化和便捷化。

京东安联全面落实"让保险更简单"理念，通过科技提高公司风险的抵御能力和整体服务质量，未来也将探索将该技术运用到更多场景中，为行业数字化转型提供借鉴依据。如图 1 所示。

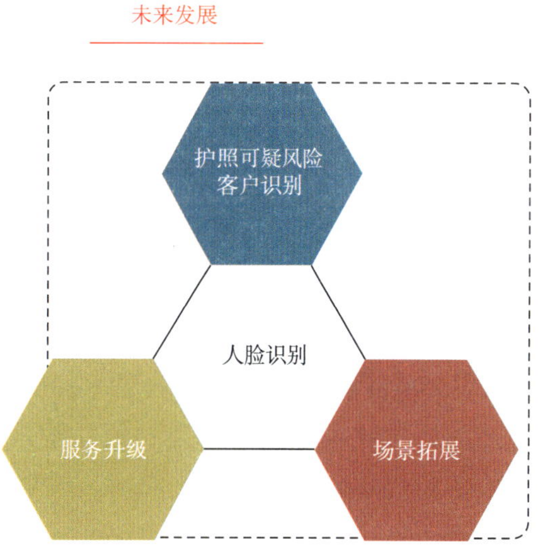

图 1　人脸识别技术未来发展方向

专家点评

随着航空延误险种的推出，市场上出现少数不法分子利用他人证件多次重复购买可能出险的航班，骗取高额理赔款，对保险公司理赔与风控带来挑战。京东安联引入 AI 人脸活体识别技术，率先运用在航延险业务理赔环节，助力实现理赔、风控的简单和高效，能够通过用户图像与身份信息进行比对，实现身份验证，从而帮助保险公司科学高效地处理数据，降低风险，对于航空延误险智能风控、智能理赔提供帮助，是保险科技赋能保险经营的典范，具有良好的创新性。

小雨伞保险打造全线上业务交易服务闭环

◎小雨伞保险经纪有限公司

一、项目概述

小雨伞保险成立于2015年6月，是具备中国银保监会资质的互联网保险销售服务平台，已获得红杉资本、经纬中国、天士力资本、信天创投等国内顶级投资机构投资。小雨伞保险以“严选 + 定制”的方式为用户提供优质的保险产品和理赔、售后等服务体系，目前已与中国平安、中国人寿、中国人保等多家保险公司达成战略合作。

（一）率先完成线上交易服务闭环

小雨伞保险专注于保险科技研究和产品定制，从保险产品售前咨询到售后理赔全链条分别研发了人工智能保顾静静、智能核保师“小智”、AICS闪赔系统、一键报案系统、啄木鸟智能风控系统等一系列技术，极大程度优化了保险购买流程，2018年率先在线上各环节运用技术提升效率并完成闭环。

（二）自主研发风控系统并赋能行业

小雨伞保险自主研发啄木鸟PICUS风控系统（以下简称PICUS），根据用户的基础数据并结合医疗、消费、失信名单记录等多维度数据和自有风控技术，给出该用户相关的投保建议，若存在风险则进行拦截。PICUS接入数据不仅维度多、覆盖广，且使用合规，专业技术强大，可以在高效敏捷的同时提供完善的服务。PICUS还具备灵活的策略配置应用，目前已与多家保险公司合作。

二、项目背景及意义

传统保险借助线下网点与代理人触达用户的售卖方式，在咨询、购买、核保、理赔时会遇到不同的问题，每个环节都需要人工介入。随着互联网使用的日趋便捷，更多人愿意通过互联网了解保险，互联网不应该仅作为渠道，更应该成为一种服务和链接方式，同时结合多维度的数据，为用户提供更匹配的产品和更优质的服务体验。

（一）技术渗透各业务环节，率先完成线上交易服务闭环

小雨伞保险在数据分析、算法方面有大量经验积累，结合生物特征识别（声纹、指纹、人脸识别等）和图片识别等技术，在售前咨询、客户管理、理赔、风控等方面有效提高了运营效率和风险管理能力。在保险购买的整个环节（即售前咨询—产品定制—购买—核保—理赔），小雨伞保险运用科技手段不断创新，通过一对多、多对多的交互形式和服务，完成服务线上化，提升各

环节体验并形成闭环，降本增效。

（二）自主研发风控系统并赋能行业

互联网经过多年的发展，尽管技术的应用已渗透到业务的各环节，但仍然无法满足所有业务需求，特别是在应对互联网平台大规模的保险需求时。小雨伞保险内部孵化派氪司科技并发布PICUS，希望能够为保险业提供风控服务，成为保险业的大数据智慧决策平台，目前PICUS已与多家保险公司合作。

（三）技术的研发要高瞻远瞩，也要落实到应用

能优化顾客购买体验，提升效率的就是有用的技术，比如智能客服能够节省用户选购商品的时间，智能风控可以达到快速进行核保与核赔，智能保单管理可以个性化管理用户保险和理财需要，智能理算系统可以更快速地完成理赔等，小雨伞保险在科技领域持续探索并落实在业务上，通过科技不断优化购买流程和用户体验，实际应用意义巨大。

三、项目重点解决的问题及主要创新点

小雨伞保险研发人员占比约为30%，在数据分析、算法方面有大量经验积累。在保险交易及服务的整个环节（即咨询—购买—核保—理赔），小雨伞保险运用科技手段不断创新，于2018年首次完成在线交易闭环，提升效率的同时也让保险服务线上化更加顺畅。

（一）多种技术相互促进影响　持续更新迭代

随着技术和数据的积累，越来越多的业务环节可以通过化实技术现，与线下交易及复核模式相比，不仅提升了效率，也极大程度优化了服务和购买体验，让用户对整个互联网保险更具信心。

小雨伞保险线上交易服务闭环的形成集成了多种技术，相互结合相互促进，使其发挥出更大的效果。例如，人工智能保顾需要数据的支撑，给出建议后若遇到非标体用户，需要根据用户的健康状况给出更多维度的产品建议，进而衍生出智能核保顾问“小智”，可以根据用户健康状况推荐专属产品，而小智在积累一定数据后会反向修正“静静”给出的初步方案；而啄木鸟系统可以提升对核保核赔的风险控制，当大量的使用数据积累后，让保险公司可以根据数据定制出更优质的保险产品。

（二）自主研发风控系统——让优质的用户以更合理的价格投保

PICUS风控系统依托小雨伞多年来在人身险领域积累的行业实践，对风控策略和模型层面的规则理解有一定优势，并且在数据源方面，PICUS引入的数据源包括消费类、鉴权类、社交类、信用类、资产类及超过2500个健康类数据源，在广度和深度层面都能够满足用户的需求。

在当前大力推行健康险，类似百万医疗等普惠产品也可以进行调费的情况下，对于保险公司的持续经营来讲是很大的挑战。PICUS风控系统研发的初衷即在于，以科技手段为保险公司筛选优质用户，对用户理赔风险进行控制，让更多优质的用户以合理的价格得到更多的保障。

（三）风控反向矫正模型，更聪明的模型才能更好地赋能行业

PICUS根据用户的基数数据，并结合用户的多维度数据如医疗、消费、失信名单记录等数据

和自有风控技术，给出该用户相关的投保建议，若存在风险则进行拦截。与众不同的是，PICUS在建立数据仓库后，通过解析数据、结构化处理数据、规则引擎、动态追踪等技术手段，挖掘相关数据的知识，最终输出相应的策略或相应的核赔服务，反向追踪可以帮助数据库完善其自身的准确性和实时性。

四、项目主要建设内容

（一）售前咨询：人工智能投顾“静静”

2017年，针对保险配置中的过程烦琐、产品众多、无法辨别的问题，小雨伞保险发布了人工智能保险顾问“静静”。“静静”可以结合用户输入的家庭信息与保障需求，通过特定的智能保险推荐算法，为用户定制专属的家庭保险配置方案，方案细化到保险产品、产品保额、保险年限、交费期限与年交保费，减少用户投保选择时间。

“静静”采用对话式人机交互模式，能够在有效降低客服运营成本压力的同时，为客户提供全天候不间断的服务体验。而通过精准的需求匹配，也可以进一步释放客户在不同场景下的多元需求，构建更完整的客户体验闭环。

（二）智能核保与智能产品推荐：智能核保师“小智”

在核保与核赔方面，小雨伞保险与多家保险公司对接核保系统，通过智能核保、人工核保等多种方式快速复核用户的健康状况，给出投保结论，提升效率。同时，针对有既往病史或家族遗传病史，想根据自身健康的情况选出适合自己产品的用户，小雨伞保险在2019年对智能核保系统“小智”进行升级，升级后“小智”可以通过分析疾病类型、病种、治疗方式等医疗信息，结合寿险、重疾、意外、医疗险保障责任，对多种疾病进行分析，用户进入“小智”页面后，只需结合自己的既往病史或家族病史回答几个关于疾病的问题，“小智”便可以简单快速地为用户推荐适合的产品。根据病史的严重程度和后期恢复情况，小智会推荐符合“标体投保”“除外责任投保”“加费投保”及“人工核保”的产品。以曾经患过乙肝小三阳用户为例，若用户近半年内肝彩超、乙肝DNA、乙肝蛋白均无异常，“小智”分别从“标体”“加费”“人核”“除外”四个方向推荐了39款产品，大大节省了用户选择时间。

1. 小额理赔，运用AICS智能理算系统，自动化理赔最快20分钟到账。小雨伞保险在协助保险公司理赔时发现，在互联网保险中，销售数量占比高达80%以上的小额保险，客户对其理赔时限的容忍度是很低的，因此在2018年，小雨伞保险针对小额理赔发布AICS理算系统，最大限度优化顾客体验。

小雨伞保险自主研发的AICS（智能理算系统）能确保理赔完成更准确快速。所谓AICS（智能理算系统），即人工输入某种保险的理赔规则（如发票信息、免赔金额、赔付比例等），通过一系列算法结合图像识别等技术，自动计算理赔金额，同时生成理赔申请书，人工只需核对保险责任、复核即可。与既往大量的人力录入和复查不同，AICS理算系统极大程度提高了理赔时效，可以在很短时间顺利完成大量精确度要求较高的小额理赔，解决保险业痛点。同时，针对长时间没有完成理赔的案件，AICS系统还有预警提示，当用户资料不全、案件无法继续或超期未完成时，系统会自动提示，人工即可提示用户并协助解决，有效提高理赔时效。

小雨伞保险在前期的协赔过程中，已与保险公司确定了一系列黑名单规则，积累了大量风控经验，发布 AICS 理算系统，为小雨伞保险会和保险公司后续进一步完善理赔风控体系做了很好的铺垫。

2. 大案理赔，运用一键报案系统。针对重疾、百万医疗、寿险产品，小雨伞保险推出一键报案服务。区别于单纯的保险电商平台，部分产品的理赔需要自己与保险公司联系，小雨伞保险的用户，可以在小雨伞保险一键申请理赔，真正做到“在哪里买保险，在哪里申请理赔”。

3. 自主研发 PICUS。小雨伞保险自主研发啄木鸟 PICUS 包括扁鹊智能核保和华佗健康两款产品，通过大数据驱动，通过策略引擎、评分模型、机器学习等渗透场景，以科技赋能保险，提供自动核保、智能理算、风险评估、智慧营销等，行业全链条一站式解决方案。PICUS 从上而下是业务目标驱动，从下而上是数据驱动，通过评分卡的开发、评分机制给出两核策略建议。

PICUS 具有以下优势：第一，自定义策略流，因为互联网平台要跟多家保险公司合作，每家保险公司的规则都不同，自定义策略流可以部署在保险公司自家的线上核保前端，配置就可以适配使用。第二，啄木鸟风控计划，包含两个决策，一是交叉决策集，在整个做完以后，通过评分卡给用户一个分值，进行交叉决策；二是给出可投保的额度建议。

PICUS 以敏捷作业和快速迭代为理念，具体体现为：（P）敏捷作业与迭代，（I）复杂网络智能学习，（C）全流程控制，（U）核保知识和识别，（S）判断与分组。PICUS 以服务保险机构为目标，充分发挥大数据技术，为合作伙伴在智能风控、用户画像、产品研发等领域进行技术加持。同时，通过与合作保险机构的优势互补，进一步加强用户服务与体验，共同推动大数据时代下智能风控的实现。见图 1。

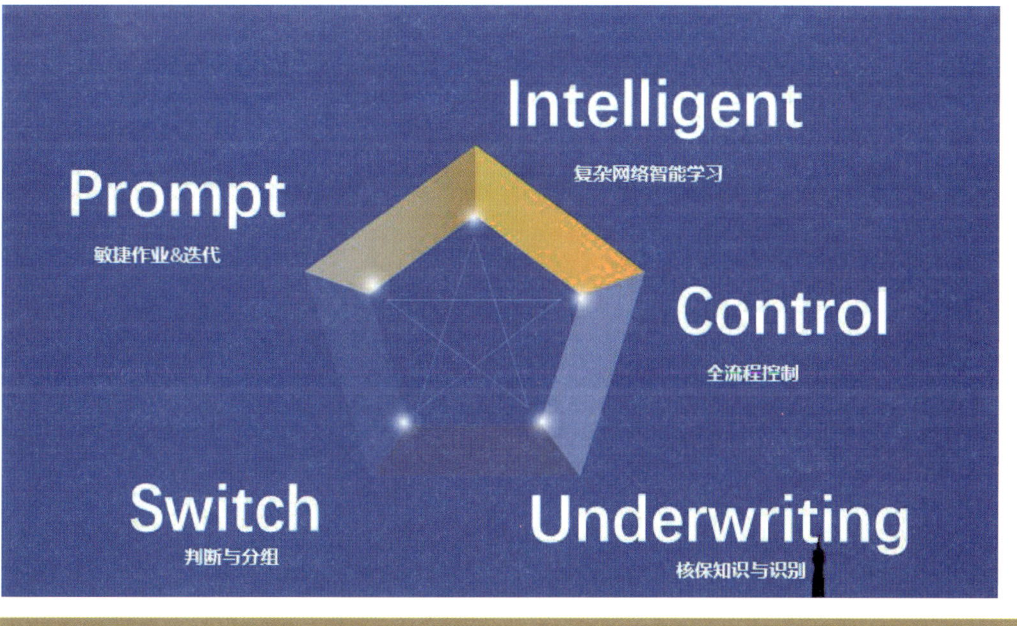

图 1 PICUS 风控系统

PICUS 由多个层次构成，从功能层面上可以大致抽象为三个层级来描述。

第一层为业务层的应用，常见应用场景为核保、理赔环节的决策，在主动交互和静默交互的场景均有涉猎，通过决策可以得出量化的判断标准、风险等级、建议处理结论等。

第二层为决策层，其实质为规则引擎，规则引擎内嵌套一系列复杂计算的规则组合，一个场景下的一套规则组合，我们称为一个决策集，一个决策集的输出结果，即为业务上层看到的决策。

第三层是数据层，数据层含数据仓库、原始变量、衍生变量、模型变量等应用，数据层支撑了整个庞大的风控引擎的运转。同时数据层可承担数据引入、清洗、发现等职能，作为整个生态的数据出入口，成就闭环。

PICUS 在建立数据仓库后，通过解析数据、结构化处理数据、规则引擎、动态追踪等技术手段，挖掘相关数据的知识，最终输出相应的策略或相应的核赔服务，反向追踪可以帮助数据库完善其自身准确性和实时性。

PICUS 接入数据不仅维度多、覆盖广，且使用合规，专业技术强大，可以在高效敏捷的同时提供完善的服务。除此之外，PICUS 还具备灵活的策略配置应用。

在智能核保方面，啄木鸟 PICUS 可以根据用户投保端提交信息及产品健告责任，应用啄木鸟大数据策略，根据核身子策略、反欺诈策略、健康评估子策略、资产状况评估子策略等进行智慧决策，确定其是否适合保险责任及健告标准，并量化输出决策结果及风险评估结论。2019 年，银保监会新修订下发《健康保险管理办法》，其中第三十一条鼓励保险公司采用大数据等新技术提升风险管理水平。对于事实清楚、责任明确的健康保险理赔申请，保险公司可以借助互联网等信息技术手段，对被保险人的数字化理赔材料进行审核，简化理赔流程，提升服务效率。大数据应用将获得更多政策支持，智能核保模型取得更大进展。

从风控流程来分析，用户于投保端提供基本信息后，啄木鸟会对基本信息进行基础校验、数据采集清洗及分类，进行结构化处理。随后，啄木鸟的智能风控决策引擎基于 AI 及大数据技术进行相关分析后，对外输出数据分析结果。

在具体落地场景方面，啄木鸟大数据智能风控决平台面向从产品研发到后端理赔全流程，主要提供以下四个方面服务：

（1）策略定制服务。保险公司可引用啄木鸟平台的策略指引，根据自身核保规则和个性化需求进行定制，让每个产品的保障方案实现个性化。此外，啄木鸟平台也会帮助保险公司进行营销转化，通过历史数据、社交网络等三方数据形成用户画像，根据不同用户群体推荐合适产品，拉动销售。如图 2 所示。

（2）智能核保服务。根据用户投保端提交信息及产品健告责任数据，啄木鸟平台将会进行智慧决策，量化输出决策结果及风险评估结论。陈德涛表示，智能核保服务在长期寿险、重疾等保险产品应用上已经较为成熟。如图 3 所示。

（3）智能调查服务。平台会根据用户在投保端的提交的信息及相关衍生信息判断是否触及责任及健告线。目前啄木鸟智能核保规则支持十余个省市 2500 多家二级以上医疗机构医疗风险排查，覆盖 ICD10 各系统常见疾病核保。

（4）智能核赔服务。用户发起理赔申请后，啄木鸟平台会根据用户身份、医院就诊数据等核对责任条款和可赔付医药范围，进行智能理算，严控骗保行为。

图 2　啄木鸟 PICUS 风控系统策略定制服务

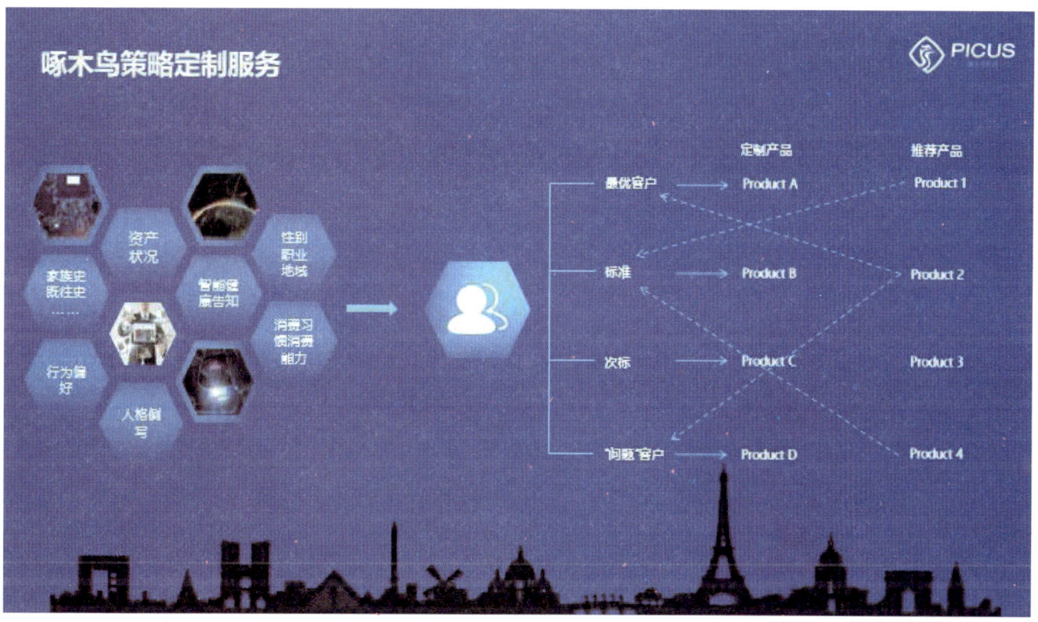

图 3　啄木鸟 PICUS 风控系统智能核保服务

在保险大数据应用层面，精准营销、产品设计、风险控制、企业内部运营精细化管理都是保险机构在新生态上着手发力并提升综合适应力的环节。长期以来，保险业其实已经积累了大量的高价值数据，这些数据是保险业的天然优势。在保险公司的核心竞争力产品中，基于大数据下的产品通常具有定制性、分类性和时效性，相比传统产品有很大优势。

定制性是针对不同性别、年龄、爱好、消费水平的人群差异化开发产品；分类性是指保险公司结合大数据对某些热销产品进行分类开发的方式；时效性是指在信息时代、保险产品同质化的大环境下，保险公司需要在突发情况下及时推出产品，吸引社会的关注。

五、项目效果

（一）相较于人工介入，线上数据化操作效率明显提升

传统保险购买流程需要一对一沟通，容易中断，小雨伞保险运用大数据、人工智能及自主研发算法，通过科技手段实现一对多的高效方式，其人工智能保险保顾“静静”，根据个人信息 3 秒钟即可生成家庭投保方案，而传统的一对一咨询至少需要半个小时的时间。

在核保方面，小雨伞保险发布的智能核保师“小智”支持多种核保方式，为了避免有既往病史的用户在搜索到产品后发现其不能投保的情况，小雨伞智能核保师“小智”可以根据用户的健康状况为用户提供适合的产品。目前，“小智”支持的疾病种类及检查异常超 500 种，包含了成人、小孩常见的体检异常或疾病，同时，小智有模糊搜索疾病定位功能，因为疾病的名称及医生诊断习惯不同，很多时候一个疾病可以有多个诊断名称，小智可以快速定位异常，并匹配可疾病核保产品，大大缩短了用户搜索时间。

对于出险率较高的小额理赔案件，小雨伞保险自主研发了 AICS 智能理赔系统，可以根据治疗费用发票的图片自主计算金额并生成理赔书，申请理赔后，理赔款最快 20 分钟到账，而传统小额理赔从资料收集到计算再到核查，大概需要 2 周的理赔时间。

小雨伞保险一键报案服务，可以让用户直接在小雨伞保险平台报案，相较于自己联系保险公司、自己了解理赔流程，小雨伞保险从报案开始，在后续理过程中持续跟进，提供赔流程指引，理赔资料协助初步复核，理赔进度跟进等一系列服务，做到真正的流程线上化、自动化。

（二）做最强风控大脑　通过合作反向校正迭代

小雨伞保险 PICUS 的风控能力是对外赋能的项目，其场景多元，目前可以提供核保、理赔场景的风控策略灵活配置，主要包括扁鹊智核、华佗健康两个产品服务。扁鹊智核可以提供实时数据响应服务，从核身、反欺诈、财务、健康等多个维度，针对指定险种和保险产品，灵活定制风控策略，适用于核保场景；华佗健康是健康疾病类信息调查产品，数据多维，覆盖面广，支持实时数据响应和离线数据 2 天内响应，适用于承保后调查，及理赔场景。

啄木鸟保险大数据智能风控决策平台，主要针对四大风险构建风控服务体系，包括恶意欺诈（羊毛党、恶意投保等）、高额风险（高额件核保、多头投保等）、健康风险（非故意不如实告知、代客投保等）、续期风险（识别续费能力、识别意愿）等。其核心战略在于多维度地链接大健康产业中的上下游公司，对医疗机构进行广泛覆盖，并且建立强大的数据挖掘能力，才能够更好地输出服务。如图 4 所示。

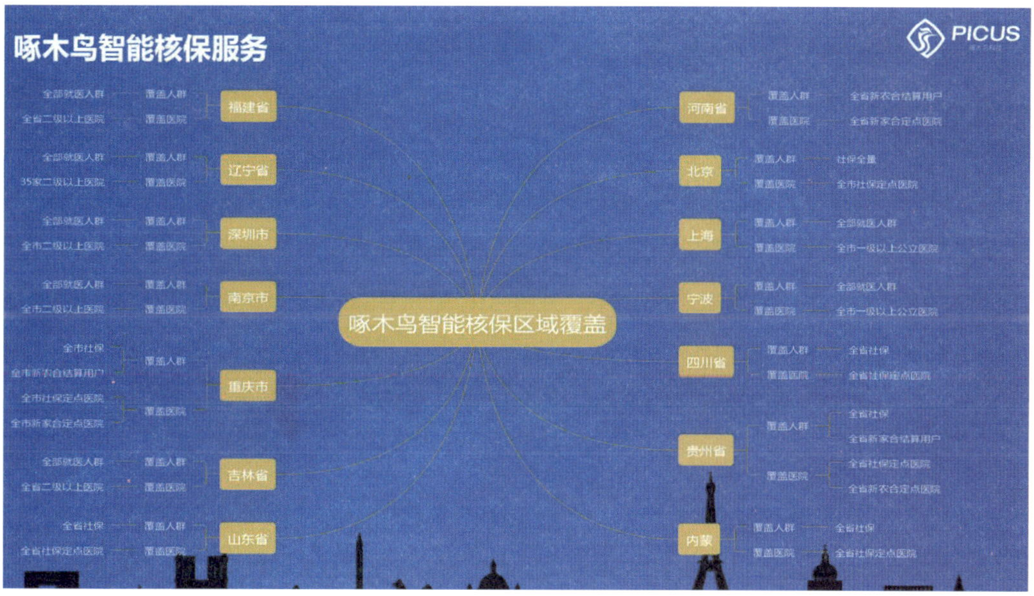

图 4 啄木鸟保险大数据智能风控决策平台

PICUS 目前已经引入多家消费类数据源、鉴权类数据源、社交类数据源、信用类数据源、资产类数据源、健康类数据源等多维度数据，结合相关规则，协助保险公司更好地定制产品。保险公司可引用啄木鸟保险大数据智能风控决策平台的策略集合，或可根据自家不同的核保规则及个性化需求进行产品定制。通过多维度数据，剖析用户标签，生成用户画像，并进行客户分层，针对不同的用户层级制定个性化的保险产品，获得更准确以及更高效率的保单模型（产品定制、风险定价），给每位客户提供个性化的解决方案。

小雨伞保险 PICUS 目前已经与 8 家保险公司合作，风控执行总策略上千条，拦截建议拒保数百件，减损保额数亿元。

六、总结

（一）数据结合需要更多元

伴随着 5G 的迅速发展，低延时、高速率、广覆盖的 5G 网络将促进智能终端设备的多元化发展，加之传感器、控制器等物联网设备的大量使用，可获得的数据维度、数据的实时性以及精确度较之前将有大幅提升。

通过与物联网设备及其数据（如运动数据、健康数据等）结合，可以作出更好的风控决策，而通过与精算、核保、大数据等多个部门协作分析，实现个性化定价及千人千面的保费核算机制。同时，在大数据分析过程中要特别注意数据安全和客户信息的保密管理。

（二）线上交易服务要持续优化和投入

随着科技的发展和时代的变化，人们的需求是变化的，当下最优的解决方案也是变化的。因此，小雨伞保险在线上交易服务方面的优化和投入需要持续，要不断探寻用户的真实诉求并将其解决，是一条漫漫长路。

专家点评

小雨伞保险作为具备中国银保监会资质的互联网保险销售服务平台，近年来致力于通过保险科技带动保险营销、客户服务的智能化，比如开发人工智能投顾解决保险配置中的过程烦琐、产品众多、无法辨别的问题；开发智能核保机器人实现智能核保，能够结合多维度的数据，为用户提供更匹配的产品和更优质的服务体验。未来需要进一步继续加强科技引领，探究客户诉求，优化智能化客户服务。

北京优全智汇保准牛风控黑科技神盾系统

◎ 北京优全智汇信息技术有限公司

一、项目概述

互联网保险的风险无处不在，存在访问安全、账户盗用、数据泄露、应用安全、外部攻击、勒索软件、网络爬虫、主机入侵等的风险。投保中存在信息造假、“换马甲”、高风险客户、异常投保行为等情况，查勘中出现出险地点与实际查勘地点距离过远、系统录入电话多次出现、查勘时间早于报案时间，报案中存在同一电话频繁报案、报案信息不实等问题，这些问题都迫切需要解决。雇主责任险风控建设存在以下现状：风控小客户，大客户大而不能动；新客两眼一抹黑；与客户交流少，难做到知己知彼；事后风控项为主，价格杠杆用不起来，只有砍砍砍；技术手段单一，距离数据驱动还很远；缺乏过程管理，系统化和流程化薄弱。对此，保准牛雇主风险管理标准化建设：成立专业的风控小组；风控流程梳理和标准化；风控管理规则和处罚办法，目标明确，责任到人；动态定价和风控减损管理办法和规则明确；与渠道风险规则对齐，共同做好风险管理；系统升级和数据化驱动；检视和回溯分析流程数据监控体系，形成一整套完整的管理体系。

二、项目背景及意义

（一）监管背景

当前，从监管和行业我们感受到保险业正在不断变化，无论是从推进财险业务线上化工作征求意见的函、互联网保险监管办法（征求意见稿），还是银保监会在官网公布《关于中国银保监会关于规范互联网保险销售行为可回溯管理的通知》，都对行业提出了更高的要求。

比如，商车费改，2019 年很多大中型保险公司提出了产险业务结构要从原来的 7∶3 改为 3∶7，更好地优化配置，预计车险保费下降超过 20%，赔付率大幅上涨，佣金率大幅收窄，预计车险将重新洗牌。在推进财险业务线上化工作征求意见的函提到，到 2022 年，车险、农险、信用保证险、短期意健险等业务线上化要达到 80%，其他领域线上化水平显著提高。

互联网保险监管办法（征求意见稿）对第三方网络平台则明确规定不得越界从事保险销售业务，并对互联网保险可以跨区域销售的险种范围进行调整，包括将疾病保险、医疗保险，以及储蓄属性较强的养老年金保险纳入。

工信部就《通信短信息和语音呼叫服务管理规定（征求意见稿）》规定任何组织或个人未经用户同意不得进行短信或电话营销。该法规一旦实现对传统的电话销售是致命的伤害，同时是对互联网保险的助力。

银保监会在官网公布了《关于中国银保监会关于规范互联网保险销售行为可回溯管理的通知》这个实施，传统的非车险，客户不知道买的是非车险，一些平台不具备销售资质，对于保险机构互联网销售过程管理作出明确要求。

（二）行业背景

2019 年责任险市场规模近 800 亿元，责任险保费持续保持高速增长，近几年增速高于 20%。责任险增长速度远高于产险增长速度，根据西方保险业发展历程，随着我国经济发展和法制制度健全，以及互联网渠道发展，未来责任险仍将维持高速增长。

传统的承运人责任险保费规模下降明显，几年前还是责任险第一大险种，目前市场份额不足 12%。雇主责任险发展较快，成为责任险细分市场第一大险种，也是中小企业的规避用工风险的刚需产品，2019 年保费规模约为 200 亿元。责任险整体赔付率约为 63%，其中职业/管理责任和雇主责任赔付较高，风险控制存在很大的发展空间。如图 1 所示。

三、项目重点解决的问题及主要创新点

保准牛公司耗时三年，累积录入“40000 +”工种数据，打造“神盾”智能风控系统，帮助保险公司精准定价，平均降低赔付率 40%。保准牛为每个企业客户生成企业画像，提供多维度的业务及风险分析，打造保前、保中、保后风控闭环，优化业务结构，合理控制风险的“神盾”系统：

1. 神盾核心之一，保准牛雇主标准工种体系超过 3000 种，而一些保险公司的工种只有 1000 种，保准牛能够满足大范围的客户需求。如图 2 所示。

2. 神盾核心之二，雇主风控常用技术包括：

（1）爬虫。爬取相关数据并信息分类、规整。

（2）客户画像。洞察客户的行为。

（3）设备指纹。设备采集标记 IP 识别预警。

（4）机器学习。测模型、评分卡。

（5）图像识别。人脸识别、活体识别、证件识别。

（6）生物探针和行为序列。行为模型、行为序列、地理位置识别。

（7）社交分析 SNA。关联关系、社交关系。

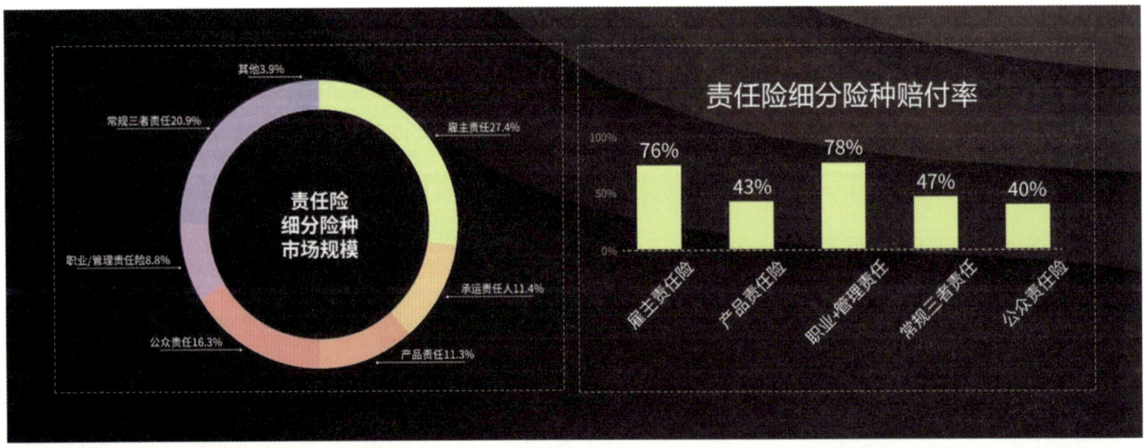

图 1　责任险细分险种市场规模

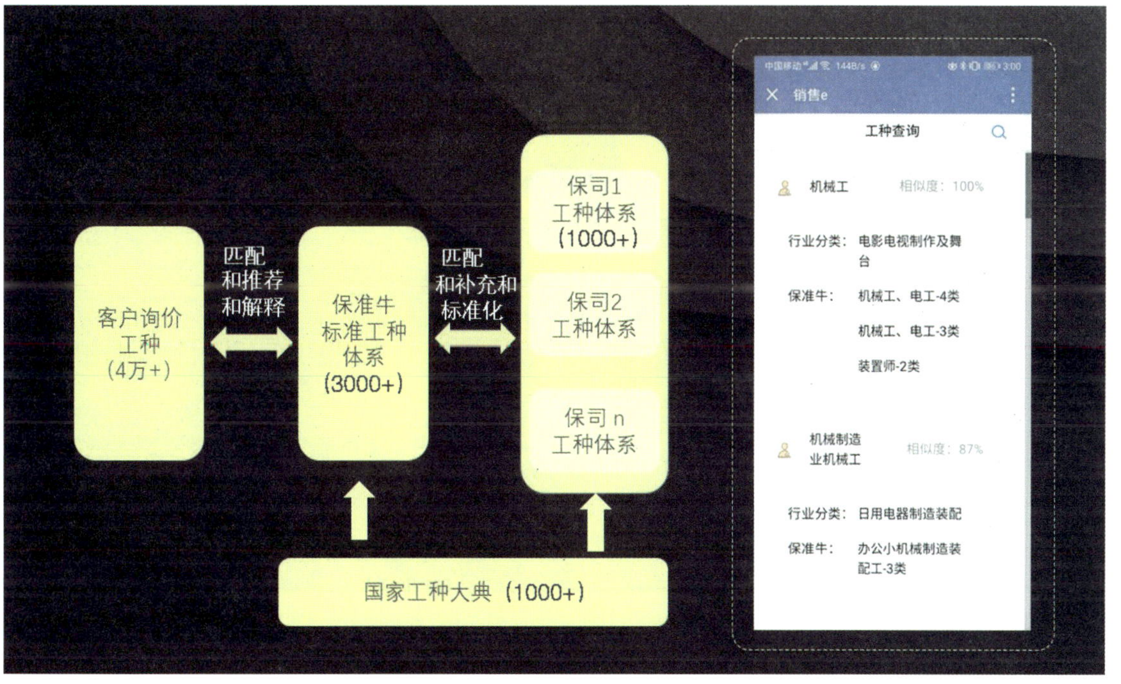

图 2 神盾核心之一，保准牛雇主标准工种体系

(8) 语音和声纹识别。智能语音、话术指引。

(9) 区块链。

(10) 混合模型。

雇主风控常用技术见图 3。

3. 神盾核心之三，客户风险评分模型，见图 4。

四、项目主要建设内容

保准牛神盾系统主要解决雇主责任险的重点问题：一是工种不统一，缺乏统一标准。每个公司的职业类别差异很大，而行业的标准工种数量不全，两者之间存在很大的 gap 和解释盲区，这大大增加了企业投保的难度和工种精准匹配的难度，带来理赔的潜在风险。二是风控投入不够。非车险风控方面的投入不够，缺乏类似车险的保前、保中和保后的风控体系和闭环。三是线下作业为主，投保体验差，且数据断层。大部分公司的雇主责任险都是线下投保，主流程都在线下，不仅客户投保体验差，而且造成数据流断层和数据延迟。四是定价缺乏灵活性。行业主要是依靠调整职业类别的方式静态调整价格，灵活性和精细化程度较低。五是数据体系程度低。从客户调查，产品迭代、定价、投保、核保、核赔、结算等，全流程缺乏数据的有效参与、监控和闭环处理。六是与客户缺乏互动，整个流程对客户是“黑箱”，缺乏客户的参与，导致对客户不够了解，且客户缺乏风险管理的主动性。

保准牛雇主责任险创新多项举措：一是全流程线上化，投保体验好；二是方案灵活可配置，保障全面；三是客户辅助类工具齐全，让客户省心；四是定价精准合理，风控举措完善，严进宽出，理赔体验佳。BI 赋能，帮助客户管理风险。

图 3　神盾核心之二，雇主风控常用技术

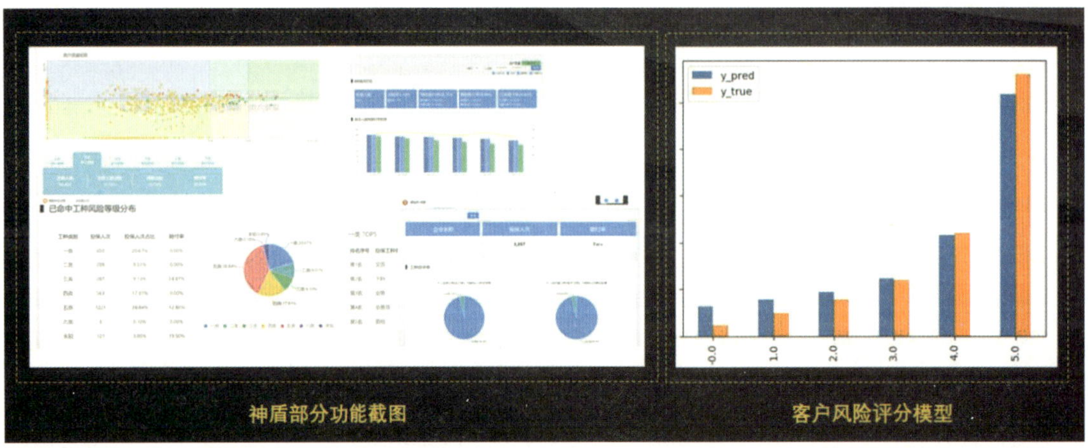

图 4　客户风险评分模型

（一）保准牛雇主系列创新产品介绍

保准牛定制了专属的保障产品——雇主保，保障内容按需定制，通过大数据风控降低保费。专注解决人力资源服务行业用工风险，为企业及员工提供多种补充福利保障，化解企业用工风险，解决员工后顾之忧。目前购买雇主保的客户已经遍布全国，为超过5000家人力资源外包企业保驾护航，覆盖100万人的蓝领人群。

适用多场景：一是外包派遣。人力资源公司的外包派遣员工，需要进行企业用工风险转嫁。二是兼职用工。作为平台方，为用工企业进行风险保障，提升客户体验。三是灵活用工。平台或企业的人员更替频繁，需要通过系统方式保证保障的实时性。

雇主保优势：亮点一，高额雇主最高每人可赔偿 100 万元，并且可以多维度灵活搭配定制出上千种保险方案，满足更加个性化的保险需求。亮点二，补充工伤保险，对工伤保险形成强有力的补充，一次性伤残就业补偿金、误工、24 小时意外、自费药等赔偿方案，满足不同需求。亮点三，零工保险。针对灵活用工趋势，“零工保”支持实时承保，按天投保节省成本、精简流程，提高效率。亮点四，高效风控与精准定价模型。保准牛雇主保通过理赔数据反哺定价，在险前、险中、险后都进行大数据风控，保障了产品的长期稳定迭代。亮点五，多梯度方案，高低保额方案全覆盖，年单月单均可满足，产品丰富，保障全面。真雇主责任险，对比团体意外险优势明显，承保猝死、职业病、误工费等责任，转嫁企业风险，赔款直接打到企业账户，并可税前列支。亮点六，真保单，真发票，投保成功后由保险公司直接出具保单及发票。与各家公司系统对接，由总公司出单，可辐射全国，不存在异地出单的违规问题。

在蓝领服务市场，保准牛创新推出“雇主保”“零工保”“企心保”“无忧保”等多个产品，帮助企业转嫁用工过程中的工伤风险责任，弥补企业在互联网科技与零工经济时代经营体系中的短板，针对多个密集用工行业提出可行、高效、全面的用工风险解决方案，帮助劳资双方维护共同利益与自身价值。如图 5 所示。

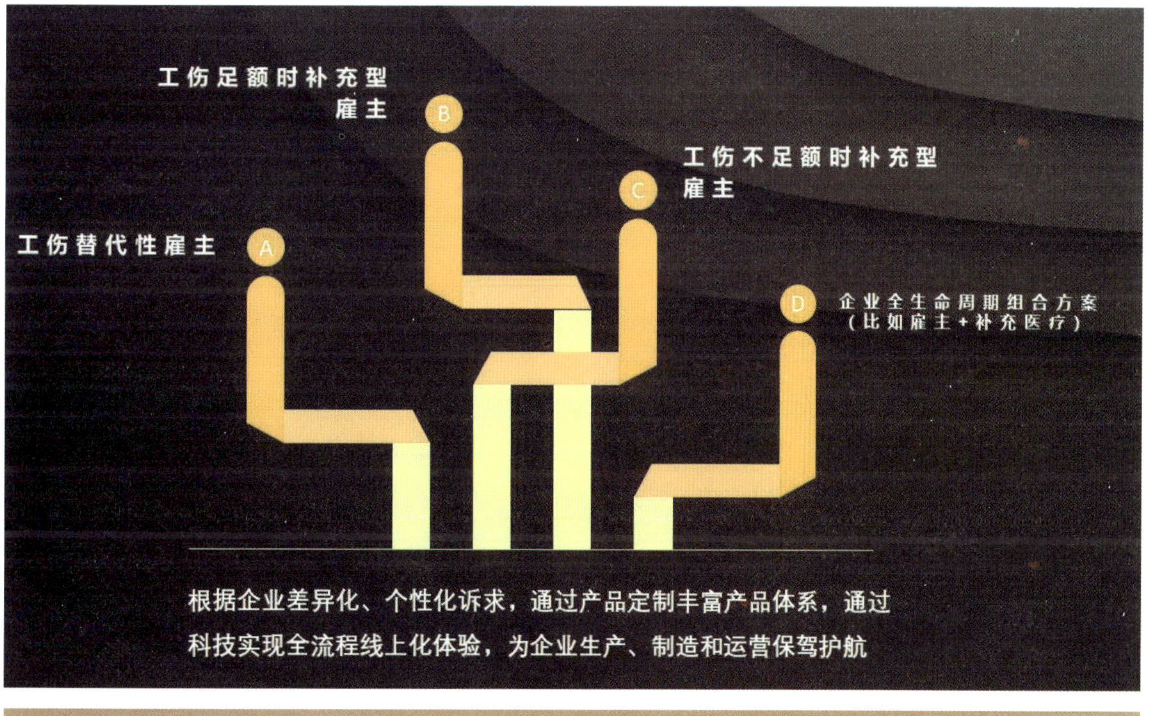

图 5　对密集用工行业提出可行、高效、全面的用工风险解决方案

（二）保准牛雇主风险管理标准化建设

保准牛成立了雇主风险管理标准化建设专项小组，以及专门的专业风控小组，目标是实现风控流程梳理和标准化，制定风控管理规则，同时明确动态定价和风控减损管理办法和规则做好风险管理，并完成系统升级和数据化驱动，检视和回溯分析流程数据监控体系，最终形成一套完整的雇主责任风控管理体系。如图6所示。

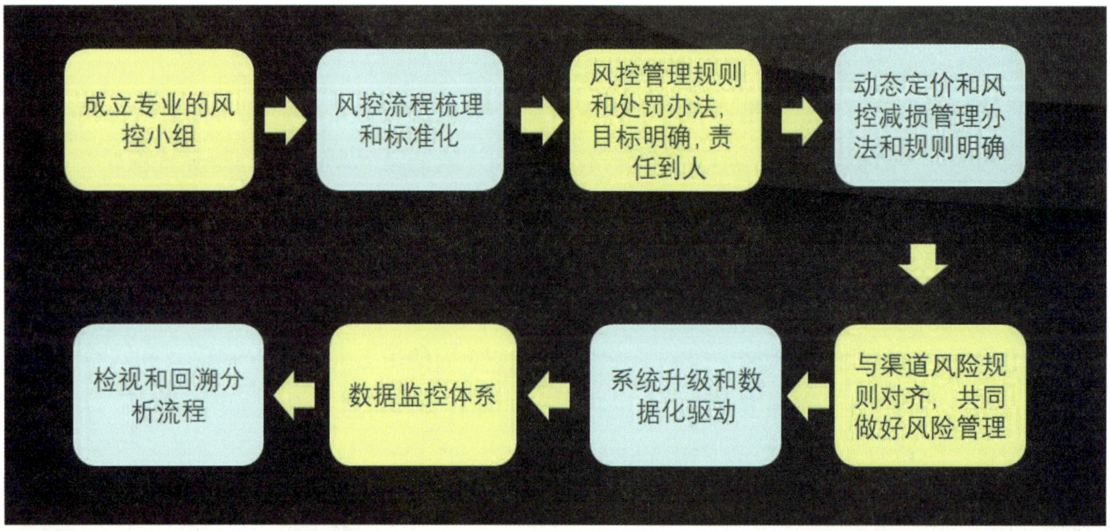

图6　雇主责任风控管理体系

雇主风控建模方法中SNA优势总结：可视化展示风险点，直观，解释性强。产生很多有效标签，提高传统概率模型的效果。流程化，系统化自动侦查风险点，提高效率。团伙欺诈效果好，是传统概率方法的有效补充。事中实时发现风险点，防患于未然，降低损失。

混合模型如图7所示，科技赋能工具集如图8所示。

五、项目效果

（一）针对投核保，保准牛AI技术打造“全线上化非车险投核保自动化系统”

系统针对保险投保和服务自动化方面，使用电子签、OCR、智能核保引擎等技术手段，实现投保、保全、理赔的“无纸化”全流程在线操作。利用AI机器人、NLP、知识图谱等技术手段，输出专业的保险知识，实现了客户精准咨询、在线培训、风险评测、核保资质核查等在线服务。“云查勘”平台，实现理赔环节的在线视频查勘，利用人脸、证件、单据识别技术，完成出险人身份认证、案情验真、查勘定损等查勘内容，大幅提升理赔的效率。

（二）打造全线上化非车保险共保体系，实现业务和风险能力共享

保准牛打造的“保险共保体+风控联盟”，保准牛从业务赋能、线上化投保自动化系统、产品定制等多个维度向保险公司赋能。目前，保准牛已累计服务雇主超过1.1万家公司，累计覆盖

企业用工人员超过1000万人，并通过全线上化共保系统将保费分享给多家保险公司。以保准牛为招商局集团打造的精准专属风险解决方案为例，已实现客户精准洞察、产品创新定制、线上化投保系统和风控系统的赋能。

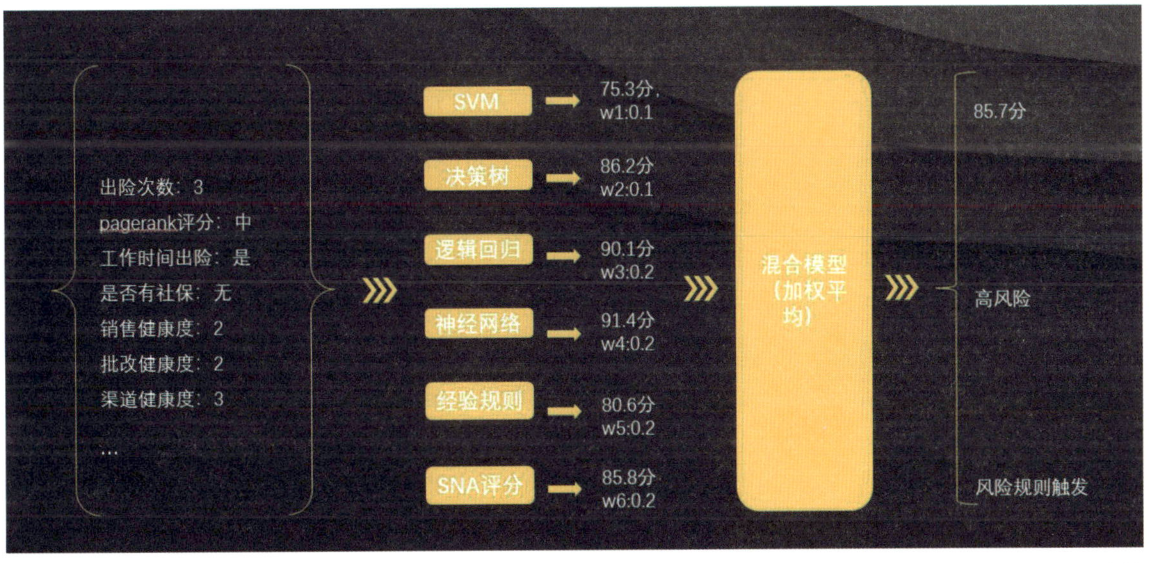

图7 混合模型

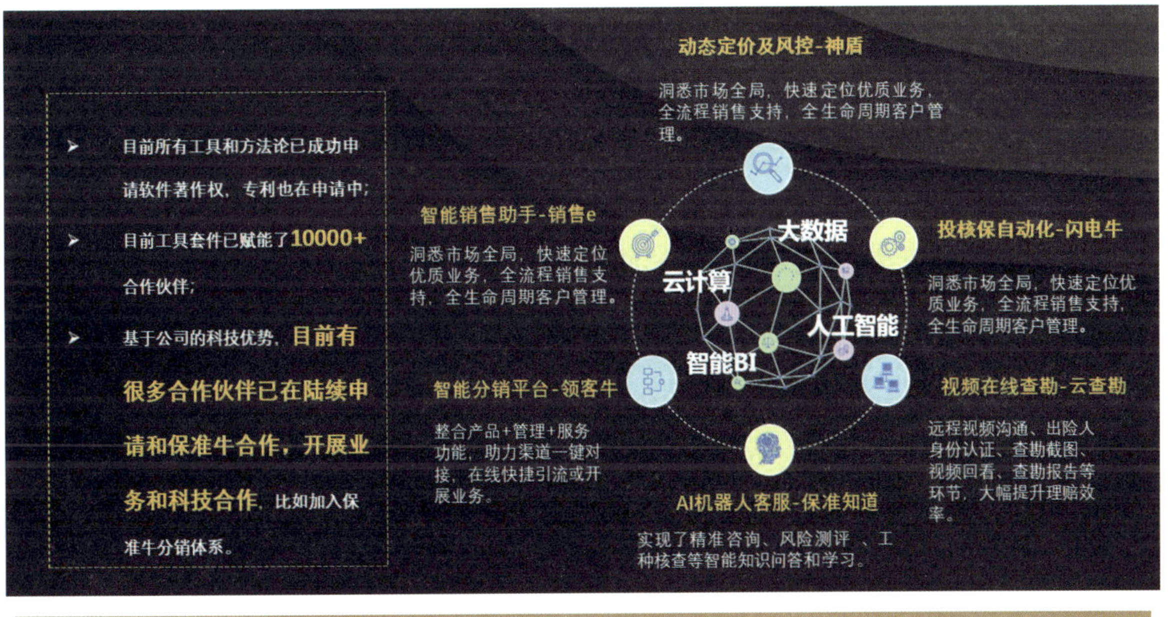

图8 科技赋能工具集

（三）风控赋能非车保险（“神盾”系统）助力保险公司落地方案

无风控无保险，风控是保险业务健康持续发展的基石，保准牛通过“事前预防—事中管理—事后回溯”的风控闭环，为保险公司优化产品方案并降低人力成本。保准牛打造的神盾系统可以智能识别和优化风控策略，赋能保险公司更好地设计和优化保险产品方案并实现成本控制，让原来亏损的产品现在有机会获得应有的商业价值，原来无法承保的风险现在得以保障，并且可以高效实时的承保，让保准牛成为众多保险公司的重要合作伙伴。全程在线化的服务在降低人力成本上表现非常明显。神盾系统目前已经在几家保险公司进行落地应用，对赔付率控制效果非常显著，以雇主责任险为例，赔付率可精准控制在60%以下。

（四）精准营销和互联网运营平台建设赋能

保准牛支持直销和分销推广需要的平台建设赋能，包含数据中台、客户画像、BI 建设、CRM、营销管理平台、移动展业工具等系统规划和建设，提供营销和运营综合解决方案。例如，在医药健康领域，保准牛与某大型互联网药店合作的“药 + 保”平台，平台目前实现了“营销 + 运营系统 + 综合解决方案赋能”。实现特药保险、药品不良反应保险、体育保险产品等产品引流和获客，实现客户对平台的认知，并构建流量池。构建系列高附加值服务，比如运动处方、健康管理、绿通、高端医疗等，让客户能留在平台上。深度运营方案，覆盖客户药品、保险、健康和医疗服务的需求，提升平台价值。

（五）人伤理赔赋能（远程视频查勘 + 自动定损）助力保险公司落地方案

保准牛通过应用人脸识别技术、神经网络技术和视频直播技术，实现保险理赔的在线远程查勘，大大简化理赔流程，减少理赔周期、降低理赔风险。实现人伤理赔金额自动估损，效果比人工估损误差更小，且效率更高。比如与保险公司合作的远程查勘系统，缩短了传统查勘理赔的实施周期，免去了现场查勘的差旅成本和时间成本。现在可以直接通过小程序发邀请的方式进行在线的实时查勘，让查勘人和出险人在线进行身份验证、伤情检验、真实验证等，同时也大大降低了理赔的周期和成本。

六、总结

保准牛风控黑科技神盾系统的诞生是基于以雇主责任险为代表的客户需求和风控需求产生。开放的风控能力首先要以商业理解为前提，业务的理解需要贯彻始终，业务知识和经验也必不可少。其次，线上化和技术是核心举措，风险模式层出不穷，模型需要不断迭代，无论是混合模型的效果更好还是科技能不断提升模型效果，通过“事前 + 事中 + 事后”的管理，产品迭代让风控事半功倍。再次，数据是基础，要网上行为埋点，洞察客户行为序列，通过数据需要不断积累，充分用好内外部数据，数据需要做好标准化，数据安全也是重中之重。最后，风控需要客户的参与，从客户角度做风控，帮助客户降低风险，让客户主动参与的效果会更显著。这是保准牛神盾系统建设的主要原则。

同时，保准牛呼吁行业共建行业雇主责任险合作联盟，实现合作共赢，呼吁共建雇主合作联盟，助力提升线上化能力、风控等能力。保准牛将全力支持联盟伙伴的业务发展，开放行业标准工种库和相关工具且技术和方法论共享。采用联邦学习机制，保护数据隐私，实现数据价值最大化。实现区块链联盟，输出风控评分和触发的主要规则，帮助联盟企业做好风控。

专家点评

互联网快速发展为保险业带来新增长点的同时也带来了访问安全、账户盗用、数据泄露等数据安全问题，以及数据造假、异常投保等情况，需要引起关注。本案例从监管背景和行业背景、项目意义、项目创新点、建设内容及成果方面，对“神盾”智能风控系统进行了详细的阐述，企业客户画像、多维度的业务及风险分析，对于打造保前、保中、保后风控闭环，优化业务结构，合理控制雇主责任险中存在的风险进行管控具有重要意义。

太平洋医疗健康医保基金运行大数据风控平台

◎ 太平洋医疗健康管理有限公司

一、项目概述

2020年，中国太保寿险旗下太平洋医疗健康自主研发的医保基金运行大数据风控平台上线，创新构建近500个指标，以可视化图表的形式实现了对医保基金的实时监测、动态预警、精准预测与决策支持等功能，实时监测医保基金动态，分析预测医保基金未来发展，辅助管理部门科学决策，助力医保基金管理路径科学化、精细化、智慧化，为医保基金平稳运行筑起“护城河”。

二、项目背景

（一）医保基金支出面临严峻挑战

在2014年，医保收入9687亿元，支出8134亿元，随后的几年中，医保压力不断增大。到2018年，医保支出增速为22.08%，医保收入增速为17.61%，医保支出增速第一次超过了医保收入增速。如果任凭医保基金如此发展，医保支出将在2023年超过医保收入，医保基金运行开始收不抵支。

（二）国家医保局重拳出击，打击医保基金欺诈行为

面对医保基金困局，2018年5月31日，国家医保局成立。医保基金监管是国家医保局的重要任务。在此之前，医保基金被非法套取和浪费，国家医保局成立后通过打击欺诈骗保、畅通举报投诉渠道等一系列工作，规范医保基金的运行。

据统计快报数据，2019年各级医保部门共现场检查定点医药机构81.5万家，查处违法违规违约医药机构26.4万家，全年共追回资金115.56亿元。

（三）人口结构变化，医疗卫生水平提高，医保基金迫切需要精细化管理

由于人口结构变化，医疗水平提升，各类新型诊疗项目和手段快速迭代，医保基金收支不平衡的压力日益变大，迫切需要对医保基金收入、支出、结余情况进行实时监控、趋势预测，以支持医保资源统筹安排。

第一，由于全国各地的医保政策、参保水平、报销范围等大不相同，各地医保基金监管重点也有较大差异，属地差异化较大。第二，医保数据部署分散，参保人数据、收支统计数据、医院数据等海量数据的整合衔接、共享共用存在专业和技术门槛。第三，各类政策的组合落地会对基金运行产生直接影响，如何精准有效量化政策变动对医保基金运行产生的直接和长远影响需要

政策制定者及监管部门统筹规划。

2019 年 2 月 26 日，国家医保局发布《关于做好 2019 年医疗保障基金监管工作的通知》医保发〔2019〕14 号，强调开展监管方式创新试点，积极引入第三方力量，借助信息化建设构建大数据智能化医疗费用监管体系。

（四）中国太保寿险在医保经办、医保基金管理方面具备先天优势

中国太保寿险以“保险 + 服务 + 科技”的方式全面参与国家多层次医疗保障体系建设。截至 2020 年 9 月，在 26 个省市、超过 90 个地区承办 260 余个政府合作医保项目。中国太保寿险对医保基金管理的理解更为深刻，实现医保经办的精细化管理、医保基金的智能化监管是做好医保经办业务的天然需求，与医保基金管理部门的诉求不谋而合。

在此背景下，太平洋医疗健康作为中国太保寿险在医疗健康领域的专业子公司，凭借服务国家医改、参与医保经办23年所积累的丰富经验和风控优势，研发医保基金运行大数据风控平台。

三、项目主要创新点

（一）基金运行实时监测

医保基金运行大数据风控平台创新构建了近 500 个指标，以可视化的形式展示从整体宏观情况到更深层次的微观实时动态，对基金收入、支出、结余情况进行实时监测；支持钻取功能，提供简单灵活的预警预测，提供预警条件自定义配置。

（二）基金运行动态监测

通过挖掘影响基金收支的风险因子，建立基金收支余动态预测模型；以可视化的形式展示未来五年基金收入、支出、结余情况的发展趋势。

（三）基金管理决策支持

提供自定义政策变量的灵活配置，将政策调整因素量化为结构化的政策参数，根据预设的政策参数和预警条件对超过阈值的指标进行预警，预测政策变化对医保基金收入、支出、结余情况的影响，为医保基金管理提供决策支参考。

四、项目主要建设内容

（一）指标体系，建立全面立体的指标体系

平台针对当期风险控制、动态风险预测和决策支持三大核心模块设立了个性化的指标体系，量化整合医保基金收入、预算、结余额度、缴费费率、报销比例等指标。

当期风险控制模块和动态风险预测模块主要参考医保基金的收入指标、支出指标、结余指标。通过与历史收支情况进行对比，对于基金使用情况动态把握。考虑到不同类型医保基金的缴费和报销比例的差异，决策支持模块分别将职工医保基金、居民医保基金、大病医保基金的缴费、报销、起付线等指标进行量化，为决策支持提供完整的数据保障。

风控模块通过参阅 50 多篇学术文献，结合业务实际，共设计 497 项指标，比如可支付月数、当期结余率、收入预算执行率等对医保基金运行各个角度进行把控。系统为每个指标设立阈值，建立了红黄绿预警指标，与医保日常业务紧密结合，实时监控基金运行。

（二）多学科模型算法构建，预测中长期发展趋势

平台利用多重数据分析技术方法测算基本医

疗保险的短期收入和支出，预测中长期发展趋势。模型设计有四个关键创新点：（1）关联外部数据。包括人口规模、年龄结构、人口增长率、经济增长数据、社会工资水平及环境质量数据。（2）剥离政策调整参数。基金收入和基金支出剥离后得到缴费基数总金额及就医总费用，实现政策参数调整功能。（3）先进建模算法。以人工智能机器学习算法替代传统的拟合方法，对智能化关键因子动态筛选，实现从基金总体走向到关键影响因子再到具体明细数据的下钻体系。（4）全方位基金分析预测。分析维度覆盖面大，包括参保人口特征、医疗特征、疾病、费率、报销比例；覆盖多时间周期，总体趋势、周期性、波动性均考虑在内。

医保基金的短期收入和支出预测模型交叉应用了多元线性模型、ARIMA 模型、GLM 模型。针对不同种类的医保基金，分别对其进行各自建模，关注不同的变量因素，实现动态预测基金的收入和支出。

医保基金中长期收入预测主要使用专家经验假设法。对缴费人数、缴费基数、费率、征缴率等与基金收入直接相关的指标的增长趋势进行假设。对参保人数、就诊率、人均就诊次数、次均就诊费用、基金报销比例等与医保基金支出直接相关指标的增长趋势进行假设。

在基本医保基金收入预测和支出预测模型基础上，平台兼顾基金的周期性、关联内外部影响因素、剖析预测因子和应对系统复杂性，采用决策树拟合方法建立了综合的当地医保基金结余动态预测模型，对政府医保基金当期结余水平和累计结余可支撑月数的短期和中长期发展趋势进行实时监控，以便及时洞察当地医保基金所可能面临的支付风险。

五、项目效果

医保基金运行大数据风控平台在衢州部署上线，在 2020 年 8 月中下旬的全国医保智能监控示范点中期评估工作中，以医保基金运行数据风控平台为核心的衢州智能监控示范点名列前茅。

（一）整体宏观情况到深层次微观实时动态分析

在大数据分析的基础上，对医保基金风控模型的实证结果以可视化形式展示，实现从整体宏观情况到深层次微观实时动态分析，对医保基金收入、支出、结余情况进行实时监测。

医保基金运行大数据风控平台的主界面可分为三个部分：（1）左部分为当地职工医保基金的整体情况，包括当期结余率、累计结余、预算执行率以及可支付月数等关键医保基金结余指标，并将职工医保基金划分为收、支、余三大板块。下钻数据展示了出院率、次均住院费用增长率、收支增长率、职工参保人数以及在职人数占比等明细变量的具体情况。监控界面还提供了图表来更为直观地展示未来五年职工医保基金整体收支余情况预测。（2）中间部分展示了当地职工及居民医保基金的运行情况，分别列示了当地医保基金预算执行率及可支付月数情况，并以信号灯形式更为清楚地显示各统筹区医保基金运行风险程度。（3）右部分为当地居民医保基金整体状况，包含当期结余率、累计结余、预算执行率以及可支付月数等医保基金结余关键指标，将居民医保基金划分为收、支、余三大板块，下钻数据展示了住院率、次均住院费用增长率、收支增长率以及居民参保人数等明细变量情况。见图 1。

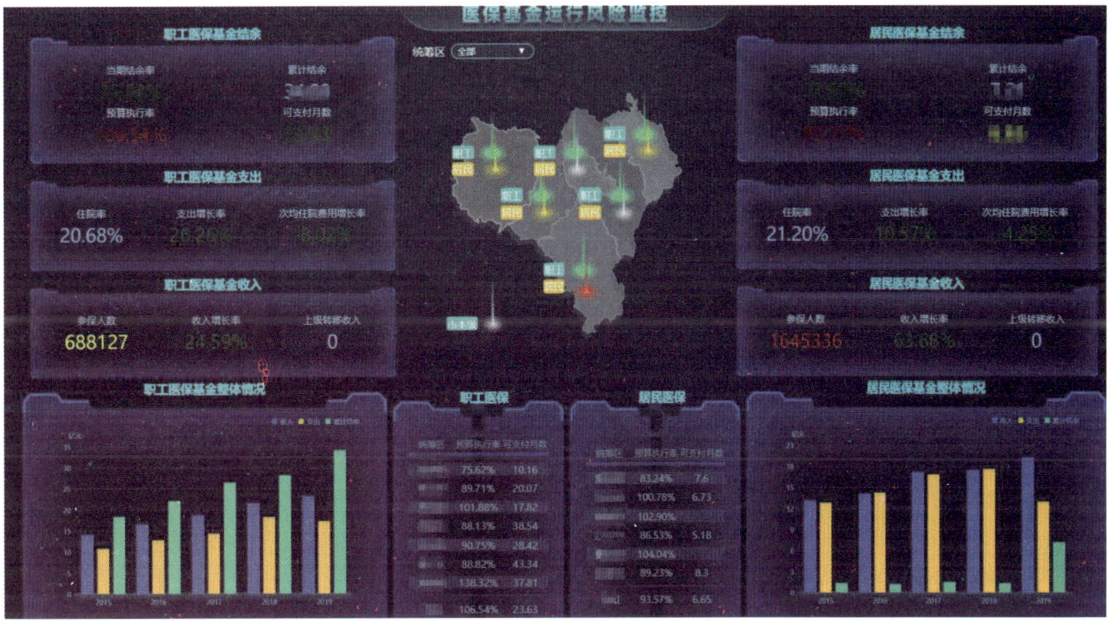

图 1 医保基金运行大数据风控平台主界面

（二）及时监控和挖掘医保基金收入、支出风险点

对当地医保基金收入的历史和趋势分析，层层下钻，及时监控和挖掘医保基金收入风险点，实现从整体监控到各参保类别、各统筹区的分类监控；从宏观基金收入现状和趋势监控及时洞察基金收入的风险点。平台从“医保基金收入及增速”“参保人数及增速”“人均筹资金额及增速”“职退比”“缴费基数”“筹资金额”等指标把控当地医保基金的整体情况。

平台通过对当地医保基金支出（统筹基金、个人账户基金、大病基金、医疗救助基金）的现状和趋势进行分析，通过医保基金大数据风控模型的深入挖掘，通过层层分析定位资金支出增长动因，力图从医疗支出结构、就诊率、次均费用变化等挖掘医保基金支出的异常。

（三）未来预测及决策支持

平台通过挖掘影响医保基金收支的风险因子，以及建立基金收支动态预测模型，以可视化的形式展示未来五年当地的医保基金收入、支出、结余情况的动态情况。

风险预警界面展示了各统筹区当年职工医保基金及居民医保基金可支付月数，并以红黄绿色信号灯的形式作为基金运行风险水平的预警方式。如图 2 所示。

决策支持面板中列明决策参数，包括住院、特殊门诊、普通门诊报销比例，本异地各级医疗机构报销比例、缴费费率等。通过调整决策参数，可以生成新的基金收入、支出和结余预测，协助进行政策制定。

六、总结

医保基金运行大数据风控平台以其创新性塑

造四大亮点：(1) 聚焦“当前＋未来”，同时展开基金运行实时监控和基金运行动态预测。(2) 多层次、系统性预警指标体系；预警条件自定义配置。(3) 支持钻取功能，从宏观到围观明细，动态挖掘，锁定风险点。(4) 将政策调整因素量化为结构化的政策参数，并剥离出来，支持自主输入政策参数，助力医保决策。

随着系统的落地完善，未来将进一步优化对接医保基金智能审核系统，打造一体化控费平台；多元复合预警指标，持续保障基金安全；完善下钻指标体系，支持经办机构服务工作；延伸服务质量评价体系，创造绩效评估工具。

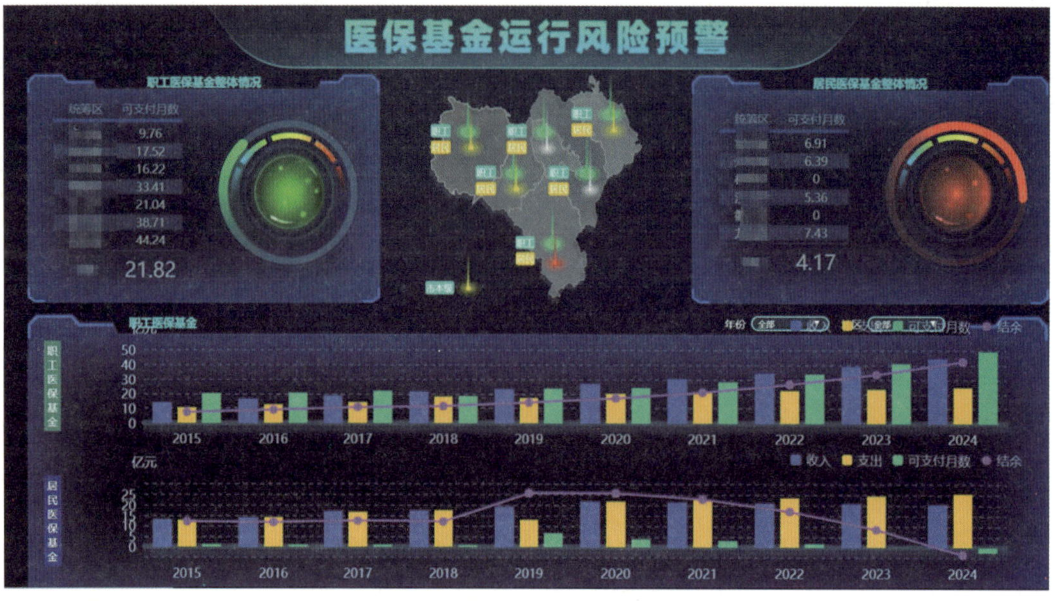

图 2　风险预警界面

专家点评

太平洋医疗健康管理有限公司的医保基金运行大数据风控平台，能够实现对医保基金的实时监测、动态预警、精准预测与决策支持，不仅发挥了自身在医保经办、医保基金管理方面的优势，同时响应了国家“打击医保基金欺诈行为、进一步加强医保基金精细化管理”的号召，具有一定的社会意义。同时，该项目所选取的指标体系较为全面，所构建的模型算法较为多样，满足了不同情形下医保基金动态监控的现实需求，具有一定的创新性与行业推广意义。太平洋医疗应当在现有项目成果的基础上，进一步完善控费平台建设、细化指标体系以及创新绩效评估方法，为我国医保基金完善与平稳运行作出更多成果。

第 三 章

科技优化客户服务

人保财险数字化保险线上服务平台

◎ 中国人民财产保险股份有限公司

一、项目概述

在科技变革和互联网时代背景下，中国人民财产保险股份有限公司（以下简称人保财险）通过引入一系列先进技术开展了对传统客户服务的数字化、线上化变革，以矩阵式线上化保险综合服务平台为支点，通过数字化和线上化强调客户权益关怀、客户诉求的再挖掘、客户感知的优化再造、经营链路的重新设计。在此模式下，公司对传统业务，尤其是理赔、客服、销售业务、财务等与客户接触有关的核心流程进行了数字化、线上化改造，综合运用“数据 + 场景 + 技术”完善“千人千面、一人一策”的保险大数据经营体系，加快构建智能流程优化支持及应用模式，为客户提供技术架构先进、用户体验优质的高品质线上服务平台。

二、项目背景及意义

互联网技术和科技浪潮正在颠覆和重塑人们的行为习惯、消费习惯和保险服务预期，与此同时，我国保险业正面临着深刻转型时期，从相对粗放经营和初级发展模式，逐步过渡到相对科学、理性和规范经营时代，保险业的经营理念、管理能力亟须实现迭代发展。

作为国内财险行业规模最大的市场主体，近年来人保财险公司积极顺应移动互联网和数字化生活演变趋势，努力把握新技术革命、商业模式变革与我国转变发展方式交汇的时代契机，力求在传统商业模式和竞争模式中寻求突破，以保险产品供给和客户服务模式的数字化、线上化转型，创新推动保险供给侧结构性改革，便捷高效保障人民群众日益增长的美好生活需要；在监管和行业自律组织的指引下，为行业树立新的范式。基于此种背景，人保财险倾力实践线上化商业转型，应用一系列前沿技术，打造数字化保险线上服务平台和商业模式。

三、项目重点解决的问题及主要创新点

（一）项目重点解决的问题

数字化保险线上服务平台重点解决如下 3 个问题：一是打造体系化协同的客户线上触面，为客户提供有温度的一站式保险服务和一致性的美好用户体验；二是建成线上运营一体化服务体系，完成大规模的客户线上化迁徙，有效与客户开展线上互动，促成客户活跃和留存；三是有效整合保险服务资源，开展保险生态化价值经营。

（二）项目创新点

1. 颠覆式业务模式。在人保财险基于线上化矩阵平台的新经营模式中，人保客户只需通过一部智能手机，就可以接入官网、APP、微信公

众号、小程序在内的多款消费者线上管家式服务平台，足不出户体验保险知识学习、产品咨询、投保交费，到出险报案、理赔代办各类，再到车友会、健康管理、车务管理、风险管理的全流程服务。

在客户服务领域，有别于传统分散式、概念化服务聚合流程，为了更好地将客户维系在线上，人保财险以客户为中心，围绕车生活整合构建了“客户服务中心”概念，围绕客户保险全生命周期领域，实现保单、消费、服务、售后、投续保等服务流程前端化、可视化、可追踪化、闭环化。客户可以一键查询自己名下保单，快速享受自己拥有的各类值服务，出险后一键理赔并呼叫车辆救援，如遇疑问可以随时接入智能客服和线上人工客服服务。

在理赔领域，人保财险结合客户需求，将传统线下理赔流程进行梳理和再造，整合现场查勘、修理厂维修、协赔等传统理赔场景，运用小程序、云视频平台、电子签名、智能调度等技术搭建了一站式在线理赔处理中台，通过技术与流程的深度融合打造“自助理赔”“视频理赔”多种线上模式。简单场景下，客户可以在与公司“零接触”情况下迅速完成从理赔到赔款到账的全流程业务。

2. 技术驱动商业转型。数字化保险线上化服务平台综合应用了云计算、大数据、人工智能、生物识别等技术，通过对保险业务流程的全面渗入、优化和再造，致力于打造用户体验优质、运营效率高效、技术架构先进的高品质一站式线上服务平台。项目基于中国人保自主知识产权的新一代分布式微服务技术体系标准 PDF－C 进行技术研发，搭建了可配置化前台和微服务化中台，实现了“敏态、稳态”兼容的“双速 IT”模式；依托新型基础架构下的中国人保云，具备了弹性、敏捷和海量支撑能力，全面支持 IPv6 和 5G 网络通信，有力保障了保险线上服务平台的稳定、高效运行，让人保财险的服务 24 小时云端在线。

3. 助力疫情防控。2020 年上半年度，结合国家防疫要求，人保财险助力防疫，积极进行商业模式升级，推广线上“无实物、零接触”服务模式，引导客户“宅在家中”通过手机操作尽享便捷、安全、高效的服务；积极通过各线上触面平台推出专门针对疫情的“小微企业卫士”组合保险产品，全面覆盖企业在疫情期间的财产损失、营业中断损失、员工健康安全等多种风险，并针对新冠疫情引起的企业营业中断或员工身故残疾的风险提供专属保障，彰显科技赋能的服务品质。

四、项目主要建设内容

（一）建设高品质移动互联应用

人保财险力图通过数字化和线上化为客户提供技术架构先进、用户体验优质的高品质移动互联应用。人保客户只需通过一部智能手机，就可以接入官网、APP、微信公众号、小程序在内的多款消费者线上管家式服务平台，足不出户体验保险知识学习、产品咨询、投保交费，到出险报案、理赔代办各类，再到车友会、健康管理、车务管理、风险管理的全流程服务。有别于传统分散式、概念化服务聚合流程，人保财险以客户为中心，围绕车生活整合构建了“客户服务中心”概念，围绕客户保险全生命周期领域，实现服务流程前端化、可视化、可追踪化、闭环化。

（二）打造有温度的保险服务

充分发扬产品工匠精神，通过智能语音、智

能客服、智能定损、云视频、人脸识别、智能OCR、电子签名等技术革新了传统保险服务与客户的交互方式，为保险用户提供更智慧、更高效、更丰富、无接触、全自助的全新客户服务体验，提供有温度的保险综合服务。

（三）开展保险生态化价值经营

启动“客户线上化2.0”战略，致力于打造生态化价值经营模式。数字化保险线上服务平台既是人保财险经营渠道变革、运营变革、服务变革，更是人保财险实现和重塑保险价值链、催生新的保险需求、孕育保险生态系统的依托，支撑着公司全新的生态化商业价值链。平台强调客户权益关怀、客户诉求的再挖掘、客户感知的优化再造、经营链路的重新设计，围绕以客户为中心，通过客户接触点的线上化牵引，实现销售与服务的直通直达，为客户提供全渠道一致性体验，切实推动公司商业模式转型。

以线上生态化价值经营为核心的综合服务平台触面布局，将用2A、2B、2C端线上化协同作业取代单一C端运营，实现从增值服务到产品、销售、理赔、服务全生命周期赋能。在车险综合改革逐步进入深水区和互联网浪潮迭起的双重背景下，线上平台将向全险种客户线上化逐步演进，逐步实现高质量线上化运营，构建客户线上生态圈，整合产业上下游资源及服务供给，实现保险服务从价值转移到价值创造；构建、增强新产品设计能力，加快多险种线上化，促进商业结构优化并瞄准渗透率不足的线上细分市场。

五、项目效果

（一）线上化服务成效凸显

2020年上半年度，各线上矩阵微信公众号、中国人保APP、官网网页客户浏览量达7亿余次，全国家自车客户线上化绑定率达77.8%，家自车客户理赔线上化率91.3%；实现全线上化预约代驾、安全检测、代办验车、代办年检等各项增值服务，提供相关查询及服务6000万余次；全面上线7×24小时智能客服业务，各触面智能机器人提供应答服务400万次，平均应答准确率达80%，头部应答准确率超过90%，业务平稳期分公司线上业务转人工率控制在50%以下，线上化迁徙和线上化服务成效明显。

（二）项目荣誉

项目荣获多项知识产权及公司内外相关荣誉，人保财险高度重视自主研发知识产权成果的保护。项目累计获得近百项专利和著作权授权，先后获得“公司2014—2016年优秀科技创新成果二等奖”、保险行业协会“2016年度信息化建设优胜奖”“第二届中国互联网保险大会2016互联网保险年度平台”“中国人民保险集团2019年创新驱动发展战略实施先进集体三等奖”。

专家点评

中国人民财产保险股份有限公司积极推进业务线上化发展，通过构建数字化保险线上服务平台，为广大消费者提供安全、便捷的线上保险服务，提升保险业务获取和服务的便利性，为客户提供美好体验和温暖服务。

平安好车主，科技让服务更有温度

◎ 中国平安财产保险股份有限公司

一、项目概述

（一）打造一站式用车综合服务平台，实现“互联网＋车生活”

平安好车主通过内外部资源的深度合作，以轻资产入局车后服务市场，通过车后服务打通了汽车后市场、汽车交易等汽车产业生态，打造出了一个涵盖车险、车服务、车生活的一站式用车综合服务平台。平安好车主 APP 有硬核的科技支撑，智能化、大数据、高效率、有温度的“黑科技”，让服务“无形胜有形”。同时，平台也在不断创新，探索建立安全、开放、便捷的“互联网＋车生活”产业发展生态，想用户所想，想用户未想。

（二）提供一站式车主服务

在这片汽车后服务领域的蓝海下，平安好车主以车险业务为基础，沿着车保险、车服务、车生活这条主轴不断进化，定位为一站式、综合型的用车服务平台，不断聚合更丰富的与用车生活相关的产品和服务资源。依托平安产险优势资源，合作超“17000＋”综合修理厂、“38000＋”4S 汽车经销商、“25000＋”保养连锁店，提供加油、保养、救援等 80 余种用车、养车、安全管理等一站式车主服务。

二、项目背景及意义

（一）项目背景：万亿元规模的后市场，大有可为

伴随着互联网成长起来“80 后”“90 后”，是汽车消费的主力人群，也更加依赖和信赖“互联网＋”的生活方式。

在发达国家市场，汽车制造与销售的利润约占整个汽车产业利润的 20%，零部件占 20%，剩下的 60% 利润都是在服务领域产生。而在我国，汽车销售利润占比依然很高，后市场服务领域利润占比很小。

随着以大数据、人工智能等数字科技为主导的新一轮信息技术蓬勃发展，当下的保险业已经趋于成熟，诸多的保险企业正在极力地提升服务水平，保险业加速数字化转型势在必行。在大环境的持续催化下，平安车险等保险企业的发展、运营模式与路径都面临着新的机遇与挑战。

（二）项目意义：用智能科技打造极致用户体验

车险理赔、售后保养，这些用车生活最常见的场景，往往也是最让车主头疼的，一方面手续流程烦琐，处理一个小事故要和很多机构打交道；另一方面，耗时耗力，对于时间就是金钱的都市人来说这是最耗不起的。平安好车主正是看

准了这个用户痛点，不断利用大数据和人工智能这些前沿技术优化传统车险理赔服务，提供给客户更好的体验。

三、项目重点解决的问题及主要创新点

（一）颠覆车险客户理赔体验

平安车险以平安好车主 APP 为主阵地，持续优化传统车险理赔服务，颠覆车险客户理赔体验，实现免电话报案、免现场等待、免事故证明、免门店交单，有效地解决了客户理赔周期长、赔付慢、提交资料烦琐等痛点。

（二）依托科技优势全面强化线上服务

作为汽车服务类应用平台，平安车险好车主 APP 不仅是一个车保险平台，还是一个车服务和车生活平台，已逐渐成为越来越多车主的用车标配。在疫情暴发后，平安好车主第一时间开通了绿色通道，依托科技优势全面强化线上服务。

四、项目主要建设内容

（一）“电子签名 + 人脸识别 + CA 认证”技术

购买车险。平安好车主可为客户智能推荐个性化车险套餐，实现 5 分钟快速购险，利用平安前沿科技，电子投保流程采用“电子签名 + 人脸识别 + CA 认证”技术，整个投保过程以高科技含量、投保资料更安全的应用提升客户体验。此外，平安产险 AI 智能一键续保达到秒级投保的行业水准，可以使报价、承保、支付、出单一键完成，省时省力。

（二）线上一键管理模式

保单管理。通过平安好车主“保单中心”，车主可以自助修改保单，例如在线完成车险过户、新车录牌、车辆各类信息修改、保单过户到退保，整个流程都可实现线上一键管理。如需在线下门店办理的业务，也可以通过保单中心预约、取号，省去奔波、等待的麻烦。

（三）AI 图片定损技术和精准客户画像技术加持

理赔服务。传统的理赔服务中，客户常为了获知汽车损失程度、理赔进展、所需的理赔材料反复拨打保险公司电话咨询，据此引发的投诉和贬损也居高不下。平安好车主“自助理赔”极大地解决了该痛点，实现理赔节点透明、理赔进度透明、维修过程透明、金额明细透明。

客户报案后，可依托好车主 APP 或短信 URL 查看保险理赔人员、救援人员、车辆具体行驶位置及预计到达时间等信息内容，客户可在线给后台保险理赔人员上传事故现场照片、车辆损失照片及理赔资料照片等内容。现场案件处理完毕，推荐附近修理厂，并支持一键导航。

车辆修理过程中，还可在好车主 APP 中查看理赔维修全过程，通过在线实时视频技术将理赔维修透明化，实现进度可视化、可查询。

依托领先的 AI 图片定损技术和精准客户画像技术加持，平安产险为近 90% 的出险客户提供端到端在线陪伴的办理赔、查理赔服务，其中近 25% 的案件可通过智能定损完成。该项技术还植入“平安好车主”，支持用户进行免费的外观损伤自助检测，配合优质维修网点推荐，打造车主服务闭环。

（四）UBI 技术及数据优势

车辆行驶安全：利用 UBI 技术及数据优势，平安好车主安全管家核心功能模块“平安行”

拥有去噪算法、驾驶员DNA分析、异常驾驶判断等7项核心技术，可根据车主意愿记录驾驶行为，并对不良驾驶行为作出风险评价及提示，提供驾驶行为改进方案。

（五）核心功能模块“平安行”

平安车险好车主APP上线安全管家功能，开启车主大数据的全新应用。利用UBI技术及数据优势，安全管家核心功能模块“平安行”拥有去噪算法、驾驶员DNA分析、异常驾驶判断等7项核心技术，可根据车主意愿记录驾驶行为，并对不良驾驶行为作出风险评价及提示，提供驾驶行为改进方案。

五、项目效果

（一）注册用户突破1.1亿户，月活跃用户突破2800万户

随着科技与场景的深度融合，以数据为驱动的生态模式成效日益显现。截至2020年11月，平安好车主APP注册用户已突破1.1亿户，月活跃用户突破2800万户。而据2019年的数据统计，中国机动车驾驶人数为4.22亿人，也就是说，平均每4位司机中就有一位是“平安好车主”，它已经是具有全国影响力的大平台，堪称国民APP。

（二）从单一的车险服务向出行服务平台延伸，改善车主用车生活服务体验

用户数量从零到1亿户，平安好车主APP只用了短短六年，其中，用户数从9000万户到1亿户仅用了3个多月。疫情期间，平安好车主APP实现了逆向增长。

定位于“一站式优质车主服务平台”，联合汽车产业链上下游资源，从单一的车险服务向出行服务延伸，改善车主用车生活服务体验，这是平安好车主APP的成功之道。

平台以保险为基础，连接亿万位车主，树立了平安好车主APP“保险专家、理赔专家、安全专家”的专业形象。

以服务为纽带，聚合超过20000家综合修理厂、超过38000家4S汽车经销商、超过25000家保养连锁店，共同为1亿车主用户提供优质优价、标准透明的服务。

以生态为核心，在保单查询、极速理赔、查违章、道路救援、停车交费、年检代办、车损测算等70余类用车养车服务上提供一站式服务。

六、总结

对外提升客户体验，对内提升运作效率。

得益于坚持不懈的创新，平安车险迈过了信息化和线上化的阶段，在2020年启动全面数据化转型，驶入业务与技术双轮驱动的转型新阶段，即在信息化和线上化应用以及沉淀数据的基础上，通过打通公司前中后台系统，搭建起智慧服务与管理平台，实现智能营销—智能定价—智能作业—智能风控—智能理赔—智能经营，对外提升客户体验，对内提升运作效率，转型成为一家真正由数据驱动的保险公司。

专家点评

本案例从项目背景、项目内容、项目意义和项目效果等方面详细介绍了中国平安的平安好车主的基本概况。平安好车主通过提供一站式的服务，优化了客户从购买保险到保险持有期间再到出现理赔等整个保险存续过程的客户体验。同时，平安好车主还提高了平安车险内部的运行效率，对于保险公司，在应用保险科技提高客户体验的同时降低内部成本支出，提升运营效率，有重要的示范意义。

泰康E保

◎泰康人寿保险有限责任公司

一、项目概述

泰康E保，是一款服务于代理人在微信生态里做线上化私域经营的工具。E保内所有资源都有代理人属性，代理人端（A端）可以主动选择资源转发给C端客户及社群，C端触达客户后，自动处理客户跟代理人关联，实现圈客第一步。持续的资源触达实现日常养客，再通过销售线的回流A端做后续持续发力，最终达成转化，以此形成一个获客圈养转化的良性闭环。见图1。

图1 圈养转化闭环

二、项目背景及意义

代理人在线下经营方面一直备受困扰，如在面客的时候不知道聊些什么，缺少好的沟通机制，虽然花了大量时间和精力，也难以获取客户的真实想法，最终转化低，以至于丧失信心；2020年又经历疫情影响，展业难上加难。面对这些问题，E保团队经过多方调研、深入分析，并接合目前互联网私域流量的玩法，打造了这款产品，通过E保来赋能代理人线上化客户经营。经过这几个月的迭代运营，效果显著，意义重大。

（一）易获客

E保内有获客型资源，比如活动（特别是抽奖类活动）、获客险。精心策划适合当下氛围并附带利益相关的活动，是拉新的利器，让传统无节奏的获客行为，变得轻松容易。

（二）富养客

E保让养客变得更有质量，比如资讯（每日早报），精选行业第一手优质内容，通过早报的形式高频的与社群及客户互动，让日常养客变得更活跃，更有价值含量。

（三）高转化

高质量的养客，潜移默化中建立起代理人的专业化、高可信赖度的形象。信赖的产生，保险理念的认同，再通过行为数据的分析捕捉客户转化契机，实现客户的高转化。

三、项目重点解决的问题及主要创新点

（一）转发链构建

在如今的产品设计中，用户行为数据的采集已经成为非常重要的一环。除了用户数、浏览量、客户留存率、访问深度等常见分析指标，我们的产品人员更关心某个保险产品或保险资讯在客户中的传播深度及广度。而市面上的主流运营分析平台基本上没有记录这个指标，或者只进行了记录而不做任何分析。

为了解决这个问题，我们引入了在知识图谱及客户关联中表现优异的图数据库 Neo4j，通过 Neo4j 记录产品或资讯完整的转发关系。其中每个对象代表一个用户，每个关系代表一次转发行为。Neo4j 集成 d3. js 又可以图形化的还原出整体的转发图谱，分析人员可以直观的查看到转发的深度及广度。同时，集成公司的客户管理系统 CRM 对每个客户进行打标，从而分析出某款产品在特定用户群体中的裂变传播规律，确定产品的投放人群。

（二）保险产品拼团

随着拼多多的火爆，拼团已经成为促销的一种重要手段。拼团基于老客拉新的机制，由于通过信任推荐，新客户成单率及留存率高。将拼团模式引入保险售卖中，将大幅度提升保险产品的购买量。但是与此同时，拼团带来的超高流量将对业务系统造成极大的并发处理压力，从而引发系统响应缓慢 、不稳定等影响用户体验的问题。针对这种情况，项目引入 Disruptor 框架。Disruptor 作为一个高性能的内存队列，在实际测试中，可以支持每秒百万级别的业务单量处理，并且支持流水线模式的业务处理，进一步提升业务处理的能力，保障了拼团秒杀业务的及时响应和平稳运行。

（三）打通代理人同客户间联系

基于保险业的性质，代理人端一般选择搭建企业私有的 APP 应用，而客户端为方便用户使用，一般选择搭建在覆盖范围较广的微信平台上。这就带来了代理人同客户间实时沟通渠道建立难的问题。针对这种情况，我们选择搭建私有的及时通信服务来最大限度地方便客户同代理人间的信息沟通。根据统计，我们小程序的日活跃人数最高可达到十万人次，通过单纯建立 socket 长连接的方式显然会占用大量的资源，从而导致程序的响应缓慢，甚至崩溃。为了解决这个问题，项目引入 netty 框架，利用 netty 框架高并发、高性能、低开销的特性，轻松满足海量用户及代理人间的交流问题，保障了通信的快速响应及稳定。同时在代理人端，建立常见问题知识库，针对不同场景，提前预制好相应的话术，帮助代理人快速打开局面并及时、准确地响应客户问题，突显代理人的专业度及热情。通过以上方案，将代理人同客户间建立联系的开销减少到最小。

四、项目主要建设内容

（一）建设内容

E 保主功能有智能名片、泰闻天下、探险家、活动乐园、获客险产品库等，适合代理多场景联动客户。

1. 智能名片。代理人专属名片，融合公司品牌背书、大健康产业链生态，全名包装个人社交 IP，并可自主编辑业绩、标签及个人形象包装视频，打造代理人专业化、高可信赖度的形象。

2. 泰闻天下。精选行业资讯，第一时间推送给代理人，以早报载体，实现高频互动社群，促进日常社群活跃，达到种草养客目的。早报内除资讯外，还加入了每日推荐动态模块，可以配置爆款产品、直播、60s探险等，以资讯为触点，配合产品入口，直播带货等形式，在氛围中实现嵌入式转化。

3. 探险家。精选优质代理人及内勤，做专业化保险知识、保险产品科普的短视频，有专业团队拍摄、后期制作，保证高质量的视频输出。探险家有点赞、转发、评论、产品链接等功能。

4. 活动乐园。我们结合泰康优质的大健康资源，把健康科普、健康知识等形式融入相关活动场景中，做微创新，比如近期的勇闯十关游戏，加入了慢性病关卡、绿通助力等元素。奖品上我们和泰康拜博进行合作，提供一些洗牙、洁牙券等奖品，充分利用集团和各子公司资源，降低获客成本。

我们也结合节日、节气类做定制化活动开发，如金秋十月，满足多场景的需求，在类型上也有养成类、竞技类、助力互动类等，为代理人提供持续化输出。

（二）技术运用及原理分析

1. C端小程序载体。小程序作为微信生态的主流技术方式，有天然的生态融合性，可以无缝链接A端APP，内嵌H5资源，满足A端转发、C端展示多方资源的需要。客户体验顺畅，方便触达。

2. 后端技术。考虑到项目的日活跃人数最高可达到10万人次，并且处于推广扩散期间，为了保障前端服务展现的稳定性及项目今后的拓展性，后端程序使用微服务体系进行开发，技术选型见表1。

表1 技术选型

开发语言	Java
网关	Spring Cloud Gateway
鉴权	OAuth2.0
注册中心 & 配置中心	Nacos
服务间调用	Dubbo
限流熔断	Sentinel
链路追踪	Zipkin
日志管理	elk
数据库	redis，MySql，Neo4j

项目整体拆分为四部分服务：一是小程序服务、获客服务、核心服务及对外接口服务。二是小程序服务内封装了微信提供的API，如用户授权、消息下发、微信直播等微信小程序提供的能力。三是获客服务提供了客户相关数据的处理能力，如用户行为埋点、用户画像及用户同代理人关系绑定等。四是核心服务为整个项目中最主要的部分，提供整个小程序前端各模块展示所需要数据的封装、智能名片及泰闻天下的自定义编辑功能、代理人端及客户端的及时通信功能等，而对外接口服务则封装了提供给第二方及第三方的全部接口。服务的拆分保障了核心服务的稳定性。见图2。

项目采用Nacos及Dubbo的组合，实现服务间的高效调用。同时配合sentinel进行服务的限流和熔断处理，保障了服务的稳定性。因为不涉及复杂的业务逻辑，所以我们选用开源的MySQL作为项目的关系型数据库，同时引入ShardingSphere框架进行数据库的分库分表及分布式事务的管理。引入redis集群作为热点展示数据的缓存，同时将 redis 作为数据库保存转发量、点击量、购买量等热点非重要数据。项目使用 Neo4j 图数据库构建用户行为中的转发裂变图谱，因为 Neo4j 针对海量数据的处理极其高效。针对高并发的业务场景，引入 Disruptor 及 Netty 两个高性能并发框架作为底层支撑。

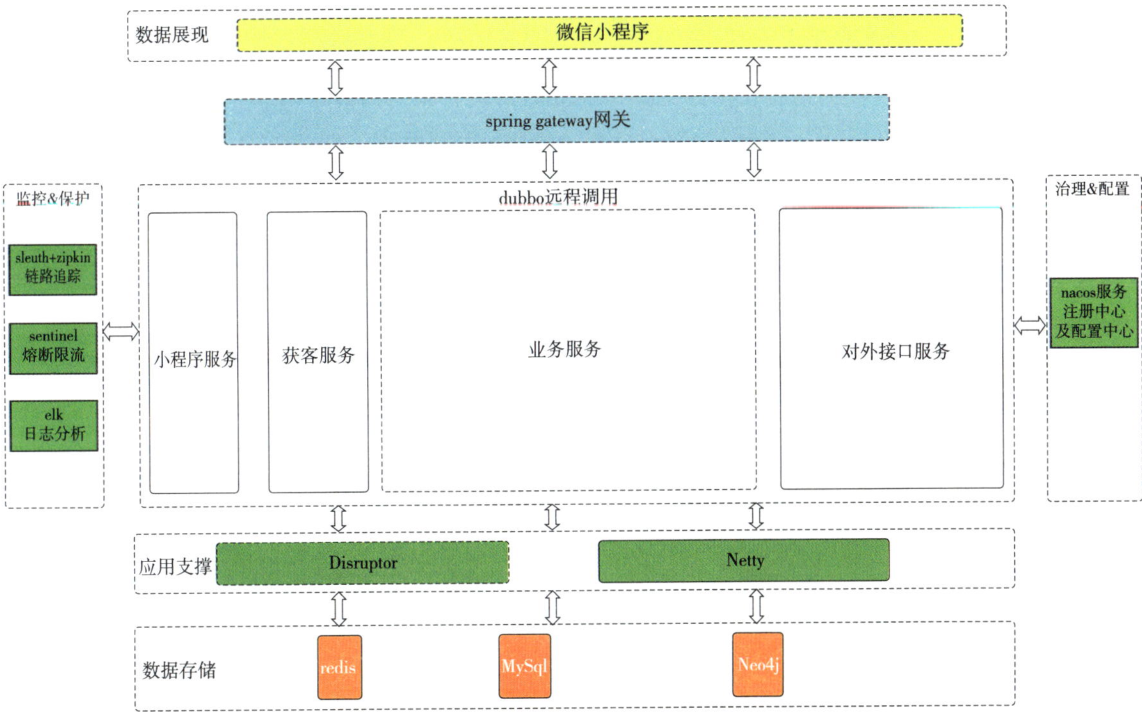

图 2 项目整体拆分结构

五、项目效果

我们团队在前期调研的时候，发现一些代理人对线上化经营不太敏感，或是有兴趣但缺少顺手工具，有的伙伴尝试借用第三方的 APP，因担心客户外流问题，后面也放弃了。E 保的出现给泰康寿险代理人带来一次尝试，E 保传递了线上化经营的理念，提供了如何玩转私域经营的成套内容工具。代理人伙伴可以轻松获客、养客、经营，更高效的转化客户，让原本以线下为主的经营模式，变得不再单一，让经营过程可视化、有节奏化。

E 保通过迭代 1 次/2 周的敏捷开发形式，持续优化产品内容。通过在北京分公司、天津分公司、内蒙古分公司等小范围试点，截至目前线上运营 4 个月有余，效果明显，累积触达客户 1618359 人，主动微信授权 997872 人，关联 878214 人，转化 17852 人，复购 3094 人。

六、总结

泰康 E 保，以获客圈养转化的思路打法，赋能代理人在微信生态里线上化经营客户。目前的版本包含上文提到的种种功能模块，如实际应用效果数据非常显著。

接下来我们的挑战是：如何将泰康全客户体系打通，充分利用公司级客户资源，完善在E保内的老客户画像，同时对新客户再设计多样的功能板块，实现多场景留资个人信息，逐步完善新客画像，在E保输出老客户千人千面、新客户标签组别化的内容界面。在此基础上，能够以内容吸引客户，增强用户使用黏性，实现内容自吸粉及自裂变的模式，减轻前期代理人主动推送的强依赖打法，让代理人更轻松、更舒服的经营。

让代理人轻松经营、高效转化客户是E保的目标。我们知道一个好的经营工具，更多依赖于好的内容支撑和持续不断的血液输入。E保团队当下及未来会加强对公司内外资源的整合力度，也欢迎保险同仁建言建议，共同探索出一条属于保险业赋能代理人的宽广经营之路。

专家点评

本案例从项目背景、项目内容、项目意义和项目效果等方面详细介绍了泰康E保的基本概况。中国有庞大的代理人团队，代理人的相关问题一向是中国保险市场的焦点问题。泰康E保通过使用保险科技，应用拼团等模式方法，有效地解决了获客难、交流难等代理人面临的问题，对于帮助代理人更好地进行展业从而优化和提高客户的购买体验有重要的促进作用。从代理人的角度出发解决客户体验优化的问题，角度新颖，同时创新性十足。

大家财险“玄石”非侵入式微服务化改造项目

◎大家财产保险有限责任公司

一、项目概述

近年来，为了快速响应前台业务需求的灵活多变，提升业务发展的快速孵化、快速试错能力，从传统“烟筒”式单体应用架构向微服务架构转型，已经成为金融保险业 IT 转型的重要举措之一。

大家财产保险有限责任公司（以下简称大家财险），自 2019 年成立以来，根据大家保险集团有限责任公司（以下简称集团）信息化建设战略规划指引要求，信息系统建设从传统集中式架构向微服务和分布式架构转型，构建高能化应用架构，提升系统弹性伸缩能力。

由于业务系统架构全面微服务化是一个持续迭代的过程，需要一定的时间周期。在转型期内，能否有一种高效安全的方法，可以将微服务化架构应用与存量传统架构应用之间联通交互呢？大家财险依托集团技术力量，携手攻关探索出一种全新的技术解决方案——非侵入式微服务化改造。

非侵入式微服务化改造项目，通过独特创新的设计理念，实现了在存量系统代码零改动的情况下，对存量系统实施非侵入式的“外科手术”，将传统架构“变身”为微服务架构，让存量老旧系统可同时兼顾新、老架构系统交互对接。

本项目可在降低新、老架构对接的复杂度和风险性的前提下，大大加快微服务化转型进程，对整个保险业具有很大的参考和借鉴意义。

二、项目背景及意义

（一）项目背景

信息科技的快速发展，给金融保险业带来了重大影响，传统保险公司希望通过科技为企业带来新的业务增长点，IT 转型成为众多保险企业信息化建设的首要任务。因此，近些年，以系统微服务化为代表的转型，在各家保险公司率先开展起来。

系统微服务化转型，摆在企业面前的第一个问题就是：新建的微服务架构系统，如何与大量的存量系统互通互联。如新建系统采用 Dubbo 框架，存量系统采用 Web Service 框架。要让新、老架构互通，传统做法有三种：

1. 牺牲新建微服务系统的整体架构，以“降级”的方式适配传统架构系统。

2. 牺牲传统架构系统的稳定性，以“升级”的方式适配新建微服务架构系统。

3. 牺牲系统整体性能，增加系统调用链路，以增加中间转换层的方式适配新、老架构系统。

大家财险以集团微服务化建设及服务治理标准为指引，结合大家财险存量系统现状，与集团技术专家共同摸索出一条全新的解决方案，以非侵入式的方式，对存量系统进行微服务化改造。

（二）建设意义

非侵入式微服务化改造项目，为大家财险数字化转型、核心系统微服务化重塑提供了更安全可靠的建设路径，降低了系统耦合给技术架构升级带来的风险。

本项目由大家财险联合集团技术专家自主规划、设计、研发，摆脱了核心技术对外部厂商的依赖，实现了核心技术的自主可控，为大家财险建立自研及快速交付能力奠定了基础。

非侵入式微服务化改造方案从企业实际现状出发，切实解决了金融保险业在微服务化转型过程中的痛点问题，为整个金融保险业数字化转型的稳步推进提供了参考和借鉴。

三、项目重点解决的问题及主要创新点

（一）项目重点解决的问题

非侵入式微服务化改造项目重点解决的问题如下：

1. 遵照集团技术组件基线标准，规范存量系统微服务改造技术架构和路线，建立统一的微服务化适配组件，统一标准、统一技术栈。

2. 去除新技术架构系统与存量系统间冗余的中间适配层，精简系统调用链路，降低系统复杂度，提升业务功能的全链路性能。

3. 避免新建系统为适配老旧存量系统，不得不采取技术架构“降级”，造成新建系统的技术栈混乱，破坏新系统的整体架构设计。

4. 老旧存量系统因维护人员、运行环境、版本要求等因素，架构升级存在很高的风险性，甚至已不支持架构升级。这些给新建微服务化系统增加了建设复杂度和附加成本。

5. 让传统服务架构系统同样具备微服务架构的高可用、弹性伸缩、可治理等优点，保证业务功能全流程的稳定性。

综上所述，在传统架构系统零改动的情况下，提供与微服务化架构系统的对接能力，是企业微服务化转型需要解决的首要问题。传统架构系统经非侵入式微服务化改造后，可直接适配 Dubbo 或 Spring Cloud 等微服务框架，不仅可以减少协议转换次数，提升网络调用性能，同时，保留原有 Webservice 协议正常使用，保证了业务系统整体的稳定性。见图 1。

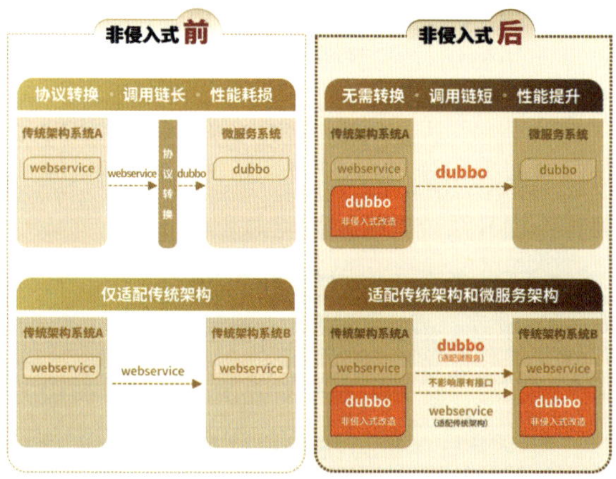

图 1　非侵入式微服务化改造效果示意

（二）项目主要创新点

非侵入式微服务化改造项目，是通过大家财险自主设计的“黑科技”组件，在业务系统代码零改动的前提下，实现存量系统的微服务化架

构升级改造，主要创新点包含理念和实现两个维度。

1. 设计理念的创新。本项目最大的创新是设计理念的创新，打破了传统的问题解决思路，实现微服务化改造与业务系统自身解耦，在存量系统无感知的情况下，通过插件化设计，将存量系统“变身”为微服务架构。

2. 技术实现的创新。

（1）基于 Java Agent 方式对业务系统进行字节码植入，通过对业务系统字节码文件增强，实现对原有 Webservice 服务的改造。

（2）可提供 Webservice 向 Dubbo、Spring Cloud 两种技术架构改造的支持，兼顾了大家财险和集团各子公司微服务架构体系。

（3）采用 Nacos 作为统一的注册中心，实现服务注册与发现，对改造后的存量系统进行统一的服务管控。

四、项目主要建设内容

非侵入式微服务化改造平台分为 1 个插件和 6 个基础功能模块。见图 2。

1. Ninja 插件。传统架构系统通过安装 Ninja 插件，进行代码零改动即可完成微服务化升级。

2. 注册中心。注册中心用于管理服务实例，包括服务存储、服务注册、动态服务发现等。使用 Nacos 中间件，部署在容器中，采用 Kubernetes 进行服务编排，能快速弹性扩容，支持高并发的业务场景。

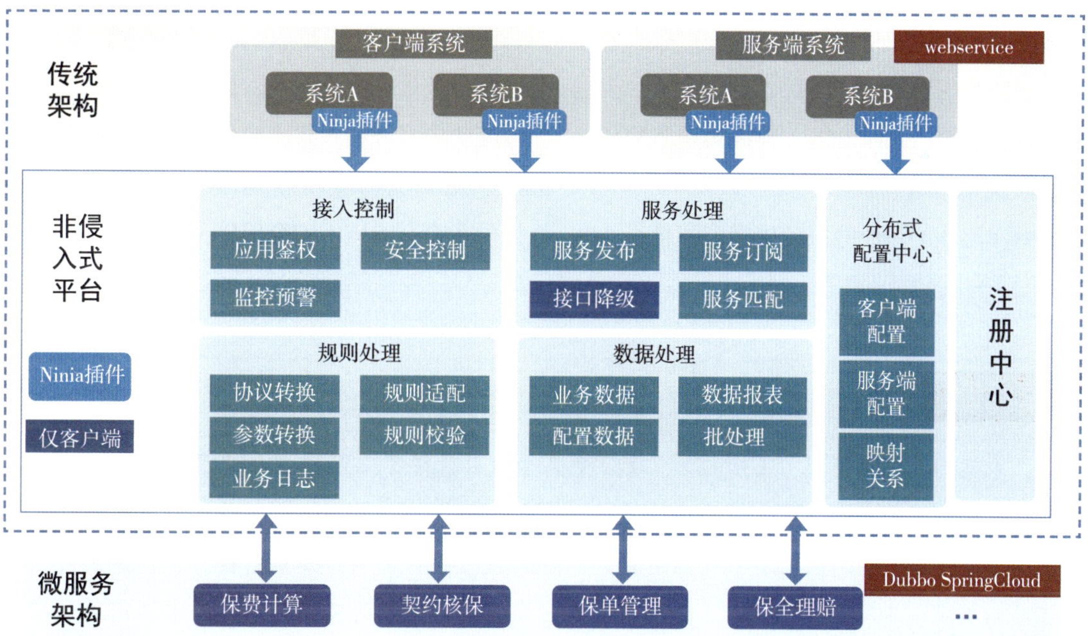

图 2　非侵入式微服务化改造项目功能架构

3. 分布式配置中心。提供可配置化的存储服务，使系统接入快速完成。主要包含客户端配置、服务端配置、服务映射关系等。

4. 接入控制。对接入系统的访问鉴权、安全控制、监控预警。

5. 服务处理。实现把传统架构系统转化成微服务化的服务处理，包括服务发布、服务订阅、服务匹配等。客户端系统进行非侵入式微服务改造后，当服务调用发生异常时，自动降级为原 Webservice 服务继续调用，保证业务流程顺利完成。

6. 规则处理。实现传统框架到微服务框架之间的协议转换规则，定制不同协议的转换标准。

7. 数据处理。实现交易数据的存储、批量处理及可视化报表。

五、项目效果

（一）车险核心系统优化改造

2020 年 2 月，大家财险启动车险核心系统微服务化项目，按照业务域、功能域进行微服务化拆分，逐步将保费计算、核保、支付、综合查询等功能从车险核心系统解耦，最终实现车险核心系统的微服务化重塑。

随着车险核心系统微服务化重塑的推进，非侵入式微服务化改造方案起到了重要作用。大家财险将未完成解耦的核心功能域，进行了非侵入式微服务化架构改造，使未解耦核心功能域，在零改动的情况下，可对外提供 Web Service 和 Dubbo 两种服务，既保障了已解耦微服务业务域与未解耦核心功能域的平滑对接，也保障了存量系统与核心业务系统的整体稳定。同时，经过压测对比，Dubbo 服务较 Web Service 服务网络调用性能提升了 30%。

（二）服务治理

集团数字化转型明确了微服务化建设及服务治理标准，大家财险作为集团下属子公司，严格遵守和积极落实集团服务治理标准。面对大家财险系统现状，非侵入式微服务改造解决方案为大家财险开辟了一条创新型微服务转型之路，降低了微服务化系统建设的附加成本和风险，加速了传统架构服务纳入集团服务治理平台的进程，提升了大家财险整体系统运维能力，对业务连续性提供了更高的技术安全保障。

专家点评

本案例从项目背景、项目内容、项目意义和项目效果等方面详细介绍了大家财险“玄石”非侵入式微服务化改造项目的基本概况，行为逻辑链完整而充实，符合认知规律，有助于读者全面系统地认识该系统的全貌。伴随着人们保险意识和知识的提升，投保人对于保险的需求也变得多样化，这使得保险的前端业务面临更多的突发性事件。本案例通过应用数字化转型较好地改善了车险用户的体验，对于在产品前端优化用户体验和感受的应用有重要的意义和促进作用。

永安保险构建分布式金融云平台和数据库，创新“云端保险”服务海量客户

◎永安财产保险股份有限公司

一、项目概述

2019 年，永安财产保险股份有限公司（以下简称永安保险）提出“线上永安”战略，发力线上业务，核心业务系统亟待升级换代以支撑公司战略落地。当时，永安保险意健险业务处于高增长的关键时点，新一代意健险系统的建设迫在眉睫。新系统基于保险业生态诉求与行业痛点构建，全面覆盖并标准化保险业务与服务场景，在与客户和渠道的互融互动对接方面更加快捷可控，可灵活应对未来业务发展。为最大限度地发挥新系统的特点，需要构建与之匹配的分布式金融云平台和数据库。

永安保险基于华为云提供的弹性负载均衡、云数据库 TaurusDB（目前华为已统一为 GaussDB）、专属网络、数据复制等系列云服务解决方案，重构核心系统并实现商业数据库切换，成功构建了云上分布式金融云平台。不仅满足监管要求，而且性能相比之前实现大幅提升，同时降低了整体成本，在面向未来的数字化转型中，打下坚实的云上核心分布式架构和数据底座基础。见图 1。

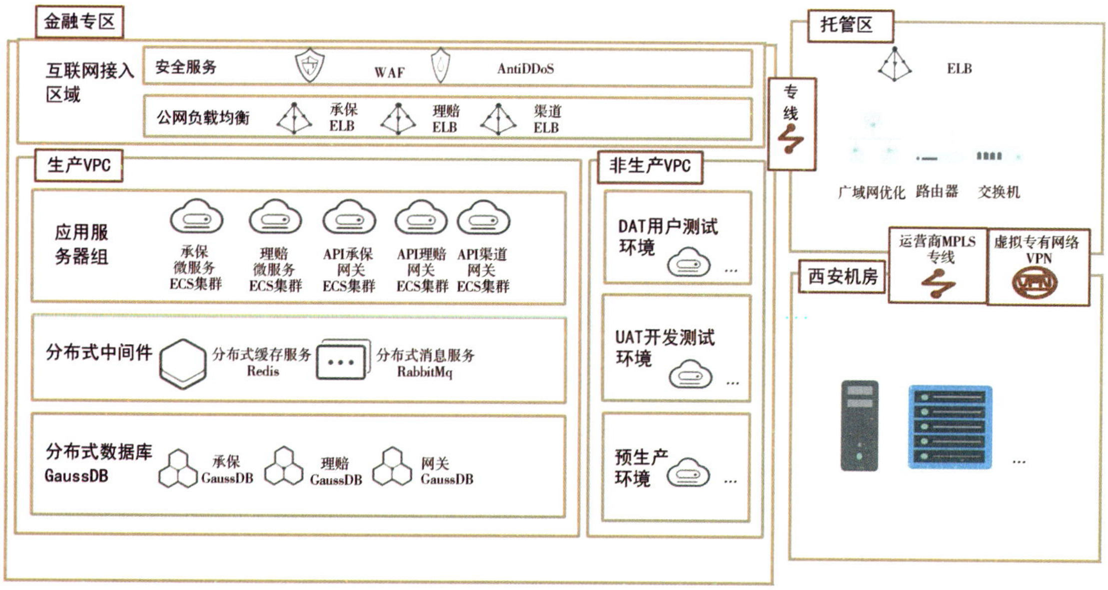

图 1　永安保险意健险上云方案架构

二、项目背景及意义

随着“云+5G+AI+IOT”新一代信息技术的发展，数字化转型已经渗透到人类社会的方方面面，数字经济日益占据主流，深刻影响了人们的生活与生产，数字化转型成为数字中国、智慧社会建设的重要动能。2019 年 8 月 22 日中国人民银行发布了《金融科技（FinTech）发展规划(2019—2021 年)》，标志着金融科技正式成为国家层面重点统筹发展的领域之一；2020 年 3 月 5 日，中国人民银行联合各部门印发《统筹监管金融基础设施工作方案》，进一步加强对我国金融基础设施的统筹监管与建设规划，为金融科技的未来发展创造了适宜、规范的制度环境。

面对越来越激烈的竞争，保险业也在数字化、智能化转型中表现出强大的发展张力。永安保险近年来不断推动机构、网点、队伍、资本、科技这些生产要素的变革，更是将科技化创新作为新旧动能转换的重要驱动力。永安保险积极拥抱云计算、大数据等新技术，积极为未来打造高可靠、高安全、高扩展、及时响应业务需求的基础设施，同时创新销售服务模式，实现保险产品的人际传播并形成引流效应。此次携手华为云进行云上业务改造，更是大幅提升了销售、承保、理赔等环节的效率，实现从内部运营到外部销售全业务链条的云化。

三、项目重点解决的问题及主要创新点

永安保险正在积极探索和持续完善线上渠道，构建互联网等更多渠道的合作生态。为实现线上线下的融合、生态多渠道的融合，简化运营、降低成本并保证一致的客户体验，永安保险迫切需要通过有效的业务流程优化和信息系统改造，实现 IT 架构转型，构筑强大、稳健、高效的数字化基础平台。现有的 IT 架构需要在以下几个方面进行提升。

（一）提升核心系统性能以应对日益增长的数据量

永安保险业务发展迅速，线下数据库数据量已达几十 TB，单库数据量很大且不易拆分，线下部署的商业数据库扩展成为难题，无法满足高速发展的业务对数据库性能提升的迫切需求。

（二）满足数据安全与可靠性

随着数据安全要求趋严，同时线上渠道的发展需 7×24 小时为社会和投保人提供不间断服务，因而对业务连续性和数据零丢失有极高的要求。

（三）业务敏捷创新与上线

云化开放架构和分布式改造是大势所趋。将核心系统基于云上分布式能力进行改造，可以提升业务系统开发效率和上线速度，提升商业市场的竞争力。

（四）降低运营成本

商业数据库的运维成本高昂，数据库管理工作烦琐，占用 DBA 大量时间。

（五）符合政策监管

随着监管机构要求提升 IT 基础设施自主可控率，需要考虑将原有数据库替换为国产自主可控数据库。

四、项目主要建设内容

（一）高可靠、高可用的分布式金融云平台架构

永安保险聚焦新业务服务架构优化调整，立足适应市场变化和满足用户需求，改善用户使用体验，基于华为云服务一体化、高可靠、高可用的分布式金融云平台架构部署，满足了互联网业务高并发、高吞吐量、核心系统分布式转型的需求，有效应对流量高峰场景下的可靠性和性能的问题，确保系统在高访问场景下数据不丢失，同时降低了运维压力。见图2。

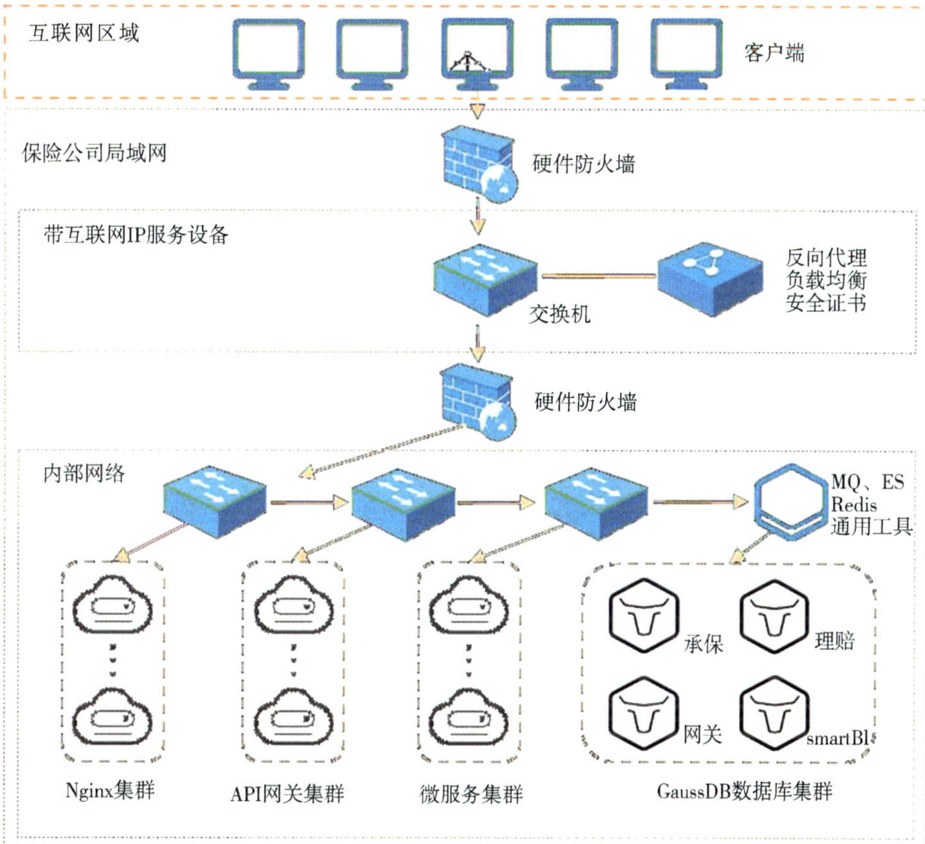

图2　永安保险意健险系统基于华为云（金融专区）部署架构

（二）高性能、高可靠、海量存储、支持应用和数据顺畅上云的GaussDB数据库

高性能。永安保险上线业务为保险核心业务，在线下使用的是商业数据库，需要数据库具备支持高并发、大表查询的能力，尤其是对接互联网和渠道的业务，对数据库性能要求很高。华为云GaussDB（for MySQL）支持1写15读，较原生MySQL性能有较大提升，满足了永安保险对高性能数据库的诉求。

高可靠性。华为云GaussDB（for MySQL）可实现RPO＝0，数据0丢失，支持跨AZ部署，故障恢复时间短（10s），支持长达732天的自动备份恢复。

SQL 兼容性。永安保险新系统基于 MySQL 生态进行开发，因此需要一款能完全兼容 MySQL 的分布式数据库。华为云 GaussDB（for MySQL）100% 支持 MySQL 生态，应用改造难度低，可轻松上云。

海量存储。保险业业务量大，需要保留多年的历史数据，存储空间需求在 TB 级别。华为云 GaussDB（for MySQL）基于华为自研 DFV 分布式存储，容量高达 128TB，支持 Serverless 根据数据容量自动伸缩；存储自动分片，无须分库分表，满足永安保险海量存储的要求。

自主可控。华为云数据库是华为基于在电信、政企市场深耕“10 年 +”的数据库内核研发优化能力及对客户高可靠高性能诉求的理解，结合云技术倾力打造的企业级分布式、安全、可靠、稳定的数据库。

异构数据库在线迁移。结合云平台提供的 DRS 服务的在线迁移能力，在业务运行过程中，提供完整的异构数据库的迁移方案，包含数据迁移、对象改造、SQL 优化、割接方案等，确保业务平稳割接。

五、项目效果

（一）实现业务连续性，支撑对接大型保险代理平台，助力线上业务稳健增长

此次永安保险云上业务改造，包括数据库和应用程序改造。数据库改造主要是对数据库对象的改造，如表、存储过程、函数的改造；应用程序改造主要是对应用中的 SQL 进行改写。通过此次在华为云上的分布式改造，使得永安保险可以承受线上大型保险代理平台以 API 对接的方式出单带来的巨大业务负载压力，在高并发下仍保持高性能，同时业务连续性和可靠性得到大幅提升，助力线上业务稳健增长。

（二）大幅度降低资源投入成本

永安保险通过此次上云，成功实现了现有数据库到自主可控数据库的切换，既实现了商业数据库的稳定可靠性，又获得了自主可控数据库的灵活性和高性价比。同时，华为云管平台帮助运维人员从烦琐运维中解脱出来，聚焦业务架构优化和性能调优等核心工作，整体上降低了企业资源投入成本。

六、总结

作为华为云金融专区内 GaussDB 的第一家用户，永安保险与华为抱着积极合作的态度和大胆探索的理念，通过共同努力，解决了新系统上云过程中的适配问题。

经过此次云上分布式架构改造和自主可控数据库的切换，永安保险的业务系统实现了较大幅度的效率提升，同时业务可靠性和安全性也得到增强，助力永安保险的业务高速且稳健增长。未来永安保险将继续充分借力云计算、大数据等先进技术，提升信息技术运维管理能力、开发能力，并在社交连接、人工智能、区块链等领域作出探索，进一步在保险业务上持续创新，提升保险服务能力，为广大用户提供差异化、专业化、特色化的金融服务和优质体验，为保险业务科技创新提供更多可能性。

专家点评

本案例从项目背景、项目内容、项目意义和项目效果等方面，详细介绍了永安财产保险股份有限公司构建分布式金融云平台和数据库，创新“云端保险”服务海量客户的基本概况，行为逻辑链完整而充实，符合认知规律，有助于帮助读者全面系统认识该系统的全貌。本案例中，永安财险着眼于在整个服务链条中如何通过优化各项基础设施，提高业务水平，从而提高用户体验，在多个方面、多个角度、多个维度都有良好的创新精神和实践指导意义。同时，与华为公司的合作也是本案例的一个亮点，为未来保险技术创新提供了可供借鉴的模式。

太平财险车险理赔线上化项目

◎太平财产保险有限公司

一、项目概述

太平财产保险有限公司（以下简称太平财险）车险理赔线上化项目，以“方便、快捷、省心、温暖”为指导思想，在2020年初疫情的背景下，围绕五大核心目标：提升理赔线上化服务比重，创新开展无接触快处快赔服务，开通车险理赔绿色通道，简化理赔单证及流程，提升服务便捷性和效率。

项目以太平通APP、太平财险官微等多种方式搭建理赔通道，实现视频、微信小程序自助查勘、定损，解决客户线下理赔的痛点。同时可以提供在线交单、查进度、领赔款等全流程线上化服务。

随着理赔线上化的深入推进，客户接受度、满意度不断提升；太平财险车险理赔队伍也在向线上化转型。截至2020年第四季度，已基本完成车险理赔前台、中台、后台三个板块向线上化转型。

二、项目背景及意义

（一）项目背景

随着新一代信息技术加速发展，科技赋能带动财产保险业持续转型升级，业务线上化成为加快财产保险高质量发展最具活力的因素之一。按照《中国银保监会关于推动银行业和保险业高质量发展的指导意见》工作部署，为进一步推动财产保险业科技赋能，各家主体需加快线上化发展。

（二）项目意义

为全面贯彻习近平新时代中国特色社会主义思想，根据党的十九大和党十九届三中、四中全会精神，按照银行业、保险业高质量发展指导意见进行总体部署。

太平财险立足深化财产保险供给侧结构性改革，集成推进线上化任务，拓宽线上化服务领域，夯实线上化工作基础，加强消费者权益保护，推动财产行业提质增效、创新变革，从而更好地满足了广大人民群众日益增长的风险保障需求。

三、项目重点解决的问题及主要创新点

（一）项目重点解决的问题

传统线下理赔模式存在客户现场等待时间过长、不便捷、体验不佳以及普通低风险案件投入成本较高、案件处理效率低、无法斩断理赔员与客户及修理厂线下利益链条等弊端。

现有线上化体系未包含理赔全流程服务，无法实现线上线下理赔服务无缝连接。

（二）主要创新点

1. 应用官微微信小程序，客户自助拍摄三张照片即可快速完成赔案处理。在不占用视频理赔带宽的情况下，实现以静默的方式，方便、快捷完成小案理赔。

2. 打造全流程、全场景、全触点线上化理赔体系。将传统线下全量理赔服务迁移至线上，实现对客户线下零接触服务，线上线下无缝融合。

3. 通过全流程、全场景线上化服务，为真实C端客户提供全场景线上化服务体验。培养客户新习惯，实现吸客、黏客。

四、项目主要建设内容

（一）技术建设内容

依托线上化服务平台，发挥视频理赔、微信理赔在不同场景的应用优势，直击客户痛点，帮助客户解决实际问题。实现线上线下服务无缝融合。

基于太平通APP、太平财险官微小程序打造线上包含车物人伤报案、查勘、预约维修、定损、赔案进度查询、领取赔款等全流程线上化服务体系。

保证2020年内投保人或被保险人通过线上理赔渠道与公司主动交流互动的保单占比60%以上。

（二）业务推动过程

疫情期间，紧急搭建线上化案件处理平台承接案件，通过多种理赔科技实现线上化率100%，客户服务零接触。

从2020年4月1日开始，在深圳分公司车意理赔部试点查勘环节全面理赔线上化，试点期间节约公司理赔人力8名。开展试点前，2020年4月1日深圳线上化处理率为69.6%；开展试点后，2020年4月12日累计线上化率为80.12%。

根据深圳分公司试点期间遇到的问题，公司创新研发出“放心赔”小程序，实现5000元以下低风险案件三张照片极速查勘，并将该模式在全国进行分批推广。2020年6月1日已开始在全国全面推广理赔线上化工作，规范线上化案件处理通道，关闭私人微信线上化通道。

2020年第四季度公司开始在全国推行线上化查勘、定损、理算一站式服务模式。

太平财险车险理赔线上化体系整体框架如图1所示。

五、项目效果

至2020年第三季度末，车险理赔线上保单数占总出险保单数的比例为80.25%。

（一）缩短客户现场等待时长

打造全流程线上化理赔功能体系，实现案件全流程零接触快速索赔，缩短客户现场等待时长60%。

（二）缩短结案周期

2020年8月1日在全国推行线上化查勘、定损、理算一站式服务模式，截至10月26日，保险结案周期为12天，相比推广一案到底前缩短了4.3天。提升了客户满意度。

（三）提升工作产能

以视频理赔、微信理赔为通道，实现理赔信息在线传输，打破传统线下理赔体系，提升作业效能，相比全流程线上化作业模式推广前，远程岗人均产能提升146%。

理赔快捷小程序解决客户紧迫类需求
完善太财官微统一“办理赔”模块功能，实现理赔全流程线上化，达到构建ToC生态圈吸客黏客的目的。

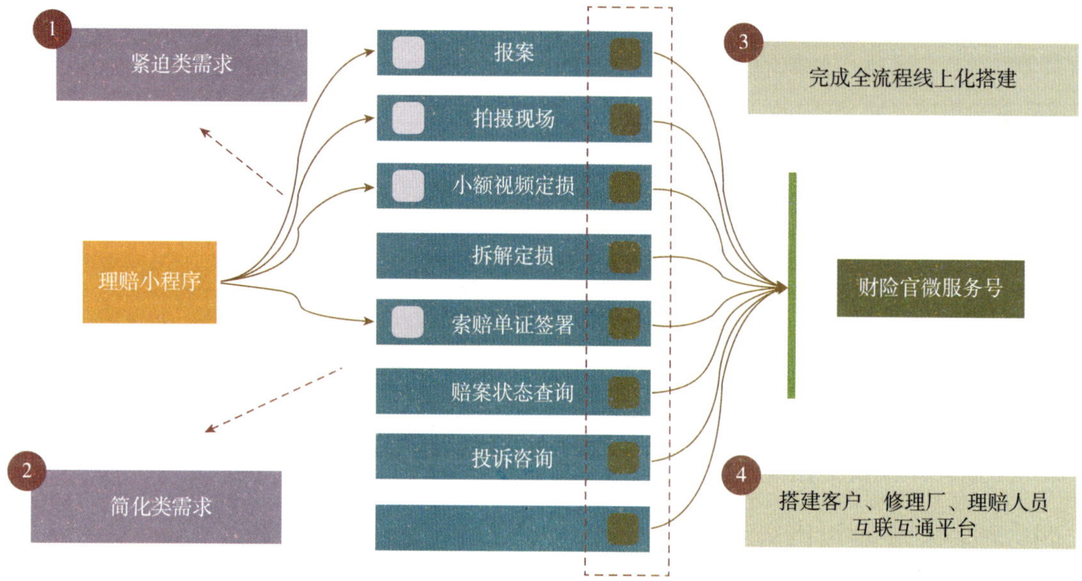

图 1　太平财险车险理赔线上化体系整体框架

（四）优化人力物力成本

通过线上化处理案件，减少人员在途时间以及线下沟通成本，优化人力及车辆运营成本。

（五）实现风控前置

应用线上化通道完成“线上工具 + 线下调查 + 科技应用”联动的创新模式，推进查定分离、大案视频监控实现风险前置管控。

（六）实现线上化吸客、黏客，扩大品牌影响力

培养客户使用线上平台习惯，整合承保理赔全流程，实现理赔端向业务端引流，提升续保率。在让客户体验线上方便快捷的极致服务的同时，扩大品牌影响力，助力公司品牌宣传。

六、总结

车险理赔线上化项目是太平财险践行国家全面建成小康社会和“十三五”收官之战，是以创新加强发展动力，改进客户服务，围绕用车出行等刚需构建“服务闭环”，建立起保险服务的“护城河”的集中体现。

今后，太平财险将以更集约、更高效、更智能为目标，全面武装、赋能线上化理赔队伍，为广大客户提供更加优质的服务。

专家点评

本案例从项目背景、项目内容、项目意义和项目效果等方面详细介绍了太平财产保险有限公司车险理赔线上化项目的基本概况，行为逻辑链完整而充实，符合认知规律，有助于帮助读者全面系统认识该系统的全貌。理赔一向是客户体验最为敏感的地带，如何优化保险客户在理赔端的客户体验是保险公司面临的难点问题。太平财险通过应用微信等工具搭建数字化理赔平台，在提高理赔效率、优化用户理赔体验等方面进行了成功的实践，对于未来中国保险市场优化理赔体验有重要的指导意义。

中国人寿财险打造 API 开放平台，探索数字保险线上新生态

◎ 中国人寿财产保险股份有限公司

一、项目概述

移动互联网时代越来越多的企业选择以开放、合作的方式，与合作伙伴一起为用户提供多元化的创新服务。开放、合作、共赢已经成为在移动互联网时代实现业务创新的新趋势。在这种背景下，将保险业的内部技术和业务能力外化，实现保险与互联网的深度融合，符合国家互联网＋战略，有助于打通保险产业链上、下游资源，推动建设开放保险线上新生态。

二、项目背景及意义

中国人寿财产保险股份有限公司（以下简称中国人寿财险）一直在数字保险线上之路上进行探索，随着移动互联网的兴起、开放合作思维的盛行，各类金融机构纷纷开始尝试服务线上化转型，将自身能力开放的同时，也引入优质合作伙伴能力，通过技术手段实现上下游资源整合，打造以保险服务为核心的互惠互赢生态圈。公司未来三年的科技创新规划中，把 API 开放平台建设作为数字化转型重点项目，以平台业务和技术融合场景化服务能力为跳板，引领业务模式和产品创新，为服务线上化转型和打造“开放保险”生态奠定基础。见图 1。

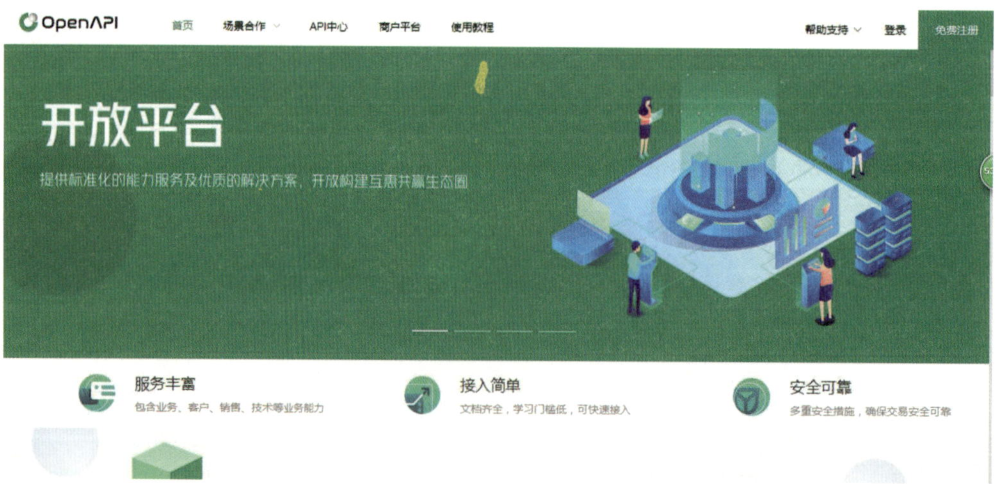

图 1　开放平台

三、项目重点解决的问题及主要创新点

互联网保险环境下，保险业务已从线下转为线上。保险公司与合作伙伴的业务合作已从传统渠道代理中介模式逐步向线上对接模式转换，对接类业务发展迅速。每年对接需求已超过1000个，但对接业务规模差异较大。从信息技术角度看，对接1万元规模的合作伙伴和对接100万元规模的合作伙伴所投入的开发成本基本相同，需要更为合理高效地使用信息技术成本投入。平台建设主要创新点。

（一）建立保险互联网开放平台，实现保险数字化转型

使公司保险业务从封闭走向开放、从传统形式走向互联网、从线下走向线上。对内，在集团内实现服务能力输出，实现服务能力和数据能力共享共建，加强不同保险领域的合作，构建国寿集团内部服务生态。对外，打通保险领域上、下游资源进行合作，构建开放保险生态，寻找新的业务增长点。

（二）实现业务引流，丰富获客渠道，扩大客户触点

充分利用移动互联网进行流量导入，通过标准化自助接入方式，降低接入门槛、丰富获客渠道，同时直接获取用户在各个领域的需求，扩大客户触点。通过便捷的自助式服务，降低寻找合作伙伴的成本投入，对小流量合作伙伴采用引流策略，抢占小B端市场。

（三）实现技术能力及数据资源外化

公司信息化建设的长期积累已形成较多服务能力，但缺乏外化展示平台。通过开放平台建设，实现公司技术能力外化及数据共享，梳理整合服务能力，让技术能力及数据积累产生财务价值。

（四）解决外部接入网络安全问题，形成标准能力输出机制及规范

通过开放平台的建设及运营，对现有系统服务能力进行整合和重构，将对外开放服务标准化和场景化，建立统一和规范的能力输出机制，打造能力展示平台。引导外部合作伙伴采用标准化服务，降低开发人力投入成本。

四、项目主要建设内容

API开放平台包括服务网关、开发者门户及后台管理监控等功能，实现“技术、产品、服务、合作”的全面开放，将内部能力通过标准化的服务开放出去，供开发者使用，并附加一系列控制、安全和计费能力。主要功能见图2。

（一）全流程的技术服务能力平台

全流程的技术服务能力平台如图3所示。

采用互联网行业的平台风格，在注重安全合规的同时，在平台使用体验上也实现了现代化、自助化、自动化。架构设计上，平台后端采用SpringBoot框架搭建，方便扩展；前端使用Vue进行框架搭建；整体采用前后端分离方式进行开发构建，支持目前所有主流浏览器。功能建设上，整体分为API门户、用户中心、运维平台、运行平台、监控中心、日志中心、流量控制、数据存储等模块。

（二）全面的技术支持能力

技术支持能力如图4所示。

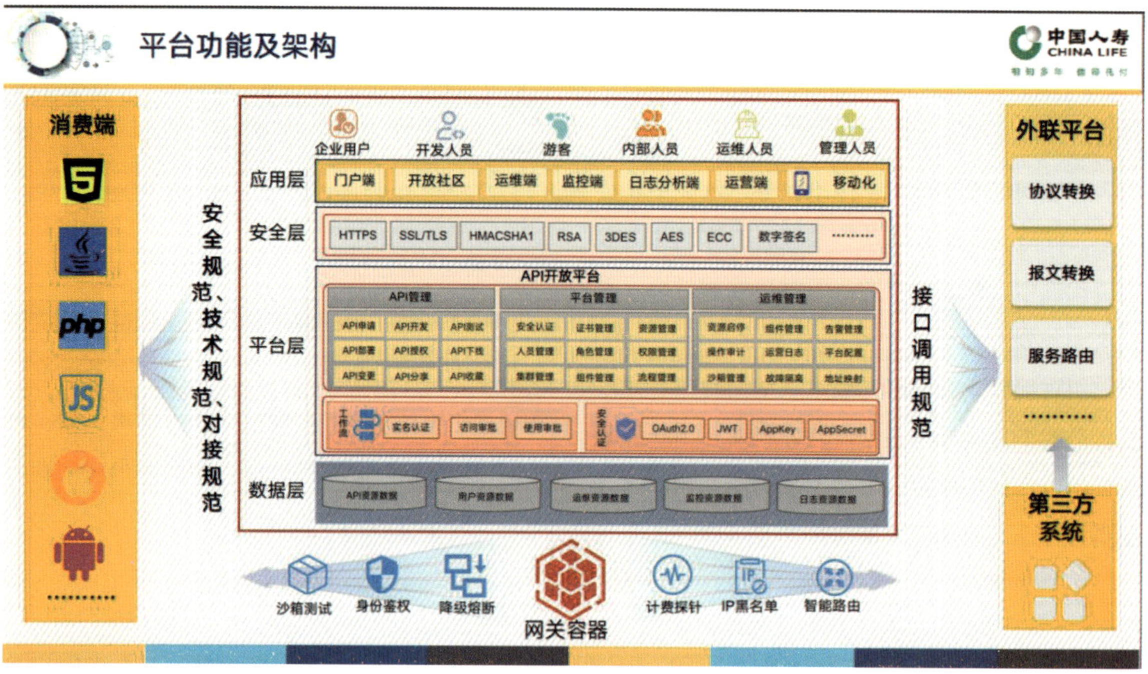

图 2　平台功能及架构

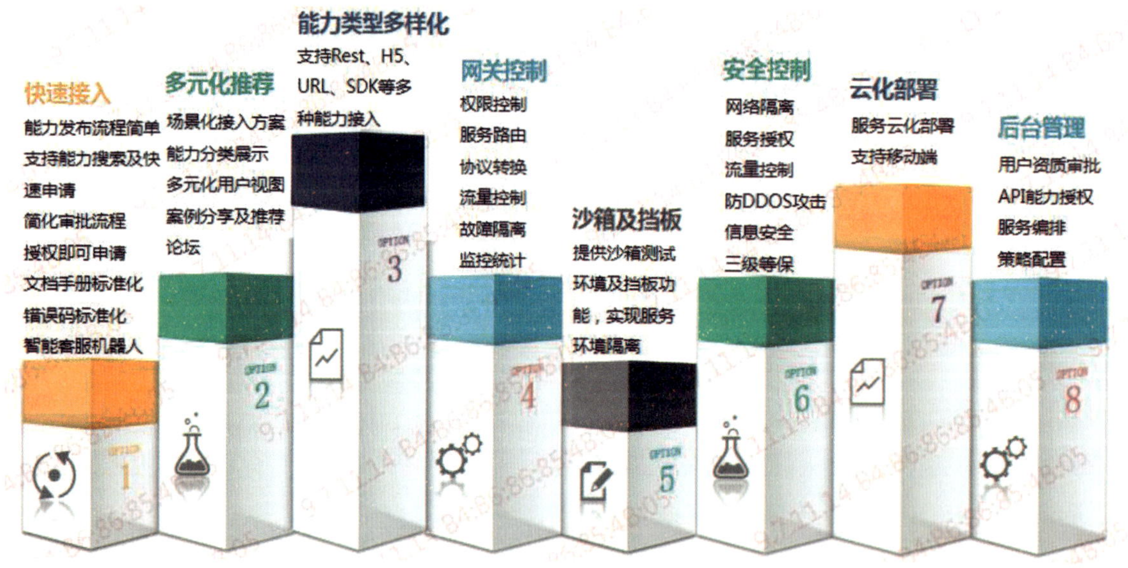

图 3　全流程的技术服务能力平台

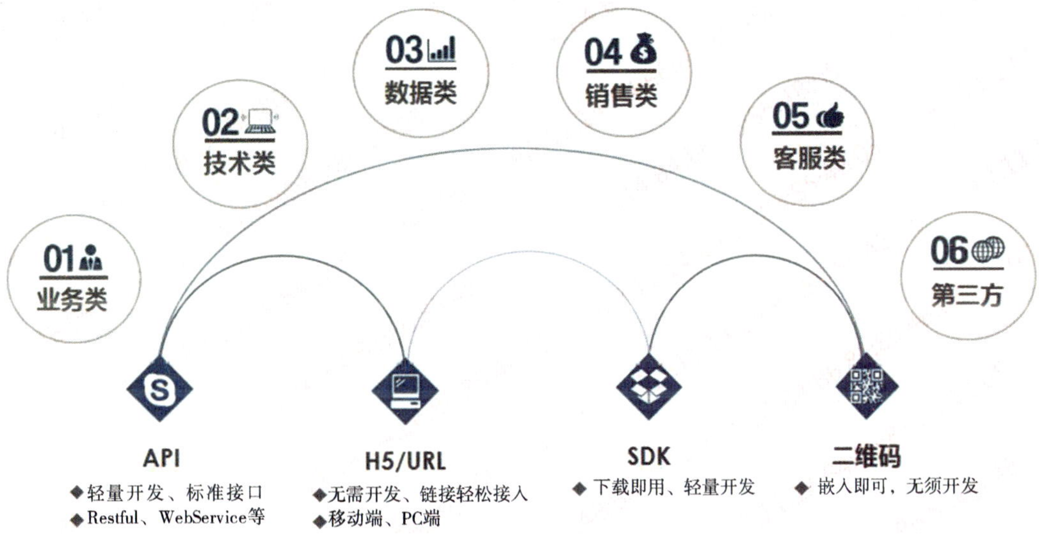

图 4　技术支持能力

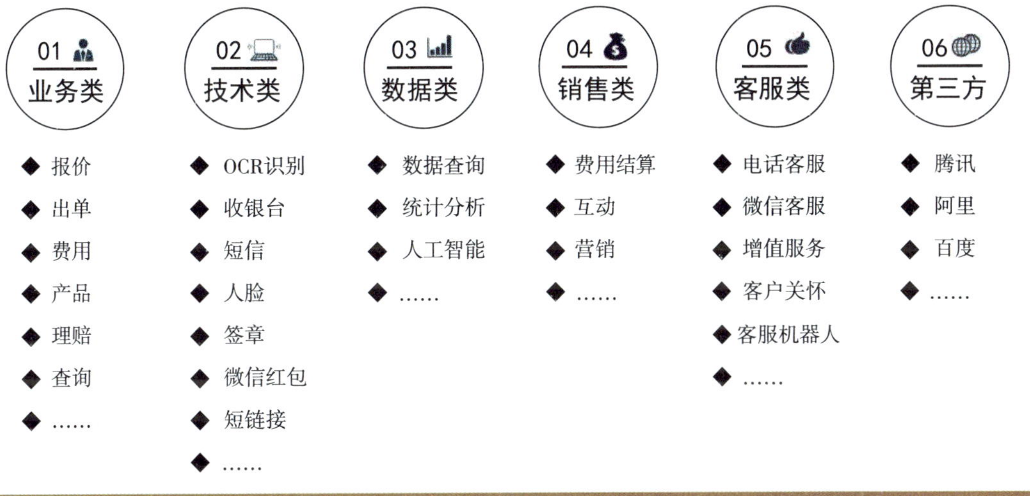

图 5　场景化能力

面向互联网合作伙伴，提供快捷、通用、先进的服务，包括 API、H5/URL、SDK、二维码等多种接入方式。满足不同客户群体、不同应用场景的服务接入需求。

（三）丰富的场景化能力

场景化能力如图 5 所示。

从场景化需求出发，抽象保险业务、技术服务、数据应用、销售支持、客户服务、引入第三方服务等多种场景化服务能力。

（四）服务全生命周期管理

能力上线流程如图 6 所示。

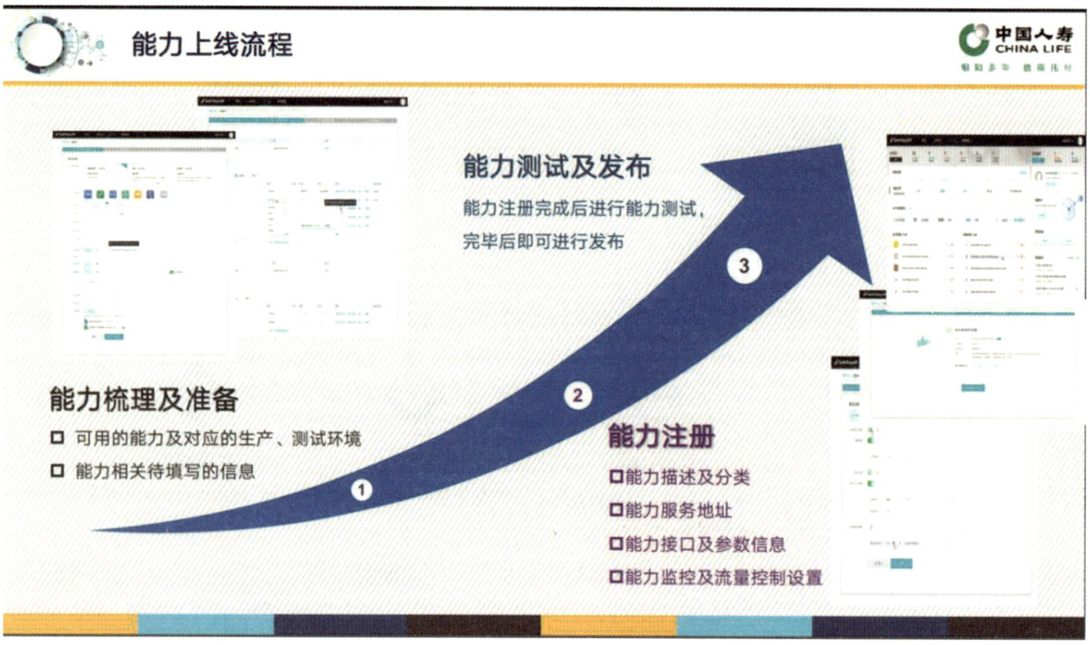

图 6　能力上线流程

以 SaaS 服务平台为建设目标，可以管理和发布总、分公司服务能力，引流第三方服务，同时为服务管理者提供全流程的服务管理能力，后续将进一步丰富服务计费及运营分析有关功能。

（五）用户全自助、便捷使用

能力申请流程如图 7 所示。平台介绍如图 8 所示。

提供自助式开发引导功能，支持开发人员自助学习和使用开放平台，快速实现服务对接，降低开发和实施成本。后续将提供在线客服机器人及智能运营服务。

（六）互联网接入安全

符合国家等保三级要求。采用公有云部署，对服务接入采用 OAuth 鉴权、动态 token、公私钥加签验签、信息加密、黑白名单等机制保证互联网接入安全，服务运行时采用动态路由负载、限流保护、服务升降级等安全机制保护后台服务，保证系统运行安全。

五、项目效果

开放平台按照先内后外、先技术能力后业务能力的建设思路分期上线。首先，将财险公司总部的技术能力开放给分公司，支持分公司特色业务的拓展，包括 OCR 识别、短信发送、人脸识别、电子签章、短链接、统一认证、企业微信等，并陆续开放业务类、数据类、销售类、客户类、第三方服务等能力。在这一过程中逐步优化平台功能，完善运营机制。其次，向财险分公司和人寿集团各成员单位开放保险服务能力，在集团内构建开放保险内部生态，实现资源共享、服务共建。最后，面向外部合作伙伴全面开放保险服务，嵌入到各类场景，实现一键触达、如影随形的中国人寿财险数字保险新体验。

图 7　能力申请流程

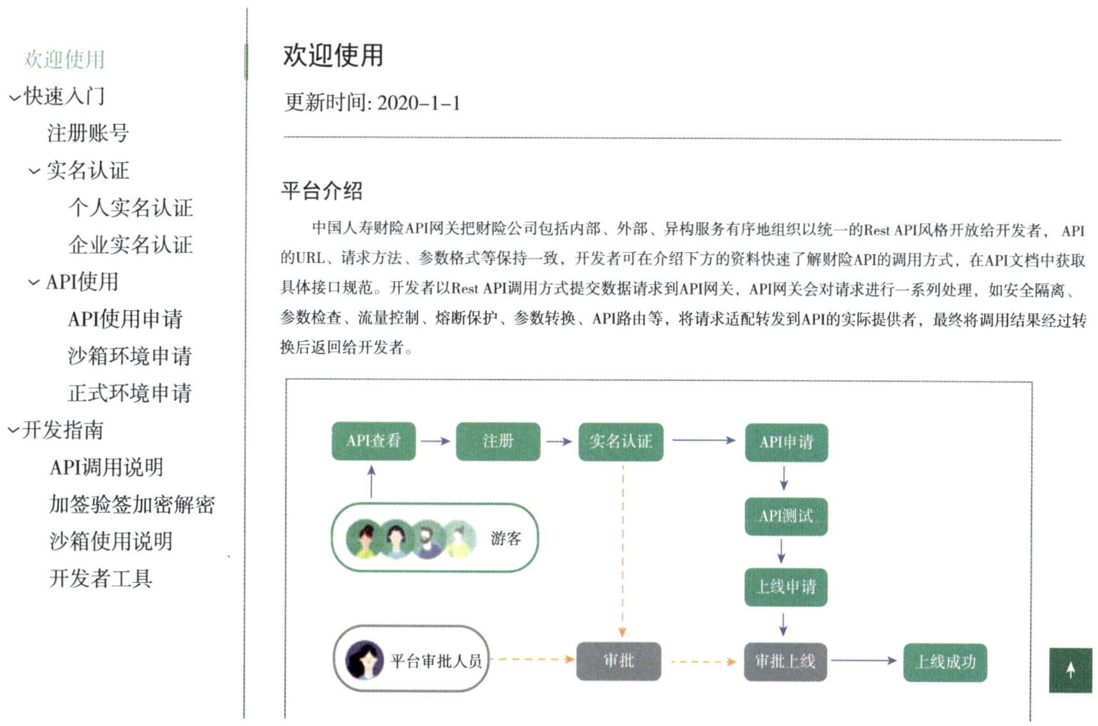

图 8　平台介绍

开放平台于2020年4月正式上线，现在处于内部运营阶段，已发布业务、技术、数据等各类场景化服务能力43项，支持财险各分公司自建应用和互联网应用快速接入使用。

分公司申请使用总公司服务能力由原来需要一周时间缩短到只需几分钟即可完成注册、服务申请、在线测试、上线申请，节约原有OA服务单提交和流转、网络权限的开通、代码开发联调的时间，有效提升总、分公司IT人员工作效率。截至目前，开放平台访问量累计已超130万次，日均访问量超过1万次。平台注册人数近百人，覆盖36家分公司信息技术人员。

同时，支持分公司利用平台对外部合作伙伴发布自建服务能力。2020年10月，根据行业发布的银保监发〔2020〕26号文要求，为满足互联网安全接入需求，API网关平台面向外部合作伙伴提供H5接入安全控制、API使用计费功能等，确保互联网保险业务接入安全可控。

六、总结

API开放平台上线运行后，基本实现预期效果。通过对现有服务能力进行整合优化，简化接入流程为分公司使用赋能，获得较好的评价。真正能做到“开放保险”，还有很多需要思考和改进的方面。

（一）场景化能力重构

开放平台是直接面向用户的，服务场景化重构需要对现有应用的架构、流程、功能进行全面梳理和抽象。不能简单地把应用接口发布上去，应该以场景化进行服务的整合和重构，真正以客户需求和用户诉求角度思考实现开放保险能力。在平台建设和运营过程中，建立标准化的对接流程，实现对外开放服务治理，才能真正提升开发者接入的使用体验。

（二）标准化产品和流程

保险业是一个强监管和严格合规的行业。产品差异大、流程场景复杂、合规审批流程复杂，都是制约保险更加开放的因素。如何能在符合监管政策和风险可控的前提下，制定出符合“互联网+保险”模式的标准化产品，便于合作伙伴快速接入，同时简化流程审批时效、提升对接时效，对传统保险公司内部的产品运营体制是很大的挑战。

（三）构建开放保险生态圈

API开放平台建设本着“开放、合作、共赢”的理念，不局限接入场景，无地区范围限制。通过平台的建设及能力不断丰富，实现互联网业务引流，同时丰富获客渠道、扩大客户触点；通过能力的开放吸引合作伙伴入驻，开发创新的应用；以丰富的新应用吸引更多消费者的使用。不断增加的合作伙伴和消费者形成正反馈，持续挖掘潜在业务价值，壮大产业链，形成开放共赢的生态圈，是未来业务融合与技术发展的趋势，具有很高的实用价值。

（四）平台收益潜能巨大

通过大量小B和C端的供应商接入，连接海量前端APP，触达更多潜在客户。同时，开放业务融入新的生态类场景，成为新场景一个紧密环节，丰富更多业务使用场景，转化更多真实客户，实现“新客户+新场景=新收益”。通过标准化服务进行对接，降低沟通和开发成本，无须人员提供贴身服务，大大提高对接效率。提供认证和计量服务，解决系统对外的安全和负载问题，为分公司应用能力发布提供支撑平台，规范　　内部信息化建设。

专家点评

中国人寿财产保险股份有限公司的探索数字保险线上新生态项目，把API开放平台建设作为数字化转型的重点。该项目具备完善业务引流、丰富获客渠道、扩大客户触点的优势，在解决外部接入网络安全问题、降低网络安全风险方面具有创新性。API开放平台不局限接入场景、无地区范围限制的特性使其具有非常广阔的未来应用前景，将API开放平台建设作为数字化转型的重点，有助于公司有效整合保险产业链上、下游资源，推动建设“开放保险”这一线上新生态。但同时，公司也应当注意规范内部合规和风险管理建设，在监管政策和风险可控的前提下，制定出符合“互联网+保险”模式的标准化产品。

中国人寿保单体检

◎ 中国人寿保险股份有限公司

一、项目概述

2020年，席卷全球的新冠肺炎疫情对保险业产生了前所未有的冲击，在疫情防控期间，面临线下业务开展受阻，线下职场无法复工复产等不利因素，中国人寿保险股份有限公司（以下简称中国人寿）发挥科技优势，聚焦线上化业务转型，催生了一大批线上展业、线上销售、线上服务等科技创新应用。在此期间，保单体检应运而生，秉承自主创新的业务理念，依托中国人寿数字化平台优势，整合线上、线下资源，通过AI能力与传统保险领域相结合，打造更敏捷、更便捷、更智能的线上服务，为公司高质量发展注入科技动能。

主要创新领域包括：一是依托大数据平台，智能分析客户家庭图谱，生成家庭关系矩阵，快速高效地为客户整理家庭保单，免去人工录入的烦琐，彻底解决客户保单遗忘、纸质保单遗失、保单信息不全等问题。二是基于AI建模，通过对险种保障责任进行拆分，系统可自动为客户生成家庭保障分布图，涵盖寿险、意外、健康、医疗等六大保障责任，同时为客户分析保障缺口，挖掘保障需求，生成保障报告，打造客户的家庭保障顾问，成为保险代理人的展业利器。三是利用腾讯的社交资源优势，以微信小程序、朋友圈助手功能吸引微信流量，结合客户标签萃取价值客户，实现精细化运营。四是为VIP客户打造“以家庭风险管理为导向，以家庭保障需求为核心”的智能化服务工具，通过客户专属的私人精算师服务，为客户提供家庭风险识别、量化和分析服务。

二、项目背景及意义

（一）项目背景

新冠疫情对全球范围内各个行业的冲击前所未有，尤其是大部分实体行业的线下业务，而对于高度依赖通过代理人当面拜访客户方式进行销售的寿险行业来说，冲击无疑也是巨大的。疫情面前，为积极响应国家“众志成城，抗击疫情”的号召，保险销售人员均封闭在家，无法出门拜访客户，进行面对面展业。疫情期间，作为一家有责任有担当的国有控股金融保险企业，中国人寿逆风领跑，为了能够不间断地为客户提供高质量的服务，先后解决了客户数据分散、客户信息难以有效收集、客户难以触达、客户体验不佳等问题，设计并上线了一款线上服务科技产品——保单体检。该产品的上线，是中国人寿科技赋能业务、数据助力销售、服务方式数字化转型的集中体现。项目组在公司的支持下，通过科技驱动业务流程改进，创新产品服务模式，实现了客群运营精细化和线上客户服务敏捷化，达到疫情隔离而服务不隔离的建设目标。

（二）项目意义

保单体检，聚焦业务流程的数字化和智能化转型，通过大数据平台以及 AI 建模技术，开创性地实现了一种将线下保单迁移至线上进行保单整理与保障分析的服务。不但彻底解决了客户纸质保单遗忘、保单缺失、保单信息不全等问题，而且打造了从智能分析客户家庭图谱，生成客户家庭关系矩阵，到对客户家庭的整体保障分布图进行绘制，分析客户及家庭保障缺口，挖掘客户保障需求，直至同步生成客户家庭保障分析报告的创新型线上服务流程。该应用彻底颠覆了以往通过纯人工进行客户保单整理的工作方式，解决了人工操作导致的诸多弊端，使得客户保障分析结果更准确，保障分析内容更专业，保障缺口挖掘更有效。保单体检，从根本上解决了保险销售环节中不可或缺但又是最费时费力的客户保障分析的效率与可靠性的问题，转变了业务流程，以科技推动保险销售的高质量发展，也为公司的高质量发展注入新的科技动能。

此外，保单体检结合腾讯社群运营资源及优势，提供全渠道的客群建设、服务运营、数据运营，在实践中取得了良好的效果，对于解决传统寿险行业的获客、客户转化和客户留存的难题，具有一定的行业通用性和示范作用。

三、项目重点解决的问题及主要创新点

（一）大数据助力家庭保单整理

依托数据，整合了大数据平台、数据服务平台、开放平台等多个系统的服务能力，智能分析获得客户家庭图谱，自动生成家庭关系矩阵，快速高效地为客户整理家庭保单，免去人工录入的烦琐，彻底解决客户保单遗忘，纸质保单遗失，保单信息不全等问题。项目组率先将保单服务深入家庭领域，从家庭关系、保费支出、保单查询到保障归类实现全链条覆盖，一个应用即可满足营销员的所有保单服务需求；将以往纷繁复杂的纸质保单整理操作完全线上化，保险代理人仅需简单的发起服务，在客户认证登录后，即可清清楚楚地看到关于该客户家庭的所有保单信息，快速架起客户与保险代理人沟通的桥梁。客户再也不用担心保单遗失，保单信息不全的问题，保单代理人则可轻松开口说保险，用专业的服务树立起公司职业保险代理人的形象。

（二）AI 建模完善家庭保障分析

在将保障责任划分为 6 大类 12 小类的基础上，项目团队历时 2 个月快速完成 400 余款产品的保障责任拆分工作。通过对险种保障责任进行拆分，系统可自动为客户生成家庭保障分布图，涵盖寿险、意外、健康、医疗等六大保障责任，利用 AI 模型，动态计算出每个家庭成员的保障建议值，从而得出个人的保障缺口与需求。

家庭保障分析模块，在家庭保单整理完善的基础上，一步到位地完成客户的现有保障解读、保障需求挖掘、生成系统的保障分析报告，进行险种推荐，定制化生成家庭保险配置方案，补足家庭和个人真实的保障短板，在真正意义上实现了整个生态闭环，帮助家庭弥补自己的保障短板。

（三）社交平台加速流量转化

保单体检服务打通了微信和云助理，通过搭建基于混合云服务的微应用，建立起了耦合增效的创新服务模式。一方面，利用腾讯的社交资源

优势实现新客引流，基于微信流量池进行社交裂变运营，构建以内容为核心的私域流量客群沉淀能力，对微信好友进行持续经营，自然而然的解决了将现有微信客户转化为价值客户的难点；另一方面，以智慧化、场景化的方式对云助理进行完善的图文、直播、长短视频等媒介资源布局，扩大潜在客户资源池，同时合理使用运营抓手实现客群的进阶转化，以优化增效的形式，对存量客户进行持续精细化的经营，提升专业保险代理人的服务能力。

（四）多技术结合实现家庭精算功能

针对 VIP 客户，打造“以家庭风险管理为导向，以家庭保障需求为核心”的智能化服务工具，通过客户专属的私人精算师服务，为客户提供家庭风险识别、量化和分析服务。该工具以精算技术为基础，结合大数据、人工智能、数学建模等技术，配合养老储备、家庭负债等专业算法模型，为客户提供精细化的家庭保障报告，成为客户的家庭精算师。精算功能的优越性在保单体检功能上得以精细化展现，每位客户的家庭关系、地区、家庭中担任的职能都会影响到客户的保障需求计算、理想保额的得出。家庭精算功能将精算服务深入千家万户，使得客户更精细化地了解家庭保障缺口，从而更好地进行家庭风险管理。

四、项目主要建设内容

（一）“AI＋线上”服务

保单体检服务成功地利用腾讯的社交资源优势，打通了云助理和微信之间的壁垒，通过搭建基于混合云的微服务，实现了耦合增效的创新服务模式，推进了客户转化。通过以微信小程序、朋友圈助手功能吸引微信流量，结合客户标签萃取价值客户，实现精细化运营。

1. 微信小程序，开拓线上保单服务。基于保单体检服务，项目组开发具有社交引流能力的微信小程序，以 B 端工具赋能 C 端体验，让客户在小程序中体验沉浸式的保单服务。同时借助“能量树”“步数王者”等小游戏储蓄微信流量池，并利用“国寿活动”“优惠券”“赠险”等运营手段实现客户群转化，以活动类、权益为主的手段，通过场景化的包装，优化完善互动体验，形成新客户引流和存量客户持续经营的运营体系，提供全面的精细化运营和 AI 能力。

2. 朋友圈助手，精准触达潜在客户。基于保险代理人的存量客户资源，项目组实现朋友圈助手功能，通过营销类、节日类、服务类等业务场景，为保险代理人提供丰富的资讯内容，在微信朋友圈全方位打造保险代理人专业和个人 IP 形象，形成以保险代理人为核心的潜在客户群。朋友圈助手集引流获客、数据分析、促进交易转化为一体，实现一站式的社交圈营销服务，扩大流量池入口，增强用户黏性，促进 P—A—C 类客户的进阶转化。

3. 客户标签，经营高价值客户。结合客户的星级标签，项目组实现了查看星级客户功能。该功能利用客户标签进行数据分析，通过分析结果反哺保单体检服务，增强了保险代理人自主服务的感知能力。保险代理人可通过该功能，甄选出价值客户群：对于星级较高的客户，主动发起保单体检服务，提升客户好感和信任，更好地维系核心客群，提升价值客户的变现效率；对于星级较低的客户，适当进行第二阶段的拓客，合理利用线上展业工具，提升客户服务效率，精细化培养，促进客群的进阶转化。

（二）“AI + 保单”管理

中国人寿是中国最大的专业化商业寿险公司，规模最大，客户最多，覆盖最广，50 年的深耕经营积累了 5 亿多海量客户和 21 亿多的巨量保单。通过建设大数据平台、内容云、实时计算平台等系统，实现了海量客户数据、保单数据、交易数据、关系数据的融合、归并、存储和管理。保单体检依托 AI 建模、大数据技术，快速高效地为客户整理家庭保单，免去人工录入的烦琐，告别人工录错的风险。

1. 保单整理，解读客户保单利益。保单体检可以对客户在中国人寿投保和被保的保单按照保单号、险种、、生效日期、满期日期、交费方式、交费日期等保单要素进行多维度全方位的归并，家庭保单明细一目了然，家庭保费占比清晰可见，家庭保单利益一清二楚，家庭保障分布尽收眼底。同时，支持一键归档打印保单整理表，方便营销伙伴协助客户对家庭保单进行全面审视检查，科学高效地管理保单。

2. 保单诊断，客户家庭保费支出提醒。保单体检的保单诊断功能可以对续收、临近满期、濒临失效等状态的保单进行智能提醒，向全国职场的保险代理人自动推送续收通知，保单代理人也可在我的续期收费清单中自助查询应收未收、即将失效、已收保单。对应收客户，系统通过 AI 建模得出客户交费难度，帮助保险代理人合理规划续收推进计划，建立保险代理人的专业品牌和口碑，提升客户体验和满意度。

3. 更多工具，全面保障客户服务。保单体检还提供多样化的可直接触达客户的工具，支持保险代理人根据实际业务场景需要向客户提供多样化的报告和实用工具，实现千人千面的精细化服务。保单权益，可让保险代理人查看客户的星级、保单、保费、生存金、满期金等各类权益数据；保障报告，可让保险代理人一键掌握客户家庭保障分布，还能支持生成 PDF 文件进行打印和随身展业；利益测算，可让保险代理人帮助客户演算已购买的理财年金保险的收益变化；加保空间，可让保险代理人查询自身能为客户全家追加的各类保障和保额；病种查询，可让保险代理人帮助客户查询已购买的健康类保险支持理赔的重疾、轻症、特定疾病的具体病种；每日成效推送，可让保险代理人查看本职场用保单体检服务的客户数量、出单客户数量和出单保费。

（三）“AI + 保障”挖掘

保单体检功能借助大数据、机器学习等先进技术，结合公司已有全部保单保障信息，从身故、疾病、残疾、医疗、养老储蓄、理财投资等方面对客户的保障情况进行综合建模分析，形成客户视角的统一保障视图，培养保险代理人根据保障雷达图、保障解读、保险配置方案形成可视化、可理解、可互动的服务进阶流程。

1. 保障雷达图，精准赋能保障分析。保障分析使用图表和数据的形式直观展现了目前整个家庭因为购买保险所得到的保障覆盖。基于大数据和 AI 建模等先进技术，统计得出全国各类人群的保障标准，基于模型动态计算出的保障标准，构建家庭和个人雷达图，直观且完整地呈现出客户家庭目前的保障程度以及保障缺口，匹配相似家庭的高中低三档保障配置情况，给出全家保障建议。对于保险代理人，雷达图可以有效提升保障分析效率。

2. 保障解读，智能推荐保障险种。保单体检对客户全家按照保障进行分层、分地域分析，客户可快捷方便地查询自身各类保障的已有保障额度、应有保障额度、所缺失的保障额度，以及客户自身保障在本城市同类人群的排名情况。系统会为每位客户计算保障得分，形成专业的六类保障解读。保险代理人可通过保障的风险分析结论，推荐给客户真正需要的保障产品，帮客户补足保障的短板，做好保障管理。

3. 保险配置建议书，科学完善家庭保障规划。系统针对保障解读中已有的险种推荐，自动生成客户全家的保险配置建议书。在建议书的家庭页面，展示了客户家庭保障建议的年交保费、每位家庭成员的推荐险种和首年保费等。在建议书的个人页面，分别按责任、险种维度，展示可以补足个人现有保障缺口的简要保障责任，客户还可以选择年龄来演示保障利益的变化。保险配置建议书打通了保单体检和建议书模块，帮助客户定制个人专属方案，科学地推进家庭整体保障的全面性和完整性。

（四）"AI + 家庭"精算

保单体检中的家庭精算，是以精算技术为基础，围绕家庭风险管理，以家庭保障需求为核心，运用大数据、人工智能技术、数学建模、家庭图谱、聚类分析等先进技术以及医疗支出算法、收入损失算法、赡养抚养算法、家庭负债算法、养老储备算法等专业算法模型，而形成的一款专注于家庭风险分析、风险管理的智能化服务工具。

1. 问卷调查，多元数据训练模型。结合经济学、保险精算学、风险管理学等专业知识库，通过采用客户认可的关键家庭背景信息，形成了八项家庭数据输入，协助客户进行家庭风险识别、风险量化和风险管理，为客户提供专业的家庭情况分析，进一步定制科学的家庭保障计划，用精算原理赋能销售。

2. 风险报告，个性化输出客户保障建议。基于线上化的智能精算模型，根据每位客户输入的家庭情况数据，通过严谨、专业、科学的模型计算，判断家庭整体和每位家庭成员的保障情况，极大地改变现有家庭保障分析模式，从而为客户带来专业的家庭风险识别与有效管理，为每位客户带来高质量的保险测算服务，将科学的保障需求带给千家万户。这是保单体检项目组和中国人寿总公司个险精算部门的大胆尝试与技术创新。

3. 家庭配置，准确获得家庭配置建议。AI建模技术的助力，让家庭精算可以根据已有数据得到家庭保险配置建议、重疾险配置顺序等。根据精算模型对通过问卷反馈的数据进行计算，基于中国人寿亿万级海量客户数据的分析对比，找寻类似家庭，比照现有保障和保障需求，得出家庭配置建议。通过将个人配置需求与家庭配置优先顺序相结合，得到最符合客户实际需求的家庭配置方案，为每个家庭送上最合适的保障。

4. 成交预测，标签化预测客户成交概率。通过大数据技术将客户家庭标签化，帮助营销员快速、全面、准确了解客户家庭全部情况。客户的特征标签可以体现该家庭类型，有利于帮助营销员参照类似家庭，提供合适的保障推荐模板去进行展业。另外，运用人工智能技术计算成交概率与目前最可能补足的保障缺口，并将客户成交可能性标签化，从而让营销员一目了然看出该家庭最需补足的保障短板，最后通过预测得到的可能性与可能额度，有针对性地推荐险种。这是营销员伙伴们展业的不二利器。

（五）"AI + 智能"顾问

在中国人寿保单体检保险测评报告页、私人定制流程页、保险计划书展示页、产品详情页等多个环节都可以找到与服务人员的同屏互动入口，进入后选择同屏讲解，即可与服务人员建立实时的视频联系，实现了类似于面对面的沟通效果。服务人员可以利用白板小程序帮助客户进行保障的解读、保险配置方案的优化设计和产品内容的讲解，客户不需要自己进行操作，也不需要露出自己的面容，只需要参与和服务人员的互动即可。

中国人寿保单体检同屏互动的功能实现了保险服务交互体验的升级，使保单体检变成了保险咨询服务过程中的新兴工具，优化了保险的服务流程，使用户的购险体验更加深入和生动。

五、项目效果

保单体检自上线以来，各分公司营销员积极响应，它开创的线上保单体检服务模式，建立保险代理人和客户的沟通桥梁，得到了各分公司的积极响应和广泛好评。

从服务使用来看，服务上线仅仅半年，累计已有36.5万名保险代理人使用保单体检，出单营销员达到20万人。

保单体检首次深入家庭领域，面向中国人寿5200万个客户家庭提供保险服务。据统计数据显示，截至目前，保单体检为130万个客户家庭完成了近214万次保单体检服务。其中，长险出单件数为30万件，长险出单保费38亿元，短险出单件数38.7万件，出单保费1亿元。由此可以看出，保单体检不仅是对长险的销售起到了决定性的推动作用，同时也通过线上的智能保单整理方式，大大增加了短险的销售量。

从服务成效来看，在36.5万名使用保单体检的营销员中，有20万名成功出单，出单营销员占比高达54.8%。出单客户数为31万户，出单客户覆盖率高达23.8%。这也就是说，平均每3.3次保单体检服务即可促成一次出单，有效地提升了营销员的拜访效率。因为保单体检的上手快、门槛低等特点，可以同时满足营销精英和新人伙伴两类人群，尤其是对新人营销员的营销展业给予支持，有效地提高了营销员的展业技能和服务水平，带动业绩提升。

在全国上下严防疫情的关键时期，中国人寿数据中心发挥科技优势，赋能线上经营，用保单体检服务支持保险代理人居家展业，足不出户为客户整理家庭保单。在新疆7月疫情期间，新疆分公司迅速行动，保险代理人依托远程视频、同屏讲解等辅助工具，对客户进行线上拜访和服务。从封闭开始保单体检的活动量一路猛增，累计服务客户24万名，日均服务客户高达1.7万名，有力支持了线上业务经营。随着活动量的增加，保单体检的长单保费也持续上升并突破新高，8月4号当日保单体检的出单保费甚至达到将近100万单，跟7月初的业绩相比较，前者日保费是后者的近五倍。

六、总结

保单体检开创了线上展业服务的新方式，加速推动了公司客户服务数字化转型。依托灵活的数据与资源，中国人寿持续丰富扩展基于数字化平台的科技金融生态。疫情终将过去，但整个社会数字化进程的步伐不会停止，反而会在经历了此次疫情的阵痛后变得越来越快。为积极融入数字化转型的大潮，在群众健康保险意识不断增强的后疫情时代更好地满足群众需求，中国人寿将继续加速推动公司经营的全方位数字化转型，不断创新商业模式，谋求与探索更高效率、更优质化的客户服务形态。

专家点评

中国人寿保险股份有限公司保单体检项目，聚焦于业务流程的数字化与智能化转型，创造性地实现了线上保单整理服务。该项目通过大数据平台以及AI建模技术，实现了线上服务、保单管理、保障挖掘、家庭精算以及智能顾问五大核心功能。保单体检项目搭建了投保人与保险代理人联系的有效渠道，这将有助于缓解传统寿险行业在获取客户、客户转化和客户留存上的困难，从而有效提高保险营销展业人员的展业技能和服务素养，最终推动营销展业人员业务效率的提升与保费的增长。中国人寿的保单体检项目反映了公司正积极地融入数字化转型的大潮，具有一定的行业通用性和示范作用，值得推广。

中宏人寿智能保顾

◎中宏人寿保险有限公司

一、智能保顾概述

智能保顾的上线是中宏人寿保险有限公司（以下简称中宏人寿）迈出以科技创新提升智能保险营销服务体验的重要一步。与以往主要依赖销售人员经验进行产品推动的销售模式不同，中宏人寿智能保顾为客户提供行业领先的全方位智能保障需求分析体验，以科技创新驱动服务模式升级。系统具有自主研发的大数据分析智能模型，结合精算因子，涵盖人身保障、健康保障、儿童成长、养老规划四大板块，全面评测客户及家庭的潜在风险和保障需求，更有个性化定制需求分析报告，以及相似客群的保障配置，打造全新智能保险营销服务体验！作为深耕中国市场20余年的国内首家合资寿险公司，中宏人寿的目标是成为中国领先的健康和养老专家，拥有一支高标准高水平的精英营销员团队一直是中宏人寿的突出优势之一。而智能保顾这一智能保障需求分析工具的推出，也将推动产品销售为主的客户互动方式向需求导向转变，大力协助营销员团队更好地为客户及其家庭提供长期、动态、全面的财务管理和规划服务。在以场景化、数据化、智能化为特征的保险新时代，智能保顾的推出成为中宏人寿以科技创新赋能营销员团队，为客户提供行业领先的智能保障需求分析体验的又一新举措！

二、智能保顾背景及意义

近年来，我国国民的保险意识逐渐增强，整个保险业保持着稳中向好的趋势，原保费收入、保险深度和保险密度在近五年均呈不同程度的增长。保险业的发展也进入了以场景化、数字化和智能化为特征的保险3.0时代。如何打造智能营销服务体验，以科技驱动销售服务升级，逐渐进入各家保险公司的视野。随着大数据、云计算、人工智能等前沿科技越来越多地被应用于保险业的多个领域，智能保险需求顾问的概念也应运而生。

中宏人寿智能保顾项目计划通过设计一款智能保险需求分析产品，为客户提供行业领先的全方位智能保险需求服务体验，从人身保障、健康保障、儿童成长和养老规划角度出发，全面评估客户及其家庭的潜在保障需求，给出个性化定制保障需求分析报告并提供专属保障方案。

项目对外旨在洞察客户需求、优化客户关系、提供智能服务、推广品牌价值，对内则着眼于提升研发水平、锻炼团队能力，促进销售服务模式升级，进而为客户提供更优质的保障与服务。

三、智能保顾重点解决的问题及主要创新点

开发一款能够为家庭各个成员提供全方位保

障建议的移动智能顾问产品，是中宏人寿智能保顾产品的创新方向和最终目标。为了充分发挥公司在技术开发方面的优势，本产品采用自主研发的形式，设计并开发以下计算模型：

1. 需求分析模型，由数据分析团队和精算团队联合自主研发。

2. 客户分群模型，由数据分析团队自主研发。

3. 相似客户购买模型，由数据分析团队自主研发。

4. 客户端风险测评模型，由数据分析团队自主研发。

中宏人寿技术部门自主研发了在计算模型的基础上主导的公式引擎，将模型信息高效率的转化为可用结果，生成个性化用户报告。

最终产品系统将包括以下两个主要场景界面：

1. 营销员端。在此场景下，产品系统将由营销员操作，帮助营销员为客户进行专业的需求分析，提供全面的智能保障方案，生成个性化的需求分析报告，从而辅助营销员快速专业地为客户制定保险规划。

2. 客户端。在此场景下，中宏人寿现有客户和潜在客户将获得一个以“智能保险顾问”为切入点的流量入口。通过客户的自助操作，智能保顾系统可为客户提供覆盖个人及家庭的全面保障建议，唤醒客户及家庭的多元保障需求。

为了充分满足以上两个主要场景下的使用，智能保顾突破了很多原有的技术难点，采用了创新手段，包括：采用自主研发的计算模型，引入公式引擎进行开发，同时为产品专门设计自动化测试脚本。公式引擎以高效计算引擎 FEL 为基础搭建，以提高公式执行效率和便捷公式管理。自动化模型测试采用 Python 编写自动化脚本，并采用分层设计的方案，引入数据驱动思想，从而提高模型测试的可维护性和可扩展性，最终提高产出效率。

四、项目主要建设内容

（一）计算模型

从人身保障、健康保障、儿童成长、养老规划四方面，分别分析风险敞口及建议储备金额。在模型计算中，加入了生存率精算因子、通货膨胀率、收入增幅、投资收益率、存款利率、社保缴纳状况等动态因子。计算逻辑如下：

人身保障风险敞口，为若本人或配偶遭遇风险，家庭未来总支出与未来总收入之间的差额。其中，未来总支出包含了家庭的日常生活支出、子女抚养及教育、贷款债务、赡养父母等方面的开支，未来总收入包括预计人身风险发生时的家庭收入水平。

健康保障风险敞口，包含了住院、意外、重疾等方面的预计治疗费用，以及可能因罹患重疾带来的收入损失。

建议儿童教育金金额，包含子女各个教育阶段的学费、辅导、兴趣才艺等费用，同时综合考虑通货膨胀等因素对子女教育费用进行估算。

建议养老金储备额，为退休后预期总支出与退休后预期总收入的差额。其中，退休后总支出基于期待的养老生活水平计算，退休后总收入包括社保收入等。

（二）公式配置引擎

长久以来保险业存在大量的由强依赖关系的数学公式组成的计算模型。由于计算模型的逻辑复杂，相关性强，在模型信息化过程中，一直存在公式、管理困难、公式执行效率低下的问题。

由于以上问题的存在，项目组计划将主要的研究精力放在寻求提高公式管理的便捷度和公式的执行效率的方面。在此目标下开发的公式引擎将致力于灵活的公式配置功能，包括公式字段配置、公式条件配置、公式间依赖配置等，并做到公式自动执行、公式执行结果收集。公式引擎通过梳理和分析，将复杂的业务计算模型拆解为数百个公式，从而提高执行效率。

本产品的公式引擎计划以高效计算引擎 FEL 为基础搭建。FEL 是指一种可配置的计算公式引擎系统，同时也可指代与之配套的高效计算流程方法。其设计目标是为了满足不断变化的功能需求和性能需求。

FEL 的设计具有开放性，引擎执行通过可替换的函数实现，执行中的多个模块都具有扩展性和替换性，操作简单而且十分灵活。此外，FEL 配有双引擎配置，同时支持解释执行和编译执行，将表达式编译成字节码，生成可以扩展和替换的 java 代码，并根据性能要求选择执行方式。从而达到高效的公式执行效率和便捷的公式管理的目的。

（三）微服务架构

微服务架构（Microservice Architecture）是一种架构概念，旨在通过将功能分解到各个离散的服务中以实现对解决方案的解耦。微服务架构相比传统架构具有以下优势：

1. 更高的效率。应用进行微服务化后，规模和体积变得更加轻量级，在编译、打包、分发、部署等环节节约了时间，开发上效率得到提升。

2. 更高的质量。微服务应用面向持续集成友好，自动化编译、单元和集成测试用例执行和回归，提高应用整体质量。

3. 更强的稳定性。当应用大而全时，往往牵一发而动全身，其中一个服务出现问题，整体出现牵动效应，整体稳定性得不到保证。经过微服务化后，应用由原来的服务内部组装到服务自由组合，一旦关联服务存在问题，整体应用可以采用选择性地降级或熔断等措施，待问题服务恢复，一切照常执行。

4. 更高效的运维。微服务应用具备自动化编译、打包、分发、部署和运维的能力。传统的应用不但需要开发，还需要测试和运维人员，微服务应用实现后，将理想化的全栈（Full - Stack）工程师变为可能。

5. 更好的成长性。微服务能够更好、更快地适配新技术，比如目前流行的 Apache Kafka。而工程人员需要接触新的技术，为未来可能的技术选型做好准备。

目前我们将服务拆分为 6 个微服务，分别为计算引擎微服务、数据同步微服务、异步任务微服务、报告打印微服务、服务注册中心微服务、服务网关微服务，通过容器化为后续项目实施 DEVOPS 管理打下基础。从而提高开发效率，提高应用整体质量，也为未来系统的进一步发展做好准备。

（四）自动化测试

首次计划在中宏人寿智能保顾系统项目中使用自动化模型测试。

自动化模型测试将采用 Python 编写自动化脚本，并采用分层设计的方案，引入数据驱动思想，从而提高模型测试的可维护性和可扩展性，最终提高产出效率。

自动化测试模型将分为数据层、业务层、功能组件以及输出层。在数据层进行配置管理和数据源管理；在业务层进行业务组件封装及业务流拼接；在功能组件层对封装方法进行管理；在输出层进行测试报告的收集和日志的导出。

自动化测试模型引入数据驱动思想，将配置信息、测试数据源完全独立出来，从而实现不同数据场景同一脚本覆盖执行。例如：根据是否执行字段的值，自动判断是否需要执行，PASS 和 No 值的每次不执行；有子女信息和无子女信息自动识别并选择是否填写。根据这些不同的数据场景自动去判断是否填写、是否执行，可根据配置信息驱动脚本按照预期逻辑运行。

由于自动化测试模型的框架引入了数据驱动的思想，在调整测试范围时，可通过 SQL 信息配置直接调整，无须脚本修改，大大提高了运维效率。

五、智能保顾效果

中宏人寿智能保顾从人身保障、健康保障、儿童成长和养老规划出发，评估客户的保险需求并提供解决方案。智能保顾项目对于公司通过科技赋能进行销售流程升级优化，营销员提升专业能力，客户科学选择适合自己的保险产品，都有重要的作用和意义。

如今，中国保险业正逐步向数字化和精细化发展模式转变，科技创新已成为保险业发展的重要驱动力。在以场景化、数据化、智能化为特征的保险新时代，智能保顾的推出成为中宏人寿以科技创新赋能营销员团队，为客户提供行业领先的智能保障需求分析体验的又一新举措！

智能保顾这一智能保障需求分析工具的推出，将推动产品销售为主的客户互动方式向需求导向转变，大力协助营销员团队更好地为客户及其家庭提供长期、动态、全面的财务管理和规划服务。在帮助营销员、提高约访成功率、向客户直观展示保障需求、为老客户进行保单整理、提升自身专业形象、助力新人招募等多方面都有积极的作用。

对于客户而言，市场上纷繁复杂的保险产品和专业难懂的保险合同条款，让大多数人在进行保险购买决策时都无所适从。智能保顾直击客户购买保险时决策的痛点，解决“需不需要买保险”“买什么保险”“买多少”三大问题，可以根据客户自身的实际情况智能测评保障需求，提供专属的个性化保障建议方案。

中宏人寿智能保顾系统发挥了公司在保险精算、数据分析、技术开发方面的优势，同时通过本项目的研发，也进一步提升了公司研发水平，锻炼团队能力，提高团队效率，为未来向客户提供更优质更智能的线上服务打下坚实基础。

六、总结

保险业面临着两大趋势：科技驱动创新和客户行为加速线上化。

一方面，科技驱动一直是近年来保险业发展的主旋律之一，科技创新也是未来各家保险公司的核心竞争力之一。在各种科技创新之中，大数据和人工智能近年来逐渐应用于保险公司的各个业务环节，给保险公司创造巨大价值。

智能保顾系统中，自主研发的智能需求分析模型以及相似客户保障配置建议模型都是建立在大数据的基础上，并跟随时间的变化进行更新迭代，从而保证可以提供科学专业的保障建议方案，帮助客户唤醒保障需求，为公司持续创造价值。其中，计算模型需要持续优化迭代，以便能为客户提供更准确的数字化服务。

另一方面，近年来随着互联网和电商的发展，客户的数字化接受程度已经越来越高。虽然保险业大多数客户还是喜欢通过面对面沟通购买保险产品，但是在非常时期无法面对面沟通时，客户希望从有接触改为无接触、从面对面沟通改为网上云沟通。因此，提供全面线上化服务是保险公司未来 2 ~ 3 年的重要发展趋势。

智能保顾客户端——宏小智通过在线自助测评，客户留下联系方式寻求专业解读，进而营销员主动联系跟进的方式，为客户提供全流程在线化的体验。

智能保顾顺应了科技驱动创新和客户行为加速线上化两大趋势，未来将有广阔的应用前景。

专家点评

中宏人寿保险有限公司的智能保顾项目，致力于全面评测客户及家庭的潜在风险和保障需求，为其提供精准的保险产品与服务。该项目有利于公司从人身保障、健康保障、儿童成长和养老规划角度出发，全面评估客户及其家庭的潜在保障需求，为客户定制个性化保障需求分析报告并提供专属保障方案，顺应了保险科技驱动创新、客户行为加速线上化两大行业发展趋势。在当前各类保险公司以及保险比价平台纷纷入场智能保顾领域的背景下，公司应当加快推进该智能保顾项目的建设速度，使得该项目尽快落到实处，与此同时，在研发过程中需要关注数据获取难、产品库难以丰富、变现难以及前期投入成本高等问题。

交银康联人寿健康服务管理生态圈项目

◎ 交银康联人寿保险有限公司

一、项目概述

《“健康中国2030”规划纲要》提出：发展基于互联网的健康服务，鼓励发展健康体检，咨询等健康服务，促进个性化健康管理服务发展，培养一批有特色的健康管理服务产业，探索推进可穿戴设备、智能健康电子产品和健康医疗移动应用服务等发展。《促进健康产业高质量发展行动纲要（2019—2022年）》提出：增加新型健康保险供给；促进健康保险与健康服务融合，支持健康保险公司开展基于互联网的保险服务，发展健康数据管理业务，提高精细化管理能力。

寿险公司作为健康医疗保障领域的重要服务提供商，更需要响应时代的变化，积极探索如何从事后理赔服务向主动健康服务管理模式的转变，承担起预警以及引导鼓励民众养成良好健康管理习惯的社会责任。

交银康联人寿保险有限公司（以下简称交银康联人寿）从成立以来一直持续深耕健康保障领域，凭借多年积累的风险保障大数据和健康管理的经验，以及对疫情之后大众健康保障需求的全面调研和深刻理解，决定全面打造睿康家园健康生态圈项目。睿康家园项目基于微信公众号开发，针对企业和个人社群，具有健康管理、健康咨询、就医安排、视频问诊等一系列健康服务功能，是交银康联人寿构建公司“保险+医疗+科技”健康生态圈的战略规划的重要举措之一。

二、项目背景及意义

（一）健康风险增加呈年轻化趋势

在环境污染、饮食安全、工作生活压力及不良生活习惯等各种外部因素的影响下，民众所面临的健康风险日益增加，呈现出年轻化的趋势。例如：近年来，越来越多的“80后”甚至“90后”发生甲状腺癌。保险公司特别是寿险公司，作为健康保障的供应商，更需要持续关注民众的健康现状，承担起预警以及引导鼓励民众养成良好健康管理习惯的社会责任。

（二）满足民众对于健康管理服务的需求

随着物质文化生活水平的不断提高、收入水平的提升、健康管理意识的不断增强，民众对于健康管理服务的需求也不断增加。现在，不仅仅是高收入人群会关注健康管理，越来越多的普通家庭对于健康管理的关注程度也在不断提高。打造高性价比的“健康保障+健康服务”的健康生态圈，将能很好地贴切健康管理市场的需求。

（三）保险市场转型发展的动力

目前保险市场上产品同质化严重，除价格外，优质的健康管理服务也将成为被客户选择的重要原因。根据市场调查显示，客户在选择保险产品的时候，已经从原来的仅仅关注价格转变为更多的关注附加服务方面。

三、项目重点解决的问题及主要创新点

睿康家园健康生态圈，将科技运用到主动健康管理中，目前项目已形成从预防、治疗到医疗保障全场景的健康管理体系，逐步打造完整的健康生态圈。在此基础上，交银康联人寿也在思考利用大数据，建立客户的健康信用评分，使用人工智能算法，打造客户健康标签体系，为后续次标体、慢性病在线投保提供大数据依据。见图1。

（一）科技＋全场景的健康管理体系

通过移动互联、大数据等技术，搭建了从预防、治疗到医疗保障全场景的健康管理体系。

1. 预防。主要是健康咨询，以健康预防、引导和鼓励客户健康习惯培养为主。在逐步了解到客户的阅读以及关注点后，通过算法实现千人千面，在合适的时间点给不同的客户推送不同的健康资讯。通过健康打卡、送积分等形式，引导和鼓励客户养成健康的生活习惯。

2. 治疗。与第三方医疗机构合作，利用敏捷的开发方式，快速实现系统对接，客户可便捷的享受视频医生问诊服务、三甲医院医生图文咨询、专家门诊的预约挂号及住院安排的全流程服务，解决客户看病就医的后顾之忧。

医疗保障。一键移动理赔，通过上传影像资料即可实现快速理赔，做好客户的经济保障。

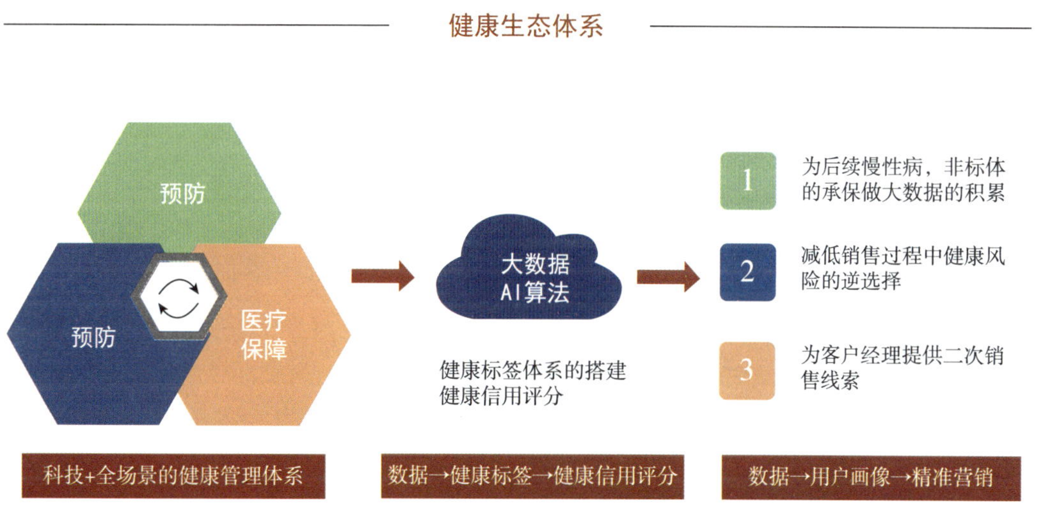

图1　睿康家园健康生态体系

（二）客户健康信用评分和健康标签体系的搭建

受保险交易本身特点的限制，保险公司的客户标签、客户画像最难之处在于数据的采集，特别是缺少高频的客户交互数据。通过健康管理服务，可有效地增加与客户的高频互动，引导和鼓励客户养成良好的健康习惯，与客户一起做好健康管理。通过大数据的算法，可将此部分健康数据转化成客户健康标签，丰富客户画像的标签体系。

（三）为后续慢性病、非标体的承保做大数据的积累

因为健康风险增加的年轻化趋势，如果仍一味按照之前的核保规则进行承保，很多“70 后”“80 后”都将不能标体，甚至不能购买保险。其实随着医疗条件的升级，以及大众对于自我健康管理意识的增强，一些之前不能承保的慢性病（如糖尿病），或者需要以次标体承保的客户，在有健康数据支撑的情况下，以及有健康管理服务的前提下，也能逐步纳入可被承保范围。

（四）减少健康风险的逆选择

对于一些健康管理做得比较好的客群，通过大数据的精算费率厘定，可以考虑以优质体的费率进行承保。这样可进一步鼓励客户积极做好健康管理，同时也增加公司在市场上的竞争力。

（五）为客户经理提供二次销售线索

通过对客户在健康管理服务中的触点信息进行大数据分析、算法研究，从中提炼出销售线索，系统对接客户经理的客户管理平台，让客户经理全面掌握每一个客户的最新动向，及时跟进并提供服务，在提升客户满意度的同时提高客户二次加保概率。

四、项目的创新点

（一）产品创新，定制服务

睿康家园健康生态圈是基于大数据的健康管理创新升级产品，在原有产品保障的基础上与健康管理深度融合，为客户提供“千人千面”的保障方案。这些定制的保障方案性价比高，能满足不同消费层次客群的需求。

（二）医疗共享，温暖服务

依托与互联网健康服务机构达成的战略合作，为客户及其家庭成员提供健康保障闭环服务，实现预防、治疗、康养全流程的健康管理服务升级。

（三）科技赋能，一键服务

睿康家园健康生态圈运用 AI 科技，打造了“一站式”的睿康家园健康管理平台，将产品、服务、系统进行平台化的管理，以客户便捷体验为目标实现了“一键服务”“一键理赔”，并且客户可以一键联系到自己的专属服务人员，极大提升了服务的便捷和客户的体验。

五、总结

睿康家园上线 2 个多月，已经有 4 万名多客户加入了睿康家园健康生态体系中。目前睿康家园快速完成了一期的功能，还在不断的迭代升级中。后续继续发展和探索的方向：

（一）服务进一步升级

通过接入可穿戴设备，采用实时数据传输的方式，获取用户健康数据，从被动的客户上传健

康或运动数据到主动的通过穿戴设备获取客户的健康行为数据，更好地进行健康管理服务。客户身体健康，公司减少理赔风险。

（二）增加特色服务

在现有服务的基础上，增加专门针对儿童、妇女的特色服务，与市面上其他健康服务管理相比，进一步进行差异化经营。

睿康家园健康生态体系的建设，集合了“保险 + 医疗 + 科技”，开启公司健康服务管理的新篇章。

专家点评

交银康联人寿保险有限公司的健康生态目针对企业和个人社群，提供健康管理、健康咨询、就医安排、视频问诊等一系列健康服务功能。在健康风险呈年轻化趋势的时代背景下，该项目满足了民众对于健康管理服务的需求，提供更多精准的附加健康服务，具有一定的社会意义；该项目将保险产品与健康管理服务深度融合，为客户定制健康管理服务，同时，建立预防、治疗、康养全流程的健康管理服务体系，具有一定的创新性。在全面大健康的浪潮下，交银康联人寿应当加快该健康管理服务生态圈的建设进程，加快产品的更新迭代速度，用更多细分的特色健康管理服务和优质健康管理服务提升自身的竞争力。

友邦人寿“智能服务一体化”打造立体化全方位服务新生态

◎友邦人寿保险有限公司

一、项目概述

为优化整合线上线下服务资源，改善客户服务体验，友邦人寿保险有限公司（以下简称友邦人寿）以创新视角打造“智能服务一体化平台项目”，建立了包含 AI 在线服务机器人、AI 语音外呼机器人、智能在线服务平台、智能知识库、智能数据大屏、智能风险监控平台在内的面向内外部客户的全方位、立体化的服务闭环。前端以“AI + 人工”服务模式为客户提供高效优质服务，助力营销员从“保障专家”成长为“健康管理伙伴”。中端利用智能预警工具实现服务数据整合及风险监控，提供服务资源管理支持。后端运用海量交互数据及智能分析手段、风控模型，实现对公司各服务触点的全方位风险管控，反哺至服务前端，进一步拓展服务应用、提升服务能力。见图 1。

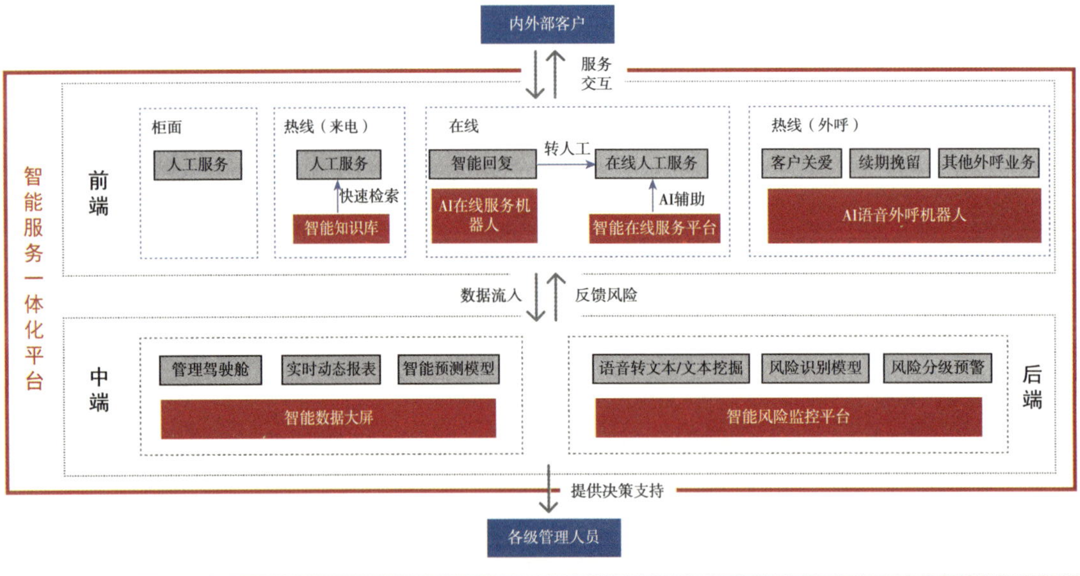

图 1　智能服务一体化平台

二、项目背景及意义

移动互联网和智能科技的普及改变了人们的日常生活方式和节奏，受此次疫情影响，客户对线上服务的需求急速增长，为金融保险业带来了巨大冲击和全新挑战。同时，新科技的日益成熟为保险公司带来与客户建立更为紧密互动的新机遇。建立线上服务新生态已成为传统保险业寻求进一步突破的大势所趋。

友邦人寿始终致力于“科技驱动领先优势”，旨在通过先进技术更深入了解客户，为客户提供更便捷、更优质的解决方案，更好地赋能渠道和营销员。随着机构规模扩张及业务迅速发展，公司内外部服务需求急剧攀升，对公司服务能力提出了更高的要求。如何将公司数字化转型战略落地于销售支持及客户服务端、有效解决业务增长和服务资源匹配不足的问题，已成为提升公司核心竞争力的关键之一。

三、项目重点解决的问题及主要创新点

智能服务一体化项目经过不断的尝试和创新，深化应用智能科技，构建了一套完整的智能服务解决方案。

1. AI 在线服务机器人小友打破了传统人工服务的诸多局限性，对接公司各服务平台，为内外部客户提供 7 × 24 小时全天候、零等待、标准化在线服务。此外，小友作为营销员伙伴的智能服务管家，不仅满足了营销员随时随地查询业务知识及信息的需求，还帮助营销员利用碎片化时间强化学习，推动营销员提升业务水平和服务品质，为客户提供更优质的服务。

2. AI 语音外呼机器人小邦弥补了在线服务被动等待客户的短板，主动挖掘客户需求提供关爱服务，大大提升了公司续期挽留和客户关爱外呼覆盖率，有效填补服务资源缺口，进一步深化“AI + 人工”服务模式。

3. 智能在线服务平台实现了智能与人工服务无缝对接，服务前端由智能服务机器人解决内外部客户简单咨询，让客户充分感受智能服务的高效便捷，如遇复杂或个性化的咨询或服务需求，客户可以要求转由人工客服跟进处理，享受专业、优质的专属服务体验。同时通过 AI 辅助功能及智能知识库，为人工客服提供在线实时支持，提升服务效率。从而以人工智能替代简单工作，驱动人工服务向价值服务转型，进一步优化服务资源，以科技赋能业务，助力品质发展。

4. 智能数据大屏与智能风险监控平台的建立，标志着公司在 AI 预警和服务风控模型的建设中迈出了从 0 到 1 的关键一步。平台对来源于公司各个服务触点的数据进行整合与分析，从客户体验角度及时甄别服务全流程中的风险，大幅提升服务预警及风险防管能力，成为公司服务端的风险管控卫士。

四、项目主要建设内容

（一）打造全方位零距离沟通平台

作为交互型人工智能，AI 在线服务机器人小友在与内外部客户交互过程中使用自然语义理解技术，通过上下文判断用户意图，生成结构化的语义表达式传给对话管理模块，经智能分析后向后台问答库获取答案并回复用户，同时还布设了多种特定场景和多轮对话来实现更准确的应对。小友还将日常客户交互记录数据化，利用深度学习、数据挖掘等智能手段优化模型精度，尝

试捕捉并预测客户潜在需求，持续反哺至服务前端。

（二）提供千人千面的语音关爱服务

AI 语音外呼机器人小邦通过智能外呼管理平台实现智能批量外呼，拨打策略灵活、丰富。在与客户交互过程中使用自然语音识别、自然语言处理以及语音合成技术，高效构建语音交互框架，语音、语调及沟通内容高度拟人，为客户提供智能友好、千人千面的语音交互服务。依托对实际应用场景中客户服务诉求的深入挖掘及分析，小邦针对语音交互过程中客户提及的各类问题，结合后台知识库及语义交互进行迅速理解，瞬时响应客户在回访过程中的多意图、个性化服务需求。此外，对于交互中客户所表现的属性偏好及行为轨迹，小邦还可以利用机器学习等技术手段实现智能分析，输出客户画像，为每位客户定制个性化的外呼服务策略。

（三）加速服务模式转型

智能在线服务平台以智能问答库为依托，为人工坐席提供 AI 辅助功能，提升人工服务效率，同时实现了对人工服务坐席的标准化管理，整合了内外部客户的全部服务交互数据，深化驱动“AI + 人工”的智能服务新模式。

智能知识库作为完善的知识学习和查询工具，为一线服务人员提供快速而可靠的知识及规则查询支持，同时也为后续企业级知识库的建立打下坚实的基础，成为公司内部知识传承的载体。

（四）建立智能监控驾驶舱

作为前端“AI + 人工”服务模式的强力后盾，智能数据大屏利用多种预测因子、趋势参数和调整系数搭建起一系列智能预测模型，通过直观丰富的实时变化图表和管理驾驶舱形式实现全渠道各维度服务数据的可视化，还通过时间序列数据预测技术建立了来电量预测模型，并根据实际预测偏差动态调整最新预测结果，及时反映风险隐患及各类突发事件对服务量的影响，为各级管理人员制定应对举措提供决策支持。

（五）驱动智能风险管控立体化

智能风险监控平台，使用语音转文本引擎实现录音文本可视化，将海量热线语音数据转化为可检索、可分析的文本数据，为信息处理和数据挖掘提供基础。同时，建设并应用情绪识别、抢话检测、静音识别等 AI 声学模型，通过文本挖掘技术构建风险因子，整合成为覆盖全盘数据的风控模型，对来源于智能外呼、在线服务、热线服务等渠道的海量客户交互数据进行了风险筛查，实现语音及文本服务数据检测全面覆盖；挖掘语音文本和在线服务会话中的风险，实现对疑义件的及时跟进和管控，及时干预以减少后续风险。平台甄别出的风险问题将传达至相应服务端，推动公司服务品质改进，促进服务流程优化。

五、项目效果

智能服务一体化项目将 AI 应用延伸至内外部客户的各个服务触点，改进了公司业务服务方式，通过提升线上服务的深度和广度，突破时间空间限制，为用户提供便捷高效的服务体验。同时全方位强化了公司与客户的沟通平台，增进客户与公司的互动。

目前，AI 在线服务机器人月均服务量近 38 万人次，问题解答率超 97%；AI 语音外呼机器人续期挽留联系覆盖率超 80%，孤儿单客户联系覆盖率超 90%；服务端风险识别覆盖率达 100%，月度可识别疑似风险 300 逾件。

项目在助力公司打造智能服务生态圈，进一步拉近公司与客户之间的距离的同时，有效提升风险管控智能化水平，实现对服务风险的有效监控与智能管理，受到了公司内外部客户的一致认可。

六、总结

智能服务一体化项目实现了客户端便捷、简洁、友好的智能服务交互，员工端全面、准确、快速的智能辅助决策，管理端预测、深度、关联的智能管理工具，进一步管控服务风险，提升服务效率，以科技赋能业务，助力品质发展，使公司成功迈出服务模式转型的第一步。

未来公司还将分步推进保险科技战略，继续深挖人工智能的应用潜力，将智能应用贯穿于内外部客户的完整保险生命周期，全面提升多渠道立体化综合服务能力，并探索和研究 AI 技术与大数据、区块链结合的创新服务模式，利用智能手段获取深刻的客户洞察，深入了解客户、服务客户并提升客户价值。

专家点评

友邦人寿保险有限公司的“智能服务一体化”，打造立体化、全方位服务新生态项目，是一套优化整合线上线下服务资源、改善客户服务体验的智能解决方案。该项目的 AI 在线服务机器人全天候、零等待、标准化在线服务打破了传统人工服务的诸多局限性，弥补了在线服务被动等待客户的短板，具备一定的创新性。该项目能够有效增强客户与公司的联系、提升公司的风险管理控制智能化水平以及加强对服务风险的智能管理，具有较强的应用价值。公司应当进一步以保险科技赋能内外部客户服务管理，提升线上服务的深度和广度，坚持以客户为中心，以“智能服务一体化”系统为手段，从了解客户、服务客户中提升客户价值，增强自身的竞争力。

信美人寿整体可回溯管理解决方案

◎信美人寿相互保险社

一、项目概述

为响应银保监会对于保险销售行为可回溯要求，解决当前客户线上投保流程无法回溯的问题，信美人寿相互保险社（以下简称信美相互）结合云计算、云存储、dom 技术、生物识别技术、加密技术、压缩技术、区块链平台，设计并落地了整体可回溯管理解决方案。整体方案包括信息提示、采集模块、压缩模块、传输、存储模块、回放模块、管理模块、可信认证、版本管理几部分。整套方案通用性好，对原有系统影响小；同时，有良好的扩展性，对公司各类线上业务提供可回溯服务。

二、项目背景及意义

为规范互联网保险销售行为，维护消费者合法权益，6 月 30 日，银保监会发布了《关于规范互联网保险销售行为可回溯管理的通知》（以下简称《通知》），明确了可回溯内控管理等内容。围绕上述《通知》的相关要求，信美相互的整体可回溯管理解决方案落地实现。

可回溯管理方案的落地，从投保客户端上提供了投保过程的完整流程文件，对于后续几方面都有积极意义。

1. 为解决客户保单问题提供数据基础。
2. 为监管抽查提供数据基础。
3. 为提升运营服务提供依据。
4. 为提升客户端体验提供依据。
5. 为追溯客户投保流程问题提供依据。

三、项目重点解决的问题及主要创新点

在系统设计上，信美相互深挖通知中对于可回溯管理的核心需求，总结出以下三大重点：一是用户操作过程留痕；二是关键数据可查；三是保证长期有效。

在此基础上，信美相互从用户视角出发，在系统内设计上增加以下四个要求：一是不影响用户体验；二是不浪费用户流量；三是保障用户隐私；四是保证数据长期可信。

基于以上设计要求，信美相互从以下几个方面进行重点突破，并进行创新应用。

（一）从客户端

使用前端 dom 技术，实现可回溯信息的整体生成。

1. dom 技术可以脱离用户主体操作进程，不影响用户操作体验，做到无感生成数据。

2. dom 技术可以控制文件生成体积，排除非关键数据生成，以此减少对用户网络的占用。

3. dom 技术可以提升回溯文件的回放质量，彻底放弃体积大、清晰度固定的视频解决方案。信美相互的方案能够还原交易现场，实现高清晰

度的回放。

客户端其他方面，对于可回溯文件的处理，信美相互通过分块、加密、压缩三步处理，在原有文件基础上，得到体积更小、信息更安全的传输文件，进一步减小对用户体验的影响，并保证数据的有效传输。通信链路上，通过 https 传输，保证用户数据在链路上安全。

（二）在服务端的设计

服务端重点保证用户交易的连续性和唯一性，在此信美相互引入了可回溯交易码进行整体链路打通。通过可回溯交易码，不仅可以保证多步用户交易的连续性，还可以保证业务数据与可回溯数据的关联性，为后期可回溯数据的有效使用奠定基础。

在整体方案上，信美相互为了保证可回溯数据与业务数据的有效关联，还提供了一致性保证机制，让我们可以及时发现数据问题并及时处理，保证可回溯数据覆盖率。

（三）在数据方面

对于数据的存储，由于信美相互文件体积可控，即使长期保存，整体存储占用量依然不会造成太大负担，并且提供两级存储，区分热点数据，可实现不同的存储方案。

同时，数据只存储在企业内部，可信程度难免会被质疑。为了保证数据长期可信，信美相互引入当前解决可信问题最有效的手段——区块链。本次选择了与更可信的蚂蚁链深度合作，将客户销售行为摘要数据在蚂蚁链中进行存证，确保客户销售行为数据的不可篡改和公正性。

四、项目主要建设内容

（一）业务流程

方案整体流程重点关注投保流程，见图 1。

整体业务流程如下：

1. 投保开始，触发可回溯采集流程。
2. 主动告知，通知客户了解采集流程。
3. 信息录入，标准投保信息录入。
4. 身份识别，对于用户身份进行确认，刷脸、实名等手段。
5. 信息确认，对于整体投保整体信息确认，包括条款等。

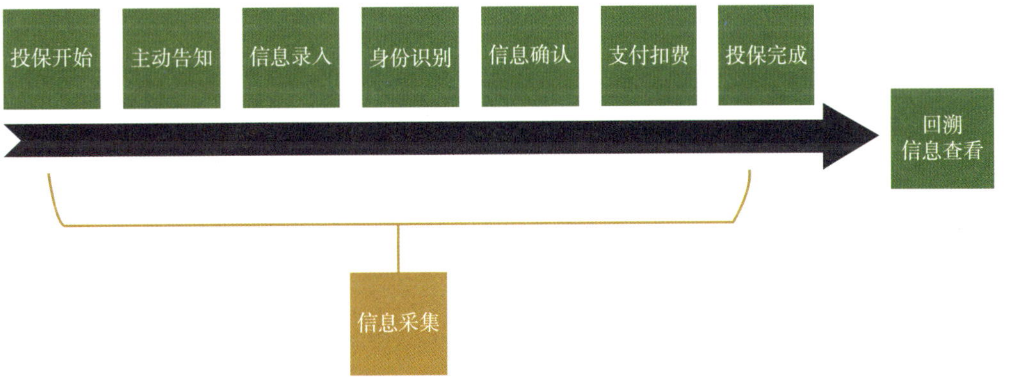

图 1　投保流程

6. 支付扣费，通过在线或线下手段完成支付。

7. 投保完成，完成信息展示。

8. 回溯信息查看，通过回溯管理系统进行，可回溯文件查看。

可回溯信息的采集，在进行通知客户后开始。

（二）方案架构

整体方案架构见图2，方案包括如下几部分：

1. 客户端部分。针对H5（包括小程序等）、APP，提供统一的可回溯插件，插件基于浏览器dom技术开发。功能包括打标处理、dom处理、图片压缩、分包处理、发送处理。

在文件的处理上，实现了对图片及大文件的重新编码，大大缩减了文件体积，把对客户的影响降低到最小。

在中断流程的处理上，采用多段文件绑定处理，保证了回溯文件的连续性。

2. 业务层。主要涉及以下系统：投保业务系统。业务系统完成整体投保生命周期的管理，实现保单与可回溯信息的绑定。

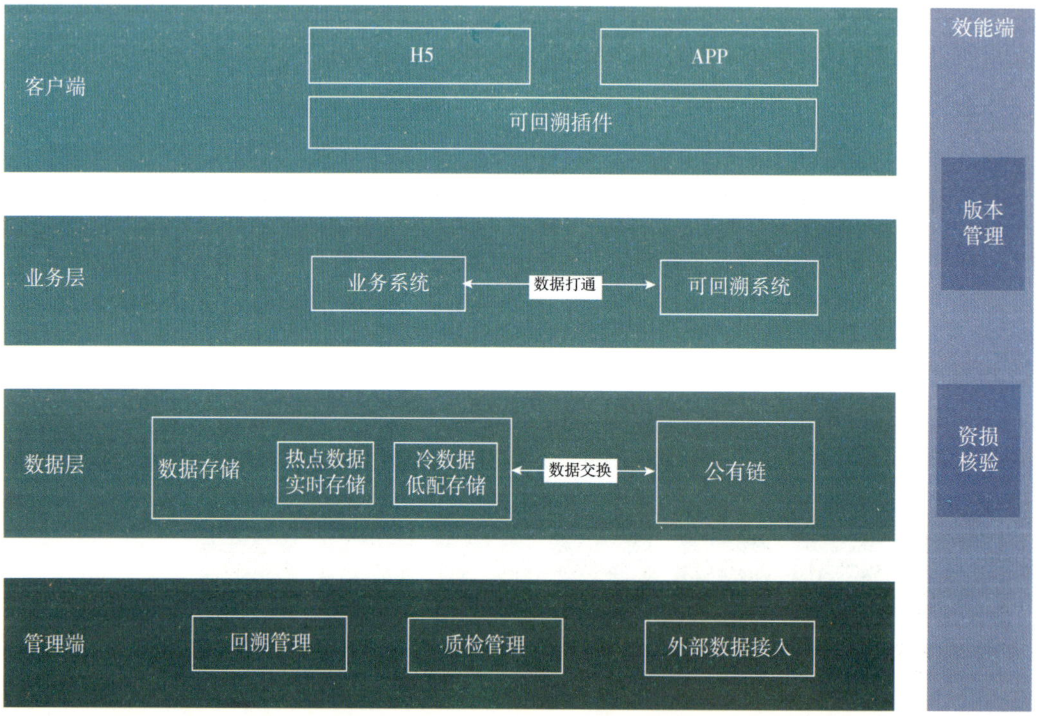

图2 方案架构

可回溯系统。完成可回溯文件的处理、存储操作、与保单信息的关联，以及可回溯信息的上链操作。

3. 数据层。数据层主要包括可回溯文件的存储，以及链上数据存储。可回溯文件虽然经过压缩，但是占用空间还是比较可观，所以在设计上我们分为两段存储，分别对应热点数据和冷数据。在上链数据上，系统对数据进行摘要计算，保证敏感数据的完整性。

4. 管理端。主要围绕落地可回溯存储文件进行相关功能开发。

（1）回溯管理。提供对回溯文件的检索、回放及异常文件的处理，已经提供对外的访问控制。

（2）质检管理。对可回溯文件的质量进行检查。对于落地文件，某些场景下会出现匹配错误等问题，所以需要进行必要的自动质检、人工质检。

（3）外部数据接入。对于第三方录制的回溯信息，提供标准接入，融入回溯管理。

5. 效能端。重点关注线上代码的版本管理，以及在线问题的资损核验。

（1）版本管理。基于每次发布进行管理，可以配合可回溯文件进行版本的查询、回溯。

（2）资损核验。提供在线的回溯文件检查，实时发现无法回溯文件丢失、缺少、错误等情况。

（三）数据流

数据流如图3所示。

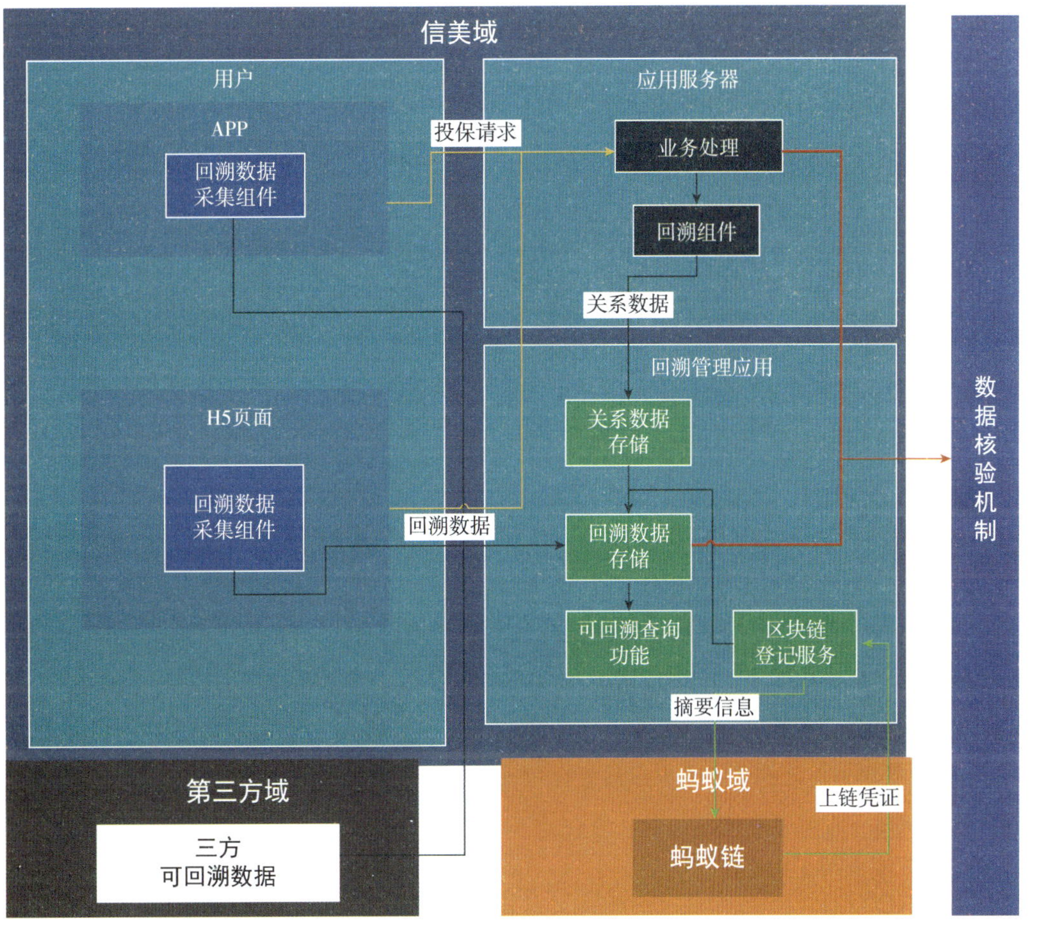

图3　数据流

从数据流上来看，整个项目数据流独立流转，在关键点进行数据关联。从用户端到应用端再到存储端，整体流程中对数据进行加密处理，保证数据的安全。同时配合数据核验机制，保证在分布式系统中数据的一致性。

五、项目效果

项目已经如期上线。首先，满足监管诉求，为保险公司自建系统提供案例。其次，覆盖信美相互全部在线出单渠道以及第三方合作渠道，为问题过程提供支持。

项目的上线过程中，信美相互对投保流程进行了全面的梳理，改进了投保过程中不合理的部分，并且对于线上投保流程，从客户风险角度有了更细致的认识，为后续优化投保流程提供了宝贵经验。

六、总结

《通知》的下发，有利于规范和加强互联网保险销售行为可回溯管理，保障消费者知情权、自主选择权和公平交易权等基本权利，促进互联网保险业务健康发展。

信美相互通过自建整体可回溯管理解决方案，从功能上全方位满足监管侧、用户侧、企业侧需求及问题，实现监管可监督、用户可查询、企业可管理；从安全上引入第三方蚂蚁链，确保客户销售行为数据的不可篡改和公正性；从用户体验上，简化操作流程、减少流量消耗。整体可回溯管理解决方案中，充分考虑了信美相互的特点，把第三方合作伙伴的可回溯数据也考虑进来。通过灵活的接入方案，完善的系统设计，在可回溯管理系统中兼容第三方可回溯数据，保证了信美相互业务可回溯数据的覆盖率。信美相互希望该自建方案为行业其他企业的实操提供可参考依据及借鉴价值。

未来回溯系统的发展可以支持更多场景。从功能上考虑，提供与监管的实时对接，可以支持用户查询，以及为案件提供可交互功能。从内控角度考虑，可以分析回溯文件的基本信息，做数据化支持。

专家点评

信美人寿相互保险社为解决当前客户线上投保流程无法回溯的问题，结合云计算、云存储等技术，设计并落地了整体可回溯管理解决方案。方案很好地包含了信息提示、采集模块、压缩模块、传输、存储模块、回放模块、管理模块、可信认证和版本管理等模块。《关于规范互联网保险销售行为可回溯管理的通知》的要求是规范和加强互联网保险销售行为可回溯管理，保障消费者知情权、自主选择权和公平交易权等基本权利，促进互联网保险业务健康发展的重要保障。本案例能够实现与监管的实时对接，是公司良好的内控制度安排，对于行业互联网保险销售可回溯管理具有借鉴意义。

上海人寿微信客户服务平台

◎上海人寿保险股份有限公司

一、项目概述

上海人寿保险股份有限公司（以下简称上海人寿）秉承“价值转型、能力强化、科技赋能、体验优化”的公司战略，坚持以人为本的服务理念，致力为广大客户提供方便、快捷、全面的保险服务体验，借助微信平台，建设便捷快速的客户服务系统，实现保单服务全面线上化。

二、项目背景及意义

为紧跟互联网时代发展潮流，积极稳健应对行业发展新态势，让保险业拓宽销售渠道，呈现出新的服务模式，主动适应客户行为变化，把移动互联等新技术应用作为战略转型的重要要素，上海人寿积极布局移动互联网服务，为客户提供端到端的交互平台，开发和推广上海人寿微信客户服务平台。

三、项目重点解决的问题及主要创新点

（一）高性能框架推动业务量

上海人寿微信客户服务平台采用了分布式、微服务等框架，在极大程度上使各层级之间解耦合，系统传输数据的速度也比传统框架快好几倍，使用户体验更好。不仅如此，这种框架最大的好处在于把整套系统分成模块化（分布式），再把各模块细分成各个层级，无论哪个业务模块（系统模块）发生错误，也不会影响用户使用别的业务。相比传统保险、普通互联网保险，这种部署方式在很大程度上解决了业务并发量大时系统宕机的问题。

（二）技术让业务更快捷、安全

上海人寿微信客户服务平台很多业务都需要注册登录加上实名认证才可以操作。平台引入了OCR证件识别、活体识别的技术，无须用户手动输入，拍照、扫描识别身份证获取名字，证件号码进公安系统查询信息真假，再利用大型算法比对扫描的证件影像是否与活体采集的影像一致。

（三）电子签名，让回执签收更快捷、更安全

传统的回执签收需要把保单送到客户家中，让客户签收。这样时间又长，客户也很不方便。引入了电子签章技术后，客户可以足不出户在微信平台进行网上签收。电子签章包含以下3个特点：抗抵赖、防伪造、防篡改。由于电子签章系统使用双重认证证书，签名私钥不出key，不可复制，文档一旦被篡改，签章立即失效。

（四）活体检测生物识别技术

首先，我们提取了活体和非活体人脸区域的256个特征点的三维信息，并对这些点之间的几

何结构关系进行了初步的分析处理；其次，我们提取了整个人脸区域的三维信息，并对相应的特征点做进一步的处理，再采用协调训练 Co-training 的方法训练了正负样本数据，之后利用得到的分类器进行了初分类；最后，利用以上两个步骤所提取的特征点进行曲面的拟合来描述三维模型特征，然后根据曲面的曲率从深度图像中提取凸起区域，再对每个区域提取 EGI 特征，最后利用其球形相关度进行再分类识别。

（五）大数据传输及快速读取

上海人寿微信客户服务平台引入了 redis 分布式缓存，把一些常用、不动的数据如省市区编码、银行编码存入 redis 中，从而这些复杂的联动数据就不用每次去读取数据库。既可以提高数据吞吐速度，又可以节省数据库开销。此外，项目中还引入了消息中间件 ONS。这种消息中间件类似于 MQ，基于云平台，分布式集群。拥有巨大的消息吞吐量，并且高速传输，即便出现问题，也只会产生消息队列阻塞，对系统运行无任何影响。

四、项目主要建设内容

（一）在线投保

险种灵活可选，网上投保简便快捷。消费者可以了解查阅产品的保险条款、保险责任等，保费透明，在线支付，几步就可以完成投保。在投保过程中，一直会有客服在线陪伴，可以随时进行实时文字或语音咨询。

（二）自助服务

客户无须到门店办理业务，足不出户就可享受线上保全的快速变更和疾速理赔服务：只需要通过上海人寿官方微信公众号，按照提示操作输入信息即可在线上办理保单退保、联系方式变更、受益人变更、续期交费变更、续期交费和极速理赔等相关业务；着力打造“疾速赔”理赔服务品牌，理赔时效最快仅需 28 分钟；一些小额的理赔案件，可通过微信理赔方式疾速结案，快速到账，大大提高了客户体验。自助服务让客户体验到了服务更便捷、理赔更轻松、省时、省力的良好效果。

（三）预约服务

客户可以根据自己的时间合理选择和安排预约服务，既避免长时间等候，节省了宝贵时间，又能专享预约通道的贴心服务。同时，客户预约服务能让我们提前获知客户的售后服务需求，可以提前为客户准备详尽的处理方案，提供快捷优质的服务。

另外，公司十分注重倾听客户反馈，通过加强主动访谈等方式帮助客户化解问题，收到了积极效果。

五、项目效果

（一）网上投保简单快捷

客户可以在微信客户服务平台自主选择适合自己的产品，进行保费试算、投保、支付，省去了代理销售的中间环节，投保耗时短，节约了保险公司和消费者的成本和时间；满足互联网模式思维产品，注重用户体验，产品迭代快，技术手段丰富，能根据客户需求量身定制合适的保险产品，比线下更便捷。

（二）降低运营成本

通过微信客户服务平台，客户可以自助完成

投保、保单查询、电子保单下载、理赔申请、联系方式变更、受益人变更、续期交费、银行账户变更、退保等多种服务项目，降低了公司运营成本。此外，智能机器人的应用也极大地降低了沟通成本。

（三）服务快捷高效

通过已完成的在线保全及在线理赔功能，客户可在微信客户服务平台进行联系方式变更、续期交费变更、退保等功能，并可通过微信客户服务平台实现在线申请疾速理赔及在线售后等一站式服务，提高公司和客户彼此的时间利用效率，满足客户的实时要求，从而提高了客户满意度。

六、总结

上海人寿微信客户服务平台一直以服务客户为宗旨，着力于打造一个高质量、多元化的综合性服务平台。截至2020年11月，平台关注和注册人数达到16万人，在线服务功能使用率占比达90%以上，数字化服务深度为90%以上，在线回访突破45%，小额在线理赔突破85%。平台客户使用率高，整体服务体验效果佳。

专家点评

互联网发展浪潮使得保险业拓宽销售渠道、呈现新的服务模式成为可能，如何主动适应客户行为变化，剖析客户需求，为客户提供端到端的交互平台，从而为广大客户提供方便、快捷、全面的保险服务体验，是保险业高质量发展的方向。上海人寿借助微信平台，采用分布式、微服务等框架，引入OCR证件识别、活体识别等技术，极大程度地提升了客户的便捷性体验，推动业务量增加，有利于实现保单服务全面线上化。未来应继续培养客户线上化消费习惯，推进线上化转型。

太平资产客户关系管理系统

◎ 太平资产管理有限公司

一、项目概述

太平资产管理有限公司（以下简称太平资产）为落实公司的发展战略，适应机构业务部与其他各业务部门的客户管理和综合拓展需求，帮助业务人员对公司核心和战略客户进行有序的管理和开发，沉淀客户交互信息，建立客户的完备档案并企业化留存，不断提高机构客户服务能力，建立面向业务人员提供机构客户和机构业务管理的客户关系管理系统（简称 CRM 系统）。系统基于机构客户基本信息、工商企业数据信息、上市公司公开信息，实现统一机构客户 360°视图；面向战略客户和机构客户，提供客户管理、商机管理、拜访管理、市场活动管理和资管产品、非标项目及项目阶段查询等业务支持；构建太平资产客户服务指标体系，搭建报表平台，展示客户和业务数据的统计和分析情况。

二、项目背景及意义

从太平资产内部来看，近几年公司管理的资产规模快速增长，客户数量不断增加。为了进一步加强客户服务的过程管理，增强数据分析，实现营销、销售、服务的一体化，从而最大限度发挥太平资产的大平台效应，公司决定开发业内首个集上述功能为一体的 CRM 系统。

从保险资管行业来看，保险资管行业近年来发展很快，截至 2016 年底总的资产管理规模达到 13.72 万亿元，而总的从业人员只有 5956 人，行业人均管理资产规模达 23.04 亿元。再从业务条线来看，保险资管行业中从事前台客户服务工作的人才数量仅占行业总人数的 9.41%，约为 560 人，前台客户服务人员的人均管理资产规模达到 245 亿元。行业人才紧缺以及人均管理资产规模过高使得保险资管行业的客户管理工作压力越来越大。

CRM 系统在其他资管行业已经得到有效运用，已成为某些资管行业客户管理工作必备及有效的工具。但是经过调研发现，保险资管行业还没有公司开发出一套完整覆盖资金端客户与资产端客户的 CRM 系统。所以，能够开发出一款符合行业发展需求并有效运转的 CRM 系统，对推动保险资管行业客户管理的变革以及整个保险资管行业的持续发展具有重大意义。

从保险业来看，保险资管公司是保险集团的重要组成部分，承担了大部分保险资金的投资与运作。保险资管公司在资产端的业务反过来可以有效促进保险集团在负债端的业务，这种联动效应越来越明显。所以，保险资管行业如果能够高效开展客户管理工作，对于整个保险业的持续快速发展以及保险资金有效支持实体经济都有极其重要的作用。

三、项目重点解决的问题及主要创新点

通过客户关系管理，企业细心了解客户的需求，专注于建立长期的客户关系，并通过在企业内实施“以客户为中心”的战略来强化这一关系，加强与客户多领域的接触与沟通，维系与客户的良好关系，为客户提供全方位、个性化的产品、服务和客户关怀。

1. CRM 系统的引入不仅可以帮助企业在管理客户关系方面表现得更佳，而且将帮助企业更快、更好地打造企业核心竞争力，主要表现在以下几个方面：

（1）构建公司的客户信息平台，集中公司优势资源。

（2）合理分配营销资源，有的放矢地进行市场拓展。

（3）建立客户长期跟踪体系，与客户保持密切联系。

（4）提高营销经理及服务人员的工作效率，提升客户满意度。

（5）与考勤系统联动，加强营销人员的考核管理。

2. CRM 系统将重点使用大数据技术，充分、及时收集客户信息，分析客户行为，最终尝试实现对客户与产品进行智能匹配，实现五大功能模块：

（1）客户统一化整合。建立和形成公司级机构客户的资料库，对银行、保险、社保、养老、基金、私募、信托及其他各种类型客户建立个性化档案，整合公司内部各个部门的现有客户信息。

（2）客户集中化管理。实现机构客户信息管理及维护工作，并为机构客户提供包括产品销售、投融资等的各类服务，同时对机构客户投资及行为进行数据分析。

（3）渠道流程化服务。通过系统实现对公司级各类机构客户渠道的服务流程，对银行、保险、信托及其他各种类型的客户，建立针对性的服务流程。

（4）需求价值化转变。客户需求能够进行产品化转换，能够将客户投融资需求实现汇总，对接各业务职能部门；能够实现客户需求的匹配转化，将需求引向资产管理产品的运作，直至落地。

（5）绩效指标化考核。通过业务行为的系统留痕，使工作全程留痕可查，为绩效考核提供依据。

总而言之，CRM 系统的引进和应用，对于加强企业核心竞争能力，提高企业运作效率，增加经济效益具有重大意义。CRM 系统是企业可持续发展的必备管理软件，随着移动电子商务的飞速发展，其重要性将更加明显。

四、项目主要建设内容

（一）项目建设目标

1. 兼顾资产端与资金端的 CRM 系统。保险资管公司既是投资方又是销售方的特点使得行业对于 CRM 系统提出了更高的要求。太平资产 CRM 系统在开发伊始提出要兼顾资产端和资金端，在系统开发过程中重视使用界面的美观及友好，整理划分不同端口数据，以及最后的大数据分析、密级设定等，都将成为整个保险资管行业客户管理系统的创新点。

2. 大数据的广泛使用。太平资产 CRM 系统

将重点使用大数据技术，充分、及时收集客户信息，分析客户行为，最终尝试实现对客户与产品进行智能匹配。同时，将各类客户资源组成资源池，使业务人员能够按需求取用，灵活便利。CRM系统的后台服务需要进行大量计算，不同程度级别的数据又将被分开处理，各类数据都需要强大的系统后盾支撑，这些都需要通过云计算来实现。

大数据技术在太平资产CRM系统的开发过程中得到广泛应用，这将成为保险资管行业的重要创新。

3. 移动端平台的创新与使用。太平资产CRM系统不仅PC端上线，移动端也将同时上线，而且将更为重视对移动端的开发。云同步的运用将极大满足移动端功能的创新。名片自动识别、语音转化文字、实时定位等功能也将加入移动端。这些在移动端的创新将成为太平资产CRM系统的一大亮点。

（二）WEB端主要功能

实现客户经理、部门经理、公司高管、运维管理四种不同工作台操作界面。

1. 客户信息管理，实现机构客户360°视图。

（1）客户基本信息。

（2）联系人管理。

（3）服务团队信息维护。

（4）合作意向（商机）维护。

（5）服务记录维护。

（6）业务合作（融资项目、担保项目、资管持仓、非标持仓、委托投资、托管规模等业务）。

（7）信用评级。

（8）新闻资讯信息。

2. 产品管理，实现产品360°视图。

（1）资管产品。产品基本信息、产品规模、产品净值、产品团队、产品底层资产、产品联系人、产品持仓、产品交易流水、产品分红明细、产品管理费等模块。

（2）非标项目。项目基本信息、项目阶段、项目团队、信用评级、提款信息、项目持仓信息、项目交易流水、项目分红流水、非标付息查询、非标管理费等模块。

3. 商机管理（合作意向）。

4. 工作汇报（周报、月报）。

5. 报表分析。

（1）非标项目报表。以项目总览、项目达成率、项目进度等维度统计分析。

（2）投资产品报表。按照资管产品、保险委托、养老保障产品类型，以总规模、当年新增规模和当年管理费维度进行统计分析。

（3）考核绩效报表。

6. 数据批量导入

（三）APP端主要功能

APP端基本实现WEB端所有的功能，用户可以在移动端跨平台（iOS、安卓）进行访问，直观查看各类客户信息、产品资料及各类汇集的文档，能够实现语音、视频等资料文件的上传，建立清晰的客户档案，实现各类关联关系的建立。APP特有的技术实现如下：

1. 地图定位，拜访打卡签到。

2. 名片识别，方便联系人录入。

3. 语言转换文字，提高服务记录录入效率。

4. 待办任务生成，智能引导客户经理。

5. MOT消息通知，及时精准推送消息。

五、项目效果

太平资产 CRM 系统，是保险资管行业内首个集合了项目产品端、客户端、市场端的所有信息，并植入营销管理功能的客户关系管理系统。该系统整体投入预算仅为 90 万元，节省项目成本开支近 40%。

业务部门在统一的系统平台上发布产品信息、浏览及筛选目标客户，行政部门通过该系统进行营销绩效考核管理。整个系统成为一个联系各部门的枢纽，减少了沟通环节，为精准营销创造了条件，提高了公司整体工作效率。

（一）提高公司的经济效益

1. 通过使用 CRM 系统，提高了内部人员的工作效率，节省了日常开支。通过对业务流程的优化和自动化程度的加强，减少了各种手工操作产生的人为错误，销售人员可以大幅减少处理各种业务管理活动的时间，从而缩短了完成经营活动所需的时间，提高了效率。同时，无纸办公也可以有效地减少如打印、文具等一般性支出。

2. 通过使用 CRM 系统，可以使客户经理对客户资源进行有效的使用。通过对客户市场的分割和行为预测，使各种营销活动更加精准，从而有效减少花在无效营销上的支出。同时避免了重复拜访、使公司的营销资源得到充分的使用。

3. 通过使用 CRM 系统，有利于增加营业收入，提高利润率。随着 CRM 系统的有效运用，可以逐渐形成规模庞大的客户数据库。借助客户数据库，可以更加精准地对客户行为及投资偏好进行分析，从而推动业务的落地，提高企业的利润率。

（二）具有重要的社会效益

1. 太平资产 CRM 系统首先提出对资产端客户进行有效管理，有利于保险资管公司了解实体经济情况，合理运用保险资金，从而更好地服务实体经济。

2. CRM 系统的有效使用可以使保险资管公司高效开展客户管理工作，促进了保险资管公司在资产端的业务，而资产端的业务又可以有效促进保险集团在负债端的业务，而且近年来这种联动效应越来越明显。所以，保险资管行业客户管理工作的高效开展，对于整个保险业的持续快速发展以及保险资金的高效运作都有极其重要的作用。

（三）具有重要的示范效应

1. 兼顾资金端和资产端的 CRM 系统是保险资管行业的首个创新，对保险资管行业具有重要的示范作用。

2. 太平资产 CRM 系统的移动端办公优化是太平资产办公信息化的重要组成部分，突破了公司外的办公限制，此系统的最终完成将对整个资管行业的办公信息化起到示范作用。

3. 太平资产 CRM 系统的开发由战略发展部和信息技术部牵头，涉及公司内部 10 个前台部门、3 个中后台部门，其开发过程的多部门协同合作，需求提交及整合，将对资管行业的 CRM 系统开发起到示范作用。

4. 太平资产 CRM 系统的使用，集中了公司的优势资源，实现了公司内资源的合理使用及分配，避免重复无效的客户开拓，提高了工作效率，彰显公司品牌形象，对资管行业的规范管理起到了示范作用。

六、总结

太平资产 CRM 系统已经搭建完成，基本能够满足客户业务条线工作人员的日常作业。目前在进行系统推广使用过程中，各部门业务人员会陆续提出相关的优化需求。为更好地丰富和完善CRM系统的业务功能，项目组做了后续功能规划。

1. 客户分级。建立客户的三层标签（事实标签、模型标签、策略标签）体系，利用多层标签体系对客户进行细化分类。结合标签体系，建立客户价值评价模型，根据实际业务的标准，将客户主要分为A、B、C、D等级。进一步实现根据客户等级，对客户进行差异化服务。见图1。

2. 智能营销。利用技术手段实现系统智能化，在合适的时间点，给不同业务角色的用户推送合适的客户营销及服务建议信息，进而实现智能营销。

3. 数据分析。提供多维度报表功能、丰富用户视图画像、完善营销分析、领导驾驶舱。

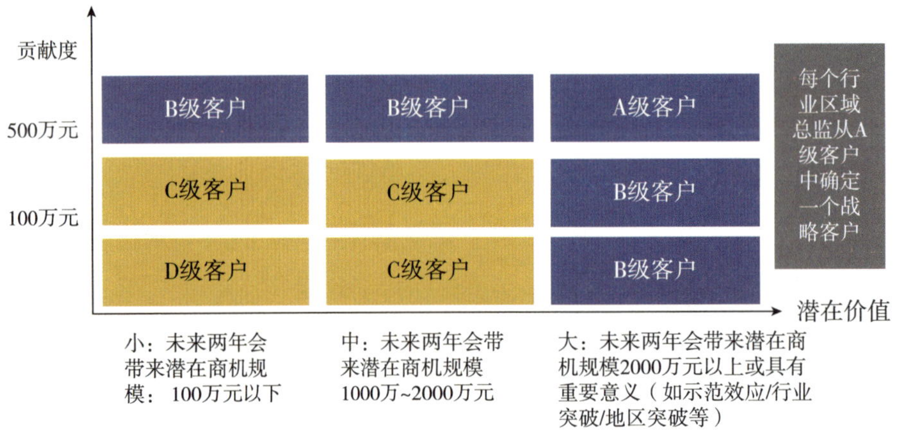

图1 客户分级

专家点评

随着保险资管行业的快速发展，其客户规模增加带来了全过程的客户服务、数据分析、营销、销售、服务的一体化的要求。太平资产建立的面向业务人员提供机构客户和机构业务管理的客户关系管理系统，能够帮助业务人员对公司核心和战略客户进行有序的管理和开发，沉淀客户交互信息，建立客户的完备档案并企业化留存，不断提高机构客户服务能力。通过客户关系管理系统，有助于保险公司进行客户需求剖析、长期客户关系建立，更好地落实“以客户为中心”的战略，极大地提升了客户服务和公司运营效率。

泛华集团数字行销线上化技术应用案例

◎泛华保险销售服务集团有限公司

一、项目概述

过去20多年，保险公司及保险中介基本靠“人海战术”增员代理人，代理人则通过陌拜、打电话、自身人际圈挖资源等方式获得客户，促成保单的交易。这种获客方式下，因为没有持续、稳定、优质、自带保险属性的准客户来源，故传统代理人在挖完身边资源之后，缺乏保费持续增长的空间。与此同时，随着保险科技冲击的逐渐显现以及在“严监管”的背景下，预期保险代理人人数增长将放缓甚至出现拐点，传统的获客方式以及营销方式已经很难满足保险销售业务的需要。如何让代理人持续获取营销线索以及如何帮助代理人提升转化率，是保险中介持续发展所面临的重要问题。

二、项目背景及意义

泛华保险销售服务集团有限公司（以下简称泛华集团）作为保险中介向互联网发展的先行者，科技创新一直是其企业的核心战略之一。十多年来的互联网探索，泛华集团运用互联网技术打造多个互联网平台，使无数消费者、众多保险公司为之受益的同时，也大大地提高了整个保险中介甚至整个保险业的运行效率及服务水平。

随着科技进步加快、孤宅社会加剧、消费心理变迁，“宅经济”正显示出越来越强大的发展潜力。2020年，疫情无疑加剧了这种变化趋势，生活方式被重新定义，线上办公、线上授课、线上买菜、线上健身、线上娱乐、在线问诊成为消费者日常生活的一部分。远程销售和不见面营销也在疫情期间成为保险代理人积极践行的新模式。数字+保险将成为保险业转型升级的利器，泛华集团因此确立“数字化驱动”的发展战略。

三、项目重点解决的问题及主要创新点

泛华集团在懒掌柜及新互联网核心系统等领先行业的后端的基础上，充分结合十多年toC的互联网技术优势和数据沉淀，加强行销前端对代理人队伍的赋能，增强客户在销售环节的科技体验。在2020年，泛华集团自主研发了数字行销工具fun掌柜。fun掌柜从数字化驱动出发，在场景获客、精准营销、客户服务、数字化运营等方面进行技术创新，利用数字化手段让我们的销售员缩短销售时长、降低销售难度、提升个人产能，以适应保险业在新时代的发展趋势，解决代理人的行销痛点。

（一）fun掌柜主要解决的问题

1. 客户的增长“瓶颈”。
2. 代理人的专业能力提升。
3. 客户精准营销，降本增效。
4. 客户分群，交叉销售。

5. 数据驱动运营闭环，客户全生命周期管理。

（二）fun 掌柜主要创新点

1. 私域流量大系统的体系建设。
2. 客户线索获取与客户智能分配数字化。
3. 销售人员行为管理数字化。
4. 多渠道触达客户聚合管理。
5. 营销数字化，丰富客户标签，“自有＋自助＋智能”评价体系，符合监管要求的自助录单、协同录单。

四、fun 掌柜项目主要建设内容

利用泛华集团科技中台快速搭建客户私域流量系统产品矩阵，技术支撑服务客户流程，注重流量转化，体现数据价值，创新数字营销，实现管理在线、销售在线、客户在线。见图 1。

大数据与 AI 为数字化提供支撑与保障，整合全公司各系统的客户数据，建立客户大数据平台、客户合并融合引擎、客户 360°全景视图、客户标签计算引擎、客户代理人智能分配匹配引擎、客户多维度分析、客户精准营销模型、客户风险预警模型等，让数据、应用程序与平台运作无缝连接，为客户带来舒适、便捷、流畅的体验。平台应用层和决策层流程见图 2。

从建立客户关系、经营客户关系、变现客户关系、管理客户关系等重要节点入手，融入数字与智能应用。

图 1　fun 掌柜整体结构

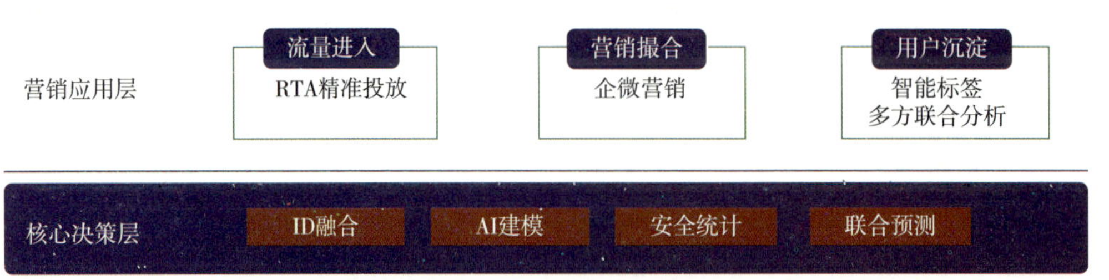

图 2　平台应用层和决策层流程

（一）客户获取与分配数字化

建立客户分层数据池，能够区分是自有客户还是导入客户，查询客户的使用次数及状态，能够根据客户的财务信息及行为轨迹信息对客户购买意愿进行质量分级，按级别分配给相应代理人。

（二）个人行为管理数字化

数字行销人员每日业绩可实时统计，包括当日或历史标保、保费和实时推广费，也可查询当日或历史客户联系时长及联系次数等数据。根据代理人产能进行代理人等级区分，绩优代理人可以有获取高质量数据的优先权。

（三）沟通线上客户，引流获客工具

数字行销人员不仅能通过系统获取客源，也可以通过 APP 提供的引流获客工具自主获客。所有获客工具都有轨迹跟踪，实时反馈客户意向。

（四）营销数字化

多种客户触达手段，微信、电话、短信、公众号；丰富的客户信息记录、保费试算、跟进记录维护，从客户需求、能力和意愿方面打造、完善客户标签体系；系统也会给出推荐产品及方案，指导代理人迅速锁定销售方法。

（五）快捷出单

一键分享出单与销售员代录单，销售员可时刻介入，与客户协同快速完成投保及信息共享。

（六）多维度的保单与服务进程呈现

关键节点的保单提醒（超时保单、问题保单续保、续期等），督导代理人达成交易。

五、fun 掌柜项目效果

（一）多渠道触达，沉淀客户

多渠道接入微信、网页、小程序、线上线下广告、电子名片等社交触达，客户接待零时差。

（二）提升服务体验

由传统的电话、短信触达客户转变为线上的微信、公众号等多渠道触达，用户不再是被动地接受甚至被骚扰，与客户建立场景式互动与关怀，保证信息的高效触达，提升客户体验。

（三）提升管理效率

为管理层提供全方位的数据罗盘，包括营销数据分析、客户画像分析、商品分析、团队营销数据分析、员工数据分析、员工行为数据分析以及销售数据分析等 BI 分析功能，提升管理效率，提升决策效率，让管理决策更加有效。

（四）高效的客户数据流转

通过智能客户标签筛选出可再次激活的客户，进行智能分配，提升了客户的流转速度和利用效率；离职时客户一键转交，保证客户所有的信息有效交接。

（五）代理人数字化赋能

通过智能标签引擎对客户分层，给销售人员制订合理的任务计划，指导其进行下一步销售跟进行动；通过量化指标，跟进查看，保证销售任务的执行落地；通过任务 SOP，缩短销售过程，降低销售难度，提升转化率。

专家点评

保险科技的发展不仅带来了保险营销模式的改变，也对保险代理人的队伍建设、获客模式产生了挑战。未来“人海战术”的增员方式和依靠陌拜、打电话、自身人际圈等获客方式将不可持续，如何让代理人持续获取营销线索、帮助代理人提升转化率是保险中介持续发展所面临的重要问题。本案例中，数字行销工具fun掌柜在场景获客、精准营销、客户服务、数字化运营等方面进行技术创新，利用数字化手段缩短销售时长、降低销售难度、提升个人产能，适应保险业在新时代的发展趋势，解决代理人的行销痛点，具有行业示范效应。

大童保险保单托管项目介绍

◎ 大童保险销售服务有限公司

一、项目概述

电子保单托管项目是由大童保险服务有限公司（以下简称大童保险）原创开发的行业级保单管理系统，本系统突破了保险公司的界限，突破了单张保单的限制，跨公司、跨产品类别、跨保险合同，从顾客视角对一个家庭的所有保单进行电子化托管，形成标准化的责任聚合、风险检视与专业分析，并在所有保单的信息呈现、方案优化、续期提醒、理赔协助等方面提供全流程服务。

进入 2020 年，大童保险创新推出了香港保险保单托管服务，为香港保单后续服务提供了有力支撑。疫情期间，在代理人与客户见面困难的情况下，通过实现线上链接收集客户保单影像的特有功能，使得托管业务持续快速增长。

大童保险的保单托管服务体现一家企业的原创价值，属中国保险业之首创，它标志着中国保险业行业级服务水准的大幅提升和基础服务设施的重大突破。大童保险的电子保单托管项目已经成为保险科技在服务顾客实际场景中的经典案例，目前本项目已经托管服务了 80 万个家庭，托管保单数量超过了 370 万个。

二、项目背景和意义

（一）项目背景

1. 保险消费者需求升级。消费者对保险产品的多元化需求及全面保障需求，是任何一家保险公司都难以满足的，这愈加凸显保险中介综合配置的价值。保险中介行业将积极应对这一形势，在已具备一定发展的基础上，加快适应保险业转型发展和改革开放的需要，不仅要提高专业素质，更好地帮助客户选择最适合的保险公司、最适宜的保险产品，提供全面的售后服务和各项增值服务，提升服务品质和服务质量，更要在基本业务基础、产品、渠道、服务等诸方面进行创新，实现科学发展。

2. 产销分离，专业中介崛起。保险中介是连接保险公司和广大投保人的桥梁和纽带，是保险业服务社会的窗口。作为保险产品的主要销售渠道、服务平台和保险产业链的重要环节，保险中介已经成为保险市场不可缺少的重要组成部分。发达的保险中介市场是保险业走向成熟的重要标志，保险越发达，保险专业中介越重要。

同时，中介代理人的优势也正在我国保险市场上逐步凸现。数据显示，自 2015 年以来，我国中介代理人在人力增长率、保费增长率、收入增长率、人均产能及人均业务收入 5 项指标上，均超越了传统保险公司。

从保险代理市场看，保险公司越来越重视中介渠道的作用，越来越多的保险公司将优势产品和各种资源投入中介渠道，这将使保险代理行业与保险公司的合作更紧密，也将助推保险代理市场加快发展。

3. 中介从业者呼唤科技赋能。保险中介行业需要加快走出目前的保险销售及市场竞争较为封闭的状态，专业代理人需要不断调整升级，个人代理人需要加快转型为更专业化的顾问，传统的销售模式和服务模式需要加速变革——以服务驱动销售，这样才能够积极应对保险市场的变化和实际需求。

在产销分离的大背景下，保险中介代理人面对客户不仅提供保险需求规划，而且能提供数十家保险公司的产品，还能有效的管理客户及其家庭成员的多家保险公司保单，协助客户办理投保、续期、理赔等全生命周期的服务。

中介代理人工作平台所需的信息技术复杂性已经远超单一保险公司，中介机构与中介代理人呼唤科技赋能。

4. 保险客户的保单拥有量大幅提升。近年来，随着国民保险意识的普及和保险购买能力的提升，很多客户拥有多份保单，而且多份保险是从不同的渠道与公司配置，其中相当一部分是在自己需求并不明确的情况下，由于人情等因素购买。这说明我国保险业发展取得了长足的进步，同时，也暴露出客户还没有真正从自身需求出发购买保险，很多客户保费交了很多，但是保障并不充足。由此我们看到，站在客观中立的第三方立场，对客户的所有保单提供专业的服务与管理是非常有必要的。

5. 与时俱进，不断完善。

（1）香港保单托管服务。经过若干年发展，香港保险在大陆境内已存在不小的保单规模。对于消费者来说，通过保单托管服务，能够准确地对港险保单进行有效的管理。相信后续随着大湾区大金融板块不断完善及监管政策的支持，港险保单在大陆境内的整个服务体系也将得到明显的发展。

（2）疫情期间的全线上化托管服务。疫情期间，代理人与客户直接见面递送保单的场景变得非常困难。为保证托管业务不中断，大童保险快速上线了通过线上链接直接收集客户保单影像的功能，使得更多的保险消费者能够受益于保单托管服务。

6. 保单托管项目应运、应势而生。在多重因素的时代大背景下，保单托管项目应运而生。保单托管系统依靠庞大的全行业个人人身险产品库，在识别了保单的简要要素后，即可实现该保单的全量信息的获得和分析，获得的保单重要信息包含保单中的所有保险责任、各种责任在不同保险单年度保额、各保单的交费状况、受益人状况等。

保单托管功能作为保险中介乃至全行业的底层基础设施，正在四个方面发挥越来越重要的作用：

（1）成为保险中介行业新服务模式的底层技术标准。

（2）客户全行业保单的全生命周期管理。

（3）中介行业需求导向营销模式的真正落地。

（4）因其便捷性，成为保单数据资产入口引擎。

（二）项目意义

1. 保单托管对消费者的意义。对保险消费者而言，在保险方面长期存在六大痛点：纸质保单，不易存放；家庭保单，保障不清；重大事故，无人报案；发生事故，难以识别；保单失效，无人提醒；多家理赔，烦恼无限。

保单托管项目，以客户家庭为单位，依托快捷的录入方式，实现全行业保单的电子化管理。

2. 保单托管对代理人的意义。中介行业代理人因其可提供数十家保险公司产品，必然贯彻彻底的需求导向的咨询服务模式。在保单管理、需求规划、保障缺口计算等场景下，代理人需要面对客户既有的、可能涉及多家保险公司的保险产品，没有保单托管技术加持的代理人不仅工作低效，而且难度极大。

有了保单托管技术，烦恼迎刃而解。通过电子化的保单数据，随时可以查询客户保障信息，系统具有随时间应变的数据，丰富的提醒功能，以及保单投保人、被保险人、受益人三视角的聚合技术，轻松汇整全行业的保单。

中介代理人不再需要传统的纸质本或 EXCEL 电子表格来记录和管理客户的详细信息、家庭成员的信息及家庭保单的所有信息，使得保单的全生命周期管理在信息时代变得便捷且切实可行。

在实际服务客户的场景中，保单托管还解决了一个很大的现实问题，就是以保单服务容易切入客户，取得客户信任，逐渐展开后期的服务。基于保单托管技术，能够产出详细的保单检视报告，使得代理人录入客户信息、客户提供保单的意愿大大加强。由此解决了传统场景中难以解决的如何引导代理人把保单信息录入某个系统的困境。

从这点可以看到，如果能够为客户创造价值，那么客户是愿意提供信息的。

3. 保单托管对行业的意义。首先，向以客户需求为导向的销售模式转变有了专业分析的先决依据。其次，让保险业售后服务落地有了一个很好的载体。保险中介公司通过保单托管技术，搭建起了中介行业的基础设施，不仅作为销售与服务的底层支持，并且作为大数据时代的最重要资源——数据，可以收集完整的客户家庭成员信息、保单信息。

三、项目应用价值及产生的实际效果

托管项目具有六大项独有功能：

1. 依托于自行研发的保险业人身险产品库，辅以图像识别、大数据等保险科技，大童保险保单托管实现了客户电子保单查询，为客户保单建立数字档案；

2. 保单一键分享，方便家人随时了解保障状况；

3. 通过独有的聚合技术按类精析保障责任，让保障检视更清晰明了；

4. 专属的保单托管报告让家庭风险漏洞无处藏身；

5. 交费清单时刻查，主动提醒，让续期无忧；

6. 保单年度整理检视，让风险防护更从容。

托管项目在功能强大的同时，完成整个托管过程及其简单：服务顾问微信发起托管邀请，客户扫描二维码、签署三方协议接受邀请，服务顾问收取客户保单信息进行托管，最后客户关注“大童保险关键”微信服务号即可随时随地享受上述六项服务。

值得一提的是，支持保单托管项目的底层保险行业人身险产品库，包含了保险产品全维度信息，收纳了自 1992 年中国大陆个人寿险营销以来行业中各家保险公司有销量的 23000 + 各类险种条款，辅以自研的保额保费计算引擎、责任聚合算法、规则引擎、深度学习等技术，能在毫秒级内完成任意险种的条款拆分、责任分析聚合，为快速、正确地形成最终检视报告提供扎实的底层服务。

大童保险保单托管项目上线近三年，为中国80多万个家庭、160多万名客户、370多万份保单提供了保单托管服务；为4万多名大童保险服务顾问向客户提供全场景咨询服务赋予了专业高效的科技支持；为公司一直探索的代理人新活动量管理补上了重要一环。

大童保险保单托管项目自2018年2月上线以来，为行业树立了新的用户赋能技术与服务标准，市面上陆续出现多个保单托管类产品；对行业尤其是中介行业由产品驱动转向客户需求驱动的销售模式转型发挥了正向推动作用；为整个保险业真正落实客户服务提供了创新示范案例。

专家点评

大童保险服务有限公司开发的行业级保单管理系统，突破了保险公司的界限、突破了单张保单的限制，实现了跨公司、跨产品类别、跨保险合同，从顾客视角对一个家庭的所有保单进行电子化托管，形成标准化的责任聚合、风险检视与专业分析，并在所有保单的信息呈现、方案优化、续期提醒、理赔协助等方面提供全流程服务。这一保单管理系统的构建有助于针对家庭风险进行全面梳理，推动客户需求为导向的销售模式转型，具有重要意义。

保通保险代理自营平台i云保·保险科技扁平化赋能代理人之路

◎保通保险代理有限公司 上海豹云网络信息服务有限公司

一、项目概述

i云保是专注于赋能保险从业者的保险科技服务平台。运用人工智能、大数据分析、区块链等科技，为保险机构、保险从业人员提供“科技+服务”的解决方案。

（一）上游赋能保险公司

i云保依托主创团队在互联网保险领域的丰富经验，用先进的保险科技手段，面向上游实现对保险机构赋能，为其提供包括产品设计、智能中台、智能风控等一系列服务。

（二）下游赋能保险代理人

面向下游对保险代理人实现售前、售中、售后各环节、全方位科技赋能，提升作业效率，让更多优秀代理人脱颖而出，重构保险代理人行业生态。

二、项目背景及意义

随着经济发展和消费者意识觉醒，保险市场仍存在巨大潜力，市场需求远未得到充分释放。数据显示，中国保险业的保险深度和保险密度还远低于世界平均水平。

（一）保险消费行为特性使代理人具有长期价值

由于保险购买是非刚需、非标准、非常低频的消费行为，消费者对于保险产品所花费的心智是非常少的，这就需要保险代理人去抹平消费者与保险产品之间的认知差异，因此这些人也成为保险链条中高价值的一环。

（二）传统保险金字塔模型已经不适应于市场的发展

一方面，对于保险代理人来说，处于金字塔底层的一线销售人员获得感不高，收入低下，也成为其各种问题产生的根源：急功近利的销售误导、新人高流失率、难以吸引高素质人才加入队伍，进而行业整体从业人员素质及专业水平难以提升。

另一方面，对于保险公司来说，传统金字塔营销模式带来高昂的营销成本，因此无法降低产品的成本，很难提供给消费者高性价比的选择。

三、项目重点解决的问题及主要创新点

面对传统保险代理人制度和保险营销中存在的痛点，i云保通过组织力创新，打破了传统的保险“金字塔结构”，支持实现扁平化的管理。

这种优化摒弃了传统的以血缘关系建立起来的组织，新型的组织是通过分工合作建立起来的。通过这种方法，i 云保有效地降低了运营成本，一方面，节约的成本一部分反哺于保险从业者，使其获得更高的收入，能够在行业中长期健康地发展，积累自身专业经验，从而能使他们真正从用户需求出发，为消费者提供有价值的产品和服务；另一方面，可向上赋能保险公司，有效降低保险公司营销成本，从而提升产品性价比，最终达到反哺消费者的目的。

此外，i 云保通过科技赋能主要解决代理人的两个痛点。

（一）标准化

代理人通过 i 云保提供的标准化产品及解决方案能快速入行，并在这个行业生存下去（对应解决的是行业高流失率的痛点）。

（二）提升效率

在前台拓展方面，i 云保通过大数据帮助代理人在轻社交（社会化媒体、名片、小游戏）的过程中判断需求，获取销售线索；中台支撑方面，i 云保运用 NLP、区块链等技术，为代理人提供智能核保、保单分析工具，帮助代理人促成交易；后台方面，除了售后服务体系的保障，i 云保发挥平台优势进行代理人培训，帮助代理人获得更长期的职业生涯。

四、项目主要建设内容

项目主要建设内容见图 1。

五、项目效果

i 云保主要从三个方面为行业进行赋能。见图 2。

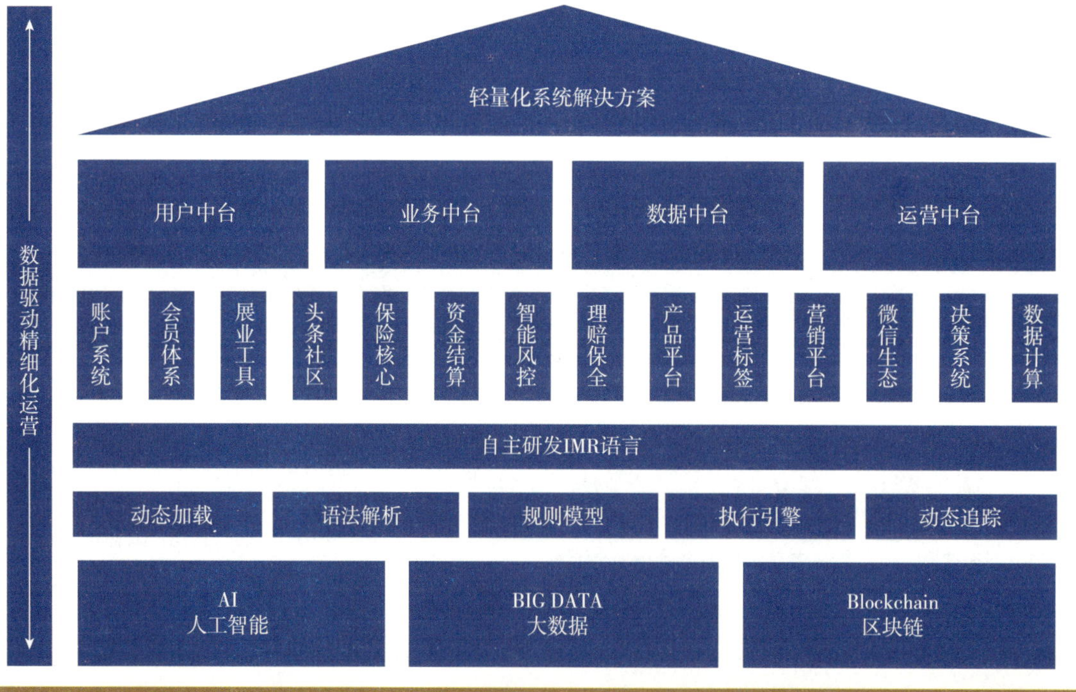

图 1 数据驱动精细化运营

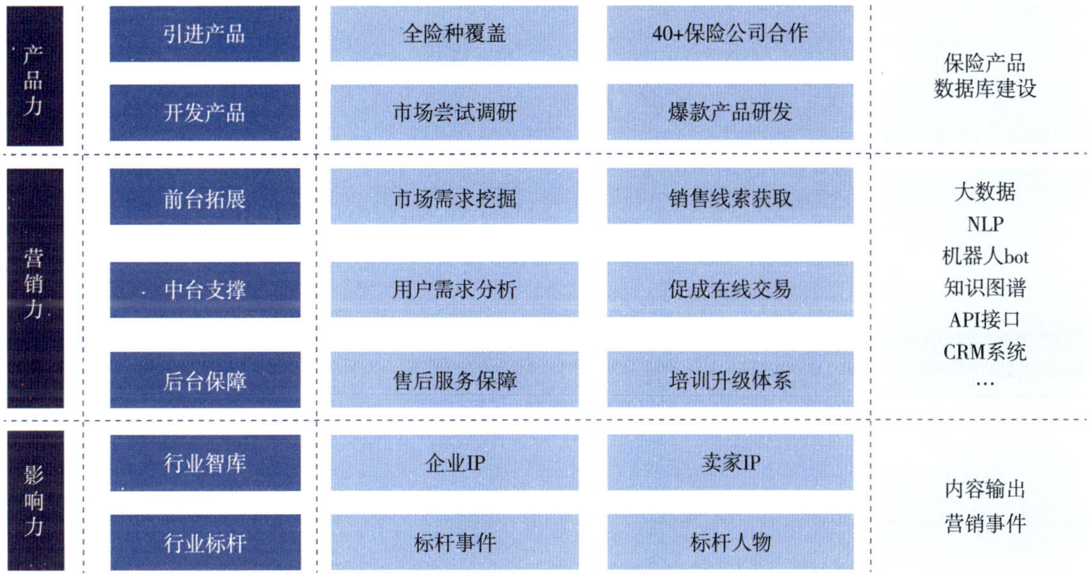

图 2　i 云保赋能框架

（一）产品力方向

i 云保通过分析市场反馈，结合大数据分析及优秀的产品研发经验，筛选引进或参与开发定制化的高质量保险产品。目前 i 云保已与 40 多家保险公司进行合作，产品覆盖全险种，其定制产品包括尊享 e 生百万医疗健康险等。

（二）营销力方向

i 云保整合大数据、人工智能等高新技术，提供一站式解决方案：前台支撑业务拓展、中台支撑保单成交、售后支撑服务保障。支持从业者多样营销需求，由此实现售前、中、后全流程线上化，让保险从业者更便捷、更优质的服务消费者。

（三）影响力方向

i 云保发起设立了 i 云保研究院，对保险营销新生态进行研究，提供案例分享，并通过行业标杆性事件的传播加强市场教育，促进行业良性发展。在为保险从业者树立行业新口碑的同时，激活了市场活力。

六、总结

保险业“新基建”的加速落地，技术的发展更加催生了消费者保险需求的激增。尽管如此，由于保险产品的非刚需、非标准、低频的属性，消费者对保险产品的认知存有较大差异。保险从业者的存在，就是为了帮助消费者抹平认知差异，因此从长远来看，其拥有长期的价值。

但行业实际情况表明，保险从业者面临高脱落率、收入低、效能低的三大现状，从而导致消费者认为保险服务延续难、服务质量不高、保险产品保费高，最终使得行业整体呈现出口碑不佳的负面情况。

当下，伴随时代的变化，传统的保险营销模式变革已经启幕，保险营销新生态即将到来。所谓的保险营销新生态，是以消费者需求为核心，通过对保险代理人的赋能，使保险服务最终真正能满足消费者不断激发的、多样性的保障需求。

在这个领域中，i 云保通过营销力赋能，整合大数据、人工智能等高新技术，提供一站式解决方案，前台支撑业务拓展、中台支撑保单成交、售后支撑服务保障，从而支持从业者多样性的营销需求。这种一站式解决方案，赋能保险从业者，实现售前、中、后全流程线上化，让保险从业者更便捷、更优质的服务消费者。

专家点评

近年来，我国保险市场取得了长足的进步，已成为全球第二大规模的保险市场，但我国保险深度和保险密度还远低于世界平均水平。传统代理人仍是保险市场上不可或缺的一大群体，面对传统保险代理人制度和保险营销中存在的痛点，i 云保通过组织力创新，打破了传统的保险“金字塔结构”，实现扁平化的管理。一方面有助于降低保险公司的运营成本，另一方面将倒逼保险从业者，从用户需求出发为消费者提供有价值的产品和服务，达到提升产品质量，优化客户服务的目的。

东吴人寿智能双录平台

◎东吴人寿保险股份有限公司

一、项目概述

智能双录平台是东吴人寿保险股份有限公司（以下简称东吴人寿）自主设计、研发的一站式保险双录平台。平台在严格遵循监管要求的前提下，以AI等技术赋能保险双录，支持多渠道、多场景的业务；支持本地和远程两种双录模式，在节点补录上支持本地和远程的互通，既助力业务员展业，又减少了质检人员的工作量，提高质检效率。

智能双录平台突破了传统的双录模式和理念，整合了人工智能、移动终端等前沿技术，从双录数据采集、话术模板配置、音频生成、话术播报、语音识别、音视频上传压缩、音视频质检到驳回补录及双录报表，形成了闭环管理，打通了一体化全流程。

（一）符合监管要求

1. 满足银保监会对双录的要求。

2. 满足不同省份不同地区的银保分局的差异化需求。

（二）流程规范

1. 双录环节无须过多的人为参与，均为标准化的流程操作。

2. 业务流程按节点拆解，无须业务员口述，系统自动播报话术。

3. 支持补录按节点采用本地和远程双录的互通。

4. 业务流程配置化，支持不同公司、机构、渠道、产品的双录流程差异化。

5. 支持新契约、保全、纸质单、理赔等多种业务场景。

（三）质检高效

1. 根据客户语音识别结果实现智能质检，提取标准数据。

2. 根据规则系统自动抽取问题任务，助力质检员轻松完成质检工作。

（四）科技赋能

1. 将语音识别、语音合成、互动白板等AI技术引入双录环节。

2. 将双录视频存储至云平台，降低公司存储以及网络视频流量带宽压力。

二、项目背景及意义

（一）项目背景

2017年10月23日，银保监会下发了《保险销售行为可回溯管理暂行办法》（保监发〔2017〕54号），2019年6月12日江苏监管局下发了《关于深入推进人身保险销售行为可回溯管理的通知》，进一步规范、明确了实施销售行为可回溯管理的主体、产品、渠道范围与可回溯管理的内容，要求从2019年10月1日起，向自然人销售一年期以上的人身保险产品时，销售过程必须实施双录。

东吴人寿经调研发现业内的双录系统对业务人员的普通话、系统知识等各方面都要求较高，同时系统无法实时对双录信息进行质检，双录质量普遍不高，存在一定的监管风险，且自2020年初新冠疫情暴发以来，远程双录也成为业务部门迫切的需求。为切实落实监管要求、更好地支持业务拓展，东吴人寿信息技术部经过多方调研，经与业务部门沟通，明确了项目需要达成的目标、内容及实现方式等，确定自行研发适合东吴人寿业务需要且具有一定前瞻性的智能双录平台。

（二）项目意义

东吴人寿智能双录平台的上线，使公司在云计算、人工智能等的运用及科技赋能方面迈上了新的台阶，为公司后续在大数据、区块链等技术的运用奠定了基础，是东吴人寿以“自主设计、服务一线、推动创新、业务赋能”为基本策略推动信息化建设的典范，代表着中小型保险公司在科技创新、业务赋能和行业技术规范等方面的突破。

三、项目重点解决的问题及主要创新点

（一）重点解决的问题

1. 以自动语音播报解决销售人员普通话不标准及不按要求介绍产品的问题。智能双录平台与移动展业系统无缝对接，当客户确定投保计划后，双录平台根据客户信息、投保计划等自动生成播报的语音，双录时全程由系统自动播报，无需业务员的介入，既解决了销售人员普通话不标准的问题，又防止了销售人员不按要求介绍产品的风险，同时减少了销售人员的工作量。

2. 以小程序作为客户的操作端，免除客户下载、安装、注册和登录等烦琐操作。

3. 通过人脸核身解决核验客户身份问题，在正式双录前先行进行人脸核身，以确保客户的真实性。

通过人工智能质检，以解决双录质量不高的问题。将智能质检嵌入至双录过程中，实时对客户的回答、确认事项进行质检，以确保双录的质量并减少人工质检的工作量。

4. 东吴人寿智能双录人工智能质检在线签名。将客户签名及抄录风险提示等签字动作集成至双录平台，规范客户签名，实时展现签名轨迹。

5. 文件自动推送展示。以推流的方式实现文件共享，在双录过程中实时推送需展示的文件，实现多人实时文件互动共享，以解决文件展示不清晰、不规范等问题。

（二）主要创新点

1. 客户体验重塑。智能双录平台采用了人脸核身、实时音视频、即时通信、屏幕共享、语音合成与播报及语音识别等人工智能技术，大幅度提升了双录合规质量，消除了销售人员双录过程的时空局限。同时，智能质检针对双录过程中不合规行为进行纠错，大幅度降低质检工作量，使双录及质检成本降低超过60%，节省大量人力成本，提升效率。

2. 运营数字化和智能化。自智能双录平台上线以来，双录单一次质检通过率由83% 提升

至93%，补录质检通过率更是由93%提升至98%。通过数据更快掌握一线信息，“执业证未与客户核对”“未展示本人执业证”“未声明本人签署”等驳回原因降低至0.11%，而“执业证展示不清晰”“文件展示不清晰”“签名不清晰”等双录驳回原因也逐渐减少。

3. 颠覆性创新。智能双录平台是金融与科技的深度融合，是顺应新技术环境下经济金融生态建设的成果。

远程双录全场景AI赋能，人机协作，自主高效：通过人脸核身、活体检测、公安联网对比等技术手段，验证客户的真实性和合法性，保障客户本人录制；音视频交互，视频录制，多路媒体流合成，双向AI认证，多重鉴权控制、传输加密保护；保留完整证据链，保障双方利益，满足监管双录要求；通过音视频以及对应的AI技术手段，为销售人员及客户提供多场景、全终端的便捷通道；销售人员进行录制音视频、身份认证、风险提示、电子签署等一体化的整个认证留档过程，无须坐席客服人员，随时随地双录，节省人力、时间成本。

在质检过程中，通过多项AI手段，不间断地针对音视频进行合规质检，确保全过程为真人、为客户本人及风险提示信息均有接受、风险均有确认真实意愿等，保障双录质量。

四、项目主要建设内容

（一）设计理念

1. 以用户为中心的建设思路。智能双录平台秉承着符合监管要求，以用户体验为出发点，不断优化与改进，尽最大的努力方便用户使用的建设思路。平台以标准化的接口对接出单系统，快速生成双录任务，无须销售人员再次手动输入采集信息；将整个双录过程分解为节点，通过指令配置实现自动化流程的流转，无须人工参与；可通过平台提供的远程双录功能，销售人员与投保人在异地即可完成双录任务；双录过程中包含了智能质检，可以大大减少质检人员的质检难度，提高质检效率。见图1。

2. 以科技赋能业务发展的建设思路。以技术为手段，依靠科技的性能和效率的优势，将金融技术延伸至保险销售服务领域，为业务发展赋能，创造新的服务模式。

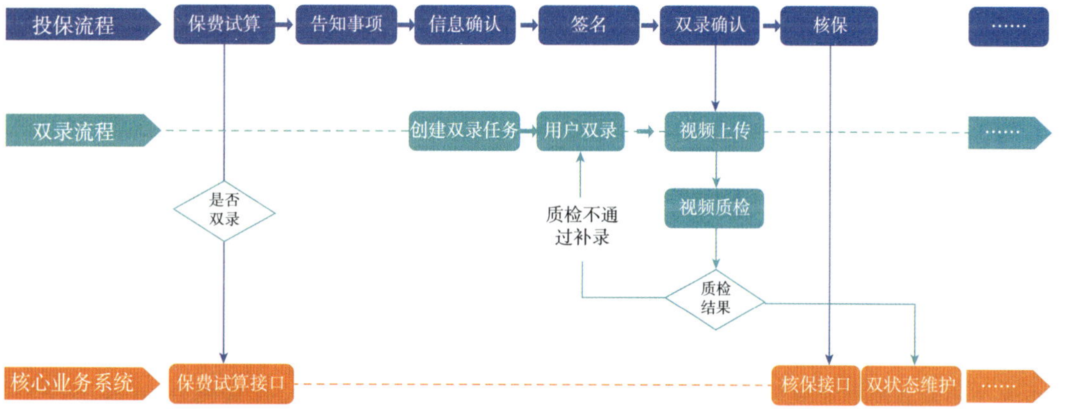

图1 东吴人寿智能双录主要流程

整个平台包含前台（Android/iOS/微信小程序）、中台、后台，使用标准的 Java 企业级开发框架，完全自主可控。同时，平台引入人工智能技术实现了活体检测、语音播报、语音识别、互动白板。见图 2。

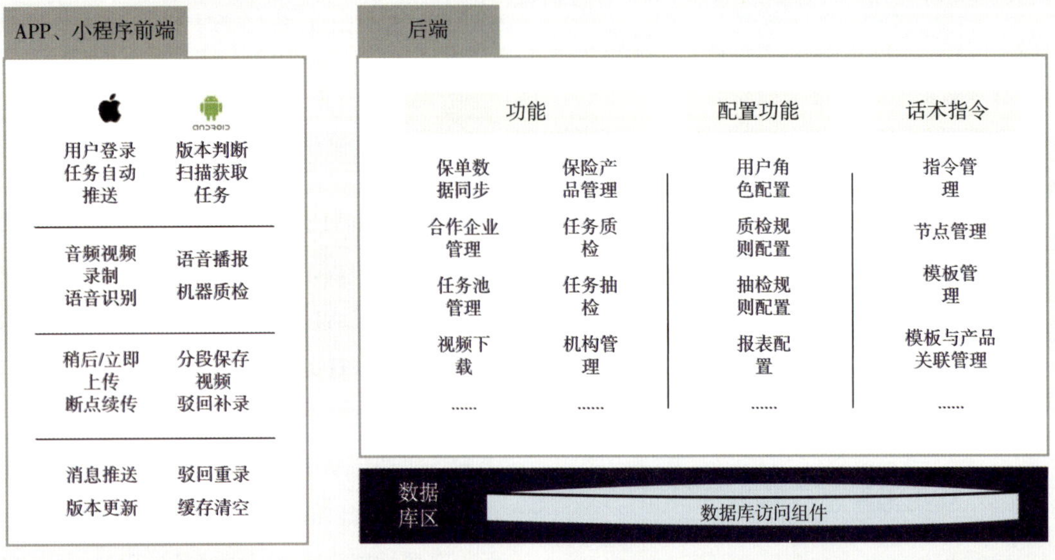

图 2　东吴人寿智能双录技术架构

（二）技术应用

1. 移动终端。保险双录主要采集销售过程中的音频与视频，整个采集过程对用户的手机配置要求较高。通过原生的 APP 开发技术，可以实现对不同品牌、不同操作系统、不同硬件配置的移动终端的高质量数据采集。

2. 消息队列及缓存。通过消息队列的异步处理及缓存的解决方案，确保满足了系统在互联网流量高并发情况下的高可用、时效性的要求。

3. AI 技术。通过引入 AI 技术（活体检测、语音播报、语音识别、互动白板），解决了销售人员话术不标准、人员真实性验证的问题，减少质检成本，提高质检通过率。

4. 持续集成。目标是缩短开发周期、提高部署频率、更可靠发布以及业务目标达成一致，实现项目的集中化、视图化管理。同时，项目主管能够直观跟踪项目的开发进度、发版计划以及上线后新增功能的调用情况和性能分析。

（三）主要功能介绍

1. 双录任务创建。

平台接收销售人员通过移动展业采集的保单数据来生成双录任务，包含了线上契约新单、保全新增附加险、纸质单等多种业务场景。同时可以接收第三方渠道（如银保通）推送的双录视频，自动生成双录任务。所有的双录任务创建后都将被纳管到质检池中统一管理。双录音视频采集销售人员安装双录 APP 后即可通过工号登录进行双录，整个双录过程预计 15 分钟以内，录制完成后销售人员可以进行质检核对。根据当时手机网络情况，可以选择立即上传或者稍后上传，整个视频经过后台的压缩处理后体积可控制在30M以内。

2. 产品及渠道管理。双录过程中需要播报产品以及销售公司的相关信息，通过平台与公司内部保险产品中心以及销售渠道系统进行对接，实时获取相关数据，并且可以对相关产品以及渠道进行管理。

3. 话术模板配置。根据银保监会下发的《保险销售行为可回溯管理暂行办法》，不同地方的银保监分局提出了差异化需求。双录平台将相关的话术进行拆解，分别拆解成节点与指令，运营人员可根据不同的分公司、不同的销售渠道、不同的产品类型、不同的监管要求进行差异化配置，轻松实现对不同银保监分局的差异化话术内容的管理。

五、项目效果

自智能双录平台上线以来，双录单一次质检通过率由83% 提升至93%，补录质检通过率更是由93% 提升至98%。通过数据更快掌握一线信息，“执业证未与客户核对”“未展示本人执业证”“未声明本人签署”等驳回原因降低至0.11%，而“执业证展示不清晰”“文件展示不清晰”“签名不清晰”等双录驳回原因也逐渐减少。平台全场景AI赋能，人机协作，自主高效：通过人脸核身、活体检测、公安联网对比等技术手段，验证客户的真实性和合法性，保障客户本人录制；音视频交互，视频录制，多路媒体流合成，双向AI认证，多重鉴权控制、传输加密保护；保留完整证据链，保障双方利益，满足监管双录要求；通过音视频以及对应的AI技术手段，为销售人员及客户提供多场景、全终端的便捷通道；销售人员进行录制音视频、身份认证、风险提示、电子签署等一体化的整个认证留档过程，无须坐席客服人员随时随地双录，节省人力、时间成本。

在质检过程中，通过多项AI手段，不间断地针对音视频进行合规质检，确保全过程为真人、为客户本人及风险提示信息均有接受、风险均有确认真实意愿等，保障双录质量。

六、总结

智能双录平台是为人身险保险营销员量身定制的保险双录系统，在系统建设过程中，江苏银保监局及苏州银保监分局等监管单位多次莅临指导。智能双录平台为标准化的产品，独立于公司的业务系统，业务功能可通过配置完成，以标准化的方式与公司的内部系统进行无缝对接。平台支持全渠道、全产品线的保险双录业务，各保险公司及代理公司都可以方便快捷的进行系统对接，从而可在业内进行快速复制推广。

智能双录平台已在东吴人寿全辖范围推广使用，并且得到了一线业务员的一致好评。东吴人寿将加大在新技术运用上的力度，为东吴人寿“内涵发展、价值成长”的战略主线提供可靠的技术支撑。

专家点评

为规范和明确实施销售行为可回溯管理的主体、产品、渠道范围与可回溯管理的内容，银保监会要求对特定销售过程必须实施双录。东吴人寿自主设计、研发的一站式保险双录平台能够支持多渠道、多场景的业务，以 AI 等技术赋能保险双录，支持本地和远程两种双录模式，在节点补录上支持本地和远程的互通，既助力业务员展业，又减少了质检人员的工作量，提高质检效率。同时，该平台整合了人工智能、移动终端等前沿技术，从双录数据采集、话术模板配置、音频生成、话术播报、语音识别、音视频上传压缩、音视频质检到驳回补录及双录报表，形成了闭环管理，打通了一体化全流程，具有前瞻性和示范性。

国泰财险 Aliexpress 海外本地退保障险

◎ 国泰财产保险有限责任公司

一、项目概述

Aliexpress 海外本地退保障险目前运用在阿里巴巴旗下的速卖通平台，该平台是帮助国内商家将商品销售给境外消费者的一个跨境电商平台，是国内诸多跨境电商平台中的佼佼者。在跨境电商业务中，因为买卖双方之间隔着国门，退货成本高、距离远的难题一直阻碍着业务的发展。国泰财险保险有限责任公司（以下简称国泰产险）提供的“AE 无忧退”服务是专门针对该痛点提出的金融解决方案。

二、项目背景及意义

近年来，中国跨境电商交易规模快速增长，2018 年的交易规模已达 9 万亿元。工业和信息化部和中国国际贸易促进委员会在《关于开展支持中小企业参与“一带一路”建设专项行动的通知》中指出，鼓励中小企业运用电子商务开拓国际市场。自 2016 年 7 月引入蚂蚁集团战略投资以来，国泰产险快速拓展科技保险蓝图，立足服务阿里巴巴经济体、小微商家及个人客户，以科技赋能保险，为用户创造价值。

Aliexpress 海外本地退保障险，是由互联网背景保险企业——国泰产险与阿里全球速卖通、蚂蚁集团和招商局物流集团等合作推出。本项目是行业内首次以保险为工具，为跨境电商退货场景的痛点提出的综合保险解决方案，以“保险 + 服务”的模式，精准打击跨境电商行业中的退货痛点，帮助国内商户迈出国门，助力平台发展，提升客户体验，彰显了保险的稳定器和调节器功能。

三、项目重点解决的问题及主要创新点

跨境电商的商品跟消费者之间夹着两道国门，涉及清关、国际干线物流以及落地配等多项复杂流程，这些流程导致跨境电商在退货上变得异常困难，集中表现为：跨境退货物流价格高时效慢、海外仓费用高、货品二次利用率低。

国泰产险推出 Aliexpress 海外本地退保障险，速卖通的商户在平台销售产品发货时，平台为订单投保“AE 无忧退”。当客户收到商品时，如果发现商品存在质量问题，可以通过平台发起申诉，通过后可以获得一次免费退货的机会，把需要退回的商品退到保险公司在当地的合作仓库，仓库对货品进行勘察。如果符合退货条件，保险公司则按订单金额的 100% 赔付给商家，同时，平台也会将客户购买时支付的金额退回给客户。国泰产险借助服务商的能力，已经与九国当地的快递公司、跨境仓建立合作，支持向客户提供“门店自寄”“上门取件”“自提柜”等多样化的退货服务方式。

作为行业首例跨境电商退货险，该项目兼具业务逻辑、服务模式和技术能力三大方面创新。

（一）业务逻辑的创新

以保险为工具，对订单的退货风险进行保障，在发生退货时，保险公司根据货品价值对商户进行补偿，并获得货品的所有权，全权对货品进行处置。

（二）服务模式的创新

由保险公司整合物流资源和相关服务商，为跨境电商售后环节提供解决方案，帮助平台提升服务能力，提升客户和商户的体验。

（三）技术能力的创新

整合物流资源，搭建物流系统，下游接入物流服务商、快递公司，降低上游投入，强化对下游的管控。

产品上线至今，国泰产险的 Aliexpress 海外本地退保障险服务已经覆盖俄罗斯、巴西、意大利、波兰、荷兰、以色列、沙特、阿联酋、韩国九个国家，累计向 AE 平台上 4 万多家商户提供了 6000 万人次的保障服务。

四、项目主要建设内容

国泰产险以“自动化、智能化、定制化”保险产品赋能业务生态，聚焦于创新和差异化的保险产品和智能服务，让每个人更简单地享受保险。本项目科技运用和风险防范机制如下。

（一）成本控制

项目初上线时按照平台数据进行定价，但保留了动态定价的通道，在项目运营一段时间后，将会对不同商户、不同客户进行个性化定价。

（二）服务商管理

项目涉及国家多，导致物流服务商类型多，数量多，为统一管理，公司开发了独立的物流系统，通过技术手段简化服务商管理。我们在各国提供服务时，主要依托服务商在当地的资源，所以服务商合作的稳定性对项目起到关键作用，公司通过形成服务商库以加强服务端的稳定性。

（三）服务链路管理

项目涉及国家多，各国客户退货习惯不一，所以我们在提供服务的时候也需因地制宜，需储备多类型的物流承接商。

（四）残值处置

残值是本项目的重要环节，但因商品涉及跨境，且各国相关的法律法规不一，故残值处置存在两点风险，一点是处置的合规性，另一点是回收比例高低。解决方案是先找当地的残值服务商进行统一处置，再根据各国的退货量评估是否在当地自建残值处置能力，以提高残值回收比例。

（五）客诉机制

跨境电商是两国公民之间的交易，因为项目新颖，沟通中易产生误解。为避免问题升级，产生声誉风险，公司已为客户建立了沟通通道，解决服务中遇到的问题。

五、项目效果

（一）社会效应

1. 以金融产品解决行业痛点。本项目精准打击跨境电商行业中的商品退货难题，是全球首例以保险为工具，通过整合物流资源和残值资源，提出的整体解决方案，化解了行业痛点，彰显了保险产品区别于一般金融产品的保障功能。

2. 优化服务体验，保障和改善民生。本项目在帮助平台和商户的同时，也为消费者的跨境售后提供了保障，提升了客户体验。

3. 助力行业发展，促进国民经济和社会发展。跨境电商发展速度快，或将成为国民经济新的发力点。其中，互联网基础设施的完善和全球性物流网络的构建为跨境电商行业的发展提供了“硬条件”，而本项目为其提供了服务上的“软实力”。习近平总书记在党的十九大报告中提出，我国社会主要矛盾已经转化为人民日益增长的美好生活需要和不平衡不充分的发展之间的矛盾，今天，商品的全球化、购物的全球化已经成为越来越多民众的需求，本项目正是旨在解决全球化交易中的服务难题。

（二）示范效应

本项目是垂直行业与金融产品结合的一个试点项目，落地的前提条件有两个，一个是行业快速发展之后遇到了瓶颈，有获取解决方案的需求；另一个是随着互联网发展、大数据积累和风险控制能力提升后，金融企业有提出解决方案的能力。本项目以及类似的金融 + 行业项目是上述两条线交织后的必然产物。从行业现状来看，可以将本项目推广至其他的跨境平台。

六、总结

国泰产险推出的 Aliexpress 海外本地退保障险，解决了跨境电商退换货成本高的难题，进一步提升了用户体验，对于跨境电商的发展起到了积极的作用。

现阶段，跨境电商等新型消费在扩容、稳外贸、助推消费回暖、促数字化转型等方面发挥了重要作用，助力经济稳步复苏步伐。

国泰产险推出的 Aliexpress 海外本地退保障险服务将逐步推向、扩展至欧洲、南美洲、亚洲等更多国家，进一步助力跨境电商的发展。

专家点评

国内外互联互通为跨境电商平台发展开拓了通道，但跨境电商商品销售及退换涉及清关、国际干线物流以及落地配等多项复杂流程，这些流程导致跨境电商在退货上变得异常困难。国泰财险保险有限责任公司推出的行业首例跨境电商退货险“AE 无忧退”服务，具备良好的创新性，将有助于推动跨境平台的发展。但同时，跨境电商退货险面临多项不确定因素，如何实现良好风控、保证持续的承保能力值得思考。

中邮保险续期线上化服务管理体系构建

◎ 中邮人寿保险股份有限公司

一、项目概述

为践行“人民邮政为人民”的初心使命，夯实行业独具特色的“自营＋代管”模式，中邮保险通过创新续期服务管理线上化新模式，自主搭建续期业务管理系统，通过“流程＋科技”的双轮驱动，构建统一、规范的续期服务管理体系，既向外部客户提供规范、便捷、一站式的续期服务，又为内部管理人员提供全面、准确、及时的数据支撑，提升客户体验，提高工作效率，促进降本增效，持续推动续期业务高质量发展。

二、项目背景及意义

中邮保险依托邮政独一无二的渠道优势，开创性地搭建了“自营＋代管”的特色发展模式，积极主动回归保险保障，统筹把握行业发展趋势和规律，以深化供给侧结构性改革为主线，实施期交“百亿工程”“双百亿工程”“期交翻番计划”，主动大幅压缩中短存续期产品、趸交产品规模，大力推进期交规模化发展和价值化发展。2019 年中邮保险总保费收入 600 余亿元，同比增长 17%，其中续期保费收入占总保费收入约 50%，同比增长 62%，在整个银保系保险同业公司中排名第一，续期业务保费收入拉动作用凸显；续期 13 个月、25 个月保费继续率分别达到 95% 和 98% 以上，两项关键指标均优于 A 股五大上市公司。目前，中邮保险续期业务面临以下机遇和挑战。

（一）深化“自营＋代管”模式，满足高质量发展

由于行业独有的“自营＋代管”模式，中邮保险难以简单效仿同业公司建立专门续期服务团队、在线下“一对一”向客户提供续期服务的做法，需要进行创新突破。邮银渠道广泛的营业网点是中邮保险最重要的优势，为中邮保险续期服务模式的创新带来机遇。

（二）应用科技创新，推动转型发展

随着业务高速发展，客户人数不断增多，传统的手工作业、线下作业和分散作业等方式，已不能满足需要，亟待利用信息系统，重塑业务流程，实现全业务、全流程线上化、自动化和智能化，建立一套从上至下的标准、精简和高效的服务体系，增强总公司、省公司过程管控和精细化管理能力，释放市县业务人员重复劳作工作量，提高工作效能。

续期线上化服务管理体系架构见图 1。

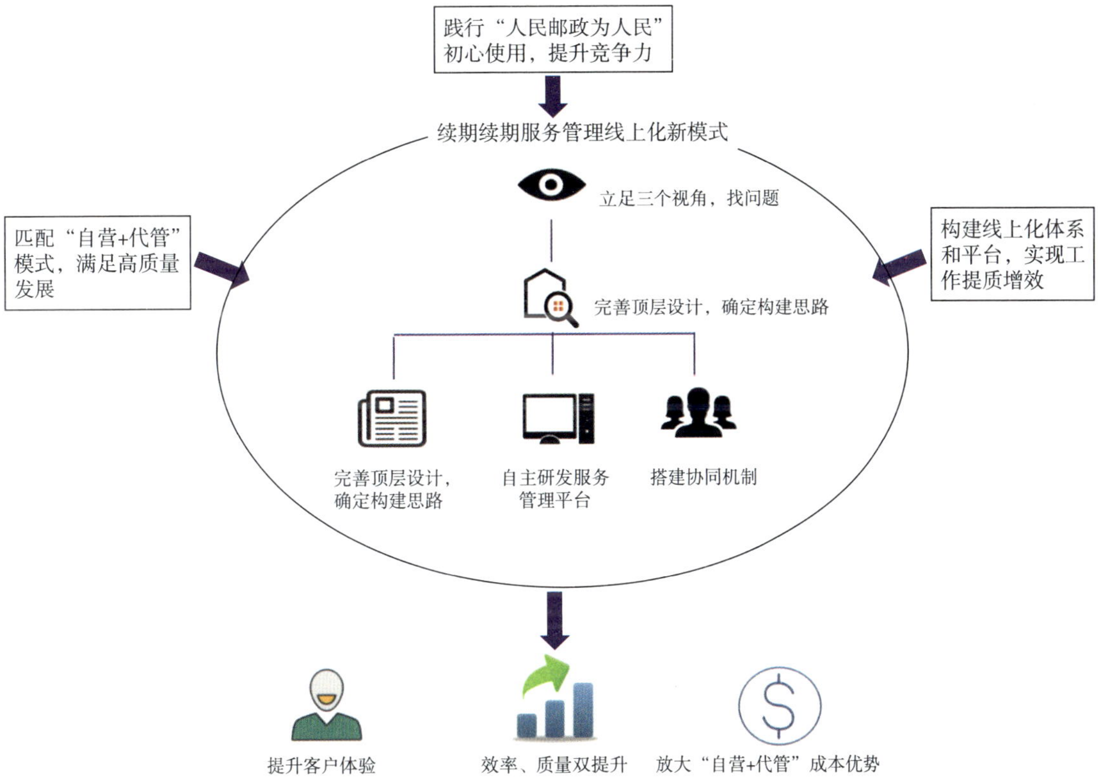

图 1　续期线上化服务管理体系架构

三、项目重点解决的问题及主要创新点

（一）坚持客户为中心，打造以“线上化”为核心的续期服务管理模式

中邮保险坚持“以客户为中心”的服务原则，针对没有专职服务队伍、基层机构代管人力不足等短板问题，确立构建以“线上化”为核心的行业创新续期服务管理模式，在打造标准化、流程化服务的基础上，与大数据、科技赋能相结合，以数据整合、服务管理、电话、短信和电子信函等线上化服务为切入点，“端到端”为客户提供标准一致、精准高效的续期服务，推动续期业务高质量发展。

针对外部续期客户，续期线上化服务管理模式秉承“免打扰、轻打扰、少打扰”的原则设计，普遍性、标准化服务由系统自动处理，复杂性、疑难性服务由系统智能分发、人工处理，实现外部客户续期服务感知的标准化、专业化、智能化。

针对内部管理人员提供统一的续期服务管理平台，明确各级机构职责，规范业务流程，自动及时更新各类信息数据，支撑管理人员更加便捷有效的指导、监督服务过程，分析信息数据，发现问题、解决问题。

（二）坚持效率优先，建立“漏斗式”逐层递减服务处理流程

建立“总部集中回访，省分公司二次回访，

市县上门面访”的漏斗式、低成本、高效服务处理流程，加强总部对各项资源整合、分配和调度的能力，降低过度分散造成的资源浪费，提高资源使用效率；明晰各级机构管理职责，理顺业务流程，圈定管理边界，使各级机构管理服务活动条理有序；强化过程管控，真正做到系统有人看、工作有人管、服务有结果。同时，为提高续期服务有效性，中邮保险对不同类型、不同交费习惯的客户设定差异化、个性化的服务流程。

（三）坚持科技赋能，建设独立且互联互通的续期业务系统

中邮保险整合现有信息系统资源，依托自身信息人员力量采用自主研发方式建设独立且互通互联的续期业务系统，一方面续期业务系统与公司其他业务系统互联互通，集成电话、短信、业务在线办理等续期线上服务功能，实现信息数据的自动化、智能化交互、共享、提醒，客户诉求的“一站式”办理，有效提升续期客户体验；另一方面，续期业务系统实现对总、省、市、县四级机构续期业务条线管理指令推送提醒、续期指标预警、保单催收分单、服务轨迹记录及查询和清单报表统计等功能，搭建总、省、市、县四级机构端到端服务连接，满足业务发展需要。

四、项目主要建设内容

（一）遵循行业规律，强化制度约束

围绕续期线上化服务管理模式建设目标，结合续期催收情景，借鉴行业先进经验，构建续期服务管理制度体系，并制定“1+6”系列管理制度：即“1”个基础框架管理办法《续期业务管理办法》，明确“以客户为中心”“全流程管理”和“防控风险”的续期服务管理工作基本原则和“前端品质管控、中端过程管理、后端监督检查”的全流程、全环节管理要求；“6”个细则分别指“前端品质管控”的《续期业务品质管理实施细则》，“中端过程管理”的《续期未收件管理实施细则》《续期业务档案管理实施细则》《续期内训师管理实施细则》《续期制式培训课程大纲》，以及“后端监督检查”的《续期管理质量评估实施细则》。通过续期管理制度体系，明确了“总部集中、分公司辅助、系统自动化智能化支撑”的服务管理模式和标准化作业流程，实现与内外部客户在线上“端到端”贯通和客户服务全覆盖，从而满足提升客户体验，防控经营风险，提高效率质量的续期发展要求。

（二）发挥比较优势，创新服务模式

中邮保险发挥比较优势，借助邮银协同力量和技术创新，打造线上线下相融合、端到端贯通的续期服务模式：一是建设集中化、自动化、智能化的线上续期服务功能，统一服务标准、保障服务质量、提高服务效率。综合运用电话、短信、微信、电子信函等线上服务手段，为客户提供高效、便捷、满意的续期服务。二是依托邮银协同开展线下面访服务，弥补服务短板。对于少部分难以通过线上服务触及的客户，中邮保险发挥“一个中国邮政”的协同合力优势，委托网点人员开展上门面访服务，打通续期服务“最后一公里”。三是服务管理有抓手，“自营”“代管”合力管控质量。建立覆盖总、省、市、县四级机构的续期业务管理系统，各级机构职责分工嵌入系统自动管理，续期服务过程全部系统记录，实时可监控、全程可回溯，关键指标自动预

警，有效提升续期服务管理的精细化水平。

（三）业技深度融合，科技驱动发展

中邮保险以信息系统为支撑，推进续期业务发展的数字化转型。一是高标准、前瞻性搭建续期业务信息系统架构。根据“自营＋代管”模式特点和行业先进公司经验，中邮保险确定“互联互通、集中管控”的续期业务信息系统建设策略，即以续期业务管理系统为纽带联通多个信息系统，既为代管人员提供集成化的系统应用平台，也便于后续系统功能的不断拓展。二是小改变、大效果。按照行业通行惯例，续期收费采用银行转账批处理进行扣款，需要由专人完成与银行对接操作，收费环节时长最短需要2个工作日，如遇周末和节假日则需要更长时间。中邮保险优化续期转账收费功能，实现收费环节工作全自动化，全部收费时长压缩至一个自然日内，极大地提升了后续续期服务工作的质量和效率，客户体验明显改善。

五、项目效果

（一）建立标准化、规范化服务体系，提升客户体验

一方面，根据客户不同的交费习惯，自动分类提供标准化、智能化的电话、短信、电子信函等线上化服务，实现了续期客户线上化服务端到端贯通、100%全覆盖以及“轻打扰、免打扰、无打扰”的目标；另一方面，实现续期服务集中统一、层级递减、记录留痕、一站办理，效率倍增。自2019年续期线上化服务管理体系运营以来，虽然续期服务件数激增至近700万件，但因续期导致的有效投诉件数仅为2件，万张保单投诉率为0.29件/万张，远低于行业中位数0.38件/万张。

（二）通过数字化、精细化管理，实现效率和质量双提升

基于“自营＋代管”模式下的续期线上化服务管理体系实施推动了中邮保险续期服务管理模式的转变，通过对原有续期服务管理流程的信息化再造，实现了效率和质量的双提升。一是各级机构管理职责在系统中按时间节点进行设置，通过“白蓝黄红”四种颜色予以标注并对机构续期管理人员短信自动提醒，全部信息数据自动流转，不同机构在不同节点的应办工作清晰明了。二是过程透明、信息共享，管理高效。通过对续期保单所有服务轨迹共享，实现对续期服务过程全流程、全方位监控。三是代管机构履职能力日渐加强。续期服务线上化服务体系的建立，为市县中邮保险局（中心）建立专业的续期管理平台，代管机构及时掌握续期客户、指标、服务进度等信息，便捷了解上级机构的政策要求，履职能力不断增强。

自续期线上化服务管理体系实施以来，续期各项关键指标稳步增长，其中当月收费成功率从2018年的平均73.65%提升至2019年的80.39%，13个月、25个月继续率达到95.4%和98.3%，同比分别提升0.2和0.4个百分点。

（三）通过线上化、集中化服务，放大“自营＋代管”成本优势

基于“自营＋代管”模式下的续期线上化服务管理体系建设，改变了行业传统靠人力开展续期服务的发展模式，自动化的支撑数据推送，指令化的服务工单有效缓解了续期服务人员的服务压力。中邮保险2019年首次交费失败保单约210万件，按照行业规律，每名续期服务人员年

均服务量1500件，需配置服务人员1400人，通过基于续期线上化服务体系的实施，75%的首次交费失败客户通过线上化服务收费成功，仅有50万件通过人工开展面访工作，直接减少人力配置约1100人，按照人力成本7万元/人·年测算，人力成本当年约可节约8000万元。同时，续期线上化、集中化服务有效降低变动业务成本。续期线上化服务管理体系的实施，中邮保险续期线上化服务比例大幅提升，通过短信、微信、电子信函发送对传统纸质信函替代率接近80%，件均成本从原来的1.5元/件下降到0.05元/件，2019年压缩续期服务业务成本约870万元。

六、总结

基于“自营+代管”模式下，线上化续期服务管理体系构建从客户、竞争和行业最优三个视角出发，以中邮保险“四级架构，五级运作”管理架构为基础，遵从行业、市场和价值三大规律，应用业务流程重组理论，通过建章立制和科技赋能双轮驱动，构建具备独特竞争优势的续期线上标准化服务管理体系和“一站式”服务管理平台，实现续期客户线上化服务的端到端贯通和全覆盖，提升客户体验，提高服务效率，放大成本优势。

专家点评

中邮人寿保险股份有限公司的续期线上化服务管理体系构建项目，基于公司自身“自营+代管”模式，坚持以客户为中心，打造线上化续期服务管理模式；坚持科技赋能，建设独立且互联互通的续期业务系统，从而实现外部客户规范、便捷、一站式的续期服务与内部管理人员全面、准确、及时的数据支撑的双结合，具有一定的行业代表性和创新性。中邮人寿通过该项目，进一步加强了“邮银协同能力”和“技术创新能力”，将线上线下业务进一步融合，将自身“自营+代管”优势与特点进一步放大，有效缓解了续期服务人员的服务压力，实现了“降本增效”的效果，符合保险科技赋能流程优化的行业发展趋势，值得推广与借鉴。

第 四 章

科技提升运营效率

瑞士再保险 Magnum 开启核保自动化旅程

◎ 瑞士再保险股份有限公司北京分公司

一、项目概述

核保对于任何保险公司的运营来说都处于核心位置，瑞士再保险股份有限公司（以下简称瑞士再保险）很早就认识到核保自动化对保险公司的重要性和积极意义，于 1996 年推出自动核保系统——Magnum。

（一）什么是 Magnum

Magnum 是由瑞士再保险研发，用来打造核保生态系统的一套科技解决方案组件，并得到业界领先的核保手册——瑞士再保险寿险与健康险核保指南的全力专业加持。

（二）Magnum 生态系统

瑞士再保险通过多年来对市场的不断观察与分析，以及对 Magnum 整体解决方案的不断完善与扩充，使 Magnum 已经不局限于一个简单的核保引擎，而成为一套包含模型预测、数据与行为分析，可以与前端移动销售相集成，与多种数据模式和来源相连接，灵活应用于云平台，可以反映多种渠道及市场信息，跨平台、多种类、高度灵活的并能给保险公司实时提供行为反馈的完整的解决方案。如图 1 所示。

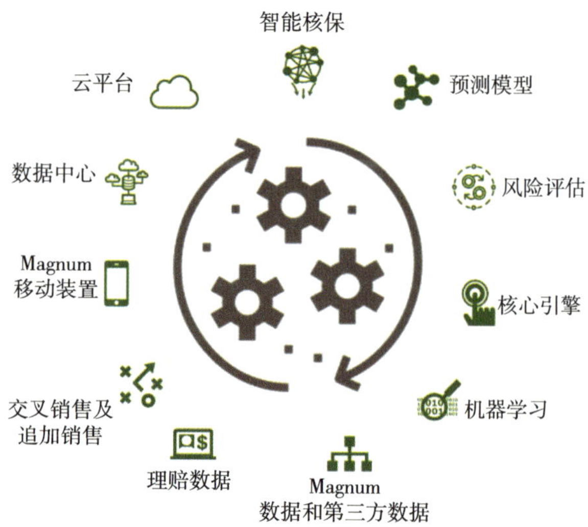

图 1 Magnum 生态系统

二、项目背景及意义

5G、云计算、人工智能、大数据等创新技术的进步，使得科技的力量日益深入到经济和社会的方方面面。这次疫情显著的后果之一，就是加速了各行业技术创新和数字化转型的步伐，其中对保险业的影响也足够深远。宏观环境的不确定性、市场竞争的加剧和消费者需求的不断演变，要求我们更有效地解决保险公司运营工作中面临的一系列挑战，包括如何通过快速流畅的投保流程来提高客户转化率，如何更好地提高“双核”业务的运营效率，如何进一步降低运营成本等。

在过去的5年中，我们在全球各个市场都看到自动化核保引擎的应用呈现出增长趋势。这种增长主要由三个因素所驱动：一是消费者行为的变化；二是数据爆炸；三是技术的演变与革命。

（一）消费者行为的变化

消费者行为的变化主要由人口结构的变化所驱动。年轻的消费者有更强的判断力，并有更高的需求。他们期待轻松而个性化的体验，对社会有更强的认知，并会远离他们认为对环境不友好的事物和行为，如使用纸质的投保单。

越来越多的保险公司转向销售及核保自动化，以满足消费者的上述需求。通过使用先进的自动化技术，保险公司现在可以定制更好的用户体验。

（二）数据爆炸

数据因其巨大的价值，现在已经成为新时代的石油。保险公司以往经常遭遇数据泄露的情况。当一份申请表已被填写却没有提交，这种情况下可能会造成数据丢失。所以在数据成为新石油的情况下，数据泄露丢失就意味着经济损失。

保险公司清楚地知道自己获取每一数据的重要性。从销售开始，到保单生效，再到理赔环节，销售与核保的自动化可以确保所有相关数据都会被有效地抓取。只有当你拥有完整的数据时，相关地分析才会更有意义。

（三）技术演变与革命

当今社会已经在移动技术和云科技领域取得了长足的进步。随着移动设备在全球范围内的不断普及，在移动设备上进行银行交易已经成为常态。但许多保险公司仍处于追赶状态，只有在最近几年才进入所谓的前沿，开始支持在移动设备上进行保险相关交易。其中，像Magnum这样的自动核保解决方案在其中发挥着关键作用。在技术交付方面，云计算也发挥着巨大的作用。许多金融机构认识到云计算所带来的重要价值，开始寻求基于云的预置解决方案。

二、项目重点解决的问题及主要创新点

（一）缩短核保流程，减少保单处理时间

依托于瑞士再保险的科技支持，保险公司能够在客户填写申请表阶段及时发现错误信息，在表单被提交之前就被发现并改正，使填写表单过程中出现错误的概率大大下降，把有效保单的处理时间从几天缩短到几分钟。得益于Mangum的支持，核保员能够更快、更准确地处理常规申请，从而使处理复杂案例的时间也大大降低。

（二）提高自动核保通过率

通过Magnum，在投保阶段引入反射式问卷，根据客户的告知，进一步收集必要的告知信息，能够支持核保人员在大多数情况下得到明确的核保结论投保申请的错误及转人工核保件的数量均大大降低，人工核保带来的工作量也在不断下降。核保师们可以专注于更复杂的案例而不需要花费大量时间在琐碎的工作上，从而使他们对工作的满意度也得到提高。

（三）风险信息数字化

通过将Magnum引入投保和核保流程，将核保案件的信息从原来的书面混沌化的存储，转换为明晰数字化的信息。保险公司可以精确掌握公司所面临的各类核保风险信息，掌握风险动态，

对面临的风险进行总结与甄别，并有针对性地进行管理。从而提高公司风险管理能力，使公司的运营更加健康稳健。

四、项目主要建设内容

根据不同客户的业务和系统建设的不同需求和特点，瑞士再保险可以提供不同复杂程度的完备解决方案。

（一）强大的规则引擎

在瑞士再保险提供的两个系列的解决方案中，规则引擎都作为 Magnum 解决方案的核心组件包含在其中。

根据不同的解决方案，规则引擎可以针对客户的不同业务及系统条件和需求，选择部署在保险公司本地环境中，或者云平台上，以适应不同客户的 IT 运维能力和不同业务量级的需求。规则引擎与规则库相配合，实时为客户提供直接的核保结论。

（二）专业的预置核保规则库

Magnum 预置的核心规则库与风靡全球的瑞士再保险核心产品——Life Guide 出于同源，与之有着相同的核保逻辑以及强大的规则化处理能力。依照不同客户的业务特点及需求，Magnum 可以提供完整的立即可使用的核保规则，或根据客户自有的核保需求，提供深度客户化的规则定制服务。同时，Magnum 也提供界面十分友好的规则编辑工具，可以让客户的核保团队自行定制其自有的 Magnum 规则，且无须具备 IT 知识背景。

（三）灵活适配各种渠道的前端工具

近年来，移动端销售成为中国保险市场的主流趋势。为顺应这一趋势，Magnum 也在整体解决方案中适时加入了能够与各类移动销售前端工具进行集成的移动销售解决方案，给销售人员提供非凡的动态核保体验。可以适配网页模式、SDK 模式等市场上常见的各种移动销售模式。

（四）数字化报表工具

Magnum 对通过其处理的核保案件可进行数字化存储和分析。客户可通过对部署在国内本地云平台的数据报表进行检索，及时得到全面反映自身风险状态的各类维度的报表，用以分析和指导公司的工作方向，也给保险公司其他数据项目的实施提供了基础和可能性。

五、项目效果

Magnum 已经在全球超过 20 个国家以 17 种不同的语言进行部署，每年帮助保险公司处理超过 1500 万个寿险及健康险的投保申请。

2014 年，Magnum 进入中国。目前，已经有 3 家中国领先的寿险公司和健康险公司使用 Magnum Pure 作为其自动核保解决方案。其中一家目前有超过 150 万个代理人使用 Magnum 来进行客户信息采集，并给出快速专业的核保结论。

2019 年，我们开始为寿险公司新推出更加便捷易用的 Magnum 的解决方案——Magnum Go。这一新的解决方案提供了自动化核保的所有核心功能，但是部署速度更快、成本更低。

Magnum Go 于 2020 年 7 月在中国发布，已吸引了多家寿险公司的兴趣与关注。

（一）实现投保无纸化和电子化

通过与保险公司销售前端集成的方式，Magnum 帮助保险公司实现了投保流程全面无纸化的目标。

（二）缩短投保整体流程和时间

通过 Magnum 解决方案提供的前端动态问卷功能，保险公司的销售人员可以在销售流程中最大化地收集客户的告知信息，减少后续沟通中因为进一步的信息收集造成对客户的打扰，大大提升了客户体验。通过对 Magnum 的应用，将原来需要几天完成的核保工作缩短至几分钟，提升销售成功率，促进保险公司业务发展。

（三）减少核保工作量

使用 Magnum 方案进行核保的客户，其自动核保通过率均有不同程度的提升。例如，其中一家公司的自核通过率从原来的 75% 提升至现在的 98%；另外一家公司的阳性告知自动通过率在上线后的第一个月提升了 16%。基于其巨大的业务量，节省了大量的人工核保工作，提升了运营工作的效率。

（四）反映不同地区风险特点

通过对 Magnum 数据报表的使用，保险公司能够直观地发现不同地区的风险告知特点，有针对性地进行及时调整相应核保策略。比如东北地区的甲状腺疾病告知率较高，可相应提高其抽检比例。

六、总结

瑞士再保险 Magnum 整体解决方案在国内市场取得的巨大成功，大大鼓舞了同业同行对于保险数字化工作的信心，其成功的落地项目，为同业树立了良好的榜样，也为同行提供了积极正面的样例和参考。同时，我们也面临一些挑战和思考。

（一）快速变化的市场使用习惯

近年来，中国市场上消费者的使用习惯越来越趋于灵活多变，瑞士再保险积极应对，以适应这一快速变化的需求，更好地服务中国客户。

（二）数据的使用与深挖

自 2014 年进入中国市场以来，瑞士再保险 Magnum 与其客户紧密合作，并已经拥有了一定量的数据积累。基于现有的应用程度，如何更好地使用这些数据，从中为客户获取和挖掘更大的价值，需要瑞士再保险的数据专家团队与保险公司紧密合作，期待更多场景的应用和更大价值的创造。

专家点评

本案例从项目背景、项目内容、项目意义和项目效果等方面详细介绍了瑞士再保险 Magnum 核保自动化系统的基本概况。本案例通过搭建核保的自动化系统，提高了公司的核保效率，降低了核保成本，对于其他公司优化核保业务以及进行核保反欺诈有重要意义。本案例的一大亮点在于通过现代化保险科技对其既有自动化核保系统的更新升级，为保险科技应用提供了一种新的思路和可供借鉴与选择的模式。

中国大地保险完善客户服务平台，推动平台化运营

——中国大地超级 APP

◎ 中国大地财产保险股份有限公司

一、项目概述

“中国大地超级 APP”（以下简称超 A 平台）是一个面向个人客户的线上服务平台，旨在打破以往客户与保险公司之间互动少、黏性差的困境，让客户在服务期和续保期内，都能享受到中国大地财产保险股份有限公司（以下简称大地保险）提供的极致功能体验和专属增值服务，用科技创新引领行业主流客户服务新趋势。

超 A 平台以“服务”“严选”“我的”三大板块为核心，围绕客户的线上服务诉求，提供免费及专享优惠的用车、生活类服务以及品质卓越、保障全面的保险产品，支持客户全生命周期的线上智能保险服务。

超 A 平台于 2020 年 5 月 20 日（大地客户服务节）对外首发，截至 11 月初累计注册客户超过 170 万户，线上客户月活跃率达 39%。线上生态已初步建成，具备完整的对客线上保险服务、增值服务、活动互动能力，并正在加速进行平台推广、丰富服务品类、迭代线上活动。平台累计上线12大类基础功能、30项增值服务、5项常驻活动，为客户带来优质的线上使用体验。

二、项目背景及目标

（一）项目背景

财险市场风云变幻下，“依靠传统增长惯性的发展模式走到尽头，保险科技酝酿着险企转型的良机”，成为诸多市场经营主体的共识。科技在加速重塑保险业，保险科技生态机遇的新时代已经到来。在此形势下，谁先布局，谁就可能赢得胜利。从促使保险科技加速度，逐渐演绎成一场全生态的变局。为了赢在未来，大地保险早在几年前就开始进行公司三化工程建设。超 A 平台是践行公司“线上化、数字化、智能化”三化工程建设的重要子项目，也是“以客户为中心，科技驱动的客户综合经营”经营理念的具体体现。

（二）项目目标

超 A 平台是大地保险为客户倾力打造的面向个人客户的线上服务平台。它打破了以往客户与保险公司之间互动少、黏性差的困境，让客户在服务期和续保期内，都能享受到大地保险提供的极致功能体验和专属增值服务，用科技创新引领行业主流客户服务新趋势。项目围绕与客户互

动场景，对客户全生命周期的感官、操作、情感三个层面的诉求进行剖析，设计客户旅程，全方位的为客户提供服务，提升客户对公司品牌的信任，对线上服务的依赖感，建设客户满意的线上服务平台。

三、项目主要技术亮点

（一）展现层

应用 APP 部分使用互联网主流的混合框架，兼具“Native APP”良好用户交互体验的优势”和“Web APP 跨平台开发的优势”。Web 部分采用主流的 Vue 前端框架，Vue 构建用户界面的渐进式框架，能够灵活、高效地完成应用业务的实现。

（二）服务层

服务层的架构采用分布式的微服务架构（Spring Boot + Dubbo），微服务架构去中心化加强终端的特点，让服务免去雪崩效应等容灾上的风险。同时，整体技术架构具备易于扩展、组合、部署，可支持动态伸缩、精准监控，并且可以提供灰度发布等优点。

（三）运营管理

运营管理通过埋点技术、A/B 测试技术、大数据技术来进行数据采集分析和业务试错，并通过计算结果来指导业务工作。

（四）运维支撑

运维支撑将从底层对所有服务做支撑。运维体系通过对基础设施的监控、服务调用链跟踪、日志聚合与分析等措施来确保系统的容灾能力与稳定性。日志聚合和分析采用 ELK，它是一个分布式、可靠、可用的系统，能够将不同数据源的海量日志数据进行高效收集、聚合。通过 Logstash 收集每台服务器日志文件，然后将日志存储到 ElasticSearch 中创建索引，最后通过 Kibana 展示给开发者或运维人员进行分析。

四、项目主要建设内容

（一）一站式保险、生活服务

1. 超 A 平台为广大客户提供了全生命周期的线上智能保险基础服务，包括用车养车、交警车务、生活服务三大类 30 项增值服务，客户在超 A 平台可一站式享受用车、健康、生活各种尊享服务。

2. 基础服务，包括线上保险产品、电子保单查询、电子发票开具、在线报案、案件查询、资料上传、自主赔、智能客服、自助批改、门店网点查询等服务。

3. 用车养车，包括道路救援、代办年检、违章查询、代驾、无感加油、充电桩、附近停车场、优惠洗车、车主商城、油卡充值等服务。

4. 交管车务，包括违章查询、代办年检、国际驾照、驾照查分、罚单代缴、违章高发等服务。

5. 生活服务，包括喜马拉雅、越野地图、健康资讯、高铁贵宾、鲜花服务、话费充值、家政服务、家电清洗、健康计划等服务。

（二）丰富的线上活动

超 A 平台正在逐步上架抽奖、读书答题、养成类、秒杀、抢购等不同主题的活动，吸引不同类型的客户参与。在满足用户娱乐需求的同时给予奖励回馈，其中的小游戏支持转发分享，并展示排名。

（三）科技运用亮点

1. 实名认证，超 A 平台风险控制的第一关。为保障客户的线上信息数据的安全，大地保险会引导客户进行实名认证，目前的实名认证有两种方式，人脸识别、运营商手机号识别。通过实名认证，可以有效提升超 A 平台的风控能力，将外部恶意手段拒之门外。

2. LBS 地图，基于位置给客户提供便捷服务。超 A 平台集成了 LBS 地图，可支持查勘人员实时位置、洗车、修车、公司内部门店、代驾、道路救援等位置信息的展示，默认显示当前定位附近的点，支持全国范围内的实时搜索。同时，支持洗车门店的券码使用和购买，支持各类地址的地图导航。

3. 智能客服，自然语言识别和机器学习。超 A 平台集成了公司智能客服系统——小安。通过对常见功能的总结、梳理，智能识别自然语言，结合 95590 知识库机器学习能力，实现客户问题的 7 × 24 小时全天候自动问答，提升客户体验。

4. OCR 图像识别，秒级完成信息预填。超 A 平台嵌入 OCR 识别功能，可通过拍照或本地图片上传，进行行驶证的识别。对于原件及清晰的图片可以一次性完成识别，无须人工录入。在提升客户体验的同时，确保了客户信息的准确有效。

5. 语音搜索和一键登录，减少交互步骤，提升客户体验。超 A 平台支持语音搜索能力。无须录入，即可快捷实现语音转化为文字，定位并跳转到自己需要的功能。超 A 平台支持多种快捷登录方式。存量客户可通过微信一键登录。首次登录自动带出脱敏身份信息完成注册，实现平滑迁移。客户也可以通过本机号码一键登录，无须录入短信验证码。同时还支持其他短信验证码、指纹、手势、密码等多种登录方式，客户可以根据个人偏好灵活选用。

五、项目创新效果

超 A 平台兼具平台定位、触客模式、技术运用三大创新性，有效实现了线上客户的新增和活跃。

（一）平台定位创新

超 A 平台是立足于客户“服务销售一体化”的 APP。区别于同业 APP 的直接营销，超 A 首先是引导客户进行线上留存、享受服务及活跃，通过与客户的互动，建立互信和黏度，进而实现销售转化和产品续保。

（二）触客模式创新

超 A 平台通过线上化的方式为客户提供服务，代替原有的线下触客方式。打破了以往客户与保险公司之间互动少、黏性差的困境，实现个人客户的线上化迁移，将原有的传统线下流程，转变为移动线上化流程。

（三）技术运用创新

超 A 平台为了提升服务质量、增加客户满意度，在技术运用中不断创新。例如，采用图像识别、语音识别提升功能使用效率，利用地图定位、在线影像、视频直连等方式提升理赔效率和用户体验，运用智能客服提升服务时效等。超 A 平台有效提升了客户线上自助操作率，提升客户体验，降低运营成本。

截至 2020 年 11 月初累计注册客户超过 170 万户，线上客户月活跃率为 39%。较好地完成了阶段性客户线上化目标。

六、总结

数字经济时代的变化正在重塑保险业，主要体现在以客户为中心、线上化迁移、数据化驱动和智能化经营四个方面，新的趋势将以“客户为中心”，逐步打造线上化、数字化、智能化能力，通过“科技驱动经营”。

超A平台顺利完成了第一个阶段的开发任务，下一个阶段就是不断提升线上客户运营能力，为客户提供满意的服务。超A平台未来会围绕保险服务、车主生活、健康医疗、扶贫助农等核心板块，进行技术深耕，争取实现产品智能、营销智能、运营智能和理赔智能。

专家点评

本案例从项目背景、项目内容、项目意义和项目效果等方面详细介绍了大地保险超级APP的基本概况。大地保险超级APP应用保险科技进行数字化转型，对内整合了公司的内部资源，提高了运营效率，对保险公司进行数字化转型提供了良好的借鉴模式，而在整合内部资源的同时，大地保险超级APP也有效地整合了生态圈和产业链资源，实现合作渠道资源互换，对于提高整个行业的资源运用效率，都有重要的促进作用，具有极高的社会价值。

中华保险互联网区块链回溯管理系统

◎ 中华联合财产保险股份有限公司

一、项目概述

银保监于 2020 年 6 月 30 日，发布了《中国银保监会关于规范互联网保险销售行为可回溯管理的通知》，明确互联网保险销售行为可回溯，要求保险机构在自营网络平台上销售投保人为自然人的商业保险产品时，应当实施互联网保险销售行为可回溯管理，实现对销售行为可回溯管理所有流程和操作环节的有效监控。为了符合监管规定以及满足市场的需求，中华联合财产保险股份有限公司第一时间成立项目工作组，小组成员对监管文件进行解读并对项目方案进行了充分的讨论，最终采用蚂蚁区块链回溯管理平台解决方案。

该解决方案采用最先进的保险公司联盟区块链实现防篡改，以及蚂蚁授权宝实现分布式的数字身份认证，并通过采用前端技术进行页面操作行为记录和还原，最终实现行为记录、数据存储、后台查询回放、区块链鉴真等功能。

二、项目背景及意义

2020 年 6 月 30 日，银保监会下发《中国银保监会关于规范互联网保险销售行为可回溯管理的通知》（银保监发〔2020〕26 号），要求规范和加强互联网保险销售行为可回溯管理，保险机构通过销售页面管理和销售过程记录等方式，对在自营网络平台上销售保险产品的交易行为进行记录和保存，使其可供查验。2020 年 10 月 1 日正式实施，届时如不能满足监管要求，需要停止相关互联网保险销售业务。

为确保此项工作在监管要求时间内完成整改，需要根据业务流程对销售页面进行改造，建立互联网保险销售页面的版本管理机制，同时新建回溯管理系统，存储销售页面即操作流程记录，以达到监管要求。

三、项目重点解决的问题

根据监管文件的要求，项目需要解决以下问题。

根据可回溯要求，对个人客户互联网销售的业务流程和前端页面设计进行改造，满足展示要求。

建立销售页面版本管理机制，建立自营网络平台销售页面的版本管理机制，保存每个版本的版本号、上线时间、每个页面的图片，页面包含需要点选或填写的内容、校验规则、必填项、必读项、必选项，每一个页面跳转到下一个页面的逻辑要求。

对互联网保险销售过程进行记录，包括投保人、被保险人在相关销售页面上的操作轨迹和投保期间公司通过在线服务体系向投保人解释说明保险条款的有关信息。

互联网保险销售行为可回溯资料应当可以还原为可供查验的有效文件，销售页面应当可以还原为可供查验的有效图片或视频。

建立对应的存储空间和可回溯资料管理系统，可以实现可回溯资料的长期保存。监管要求的保存期限为自保险合同终止之日起计算，保险期间在一年以下的不得少于五年，保险期间超过一年的不得少于十年。遇消费者投诉、法律诉讼等纠纷的，应当至少保存至纠纷结束后三年。

四、项目主要建设内容

项目方案采用最先进的保险公司联盟区块链实现防篡改，以及蚂蚁授权宝实现分布式的数字身份认证，并通过采用前端技术进行页面操作行为记录和还原，最终实现行为记录、数据存储、后台查询回放、区块链鉴真等功能。

（一）用户行为记录

系统具有记录用户操作行为、页面版本管理、日志等功能，通过前端技术的优化，系统开销量小，对移动设备硬件的需求低，不会打扰用户的正常页面操作，不会影响用户体验。同时支持安全隐私保护，支持特定敏感信息不采集保护用户隐私安全。

（二）数据上传存储

将记录的用户数据上传至阿里云 OSS 进行存储，包括操作行为和传统日志文件两种类型，确保 100% 的可靠性。

（三）后台查询回放

通过后台系统可以调取用户行为数据，结合页面版本文件即可进行可视化还原，由于其基于页面前端技术，因此页面字体和图案清晰完整，用户原始操作轨迹准确完整。此外还支持拖动、快进，跳转、暂停，操作人可以自主滑动浏览全页面，不会因为用户操作过快看不清页面全貌。

可视化回溯销售页面即用户操作轨迹全记录，直观、高保真还原用户投保过程，便于责任归属判断。

（四）区块链鉴真

所有记录文件的哈希值，在第一时间通过蚂蚁区块链技术存证，后续可以通过文件哈希值进行鉴真，确保文件无篡改。从而有力保证了记录文件的真实性可靠性，可提供监管和法院等作为证据使用。

五、技术创新点

互联网区块链回溯管理系统使用的核心技术如下。

（一）纯前端技术采集

通过采集用户前端页面变化、采集用户鼠标动作，最终通过技术方法还原用户操作。通过这种采集方式一方面有效降低用户侧数据传输的成本，另一方面也降低了应用侧数据的存储成本。采集的数据通过数据协议进行加密保障了数据安全性，数据存储采用区块链技术保障了数据不可篡改。

（二）保险联盟链

保险联盟链是面向保险公司提供的“无须搭链、快速上链”的区块链服务网络。用户可以在链上自建联盟，快速构建或复用支持多方协作的“数据及身份存证、销售行为溯源”等场景。

（三）授权宝数字身份认证

授权宝数字身份认证，身份等信息在基于区

块链的分布式系统上永久留存，由身份所有者管理和授权，身份使用方在被授权的情况下使用而无法作其他用途。领先的身份管理，利用生物识别、移动终端、区块链和密码学等多种手段，实现一个便捷的联合可控的数字身份管理体系。强数据隐私保护，利用零知识证明、密码学等技术助力身份标识脱敏，避免敏感数据盗用。全链路加密和存储身份信息，使得数据使用可用不可见。

六、总结

项目方案的实施，一是实现全购买流程可视化回溯，重要信息可查询，销售责任可确认，提升纠纷解决效率；二是持续促进购买平台及保险产品改进，提升客户体验，促进产品销售。三是快速提升了合规水位，满足监管要求。

依托区块链分布式身份、密码学、生物核身、可视化等前沿技术成果，可以对互联网保险销售过程中的交易行为数据进行采集、存储、处理及可视化，包括浏览销售页面、填写或点选相关内容等操作行为轨迹数据，使用户的每一个行为都有记录并可回溯，进一步保障消费者知情权、自主选择权和公平交易权等基本权利，助力互联网保险合规管理，推动保险机构业务数字化升级。

基于分布式数字身份的数据加密上链与鉴真流程如图 1 所示。

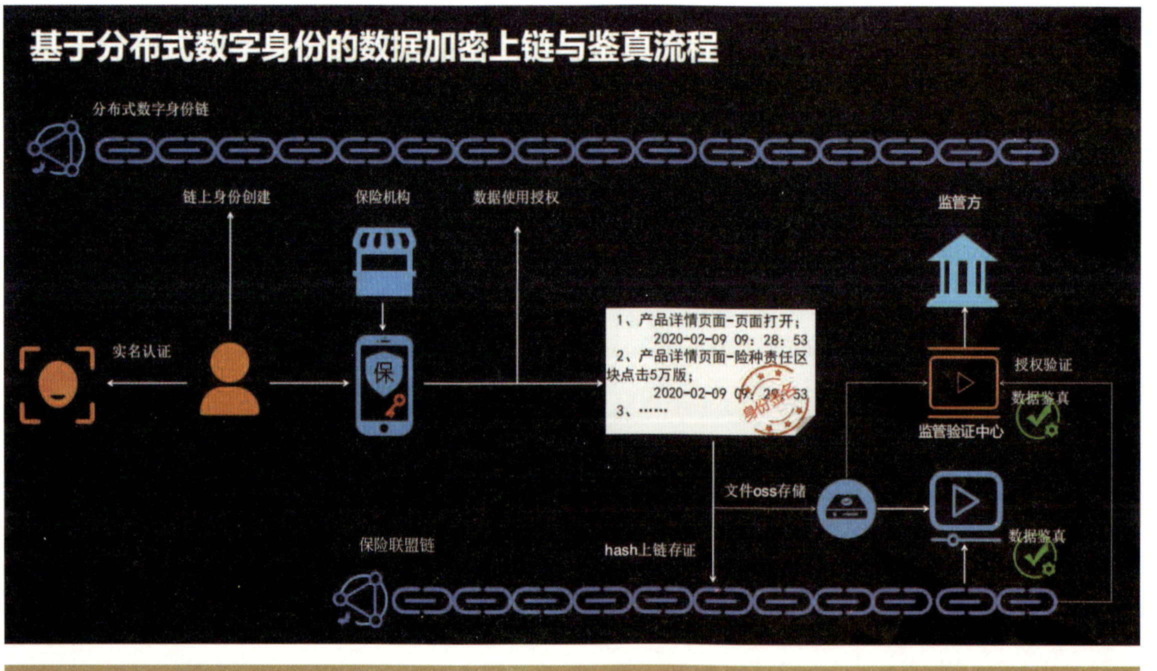

图 1　基于分布式数字身份的数据加密上链与鉴真流程

专家点评

本案例从项目背景、项目内容、项目意义和项目效果等方面详细介绍了中华联合财险互联网区块链回溯管理系统的基本概况，行为逻辑链完整而充实，符合认知规律，有助于帮助读者全面系统认识该系统的全貌。本系统迎合银保监会《中国银保监会关于规范互联网保险销售行为可回溯管理的通知》而诞生，与社会实际相结合，有实践指导意义。同时，系统在提升公司运营效率的同时，还有效提高了客户的体验，增强了公司的合规水平，具有综合效应。

平安财险合作伙伴自助对接管理平台

◎ 中国平安财产保险股份有限公司

一、项目概述

中国平安财产保险股份有限公司（以下简称平安财险）合作伙伴自助对接管理平台是一个实现互联网对接业务全流程线上化管理的平台，贯穿团体线上经营全链条，实现业务全生命周期闭环管理。主要目的是通过自助投保接入及上线，以满足IT后台系统的高速响应及支持的需求，为大中小各类客户量身定制专业的保险服务。

平台主要包括合作伙伴线上自助配置、合作伙伴自助联调，业务产出预警监控及通报，合作伙伴上架、下线及用户管理。支持团体通用产品、部分定制产品、小微免核产品及团意产品自助配置，可实现自助完成投保、批改流程等配置。

二、项目背景及意义

在互联网浪潮下，人们的生活思维习惯正在悄然变化，线上业务功能自助进行是保险业的发展趋势。保险业中，传统的互联网线上对接业务，随着业务体量的增长，对线上化、自动化、智能化需求愈加迫切，线上个性化业务场景增多，在统保、政保、互联网平台类业务竞争中提供线上化后台系统直连承保出单、理赔、风控等功能，急需一种高效的方式来打破局面。如何提升客户体验、及时响应客户需求、提升对接效率、抢占市场先机成为整个行业急需解决的关键问题。

通过对各流程的深度分析和梳理，2019年4月，公司正式研发合作伙伴自助对接管理平台。该项目借助大数据等技术的推广应用，提升了线上业务整体时效，降低了IT成本，实现了纵向垂直全流程优化改造，从根本上提升全流程作业效能。

三、项目重点解决的问题及主要创新点

（一）项目重点解决的问题

1. 流程标准线上化，提升整体对接效率。传统合作伙伴排期对接上线的周期为10天，通过自助对接平台对接及自助完成联调，最快可以几分钟上线；原来合作伙伴接入受人力的限制，单个版本每人可支持3个合作伙伴对接，现在对于标准对接合作伙伴可以免排期。

2. 接口配置及管理规范化，操作闭环高安全。规范化接口配置及管理，提高项目质量，同时系统操作完全闭环，降低系统安全风险。

3. 线上业务产出透明化，系统监控智能化。互联网业务产出只有整体数据，没有针对某个业务阶段产出进行统计及分析，且过程中如有异常情况也无法实时监控。鉴于以上情况，需要建立

精细数据分析功能，比如出现产出异常可实时监控、定向追踪，预警关联方，系统对异常信息实时监控及报警，提升转换率及系统竞争力。

平台应用与传统流程对比如图 1 所示。

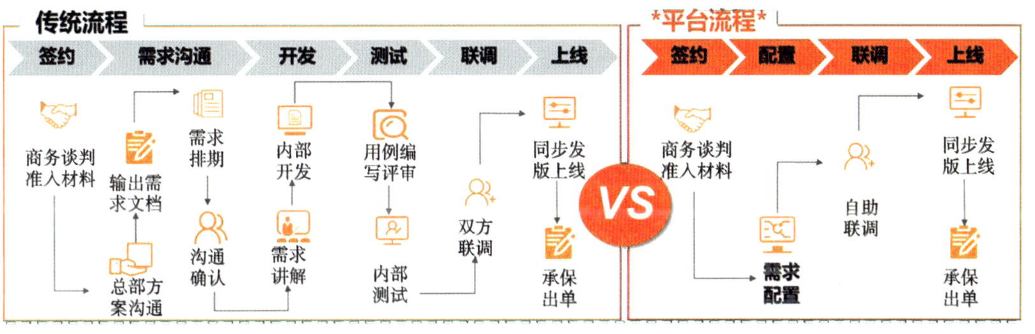

图 1 平台应用与传统流程对比

（二）主要创新点

技术上采用如下技术创新点：

1. 采用 groovy 语言的调用处理，解决合作伙伴接入接口调用关系的复杂处理，做到新增流程接口的快速上线，推进业务快速发展；采用最新的 spring - boot 框架，简化配置，提升开发效率；zuul 为网关，zookeeper 为注册中心，实现微服务架构，降低服务间耦合，提升服务的稳定性；Redis 缓存，实现服务数据共享，提升请求相应速度；采用 mongo 非结构型数据库，简化保单存储模型，降低存储成本。

2. 采用 groovy + freemark 两种脚本语言，存入数据库，并将脚本语言页面化。降低了合作伙伴校验、验签的复杂度，并将数据获取处理逻辑直观展示，方便维护和存量合作伙伴新增产品上线。

3. 对接接口及调用关系清晰化，根据平台指引可完成配置，大幅减少同客户的沟通成本。

4. 实现灰度发布，保证两个服务器组，A 组为稳定环境（stable），B 组为灰度环境（grey）。全部流量切换到稳定环境中，部署灰度环境。如果灰度环境部署正常，尝试将部分流量切换到灰度环境，验证环境的正常性，如果灰度环境系统稳定，将全部流量切换到灰度环境上，然后部署稳定环境。部署完成后，将全部流量切换到稳定环境中。

四、项目主要建设内容

（一）合作伙伴功能配置

1. 依托产品工厂，实现团体互联网业务产品功能一键化接入。可根据实际业务场景定制所需方案，支持合作伙伴管理基础信息设置、功能设置、保单信息设置、投保规则设置、批改功能设置、保费统计功能。一是自助投保功能。C 端客户可根据自身情况，通过第三方移动互联网平台选择适合自己的保险计划，线上一键完成自助投保，并提交相关材料，系统自动审核风险，并办理投保业务。二是自助批改功能。客户可以根据标的最新情况，在三方平台自助批改保单。三是单证下载。提供电子保单、电子单证线上下载功能，可支持自助下载或将电子单证邮件、短信发送至投保人邮箱、手机，为团体及个人提供丰富多样的服务。

2. 基于大数据实现业务产出线上预警监控及通报。对接大数据系统，实现互联网对接合作伙伴业务保费数据透明化，支持项目统计、产能及活跃度分析、查询及追踪，支持项目月报可视化，实时查看项目产出情况，通知支持产能预警及通报，促进业务目标达成。

3. 合作伙伴自助上架、下线及用户行为管理。业务可根据项目情况，通过触发不同审批链自助完成项目对接上架或下线操作。当用户触发新增合作伙伴审核、合作伙伴下线、合作伙伴上架时，弹出签报申请页面，并要求进行逐一补全申请原因、审批链信息的操作，提交申请后，系统自动生成审批。

功能架构上，进一步重构完善后台运算引擎，优化架构，提升承载和运算处理能力，使系统支持动态负载均衡，支持系统性能升级与资源动态扩展，持续满足并发访问用户数的增长，提高系统处理量。同时，极大降低采集数据工作量，实时了解业务情况，快速及时地获取相关信息。

平台功能框架如图 2 所示。

（二）合作伙伴自助联调

自助联调为平安财险提供的在线联调测试工具，客户完成保险产品对接的准备工作，就可以在自助联调平台中进行接口的在线调试，主要包括合作伙伴对接指引、接口联调、资源下载、常见问题及问题上报等功能。

1. 对接指引。旨在明确对接流程，指引合作方快速对接。

2. 联调对接。提供接口文档及相关示例，让合作伙伴对接联调线上化，不依赖于线下对接，有效解决由于受人力限制导致合作伙伴联调排期问题。

3. 资源下载。整合常用资源并给到合作伙伴下载使用。

4. 问题上报。合作伙伴联调遇到的问题可及时上报，得到及时的处理反馈，全流程线上化。

5. 常见问题。整理常用的 FAQ 供合作伙伴排查问题，大幅提高合作伙伴问题排查的效率。

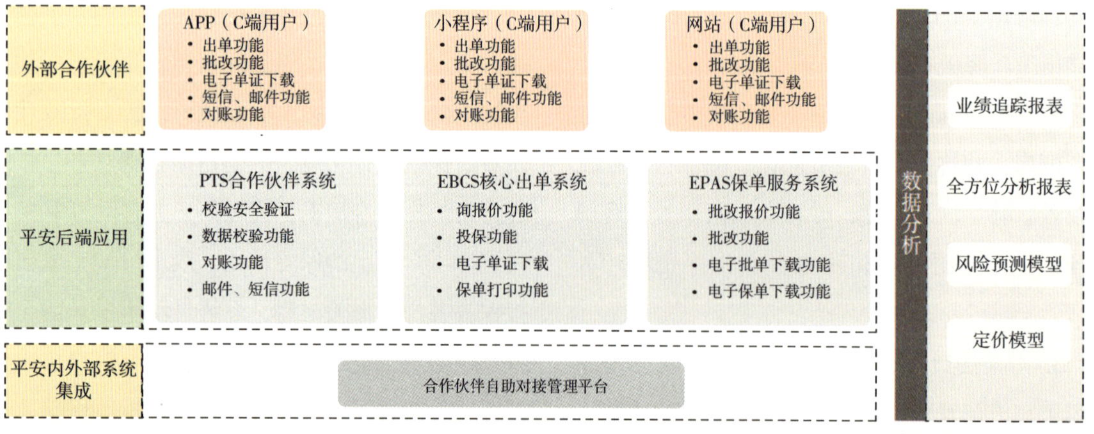

图 2　平台功能框架

五、项目效果

（一）经济效益

平台上线以来持续推进并支持相关业务稳步发展，并获得如下主要经济效益：

1. 目前已应用推广至全国 42 家机构使用，最快可实现线上业务 2 天上线，较行业普遍情况至少提升 3.5 倍。截至目前，共对接 230 个合作伙伴，标准对接约 92 个，标准对接率约为 40%。单个合作伙伴可缩短周期约 7 天，整体可缩短合作伙伴接入时效 644（92×7）天。

2. 单个合作伙伴保守估计年保费收入约为 500 万元，缩短的时效可间接增加保费收入约 882 万元。

3. 通过线上自助对接，标准对接的合作伙伴数量预计可达到184个，新增保费收入约4.6亿元。

投入产出比为 1600000 / 460000000 = 1∶287.5

4. 在面向客户提高服务水平的同时，降低公司业务运营成本，有效地管控和提升品质，简化操作工作流程，实现精细化的处理模式，调整业务生命周期，继而优化战略方向和营销策略，推动保险业持续发展。

（二）社会效益

合作伙伴自助对接平台有效地带动了保险业的线上化发展，为机构互联网业务带来了新的市场机遇，起到了推动作用。本项目运用新技术提出了传统保险业的新业务模式，实现流程线上化，同时以互联网、大数据、定制化、线上化服务推动保险业的技术革新与多样化，进一步推动保险业适应新时代，有效促进保险业高质量发展。

六、总结

本项目着力于保险业领域，运用自助投保功能、自助批改功能、智能预警等前沿技术，借助科技力量，更好地支撑企业经营和决策，满足业务发展和市场竞争需要。以创新科技打造竞争壁垒，为大中小各类客户量身定制专业保险服务，实现系统自动化、线上化、智能化，进而助力公司业务发展。未来，平台将持续创新，进一步开拓支持业务范围，基于案例经验，实现商机分享及推荐，助力机构发展。同时，逐步开发线上化客户风控模型，进一步优化自助投保、理赔能力，为客户提供更加便捷和优质的服务。

专家点评

本案例从项目背景、项目内容、项目意义和项目效果等方面详细介绍了中国平安财险合作伙伴自助对接管理平台的基本概况。本项目通过搭建合作伙伴的自主对接管理平台，提高了公司内部的运行效率；支持专业化的定制，在提高公司运行效率的同时也优化了客户体验，有利于满足其多样化的需求，做到了提高服务品质和降低运营成本提高运营效率的双赢，对于其他保险公司的业务和公司内部治理有重要的启示和指导作用。

泰康人寿智能化 RPA 机器人流程自动化平台

◎ 泰康人寿保险有限责任公司

一、项目概述

机器人流程自动化（RPA），也称为软件机器人，是指通过机器或计算机模仿和自动化基于规则的用户行为的软件程序或系统。RPA 支持从 Web、办公软件、桌面应用、数据库等多渠道读取信息及自动化操作，支持流程控制及任务控制，可以完成诸如纸质文件录入、从电子邮件和文档中提取数据、多系统数据迁移、格式报表汇报等各类场景任务。

人工智能在近年取得很大发展并在金融业普及应用。通过人工智能，原有需要人进行的感知、认知工作可以由机器完成，之前难以自动化的场景可以通过智能化的手段实现，RPA 和 AI 的结合成为 RPA 的重要发展趋势。

泰康人寿智能化 RPA 机器人流程自动化平台，以场景应用为切入点，以 RPA 技术为抓手，以人脸识别、OCR、语音识别、计算机视觉、自然语言处理等人工智能技术为大脑，大大拓宽了传统 RPA 应用场景，深入挖掘保险营销、队伍建设、核保核赔、保全、合规、培训、财务等细分场景流程自动化需求，带动 RPA 机器人流程自动化平台建设，为泰康人寿带来了显著成效。

二、项目背景及意义

2020 年新冠疫情暴发，促使客户和代理人更多转向线上化和移动化。保险是经营风险的行业，很少涉及实物的流转，线上化程度非常高，具备流程自动化的良好基础。但是保险业经营也存在流转环节多、规则复杂、专业性要求高、监管严格的问题，随着保险业供给侧改革不断深入，对保险公司运营管理、流程优化提出了更高的要求。

泰康人寿保险有限责任公司（以下简称泰康人寿）是泰康保险集团股份有限公司（以下简称泰康保险集团）的子公司，2019 年规模保费达到 2000 亿元，净利润为 200 亿元，代理人规模约 70 万人，全国有 36 家分公司、近 4000 家机构，是国内领先的保险企业之一。面对如此大的业务规模，传统依靠运营共享中心和财务共享中心处理简单、重复性劳动的模式，已无法满足客户对于时效性的要求以及保险公司对于降本增效的要求。

RPA 技术的核心是替代依靠计算机实现的人工办公操作及部分脑力劳动，保险公司的非实物经营属性及多环节流转要求、多级组织架构，天然符合 RPA 作业。本项目为泰康人寿降本增效发挥了重要价值，对泰康人寿的自动化、智能化建设具有重要意义。

三、项目重点解决的问题及主要创新点

（一）项目重点解决的问题

保险业的发展面临以下主要问题：

1. 工作效率低。保险业核心系统非常稳定，针对流程类工作的“传统软件”更多是对于整个工作整体进行设计，这些软件还是需要“人”去操作。人工仍然需要应对软件中大量的事务性流程工作，工作效率低下。

2. 人力成本高。“人口红利”正在不断消失。进入现代以来，各种智能化、自动化技术的进步对各行业产生了巨大影响。但在金融业中，仍有许多重复、简单、烦琐的事务性流程工作需要大量的人工来完成，人工成本高。

3. 合规需求强。传统人工操作无法达到完整真实的操作还原，应银保监会要求，目前柜面及电话客服等业务沟通中，包括客户风险等级评估、客户预约、客户信息登记、风险提示、投保、稽核审计等，在业务办理过程中，合规需求特别高。

4. 保险企业亟须以科技促创新、以创新促增长，这就需要建立敏捷、智能的 IT 能力，以快速支持创新业务落地，在短期内产生效益。

（二）本项目的主要创新点

1. RPA 为企业中存在大量不同时期、不同技术实现、不同团队维护的信息系统的集成和有效协作提供了一个快捷的途径。

2. RPA 的建设和推广，促进了对系统间流程的梳理和优化，提升了 IT 整体效能，更好地支持业务发展。

3. RPA 不仅用于企业内部，而且为现有系统的扩展提供了手段，使企业内部系统与互联网服务、相关网络通信工具的集成变得更加容易，有利于企业建设基于互联网的生态。

4. 通过 RPA 和 AI 的结合，使 RPA 不仅局限于流程化、规则化工作的完成，可以完成更多难以规则化的操作，使 RPA 能快速、智能地代替人工完成更多的工作。

四、项目主要建设内容

泰康人寿 RPA 平台采用云端（私有云）统一管理，支持单次流程执行和批量执行两种模式，可访问泰康云上的众多内部系统和互联网上的外部网站，RPA 机器人的执行结果可通过以下形式进行输出：一是以 API 形式作为 WEB 服务输出，这使 RPA 机器人和前端系统简捷地集成，实现 50 多个流程的一键驱动。二是批量输出到多种文件形式，便于人工审阅和分发。三是可根据业务场景的需求输出到邮件、内外部即时通信工具、业务 APP 中。泰康人寿 RPA 平台架构如图 1 所示。

其中比较有代表性的案例如下。

（一）微信报表/贺报类 RPA

该类机器人分散化部署，支持从多个系统取数并整合加工发送至微信群，可快速定制各类格式报表，提取关键数据生成点评，作为管理层决策依据；支持生成业绩贺报，实时激励代理人出单，营造销售氛围；结合问答库实现微信机器人与代理人智能对话；支持微信群运营，规范经营流程，可记录实际代理人与客户对话数据，对代理人言行进行监督。目前已在业绩督导、人力考

勤、安全运维、运营追踪、监管报送等多个场景 广泛应用。

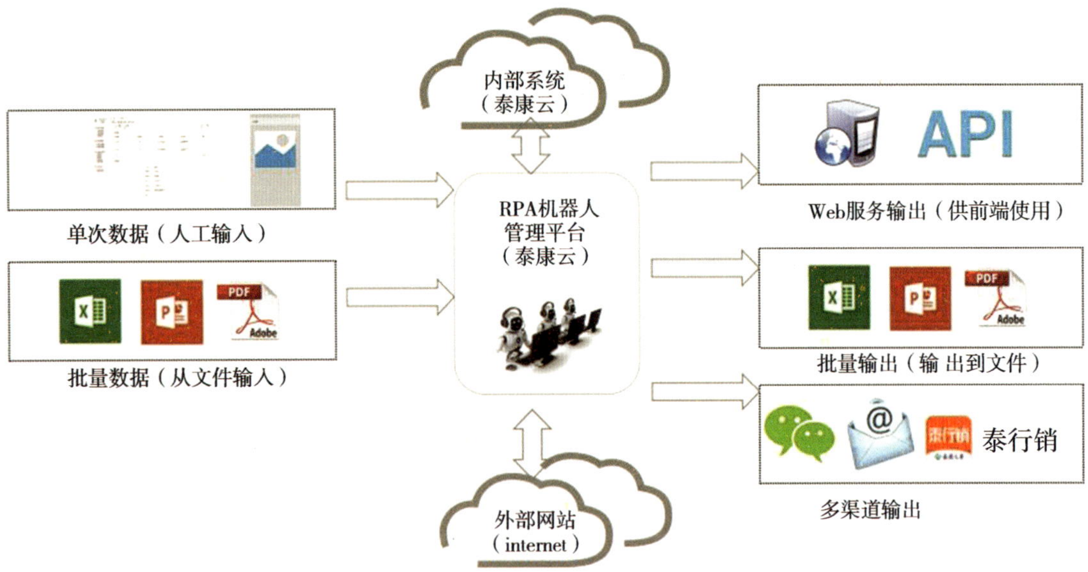

图 1 泰康人寿 RPA 平台架构

（二）运营类 RPA

该类机器人主要用于替代两核、保全业务中基于规则的重复性工作，极大促进泰康人寿降本增效。例如：

反洗钱调查机器人。由于银保监会规定保险公司需对保单关系人作真实性校验，过去业务管理部在承核保环节、客户服务部在保全环节均需投入大量人力和时间，审核保单九要素，如客户姓名、证件号、性别、电话号码、地址、国籍等。反洗钱机器人结合 OCR 识别技术，从非结构化数据提取关键信息，一键运行即可核查九要素完整性与准确性，快速出具调查结果。

规则引擎智能复核机器人。在反洗钱的基础上做复杂规则审核。传统人工流程面临保单数量多、问题件含量低、审核规则烦琐、耗时长、部分规则人工无法胜任的情况。智能复核机器人采用接口方式，漏斗型人工干预流程，保证复核准确性的同时，大大减少人工审核工作量，实现实时入池、出池，极大提高核保时效。

保全业务客户号合并机器人。由于历史原因系统内存在大量客户为同一人而客户号不同的情况，如不清理，将严重影响投保人前端体验，也不利于系统客户管理。该类合并程序工作烦琐、重复、耗时间长且规则单一，人工无法处理百万级合并数量，但是该场景非常适用于 RPA 作业。

待办巡检机器人、核保工作量统计机器人、OA 便签发送机器人、SAP 报表录入机器人。RPA 提供非侵入式的系统表层集成方式，无须修改底层程序代码或修改接口，可迅速响应需求并实现。

（三）视频监控 RPA

每年保险公司花费大量成本举办产说会、创收会、代理人培训会等，需要对会议效果进行定量监督和评价，同时各级机构每天早会也需统计代理人出勤情况。传统打卡考勤方式无法满足保险公司对于早会、会议培训、产说会等进行科学统计和管理的需求。对此，泰康人寿分别开发摄像头版视频监控机器人以及本地版机器人，能够对监测视频和图片实现人数的精确统计，并通过邮箱或微信将会议/活动参与情况发送至业务方，达到精细化运营。目前已打通 3 家分公司超 130 个摄像头，并在持续接入中。

（四）验真类 RPA

泰康人寿结合深度学习算法与 OCR 识别技术，解析获取影像件关键信息，目前已实现学信网学历验真、电子发票验真。其中学信网学历验真 RPA，可应用于内外勤学历审核、代理人自主学历认证等场景，目前已在泰康人寿代理人移动展业 APP 稳定使用超 6.5 万次。

（五）电子化入司影像核查 RPA

泰康人寿已实现电子化上岗，但代理人通过移动端上传的身份证明、证件照片、学历照片、合同资料等仍需要人工审核。这些影像类型固定，审核规则明确。电子化入司影像核查 RPA 结合深度学习算法、OCR 与手写体识别，一键核查即快速出具审核结果。该类 RPA 可应用于组发定期档案检查，以符合监管要求，也可应用于代理人入司前的人力审核，预计全年代理人入司检查可节省 11.92 万工时。

（六）理赔背景调查

分公司业管、运营核保、运营核赔等部门需要对高风险客户进行背景调查，调查内容包括既往病史、投保记录、理赔记录等。理赔背景调查机器人接入中保信、乐约深圳等社会化信息源，实现客户信息一键调查，目前该理赔调查机器人已升级为泰易查平台，为运营部门稳定提供服务。

（七）合规检查机器人

银保监会对于保险公司销售宣传行为有严格规范，对于存在夸大、误导等违规内容的保险公司甚至处以行政处罚。合规检查机器人基于 NLP 自然语言处理、计算机视觉以及语音识别等技术，对 office、pdf、图片、语音、视频等多种文件格式进行内容识别，对于违规内容高亮显示，推动泰康人寿“市场化、专业化、规范化”的企业价值观实践。

五、项目效果

泰康人寿智能化 RPA 机器人平台项目自启动至今，已积累众多保险业应用场景，在各业务部门、分公司得到广泛使用，目前泰康人寿 36 家分公司均已有 RPA 落地实践。仅 2020 年 10 月，泰康人寿 36 家分公司共报送 86 个 RPA 应用，平均每家分公司有 2.4 个应用，最多的分公司已有 10 个细分应用场景，为近百名员工减负。除在节省人力支出上取得显著成效外，RPA 应用在其他方面的业务价值也很明显，比如电子化入司影像自动核查 RPA，相比人工，提升运营效率 3900%，为人管伙伴减负的同时，大大加快代理人入司流程，也减少因人工审核不规范或疏忽造成的监管风险，提升流程的合规性与安全性；承核保问题件自动处理机器人可实时入池出池，7×24 小时工作，降低因客户投保时间与员工工作时间不匹配造成的迟滞，让客户享受到更加便捷的服务。

每个 RPA 场景落地的平均开发时间为 2 天至 2 周，见效快，高敏捷，受到业务部门的广泛好评，且充分利用总、分公司研发优势，由总公司输出 AI 能力，分公司挖掘机构业务场景，鼓励内部场景共享与代码开源，自下而上激发各部门科技创新热情，沉淀的技术迅速普及复用至其他相似场景，对于保险业运营管理自动化有一定的借鉴意义。

六、总结

近年来互联网巨头纷纷入局保险，由于互联网巨头的流量入口及轻量经营模式，以及在数据积累、用户体验方面的优势，传统保险公司的经营管理模式面临挑战。尤其在人力成本快速上升的背景下，保险公司运营管理的自动化、智能化显得越发重要。泰康人寿智能化 RPA 机器人平台结合人工智能技术与 RPA 自动化能力，实现数字虚拟员工软件机器人感知智能，深入挖掘数字化员工在保险业的应用可能，积极推进保险业数字化、智能化转型升级。

专家点评

本案例从项目背景、项目内容、项目意义和项目效果等方面详细介绍了泰康人寿智能化 RPA 机器人流程自动化平台的基本概况。平台着眼于新冠肺炎暴发后，保险公司的日常办公业务被迫转移到线上进行，自动化软件系统的开发帮助公司在疫情期间维持和提高工作效率，对于当前疫情下保障公司的运营效率有重要的指导价值和意义，也为传统保险公司应用保险科技进行数字化转型以应对互联网巨头的入局提供了可供借鉴的模式和经验。

永安财险新一代意健险核心业务系统助力“线上永安”战略落地

◎ 永安财产保险股份有限公司

一、项目概述

永安财险新一代意健险核心业务系统是基于保险业生态诉求与行业痛点所构建。全面覆盖并标准化保险业务与服务场景，使保险公司在与客户和渠道的互融互动，能力对接方面更快捷可控，充分体现保险场景分享，能灵活应对未来业务发展。同时结合华为云一系列能力，帮助保险公司提高保险生态数据化转型能力，并实现自主可控。无论是在先进性还是在创新性方面都是行业领先的。

该系统使部署在华为金融云，是完全基于云生态标准环境架设，包括弹性云服务器 ECS、云硬盘 EVS、虚拟私有云 VPC、弹性负载均衡 ELB、NAT 网关、弹性公网 IP、云专线、虚拟专用网络 VPN、SSL 证书管理、WAF 安全服务、数据复制服务 DRS、云监控服务、统一身份认证服务 IAM、分布式缓存服务 Redis、分布式消息队列 RabbitMQ、搜索引擎服务 Elasticsearch 。将历史数据从 Oracle 数据库迁移到了华为云 TaurusDB 数据库中，最大表记录为 1.2 亿条，超过 3000 万的数据表“10 +”张，迁移工作平滑顺畅，数据库运行稳定。

二、项目背景及意义

2019 年永安财险提出“线上永安”战略，发力线上业务。核心业务系统亟待升级换代以支撑公司战略落地。

经过反复调研以及与多家系统开发商充分交流沟通，最终选定软通动力提供的新一代意健险核心业务系统方案。

新一代意健险核心业务系统的成功上线对永安保险未来非车业务特别是意健险业务的大发展具有重大的现实意义。系统于 2020 年初上线后有效地支持了永安财险的业务发展。

新一代意健险核心业务系统采用前后端分离架构，支持分布式服务和分布式数据库。免 VPN 外网访问，跨设备访问，PC、iPad、手机访问均支持，而且可以根据设备自适应兼容。系统满足身份鉴别、访问控制、安全审计、数据保护、入侵防范、输入输出验证控制等安全性要求。系统具备高可用性、自动化集成部署、热发布、DEVOPS 开发运维体系、持续交付、日志管理等运维监控功能。系统支持绝大部分主流浏览器。支持分布式部署、容器化部署，既可部署在公有云，也可以部署在私有云。服务管理方面可以监控服务性能并调用服务管理。以客户为中心，为客户提供统一的服务平台；实现账户统一、订单统一、为客户提供统一服务视图。功能台包含PC商城，微信商城，会员平台，服务中心，渠道接入平台以及运营管理平台。支持保险产品映射与自由组合，快速迭代，快速发布；线上完成配置并发布，可立即进行销售；支持一次配置多端发布使用；可从服务中心发起基于合作机构的服务消费，让保险从生硬的保险产品变为可以让消费者更容易理解的保险服务或保险商品，从根本上提高用户黏性；利用后台渠道接入管理平台，配置渠道与产品，快速接入外部渠道业务，支持各种灵活分销。帮助保险公司迅速扩展业务，占领市场先机。可通过线上配置、可视化操作完成新产品的开发和定义并热发布上线。具备全产品、可视化、全流程、模板化、全配置、热发布的特点。产品库积累越来越大，产品可选组件也会越来越多，现非车产品组件已基本覆盖了所有非车产品。

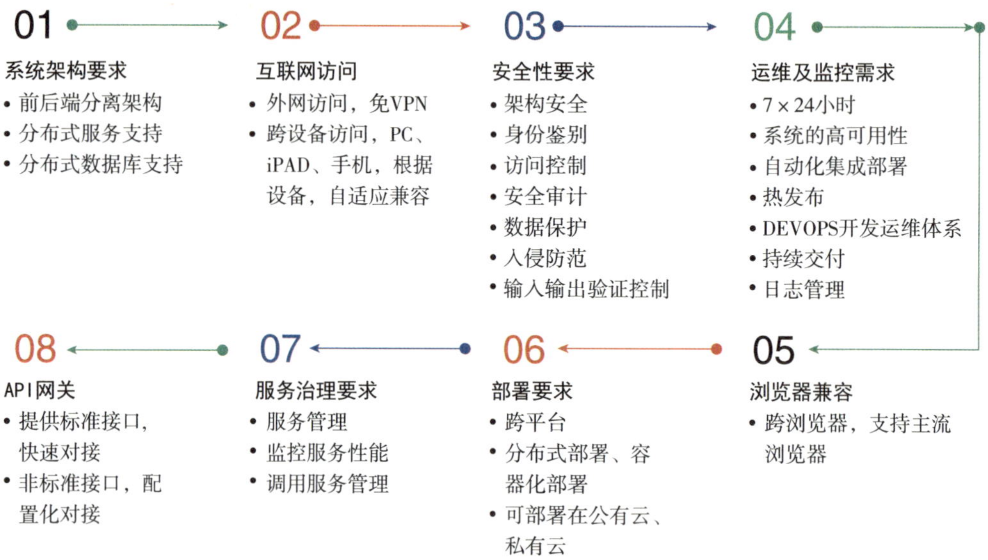

图1　新一代意健险核心业务系统流程

三、项目重点解决的问题及主要创新点

新一代意健险核心业务系统在行业中率先实现创新性的一套系统同时支持多种场景。减少系统建设中重复投入，降低开发和运维成本。首创了任意产品自由组合出单，界面无须单独开发。架构设计非常先进。全行业率先实现渠道对接免开发、在线配置工具。

新一代意健险核心业务系统采用当前流行的前后端分离+分布式微服务的技术体系，在满足信息安全、业务流程、功能完善的基础上，支持外网直接访问、跨设备访问（同时支持PC、手机、Pad），服务接口支持每秒万级并发，免开发、线上配置，快速响应渠道对接和应对互联网高并发、自动化场景。

系统同时采用了软通动力API Gate Way，实现了OpenAPI网关功能，为企业提供统一的对外的API入口，为企业暴露的API保驾护航，为合作伙伴接入提供方便，快速构建起基于API的合作生态体系；对内实现 API 服务治理平台功能，让企业内部系统间相互调用得到有效治理，厘清各系统调用关系，解耦企业级应用，同时系统群健壮性得到有效提升。提供安全认证、报文转换、数据字典、默认值设置、非业务验证、路由、限流、统计、权限等系统能力，通过可视化的配置功能，用户可在 30 分钟内完成一个接口的对接，热发布上线，同时此平台也是业界第一个支持热部署的 API Gateway 平台。此平台基于企业服务组件规划，可实现多技术接口的流程融合与逐步迁移，可将系统重建落实为，从服务迁移开始，逐步过渡到流程迁移，最后实现系统平滑升级的刚需，做到了企业核心级系统升级的风险可控，进度可控，质量可控，取代了现有大部分保险企业断崖式系统升级方式。

四、项目主要建设内容

根据意健险实际业务场景及市场需求，优化业务操作流程、提升工作效率、增强风险管控能力，建立具有意健险专业背景的核心系统。主要建设以下内容：

1. 实现意健险跨险种险别组合产品的自定义设计开发，满足意健险产品组合销售的市场需求；通过“产品工厂”，可由业务人员简便快捷的完成新产品的定义开发，实现新产品快速上线，投入市场。

2. 完善意健险承保及理赔录入项，加入医疗机构、疾病类型、治疗情况等意健险核心要素，同时接入第三方平台客户医疗记录数据，创建精细化管理的相关信息及数据条件。

3. 实现符合意健险理赔场景的系统操作流程，增加线上线下理赔发起模式，完善自动理算功能，优化承保与理赔的数据联动，全面增强理赔端的风险识别及管控能力。

4. 完成第三方渠道对接平台的性能升级，建立渠道对接的线上流程化管理机制，实现与具有互联网销售资质的渠道平台的快速对接，满足业务快速拓展的需求。

五、项目效果

新一代意健险核心业务系统上线后效果良好。主要优点总结如下。

（一）操作简便快捷

1. 支持跨平台、跨设备，适应多种浏览器、可根据不同设备（PC、手机、Pad）自动调节系统展示方式。支持随时（anytime）、随地（anywhere）、任何方式（anyway）的业务展业。

2. 支持多种录单模式（传统录单、模板录单、批量导入出单）。提高针对不同类似使用者和不同岗位的个性化友好度。

3. 支持 B2B 代理方案录单，无须单独采购 B2B 系统，尽量减少系统建设的重复投入。

4. 支持组合批改，批文自动生成，保费自动计算，支持批改分析和调整手续费。提高业务自动化程度，提高业务灵活性。

5. 支持多种核保形式，逐级上报、集中核保、自动核保、可自定义核保规则。

6. 灵活的交费方式，支持微信、支付宝、支票/转账、第三方对接以及常见的支持方式。

7. 无插件打印，同时支持电子保单与纸质保单。

8. 支持消息实时推送和提醒，比如系统内消息、邮件、微信、短信等，让整个系统流程时效更高，让系统“动起来”，让流程“转起来”。

9. 使用搜索引擎，代替传统综合查询功能，用户可以通过任意的关键字进行搜索，不再受条件限制（降低数据库压力，同时提高查询效率）。

10. 支持多场景报案（柜面报案、客服报案、线上报案、批量导入报案）。让理赔多入口、服务多样化在系统的一个流程环节就得以体现。

11. 支持人工/自动 调度、立案、结案（可通过规则进行设置），可让流程全自动化，也可以让流程半自动化，充分满足不同理赔流程要求。

12. 支持小额案件快速理赔，支持绿色通道赔案，为优质业务与客户提供高效快捷的理赔体验，做到理赔服务更“亲民”，更“贴心”。

13. 支持人伤多次跟踪和第三方公估。

14. 支持通过规则引擎配置核损、核赔流程和规则，便于多维度满足各此三个环节的业务需求。

（二）微服务架构

系统采用领先的互联网（“前后端分离 + 分布式微服务”）技术架构，在满足公司信息安全、业务流程、功能完善的基础上，支持保险产品的快速上线、渠道敏捷接入、多渠道数据整合，同时支持每秒万级并发和全云化部署，同时支持直接外网访问。

（三）增强风险控制及运营管理

1. 支持多环节的灵活风控与业务互动，可在保存、计算保费、核保等各个环节加入业务政策控制，实现机构、渠道、人员、产品等多维度的风控和业务互动，如费率联动、渠道控制等.

2. 快速与第三风控数据或接口进行对接，为业务提供更可靠、灵活的风控能力。

3. 在各主要功能节点，均有业务运行日志，后期可通过简单扩展，实现业务运营效率分析功能，帮助企业发现业务流程节点问题，通过让数据说话，为企业流程优化奠定可靠、可量化的基础。

4. 支持各理赔环节的 API 接入，通过 API 接入，全方位融入渠道与第三方业务流程与场景，让保险公司与第三方流程互动起来。

5. 系统可根据不同产品、场景等多个维度，灵活线上定义规则、流程，热发布上线，不会对在途案件造成影响。

六、总结

永安财险新一代意健险核心业务系统以微服务为技术基础，结合前后端分离开，可以使系统功能稳态部分与敏态部分得以有效分离，不产生交叉影响，既满足了快速响应业务需求的要求，同时也保证了产出物的质量。系统高性能、高稳定性，可通过简单的服务发布扩展实现性能的扩展。架构体系基于开源组件，具备开源组件可升级，可替换，从而实现了架构本身的可持续化优化，避免断崖似替换。方便知识转移，风险是可控。软通同时提供了基于此架构的服务治理平台，便于应用发布与管理等日常运维工作。

专家点评

本案例从项目背景、项目内容、项目意义和项目效果等方面详细介绍了永安财险的新一代意健险核心业务系统助力“线上永安”战略的基本概况。该战略以微服务为基础，通过前后端分离的方式使得系统功能稳态部分与敏态部分得以有效分离，不产生交叉影响，既满足了快速响应业务需求的要求，同时也保证了产出物的质量。系统高性能、高稳定性，可通过简单的服务发布扩展实现性能的扩展。为其他保险公司应用保险科技提高公司运营效率提供了良好的创新模式。

永诚财险互联网渠道系统

◎ 永诚财产保险股份有限公司

一、项目概述

永诚财产保险股份有限公司（以下简称永诚保险）于 2019 年 4 月启动互联网渠道系统（中文简称渠道平台，英文简称 SmartLink）建设，同年 5 月完成系统基础框架功能建设，上线配置试运行非车及意健险产品。整个项目建设过程中，项目组主要采用了以下几项技术和业务上的创新。

（一）以条款为中心可配置的产品方案配置

明确条款、承保责任、健康服务、险种、险类、产品标的模型之间的归属关系，建立标准产品模型，基于渠道、险种等要求定制化配置产品销售方案，满足跨险类组合、“险种 + 健康”服务组合方式销售模式。

（二）以业务流、控制流、数据流拆分为设计思路，梳理统一的业务流程和数据模型

基于业务要求建立规则引擎前置化，线上多形态方式查看电子保单以支持单一、多个、组合保单展示客户，根据险类对应产品规则控制数据流转至不同核心。对外为统一平台，对内合并已存在多套前端销售系统、三套核心系统。

（三）采用互联网中心化设计思路

将所有的线下功能服务通过微服务的方式进行封装，对外形成标准化、定制化配置，对内配置化及个性化，降低系统维护成本。

二、项目背景及意义

保险业作为金融领域的核心行业之一，正处于一个日益发展、复杂、多变的市场环境。“互联网 + 保险”在给保险业带来重大机遇的同时也给保险公司带来大的挑战。

（一）项目背景

1. 产品上线速度慢，维护成本高。在老保系统开发一款产品平均的系统开发上线时间约为 3 周，再加上与渠道平台的接口联调对接时间，整体的产品上线速度要一个月的时间。同时因为所有控制规则和流程都是通过代码来实现后续产品的升级和规则的调整也需要开发，都需要投入 1 ~ 2 周的开发成本。

2. 产品定义模糊，无法对产品进行有效的全生命周期管理。老系统无法记录营销产品、险类、险种、条款、责任之间的关系，所有的产品方案费率、控制规则和条款都是通过代码实现，无法对产品进行有效的管理。

3. 服务耦合，缺乏快捷的线上服务。所有核心功能和服务都耦合在一个大的应用系统中、或在多个系统中，无法快速便捷地给客户提供相关保险服务，退保、批改、试算、健康服务都只能通过电话客服的方式申请，便捷性很差。

4. 版本发布需要停机，无法保证 7 × 24 小时不间断服务。

系统一周进行一次版本发布，每次发布因为无法对流量进行分流限制，同时无法在生产时进行小范围的流量验证，导致在发布的过程中经常出现异常单，同时如果在版本异常的情况下会影响公司所有相关产品业务。

5. 系统相应速度慢，客户体验差。无法支持互联网场景下的客户高并发请求。旧系统核保和承保最大支持 20QPS，每个请求的响应时间都在 1.5 ~ 3 秒，无法满足营销转化对效率的要求。

6. 维护成本高，统一性差因涉及系统含意健康险、非车险、车险存在三套核心系统，数模型存在差异，业务流程和规则约束代码圆化在各个险类的核心系统中，前端销售系统需定制化多套针对性系统，同样的工作开发需要开发多套，导致重复性投入，零零散散。

为了解决出现的上述问题，更好地支持互网业务的发展，经过调研分析决定启动渠道平台建设。从产品配置、服务框架、业务流程、控制流程、数据模型及的性能指标等多个方面解决当前运行过程中存在的系统问题和性能颈。

（二）项目意义

作为公司数字化转型升级的重要部分，SmartLink 系统重点在于聚焦于客户，将公司内部的产品、能力、服务以及生态伙伴的产品服务融合成公司的综合性产品方案。通过三个层面的智能连接：人与人（客户与业务人员）在线连接，人员与系统智能连接、系统与系统实时连接来实现网络协同营销、客户场景服务与业务生态扩张。

三、项目重点解决的问题及主要创新点

永诚 SmartLink 系统定位于业务前端以客户为中心的展业营销、客户服务，是公司数字化转型的重要部分。重点完成“4 个转化”，即客户线上、服务场景化、产品生态化与连接智能化，如图 1 所示。

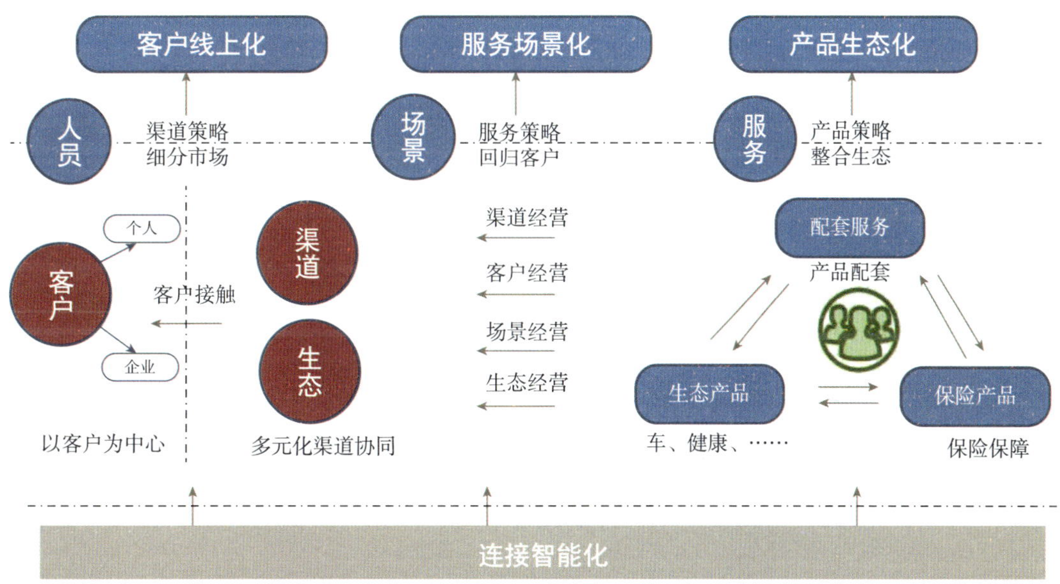

图 1　SmartLink 系统“4 个转化”

（一）产品生态化

保险消费的逐步升级，客户越来越挑剔简，形态简单却同质化严重的保险产品，越来越不能满足客户的需求。在条款和价格之外，通过增加生态产品，建立更加纵深的服务体系来完成保险消费服务的转变：一是提高客户黏度，将客户的低频消费转变为高频服务；二是消除客户对保险产品价格的敏感性；三是通过融合服务来产品的竞争力。

1. 产品生态化建设目标与路径如图 2 所示。

2. 产品生态化的内容为面向客户的产品方案 = 保险产品组合 + 生态产品 + 配套服务。

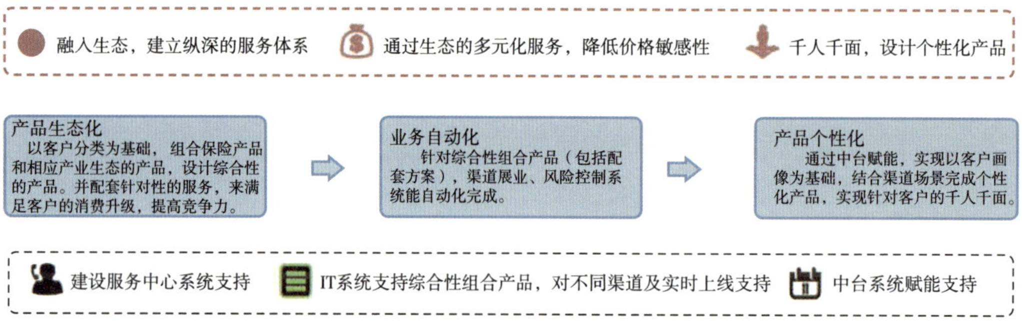

图 2　产品生态化建设目标与路径

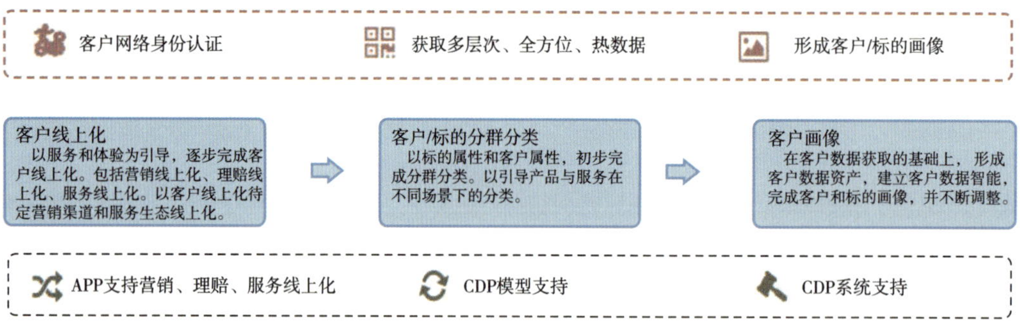

图 3　客户线上化建设目标与路径

（二）客户线上化

以服务和体验为引导，逐步完成客户线上化，包括营销线上化、理赔线上化、服务线上化。以客户线上化待定营销渠道和服务生态线上化。

1. 客户线上化建设目标与路径见图 3。

2. 客户线上化落地。客户线上化通过生态延伸服务，提高保险产品的低频性。通过场景化提升服务，客户的极致体验，提高客户黏性。通过双在线业务协同，引导客户上线，培养客户使用习惯。

（三）服务场景化

与保险保障产品和生态产品和结合，与场景相匹配。生成客户服务计划。包括：营销场景的客户需求分析、在线支付、在线查勘指引、服务网点查询、在线预约、定位导航等增加客户体验，引导客户线上化习惯养成。增加产品品质与竞争力，提升公司品牌形象。是数字化转型的关键支撑点之一。

1. 服务场景化建设目标与路径。

2. 服务场景化落地。以具体的客户触达场景为落地实现的指导，以互联网为桥梁，为客户的购买、理赔、消费提供分析、引导和支持。以客户体验为目标。如图 4 所示。

（四）连接智能化

聚焦客户，落地于业务场景，实现人与人（客户与业务人员）在线连接，人员与系统智能连接、系统与系统实时连接。如图 5 所示。

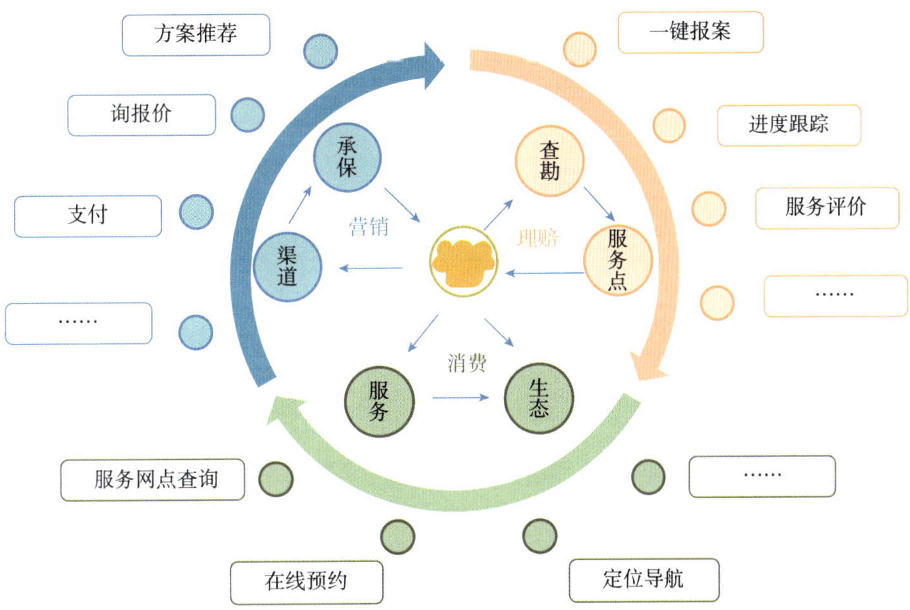

图 4　服务场景化落地

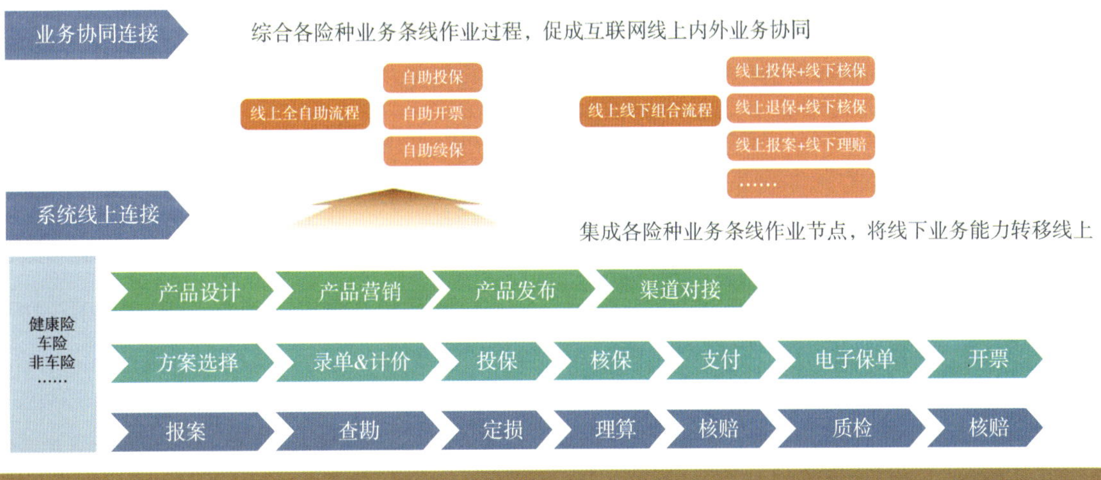

图 5　连接智能化

1. 营销展业。

（1）人与人在线连接：客户与业务人员双在线，业务数据实时同屏，在线沟通，协同出单。

（2）人员与系统连接：后台根据客户与标的画像，为业务人员在线提供展业实时支持服务，提供客户与标的特征信息，提供产品与服务匹配推荐。

（3）系统与系统连接：出单系统与定价系统、数据中台、业务中台实时连接。

2. 保险服务。

（1）人与人在线连接：针对车险理赔协同查勘场景，实现查勘员客户双在线。实时指导客户完成现场查勘。指导客户完成现场拍照，数据录入，单证上传。

（2）人员与系统连接：针对车险理赔客户自助查勘场景，客户通过 APP 或小程序连接理赔系统与中台系统。系统引导客户完成现场查勘。

（3）系统与系统连接：客户 APP、移动查勘 APP 与理赔系统、服务云实时连接。

3. 生态服务。

（1）人与人在线连接。通过 SmartLink 的协同系统或者生态伙伴的服务电话在线连接。

（2）人员与系统连接。客户通过 APP 小程序协助完成生态服务。实现保险服务的延伸。典型场景包括车险查勘完成后的车辆修理点查询与导航、洗车与加油服务点查询与导航；医疗机构的查询、预约与导航等。

（3）系统与系统连接。客户 APP、查勘员移动 APP 与理赔系统、服务云实时连接。

四、项目主要建设内容

永诚 SmartLink 基于完整的核心条线支撑，面向多端市场渠道与客户的需求方与服务提供商，建设了横纵联通一体化的端到端的行业解决方案。从内部自营各类保险产品与第三方服务产品的自由组合，各业务条线节点的串并，到外部各线上线下渠道无缝连接，通过人工智能、云平台、大数据等技术，打造一站式、全流程、全渠道、全产品的生态展业服务中台。

（一）智能产品服务云

面向各类差异化客户需求、不同场景保险产品分类、各渠道特色的销售特征、每个机构和地域的地方特点，通过智能化灵活快捷组合方式，提供了通用产品和差异产品的快速推广服务。

全流程可配置为了满足互联网保险产品代快、上线周期短、产品多样化的市场与客户需求，渠道平台建立了一套以条款为中心，囊括了险类、险种、条款、险别、责任、产品方案的产品属性关系模型。同时，针对不同险类建立了一套可配置的产品配置，针对不同险类的标准化产品元素模型和流程，快速包装保险产品方案、“保险 + 增值”服务方案，从而实现产品上线全流程可视化配置，支撑产品配合化和热发布。配置完成后，即对外开放产品售卖服务。所有产品的上线时间控制在 3 天以内，模型不变流程不变的标准产品配置即可售，全流程界面化操作 3 小时内完成方案的配置出单。

（二）客户中心服务云

从 C 端客户首发，逐步覆盖 2C、2B、2P 各类客户与渠道，以中心化建设思路，提供给客户的服务贯穿整个售前、售中、售后流程。以统一数据、标准流程、精细分类作为重点支撑，让不同客户在任意时期和任意门户，均享受到无差异无断点的极致流畅服务体验。

全流程可配置的为了满足互联网保险渠道代快、上线周期短、2C、2B、2P 等模式渠道多样化的市场与客户需求，渠道平台建立了一套以渠道为中心，囊括了渠道多种对接模式，以二维码、H5、API 等模式快速对接。同时，建立了一套可配置的渠道配置，并融合内部销管系统，快速包装渠道对接方式，可配置渠道验签、产品方案、营销活动方案，支撑渠道配合化和热发布。配置完成后，即对渠道开放产品售卖服务。所需上线时间控制在 1 ~ 3 天以内，现有产品方案、模型不变流程不变的标准化渠道配置即可接入及可售，全流程界面化操作 1 小时内完成渠道的配置出单。

（1）0.5 天以内，渠道二维码、推广海报。

（2）1 天以内，H5 接入，系统标准产品链接接入。

（3）3 天以内，API 接入，接口对接联调，基于保险公司标准工期 1 小时内可完成，其次联调测试。基于渠道要求配置完成 1 天，剩余联调测试。

（三）高效在线协同

随着互联网保险业务的场景不断延伸，以及各类基于互联网的中介平台和保险科技有关的通信，问诊、医疗、旅游、车行、零售等行业都纷纷加入保险生态圈，保险产业链条不断扩展，需要在线上业务往来交互过程中，达到快捷变通的作业协同。

SmartLink 通过开发平台、丰富且标准化的 API 对接手段，将业务流和云服务组，与外部生态线上的业务有机融合，从营销推广阶段、出单销售过程、出险理赔服务、三方增值服务等环节，相互形成高效协同机制，为客户带来全面升级的保险为中心的生态服务面。

（四）智能连接引擎

智能连接引擎以互联网化的方式，赋能整个保险业务过程，将碎片化、单元化、孤立的系统资源，灵活机动得连为一体，使得内部业务和内外联通形成闭环。面对业务市场的快速扩张与变化，依然能有效灵活的应对。

1. 客户连接。通过全方位客户服务和极致客户体验，拉动客户线上化，完成客户网络身份认证。

2. 渠道连接。完成渠道融合，数据和服务埋点。连接渠道与作业系统、渠道与服务中心。

3. 业务连接。承保见费 & 非见费出单全流程，批改、退保、理赔报案等各类核心业务流程连通。

4. 产品连接。将意健险、车险、非车险等各类产品任意组合搭配快速形成销售产品推向市场。

5. 生态连接。连接生态服务商，将其产品和服务与销售产品组装。同时将生态服务商与销售连接。

五、项目效果

（一）一站式服务

平台点击、链接分享、海报推广、二维码等多种投保方式，并图形化说明、简介化专业话术、操作简单几大方面，并引导客户只输入简单客户信息完成投保及购买适合保险完成在线投保，并在线阅读电子保单、在线退保等服务。系统层面满足跨产品组合方案售卖、保险 + 服务组合方案售卖、跨多核心组合出单及保单查询、退保等一站式服务。

（二）渠道 & 产品短平快

渠道和产品方案快速完成上线，全流程可配置上线周期短、2C、2P、2B 等模式渠道多样化的市场与客户需求，囊括了渠道多种对接模式，以二维码、H5、API 等模式快速对接。渠道融合内部销管系统，快速包装渠道对接方式，可配置渠道验签、产品方案、保险 + 服务方案、营销活动方案，支撑渠道配合化和热发布。工期可缩短至 0.5 ~ 3 天完成上线要求。

（三）系统体验度 & 性能

系统相应速度快，客户体验高，。互联网场景下的客户高并发请求。投保和承保、在线退保最大支持 120QPS，每个请求的响应时间平均 500ms 以内，满足营销转化对效率的要求。

（四）区块链互联网销售回溯

区块链互联网销售行为可信回溯，依托区块链技术实现客户行为轨迹可追溯、可信取证。

六、总结

自平台上线以来，公司渠道对接平台近百家，新增产品或套餐近百个，保费近亿元。通过统一渠道管理，方便管理现有渠道，也能对接新渠道、新产品快速迭代，为公司打造“第二增长曲线”，开拓了一条新的思路，也是公司走向“智慧科技型保险公司”的一次成功尝试。

专家点评

本案例从项目背景、项目内容、项目意义和项目效果等方面详细介绍了永诚财险互联网渠道系统的基本概况。永诚财险通过应用云计算、大数据等保险科技，搭建系统完整的互联网渠道，提升其运营效率，为其他公司进行数字化转型提供了良好的借鉴模式和管理方式。客户线上、服务场景化、产品生态化与连接智能化的四个转化为未来保险业的数字化转型提供了系统完整的转化思路，有极高的创新价值。

安华 e 办平台

◎安华农业保险股份有限公司

一、项目概述

安华 e 办平台是一个综合型内部业务办公平台，主要为了实现安华农业保险股份有限公司（以下简称安华农险）内部业务处理线上化。办公平台主要涵盖智能核保、智能核赔、营销管理、快捷服务支持、扫码登录、运营监控等主要功能模块，从展业、营销、安全、运营、服务等多个角度切入，不断扩充、升级、完善，打造一个业务覆盖全面、功能简捷流畅的综合办公平台。

二、项目背景及意义

在信息化和科技化的时代下，各种新技术方兴未艾，数字化浪潮已席卷整个保险业，数字化转型成为保险业顺应社会变革、落实国家数字化战略、提升发展动力和竞争力的必然选择。在行业浪潮和监管部门的线上化要求下，结合人工智能、5G 通信、大数据分析等技术，采用微服务架构，构建一个提高工作效率、降低风险、真正实现降本增效的综合型智能办公平台十分必要，安华 e 办平台应势而生。

三、项目重点解决的问题及主要创新点

（一）创新线上化保险产品

采用 5G 技术实现服务过程中的视频互联，实现“面对面沟通，点对点处理”的线上快捷办公。

（二）线上新技术应用与业务流程优化

采用扫码登录、人脸识别技术实现系统统一登录界面，为系统登录安全护航；利用 5G 技术视频互联、图像识别技术智能识别提示辅助核保、核赔，有效提高了工作效率，降低了工作成本；营销管理具备管理与展业辅助功能相结合，为公司业务发展提供有力的系统支撑。

（三）延伸服务链条，构建服务生态圈

采用人工智能、语音识别转文字技术实现一线业务人员与后援人员快捷沟通，智能机器人实现问题在线解答，优化客户服务流程，延伸客户服务；构建完整办公服务生态圈，未来安华 e 办平台将融合生物识别、视频识别等技术。

（四）推动 IT 架构转型，支撑业务线上化

安华 e 办平台自动获取登录人员地理信息、操作时间、操作时长、业务操作痕迹等信息，为整体信息化建设人员行为数据分析、基础软件建设提供数据支持；采用 Spring Cloud 微服务架构，使用安全网关组件，实现内外网隔离安全机制，有效做好数据安全隔离；采用 jenkins 开源版本部署工具，实现敏捷快速上线交付。

四、项目主要建设内容

（一）项目业务方案

安华 e 办平台致力于打造一个综合型内部业务办公平台，使业务处理实现最后一级触达。安华 e 办平台基于内部业务处理需要可不断扩展，目前主要涵盖智能核保、智能核赔、营销管理、快捷服务支持、扫码登录、运营监控等模块。

1. 智能核保。财产险核保业务处理，与规则引擎对接，实现核保流程智能分级，运用 storm 大数据分析工具实现精准识别差异化核保规则，针对重要信息智能提示、提醒。核保任务可以自动推送提醒，核保人员即使下班在家，依然可以随时随地处理核保任务。

2. 智能核赔。财产险核赔业务处理，与核心系统实时对接，结合反欺诈、黑名单等为核赔人员提供自动化风险规则控制管理。核赔任务可以自动推送提醒，支持核赔人员做到随时随地处理核赔任务，提高赔付速度，同时提高公司服务能力。

3. 营销管理。营销管理主要包括续保管理、商机管理、客户管理、业绩管理四大模块，打造以销售人员为中心，以提升经营效益、降低人员流失带来的影响为目标的综合服务平台。

4. 运营服务支持。运营服务支持主要功能：可以实时采集一线出单，查勘定损业务人员实时与后援核保核赔人员进行语音、视频沟通，使一线业务人员可以实时跟踪问题处理进度。采用智能语音识别技术可以将语音识别转化为文字，实现最便捷的沟通方式；可以通过在线实时视频方式，完成“面对面”沟通，进而提高保单、案件理解及处理效率；对问题汇总、归类处理时效分析。

5. 运营监控。运营监控主要用于应用系统可用性监控，实时预警并将系统异常情况第一时间反馈给信息负责人。最快速度解决问题，将系统性能问题影响业务处理的风险降到最低，从而提高系统整体可用性、健壮性。

6. 扫码登录。扫码登录主要解决了多系统多密码容易忘记且存在泄漏的安全隐患问题。系统采用二维码识别技术及人脸识别技术实现登录操作，需保证微信号人脸识别结果验证一致才能登录系统。满足公司审计要求，大大提高了系统安全性。

（二）项目技术方案

平台系统遵循 SOA 架构体系标准，着眼于未来业务的发展，采用先进的微服务思想，应用 Spring Cloud 技术实现开发中的配置管理、服务发现、断路器、智能路由、微代理、控制总线、全局锁、决策竞选、分布式会话和集群状态管理，彻底解决系统解耦、性能低下等问题，满足高并发、高可用、高稳定和高安全等性能要求，提供了强大的 SaaS 和互联网访问服务。微服务系统架构如图 1 所示。

平台系统采用 Redis 非关系型数据库处理基础数据缓存服务，Redis 能读的速度是110000次/s,写的速度是 81000 次/s，极大提高了数据访问的性能。

平台系统采用 Docker 部署到容器，实现集群的自动负载均衡和管理，提高性能和稳定性，简化升级部署。

智能移动端小程序不需要下载安装即可使用，极大地满足了业务随时随地办公的需求。安华 e 办微信小程序系统架构如图 2 所示。

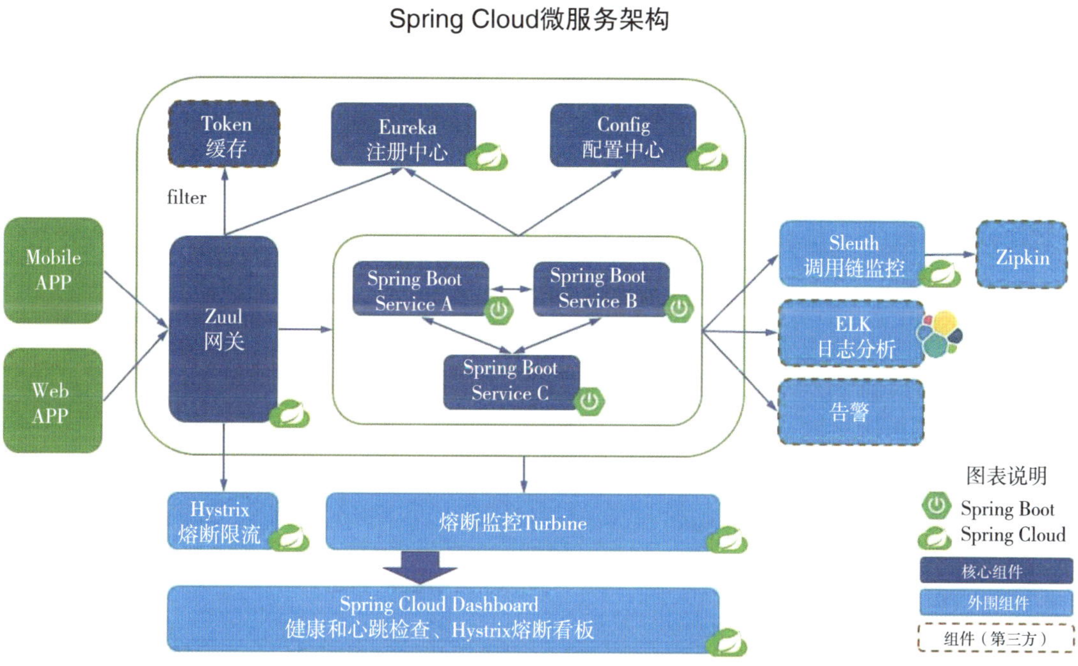

图 1　微服务系统架构

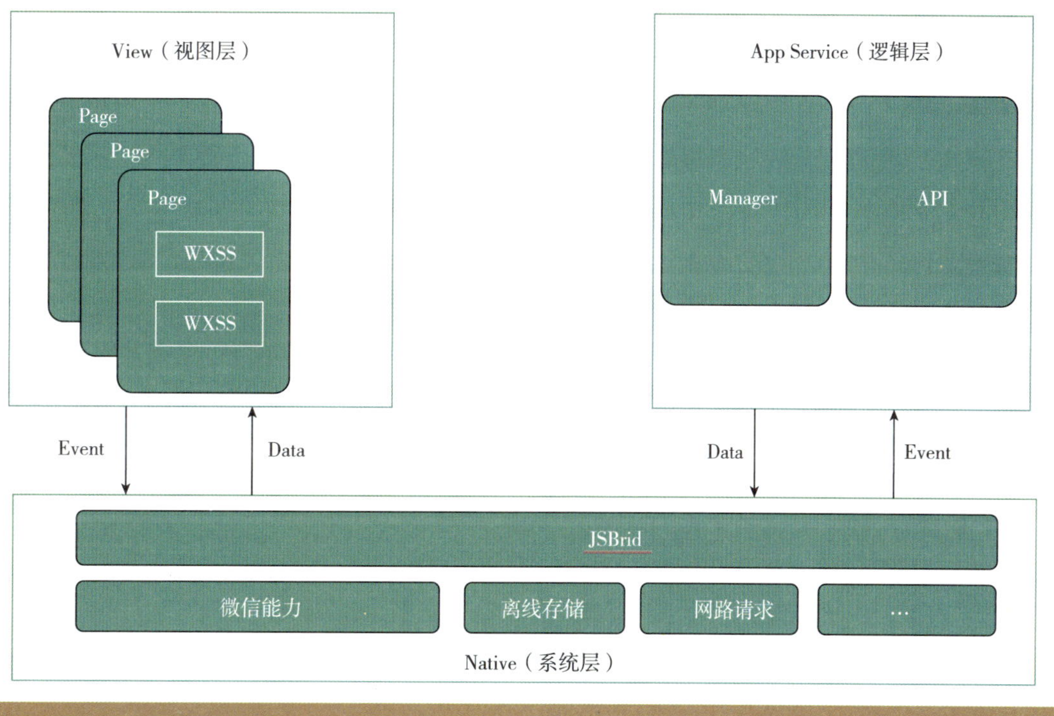

图 2　安华 e 办微信小程序系统架构

五、项目效果

（一）项目效果

安华 e 办平台自 2018 年 12 月上线以来，通过智能核保功能，提高了核保人员工作效率，智能核赔已完成核赔 1600 多笔，涉及赔款 3200 余万元；通过营销管理模块，使销售人员高效的抓住商机、快速赢单，对销售人员展业提供了大力支撑；运营服务支持使前端业务与后援部门进行便捷沟通，在提高工作人员效率的同时，实现公司降本增效战略。

（二）行业的应用价值和示范效应

安华 e 办平台采用较新的互联网前后端分离微服务架构，前端使用轻量级微信小程序，操作便捷性的提升、业务系统操作整合、统一的规划，标志着公司在内部业务办公系统信息服务能力方面的飞跃，真正地做到"随时随地，快捷办公"，为公司信息化转型打造坚实基础。同时，对公司未来信息化建设、规划、布局都起到了积极的作用。

六、总结

安华 e 办平台使用微信小程序，用户体验流畅，触手可及，用完即走。为公司在营销管理、承保服务、理赔服务等方面实现了全天办公的可能。在未来的规划中将引入更多便于公司人员使用的业务场景功能，采用机器学习、人工智能等方面的技术提高工作效率，降低错误成本。

专家点评

安华农业保险股份有限公司的安华 e 办平台是一个综合型内部业务办公平台。该 e 办平台具有业务覆盖全面、功能简捷流畅的特征，平台的创新之处在于公司可以实现智能核保、智能核赔、营销管理、快捷服务、运营监控等方面的全天运作。从项目成效来看，该 e 办平台提高了核保人员工作效率，提升了保险营销展业人员的营销效率，提高了中后台工作人员的工作效率，从而有利于助推公司践行降本增效的发展战略。在未来，安华农险应当考虑将该 e 办平台应用于更多保险业务场景，进一步通过科技提升公司整体的运营效率，为其数字化转型提供基础。

紫金财险新一代农业保险核心系统

◎ 紫金财产保险股份有限公司

一、项目概述

新一代农业保险业务核心系统是公司积极响应国家《关于加快农业保险高质量发展的指导意见》（财金〔2019〕102 号）和行业供给侧需求，江苏省政府对公司提出的“服务地方高质量发展和人民高品质生活”新要求，三农事业部、信息技术部等部门建立项目研发工作组，联合商讨开发项目计划。

本次研发采用目前业内最先进的设计理念：自建微服务体系，搭建云服务平台，创建业务中台、数据中台，使用移动互联相结合；从系统架构、技术、业务流程上实现自研自建，实现对业务流、数据流的统一管理，优化和简化农业保险承保、理赔流程，进一步提高人工效能，有效降低管理成本，缓解基层工作压力，使操作更简便、功能更完善、效率更高。提高绿色电子化办公，生成电子投保单、电子保单，减少纸张浪费，节省碳资源。

为了进一步提高农业保险服务能力，提升紫金保险“三农”服务品牌价值和市场竞争力，新一代农业保险业务核心系统实现了农业保险承保和理赔系统实现 PC 端与移动端同步，使验标、查勘数据实时化，提高出单线上化比率、赔付时效率，使得农户能更加精准、快速地投保，更能够快速获得赔款。

二、项目背景及意义

现今国家高度重视农业保险信息化建设。2019 年 9 月 19 日，国家财政部、农业农村部、银保监会、林草局等四部门联合印发《关于加快农业保险高质量发展的指导意见》（财金〔2019〕102 号），在提高农业保险服务能力、优化农业保险运行机制、加强农业保险基础设施建设、做好组织实施工作等方面都进行了部署安排，其中明确要加强农业保险信息共享，加大投入力度，不断提升农业保险信息化水平，逐步整合财政、农业农村、保险监督管理、林业草原等部门以及保险机构的涉农数据和信息，动态掌握参保农民和农业生产经营组织相关情况，从源头上防止弄虚作假和骗取财政补贴资金等行为。贯彻落实指导意见，推动农业保险核心系统不断完善升级，对农业保险持续健康发展具有重要意义。

科技赋能农业保险信息化加速迭代。随着物联网、云计算、卫星遥感、移动互联网等技术的发展和应用，农业保险信息化发展与科技在加速融合，亦已成为当前推动农业保险转型升级、实现高质量发展的新手段，目前国内从事农业保险的综合性产险公司和专业农业保险公司均重视农业保险信息化建设工作，可以实现农业保险管理网络化和数字化，方便快捷的采集、传输、存储、分析承保理赔、风险管理、政府部门信息等环节的信息，提升工作效能、加强风险管控。因此，开展农业保险核心系统项目开发对缓解基层工作压力、助力精准承保理赔、规范提高风险责任意识、促进农业保险服务水平的提高，以及对科学决策提供有力支撑具有重要意义。

现有核心业务系统不仅服务于农业保险，也服务于传统商业险和车险业务，需要满足各层面的业务需求。无法针对农业保险业务的特殊性进行精细化改造。为了更好地为农业保险服务，但是在逐步优化了原有核心系统中农业保险模块的功能需求后发现，各流程和功能之间相对独立，数据运用效率偏低，业务流程不连贯，缺乏资源的有效整合。农业保险业务规模增长对系统日常运行造成了极大的性能压力，同时原有的技术框架也限制了新技术应用。

三、项目重点解决的问题及主要创新点

（一）项目重点解决的问题

“新一代农业保险业务核心系统”要建设活跃在 PC 端和所有移动端均兼容的全流程业务系统，并增加智能向导，完善系统自动化计算、校对，减少人工输入。运用移动互联网、人工智能、GIS 技术，解决传统模式中存在的客户身份、银行账号、手机号不匹配，地块位置、面积不准确等问题。支持操作人员在移动端进行客户信息采集业务人员或协保员现场验标、查勘拍照，提交核心进行快速承保理赔工作。公司加入了定制化农业保险大数据统计分析功能；增加风险查询、管理等数据统计分析风险管理功能，提前发现数据问题，减少风险比率的产生。新增产品工厂，实现开发流程模式化，产品开发个性化，同时有效缩短上新周期。实现产品补贴比例、共保信息、保额保费按机构可配置化，大大减少业务人员录单时间。通过系统对接，实现农业、气象、畜牧防疫等各部门与系统及时、准确通信和传输，通过数据挖掘对多方信息进行处理、分析和存储。

（二）苦难与挑战

1. 2020 年初疫情侵袭之时，正值系统进行到项目管理计划制定完毕，进入项目执行阶段。突然来临的风险导致开发人员无法入场，匆匆开启的远程协作办公，效率不及预期。项目上线时间变得不明朗起来。万幸总公司在战略层面寄予了研发团队高度支持，团队贯彻“战疫迎改，魂入紫金”的指导思想，通过每天从早到晚不间断的远程会议沟通，以及事先准备好的风险管理计划重新排期，最终并未影响项目质量和验收。

2. 在享受微服务体系架构带来的松耦合，易维护，大扩展的优势时。系统在进入生产后不免遇到了跨服务查询的聚合问题。我们及时重新进行表设计来适当添加冗余字段，解决矛盾同时保证效率。

3. 放弃 APP 源生开发采用 Hybird 混合开发带来性能优化成本的提高。每一次页面渲染，从 DNS 解析到 RAIL 响应，必须步步为营减少重绘，保证页面的丝滑，提升用户体验。

（三）项目主要创新点

项目服务使用微服务化架构开发、应用使用云容器部署，提高开发生产率，减少应用层面出现事故的概率。使用敏捷方式开发，优化人员使用，明确系统开发目的，使用远少于同体量级行业系统的经费开发出相同体量级的系统优化系统操作流程。嵌入农业保险查勘车辆统计、运行轨迹显示功能，在 GIS 地图上展示农户信息关联的

投保地块数量等数据信息，实现标的落位，承保理赔核对。使用了移动端与互联网端相结合的方式，加快出单、查勘效率，使得保户能够更准确、更好、更快地获得赔付。

四、项目主要建设内容

（一）设计理念

原有核心业务系统不仅服务于农业保险，也服务于传统商业险和车险业务，需要满足各层面的业务需求。无法针对农业保险业务的特殊性进行精细化改造。为了更好地为农业保险服务，逐步优化了核心系统中农业保险模块的功能需求。但是各流程和功能之间相对独立，数据运用效率偏低，业务流程不连贯，缺乏资源的有效整合。农业保险业务规模增长对系统日常运行造成了极大的性能压力，同时技术框架也限制了新技术的应用。

新一代农业保险业务核心系统项目的目标是解放劳动力、改变劳动工具，简化操作流程，提升服务时效，强化风险管控。与气象部门、农业农村部、中保信等农业相关基础信息平台对接融合，深化移动互联网、卫星遥感和 GIS 技术等科技手段的系统建设应用，逐步完善农业保险精准承保、精准理赔工作机制，提升防灾减损服务能力。打造全类型终端兼容平台，实现农业保险承保服务“精确承保、保真保准”、理赔服务“精准快速、有图有址有真相”，为农户提供优质的全方位保险服务。

（二）技术应用

技术优势。

（1）微服务化架构。

可扩展性。在增加业务功能时，单一应用架构需要在原先架构的代码基础上做比较大的调整，而微服务架构只需要增加新的微服务节点，并调整与之有关联的微服务节点即可。在增加业务响应能力时，单一架构需要进行整体扩容，而微服务架构仅需要扩容响应能力不足的微服务节点。

容错性。在系统发生故障时，单一应用架构需要进行整个系统的修复，涉及代码的变更和应用的启停，而微服务架构仅需要针对有问题的服务进行代码的变更和服务的启停。其他服务可通过重试、熔断等机制实现应用层面的容错。

技术选型灵活。微服务架构下，每个微服务节点可以根据完成需求功能的不同，自由选择最适合的技术栈，即使对单一的微服务节点进行重构，成本也非常低。

开发运维效率更高。每个微服务节点都是一个单一进程，都专注于单一功能，并通过定义良好的接口清晰表述服务边界。由于体积小、复杂度低，每个微服务可由一个小规模团队或者个人完全掌控，易于保持高可维护性和开发效率。见图 1。

（2）新型移动端框架。移动端开发摒弃掉了传统的 Android 和 iOS 语言的开发思路，使用了比较新颖的开发框架：Flutter。使用该框架有许多的优势，例如：混合开发中，最接近原生开发的框架，减少不必要的性能损耗；框架优化性好，性能强大，流畅；跨多种平台，减少开发成本；支持插件，可以访问原生系统的调用。

（3）前后分离。系统整体框架采用前后分离的架构设计，前端基于 HTML5 技术并采用 Vue. js 框架构建，前后端交互基于 RESTful API；后端采用 Spring 框架建设，整体分为 REST 接入层、CORE 业务处理层、API 资源访问层。采取谷歌 v8 引擎驱动的 Node. js 搭建服务器端前端接受请求与响应请求，返回响应数据。

（4）应用架构中台化。“新一代农业保险核心项系统”的诞生是扎根在紫金不断推进中台化建设的显著成效上的，以“瘦核心，大中台”作为中台化架构转型的高阶指导，结合业务分析，识别中台公共服务向前端应用提供服务能力，实现前端强调敏捷交付，并大大提升了外部渠道（农业保险平台，保处联动等）接入的效率。见图2。

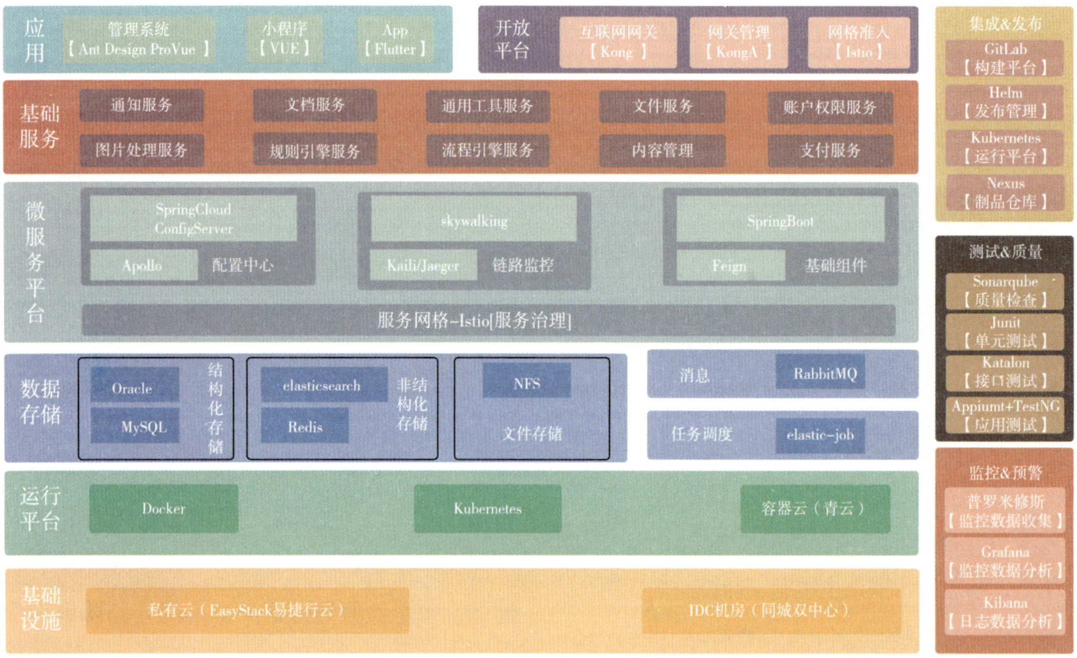

图1 微服务架构

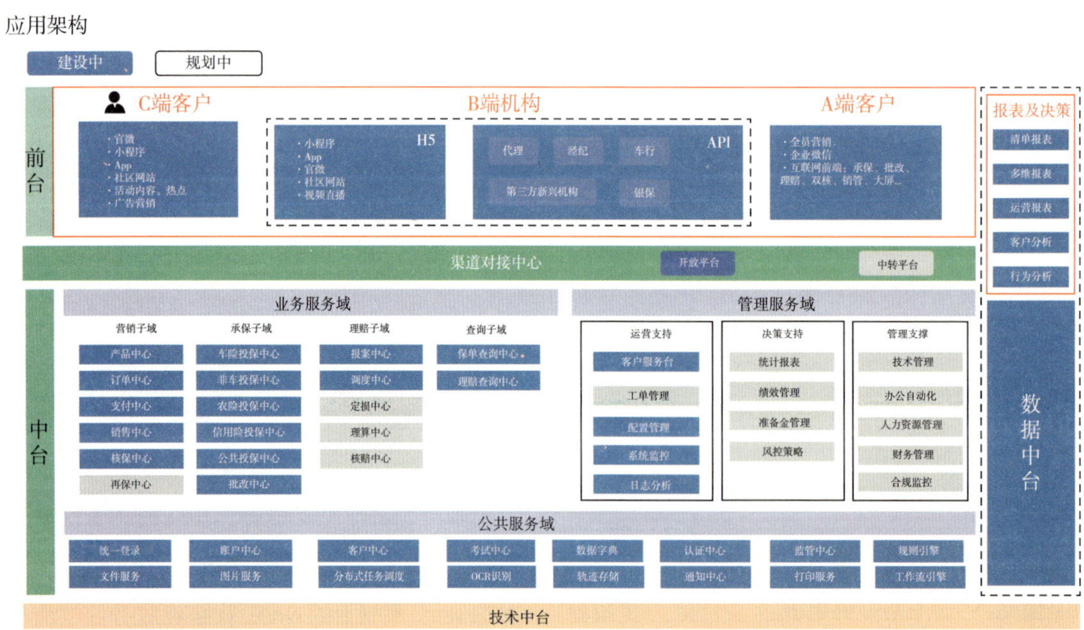

图2 应用架构中台化

（5）数据中台化。数据是一个公司最核心的价值，未来数据整体架构的提升方向在于加强数据治理，提升数据质量管控能力，挖掘更多数据应用的业务场景，提升数据应用的智能化。为新一代农业保险核心业务系统来提供标准化数据查询服务，提高数据的查询质量，查询效率。见图3。

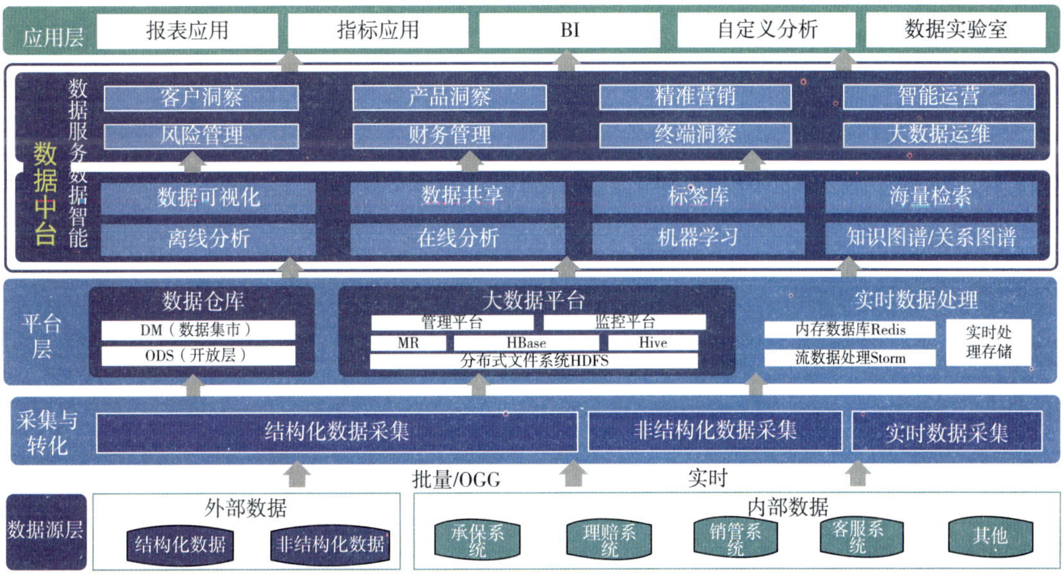

图3 数据中台化

（6）服务私有云云服务化。紫金 PaaS 级私有云建设：为云端应用提供开发、部署、集成和管理服务，使应用开发人员无需关心应用的底层硬件和应用基础设施，并且可以动态扩展应用系统所需的资源，PaaS 平台衔接云基础设施资源（IaaS）和云应用的枢纽，起着承上启下的作用。

（7）DevOps 持续集成。通过 DevOps 打造一条高度自动化的 IT 服务供应链，能够快速、高质量地交付用户的价值，从自动化、度量、文化、共享等维度融合开发与运维。DevOps 是集敏捷、持续集成、持续交付、持续部署等优秀方法的大成者，更关注全局的优化与融合。与传统开发运维流程相比 DevOps 大大降低上线时间（小时级别降低到分钟级别）；使得扩容效率提升（天级别降低到分钟级别）；运维效率提升，人均运维机器数（百台提升到千台）。

（三）主要功能介绍

本项目基于公司中台化战略建设，有效整合当前主流应用技术，建设 PC 端、APP 移动端，为紫金农业保险提供高效、便捷优越的技术保障。

1. 产品工厂。产品工厂模块打破传统的农业保险产品管理模式和理念，覆盖产品设计、定义、发布、测试、上线分析等全生命周期，包含原子条款化、智能算法下的灵活组装、农业保险场景的匹配等，实现可定制化、差异化的保险方案，让保险更加人性化，真正实现以客户为中心。

2. PC 移动相结合。“紫农保”移动端与紫金农业保险新一代核心系统深度融合，覆盖承保前、承保、理赔、续保等多个环节，以远程网络操作替代传统的面对面服务。通过移动办公简化投保手续、缩短承保流程、方便投保农户；查勘员使用“紫农保”即可完成查勘定损及影像资料上传等全部理赔流程，理赔时效得到大幅度提升，工作强度显著降低，服务能力得到进一步提升。真正开启“互联网＋”场景化服务新模式。

五、项目效果

（一）提高系统高配置化，提高产品投产率

新增产品工厂，实现开发流程模式化，产品开发个性化，有效缩短上新周期。从原先的申报投产15天提高到30内分钟完成。

实现产品特别约定、补贴比例、共保信息、保额保费按机构可配置化，录单时自动带出，大大减少业务人员录单时间，预计每张保单录入时间可节省2～3分钟。

（二）提高用户投保效率，理赔效率

使用移动互联方式，用户打开手机即可进行投保申请、理赔申请，业务员在现场即可确认承保、实时查勘定损。实现当天承保、当天理赔。

（三）快速迭代开发，减少运维人员人力投入

使用微服务框架＋DevOps持续集成后，项目无须停机即可进行灰度发布、滚动升级，大大地提高了用户体验性，后续服务硬件人员对于项目的维护时间缩短为原先的1/5。有效减少运维成本。

（四）承保理赔更加精确

在GIS地图上展示农户信息关联的投保地块数量等数据信息，实现标的落位，承保理赔核对。

与中保信气象、地方气象局、兽医所互相配合交互，实现承保信息、理赔报告准确化。

六、总结

在公司以“管理风险，创造价值”为使命，秉承“责任、专业、创新”的理念，倡导“以客户为中心”的经营文化、“绩效优先”的执行文化和“人才优先”的用人文化的指引下，农业保险核心系统项目的建设从系统架构、技术、业务流程上实现对流程的统一、数据和风险的管控与处理，是公司线上化战略开启先期重要的部署之一。有效降低管理成本，缓解基层工作压力，使业务操作更简便、功能更完善、效率更高，进一步提高农业保险服务能力，提升紫金保险“三农”服务品牌价值和市场竞争力，让广大客户体验越来越多的优秀保险产品与服务。

专家点评

紫金财产保险股份有限公司的新一代农业保险核心系统，积极响应国家加快农业保险高质量发展的号召，具有较好的社会意义。就该项目的创新性而言，该农业保险核心系统实现了农业保险承保和理赔系统在PC端与移动端的同步，使验标、查勘数据实时化，这将有助于提升公司赔付效率，使得农户能精准投保，快速获赔。就该项目的效果而言，该农业保险核心系统实现了保险产品投产率、用户投保效率与理赔效率的提升，减少运维人员人力投入，并且使得承保理赔更加精确，具有较高的借鉴意义。总体而言，推动保险核心系统优化结构、完善升级对农业保险持续健康发展具有重要意义。紫金财险应当进一步加大对农业保险核心系统的投入力度，促进农业保险服务水平的提高。

大家人寿新一代个险数字化平台

◎ 大家人寿保险股份有限公司

一、项目概述

大家人寿保险股份有限责任公司（以下简称大家人寿）积极研发个险数字化平台，赋能和支撑公司扁平化的独立代理人新模式，替代金字塔模式下的粗放管理手段。大家人寿将社交媒体新技术、互联网新技术与保险销售服务场景深度融合，运用大数据、云计算、人工智能、移动互联、共享中台等先进的技术与理念，设计打造了集移动销售、移动理赔、移动服务、移动管理为一体的，全面支持内外部客户保险业务活动的数字化平台，推动公司业务模式的创新转型，提升公司客户经营水平。

二、项目建设背景及目标

伴随互联网、大数据和人工智能等技术的不断进步，科技创新正逐步改变保险业的经营模式。革新经营理念，顺应时代潮流，将新技术与经营模式深度融合，是所有保险公司面临的共同课题。

传统个险营销模式已走入困境，大家人寿个险破局走的是从金字塔到扁平化的商业模式颠覆性创新之路，个险数字化平台将借鉴优步平台高效配置生产资料和社会资源的方式，以数字化工具赋能替代金字塔模式的粗放管理手段。个险数字化平台如图 1 所示。

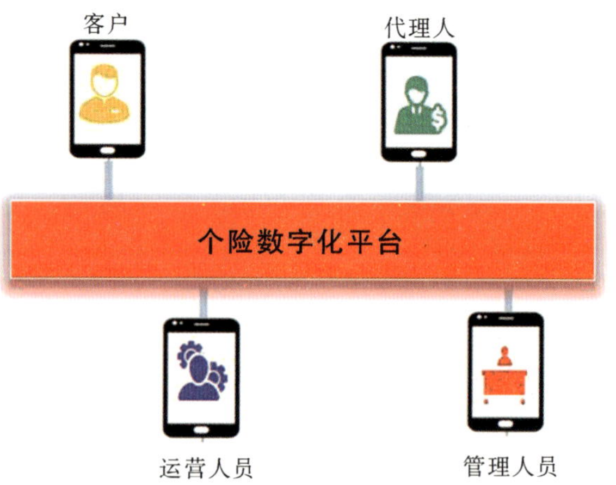

图 1 个险数字化平台

大家人寿个险数字化平台建设项目的目标是通过“端 + 平台”模式，连接代理人、客户、管理者，支持个险全业务流程，体现后发优势，实现行业领先。“端”包括代理人端、客户端自助投保应用、管理看板；平台是指业务中台，集成各业务域可复用服务，实现服务公有化，支持前端业务经营、运营服务需求。

三、项目重点解决的问题及主要创新点

目前绝大多数寿险公司给代理人和客户提供了移动应用平台，但普遍存在多种难题：平台之间相互孤立、工具碎片化、业务场景覆盖不全；无法支撑公司、代理人、客户的有效互动；移动

APP 推广难、运营难、用户体验差等。保险公司应建立一个端到端、整合式数字化平台，破解工具碎片化与信息“孤岛”难题。大家人寿个险数字化平台通过“端 + 平台”一体化设计，打通端到端的信息通道，在业务场景和新技术使用方面进行了大胆创新与实践。

（一）业务场景创新

1. 实现公司、代理人、客户三者间的高效互动。代理人端、公司端移动应用全面依托企业微信平台构建，客户端全面依托个人微信小程序构建。借助企业微信、个人微信的连接功能，打造个险业务数字化经营生态体系，实现代理人与客户、代理人员与公司、公司与客户之间的高频互动。无独立专属移动 APP，无 APP 推动、下载、运营难题，尊重用户使用习惯，降低使用难度，提升用户体验。

2. 为代理人提供全流程线上营销支持。个险数字化平台实现客户经营全流程线上化，为代理人提供全方位的客户营销活动支持，既能够支持在线获客、会议经营、销售促成，又能支持在线出单，从识别客户需求出发，通过在线互动交流，提升销售效率，实现客户资源价值的最大化。

3. 代理人活动管理全流程线上化。线上增员、线上培训、营销贴、建议书、业绩实时查询、佣金实时到账等功能样样具备，实时记录互动行为，实时通知代理人，为代理人活动提供全流程赋能支持。

4. 客户自助服务全流程线上化。在个人微信中以小程序方式为客户提供自助投保、自助服务、自助理赔及问题件自助处理等功能，支持客户自助完成保单投保、签收与线上回访、保全、报案、核保材料提交，实现客户自助服务的全流程线上化支持。

（二）技术创新

1. 人工智能新技术应用。在投保流程中，集成了证件 OCR、人脸识别、空中签名、屏幕直播等 AI 技术，一方面确保投保过程真实有效，另一方面也使得代理人展业过程更加顺畅，让客户足不出户快速办理业务，代理人也得以更高效地完成服务。使用平台，代理人可以做到 24 小时与客户连接，随时随地提供服务。

2. “薄应用、厚平台”应用架构设计。大家人寿个险平台使用微前端技术架构，将微服务的理念应用于浏览器端，将单页面前端应用由单一的单体应用转变为多个小型前端应用聚合为一的应用。各个前端应用可以独立开发、独立部署，实现组件化复用。前端框架使用 VUE 作为前端框架，用 H5 方式构建所有的前端界面，实现前端的跨平台，最大化保护前端资产。微前端技术架构见图 2。

3. 微服务共享中台技术架构设计。个险数字化平台通过沉淀业务能力形成服务 API，通过 API 的公有化实现系统资产的服务化，盘活 IT 资产，加速业务创新。平台采用微服务治理框架，稳定性高，技术领先，支持服务灵活扩展，支持敏捷部署和功能的快速迭代。微服务共享中台技术架构如图 3 所示。

4. “私有云 + 公有云”基础架构设计。平台所有微服务已全部容器化，并且在华为云部署，与云下的支撑层在真正意义上实现了混合云部署。结合混合云部署模式，简化业务模型，实现云上全自动出单流程处理，并采用异步落库，大大提升出单效率，降低用户等待时长。具备高并发、高吞吐、高弹性的特性，以交易为驱动方式，服务快速迭代。同时，中台服务已对接“自营系统”“第三方合作伙伴”等前端渠道应用，充分发挥华为云的优势，安全、高效地提供互联网接入能力。

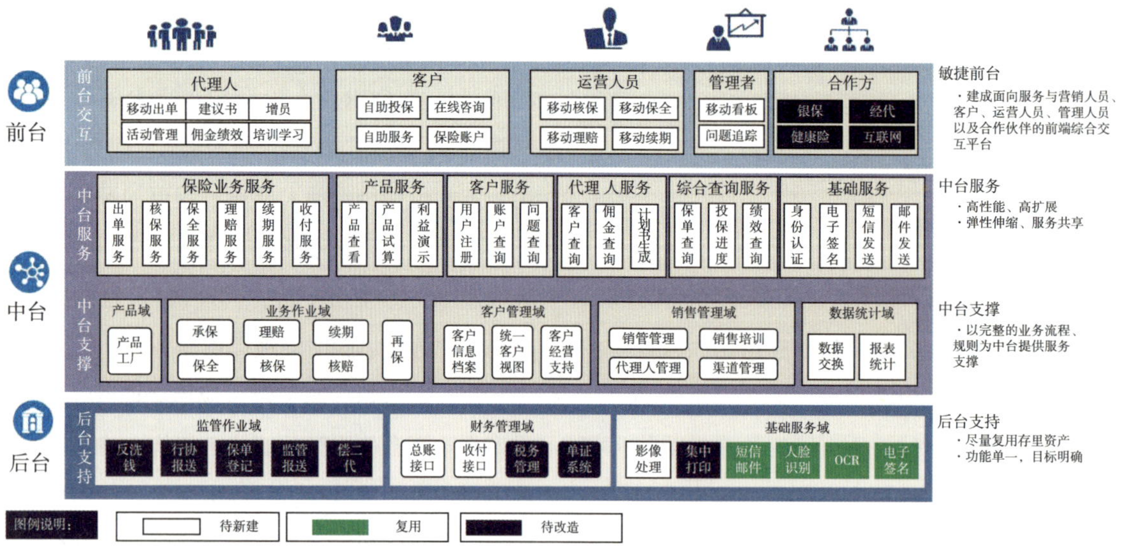

图 2 微前端技术架构

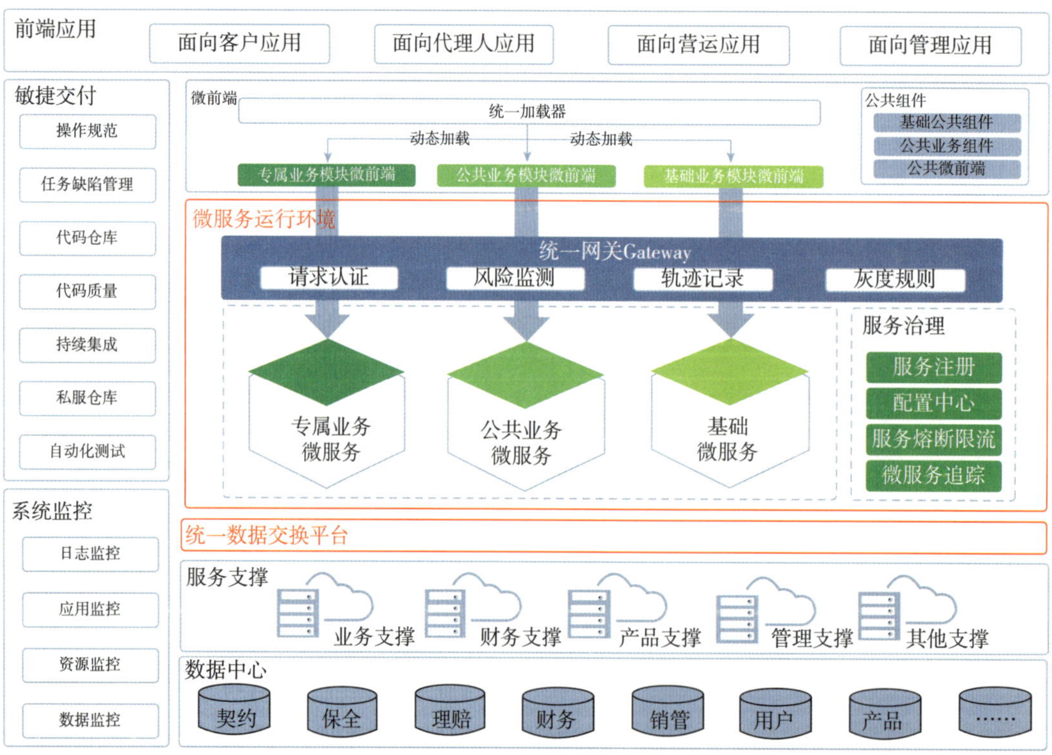

图 3 微服务共享中台技术架构

5. 大数据实时处理数据架构设计。平台采用大数据实时处理技术建立数据交换平台，从架构层面解耦交易类系统和数据类系统。数据交换平台从源系统通过日志实时捕获或源系统实时推送方式获取增量数据，进行轻量级数据加工、转换与整合，为下游系统提供数据。

四、项目主要建设内容

（一）为代理人提供一站式营销服务

平台支持产品展示、建议书一键分享、在线实时投保、交费签单、签收回执，代理人可实时查看个人展业情况及佣金信息。

代理人可利用平台以屏幕直播方式实时共享屏幕，为客户讲解建议书。屏幕直播同时提供画笔功能，方便代理人在屏幕书写标注，更详细地讲述产品方案。

平台提供种子贴功能，代理人可以一键生成并转发自己专属的产品海报与营销贴，可将种子贴分享给企业微信好友，从而为代理人获客提供更便捷的途径。平台提供便捷的后端，方便市场策划人员自助生成种子贴，提升作业效率。

平台为代理人作业提供“服务红包”，在代理人提供产品方案、线上出单、客户回访等多个环节，提供服务客户的工作提示，即时提醒代理人需完成的服务，帮助代理人更好地接触客户、服务客户。

平台提供完整的获客功能，支持代理人增加客户为好友，为客户一键推送自助小程序，一键推送产品海报，一键推送建议书。系统会自动给不同接触阶段的客户生成标签，帮助代理人有效管理客户信息，完成客户积累。

（二）为客户提供一站式自助服务

平台为客户提供客户自助小程序，小程序提供自助投保、自助核保函件处理、自助服务、自助保全与自助理赔等功能。目前小程序已上线包含新单、信息变更、资金三个服务类别的 13 个保全服务功能，已覆盖大家人寿 99% 的保全业务。

（三）为管理者提供实时看板

平台为各层级管理人员提供实时移动看板，即时提供业绩、增员、获客及管理 4 大板块 28 个关键指标的实时展示，同时提供 21 张报表，让管理者实时获知业务进展情况。系统支持指标层级下钻，从总公司一直可以下钻至营业区，管理人员根据管理权限可以看到分管片区的指标数据。

（四）产品工厂支撑产品快速上线和营销

通过统一的产品工厂可配置化的产品管理模块，极大缩短了产品开发周期。高配置低代码的方式显著降低了产品上线成本，为产品尽快上线提供了有效支持。

（五）业务能力实现服务化

通过分层划域的建设思路，中台服务 2020 年上半年共提供 5 个业务域：保险业务域、客户域、代理人域、产品域、基础服务域，涵盖 110 个服务接口，提升个险代理人渠道功能支持，补充完善公司系统面向代理人的服务功能，支持线上保全及线上自助理赔服务等。

五、项目总结

大家人寿经深入研究，选择线上线下相结合的扁平化运作模式，实现个险破局。在线上建设强大的展业和队伍管理平台，将传统的管理手段优化后，集中于平台上实现；在线下，组织架构完全扁平化；在分账机制上，将管理成本节约和层层组织利益，投入一线驱动业务发展。同时将传统营销管理中，制式的、可平台实现的工作全部迁移到线上，通过数字化运营，实现平台化集约管理，通过平台助力大家人寿创新个险业务发展模式更快、更稳地落地。

专家点评

大家人寿保险股份有限公司的新一代个险数字化平台通过“端＋平台”模式，连接代理人、客户、管理者，以数字化工具赋能替代金字塔模式的粗放管理手段，具备一定的行业代表性。该个险数字化平台有助于解决平台之间相互孤立、工具碎片化、业务场景覆盖不全的问题，以及移动APP推广难、运营难、用户体验差等难题，具备一定的借鉴意义。除此之外，该个险数字化平台在业务场景、新技术使用方面进行了大胆创新与实践。事实上，个险渠道对于大规模的保险公司来说是优势渠道，但中小保险公司要做个险经营并非易事，个险渠道前期长期的高额投入令许多中小保险公司望而却步。大家人寿选择线上线下相结合的扁平化运作模式，实现个险破局，有利于其长远发展，这对于中小保险公司具有相当大的示范代表性意义。

大家人寿“银保王牌”数字化平台

◎大家人寿保险股份有限公司

一、项目概述

随着大家保险业务转型不断深入，经营管理体系不断优化，大家人寿保险股份有限公司（以下简称大家人寿）围绕构建数字化经营策略，为实现科技引领、创新驱动的战略目标，充分应用大数据、云计算、人工智能、移动互联等技术，为大家人寿银保一线队伍量身打造了“银保王牌”数字化平台。

“银保王牌”数字化平台是完全自主设计、自主开发的面向银保渠道一线销售人员和管理人员的全线上活动量管理和指标管理平台，该平台将即时通信技术、实时定位技术、在线培训技术、实时计算技术与业务场景深度融合，并运用云计算、大数据、互联网等信息技术为平台提供保障。该平台目前已成为全面落实大家人寿银保业务渠道绩效经营文化的有力推手，成为大家人寿赋能业务和管理的重要手段和王牌工具。

二、项目背景及意义

伴随互联网、大数据和人工智能等技术的不断进步，科技创新正逐步改变保险业的经营模式。革新经营理念，顺应时代潮流，将新技术与经营模式深度融合，是所有保险公司面临的共同课题。

银保渠道的发展面临合作关系松散、缺乏专业化的销售队伍、服务能力落后等困局，大家人寿将网点经营、团队经营、客户经营、销售服务能力经营标准化、线上化，通过数字化工具赋能，加强一线销售人员的展业过程管理，引导基层网点服务方式和经营模式的转变，科学合理评定销售人员的价值贡献，建立并推行“销售精英”的价值文化理念，营造银保渠道的“王牌”效应，实现银保渠道经营破局。

（一）业务创新

1. 线上全流程活动量管理。以数据为驱动力，优化管理方式，实现网点经营、网点巡访、问题跟踪、人员考勤、新单回访跟踪、续期催交跟踪、老客户开发跟踪、学习培训跟踪的线上全流程活动量管理。提高管理效率，降低管理成本。

2. 实现业务团队间、业务团队与公司内勤的高效互动。依托即时通信技术，打造银保业务数字化经营生态体系，通过在线互动交流，实现随时、随地、随身沟通交流，将一线业务问题经验、学习培训等过程以数字化形式推送，提升业务和管理效率。尤其在疫情期间，成为业务团队沟通交流的主要平台。

3. 实时数据经营。通过实时数据技术，自动生成银行网点及公司分支机构的日、月、年业务报表，并与展业数据结合，随时抽取掌握网点、银行渠道、分支机构的各项数据，及时发现问题，为实时决策、业务跟踪提供参考。

4. 任务闭环管理。建立任务闭环模型，将公司战略及业务指标进行标准任务分解，实现任务从签收、动作、确认、关闭的全流程管理，进而进行漏斗分析，找出管理中的薄弱环节及时介入进行处理，成为战略传导落地的有效工具。

（二）技术创新

1. 落实“平台化、服务化”原则，构建分布式服务架构。坚持“自主设计、自主研发”的初心，通过服务合理划分，采用 Dubbo 分布式服务框架，应用统一的注册中心、Redis 缓存、消息中间件等关键技术。通过分布式技术框架实现去中心化及业务解耦，实现服务全生命周期管理；通过分布式技术满足了用户增长、业务快速发展带来的高并发、高可用、动态扩展等要求；同时，对接 DevOps，提供代码热发布能力，为敏捷开发实现应用的自动发布。

2. 实时数据分析查询的架构设计。为解决大数据的实时处理，采用流处理、批处理、存储视图、实时处理、服务订阅等技术，实现数据采集、传输、交换、处理、分析、挖掘、展现、订阅等功能，保障业务经营数据的实时展现及分析。

3. 充分运用 IM、LBS、埋点等移动互联技术。“银保王牌”数字化平台充分运用 IM、LBS、埋点等移动互联技术，实现了用户画像、移动考勤、培训互动等功能，打破空间时间限制，极大丰富了产品功能及用户体验。

4. “私有云 + 公有云”混合部署架构。实现“私有云 + 公有云”混合部署架构，保障了数据处理能力，提高了系统的并发访问能力及互联网接入能力，增强了系统的灵活性和安全性，降低成本的同时也保证了合规性。

三、项目主要功能介绍

（一）业务人员活动量管理平台

1. 银行网点巡陪访功能。将 LBS 定位功能应用于一线业务人员的银行网点巡陪访，并可多维度查看巡陪访记录，为一线业务人员提供个人工作管理的基础数据，并可针对性地提高业绩，使一线人员工作日程更清晰，不留盲点。

2. 全天在线晨夕会。依托 IM 即时通信工具，可全天在线实时互动交流，自动统计会议签到、互动交流频次，并将团队内人员的培训成果、日常工作信息以消息的形式推送到晨夕会中，可激发团队斗志，促进团队共同成长。

3. 服务红包自动推送，群成员交流分享。将业务人员日常培训、出单、巡访、品质管理等数据实时推送给管理人员和团队，寓管理于服务中，销售实现在服务的延长线上。

4. 活动量跟踪任务包。将业绩、培训、续期、满期、回访等业务人员日常工作内容以任务包的形式嵌入在在线晨夕会中，使一线业务人员可实时获取每日工作任务，有针对性地提高工作效率。

5. 每日一课及与讲师互动。一线业务人员每日在线学习一课，每课必考，系统积分，将考试结果推送到晨夕会中，并可向讲师提问，双方互动交流。

6. 业务人员记账账户。一线业务人员可实时查看每笔保单的绩效点位和绩效金额，每月绩效清晰可查，了然于胸。

7. 产品及建议书。输入保额及基本信息可在线制作产品计划书，产品说明、利益演示一目了然，还可一键转发，记录分享，为一线业务人员提供展业利器。

"银保王牌"数字化平台功能如图1所示。

（二）管理人员指标看板

1. 业绩看板及排行榜。新保保费、举绩率等业绩指标根据不同的时间维度进行展示，并根据管理层级，层层下钻，展示在排行榜中，管理人员可实时追踪业绩指标。

2. 品质指标看板及排行榜。继续率、实收率、退保率等重要的品质类指标根据不同的时间维度进行展示，成为各级管理人员日常工作管理的抓手。

3. 活动量指标及排行榜。巡陪访指标、晨夕会参会率以及发言次数指标、潜客开发个数等活动量指标可清晰呈现业务人员日常工作过程，为管理人员进行团队管理提供了强有力的数据基础，是管理工作的根本。

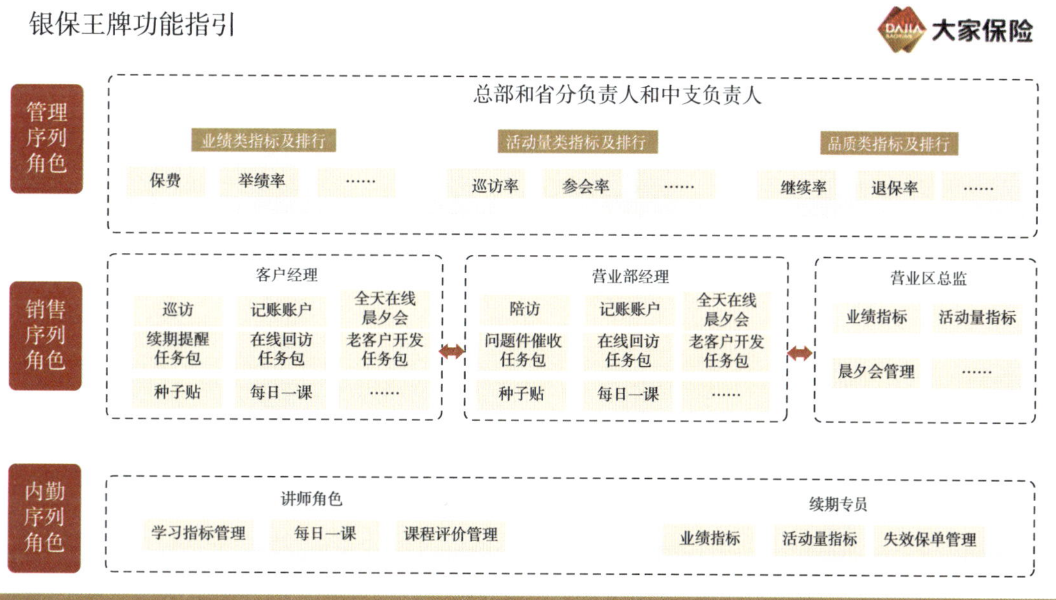

图1　"银保王牌"数字化平台功能

四、项目效果

"银保王牌"数字化平台定位于一线团队销售管理与支持的在线平台，同时是团队荣誉体系和文化建设的重要平台。对于大家人寿的各级管理人员而言，"银保王牌"是数字化的活动量管理工具，是日常作业的管理抓手，是队伍经营、网点经营、客户经营的系统平台，是科技赋能的载体。"银保王牌"数字化平台提升了渠道经营管理的科学性与精细化程度，并持续致力于为一线人员提供技术支持与服务。平台已全面推广至大家人寿总部及19家分公司，系统日均活跃用户约1万人，APP单日启动次数近15万次，平均使用时长15分钟，系统可用性指标达到99.9%，极大地助力一线销售人员及公司经营管理工作。截至目前，大家人寿银保渠道价值类业务已居行业前列，业务转型初见成效。

专家点评

大家人寿保险股份有限公司的“银保王牌”数字化平台，是面向银保渠道一线销售人员和管理人员的全线上活动量管理和指标管理平台。该数字化平台有效缓解了现有银保渠道面临的合作关系松散、缺乏专业化的销售队伍、服务能力落后等现实问题，从而实现了银保渠道的经营破局，具有较强的现实意义。同时，该数字化平台将业务创新与技术创新相结合，其银行网点巡陪访、活动量跟踪、业务人员记账账户等功能有效提升了渠道经营管理的科学性与精细化程度，业绩看板及排行榜等管理人员指标看板将信息传递效率最大化。这些应用极大地推进了一线销售人员及公司经营管理工作。

泰康资产智能投研平台

◎泰康资产管理有限责任公司

一、项目概述

智能投研平台是泰康资产在数字化转型的过程中对投研工作数字化的一项锐意创新。它不是一个狭义的系统平台，而是一种新型的工作模式，强调核心能力的固化和系统对人的赋能。通过平台化体系的建设，为研究员提供新型的一站式的工作模式，从而解放生产力，提高工作效率，实现个人资源发挥最大价值，鼓励研究员基于行业最佳实践，自主研发新的投研模型，在同等投入下，使组织获得更高的产出。

通过前期对公司内部各个投研部门的访谈，剖析投研过程，结合国内外行业最佳实践成果，运用人工智能和大数据等最新技术，完成了智能投研平台项目的一期建设，实现端到端的投研线上化工作闭环。

二、项目背景及意义

（一）行业竞争加剧，推动企业数字化转型

近年来，资管行业竞争格局正在发生变化，新的竞争对手不断涌现。2019 年，中国进一步推动金融市场有序开放，从多维度支持外资资管机构来华发展。在科技方面，外资资管机构凭借过去几十年持续的科技投入和生态布局，已经在数字化投研等新兴技术应用方面遥遥领先。中国资管机构需要加速转型以提高竞争力。

新冠疫情加速了资产管理行业走向数据密集范式的进程。2020 年的疫情下，所有行业都在加速实现商业模式的线上化与数字化。社会的线上化趋势意味着可以被分析的信息持续增加和极大丰富，对于投研工作来说，适时运用大数据分析与人工智能技术，可以更加充分地利用信息红利，及时挖掘投资机会。

（二）企业发展迅速，驱动投研智能化建设

在 2019 年中国资产管理年会上，中国保险资产管理业协会会长，泰康保险集团执行副总裁、首席投资官，兼泰康资产 CEO 段国圣先生引用“中等规模陷阱”，描述了资产管理公司随着管理规模扩大，受规模效应影响面临的挑战。随着内外部格局的变化，想要获得更强更可持续的竞争能力，需要进行更加深入、细致的精细化研究，从精英人才驱动进化向体系化平台方向发展，重视数据和数据应用的重要性。建设智能投研平台是来自企业内部的迫切的业务需求驱动。

三、投研数字化解决的问题

运用人工智能和大数据等新技术，目的是更快更准更全面地优化投资决策、拓宽管理容量、提升投研效率。综合国际行业先进经验，可以将投研数字化发展路径划分为五个阶段：初始化、

流程化、线上化、智能化、一体化。

1. 初始化阶段。初始化阶段是投研工作的起步阶段，基础数据偏传统且有限；数据处理和分析主要依赖人工线下处理；建模预测主要来自外部研究。

2. 流程化阶段。在经历初始化阶段后，随着管理规模的扩大，对于投研效率的要求快速上升，绝大部分机构会进入“流程化”阶段；这个阶段的特点是投研流程管理实现系统化，具备自主研发的投研框架，但框架主要在线下由研究员使用 Excel、PPT 等软件进行搭建完成，知识积累尚未实现线上化。

3. 线上化阶段。线上化阶段是实现投研工作从线下转到线上的重要阶段，包括投研应用、数据沉淀和系统建设三大主要方向。

4. 智能化阶段。运用人工智能与大数据技术，为线上研究过程提供丰富的数据和研究工具。

5. 一体化阶段。完成模型融合和知识融合，形成知识图谱，并建立持续迭代发展的机制。

泰康资产通过统筹规划，打造形成全资产、一站式、智能化、人机结合的一体化投研平台。通过数据资产的积累和应用，增强投研数字化的核心能力。

四、智能投研平台建设成果

建设统一的技术平台和数据中台，支持多种数据应用，实现千人千面的统一平台入口。简而言之，数据与技术，是企业数字化的核心能力。

（一）统一数据服务体系

建立企业级的统一数据中台，核心在于实现多源异构海量数据的一站式汇聚、处理、分析、沉淀，通过智能分析工具，更加快速、高效、全面地形成洞察，提升研究效率，推动价值转化。同时为解决烟囱系统，数据“孤岛”等遗留 IT 问题，在规划数据中台建设目标时，还需兼顾现有系统架构、减少代码重构和迁移成本。如图 1 所示。

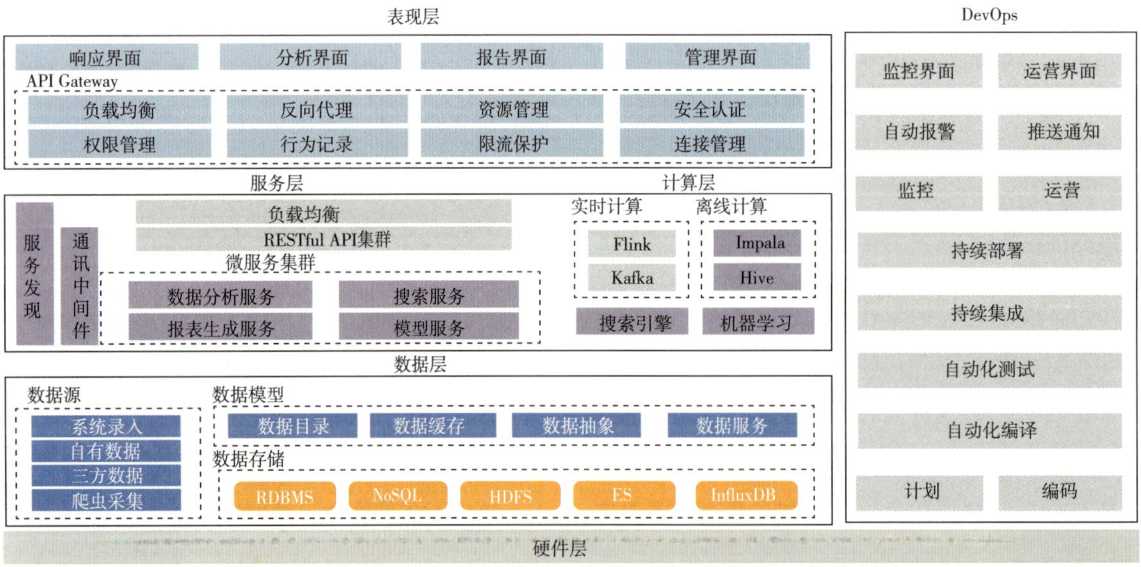

图 1　数据中台技术架构

（二）平台创新技术研究

泰康资产在投研平台的建设过程中，通过严谨的模型研究和开发流程，针对金融资管领域的各类典型需求场景，做了大量的算法建模尝试。

在海量文本的信息挖掘方面，平台采用基于深度学习的自然语言处理算法，利用 BERT Pre-trained Language Model 等最新技术，构建端到端的文本分析和语意分析系统，可以用于实现金融报告结构化信息抽取、报告文本摘要和比对、行业分析等任务。如图 2 所示。

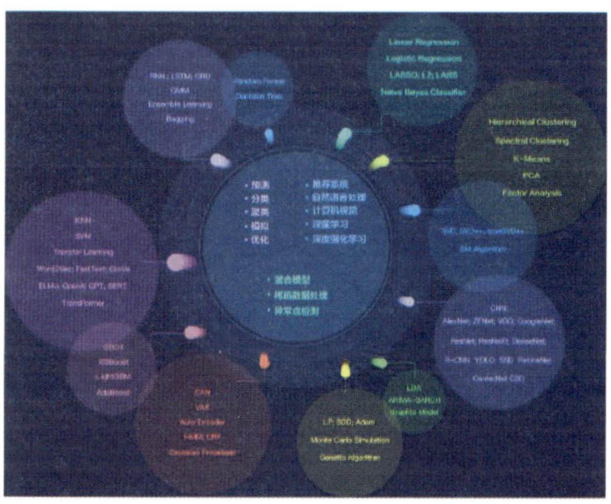

图 2 常用机器学习模型

在智能搜索方面，平台结合 Elastic Search、Recommender System 和 NLP 技术，更准确地理解投研人员的搜索意图，并根据用户画像，推送更精准更个性化的搜索结果。

平台还利用知识图谱（Knowledge Graph）把各个研究领域的投研知识沉淀下来，并从中进行推理和分析，形成具有指导意义的投研信息，供各类下游任务所使用。

五、平台通用智能投研应用

通过认真分析投研工作过程及场景，智能投研平台上开发了六大系列投研应用，使研究员的研究工作在平台上形成在线闭环。

（一）智能搜索，一站式智能化信息搜索

智能投研平台融合多方数据来源，为用户提供海量信息的一站式智能搜索，包括数据、图表、新闻、公告、讲话、研报等，打造投研领域垂直搜索空间。

基于人工智能算法和知识图谱，平台能够智能理解用户意图，实现搜索结果个性化和精准化。

（二）动态监控，信息流全智能实时推送

智能投研平台打通内外部各系统平台，整合多信息源，解决了历史上信息来源分散和人工处理容易遗漏有效信息的问题。对于平台中沉淀的投研模型，进行智能监控和实时跟踪，高效捕捉有价值的投资线索并第一时间推送至用户。

（三）指标中心，用户便捷直达数据中台

平台支持内外部多源异构海量数据集聚合，并提供可视化的数据处理日志，明晰平台信息空间范围及数据状态。平台数据服务功能支持海量数据实时查询和高速下载，在研究过程中，为用户提供多种呈现方式，让数据金矿触手可及。智能投研平台指标中心页面见图 3。

（四）算法建模，提高投研模型研发效率

以动态算法建模工具为核心，构建符合研究员思维逻辑的“人机智能融合”（AI + HI）接口。经过充分调研，平台设计了基于逻辑树结构

的动态建模工具，以及基于深度学习计算图模式的高效模型训练机制，实现了端到端模型构建过程完全透明化，提高模型沉淀和持续迭代优化的效率。如图4所示。

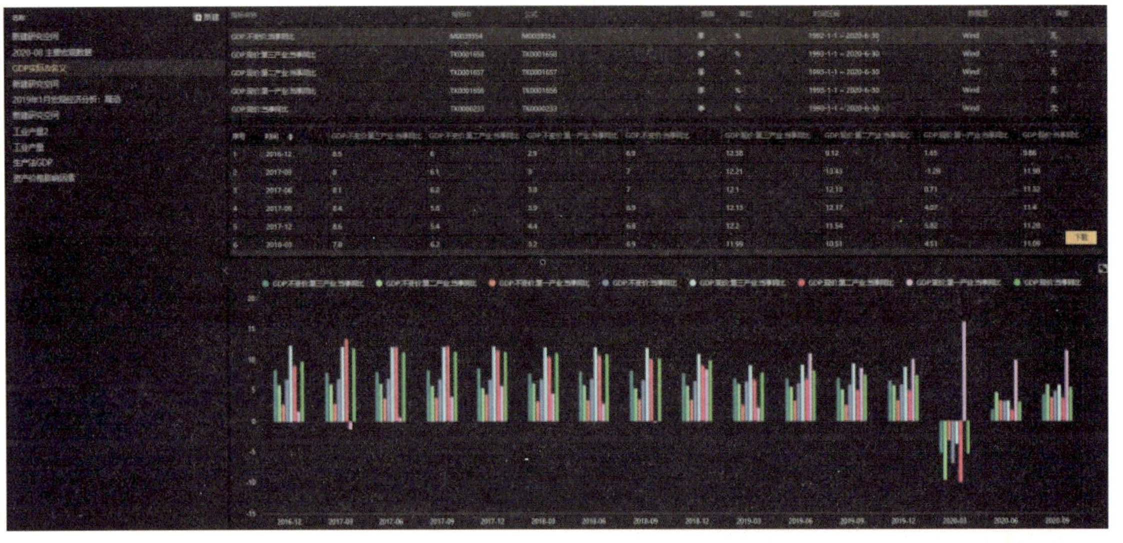

图3　智能投研平台指标中心页面

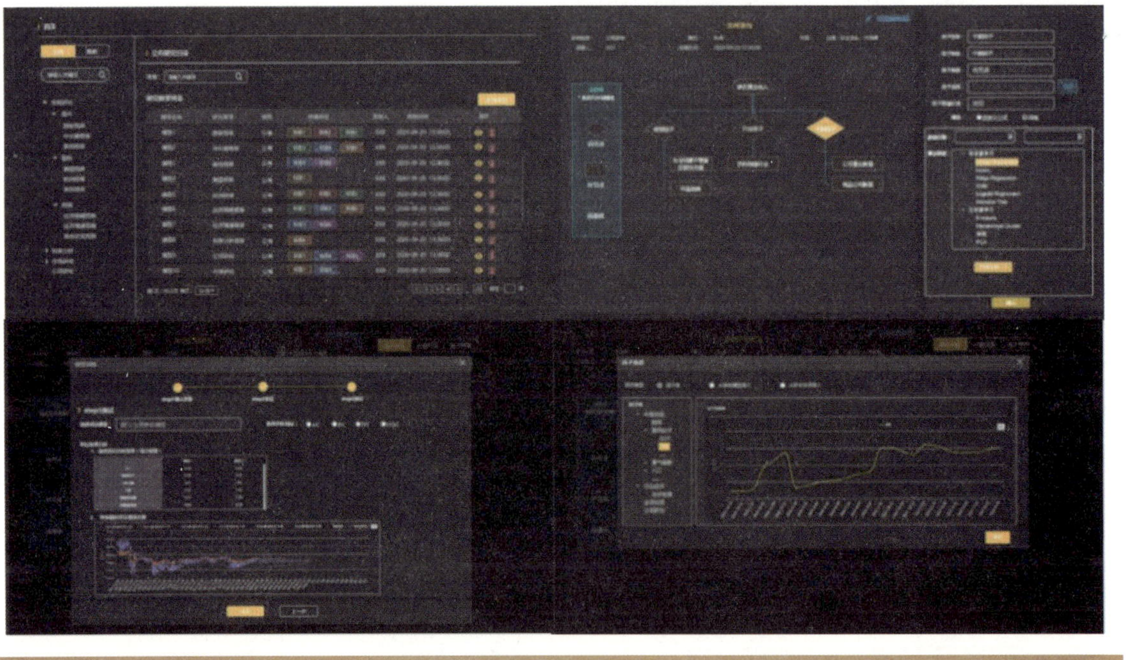

图4　智能投研平台算法建模工具

（五）研报中心，智能处理各类研究报告

智能投研平台运用人工智能技术，实现研报智能化解析，帮助研究员快速从 PDF、Word 等格式的非结构化数据中提取结构化信息，通过 Entity Disambiguation 和 Coreference Resolution 等 NLP 技术，实现知识融合，逐步构建高质量的知识图谱。

研报中心横向打通了数据服务与投研框架，为研究员提供研究报告的在线智能化自动化生成，大幅降低研究中的机械式整理工作，同时提供数据在线动态演示功能，显著提升研报阅读体验。如图 5 所示。

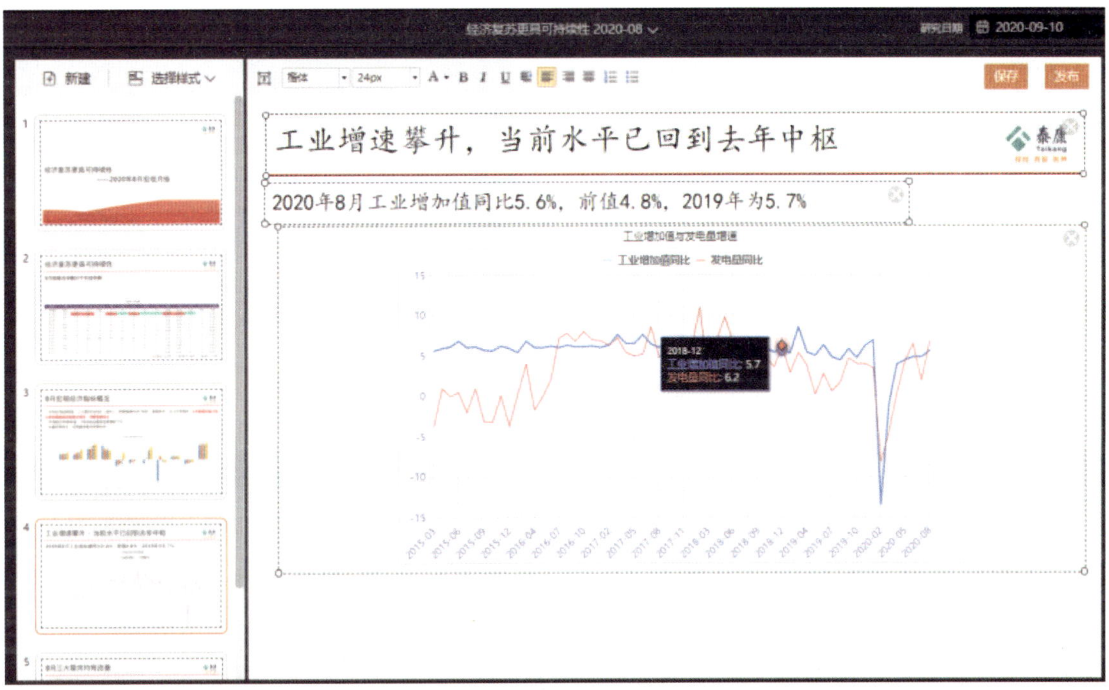

图 5　智能投研平台研报生成页面①

（六）投研互动，强效提升协同工作能力

平台横向打通 IM 沟通、留言板、邮箱等多种模式发言体系，鼓励用户交流，将研究过程中积累的各类信息、研究观点等汇聚到统一平台中，成为全工作流程管理的有效补充。

系统后台通过抓取离散的观点、点评、引用，与信息发布时刻的研究对象快照相结合，运用基于人工智能算法的观点挖掘技术，归纳出用户群体的观点分布及趋势变化，形成非结构化知识系统化积累和分析。如图 6 所示。

① 原文见 2020 年 9 月 26 日泰康资产微信公众号文章《泰观点丨经济复苏更具可持续性》。

（七）知识图谱，构建企业级一站式平台

通过一系列技术赋能，持续研发企业级知识图谱，将智能投研平台打造成以知识图谱为核心的公司投研知识一站式管理平台。

在数据和模型层面，智能投研平台上沉淀有公司内部投研人员量化基本面投资逻辑和研究模型，公司外部行业优秀分析师和领域专家投研逻辑和框架，公司内部数据科学家基于人工智能和大数据等新技术构建的量化投研模型，以及公司外部优秀的第三方构建的投研知识图谱。

在系统层面，通过直观的结构化放射性的可视化图像，以人脑最自然的思考方式，模拟出专业投研逻辑的思考过程，对单一研究对象实现不同多源模型的融合，全面提升模型预测能力和投资决策的准确性，对投研模型进行全天候、全景式扫描和动态监控，不错过一条潜在的投资机会和风险预警，将平台建设效果真正落地在业务价值的实际提升上，最终取得投资皇冠上的明珠。如图 7 所示。

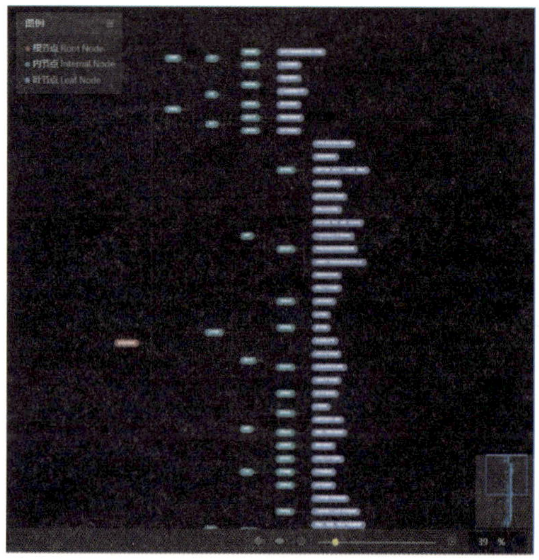

图 7　智能投研平台知识图谱

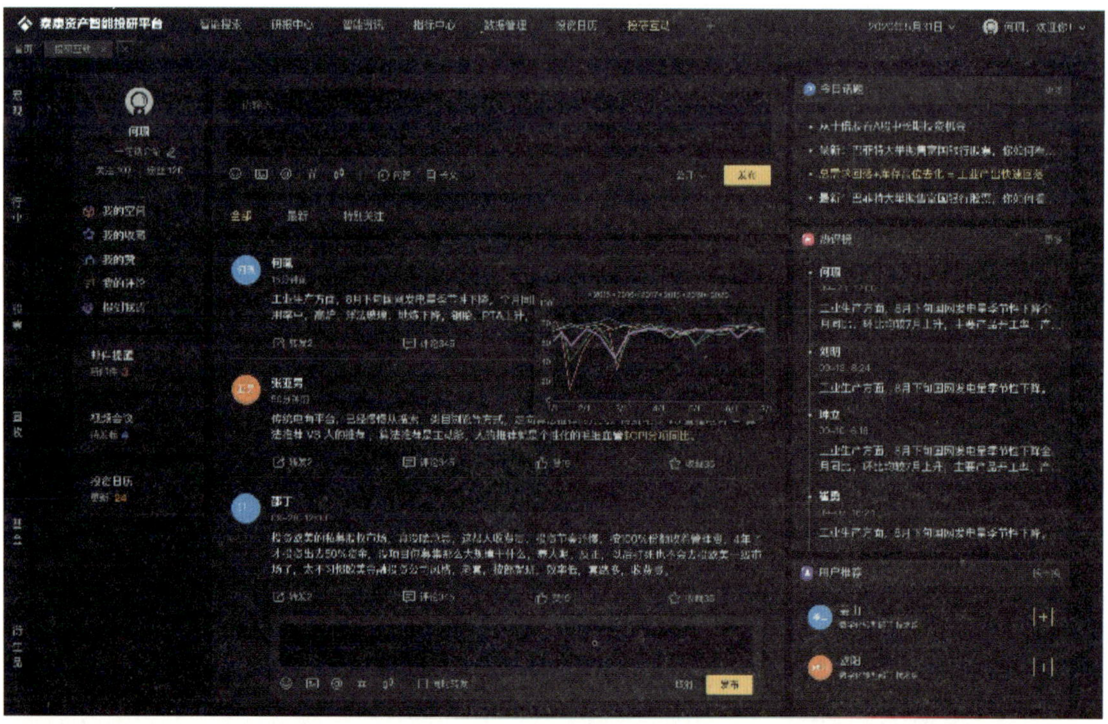

图 6　智能投研平台投研互动页面

六、智能投研平台未来展望

以在线化，数字化，智能化为目标，打造以知识图谱为核心的公司投研知识一站式管理平台，将投研方法论与流程体系化沉淀到机构内部，打造体系化投研能力，释放人才与数据潜能；通过融合通用投研应用功能如算法建模、指标中心、智能研报、智能监控、智能搜索等，逐步强化一体化平台建设；通过高效的投研互动，实现研究到投资端到端的转化提速；以数字化驱动智慧投研，将数字基因植入投研体系，实现投研管理体系的整体转变。

专家点评

科技的蓬勃发展为海量的数据搜集、数据处理提供便利，为后续数据运用与赋能提供可能。泰康资产智能投研平台是对投研工作数字化的一项锐意创新，为研究员提供了新型一站式工作模式，从信息收集、动态更新、数据处理等方面对现有信息实现了整合和处理，并融合和优化了算法建模、智能研报、智能搜索等功能，实现了系统对人的赋能，提升了工作效率，实现了端到端的投研线上化工作闭环。立足于信息持续增加和极大丰富的时代，适时运用大数据分析与人工智能技术，利用信息红利并挖掘机会显得尤为重要，本案例的开发对于资产管理行业具有借鉴意义。

国寿投资 “保险资产投资业务管理生态” 建设实践案例

◎ 国寿投资控股有限公司

一、项目概述

“保险资产投资业务管理生态”是国寿投资控股有限公司（以下简称国寿投资公司）针对另类投资领域的信息化，提出的具有借鉴意义的实施方案。该方案基于另类投管平台，对内集成周边的投研系统、客户关系管理系统、信评系统、数据平台、风险管理系统、反洗钱系统等，形成投研、投资、风控、投资者管理、客户服务为一体的场景化系统级联矩阵；对外连通监管系统、集团及委托方的投资管理系统、数据报送系统、统一信评系统等。通过用户管理系统统一渠道、打破系统间的流程和数据“孤岛”，形成基于内网和企业微信的“PC + 移动”双渠道入口整合，初步形成以客户为中心，连接投资者和资产端系统的建设布局，为另类投资的系统化、规范化、智能化提供了一揽子的解决方案。

二、项目背景及意义

国寿投资公司作为保险资产管理机构，受托管理中国人寿集团系统内及第三方的保险资金，聚焦于另类投资领域，业务范围涵盖股权投资、不动产投资、基础设施投资、特殊机会投资等。一方面，另类投资涉及的系统均呈现非标准化的特点，无法用统一的流程、统一的数据维度和口径进行管理，给系统建设带来很大压力；另一方面，投资业务链条包括投研、客户、内部决策、投后管理、退出清算等，项目生命周期较长，很难有一个系统能够完全覆盖投资业务的全部活动。为此，公司聚焦另类投资这条业务主线，进行总体规划布局和系统建设工作，推出“保险资产投资业务管理生态”解决方案，制定“一平台两中心三能力”的实施路径。从实践来看，“保险资产投资业务管理生态”能够做到提升公司投资管理能力，助力业务挖掘数据价值，提升效能，增强风控。

三、项目重点解决的问题及主要创新点

（一）项目重点解决的问题

一是通过另类投管平台解决投资业务的审批流程问题，支持投资业务从储备、立项、投决到退出的流程。二是通过另类数据平台解决数据共享问题，包括前台与中后台数据共享，向监管、集团及委托方提供数据报送等问题。

（二）主要创新点

一是面向客户规划系统，通过引入客户关系管理系统，将公司的投资系统前延到外部客户，

支持业务联合拓展，提供增值服务。二是通过引入用户角色管理系统进行系统整合，从用户整合开始，逐步完善到流程整合和数据整合，增加实施的可操作性，降低系统集成的难度。

四、项目主要建设内容

（一）规划先行、稳步推进

公司通过对另类投资业务从投前、投中及投后全流程的所有业务动作进行高度归纳，从更上一层的维度抽取出11个大类别的业务需求模块。根据各需求模块的特性，从业务、技术、数据流等方面综合考虑，设计相应系统与架构，推出“保险资产投资业务管理生态”解决方案，制定“一平台两中心三能力”的实施路径（一平台是另类投管平台，两中心分别是以客户为中心和以数据为中心的设计理念，三能力分别是投研能力、投资能力、风控能力）。同时，根据“补短板、拓平台、强根基”的工作部署，把握“稳中求进”的主基调，本着“急用先行、分步实施”的原则，稳步推进实施。“保险资产投资业务管理生态”整体规划如图1所示。

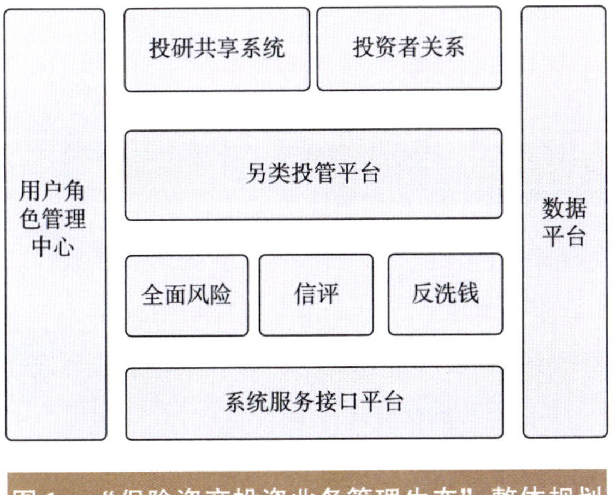

图1　“保险资产投资业务管理生态”整体规划

（二）打造一体化投资管理平台

另类投管平台是公司最核心的投资业务系统，公司以投资业务流程梳理为突破口，分步上线项目投资和产品发行两大主要业务，初步建成一体化的另类投资业务管理平台。另类投管平台支持投前、投中、投后流程，提供文档管理、会议管理、资金管理、账户管理、投后管理、移动端审批等核心功能，并组织完成公司存量项目的结构化要素和非结构化文档的导入和补录，积累公司投资数据财富。同时，另类投管平台与用户角色管理系统、CRM系统、公文系统、内网系统、另类数据平台中间库、报表展示系统、企业微信等实现系统集成，打破系统间的流程“孤岛”，提升业务效率和用户体验，全面践行投资业务的系统化、规范化，提升公司投资管理能力。

（三）以客户为中心

CRM系统是公司的客户关系管理平台，用于客户营销服务全流程管理，实现信息的统一集中管理。系统针对拜访数据丢失、成果分散、考核难以量化、统计数据不准确和时效慢等问题，提供覆盖公司市场营销工作的全流程管理，收集、统计和分析业务数据，通过建设统一的用户平台、客户管理平台、营销流程平台、数据平台等模块，实现自动化管理，提高工作效率，打破信息“孤岛”，向管理层实时统计和展现市场信息和数据指标，为公司业务开展和决策提供强有力的系统支持。

（四）以数据为中心

为提升公司数据的互联互通，挖掘投资数据价值，公司通过自主研发，比规划提前1年启动了数据平台的建设。经过广泛调研和技术选型，自主进行技术集成，搭建 POC 环境验证了多套建模、ETL、手工填报、数据治理、报表等数据治理工具。目前已初步建成共享存储、ETL、数仓建模、应用展示四大模块，形成数据交换层、数据仓库层和数据共享展示层为一体的数据平台基础框架，快速满足了业务部门的数据需求。完成了另类投资业务项目主题域数据建模，上线项目卡片、项目全景图和75张报表的图形化展示。

（五）周边系统全面逐步完善

在搭建“一平台两中心”的核心系统架构后，周边系统的建设变得水到渠成。以投研报告分享、讨论、查询为主的投资研究系统，提供债项和项目内部评级的信评系统，提供客户风险评级、可疑交易模型能力的反洗钱系统，提供公司已投项目全面风险预警的风险系统，逐步上线，通过用户角色管理系统的统一用户融入“保险资产投资业务管理生态”，与核心投资系统协同提供系统支撑能力。

五、项目效果

“保险资产投资业务管理生态”在国寿投资公司已成功落地，“一平台、两中心、三能力”的系统格局已经成型。目前，已实现管理公司所有的受托项目，管理所有的投资上会事宜，管理所有受托项目文档，覆盖公司 80% 以上的数据共享、提取和报送需求。此外，系统采取快速迭代的方式进行开发，截至目前已迭代 67 次版本，快速响应用户反馈和需求。

六、总结

“保险资产投资业务管理生态”能够有效支持保险资产管理机构针对另类投资业务的信息化、规范化和智能化。通过提供插拔式的设计理念，各家可根据自身投资业务的实际，增加或减少相应的系统模块，提高系统间的数据共享，降低系统集成难度。通过“总分一体、上下联动”的实施原则，能够对集团化、平台化公司在探索投资业务系统化的过程中提供一种借鉴思路。

专家点评

另类投资领域的业务范围涵盖股权投资、不动产投资、基础设施投资、特殊机会投资等，而其流程、数据、系统呈现出非标准化的特征。同时，投资业务链条包括投研、客户、内部决策、投后管理、退出清算等，项目生命周期较长，很难有一个系统能够完全覆盖投资业务的全部活动。本案例构建的“保险资产投资业务管理生态”是国寿投资控股有限公司针对另类投资领域的信息化，实现对内集成信息，对外联通监管系统的具有借鉴意义的实施方案，将有助于为另类投资实现规范、标准、可行的系统化解决方案。

水滴保险数字化系统驱动健康险线上理赔流程

◎ 水滴保险商城

一、项目概述

水滴保险商城搭建了智能理赔系统，通过大数据、AI 等保险科技为理赔环节赋能。一方面，利用 AI 能力，解析用户报案信息，通过智能决策平台，分析用户行为信息进行准入判断，根据用户病历信息、医疗数据进行模型打分，输出水滴健康分，完成自动化理赔，提高理赔时效；另一方面，可以将智能理赔系统通过轻量级 SaaS 方式输出给保险公司，帮助保险公司缓解人工投入大、效率低、理赔欺诈严重、经验迭代过慢等问题。

二、项目背景及意义

近年来，我国健康险行业实现了高速增长，与此同时，对健康保险的服务创新也迎来了新的机遇和挑战。

（一）理赔流程复杂、耗时长

理赔环节，一直是健康险产业链条中最关键的一环。对用户而言，存在保险理赔过慢、理赔条款和资料繁多、理赔流程复杂冗长等一系列痛点，亟须通过保险科技智能化手段赋能理赔链条，提高用户理赔服务体验感受。

（二）行业“高赔付、低盈利”现象不容忽视

据统计，中小财产公司的理赔人力成本占比超过 15%，是保险企业管理费用居高不下的重要原因。长此以往，保险公司的经营也将受到影响。保险业“高赔付、低盈利”的现状不容忽视，不仅直接影响保险业的盈利水平，甚至决定其发展的可持续性。

（三）政策利好，理赔智能化成趋势

银保监会发布新修订的《健康保险管理办法》，提出将数字化理赔模式、智能化、一体化平台建设等专业化保障性服务平台打造纳入保险行业发展的范畴。这无疑为互联网保险平台理赔服务的开拓，提供了更广泛的发挥空间。

三、项目重点解决的问题及主要创新点

（一）智能票据识别，简化理赔流程

在理赔环节，一般要求提供详细的医疗票据、结算清单、费用清单、费用收据、影像报告单等几十种理赔材料，再由保险理赔人员手工录入系统中。如果用户少交、漏交、错交单据，或上传照片模糊、重叠、有遮挡的情况，还需要审核人员来回审核，费时费力，延长理赔周期。

水滴智能理赔系统可以通过 OCR 识别影像信息，识别其中用户信息及相应核算业务的明细数据，并将材料进行自动分类，给审核人提示客户需要补充的缺失材料。同时，系统对上传的材料进行质量识别，以解决影像模糊导致的无法抓取关键词及结构化解析问题，减少手工录入信息的比例，简化流程。

（二）搭建 CONF 水滴医疗知识图谱，打破数据“孤岛”

健康险理赔环节需要大量的医疗数据作为审核辅助，包括医嘱信息、手术信息、检查检验信息、影像资料、病历信息等。不同医院、医院内部不同系统，产生的信息在技术架构、数据结构、储存方式等方面都有着巨大的差异，导致各个地区、各个医疗体系之间的数据难以共享，形成数据“孤岛”。

水滴 CONF 医疗知识图谱通过将临床表现、医疗诊断、治疗处方、药品价格、医保政策、保险理赔等医疗相关知识点整合，再通过 AI 学习标注关键节点和这些知识点之间的相互关系，形成专业完善的知识网络。意在通过打通不同数据接口，形成可交叉、可索引的数据体系，以赋能风控、理算等环节。同时，这种完善、标准化的数据出口，能够输送给合作的保险公司，为行业赋能。

（三）AI 智能机器学习，提高自动审核率

现在理赔环节，大部分依赖人工处理每一个案件，随着案件量的增多，会造成案件积压，处理效率降低。后端人员可能因为处理案件疲劳导致失误，同时要求审核人员具有相当高的专业水平，人力成本也会随之增加。

水滴公司智能审核环节通过 LightGBM 算法模型，基于案件信息和用户信息，与水滴 CONF 医疗知识图谱交叉验证，结合规则引擎，完成对理赔案件的处理和预测，实现部分理赔案件自助审核理算，复杂案件“机器初审 + 人工复核”，提高了案件审核时效，释放了高峰时段审核人员的压力。

（四）助力风控，打击骗保

过往，投保人利用信息不对称骗保、虚假理赔、冒领理赔金事件时有发生。水滴智能理赔系统可以根据大数据智能采集和分析，对用户过往病史、社保记录等健康维度的数据进行审核及分析，不断调整理赔风控模型，为保险公司产品定制和定价提供有价值的数据参考，最大限度地打击欺诈行为，防范风险。

同时，该系统围绕案件及主体风险，将机器学习模型、NLP 技术、风控规则、审核规则等巧妙融合，通过过往数据设定多维度标签，提前锚定风险用户，寻找影响保险理赔因素的取值区间，再通过大数据交叉验证，综合判断案件及主体风险，并索引水滴知识图谱与医疗大数据，快速将理赔案件进行分类处理。实现低风险案件自动出具审核结论，缩短审核时长；高风险案件流转至人工审核并提示案件风险，风险不遗漏。

（五）赋能保险公司，降本增效

随着理赔业务量的增加，公司每年需要投入几十万元甚至上亿元补贴到理赔业务，增加了运营成本。

水滴智能理赔系统通过轻量级 SaaS 方式输出给保险公司，将大数据、智能审核、智能理算等能力共享给合作保险公司，助力保险公司加速理赔流程的数字化和智能化。帮助保险公司承担一部分理赔服务功能，缓解保险公司人工投入大、效率低、理赔欺诈严重、经验迭代过慢等问

题，为保险公司减负提效。

四、项目主要建设内容

（一）CONF 水滴医疗知识图谱

目前国内已经有保险公司、医疗机构联合人工智能研究机构研发出多个医疗知识图谱，但大多聚焦在各自的垂直领域，很难将临床表现、疾病治疗、医药处方、药品控费等领域的知识点关联起来，同时很多知识图谱停留在数据的采集、清洗和整理阶段，并没有实现数据的结构化，与达到大规模运算的要求相比还有很大距离。

水滴公司成立以来，相继推出网络互助、大病筹款、保险经纪等业务，积累了海量的临床表现、医学诊断、治疗处方、药品价格、医保政策、保险理赔等医疗相关知识点，形成了庞大且精准的医疗知识图谱数据库。

水滴公司自主研发的 CONF 医疗知识图谱，利用 OCR 和 NLP 技术，通过从大量非结构化的医疗数据中提取出实体、关系、属性等知识图谱组成元素，再通过机器学习标注样本各类实体和关系，结合医疗专业信息，构建水滴医疗知识图谱。

目前，水滴 CONF 医疗知识图谱已经覆盖了 99% 诊断库、医疗保障目录库和全国 95% 以上各类医院及鉴定机构，同时针对水滴各业务场景内经常出现的疾病和药品做了名称归一化处理，覆盖 1 万多种疾病名称，形成 3000 万 + 条统一编码的标准数据，集成了数十万个实体节点、数量超过百万个的实体关系，可以实现医疗数据流半自动化处理以及知识图谱全生命周期管理。

水滴 CONF 医疗知识图谱能够提升核保系统、理赔系统的智能化程度，大幅提升准确度和运行效率。水滴保险医学数据体系运行机制如图1所示。

（二）智能录入

水滴智能理赔体统通过“OCR + NLP”识别用户上传的影像信息，并提供多种多省多院的医疗票据识别、增值税发票识别、通用票据识别等各种能力，支持将图片上的文本信息，智能识别为结构化的文本，并可将模糊、有损图片进行处理。可广泛支持各种病历、体检报告、入/出院单等多种场景，大幅提升非结构化信息处理效率。

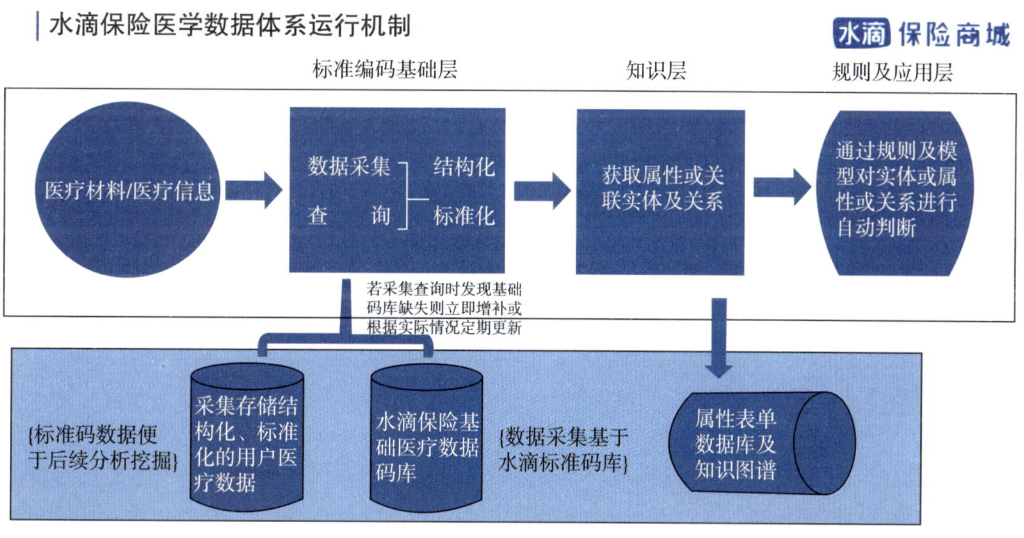

图 1　水滴保险医学数据体系运行机制

基于 OCR 以及 NLP 技术进行数据自动采集，支持全国 90% 以上地市的公立医院单据，同时，通过水滴积累的海量医学词典和医保知识库以及严密的钩稽规则，进行数据智能校准以及自动控费。可实现约 50% 的人力成本节约，以及对赔付成本的控制。

（三）智能理算

水滴智能理算支持可视化配置，智能监控市场产品变化并实时补充到规则库，独特的智能判断原始案件数据后进行自动计算的规则设计，无须人工录入判断性字段，相较传统自动理算系统更进一步实现智能化。提升结案时效、降低人工计算差错，提升用户满意度。截至 2020 年 11 月，水滴保险商城将理算环节系统审核提升至秒级，高效赋能保险公司。

水滴保险商城自主研发“互联网保险产品智能理算”技术系统，现已申报国家发明专利。该系统可以获得业务数据处理请求以及 OCR 识别的影像信息，并识别其中用户信息及相应核算业务的明细数据；同时，可以根据用户信息与历史数据，智能判别其是否可以进行理赔。由此提高业务处理时效，提高数据处理结果的准确率。

通过智能理算，可以分析用户行为信息进行准入判断，根据用户病历信息、医疗数据进行模型打分，输出水滴健康分，来完成自动赔付、自动拒赔、返回人工审核等步骤。智能理算流程如图 2 所示。

（四）智能审核

据行业统计，每年涉嫌保险诈骗金额占 20% ~30%，新型互联网欺诈、带病投保等案例屡见不鲜，保险公司风控压力大。通过智能核身能力，确认是否为用户本人操作，并通过用户画像、行为信息、风险数据、疾病数据等进行策略匹配，通过模型对用户进行综合分析并评级，从而甄别欺诈风险。可实现精准锁定风险案件、降低发调率，圈定调查范围，降低案件流转时长和调查成本。

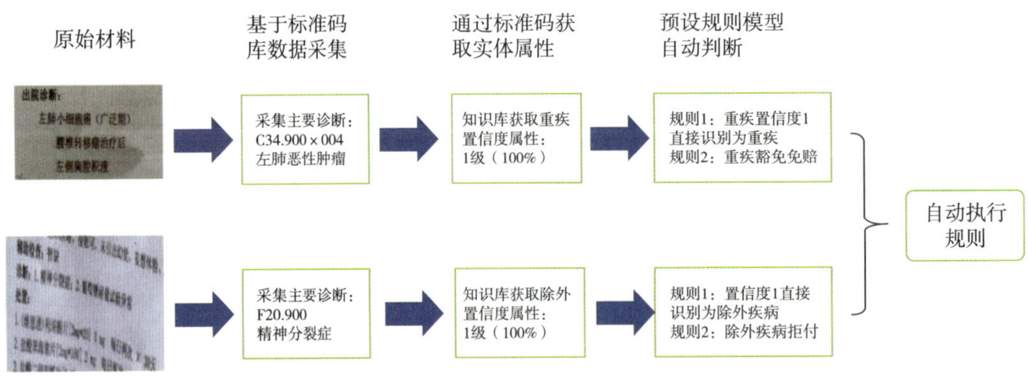

图 2　智能理算流程

水滴保险商城目前已标记风控标签“500 +”，建立机器学习模型因子“50 +”，并自主研发“风险控制方法、系统、存储介质及计算设备”技术系统，现已申报国家发明专利。该系统可以对用户画像数据进行分析并判定风险评分，同时识别用户理赔报案信息文本并处理，利用构建的用户风险评分目标模型，对处理后的报案信息进行预测。该系统可以支持单一或多个计算机/服务器一起操作，方便系统性的对接给合作保险公司。智能审核流程如图3所示。

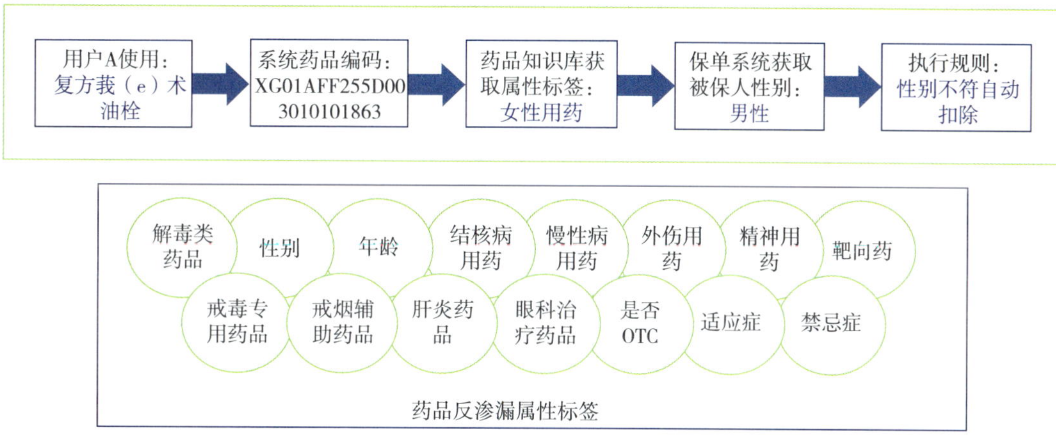

图3 智能审核流程

五、项目效果

（一）提升理赔效率，提升人效，提高用户获得感

水滴智能理赔系统的应用，极大提升了保险理赔案件处理时效和审核准确度。审核人日均处理能力最高可达上百件以上，案均审核处理平均时间降低至5分钟左右，案件处理时效提升近30%，节省人力成本近20%，实现100%自动理算。智能理赔系统整体提效30%，在提升理赔效率的同时也极大提升了用户体验，确保用户投保的获得感。

（二）服务SaaS标准化，辅助保险公司降本增效

水滴智能理赔模型在前期研发过程中，深入了解理赔流程、业务应用场景，确保模型具备通用性，可快速复制到其他业务场景。同时，通过SaaS化云端开发可实现无缝对接各种保险核心系统，可以通过轻量级SaaS方式输出给保险公司，尤其是部分中小型保险公司，帮助保险公司承担部分理赔功能，帮助其降本增效。

六、总结

（一）加大智能理赔投入，引进专业人才

理赔环节智能化是一个长期的过程，未来，水滴公司将投入20亿元搭建保险科技新基建，持续加大保险产业线上化的投入。后续将继续加大保险、法律、医学等专业背景成员的引进，为水滴智能理赔系统的数字化提供专业意见，以提高医疗知识图谱数据完整度及算法模型准确率。

（二）提高智能理赔产品覆盖度及准确率

水滴保险商城目前涵盖医疗险、意外险、重疾险、年金险等100余个保险产品，现阶段已实

现医疗险等产品的智能理赔全覆盖，且理赔环节结论准确率已达到99.67%。后续需要提高智能产品覆盖度，完善算法模型以提高智能理赔准确率。

专家点评

新冠肺炎疫情带来的人民健康管理意识的提高，将进一步推动我国健康险行业的高速增长，也为健康保险服务带来了新的机遇与挑战。水滴保险商城借助平台优势，通过大数据、AI等保险科技赋能理赔环节，搭建了智能理赔系统。一方面，能够解析用户报案信息，通过智能决策平台对理赔案件进行智能核赔，实现自动化理赔，提高理赔时效；另一方面，将智能理赔系统通过轻量级SaaS方式输出给保险公司，能够帮助保险公司缓解人工投入大、效率低、理赔欺诈严重、经验迭代过慢等问题，极大地提升了公司运营效率。

车车科技磐石系统项目

◎北京车与车科技有限公司

一、项目概述

磐石系统面向车险出单流程，可以使用不同的出单工具，针对不同的保险公司和分支机构的个性化需求进行配置管理，将出单工作流程中的工作任务进行智能分配，同时根据需求类型，高效处理车险出单业务。

磐石系统包括保险公司及险别配置、协议管理、组织机构管理、账号及支付配置、任务管理、保单及订单管理、代理人管理、政策点位管理。管理多种灵活的配置项可以提升传统车险出单工作效率。

规则引擎针对线上车险出单流程中出现的各种需要调整的参数，进行更为细致的规则调整和处理。

系统包括规则集中浮动价格、承保条件、折扣系数、自动核保、特别约定等规则的设置，并可以发布、测试、分析，创建好的规则集。

二、项目背景及意义

财险业务在当下属于保险公司业务中占比较高的部分，其中车险业务又占相当一部分的比例。而在保险业的大趋势下，相对保险公司而言的下游企业（销售企业）——保险代理公司/保险经纪公司却占据相对高的市场地位。

作为保险业中相对来说有着较高标准化的车险业务，就成为保代公司科技化的旗舰标杆。

从保代公司的业务量级来讲，车险业务的来源主要包括批量业务和零售业务。批量业务是指与B端组织签订批量车辆的保单业务，零售业务是指与C端消费者签订的零散业务。随着智能终端以及4G网络的发展，将相对标准化的车险业务流程从PC端转移至移动端成为可能，也可以将更多批量业务化整为零，转化为C端业务；这就要求保代公司将保险公司提供的服务封装成API提供出来，供各个终端之间调用。

另外，车险业务有很强的地域属性，不同地区针对不同的核保承保条件都有很大的区别，而且可能发生变化，这就要求系统对这些流程和变量进行可配置、可修改，便于维护。

磐石系统也就在这样的背景下应运而生。

三、项目重点解决的问题及主要创新点

（一）重点解决的问题

改变车险行业中传统的展业和出单模式。高效支撑线下车险出单机构的正常业务运转，对于不同地域不同核保条件的变化，磐石系统可支持这些流程和变量的配置，以及修改和维护。

（二）主要创新点

利用技术创新协助保险公司升级、优化现有

的流程和系统，为互联网用户提供更实用的、低价的车险产品，发挥互联网的连接能力。通过保险核心流程再造，再根据用户需求，灵活调整前端服务能力。一站式实现组织机构管理、订单管理、账号管理、角色管理、配置管理、协议管理、政策点位管理、协议使用方管理、任务管理、保险公司管理、险种管理、职能组管理、保单管理等功能。

四、项目主要建设内容

（一）体系结构（见图 1）

（二）主要功能列表（见表 1）

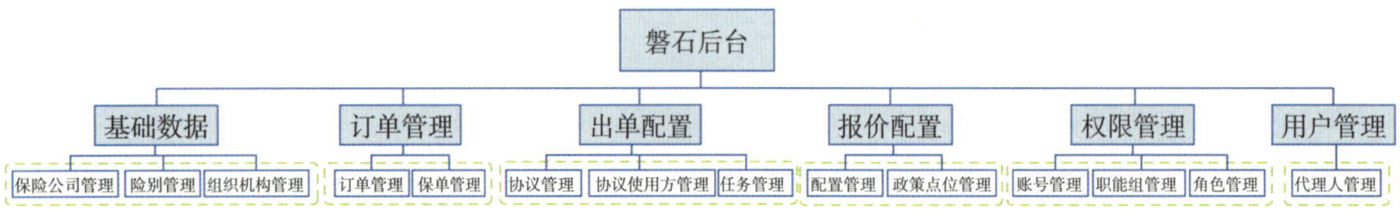

图 1　磐石体系结构

表 1　磐石主要功能表

功能模块	功能介绍
保险公司管理	可以编辑保险公司的基础信息，用于前端展示
险别配置管理	新增/编辑保险公司的险种和险别类型
组织机构管理	用于新增不同的线下机构，组织类型，可在多种场景下调用
订单管理	展示在代理人出单过程中的订单数据
账号管理	可以为磐石系统后台的用户新增账号并且管理
职能组管理	决定一个账号能够管理/处理哪些组织机构的业务数据（人工任务、基础配置、订单和保单、财务、报表、营销活动、非车险）
代理人管理	管理车保易线上代理人的基本信息，出单地区，认证状态的模块
保单管理	展示已经承保的保单的数据
配置管理	配置管理主要针对融合框架接口、支付通道、保险公司参数进行配置
角色管理	决定一个账号的菜单权限和页面操作权限，以及哪些机构层级的账号能够使用该角色
协议管理	协议管理主要是关联组织机构、保险公司、协议规则、协议区域、出单网点、配送方式、支付方式、快速续保、能力配置以及流程流转等相关配置
协议使用方管理	协议使用方基本信息的管理（协议使用方信息管理），以及该协议使用方对已有协议进行关联（协议使用方报价信息）
任务管理	对车险出单过程中的任务进行管理、分发和处理
政策点位管理	针对车险业务中实际政策点位进行配置

五、项目效果

（一）实际效果

高效支撑线下车险出单机构的正常业务运转，对于不同地域不同核保条件的变化，磐石系统可支持这些流程和变量的配置、修改和维护，包括在线编辑保险公司基础信息；新增/编辑保险公司的险种和险别；展示代理人在出单过程中的订单数据；展示已经承保的保单的数据；针对融合框架接口、支付通道、保险公司参数进行配置；关联组织机构、保险公司、协议规则、协议区域、出单网点、配送方式、支付方式、快速续保、能力配置以及流程流转等相关配置。

（二）对行业的价值

磐石系统在车险与科技结合的方向上起到了示范性的作用，在“金融 + 科技”深度融合的当下，磐石系统率先提升了保险交易效率，降低了保险交易成本，拓展了保险交易的边界，助力传统车险业转型发展。

磐石系统改变了车险行业中传统的展业和出单模式，在多个保险公司系统间不断切换，使得报价出单流程烦琐且低效。但在车险中介行业中，大部分公司或团体依旧采用这种传统的模式开展业务，磐石系统的出现让原有流程减少了70%的时间成本，一键多家保险公司比价，一键承保等功能也给行业中效率低，操作复杂等痛点带来了可行的解决方案。

磐石系统是线下业务和科技的结合体，落脚点在科技，以人工智能、大数据、互联技术、分布式技术和安全技术等底层关键技术在金融领域的应用日益深化为特点。银行、保险等传统金融业依靠这些技术实现自身转型发展，技术创新催生了智能投顾、供应链金融、消费金融、第三方支付、监管科技等新兴领域。

磐石系统将车险与科技结合的新一轮的科技革命和产业革命推动金融业发展到全新阶段。磐石系统在大数据、人工智能等新技术的加持下，成为改革金融业的先驱者。

金融科技作为保险业变革的重中之重，也正在从根本上改变和颠覆商业保险模式，为保险业创新发展提供源源不断的动力。

六、总结

车险业历经多年发展，目前已经达到一定的“瓶颈”期。2019 年我国乘用车销量同比下滑高达9.3%，这样的下滑状态已经持续了 2 年。伴随着汽车行业的饱和，传统的汽车保险行业同样陷入新的困境。在汽车保有量已经日趋饱和的同时，保险业也面临产品同质化、盈利性不足、购买不便捷、理赔满意度低等痛点。磐石系统在业务能力不断提升的前提下，未来应着眼于如何用互联网的力量解决行业的痛点，在系统层面上引入客户精细化管理的理念，车险用户的需求正在倒逼保险产业升级，技术的成熟也加速了业态的改变。互联网金融的高速发展，数字科技起到了不可或缺的作用，车险行业同样需要科技手段赋能，未来互联网车险的概念将逐渐与保险科技概念融合，磐石系统将代表车车科技在这一环节起到关键作用。

专家点评

车险费率市场化改革下进一步压缩了保险公司盈利空间，但车险仍是我国财险市场的第一大险种。本案例构建的磐石系统能够面向车险出单流程，对差异化的需求进行配置管理，高效的处理车险出单业务；能够为保险公司管理多种灵活的配置项从而提升传统车险出单工作效率；针对线上车险出单流程中出现的各种需要调整的参数，能够进行更为细致的规则调整和处理等，对于车险客户精细化管理、保险业产业升级等具有显著作用。

妙健康集团推动保险科技发展，构建健康经营能力

◎ 北京妙医佳健康科技集团有限公司

一、项目概述

北京妙医佳健康科技集团有限公司（以下简称妙健康）以快速发展的物联网、大数据、云计算以及人工智能等技术为依托，构建健康管理服务数字化中台，为国内保险业提供“ABCDs”解决方案。

妙健康利用健康管理科技应用能力，满足针对保险公司（B端）、代理人营销（A端）、客户运营（C端）以及健康管理服务支持（D端）不同类型的需求，输出智能核保、智能理赔、健康档案、健康干预等服务与产品，重塑健康管理对于保险业的价值。

二、项目背景及意义

目前，国内保险业在数字化体系建设、数据积累、大数据处理等方面存在发展痛点，主要体现在以下几个方面。

1. 保险健康数据体系不完整，保险集团产寿等数据共享不足，缺乏客户维度健康数据管理能力，尚未建立有助于业务成长的数据应用和决策体系。

2. 数据化运营专业化低、成本高，业务特征和运营模式贴合度低，不利于运营效率的提升和运营成本的管控，客户体验方面也缺乏针对性的设计。

3. 风险控制智能化程度低，主要依赖核保、理赔人员专业经验的传统风控模式已无法支持保险业高速发展，不能平衡风控效果和时效性的要求，更无法有效防范全保单生命周期的风险。

4. 产品同质化严重，在险种设计上，缺少个性化、多样化、定制化的设计，各公司产品相似度较高。

5. 服务体系缺失、单一，健康服务体系和服务种类与客户需求不匹配，无法满足需求。

近年来，国家层面频繁出台相关政策，鼓励保险业加快大数据能力的建设。2020年，在抗击疫情的背景下，5G、人工智能、数据中心等“新基建”项目加速落地，保险业进行数字化、智能化转型也变得迫在眉睫。智能科技与传统保险业的结合，将有利于构建保险新生态，促使保险业良性发展。

三、项目重点解决的问题及主要创新点

针对上述保险业存在的痛点，妙健康利用健康科技从保前、保中、保后进行全方位赋能，一端对接医疗健康服务，另一端对接保险核心系统，助力传统保险向健康促进型保险迭代。

在保险公司端，妙健康推出保险科技赋能平台，覆盖从需求分析、方案制定、优选供应商到在线理赔、健康管理、医药服务等全流程服务，节约成本支出，确保保险利益最大化。

投保前，保险公司可以借助妙健康打通数据壁垒的智能健康检测设备，对投保用户进行健康风险评估，评价用户的健康等级，进行创新型保险设计。通过数据不断沉淀与反馈，分析用户个人健康和保单情况，再重新定义医疗服务资源分配，达到控费的目的。

面向保险代理人，妙健康制定了“健康经理人计划”，通过代理人训练营、在线健康顾问认证、健康监测一体机、私人 AI 健康管家服务卡等模式与营销工具，帮助代理人从健康资源配置、客户价值挖掘到客户关系维护以及健康全链条服务进行健康赋能，实现产能提升。

对于已经转化的保单客户，则会得到由妙健康提供的全生命周期健康管理服务权益，由健康管理师、运动医学专员、营养师、全科医生、心理辅导师为用户提供 7 × 12 小时健康管家式服务，搭配“AI 健康管理师”给予用户最大限度地健康服务支持，大幅提高健康服务效率。

四、项目主要建设内容

截至目前，妙健康已经通过数字化精准健康管理解决方案，与 60 多家保险公司建立合作。例如，妙健康联合帮助太保代理人进行“健康素养培训 + 展业工具”的升级，通过“健康检测 + 用户私人健康”管家服务的落地，留存了大量客户和健康数据资源，再经过线上健管服务运营，以及线下加拿大健康管理中心 1V1 健康计划干预的场景营销，有效形成二次保险销售转化，在举办的多次产说会上，保险业务员举绩率都有大幅提升。

在保险产品创新上也发挥了很多的作用，妙健康帮助太保开发按照生活方式付费的新型保险产品，比如中国太保寿险、太平洋医疗健康联合妙健康、华为发布的太保首款基于可穿戴设备及体征数据的健康互动保险计划。

妙健康为人保财险购买意外健康险产品的客户提供完整的健康计划（包括改善计划、健康宝典、就医陪护服务等），服务约 15 万保单用户。而与阳光保险合作推出“我家阳光 APP”，更为用户提供健康任务、健康评测、自测用药等健康管理。

针对中国 2 亿 ~ 3 亿人的慢病人群，妙健康正在与保险公司、再保险公司共同设计慢病保险产品，对客户健康进行风险管理及健康行为干预优化风险，让带病人群也可以享受保险服务，比如与百年人寿合作，在保险产品中提供“糖惠宝控糖改善计划”。

五、项目效果

在 5G、人工智能、物联网等大环境下，保险业的数字化转型是一个不可逆转的趋势。随着互联网和电商的发展，保险客户在发生改变，除了客户行为在加速线上化，客户的需求也呈现出个性化的趋势。妙健康基于平台的数据处理能力，捕捉和识别客户多元化、个性化需求，提供精准的产品和服务，为客户提供千人千面的智能健康管理解决方案，切入到以客户为中心的服务场景中，从而提升保险客户价值。

随着客户的变化，保险公司的业务模式也在变化。妙健康开发的保险健康业务管理平台和代理人端小程序，能帮助保险公司无论是在处理的时间、处理的成本，还是获客的成本等方面，都以信息化的方式得到了有效提升，真正做到营销方式、服务方式更加精准便捷。

妙健康基于人工智能、大数据、IoT 等数字化技术，正在改变保险的核心价值链。通过提供智能化的解决方案快速提升保险能力，补足数字化短板，从产品设计、销售、核保等多个环节，对保险业实现全方位的科技赋能。

六、总结

与欧美成熟市场相比，中国的保险密度、保险深度还有不少的提升空间。相信数字科技加速赋能，保险数字生态可期。未来 5 年，万亿保险市场将与数字生态直接相关，新玩家、新势力、新生态正在登上保险舞台。

妙健康正在参与并助力这场变革，通过自身核心能力打造了“保险 + 专业健康管理”的“M – TPA”服务平台，实现“慢病管理 + 风险保障 + 医疗体系”的一站式服务模式。

专家点评

保险业以快速发展的物联网、大数据、云计算以及人工智能等技术为依托，进行数字化建设、数据积累与处理，加速和优化了健康、养老等产业布局。妙健康构建的健康管理服务数字化中台，是利用健康管理科技应用能力以满足保险公司、代理人营销、客户运营和健康管理服务支持不同类型的需求，有助于输出智能核保、智能理赔、健康档案、健康干预等服务与产品，重塑健康管理对于保险业的价值。

太平洋产险太·AI智能定损系统

——太保AI相伴，好赔在身边

◎ 中国太平洋财产保险股份有限公司

一、项目概述

中国太平洋财产保险股份有限公司（以下简称太保产险）通过近30年的经营积淀，拥有丰富的保险理赔经验、深厚的数据积淀和广大应用场景；百度公司具有目前世界级领先的人工智能技术，尤其是在图像识别领域，更为突出。双方共同投入，优势互补，在经历试探性标注，模型建立、大规模标注、模型优化和升级、平行验证和生产验证几个阶段后，已实现生产级的AI车辆定损工具，并在公司广泛应用。

该项目的核心成果为通过对车辆损失图片的AI识别，生成损失部位和程度的结果，结合保险公司对车辆定损的业务逻辑规则，以及行业的维修理赔基础数据，直接生成定损单，完成车辆的理赔定损，并通过案例积累，形成太保产险小额案件理赔换修的标准。

这是国内车险市场上极少数已投入真实生产环境运用的全智能人工智能定损产品，从根本上颠覆了以往“人查勘、人审核、人赔付”的传统模式。

二、项目背景及意义

（一）项目背景

1. 寻求自身突破。

车辆智能定损项目是太保产险和百度合作，利用双方在AI技术和保险理赔行业经验优势，进行技术合作的创新突破。

根据2017年第一季度的数据，车险的理赔业务中56%的案件是3000元以下的小额案件，而这些小额案件绝大多数案件仅是车辆外观件的损失，赔付金额占比仅为16%。案件数和金额的不匹配，导致保险公司在查勘资源等方面出现严重错配，在小额案件理赔上投入了大量资源的同时，查勘人员持续不足又导致客户体验不佳和风险管控能力下降。正是因为这个困扰产险公司20多年的痛点，促使了太保产险和百度的合作，希望通过利用人工智能图像识别技术，模拟查勘人员的操作，自动识别损伤部位和损失程度，系统给出车损估损结果，力求提升车损小额案件的定损、理赔效率。

2. 竞品对标。

阿里旗下的蚂蚁金服在2017年8月推出了“定损宝”产品，2018年5月，推出视频识别、人工智能（AI）自主定损的“黑科技”损宝2.0。中国平安集团旗下的平安产险在2017年9月推出了“智能闪赔”的产品。截至目前，上述两家仍处于实验室向生产磨合与落地的转化阶段。

2018年，通过公司两地（分公司）的多轮测试，3 万多个生产案例验证，太保产险和百度合作的智能定损产品在部件、损伤识别率、车型覆盖率上，都具备技术领先。

（二）项目意义

太保产险通过对车险理赔现有作业模式的深度检视及生产持续验证，综合人工智能、大数据等创新技术手段，研发并实现了从定损到赔付全流程的“智能定损”新模式。作为最早一批启动 AI 智能定损的项目，融合了国内最先进的百度人工智能技术和太保产险多年的理赔服务经验，从客户体验、作业效率、风险控制等维度优化现有的理赔服务流程，对行业的技术提升和服务能力提升有明显的示范作用。

与此同时，AI 技术的嵌入，必将带动公司内的“科技重构”，从数据治理与规范，流程优化和再造，将不断提升公司运营管理的规范性，从而给客户带来一致性的最佳体验。随着后续项目的试点推广落地，项目将在行业内产生更大的商业价值，提升保险服务品牌影响力。

三、项目重点解决的问题及主要创新点

1. 对于传统理赔，业务痛点主要来源于保险公司和客户两个方面：

（1）对于保险公司而言，一是效率难以提升。车险的定损效率取决于事故地点及定损员的个人经验。二是成本难以缩减。尤其是综改之后，小额理赔的案件量大幅度上升，车理赔运营人力随着业务的增长而有增无减。三是标准难以统一。人工定损主观因素很大，难以形成统一标准。四是理赔渗漏风险。外观受损案件量巨大，存在一定的理赔渗漏。

（2）对于车险客户而言，一是等待时间长。出险报案、等候查勘的时间长。二是理赔周期长。从报案、定损、修理、领取赔款，结案全流程时间长。三是价格有争议。客户与保险公司往往存在修理金额上的争议。

2. 车辆智能定损技术诞生及应用后，业务痛点均大幅度的改善：

（1）车辆智能定损是一项全新的基于深度学习和图片检测的人工智能技术，通过模拟查勘员的眼睛和大脑，识别车辆损伤图片，将复杂耗时的人工作业流程，通过 AI 进行了重构并能自动输出估损单。这改变了以往 30 年以来传统手工车险理赔定损的模式，也是 AI 技术赋能保险业的重要创新和突破。

（2）AI 技术的研发成功及系统嵌入，进一步提升了车险理赔流程和业务规则的数字化和标准化，改变了以往依靠个人经验的模式，逐步形成保险公司外观件修理的换修标准，提升了保险公司对于理赔业务管理的能力。

（3）该 AI 技术的自学习模式和识别定损模型，是建立在车辆外观件物理损伤的基础上，具有真实客观性和良好扩展性的优点，为该技术在行业的推广提供了强大的先天基因。

四、项目主要建设内容

（一）合作模式创新

作为一家传统的保险公司，在 AI 智能已成为行业未来趋势的背景下，需要加大投入和技术创新。在不断寻求技术升级的过程中，此次与百度公司的项目合作，是一次成功的尝试。不仅验证成功，使得公司拥有该技术，提升自身服务能级的同时，也成功地为行业做了一次“小白鼠”，验证了其技术和业务的可行性，力求通过

业务效果和市场数字来论证产品价值。

（二）技术突破

百度视觉技术部基于细粒度图像识别、三维视觉方向的深厚积累，采用业内领先的百度 paddlepaddle 深度学习框架，研发了一系列智能定损核心识别算法模型，包括车辆损伤识别模型、车辆部件识别模型以及融合识别模型等，申请发明专利 10 余项。算法研发创新主要包括申请发明专利 10 余项，其中部分已公开的专利如下：

（1）用于生成车辆损伤信息的方法和装置（CN109359676A）；

（2）基于部件分割的车辆方向角度计算方法（CN110084230A）；

（3）一种定损方法、设备和存储介质（CN109410270A）；

（4）车辆部件分割方法和装置（CN109523556A）；

（5）车辆损伤区域的测量方法和装置（CN109544623A）；

（6）用于生成车辆损伤信息的方法和装置（CN109410218A）；

（7）一种细粒度车辆外观损伤相关图片识别的方法和配置 CN201811169108.8）；

（8）视频定损方法、装置、拍摄端及机器可读存储介质（CN110427810A）；

（9）一种基于局部纹理算子的损伤区域分割方法（CN110516678A）；

（10）一种基于全链路深度学习的车辆智能定损技术（CN110135437A）；

（11）车辆的定损方法、装置、设备和存储介质（CN110443814A）。

（三）业务优化升级

1. 建立换修逻辑。通过智能定损技术，能够将车辆外观损伤的部位和程度客观地提取并数字化。结合 AI 输出结果及大量的案例研究，公司总结出一套可根据实际损伤进行调整和优化的换修逻辑，能够将维修的方案进行统一和量化，从而形成标准化的体系并付诸平台管理。

2. 流程再造。车辆智能定损技术融入现有前端、后端查勘员的作业流程中，设计并开发基于智能定损的指尖查勘新作业流程。同时，在指尖定损 APP 中调用智能定损私有化服务，使得查勘员可以通过手机拍照获得 AI 损伤识别结果，免去了填写维修方案的环节。目前能够在数十秒钟的时间内，完成拍摄并形成最终的定损报告。

五、项目效果

在经历技术研发验证、车系扩展、批量标注、生产试点和生产推广五个阶段后，2020 年 9 月，车辆智能定损技术已实现太保产险理赔工具的全面接入，太保产险的查勘员、微信后台（太畅通、太贴心）定损人员，共计 1.1 万名员工正全员使用。

车辆智能定损技术应用后，业务痛点大幅度的改善：

（1）作业时效提升。车辆智能定损技术已在公司的查勘员指尖 APP 和微信后台的生产环境上线，大幅度提升了线上和线下查勘的理赔时效，定损时效提升了 50%。

（2）营运人力节省。公司应用到目前，车理赔人力并未增加；有些分公司查勘人力有减无增。

（3）数据质量提升。技术的上线及有效运作，带动车理赔相关数据的标准化、数字化大幅度提升。

（4）作业标准化提升。初步形成太保产险

统一的外观件定损标准，规避人工定损的诸多主观因素。

在客户端，随着该技术在C端产品“太·AI”中应用（中太APP和微信太贴心小程序），在用户体验得到提升的同时，一是让客户自助理赔更便捷。全流程自主完成，节省报案、等候查勘以及现场查勘的时间，客户自行拍照，大大提升了现场理赔的时效和客户体验。二是让流程更透明。明确展示损伤的部位和类型，以及其对应修理方式、配件、工项及价格，定损理赔环节清晰明了。

作为最早一批启动AI智能定损的项目，融合了国内最先进的百度人工智能技术和太保多年的理赔服务经验，从客户体验、作业效率、风险控制等维度优化现有的理赔服务流程，对行业的技术提升和服务能力提升有明显示范作用。与此同时，AI技术的嵌入，必将带动公司内的“科技重构”，从数据治理与规范，流程优化和再造，将不断提升公司运营管理规范性，从而给客户带来一致性的最佳体验。

随着后续项目的试点推广落地，项目将在行业内产生更大的商业价值，提升保险服务品牌影响力。

六、总结

2020年，是全国奋力抗击新冠肺炎疫情之年，是我国全面建成小康社会和“十三五”规划收官之年，也是公司战略转型2.0全面冲刺之年。

得益于坚持不懈的创新，太保产险车险理赔迈过了信息化和线上化的阶段，启动全面数据化转型，驶入业务与技术双轮驱动的转型新阶段，即在信息化和线上化的基础上沉淀数据后，以科技赋能为核心驱动，研发出“太·AI”车辆智能定损技术，围绕作业场景辅助内部用户，对内提升营运效能；围绕服务场景服务外部客户，对外提升客户体验，让太保产险客户分享技术带来的便捷。

未来，“太·AI”车辆智能定损技术将在现有技术水平和模式的基础上，不断提升识别的准确率、升级技术模式，并将该技术深度融合业务管理和风险管控系统，进一步发挥技术优势，积极助力公司降本增效、组织优化、利润增长，为公司高质量发展注入新动能、新活力。

专家点评

本案例从项目背景、项目内容、项目意义和项目效果等方面详细介绍了太保产险的"太·AI"的基本概况。这款被誉为"AI定损专家"的车辆智能定损产品，将百度领先的AI技术与太保产险丰富的大数据、专业的理赔经验有机结合，有效提升了车险理赔营运效率，大幅改善了客户体验，成为保险业深度应用AI技术的标杆案例，也是AI赋能保险业的重大创新和突破。

"太·AI"具备完整的车险理赔能力，包括车型识别、配件识别、损伤识别、换修逻辑、价格评估等。客户只需拍几张照片，"太·AI"就能生成定损方案、完成赔付，非常高效、便捷、智能，理赔轻松搞定。未来，随着物联网、5G技术应用、AI硬件和算力提升，"太·AI"将进一步重构车险理赔流程。

如今，中国保险业正处于从重规模向高质量发展的关键转型阶段。本案例通过保险科技创新，对内提升运营效率，对外提升客户体验有重要的意义。同时，太保产险和百度公司还探索新的合作及服务模式，共同为客户创造新价值，为行业赋能新发展。

招商信诺数字化中台体系

◎招商信诺人寿保险有限公司

一、项目概述

近年来，数字化平台作为企业系统架构中的基础核心，支撑随着市场变化而不断发展的新型业务模式，已然成为企业融合数字及实体服务营销能力的新引擎，招商信诺从数字化发展战略角度提出“以客户为中心、以健康保障为专长、以技术为支撑”的总体路径，致力为快速高效地实现各种业务场景并即时满足客户、合作伙伴、业务团队的需求，敏捷应对市场变化，提供智能化的服务。数字化中台项目在企业前中后台系统体系整体遵循“小前台、大中台”的建设思路，以业务中台、数据中台、智能中台三大中台的能力建设为基础，逐步形成平台化的整体布局。

数字化中台充分发挥高效配置后台资源的能力，强化与客户及合作伙伴之间互相联动的作用，通过将后台系统服务 API 化，提升易用、复用能力，以便更有效支撑公司前台越来越复杂化的业务模式，及日益庞大起来的系统，允许拆分整合后台服务能力，设法更快速地响应前端变化所带来的改变，通过合理的、适应性的搭配，让前台能够无感知的使用各项服务而不需要单独设计通道，提供重复使用的能力，让服务共享，并且便捷地提供业务多元化的能力，辅助提升销售及客户服务满意度、销售业绩及运营效率，同时也为企业提供数字化远程经营的灵活性，为推动公司整体经营能力建设以及数字化转型升级迈出至关重要的一步。

二、项目背景及意义

在当今全球互联网高速变化的时代，企业对于数字化转型的认识已达到前所未有的高度，不断通过创新来提升经营能力，同时伴随而来的是业务系统不断膨胀的过程中暴露的种种因历史包袱而产生的问题，中台强调可复用的解决方案很好地契合了这样的业务发展需求。企业在不推翻原有信息化建设的条件下，整合优化以往的信息化系统资源，在整合优化的基础上，运用数字化平台化的手段提升企业持续创新的能力，以支撑企业适应数字化转型变化带来的新要求。

招商信诺本着方便快捷、严谨细致的保险服务，及感受“客户为尊”的企业理念，推动服务流程、运营管理及销售支撑等方面的全面数字化，以提升客户为中心的服务体验为目标，通过以科技为支撑的数字化中台打破原有支撑单一价值链的企业系统架构，搭建业务、数据、智能三大方向的服务中心平台。三大中台通过支撑复杂的、多系统的、数量巨大的、多应用场景的业务形态，在前端的业务发生变化和进行新业务探索时提供最高效的业务支撑能力，并且打通从业务系统到业务应用，从业务数据化到数据业务化的整个流程，对企业级数据及流程进行了整合、建模以及最终实现服务化，助力深化企业数据化转型，为未来更好地服务社会大众，让无论是在中国还是世界各地的客户都能享受到标准的、高品质的服务，感受到以“客户为尊”的企业理念，提供数据化、智能化的服务基础。

三、项目重点解决的问题及主要创新点

招商信诺依托互联网以及金融科技，搭建线上线下融合的平台体系，以支持移动化远程业务应用为核心，将功能和数据整合融入营销、服务、运营的各个业务场景，以科技赋能业务，提升整体经营效益以及客户体验。招商信诺数字化中台赋能业务如图1所示。

（一）业务中台

业务中台通过微服务架构快速响应互联网用户的需求变化，功能整合人脸识别、OCR、电子签收等技术确保用户信息安全，电子化功能可随用户需要进行电子化功能选择，可独立保单签收，可独立电子回访，可保单签收与电子回访流程一体化随时拓展，能够实时通过短信、APP、微信、小程序多点触达用户。

（二）数据中台

数据中台建设的核心目标就是以客户为中心的持续规模化创新，将海量数据转化为高质量数据资产，充分利用内外部数据，打破数据“孤岛”的现状，打造持续增值的数据资产，从而为客户提供更具个性化和智能化的产品和服务。同时，通过算法将洞察直接转化为行动、实现大规模商业创新能力。此外，数据中台提供标准的数据访问能力，简化集成复杂性、促进互操作性。

技术创新方面针对不同的数据类型以及应用场景，数据中台提供结构化数据、半结构化数据以及非结构化数据的一站式数据技术底座，支持跨主题域访问数据，从全域角度设计完整的面向对象的数据标签体系，提供统一的、集中式的数据服务平台。

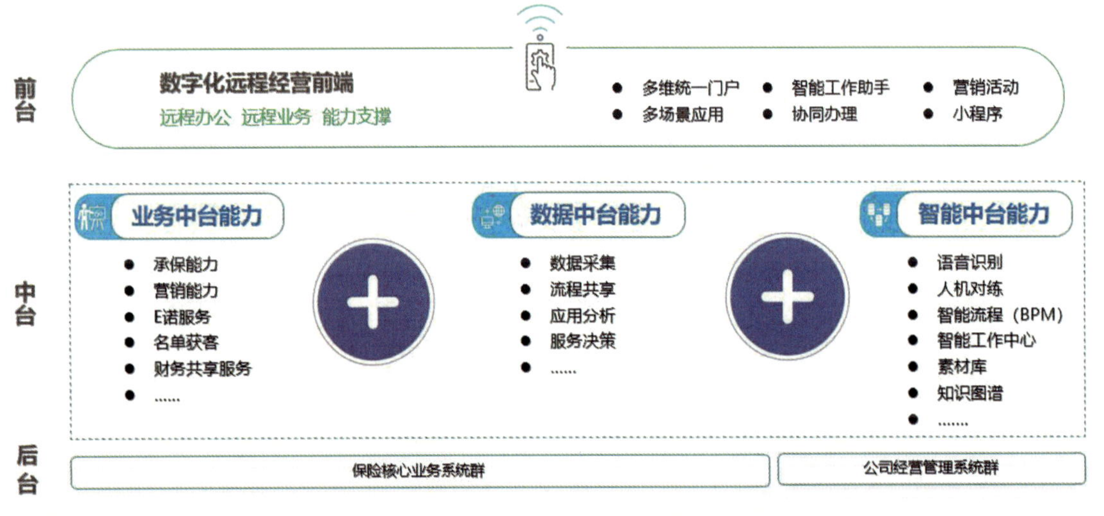

图1　招商信诺数字化中台赋能业务

（三）智能中台

智能中台是数据中台的进一步延伸，智能中台可以对数据中台进行的一系列的数据服务构建操作，可以进行智能化实现，让数据的接入、存储、分析展现、训练、到模型预测都更加自动化。可以将企业现有的数据资产更加方便地构建为智能应用。

智能中台定位对业务做 AI 赋能，基于数据中台部署及提供多种源数据，开发 AI 基础能力和垂直应用能力的产品和引擎，包括但不限于语音识别能力 ASR、自然语音处理能力 NLP、文档识别能力 OCR、文本合成语音能力 TTS；垂直风控、推荐等应用能力。

智能中台提供便捷的 AI 接入能力，以提供 AI 应用能力的输出作为核心，对比传统 AI 能力需要对接数据、算法和业务系统的困难，以细粒度、开箱即用的 AI 能力为核心，降低传统业务系统接入 AI 的门槛，使得已有的业务系统得以更快地得到 AI 赋能。

四、项目主要建设内容

（一）业务中台

业务中台建设的基本理念就是以服务为中心，将个性和共性分离。其核心能力在于“共性需求标准化、数字能力复用”，代表个性特点就是前端渠道业务，比如 ToE，ToB，ToC 的渠道业务。共性特点代表的就是微服务化后的业务中台，实际就是经过服务拆分后可重用的基础服务。招商信诺按照基础服务特性分成多个业务域，如图 2 所示。

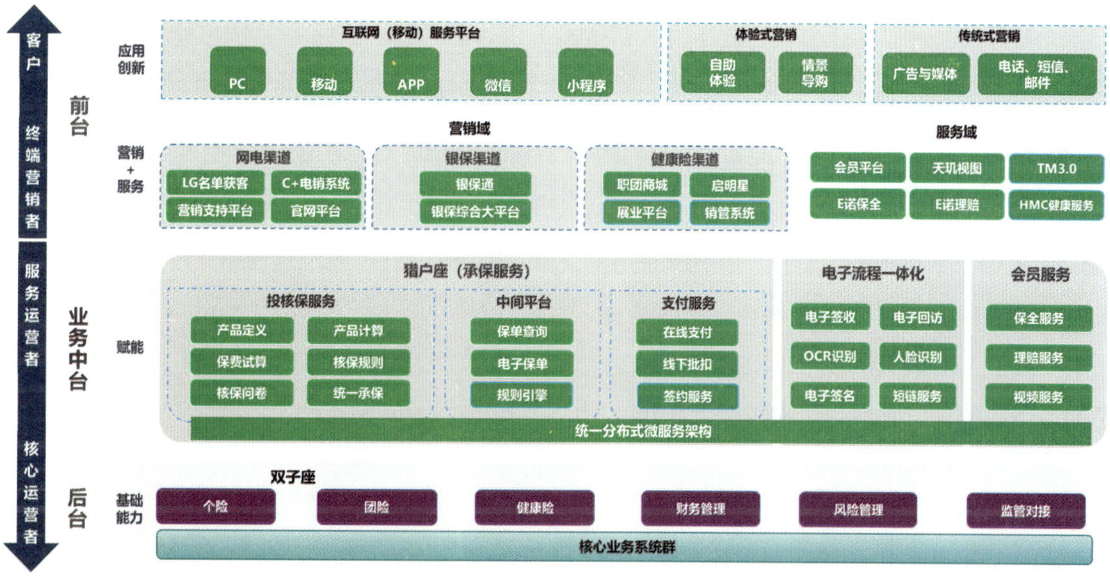

图 2 业务中台整体架构

1. 猎户座即承保服务域，提供与核心有关的统一业务渠道承保服务能力，比如产品定义、保费试算、核保问卷、统一承保、保单查询、电子保单及在线支付等功能。

2. 电子流程一体化域主要是解决公司目前保单签收和保单回访的业务由线下变为线上，保单签收由原来的纸质化到无纸化，电子化。保单回访由传统的电话回访转变到电子回访的业务流程，提供电子签名，人脸识别，短链服务等功能。通过使用业务中台微服务架构快速响应互联网用户的需求变化，整合人脸识别、OCR、电子签收等安全手段确保用户信息的安全性，电子化功能可随用户需要进行电子化功能选择，可独立保单签收，可独立电子回访，可保单签收与电子回访流程一体化随时拓展，能够实时通过短信、APP、微信、小程序多点触达用户。

3. 会员服务域是公司客户服务的主要领域之一，为公司超过 90% 客户提供个性化的 VIP 服务。会员服务系统提供会员中心、线上保全、线上理赔等线上化保险服务能力以及数据报表、低延时分析服务；同时，采用视频服务、OCR 和电子签名等新技术，大大提高流程的时效性，减少客户资料准备的烦琐性。具有业务场景全覆盖，自动化、电子化和客户等级体系化三大特点。

4. 业务中台系统架构设计上，在服务层主要采用微服务概念搭建松耦合架构；在前端页面，主要基于 Vue 的 Hybrid 框架进行开发，使得 Web 端开发更加专业化和工程化；在数据层，分别采用流行的 Redis \ \ MQ 来进行数据负载，从而大大提高了系统的快速响应。服务端引入 SprintBoot，SpringCloud 一整套微服务框架，提供了一系列可配置的组件，比如配置管理、服务发现、负载均衡、熔断器、断路器、智能路由、微代理、控制总线、全局锁、决策竞选、分布式会话和集群状态管理等。其部署方式大幅度对服务器组件进行解耦，提升了水平扩展的能力。通过简单连接简化技术及分散管理简化业务依赖，从而很好地平衡了技术的复杂性和业务复杂性，搭建易于水平扩展的框架解决系统业务高度复杂、业务共享性高、并发量大等问题。

（二）数据中台

数据中台打通了从业务系统到业务应用，从业务数据化到数据业务化的整个流程，对企业级数据及流程进行了整合、建模以及最终实现服务化，深化企业数据化转型。

1. 数据中台的 5 大功能模块（见图 3）。

（1）数据采集整合模块。实现了对企业级内部外数据的采集、清洗、加工及计算能力，为数据中台的强大底座提供数据基础。

（2）数据资产管理模块。实现了对企业全域数据的治理能力，包括数据的规范、数据的元数据管理、主数据管理以及数据权限管理等软能力建设。

（3）数据分析挖掘模块。实现了 OLAP 多维分析、自助查询以及 ad_hoc 查询能多种数据分析能力，使得业务分析人员更加了解数据和业务，更加迅速及有针对性作出运营策略以及相关业务分析等。

（4）数据业务化模块。实现了数字化运营的全流程打通，利用数据挖掘算法、机器学习算法、实时计算、实时数据分析等大数据新技术应用，对企业数字化运营进行多方面、全流程、自动化、可视化整合，实现了运营效率的提升、客户关怀、营销激励、精准营销等。

（5）数据可视化模块。实现了 BI 固定报表、BI 多维分析、OLAP 自助式分析的可视化展现，支持 Python 代码扩展、支持 Excel 插件等高级功能，并支持如树图、甘特图、气泡图等众多高级图表。

2. 数据中台的逻辑架构。以业务数据化、数据资产化、数据价值化为三大核心，对数据中台的整体系统架构、数据架构、服务架构进行了设计，如图 4 所示。

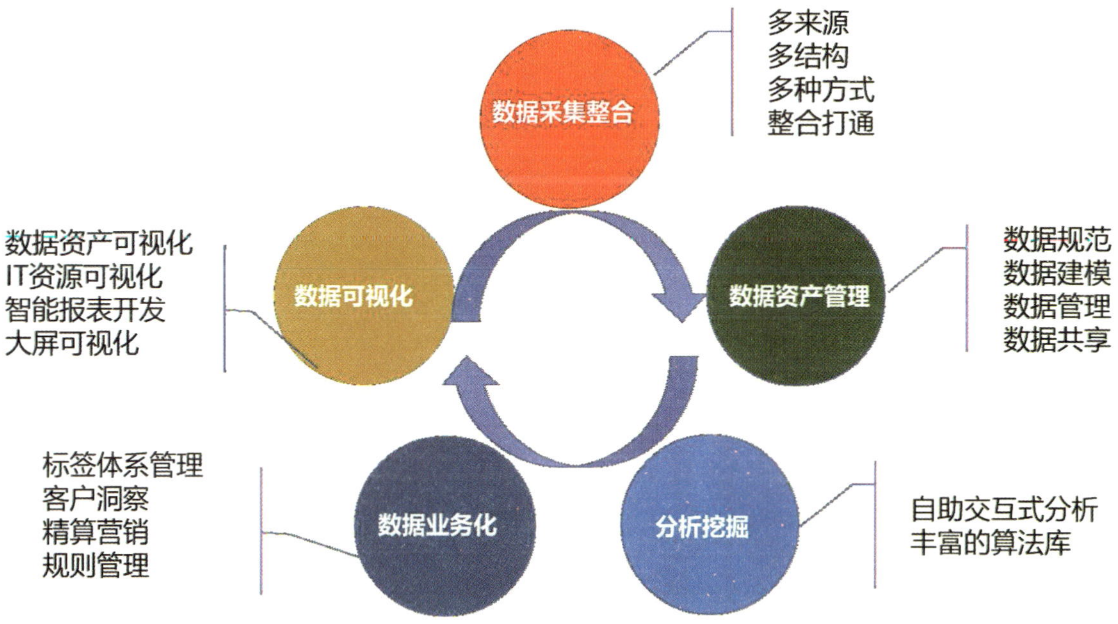

图 3　数据中台的五大功能模块

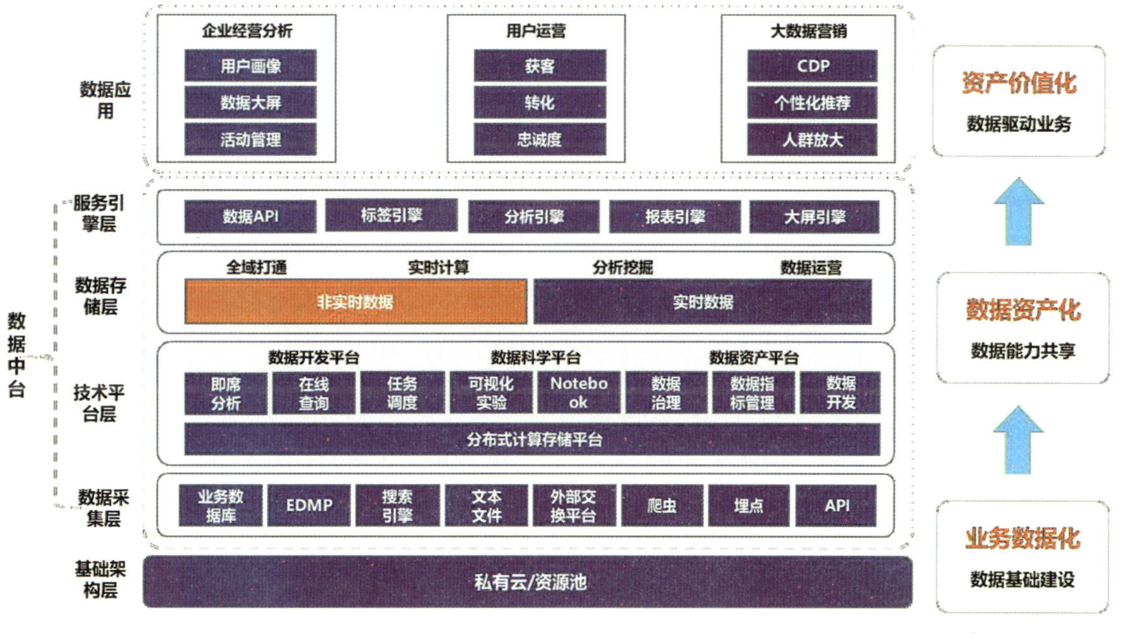

图 4　数据中台整体架构

3. 数据中台技术栈。

（1）数据中台主要以大数据为依托，以 BI 数据解决方案为指引，平台化服务化为思想，打造出来的全流程数据服务平台。因此，底层主要借助于大数据技术，中层主要包含 BI 的数据仓库技术、维度建模技术，上层为 DataAPI 接口、JDBC 接口等数据通道。

（2）数据存储技术主要包括非结构化数据的 HDFS 存储技术、结构化的 Hive 存储技术；基于列式的 Hbase 存储技术，基于文档的 MongoDB 存储；基于消息队列的 Kafka 数据存储；基于 MOLAP 的 Kylin 存储引擎。

（3）数据计算技术主要基于 Hive 的离线计算引擎；基于实时的 SparkStreaming 计算引擎；基于 Presto 的高性能查询引擎；基于 Jupyter 的交互式查询分析技术。

（4）数据应用技术主要基于数仓的维度建模技术；基于数据服务化的 DataAPI 接口技术；基于机器学习的自动化建模技术等。

（三）智能中台

智能中台定位为对业务进行 AI 赋能。基于数据中台部署及提供多种源数据，开发 AI 基础能力和垂直应用能力的产品和引擎，基础能力包括语音识别能力 ASR、自然语音处理能力 NLP、文档识别能力 OCR、文本合成语音能力 TTS；垂直应用能力包括风控、推荐等。智能中台应用如图 5 所示。

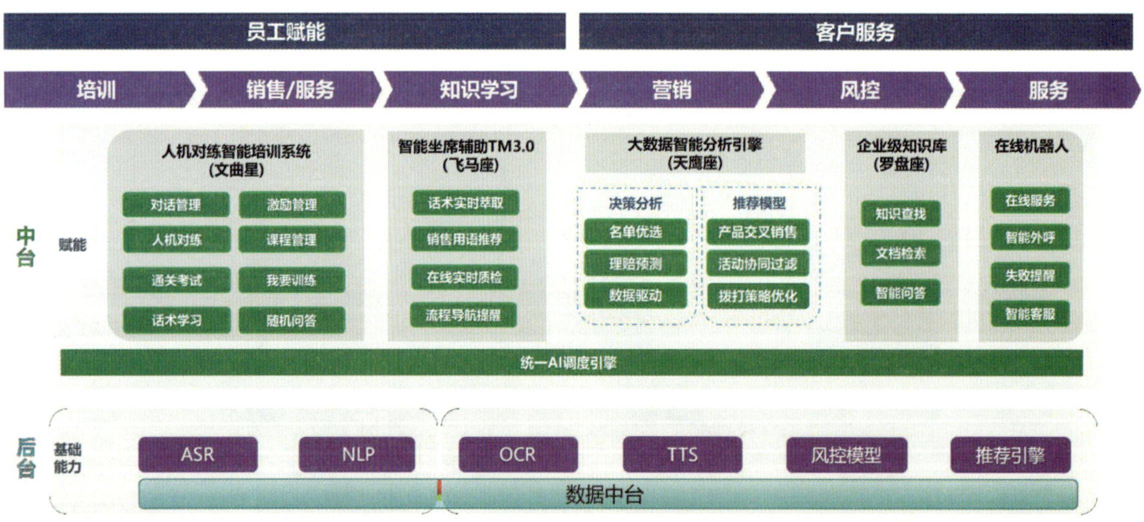

图 5　智能中台应用

智能中台赋能以下业务应用：

1. 人机对练智能培训系统用 AI 模拟客户与销售人员做人机互动，系统后台配置若干培训课程，通过实时电销场景的现场模拟，锻炼销售人员的沟通技巧和话术能力。系统依赖的 AI 技术包括 ASR 和 NLP。ASR 将销售人员的语音转写成文本，然后加载到 NLP 模型进行术语识别，通过培训系统鉴别出销售人员的练习是否符合标准话术，如果差异较大，系统会实时标示出错误的表达并给出标准话术请销售重复练习，直到满足培训要求。

2. 智能坐席辅助是人机对练系统的增强版，包括话术萃取、疑义处理、流程导航、实时质检、销售用语推荐等功能。系统依赖的 AI 能力也是 ASR 和 NLP。销售拨通客户电话后，语音会通过 ASR 实时转写成文本流进入 NLP 模型，对于拒绝购买保险的疑义用语，系统会先通过聚类算法归一化到标准问题，然后根据系统配置的答案在前端输出参考回复，完成销售用语的推荐，同时对标准流程中销售的遗漏环节进行提醒，对与客户通话过程中违反了行业禁用语的地方做质检，提醒销售在通话结束前及时纠正。

3. 大数据智能分析引擎。对潜客的意图识别是提高销售转化率的有效措施之一。而潜客的结构化数据非常匮乏，需要借助非结构化数据进行补充。大数据智能分析引擎依托预训练语音模型，对结构化和非结构化信息进行异构融合，在拨打信息、客户属性、理赔/保全数据和通话记录中寻融合点，构建统一的客户化视图，从而生成更精准的用户画像做销售线索识别和产品推荐。

4. 企业级知识库。保险产品条款概念化强，名词术语居多，业务人员很难完整记忆，需要借助在线查询工具。企业级知识库将公司现有文档做知识点整理，以三元组的形式存入图数据库，并在前端搭建 NLP 模型做意图理解，将用户的问题做语义解析识别出查询意愿，并转化成后台的查询语句在图数据库中找到知识点作为答案返回。图数据库不仅能够满足保险条款等半结构化信息处理需要，同时也是公司从结构化数据向非结构化信息处理转型打下基础。

5. 在线机器人。为有效节省人力，对话术较为简答的呼叫场景如扣款失败提醒等配置了在线机器人，与客户进行互动，依托的 AI 技术包括 NLP 和 TTS，NLP 用于自然语音理解与生成，TTS 将生成的文本合成语音进行外呼。

五、项目效果

数字化中台做为招商信诺近几年的重要自主化研发成果，承担公司以客户为中心业务模式转型、科技支撑等重要职能。目前在公司客户服务、销售及运营效率提升以及快速适应业务发展需要等方面发挥重大作用。

（一）以客户为中心的服务能力进一步加强

依托数字化中台，实现对客户服务全领域全流程的全面支持，提升客户体验。基于业务中台完成线上电子流程一体化建设，将现有线上电子投保流程由原来 2 天提升至客户下单后实时承保实时出单，使得客户下单后可立即看到承保效果以及正式保单，解决原有客户下单后无法即时获知投保结果，无法及时查看正式生效保单等保险行业痛点。同时也解决原有投保流程过长造成的客户回访不及时，多次重复回访对客户产生的打扰等问题，提升客户对保险服务的满意度。为了提升对客户服务的精准度，在数据中台上完成客户、保单、客服、销售四大数据能力中心建设，形成了客户行为、客户洞察等超过 300 个不同维度的客户标签，实现对客户潜在需求的更全面更深入分析与画像，从而为建立千人千面的产品推荐方案，产品销售策略提供有效支持。智能中台在客户服务环节得到广泛应用并取得明显效果，在线客户机器人上线以来，在线服务占比已提升至 70%，客服机器人每月接待用户有效会话数超 50000 次。通过自动化问答能力赋能，建立了快速理赔通道，自动收集客户提交的各类理赔单据资源，实现从客户理赔咨询到理赔信息提交的无缝转换，在新冠疫情期间有力支持了客户及时理赔需要。

（二）销售及运营核心能力持续提升

数字化中台的成功建设，为销售及运营业务模式转型提升创造了有利条件。通过业务中台服务能力建设，电子保单投保出单流程得到进一步优化，使得原有电子保单投递时效由“T＋2.5”工作日提升至“T＋0”日，保单签署成功率提升5%，销售ANP年累计增加额1000万元以上。借助业务中台实现公司全部销售渠道的客户回访电子化，极大提升客户回访效率，在保单销售规模不缩减的情况下，2020年已节省25%的回访作业人力，预计明年将持续节省约50%的回访作业人力。通过数据中台的能力，调优传统业务的流程及补全业务的创新的场景，并最终反哺数据中台。尤其针对传统方式需要花费巨大成本的业务创新尝试，在数据中台的支撑下，可快速低成本进行试错，探索新的营销方式，效率至少提升10倍以上。依托数据中台高性能的实时计算引擎，数据中台为数字化运营提供实时的数据支撑及实时营销结果反馈，运营人员可快速制定或者调整营销策略。而数据中台利用实时数据分析和实时数据挖掘算法更进一步辅助业务营销，助力和驱动数据价值转化，最终运营转化成果提升5倍以上。智能中台的智能坐席辅助服务上线以来，已覆盖20个以上实时质检点，实时抓取20个以上客户标签数据，含9类疑义提醒用语，语义准确率达到90%，质检合格率提升20%。

（三）科技支撑业务模式效果显著

数字化中台建设背后离不开科技的强有力支撑。借鉴业内先进的中台架构理念，自主设计并落地行业领先、多层次、多维度的企业级数字化中台架构体系。通过引入微服务、大数据、分布式计算等新兴技术，构建数字化中台多样化技术生态圈，满足业务多元化场景需要。通过使用微服务框架，实现智能路由、微代理、负载均衡等自主能力；实现对业务功能流程的解耦，提升了水平扩展能力；实现对新业务流程新产品的快速拼装。引入电子签名，人脸识别，短链服务等新技术，实现线上线下一体化，引导客户由线下转到线上，提高保单销售效率，减轻运营管理压力。通过对客户电子化流程的引导，降低纸质保单使用率，由此大量节省纸质保单打印投递带来的大量线下成本。利用数据中台完成数字化运营的全流程打通，通过机器学习算法、实时计算、实时数据分析等大数据新技术应用，实现企业数字化运营全流程、自动化、可视化整合，有利支撑客户关怀、营销激励、精准营销等业务领域效率提升。大数据智能分析引擎的引入，完成指定销售渠道近2年2000万个通以上的录音数据的转换，通过深度学习的应用使得拨打策略接触率提升30%，成单率提升120%，每通会话通时提升60%，有效地支撑了业务发展。智能中台已实现的人机对练智能培训系统，线上对练人数超过400人，累计对练时长超过30000分钟，各种对练模式课程达320个，部分职场新人培训覆盖度达到100%，支持职业新鲜人快速适应新职场新工作。企业级知识库已纳入公司在售74款产品条款以及76款核保规则，成为销售、客服等员工服务客户的重要支撑工具。

六、总结

在我国人民生活水平不断提升的大环境下，

对于保险产品和服务场景多样化、便捷化、可定制化等方面也提出越来越高的要求，行业跨度逐渐变大，招商信诺数字化三大中台以保险及健康服务为本，致力为客户提供专业、便捷、高效的服务，通过金融科技的支撑，打通关联行业资源，共建数字化保险及健康管理服务的生态圈。

整体上，公司依托三大中台支撑众多且复杂前端业务，利用可复用的数字化中台能力，将业务标准化、研发框架标准化、组件标准化，通过拆分整合后台服务能力，快捷的提供业务多元化的能力，让销售队伍利用整合提炼后数据价值、智能应用强化精准营销能力，赋能互联化销售模式；让运营队伍通过整合数字化、智能化能力推进高效运营，并且多点触达用户。

未来招商信诺将逐步完善以客户为中心的保险及健康管理服务的生态圈建设，充分整合市场资源，让前线营销和业务服务变得更智能、更敏捷，助力企业快速应对市场发展、持续创新。

专家点评

招商信诺数字化三大中台（“业务中台＋数据中台＋智能中台”）运用互联网思维以及微服务、大数据等领先技术先后打造出营销、运营、客户服务三大业务场景的一系列数字化应用，形成了以客户为中心、以技术为支撑的体系化布局。

该项目运用了信息技术领域的新一代标准技术及架构，提供了体系化、全方位的解决方案，并且在微服务技术体系、分布式数据库技术方面有所创新实践，不仅良好支撑了招商信诺线上线下融合的数字化业务转型创新，也可以为行业内提供参考。

第五章

科技与信息化基础设施建设

中再产险业务中台项目

◎ 中国再保险集团股份有限公司

一、项目概述

中国再保险集团（以下简称中再）剖析自身现状，调研先进实施案例，于2018年底开始业务中台建设，旨在基于未来统一技术和应用架构规划，实现文档的集中管理，业务线上化流程，以服务方式构建服务“厚”中台，支撑上层灵活多变的“薄”应用。

中再业务中台一期项目实施过程中，理清系统间关系，主要实现业务（承保、理赔、账单与结算）处理流程在线，保证业务流程中产生的文档和数据统一线上存储，统一管理。根据三个在线流程映射到中台服务中心，则会建设客户中心、承保中心、账单中心、结算中心、理赔中心、文档中心六个服务中心。

项目效果明显，规范了业务操作流程和数据标准，实现数据及文档集中统一存储，降低丢失风险，清晰记录工作轨迹，便于持续跟踪管理，提升业务处理流程效率，得到了使用用户的高度评价及充分肯定。

二、项目背景及意义

2019年前，中再业务流程多以线下手工操作为主，业务进度难以有效追踪管理，严重影响业务效率；线下数据大多分散存储在个人电脑和部门网盘上，格式杂乱无章，查找使用困难；线上数据缺少统一数据模型，数据统计口径不一，集团数据难以集中形成优势，系统建设和数据流转缺乏规划，信息重复录入导致人力浪费。诸多情况亟须改变，并且随着再保险市场的逐步互联网化，业务场景不断向“短、频、快”发展，对中再的业务灵活性提出了更高的要求，加之新业务不断出现，要求业务调整和布局在短时间内快速完成，以保证快速适应市场变化，占领市场先机，这都要求企业具备强大的数字化能力，实现降本增效和业务创新。“业务中台”作为“SoA”服务化的升级版本，使用了更先进的分布式技术，已经被各行业大中型企业广泛采纳并实施，金融业中，中信集团、广发银行、太平科技、众安保险、天弘基金等企业均成功实施并积累了丰富经验。经过综合论证，中再认为构建基于“服务共享中心”的业务中台至关重要且切实可行，决定启动项目建设，推动业务和服务平台进行能力的整合。

三、项目重点解决的问题及主要创新点

中再产险业务中台项目建设之初，充分考虑中再特点，吸收行业内的技术发展趋势，明确中台企业架构，底层建设统一的技术平台，在此基础之上建设业务中台和数据中台，实现快速搭建的流程化前台应用，支持业务和产品条线灵活扩

展。如图 1 所示。

该项目主要解决以下几个问题。

（一）架构问题——制定整体业务中台规划

转变原竖井式架构为主的情况，向中台架构靠拢。制定项目总体的三阶段规划。

1. 第一阶段在线化（2019 年），理清系统间关系，建立共享服务中心；以承保流程和账单流程、理赔流程为切入点，实现业务系统流程驱动和服务化改造。

2. 第二阶段平台化（2020 年），积累 IT 资产，提升分析能力；服务分析和治理，提炼和聚类服务，形成整体的技术方案，逐渐沉淀 IT 资产。

3. 第三阶段智能化（2021 年），中台创新，孵化应用；中台能力做大做强，能够满足业务实时、复杂业务场景的要求，与不断涌现的创新应用相互推动和完善。

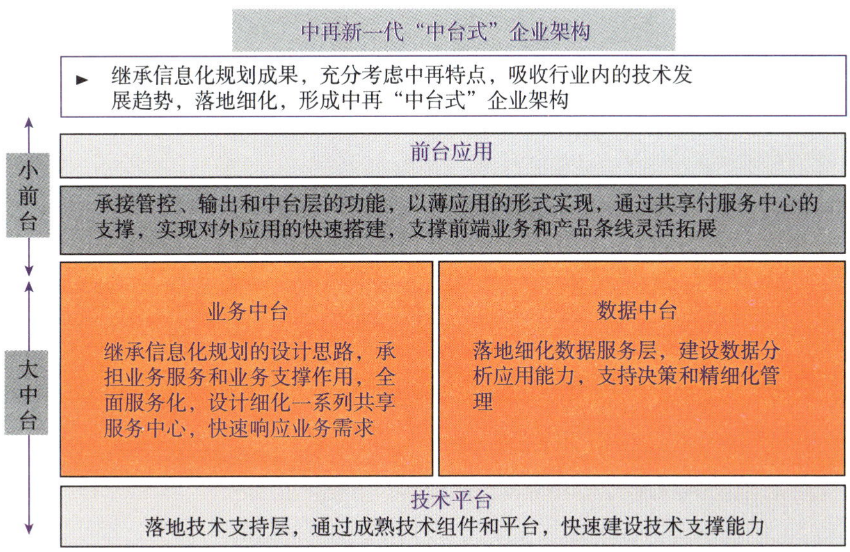

图 1　中再新一代“中台式”企业架构

（二）流程问题——提升线上流程化覆盖度

业务流程环节大多以手工或半手工为主，线上化支持严重不足，处理效率难以满足业务要求；流程处理时间/响应速度等数据无记录，无法衡量工作效率等指标，难以支持业务流程的有效管理与追踪。通过重新梳理业务流程，利用流程引擎建设各在线系统，有效缓解和解决上述情况。

（三）数据问题——线下文档散落，难以管理和进一步发挥其价值

文档线上化程度不足，过程文档不能在线存储，线下文档分散在个人电脑中，无法共享，缺乏统一管理，随着人员流动文档可能丢失，在流程规范性保障上以及合规性上存在局限。通过建设文档中心，实现集中存储和管理流程中的各类文档。

四、项目主要建设内容

中再业务中台一期项目主要实现业务（承保、理赔、账单与结算）处理流程在线，保证业务流程中产生的文档和数据统一线上存储，统一管理。根据三个在线流程映射到中台服务中心，则会建设客户中心、承保中心、账单中心、结算中心、理赔中心、文档中心六个服务中心。

（一）统一开发平台

基于开源分布式技术体系，打造统一开发平台，提供通用功能组件，如流程引擎、单点登录等。

（二）承保在线系统

实现承保流程全业务操作在线，改变线下操作的现状，提升承保审批流畅度和公司管理能力。

（三）账单与结算在线系统

针对收到的账单进行准确监控、及时跟踪、实时把握账单处理进度、实现业务账单系统化、电子化流转，提升工作效率，与结算系统相结合，实现结算工作的规范化、信息化。

（四）理赔在线系统

规范理赔案件处理和审批流程，全面准确掌握业务损失情况，及时跟踪赔案处理进展，全面实现理赔业务处理操作系统化及信息化。

五、项目效果

业务中台项目群（一期）上线后效果明显，规范了业务操作流程和数据标准，实现数据及文档集中统一存储，降低丢失风险，清晰记录工作轨迹，便于持续跟踪管理，提升业务处理流程效率，得到了用户的高度评价及充分肯定。具体体现在以下几个方面。

（一）业务流程线上化，提升业务流畅度

依托业务中台能力，逐步将线下业务流程搬移至线上，以系统操作替代线下手工作业。承保过程统计分析通过系统实时提供；账单结算年度总用时缩减 13.3%；理赔系统有效支持了 2019 年 66% 的赔案量增长；数据报表查询速度提高到秒级。

（二）整合系统、服务、数据，系统间无缝对接

以业务场景为基础，构建前端操作界面，依据业务规则系统可自动在后台实现自动跳转，免除了业务人员在不同系统间手工切换的烦恼，促进了业务效率提升。

（三）构建企业智能化的流程管理体系

依托流程引擎和流程管理工具，充分实现业务流程的线上化管理，有效支持管理人员对流程作业效率的统计和监控，推动企业流程效率持续优化提升。

（四）业务要素的配置化，快速响应业务拓展

实现对业务条线上产品、流程以及规则要素的配置化管理，有效支持前端业务部门依据市场变化和客户需求，快速、灵活地调整业务策略。

（五）文档统一管理

文档云和文档中心实现业务中台各系统的文档统一管理。经过一年的使用，将线下线上数据集中在文档云上，有效保护企业数据资产。

六、总结

2020年初，新冠疫情席卷全国，在此期间，业务中台充分发挥“操作线上化、流程自动化”的特点，有效支持业务团队远程在线操作承保、账单、理赔、结算等业务。业务处理量和时效并未受到疫情因素的任何影响，业务中台良好支持各业务条线全方位服务国内、国际客户，体现了中再服务行业、服务客户的责任担当。

业务中台在中再的落地过程中，业务团队和IT团队共同剖析业务流程和探讨技术应用场景，形成合力推动业务流程优化和改进。随着业务中台的深入使用，在中再已经形成不断迭代改进的正向循环。同时，业务中台已经开始同外部同业平台对接，比如人保、大地等公司的再保相关系统平台，形成行业内的典型应用场景。2020年，按照阶段规划，中再进一步扩大业务中台的业务覆盖范围，提升服务分析和治理能力，并将这些能力沉淀为IT资产，以期更好地创造IT价值

专家点评

本案例从项目背景、项目内容、项目意义和项目效果等方面详细介绍了中再产险业务中台项目的概况。在保险信息化的过程中，公司的内部相关职能的信息化是各大保险公司关注的重点内容，本案例从中再的视角出发，为其他保险公司进行相关数字化转型和平台建设提供了良好的借鉴和指导意义，同时，本案例与现实相关，贴近当下疫情的实际情况，具有社会实践价值。

大家保险集团“智汇”创新型 DevOps 平台

◎ 大家保险集团有限责任公司

一、项目概述

近年来，随着敏捷交付、微服务、分布式、多云部署等新技术的快速发展与应用，大家保险集团有限责任公司（以下简称大家保险集团）在传统 DevOps 基础上，结合自身多维综合应用需求进行研究扩展，于 2019 年启动了创新型 DevOps一体化平台建设项目。

DevOps 一体化平台具有独特创新的设计理念，整合多种 CICD、代码管理、代码库、需求管理、自动化测试模型，创新性地将 CMDB（IT 资产管理）、ITSM（IT 服务流程）深度融合，建成具有深度挖掘能力和内驱力的 DevOps 平台。该平台能够快速响应业务变化（稳态、敏态）和技术变化（全栈技术、容器技术、微服务技术），基于场景设计高效灵活的软件交付流水线，支持数十种工具集成整合，贯通基础资产与应用数据，将服务标准下沉到基础设施，安全机制内建，为资产数据治理、软件高效高质量交付提供可靠的技术支撑平台。

二、项目建设背景

2019 年起，大家保险集团信息技术架构已由单一技术栈向多元技术栈转变，部署架构由 VM 向容器云、公云、混合云转变。这些要求 DevOps 平台适配化、参数化、自动化、可监控。

DevOps 一体化平台树立了新的“基础资源 + 应用关系 + 代码质量 + 持续集成与交付 + 效能分析”综合性建设目标。

三、项目重点解决的问题及主要创新点

（一）项目重点解决的问题

1. 建立统一的代码结构标准、编译标准、部署标准、代码质量标准、配置中心标准，统一各类技术栈。

2. 平台自身实现微服务化设计、松耦合，具备架构高可用、弹性伸缩、服务可编排优化排队等特点，保证对外服务的稳定性。

3. 解决 IT 资产不透明、下联数据不贯通问题，实现基础设施层的服务标准化初步治理。

4. 解决代码质量不足的问题，提供代码灵活处置策略，通过软件质量指标控制等手段有效提高研发代码及上线产品质量。

（二）创新点

1. 建设理念。DevOps 平台涵盖 CMDB、ITSM、DevOps 三大体系工程。通过统一资源数据，横向打通高质开发与高效运维，实现从产品

研发到上线端到端数据整合，纵向打通物理数据与逻辑数据的关联关系，深度挖掘基础设施层面的标准化，扩展全面的 DevOps 生态链自循环，打造 IT 精益生产线，形成真正动态、可视、可追溯的各级质量窗口。如图 1 所示。

图 1　DevOps 平台建设理念

2. 强大的兼容性。DevOps 平台深化流水线设计，将 DevOps 各环节标准化封装，解耦各环境之间的依赖关系。平台采用灵活插件设计，满足各业务场景的超级流水线需求。这种创新设计使得平台拥有强大的兼容性，支持 SVN 和 GIT 代码管理工具、传统虚拟机部署和容器部署，支持 JAVA/PYTHON/C/WEBPACK 等多种代码语言、ant/maven/gradle 等多种构建方式、Oracle/Mysql/Mongodb 等数据库自动化发布，支持按需求增量构建、增量发布方式和 gitflow 按版本分支构建制品的全量发布方式。

3. 多租户权限管理。采用两级管理概念，将各子公司的管理权限下放到子公司管理员，解决集中化管理的瓶颈；对业务系统、组件、环境权限与读、写等多种操作权限形成两个维度的权限结合，方便角色权限分离，使不同角色在同一平台上安全生产。

4. 分布式制品库。制品库与执行节点组合，分布在各个数据中心。编译后的制品可提前推送到各数据中心的制品中心分库中，避免在部署窗口期集中推送，造成带宽挤占。

5. Agent 安全性。金融业安全敏感度较高，自研的 Agent 采用特殊加密通道实现命令和文件可靠传输，不能被第三方恶意软件劫持，安全性更高。

6. 数据执行安全。通过预检查脚本语法错误、语法规范、字符编码、特殊字符转义等规则，将执行风险消灭在制品构建阶段。引入脚本执行状态保留功能，记录脚本 MD5 值及执行历史，支持增量数据库脚本执行，增强系统容错能力。

7. 深入的数据分析。以版本为线索贯穿整个 DevOps 流水线，将需求、代码合并、变更、代码扫描、编译、自动化测试、制品、部署等信息组合成完整可追溯的版本发布报告和效能分析报告。

四、项目建设内容

打通敏捷开发与高效运维，实现从产品研发到上线端到端数据整合，打造可持续代码检查、开发、测试、集成、部署、反馈的管理平台，适应私有云、混合云环境下的资源管理统一化、应用交付敏捷化、实践标准化、流程管控化，建设 CMDB 服务能力，提高产品交付的质量和速度及资源管理的透明度，为用户提供可靠、高效的技术基础。DevOps 一体化平台如图2所示。

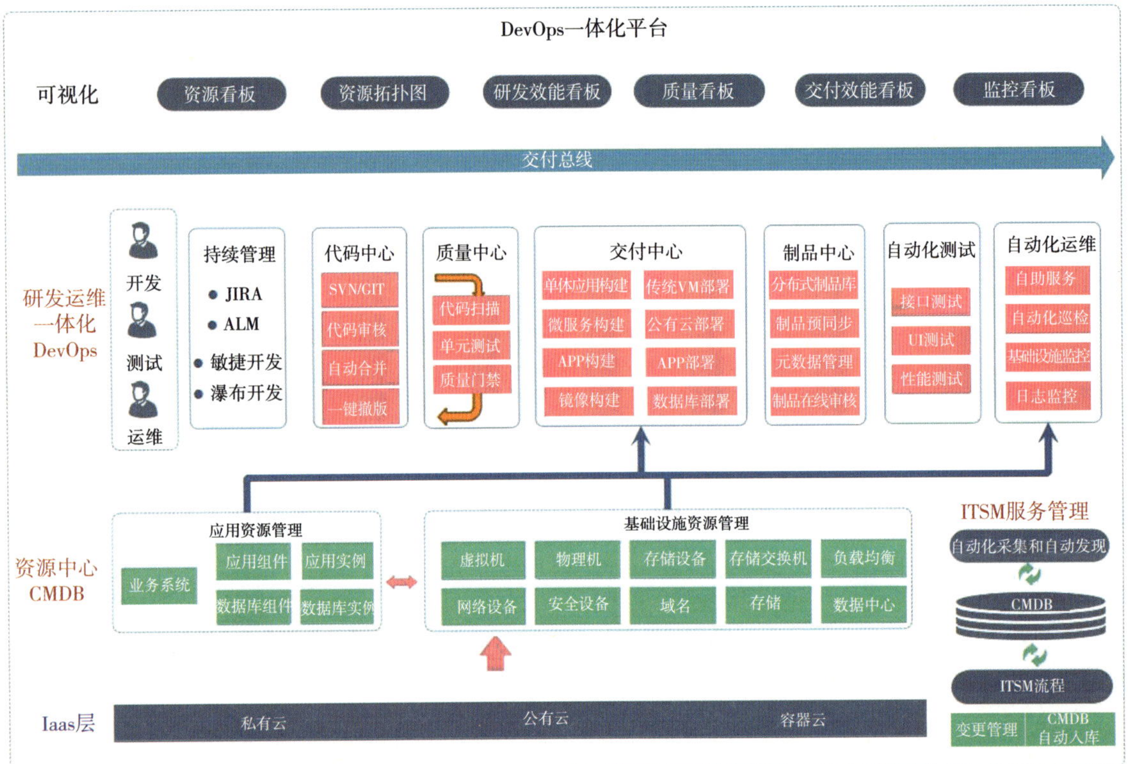

图 2 DevOps 一体化平台

（一）资源中心 CMDB

提供全集团的软硬件资源管理服务。设备管理级和业务管理组可在同一平台下维护各自的软硬件资源信息，并提供给相关服务对象便捷的数据获取服务。资源中心打破传统的 CMDB 一个资源类型一张表的设计模式，采用竖表结构设计，使得资源配置模型的结构也作为数据进行保存，从而可以在不执行 DDL 语句的条件下完成配置模型的动态变更。云计算、虚拟化、分布式、微服务等新技术日新月异，不断涌现，灵活的资源中心可以轻松地应对层出不穷的挑战，随机应变。

对 IT 资源数据进行整合管理，建立关联关系，通过 ITSM 规范管理资源变更，确保资源数据的一致性，实现集中化、规范化、自动化、可视化的统一管理。

（二）IT 服务管理 ITSM

提供集团 IT 服务流程的支持。IT 部门的服务对象可以在 ITSM 上申请资源、执行变更、获取权限，IT 部门可通过 ITSM 记录服务过程，统计工作量，规范服务流程，协调各技术组资源。流程支持条件分流、汇聚、会签审批、用户评分等多种步骤，还可以在线定义表单，规范流程申请人的输入标准，减少处理过程中的沟通成本。同时，与消息统一平台结合，提供消息通知服务，提供微信和邮件通知，提高工单响应和处理速度，提升 IT 服务的整体效率及用户满意度。

（三）代码与质量中心

代码与质量中心兼容 SVN 和 GIT 两种主流代码仓库服务，提供对外统一的代码仓库管理、代码合并、需求与代码关联，版本生成以及冲突在线处理等功能。联合 JIRA、ALM 两大需求管理平台，自动关联需求、代码与版本，能够直观地掌握各版本的质量信息、变更清单以及相关研发人员的工作量，提供可量化的开发效能报表，为研发部门提高效能，改进生产方式提供准确的数据参考

结合行业监管要求，在 DevOps 过程中加入代码审核、制品审核、上线评审等合规流程，达到 DevSecOps 的安全生产要求。

（四）交付中心

交付中心提供 CI/CD（持续集成/持续部署）的配置、执行、审计功能。交付中心采用四层模型，在每个层级都可以定义流水线、参数以及权限。平台采用“继承”“重写”等设计思想，简化配置工作量，日常维护成本明显降低。

采用编译自动分配及排队机制，大量应用同时编译时，平台的编译节点集群自动分配任务到性能宽松的编译节点，减少并行任务争用计算资源导致的额外开销。

通过 F5、Nginx 操作插件以及监控对接插件，在发布前修改负载均衡的业务分流，实际解决安全痛点。

（五）制品中心

制品中心提供制品管理、维护、查看和下载功能。制品中心采用分布式设计，制品提前推送到各数据中心的制品中心分库中，版本发布窗口内直接从本地制品库中获取制品完成部署，有效降低集中发版时的传输压力。同时，制品中心以版本为线索，汇总展示代码、需求、提交、代码质量等信息，直观展现制品的健康度。

（六）度量中心

度量中心将平台自身及其他中心模块的数据信息整合在一起，进行数据关联分析，汇总统计并提供图形化度量报表。

度量中心定期自动出具数据报表，并提供实时动态看板，使用户可以快速掌握资源使用情况以及研发效能。度量中心提供在线设计度量报表，随着管理和研发的优化，不断更新度量方式和度量指标，展示研发效能的变化。

五、项目效果

DevOps 一体化平台面向全公司服务，实现灵活上线交付。项目上线后效率提升，管理运维程度明显提升，同时通过组合应用各种技术栈，

将复杂手工自动化，实现对开发和各级运维的赋能。

（一）明确定位

进一步夯实 DevOps 一体化平台在集团整体架构蓝图的定位，通过完善自主研发和快速交付能力，通过卓越、弹性稳健的 IT 支撑平台，实现推动业务发展的卓越化目标。

（二）夯实 IT 资产基础

CMDB 已记录集团 IT 资产信息 20000 多条，有力支持了机房搬迁、运维排障等工作。通过统一的基础建设，CMDB 成为集团 IT 唯一的资产库，对 IT 资产的总家底进行摸排，子公司应用系统及资源的使用一目了然，推动集团对子公司的精细化服务。

（三）大幅提升交付能力与可靠性

DevOps 一体化平台充分考虑业务开发部署的实际场景，既支持传统部署模型，也支持新型开发框架和部署模型。提供 Web 端和 APP 的构建部署；开发语言包括但不限于 java、go、python 等；提供构建增量包、全量包，支持单包、多包、微服务应用部署。

超级流水线作为特色技术，提供灰度、滚动、蓝绿、定时、分批等多种策略，提供数据库脚本自动化发布；部署策略调整过程可审计，实时日志/历史日志均可展示。实施这些策略后，交付效率提升 35% 以上。

（四）基础 IT 资产部分数据实现自动化更新

通过安装自动化采集 agent 和编写自动化采集脚本，对 IT 资产的容量、属性、IP 等实现自动化采集，节省人工机房排查的工作量，增强数据的准确性。

（五）命名标准化

业务数据建立四类模型并统一命名规范，物理设备标准化命名落实到设备初始化工作中，虚拟机作为连接业务逻辑与物理设备之间的关键连接节点，命名标准化实现业务系统与环境关联。命名标准化是一种科学处置资产的方法，是提高工作效率，减少人为浪费，透视化资产的有效手段。

六、总结

工欲善其事必先利其器，在数字化转型的大背景下，需要我们不断引入新的技术和先进理念去探索开拓。大家保险集团的 DevOps 一体化平台正是数字化转型的有益尝试和积极探索，其横向、纵向一体化解决方案具有独创性，希望能给行业带来良好的借鉴意义。

后期大家保险集团将以智能化 DevOps 的科技理念为方向，深耕细作，不断优化需求能力，深化资源管理，挖掘分层分类数据综合分析能力，助力提高公司的整体科技水平，为新一代业务赋能。

专家点评

本案例从项目背景、项目内容、项目意义和项目效果等方面详细介绍了大家保险集团“智汇”创新型 DevOps 平台的基本概况。保险科技在保险业能大规模推广的一个重要基础在于实现底层数据标准的统一化，标准的统一使得不同的产品具有可比性和可传递性，对于保险科技市场中进行充分的市场竞争从而挖掘出真正有价值有意义的科技产品以及进行相关推广和在创新有重要意义。本案例属于极少关注保险科技底层技术和数据的典型代表，具有很好的指导和借鉴意义。

阳光保险容器云

◎ 阳光保险集团

一、项目概述

阳光保险容器云应用容器化技术，结合DevOps和微服务等相关技术，形成完整云原生能力。容器云平台底层采用 K8S 技术，动态调度管理容器及应用，以 JENKINS 为枢纽，打通开发和运营的自动化流程，实现自动集成（CI）、自动发布（CD）。降低系统建设运营成本，提高 IT 资源管理能力和资源供给效率，提高系统发布时效，提升系统运营质量和效率。

二、项目背景及意义

近几年，云计算已相对成熟，随着科技巨头研发推广云计算技术，主流互联网公司应用云计算实现科技赋能业务，云计算的技术和平台运营模式已逐渐成熟，金融业纷纷尝试云计算技术，提升业务服务能力。

阳光保险有较强的自主研发能力。在科技能力建设方面，公司长期采用自主建设的科技发展模式，科技自主研发能力较强，具备自主规划、自主研究和自主建设的能力。

三、项目重点解决的问题及主要创新点

整体上容器云选用分隔平面的架构，将 K8S 按组件功能分为三个平面，分别为数据平面、控制平面、计算平面。Admin - server 集群与 K8S 集群分离，可以有效防止集群故障，管理集群或 K8S 升级互不影响。Harbor 集群独立于集群外，防止集群故障后，还能通过 Yaml 文件，对应用重新部署。push 和 pull 分离，提高速度。“Prometheus ＋ Grafana”用于监控集群组件和集群性能和用户应用。“Elasticsearch Logstash ＋ Kibana”独立部署用于集群和应用日志管理。

落地部署实施方面。借助国际开源容器管理平台，积极与容器专家沟通，最后确定实施步骤。整体实施工作框架如图 1 所示。

在网络方面，公司现有两种网络：物理网络和虚拟网络，其中虚拟网络主要用于私有云。为了更好地兼容现有网络，公司决定采用“Canal ＋ Macvlan”扁平网络解决方案，较好的地解决了 IT 资产不明确、网络安全隔离等问题。扁平网络架构如图 2 所示。

镜像仓库方面，采用 Harbor 企业级镜像仓库软件，部署时附加 Clair 插件，用于基础镜像漏洞安全扫描。每集群部署两个镜像仓库，两个镜像仓库之间采用同步镜像复制的方式实现镜像数据的 HA。通过 HAProxy 实现镜像仓库访问的 HA。

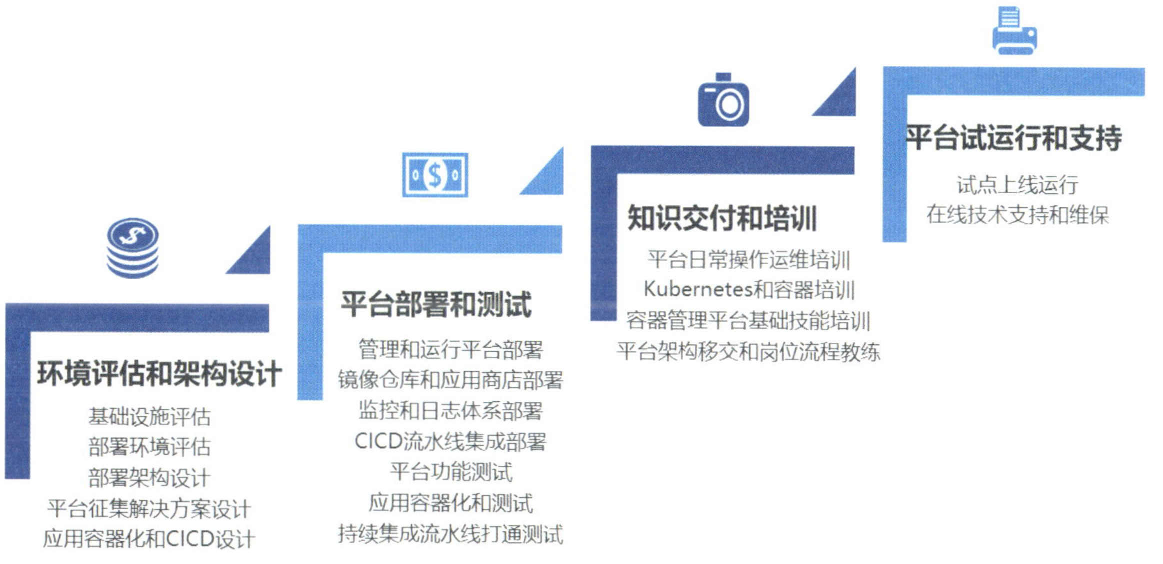

图 1　容器云整体实施工作框架

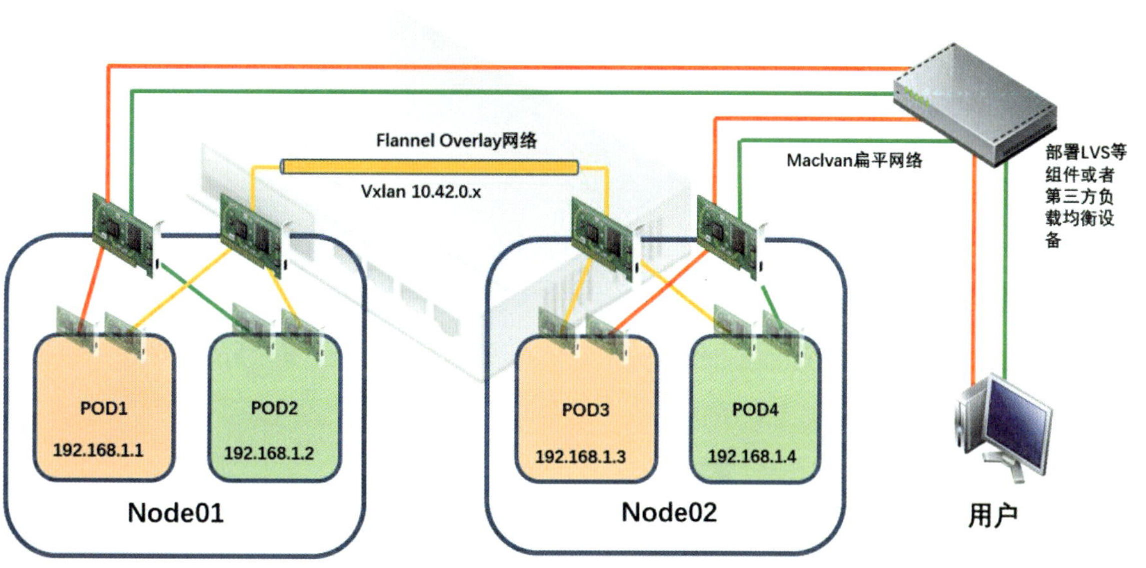

图 2　容器云网络模型

四、项目主要建设内容

（一）建设过程

在整个的项目实施过程中，主要架构设计工作分为以下三个部分。

1. 软硬环境评估和设计。根据公司现有的软硬件环境情况，容器云团队与厂商深入讨论，评估容器云平台部署的资源要求，从网络、主机、存储等方面，其中包括使用网络上使用二层的 MACVLAN 或三层的 CALICO，主机使用虚拟机或物理机，存储使用集中式存储或分布式存储等方面，考虑与现有技术架构体系相结合，设计整体容器云平台实施方案。

2. 容器管理平台搭建。根据设计实施方案，采用管理平台与计算平台相分离的架构，使用国际先进开源的容器化管理平台和 K8S 相结合的方式，逐个验证相关技术风险点，保障平台的高可用。

3. 打通持续集成、持续部署（CICD）流程。在系统对接的过程中，采用 DevOps 的先进理念，应用 Jenkins、Prometheus、Docker 等技术，与现有的系统运营发布流程匹配，完善容器的监控能力，梳理出适合公司相关流程制度的整体系统运营自动化体系。

（二）项目方案

在容器云落地推广过程中，结合公司现有的系统运营发布流程，容器云上的应用采用全流程自动化、自助化。开发人员提交代码后，使用 Sonar 做代码静态扫描，并把扫描结果反馈给相关人员。在 GitLab 中贴标签（通过 webhook 触发 Jenkins 作业）或者手动在 Jenkins 中触发作业，Maven 开始下拉代码进行编译和构建，然后进行单元测试和打包。打包完成后利用 dockerfile 功能构建镜像，将镜像上传到 Harbor 镜像仓库中。Jenkins 作业触发容器云在测试环境中启动容器。并由容器云对于这些业务容器进行调度和生命周期管理。在容器云平台上进行自动测试，并以邮件通知开发人员测试环境信息和自动测试结果。测试通过后部署到生产环境对外提供服务。DevOps 流程如图 3 所示。

同时，在该项目中容器云提供云化 GPU 资源，满足高性能计算场景。结合亲和、非亲和策略保障镜像使用 GPU 的需求，通过池化管理、统一调度和单 GPU 多任务运行，提升资源共享能力和资源利用率。

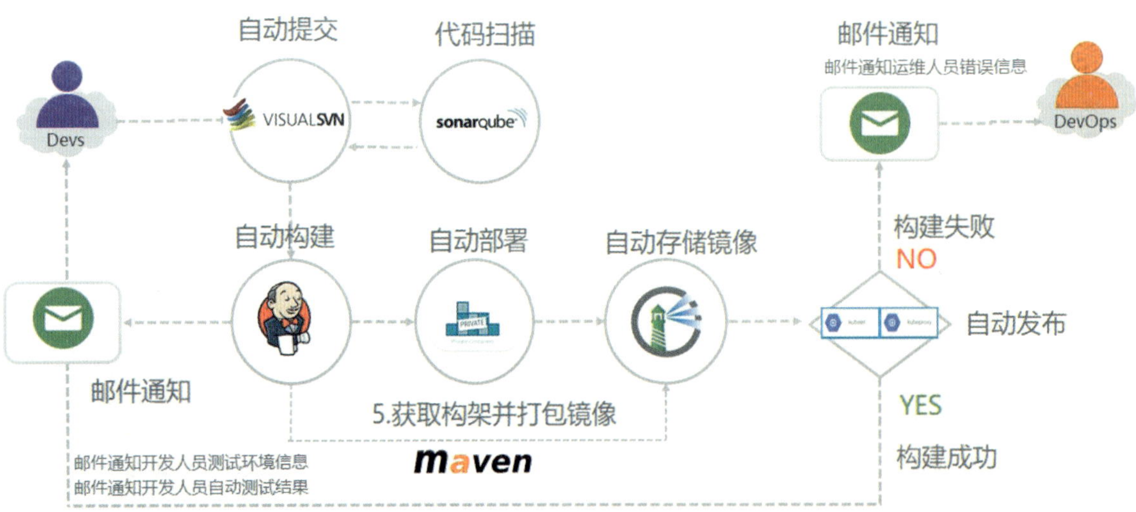

图 3　DevOps 流程

五、项目效果

截至2020年6月，容器云上已运行近20个系统，其中包括车险核心系统和寿险全能宝等核心出单系统，并支持人工智能相关应用，如ocr平台和质检图谱反欺诈系统等。同时，通过容器对GPU资源的调度，提升系统资源利用率。

整体上，容器云平台运行稳定，应用系统所需资源充足，无重大事故，服务等级水平（SLA）超过99%。

搭建容器管理平台，应用云原生理念，结合容器化、微服务和DevOps等相关技术，降低系统建设运营成本，提高业务系统的运营效率和质量。

其中容器云的成果主要体现在以下几个方面：

（1）降低系统建设运营成本。现有系统资源均为私有云资源，在物理机之上通过虚拟化技术，虚拟出单独完整的操作系统，即虚拟机，应用系统部署在虚拟机之上；而容器云在物理上通过容器化技术，实现操作系统容器化，其中操作系统的资源使用情况较虚拟机有较大幅度的下降，提高单位资源的利用率，降低系统资源单价，从而降低系统运营成本20%以上。

（2）IT资源管理能力，提升资源供给和应用发布效率。原有资源申请流程平均需14天，容器云平台资源供给时间为平均5天。

（3）提升系统运营质量和效率。通过构建持续交付平台，引入DevOps先进技术体系，自动化集成和自动化部署，减少系统运营中的人力成本，提高自动化水平，提升系统运营质量。

持续集成持续部署（CICD）的改造效果如图4所示。

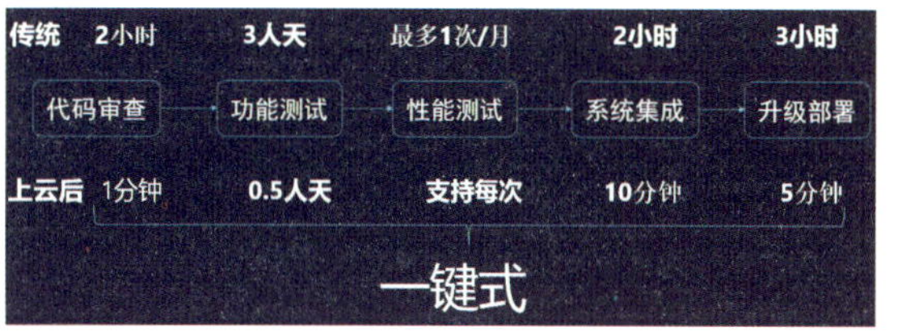

图4 持续集成持续部署的改造成果

六、总结

在IAAS层，容器云作为私有云和传统虚拟化的有效技术补充，打造快速、便捷运营体系的同时，也带来应用迁移、监控和网络安全等方面的难题。

在应用迁移方面，传统的虚机系统几乎是完整的操作系统，无论是用户还是基础服务，都提供满足应用系统运行的基础条件。但是容器模式下，单一用户使得容器启动和业务系统运维混在一起，基础运维和应用运维无法有效隔离，进而产生职责权限划分困难的问题。通过镜像分层标准化，集成分布式日志系统、配置平台，在DevOps流程中增加镜像检查节点等方式，提供应用运维所需的主要工具和手段，保障运维能力不倒退。基础服务上，监控插件和安全插件等一系列管理工具，以及SWAP等虚机自带的基础功能，在容器上均较难实现。运营团队在了解K8S的最佳实践后，采用Sidecar的形式，将基础通用型插件统一打包，做成标准POD，规范容器的使用；为了迁移工作稳定有序进行，测算应用在虚机上使用的资源量和资源类型，以及容器试运行时使用的资源情况，形成虚机资源和容器资源使用量的对照表，有效地解决应用迁移过程中资源需求量评估难的问题。

在监控方面，传统的监控体系主要面向静态

数据资产管理，对容器的动态化、微量化束手无策。经过行业调研和技术研究，阳光集团制定出容器资源动态池化和容器组标签化，以及监控数据统一汇总再加工等多套监控方案，从平台层、容器层和应用层等多维度，采用相应的监控技术和工具，完善监控体系。

在网络安全方面，传统的防火墙、黑白名单等安全技术无法有效地进行网络限制和隔离，数据安全最小化原则遇到较大的挑战。在掌握容器云网络实现原理后，阳光集团采用分区隔离、反向代理等方式规划容器网络区，实现网络隔离细粒度化。

专家点评

本案例从项目背景、项目内容、项目意义和项目效果等方面详细介绍了阳光保险的容器云的基本情况。将云计算技术应用于保险业来降低行业在技术、数据等方面的成本一直是保险业所关心的重点话题。但是在过往的实践中，在落地方面很少有所突破，因此本案例对于云计算技术的落地有重要意义。本文在平台介绍的过程中，内容充实，但是行文整体专业术语过多，较为晦涩，读者如果不具备相关专业知识很难真正理解相关运营逻辑，这是本文的一个不足之处，但是瑕不掩瑜。

平安产险区块链产销溯源平台

◎ 中国平安财产保险股份有限公司

一、项目概述

基于平安产险区块链产销溯源平台，借助“区块链＋物联网”技术，平安产险积极参与推动国家溯源体系建设，深入农业生产的各环节，实现农产品从土地到餐桌各环节的端到端信息记录及监测，形成覆盖农业生产、保险保障、市场销售等产业链前中后期的农业信息数据库，帮助政府提升产业品质管理效能，帮助企业优化运营生产管理，向消费者提供品质认证的放心农产品。

截至目前，溯源平台聚焦帮助农产品“提品质”“创品牌”“拓销路”，搭建了“质量追溯”“保险保真认证”“智慧产销”三个板块。

（一）创品牌，建设农产品防伪追溯系统

平台打通农企、农资、检验检疫、物流仓储等多个参与主体，采集生产环节相关节点信息，结合产险大数据、AI优势以及溯源验真引擎，对数据进行清洗、过滤、验真，沉淀出可信的农业全产业溯源信息数据库。

（二）提品质，打造平安溯源品质认证，提升品牌价值

提供不可篡改的系统追溯码、食品安全和溯源保真保障码、实体防伪码，“三码合一”的平安溯源品质认证商标。

（三）促销量，线上线下拓渠道、助营销

聚合平安集团全平台营销资源，结合“云农场”游戏、线下产销推介会、农业农村部出村进城等项目进行产品推介营销，助力品牌推广。

二、项目背景及意义

为贯彻落实《中共中央、国务院关于坚持农业农村优先发展做好“三农”工作的若干意见》，以及落实商业部、农业农村部等七部委下发的《关于协同推进肉菜中药材等重要产品信息化追溯体系建设的意见》，推动国家溯源体系建设要求，平安产险搭建区块链产销溯源平台，旨在帮助政府提升产业品质管理效能，帮助企业优化运营生产管理，向消费者提供品质认证的放心农产品。

（一）服务“三农”，推动现代化农业建设

现代化农业的发展面临产前缺乏资金和技术难题、产中风险管理能力弱和产后营销能力不足等问题，平安产险针对地方特色产业的带贫企业，提供产前“扶贫保”贷款帮助企业解决再生产融资问题，从资金层面促进小生产向产业化升级，从技术层面，输出区块链产销溯源平台，提供以小程序和PC端为载体的现代化智慧农业

管理工具，提升企业数字化经营管理能力，做到以品质促生产，助力乡村经济振兴。

（二）支持高质量发展，解决食品安全的核心民生问题

追溯体系建设是强化质量安全监管、保障放心消费和服务消费升级的重要举措。平安产险区块链产销溯源平台的搭建，将有利于加强对生产经营企业建立实施产品追溯制度的监督检查等。使食品安全工作与农业农村部要求的“农业农村重大创建认定、农业品牌推选、农产品认证、农业展会”等涉农工作“四挂钩”。

（三）助力脱贫攻坚，着力解决产销对接核心难题

平台的搭建还将有效助力贫困地区农业产业解决产销对接难题：一是支持拓宽线上营销渠道；二是数字化营销支持，打造从消费者参与到品质监督的全新消费体验；三是实现从田间到餐桌的农产品直供，降低成本；四是发展消费者线上预购订单，稳定农产品价格。

三、项目重点解决的问题及主要创新点

平安产险区块链产销溯源平台的建立，旨在通过溯源科技能力搭载保险金融场景，探索赋能农业产业发展新动能，实现农业产业的降本增效、风险保障和品质优化。

（一）降本增效，可持续发展

智慧农业是农业高质量发展的必然方向。当前，以“数字化、网络化、智能化”为代表的智慧农业存在落地和推广的科技成本过高、投产比低、模式难复制的问题。为解决上述问题，平安区块链产销溯源平台打造了“科技 + 金融”的一体化解决方案：产前，针对农业融资难、融资成本高的问题，提供了低息或免息的“扶贫保”贷款，面向地方带贫农业企业提供低成本贷款资金；产中，通过溯源系统加涉农保险和溯源险，为企业提供生产过程管理工具和生产风险保障，并以保费收益逐步回收智慧农业技术的投入成本，帮助企业实现可持续的技术投资回报；产后，通过自有平台和集团外部电商销售和营销渠道，为农产品拓宽销路，带动产品流通，引导市场化良性循环，最终实现商业模式的可持续发展。

（二）风险保障，金融支农

传统的涉农金融产品，由于在产品的增量、扩面和创新上缺乏农业产业经营数据以及信息不对称等，难以转化为有价值的信贷数据供金融机构做风险评估。在农业保险领域，缺乏智能验标和科学定损工具，也导致了涉农保险产品在服务上未能全面实现智能承保和快速理赔；在产品创新上，受制于农业技术，涉农保险产品在农险领域得不到深度应用。平安区块链产销溯源平台，通过“科技 + 保险”，突破了传统保险的技术局限性，实现了 1 + 1 > 2 的效果：通过区块链溯源，将保险承保风险细分到各个生产环节，拓展保障范围，形成“系统追溯 + 保险防伪”的安全与保真双重背书，为农业产业发展风险带来深度的保障覆盖。2019 年，平台凭借《保险助推枸杞产业发展及智慧质量溯源系统建设创新试点》课题在宁夏中宁落地，荣获农业农村部金融支农项目认可。

（三）品质提升，优化产业生态

平安产险区块链产销溯源平台通过“系统追溯 + 保险防伪”打造“平安溯源”专属品质认

证商标，进一步完善地方特色农产品的质量认证体系，巩固现有绿色健康产品、乡字号特色农产品的品牌标签。同时，平台基于追溯体系的搭建，实现了产业综合信息看板、农产品追溯、风险预警、产中管理和涉农保险一键对接等应用化服务，为看清产业问题、降低产业成本、提升产业价值、优化产业生态提供了可信和可视化的数据支撑。

四、项目主要建设内容

平安产险区块链产销溯源平台聚合了农产品品质管理、防伪信息追溯、线上申请商标、投保出单能力。为响应不同用户不同场景的使用需求，平台提供了一系列2C、2B和2G工具。

对政府，建立产品追溯体系，提供基于溯源大数据生成的产业综合大屏，让政府综合治理有重心；对企业，提供小程序端生产管理工具，集成物联网实时监测、溯源一键投保和商标出码功能以及营销助手，为企业看清生产关键节点和摸清市场营销热点提供可视化工具，让企业生产管理省心；对消费者，通过扫描产品包装上的“平安溯源”防伪商标，为消费者带来产品“从田间到餐桌”的全流程信息呈现，结合保险实现优质产品认证，让消费者买得放心。

（一）生产质量与品质监控系统，全流程监管提升品质

针对不同农产品的流通监管需求，基于产险科技国际领先的大数据和AI能力，为企业提供基于PC端和小程序移动端的生产管理和可视化操作平台，建设生产质量与品质监控系统。

通过溯源系统与物联网的连接，对生产基地进行农事监控，获知如生产环境的光照、水肥、温湿、墒情等信息，利用物联网无人机开展航拍和植保，累积实时、精准的基础数据，提供实时灾害预警及生产与防灾指导等服务，实现生产流程管理、人员组织管理、重要农事节点监控等功能。

（二）农产品防伪追溯系统，一物一码创品牌

平台针对不同产业和产品建立统一溯源规范，支持从物联网设备导入和处理生产、加工、质检、保险、物流、销售的数据信息，并通过金融级数据验真引擎进行区块链上多节点数据之间的交叉核验真实性，并清洗格式化上链，做到对农产品防伪追溯核验。

企业客户可根据产销上市计划，在移动端随时随地灵活申请防伪商标，进行商标关联投保。在商标防伪上，从数据层面，通过区块链和金融级溯源鉴真引擎，为信息防伪保驾护航；在物理层面，平台通过采用货币级印刷技术结合表层覆膜，添加了16位组合校验码，支持通过16位明码叠加二维码，在链上进行组合校验。同时，在系统端，对商品的扫码次数和地理位置进行记录，消费者在首次扫码时，可查看该二维码是否曾被扫码，鉴别商品真假，查看商品生产环节信息和基于物联网的产地环境数据。

（三）支持可视化管理决策工具，提供线上营销导流

营销方面，建立平安优选农产品，向平安集团内外各电商平台输出产品；建立产销对接预售平台，在平安APP上打造农田直供餐桌的云果园、云牧场，并创新地对生长中的产品进行预售，通过让消费者了解产品生长进度，进一步激活消费者线上流量，实现智慧产销，扶植品牌。

数据化管理方面，基于大数据分析，借助产品溯源二维码，对扫码次数、设备、地理位置做统计，生成流通热力图，为企业销售提供决策助手。

五、项目效果

平安产险农产品智慧溯源平台自推广以来，屡获社会肯定。

（一）社会效益

在宁夏中宁，平安产险在枸杞产业推广农产品溯源，在示范区域，铺设了物联网设备20组，实现1000亩枸杞示范园24小时生长环境监测，实现对枸杞全生长周期各环节相关数据采集、验证、管理与分析，实现了“一物一码一保险”专属认证体系，输出了“一袋一码”的平安溯源商标，为当地溯源企业带来了超过20%的销售溢价，带动产业增收贫困户7250户。该项目入选了国家农业农村部金融支农创新项目，并获得宁夏回族自治区政府的认可，平台提升企业发展风险应对能力，助力产业发展的经营管理体系，拓宽销售渠道。在山东，针对生猪养殖业搭建了智慧溯源系统，并与山东省4市7区县农业主管部门签署了战略合作协议，帮助打造农产品品牌，提高农产品溢价，通过分润模式，提高新型经营主体经营效益，加快实现基于大数据的科学决策服务。目前，平安产险正积极对接服务粤港澳大湾区“菜篮子”工程的广东质量安全追溯管理信息平台等多个国家、省、自治区重点溯源项目。

（二）技术认可

2019年7月19日，在工信部主办的第三届中国区块链开发大赛上，凭借功能完备性、技术先进性、应用价值、可推广水平等八个测评维度的优异表现，平安产险区块链产销溯源平台经过初赛、复赛、路演三天三轮角逐，从72个项目中脱颖而出，获得最佳应用奖。2020年，该平台获工业和信息化部物联网集成创新与融合应用类示范项目称号，并申请多项专利，如表1所示。

表1　平安产险区块链产销溯源平台所获专利

申请号或专利号	发明创造名称
201910853931.9	区块链上数据共享处理方法、装置、存储介质及电子设备
201910613598.4	栅格数据批量裁剪方法、装置及计算机可读存储介质
201910607939.7	风险评分方法、装置及计算机可读存储介质

六、总结

平安产险农产品智慧溯源平台未来将继续围绕“提品质”“创品牌”“拓销路”三大核心价值，以助力地方特色农业产业及产品向中高端价值链迈进为目标，通过技术能力升级赋能保险产品创新，在巩固现有成果基础上，以农业农村部“出村进城”项目为契机，探索复制推广，实现金融更好地服务乡村振兴和农业农村现代化建设。

专家点评

本案例从项目背景、项目内容、项目意义和项目效果等方面详细介绍了平安产险区块链产销溯源平台的概况，行为逻辑链完整而充实，符合认知规律，有助于帮助读者全面系统认识该系统的全貌。区块链是保险科技的重要技术，目前区块链在保险业的应用主要体现在信息的存储和保密当中，实际落地产业并不多。平安产险区块链产销溯源平台为区块链技术的落地提供了良好的借鉴作用。同时“三农”问题一向是我国关注的热点和重点话题，本案例聚焦于“三农”问题，具有良好的社会效应与政策指导作用。

华安保险线上化实践

◎ 华安财产保险股份有限公司

随着行业竞争的加剧、用户消费模式的转变以及银保监会对于《关于推进财产保险业务线上化发展的指导意见》的要求，财险线上化转型成为各家保险公司提升用户体验、拓宽业务领域的必考题。2016 年，华安保险已预判到行业发展趋势，开启多渠道布局互联网，探索线上化之路。至今，在销售、理赔、承保、服务、风控等关键环节均已部署推进线上化转型，核心价值链得以升级，助力公司精益运营。

一、“线上化 + 销售”——多渠道支撑在线销售、前端转型营销模式

（一）定位客户画像，精准客户营销

当前，用户的客群行为、消费模式以及关注方向正在向线上渠道加速迁移，用户需要更灵活、更简洁、更匹配的产品和服务。对于保险业来说，需要更精准的客群画像、更高效的响应措施以及闭环的客户存量运营手段，从前端转变营销模式。

华安保险自主搭建客户运营平台，接入存量客户信息，对数据信息进行规范化、标签化处理，建立标签层级体系，形成一级至三级特征维度。通过标签自由组合，筛选出不同的用户分群，洞察客户画像。将客户画像应用至续保、加保、交叉销售、脱保赢回、电商精准营销等差异化的营销管理策略中，促进客户留存和二次营销。

（二）渠道精细管理，支持营销体系变革

为线下业务拓展人员配备线上化工具，帮助展业。搭建业务员个人工作台，实现业绩报表、考核职级、一健续保、管理客户信息、年审 & 理赔信息查询、公告推送等功能，升级工作模式。打造移动个代出单平台，连接华安保险内部各大业务系统，实现从个代注册、线上考试、全险种出单、自动计税、车及非车佣金“T + 1”提现、后台实时报表、团队管理的全线上闭环流程。

挖掘 2B 市场，迭代升级渠道对接平台。通过智能产品工厂模式快速上线新产品，微商城、APP 和全民优保累计移动端在线可销售产品已超过 200 款。同时，实现外部合作渠道、航司、机场、银行高效对接，在原 130 家合作渠道的基础上，又与 50 家国内外保险中介及第三方网络平台展开合作，打造华安渠道合作竞争力。

二、“线上化 + 承保”——优化线上作业流程，实现高效出单

华安保险从客户询报价、投保、交费到生成保单，打通全业务流程线上化。客户仅需四步即可完成车险线上投保：

1. 身份识别，客户收到投保短信后，线上完成人脸识别或上传身份证进行 OCR 识别认证。

2. 在线阅读，可查阅电子投保单及条款、

浮动告知单、免责事项说明、偿付能力告知书。

3. 电子签名，手机上完成客户签字，系统后台自动将签名加签到各电子单证上进行留存。

4. 在线交费，签名完成后，客户在线完成交费后即时生成电子保单、批单及电子发票，客户可在线阅览及下载。

业务员使用的“掌中核”APP，集核保任务推送、超时提醒、任务跟踪与处理、关键风控要素展示等功能于一体，移动在线核保，实现随时随地快速核保、核批。这既免去了以往线下不必要的来回，节省了岗位人力，提升了作业效率，又能让客户足不出户完成产品购买，提升客户投保体验。

三、“线上化 + 理赔”——自动化串联理赔环节，提升理赔时效

自 2018 年起，以数字工厂为理念，公司就着手研发集调度引擎、流程引擎于一体的工作台，将其定位为企业级基础设施：一是统一任务的操作入口；二是建立任务的分配机制；三是串联线上线下的作业场景；四是重塑风控岗位的核心价值。2019 年理赔工作台上线，建立流程引擎和智能任务推送中心，实现多系统多类型任务统一接入、统一分发，任务精准匹配，智能派送，后台通知处理，并自动生成绩效分析，形成一站式流程管理平台。以平台为基础，打通视频查勘、小额撤案、自动理算、自动核赔等各项审核环节，全流程提效减损同步开展。

2019 年上半年，华安保险启动上线视频查勘系统，引导小额案件的出险客户与线上查勘人员视频连线，完成查勘。这一功能获得广大客户认可，疫情期间华安保险的视频查勘系统应用率一度达到公司报案量的 60%。2020 年华安保险南宁理赔作业中心成立，通过专项集中运营华安保险全系统的视频查勘作业，让视频查勘的服务标准更加统一，服务内容更加多元，也让 31 家分公司的现场查勘力量更为充裕，实现线上、线下双融合提效。

针对交商不同险别、不同事故类型、不同赔付方式等多场景，通过数据标准、算法口径、操作规范等的基准规范，打破了理赔全流程的人工计算壁垒，构建以险别为基础的自动理算算法，提升理赔后端工作安全性和可控性，有效提升操作人员的工作效率。目前万元以下小额案件可自动跳过理算环节，实现自动理算，计算准确率已达 100%，自动理算率达 85%。同时，建立统一影像/核赔规则，引入 OCR 智能识别技术判断证照与单证风险，支持标准案件自动核赔通过。

四、“线上化 + 服务”——丰富服务触达方式，提升客户体验

以微信公众号为载体，强化服务职能，丰富客户自助服务。通过官网和 95556 热线引流，实现线上快速自助简易报案，支持车产人不同产品报案、用户线上推介与跟踪提醒。通过最新容器云 + 流媒体技术实现自助理赔。同时开放收单功能，用户对缺失的理赔资料可通过短信或者微信进行自助上传。另外，在公众号也开放多项服务，如可查看理赔进度、相关单证信息甚至可以对于错报或者少赔的案件完成自助撤案。

上线增值服务新系统，提供积分、红包、电子保单（“续保 + 新单”的全渠道推广）、电子发票等服务，其中积分兑换包括春雨医生在线问诊、基因检测、话费充值、视频会员、智能手环赠送多种类型全流程在线领用和使用等。拓宽增值服务对接渠道，线上打通爱跑、安联、路华、

中保车服、同城救援等道路救援渠道商；可由系统直接委托救援商开展拖车、送水送油、代为送检等十多项服务类型，并且对服务时效和服务评价进行线上管理，让道路救援服务工作进一步标准化，提升救援时效和服务品质。截至2020年8月，线上对接27102笔道路救援，月均线上救援率超过75%。

升级电销手段，为客户提供更智能化的交互。通过AI技术，建立智能交互引擎，达到语音语义精确分析，交互策略深度学习，完善语义和业务知识库，同时加入TTS文本转语音、ASR语音识别、NLP自然语言理解等手段，目前实现了对承保回访、续保提醒回访、结案回访、第一现场回访、救援回访五种场景的智能语音回访。

五、“线上化+风控”——善风控引擎，升级风控能力

引入车慧达、中保信大货车评分体系，应用定价、核保、理赔等场景，识别优质业务和劣质业务，实现精准定价，追踪理赔事故车轨迹，提升业务风控能力，降低赔付率。

推广智能定损系统的深度运营，构建智能定损运营规则管控体系，对系统配件参考价格筛选方案进行本地化改造，对接入零配件电商报价平台，引入本地化价格库个性化定价，升级配件库实现精准定价，增加工时费监控报表，梳理完善后置拦截规则，搭建运营分析指标体系。

对接反欺诈智能建模平台，打通复勘后欺诈信息后台对接，让反欺诈识别渗透到理赔各流程，反欺诈系统采用先进的数据挖掘技术，在报案、查勘、定损三个环节部署不同的模型精准预判潜在欺诈案件，缩小调查案件范围，助力减损增长。随着数据积累不断优化，反欺诈平台应用效果不断提升。2019年累计共实现调查减损超过1亿元。

线上化应用将保险服务圈不断扩大，保险服务链条无限延伸，服务边界从“有界”转向“无界”。未来，我们也会继续推动线上化工作，致力于构建全场景、全连接的线上化、数字化、智能化操作系统，促进保险业务与互联网生态的融合。

专家点评

本案例从项目背景、项目内容、项目意义和项目效果等方面详细介绍了华安保险线上化实践的概况。当下，将保险科技应用于保险营销，进行相关精准营销、线上理赔等内容已经成为各大保险公司较为成熟的业务，很难再有所突破。本案例的改进之处有两点十分亮眼。第一是其平台以微信公众号为载体开展的服务相较于传统保险公司将服务与其私人APP绑定的行为，有助于提升用户好感度和舒适度。第二是其关注于风控领域，这是未来保险科技发展的重要方向，对此，本案例有一定的借鉴意义和指导价值。

华安保险基于自研容器云的 DevOps 实践

◎华安财产保险股份有限公司

一、项目背景

华安保险于 2016 年基于商业解决方案建设了华安私有云（IAAS 云平台），实现“基础设施即服务”，运用云的“按需分配、弹性扩容”特性及能力，为传统业务、互联网业务应用提供了安全稳定的基础设施平台资源，有效支撑及应对此阶段业务快速发展带来的流量冲击。

随着公司商业模式创新、互联网保险及业务线上化进程的不断发展，当前建设的私有云平台在资源管理、应用扩容、敏捷研发、平台扩展等方面已难以支撑业务应用交付和运行，存在如下痛点。

1. 应用部署及扩容时效慢。由于未形成应用程序配置中心（零散存放，甚至写在程序代码中）、应用部署不规范等因素，在应用新建或扩容后，需要较多人工介入调整应用服务配置，导致应用部署时效慢、版本发布用户有感等弊端。

2. 环境不一致问题较为突出。一个应用存在研发、测试、预演、生产等多套环境，不同环境的应用部署、搭建、调试极其耗时且容易出错，环境的不一致，不利于业务的快速上线和稳定性。

3. 资源未能最大化利用。随着互联网保险业务及线上化场景的快速发展，公司业务出现高低峰的时间越来越多，为了保障服务稳定，应用部署运行时不得不按照最高的资源需求来准备虚拟机资源。这就导致低峰时资源存在空闲，由于都是线上业务，难以及时降配或减少应用节点，进而导致资源锁定不能快速释放回收。

4. 应用交付管理方面。一个业务应用交付涉及研发、测试、运维等多个条线的协作，现阶段华安业务应用交付管理流程多为线下人工干预及协作，效率低，时效差，难以支撑和应对业务敏捷创新及线上化需求。

5. 平台扩容成本昂贵。当前私有云平台基于商业版软件建设，每年的软件许可扩容及维保费用是一笔很大的 IT 投入，且由于是商业成熟软件，其在定制化、功能扩展方面存在诸多限制。

为解决上述痛点，公司基于“源于开源、高于开源、自主掌控”的理念，引入容器云、微服务等前沿技术，自主研发建设了容器云 PAAS 平台（简称“天枢平台”），实现“平台即服务”。

二、项目建设内容

（一）规划及设计思路

平台围绕“四层次、三种角色、一个闭环”

的总体建设思路进行规划、设计及实施。

1. 划分“四个层次”。基于业务需求、管理需求，以及对容器云的理解，公司将平台划分定义为四个层次，即基础设施资源层、资源调度层、平台服务层、业务应用层。

2. 联结“三种角色”。将研发、测试、运维三种角色现有契约式任务传递模式变革为各角色之间共同协作模式。

3. 定义“一个闭环”。基于持续集成、持续部署、持续发布、持续监控、持续反馈、持续改进的 DevOps 理念及文化，结合华安研发效能管理模式，定义整个 DevOps 链路为一个闭环。

（二）平台能力及特性

平台基于云原生构建，由“容器云”“DevOps”两部分组成，支持多云（公有云、私有云）、多集群管理，兼容微服务和轻量级中间件框架，具备应用自动发布、秒级扩缩容、智能化运维、及持续集成/持续交付等能力。

1. 容器云能力及特性。华安自研建设的容器云具有如下能力及特色。

（1）可移植。支持公有云、私有云、混合云场景部署及应用。

（2）可扩展。模块化，插件化，可挂载，可组合。

（3）可编排。容器云整合本地私有云、裸金属服务器（物理环境）及公有云资源，将计算、存储、网络、负载等基础设施资源池化，服务模块化，由平台统一编排与调度。

（4）云原生应用。基于 Kubernetes 提供微服务治理框架，有效支撑新一代分布式架构的云原生应用。

（5）应用弹性伸缩。智能监测容器云应用实例 CPU、内存、会话请求、JVM 等性能指标，结合弹性扩展策略，实现容器应用实例自动横向扩展，有效提升服务可用性。

（6）云网融合、互联互通。运用 Calico 网络插件，创新结合数据中心现网 BGP 动态路由协议，实现公有云、本地私有云及容器云网络间直连互通，减少网络传输及转发性能开销。

（7）分布式存储服务。自研建设的分布式存储平台（简称“天璇”）与容器云深度融合，支撑容器云通过接口按需挂载使用 NAS、对象、块存储等多种服务。

（8）可水平扩展的负载均衡架构。容器云兼容商业硬件负载及开源软件负载（ Nginx Ingress），且负载均衡能力支持水平扩展。同时，结合 DNS 泛域名解析能力实现域名解析自动化。

（9）应用模板化。通过 Helm 包管理工具，构建“接口化”的容器云应用发布模板，兼容 Spring Cloud、Spring Boot、Tomcat 等框架应用。

（10）发布中心。自研应用自动发布工具，实现容器云应用“一键部署、一键发布”，且发布过程可视化、流程化，并提供标准 API 接口供其他工具或平台对接。

（11）监控中心。通过 Prometheus、Grafana 构建容器云监控中心，对集群、主机、应用进行多维度的监控数据的采集和可视化展示，为应用的性能调优提供数据支撑。同时，对接企业微信、短信及邮件，实时对集群、应用服务等异常进行预警。

（12）日志中心。支持无侵入式的应用日志采集和集中展示，在定义应用蓝图时，指定应用日志的存放目录和日志文件格式，在部署应用时会自动为应用提供日志 volume，使用 Logstash、Kafka 进行日志采集和传输，支持将采集到日志输送到ES或者第三方日志存储分析工具。

（13）配置中心。建立以apollo与微服务相结合的配置管理中心，集中化管理应用不同环境、不同集群的配置，配置修改后能够实时推送到应用端，并且具备规范的权限、流程治理等特性。

（14）镜像中心。使用开源的VMware Harbor组件构建容器云镜像中心，通过配置镜像保留策略和仓库的同步策略，保证多镜像中心的同步以及空间的有效使用。

2. DevOps支持能力。

（1）DevOps工具链。集成Jenkins、Maven、Gitlab、Harbor、SVN、Junit、Jmeter、ELK等工具，支撑应用持续集成/持续交付。

（2）应用流水线交付。提供自定义CI/CD流水线工作链，结合专有镜像仓库，为企业构建DevOps环境。

（3）研发运维一体化。灵活的、可自定义的DevOps工具及模块，打通及整合应用的开发、测试和运维流程，实现应用交付线上化、流程化、自动化。

三、项目推广及运营成效

平台于2019年3月上线。截至目前，平台在业务应用容器化、敏捷研发落地推广方面取得较好成效，同时，该项目荣获2019年度“中国保险行业信息化突破项目奖”。

（一）业务应用容器化方面

1. 核心业务应用容器化。目前平台已承载公司核保工作台、理赔工作台、核保子系统、银保运营、云影像、云视频等“20+”套核心业务应用，上百个微服务稳定运行。通过一年多的持续推广，华安业务应用容器化比例超过30%。

2. 提升资源利用率。虚拟机对比容器从底层架构额外增加了操作系统层，容器直接利用宿主机的系统内核，避免了虚拟机启动时所需的系统引导时间和操作系统运行的资源消耗。同时能在几秒钟之内启动大量的容器，对比虚拟机，容器具有快速启动、低系统资源消耗的优点。

同比虚拟化平台，应用容器化后，将节省40%～50%基础设施资源，且应用部署密度大幅提升。

3. 提升应用部署效率。传统虚拟机应用部署不仅需要安装操作系统、中间件、应用依赖环境等，还需要网络、负载均衡、安全策略、存储等多种资源同时进行配置与对接才能实现应用环境部署，多套环境还需要重复进行操作，整套应用环境部署耗时平均2小时或以上。

容器云平台应用基础镜像包含统一的操作系统环境以及应用运行环境，直接调用就可实现快速部署，同时容器云整合底层网络、存储、负载均衡等资源，通过平台统一模板配置，实现基础资源与应用快速分配与对接，简化配置流程与操作。

同比虚拟化平台，应用容器化后，其部署时效将由小时级缩短至分钟级。

4. 应对海量并发业务。基于容器集群秒级弹性伸缩特性，有效应对海量并发流量对业务系统带来的压力。

5. 灾备中心应用一键部署。基于容器镜像一次打包、随地运行的特性，将构建一条云上、云下的混合云通道，助力公司当前正在实施的云灾备项目已容器化应用“一键容灾部署”。

6. 成本节省。同等规模下，华安自研方式建设（内部人力投入125.2万元）的容器云平台同比外购商业软件建设（预估投入“300＋”万元，含 DevOps 开发与对接）模式节省约 174.8 万元，功能更丰富，无厂商绑定，无后续维保与软件许可扩容成本。

平台推广应用后，将承载公司大部分私有云平台业务应用，每年可为公司节省商业版云平台许可扩容及原厂维保费用 125 万元。

（二）代码不停，交付不歇，敏捷提升研发效能

依托平台 PAAS 服务能力，融入 DevOps 理念，对研发、运维全链路线上管理工具群进行了整合，打造“一站式”应用交付管理模式，敏捷响应业务需求，助力业务应用“端到端”价值交付，构建研发运维新生态。可用如下数据来反映华安敏捷研发落地及推广应用的成果：

1. 代码提交次数。平均 128 次/工作日。
2. 代码扫描次数。平均“700＋”次/周。
3. 应用构建次数。累计“8000＋”次。
4. 应用发布次数。累计“10000＋”次。
5. 应用构建时效。线上化编译打包、构建，统一管理，打包编译时效由线下平均 30 分钟缩短至 5 分钟。
6. 应用交付效能。通过平台构建设计的 CI/CD 流水线，实现应用持续集成与交付，研发效能整体提升 30% 以上。
7. 应用交付模式。一站式、自动化、线上化、流程化。

专家点评

本案例从项目背景、项目内容、项目意义和项目效果等方面详细介绍了华安保险基于自研容器云的 DevOps 实践的概况。伴随保险科技的不断发展，中国保险市场中涌现出了大量的保险科创公司，为保险科技的进一步应用进行了大量而卓有成效的创新。然而对于保险科创公司而言，一个重要的问题在于其不具备成熟的基础设施，这限制了其发展能力。而对于市场而言，参差不齐的基础设施诞生出不同标准的产品，对市场的应用和联动造成了不少的麻烦。本案例所体现的基础设施平台建设对于解决这一保险市场问题有很好的借鉴指导意义。

鼎和财险数字化中台驱动公司转型

◎鼎和财产保险股份有限公司

一、项目概述

按照公司数字化转型战略部署，鼎和财产保险股份有限公司（以下简称鼎和保险）在2019年下半年启动了互联网业务中台建设项目，秉承“以客户为中心，持续规模化创新，提升用户响应力”的目标，遵循“厚中台，敏前台，稳后台”的理念，建设了以数据驱动、技术驱动的数字化业务中台。技术层构建了“平台化、共享化”的新一代技术架构，业务层以客户为中心，面对用户层链接各种出单应用，满足客户在线快速报价，智能核保出单，适应移动互联网时代高并发、高频、碎片化场景，主要上线了产品中心、商品中心、渠道中心、规则引擎、订单中心、数字化服务、智能问卷、搜索中心、保单中心、接入中心等子系统，实现了产品的快速上架、渠道的标准化管理和快速接入，实现了以客户为中心的快速检索服务，满足业务发展的创新需要，旨在通过先进的技术架构和“理念+敏捷”的运营模式和体系，在“降本、增效、创新”等维度提升企业运营能力。

二、项目背景及意义

（一）项目背景

近年来，保险科技日新月异，为持续推动财产保险业向高质量发展转变，银保监会下发了《推动财产保险业高质量发展三年行动方案（2020—2022年）》，支持财产保险公司制定数字化转型战略，加大科技投入，提高数字化、线上化、智能化建设水平。到2022年，主要业务领域线上化率要达到80%以上。

为积极应对挑战，鼎和保险积极进行转型。王晓锦董事长指出：公司数字化转型战略要以线上化、数据化和智能化为经，打造核心市场竞争力；以生态化和平台化为纬，建立基于能源产业价值链和能源生态系统的批量获客和平台获客模式，快速扩大业务规模，提升市场占有率，加快向“科技驱动型险企”转型。

（二）公司现状

为响应公司数字化转型，信息部从业务和技术维度分析了信息化建设现状，基于此提出了解决方案，建设“以技术驱动、服务共享”的新一代架构的数字化中台来支撑业务发展，作为数字化转型的突破点。

1. 业务上的痛点。

（1）线上化产品从提出需求到上线周期长，不能得到及时响应，产品推出慢，容易丢失市场商机；

（2）与第三方渠道无法实现快速对接；

（3）不同场景差异化的组合产品销售无法

实现灵活组合，产品频繁调整工作量大，影响核心系统的稳定性；

(4) 业务逻辑都在核心系统实现，无法支撑互联网高并发、碎片化的场景；

(5) 数据割裂，以保单为中心，查询效率低，无法很好地提供客户服务。

2. 技术架构上的壁垒。

(1) 传统架构灵活性及兼容性较低，应对互联网模式下的需求响应效率偏低；

(2) 各业务系统相互孤立，缺少功能层面的整合，重复开发，成本高；

(3) 系统配置化、自动化不足，维护成本高；

(4) 缺乏相关管理工具和手段，不具备弹性的资源管理，很难准确评估未来资源需求，造成资源浪费。

三、项目重点解决的问题及主要创新点

项目主要解决业务上产品上架周期长、渠道接入慢、创新支撑弱，技术上重复开发成本高、部署发布效率低、无统一标准等问题。

（一）技术架构升级，提升支撑响应力

1. 采用可灵活扩展的微服务架构，构建“平台化、共享化”的新一代技术架构，将共性业务抽象，逻辑解耦，以服务为中心，解决以往传统架构无法支撑互联网化场景及重复开发问题。

2. 建设统一的企业级日志采集 ELK 平台，解决以往日志分散、检索日志困难问题，给故障处理、问题定位提供更好的支持。

3. 通过私服统一管理公司内部封装的 jar 包，达到公共依赖统一化。

（二）高可配置化的产品中心/商品中心

新建企业级高度可配置可视化的产品引擎和商品中心，无须开发即可 2～3 小时完成投保页面配置生成出单链接，产品上线工作减少了 60%，开发成本降低了 90%。

（三）统一渠道中心

1. 建设统一的标准网关作为鼎和企业级公共的外部接入平台，提供统一的权限管理、多种加密机制，保证接入的安全；提供精准的流量控制，让服务安全可控。

2. 提供统一的渠道管理及标准 API 接口，产品配置完成可通过标准 API 接口直接出单，解决渠道对接慢的瓶颈。

（四）数字化服务能力提升

提供轻量级规则引擎，高度可配置化、可视化规则，可快速配置产品自动核保规则及智能问卷，提高了核保时效，减少了人工处理成本，做到了风险可管控。

提供统一的数字化处理服务，解决以往核心系统直接对接外部渠道无法支持大并发的“瓶颈”问题，支持中台前置完成保单生成，数据异步机制批处理到核心系统，以支持互联网高并发数据处理。

（五）高性能的搜索中心

轻松支持百万级数据的存储和检索，实时同步数据，解决以往客户数据只能“T＋1”查询及查询效率低下的问题。

（六）容器云平台——运维\开发能力提升

通过容器云平台的标准化流程及自动化能

力，实现了应用快速发布，有效提升了资源利用率，降低了资源的浪费。主要提升点如下：

1. 规范流程。全面集成 K8S，发布流程标准化。

2. 敏捷开发体系。提供代码构建、镜像打包、服务快速部署、负载均衡等多种持续交付工具链，加速应用的快速迭代和上线。

3. 弹性伸缩、自动扩缩容。实时健康检查应用及容器节点的各项指标，通过智能化分析对计算节点进行弹性扩缩容，强大的资源调度能力极大减少了资源的浪费。

4. 自我故障修复能力。拥有智能的故障诊断和定位功能，通过健康检查发现故障后可实现的自我修复，保证线上业务不中断。

5. 监控体系。应用、主机、实例、日志、K8S 集群等全链路监控，出现故障及时修复。

四、项目主要建设内容

项目建设采用敏捷迭代模式，主要功能包含产品中心、商品中心、渠道中心、模板管理、保单中心、订单中心、智能核保、接入中心和搜索中心等模块，通过互联网中台，灵活接入各类第三方互联网平台，实现在线快速出单、批改、一键续保、批量出单等数字化能力，为客户画像、精准营销、场景嵌入等环节创新提供有力支撑。

（一）搜索中心

采用 Elasticsearch 搜索引擎，通过非结构化数据存储关键信息，以宽表形式存储，在核心承保、理赔系统关键节点比如承保、批改、理赔埋点服务，将鼎和保险的车险/非车险的保单、批单、赔案各节点数据实时推送到中台搜索中心，提供秒级数据更新的高性能服务，同时支持多个搜索集群动态扩展，实现客户保单、批单、赔案的快速检索。解决以往客户数据只能“T＋1”查询及查询效率低下的问题，在用户体验上做了较大的提升。

以客户为中心维度提升用户体验，提供客户全视角的保单、批单、理赔的信息查询，结合家庭保险账户的应用，构建以家庭为单位的全新用户关系，通过添加亲友，连接家中长辈、子女、配偶，可快速查询到家庭单位下的所有保单及订单数据，实现“一个账户”满足全家保障需求，满足会员深度需求，让会员对保险服务感知变得更轻松、更便捷、更全面，为保险消费带来更优的体验。

（二）产品中心 & 商品中心

通过自动化同步核心产品工厂的基础条款数据到中台的产品中心，将产品分类及产品层级关系基础数据同步，页面的投保要素关键字段预置，费率表配置管理。

在商品中心实现灵活化配置能力，提供互联网产品的页面组装服务、产品基础模型服务、商品的上下架及发布等服务，可对非车险产品包括意外险、家财险、责任险、医疗险等的产品规则及产品模型进行管理。具备组合产品能力，基于已有单险种产品可灵活搭配组合新产品，可灵活设置投保要素以及投保要素默认值，配置后前端可自动生成投保页面，可自动生成相关产品展示，投保接口供前端系统调用。同时，对于某些技术较为薄弱的渠道，可提供 H5 页面链接的方式对接完成产品展示、在线投保等功能操作。客户可通过生成的投保页面快速投保，解决了以往新上线产品需要定制化开发、上线速度慢的问题，实现了微信公众号、微店、官网、第三方

APP 等多渠道的快速投保，以满足业务快速发展的需要。

（三）规则引擎

采用轻量级规则引擎，可视化配置投保及核保的规则，以满足投核保规则校验的要求，可界面灵活对商品做规则设置，并能加入规则校验管控，对于不同用户、不同场景的业务规则，支持差异化规则配置管理。针对医疗险的问卷开发智能问卷配置功能，通过界面配置各类不同的答题模式，答案设置及流程管控，系统可通过客户在线投保的问卷调查结果自动完成智能核保判断，对于核保规则设置不可继续投保的条件限制继续投保，做到风险管控的同时降低了人工核保成本，提高客户在线投保效率。

（四）统一网关

统一的网关主要负责请求接收、接口管理、协议转换、系统规则校验，并可进行服务监控管理，应对大流量的互联网渠道对接平台，能够做到限流、分流、鉴权等，保证接入的安全。

网关目前已作为信息部统一标准平台投入使用，解决以往各系统分散对接外部渠道、重复开发以及安全问题，建设了信息部统一标准，实现了对外接入接口的统一管理。采取身份认证及权限控制，提供多种加密方式进行数据的加密和安全性的校验，支持对称性加密/非对称加密；提供 IP 白名单过滤，对无法匹配的 IP，拒绝访问请求，保证了合作伙伴接入系统的安全性。进行流量控制限制，控制请求压力，压力过大时可以自动进行排队处理机制防止请求过载。

（五）渠道中心

统一的渠道管理具备迅速的业务接入能力，通过统一的标准化接口接入前端，包括官网、微信、APP、第三方经纪、代理、合作伙伴等，对外提供了统一的渠道对接接口，标准化报文规则配置、报文转换，保证多数据模型的情况支持多渠道的接入，接入方和被接入方无须修改自己的数据模型，实现快速可配置化的与渠道对接。

提供渠道统一信息管理、接入配置，含接入协议、接入渠道、接入方式、接入鉴权、不同维度的手续费管理和对账管理等服务，各类接口报文的匹配和自适应，以实现和外部渠道的快速对接和简化系统的对接。

（六）数字化服务能力提升

1. 从烟囱式架构向中台服务架构转变，以服务为中心进行拆分，目前已抽离出统一的保费计算、订单处理、渠道接入、承保出单、电子保单、电子发票、客户通知、在线批改、在线理赔、统一支付等共享服务。解决以往一个大服务下，在支撑业务创新时存在“瓶颈”，需要反复开发改造的问题，共享式服务可以根据用户的需求灵活定制组装不同的用户功能，更好地支撑业务创新。基于此思路，将逐步围绕业务场景识别公共服务，构建微服务共享库，以微服务方式供企业间调用，通过不同业务编排方式，快速构建个性化业务场景的应用，丰富鼎和保险“业务大中台”。

2. 升级系统间交互处理，采用消息机制，将消息请求暂存至消息池中，平台引擎根据请求的时间及优先级进行处理，同时避免消息请求后无法及时处理造成的交易丢失，提升系统的稳定性，解决交易的积压和响应“瓶颈”。

（七）基础能力建设

1. 统一私服。搭建统一私服平台，更好地通过私服统一管理公司内部封装的 jar 包，达到公共依赖统一化，解决以往内部各业务系统 jar 包分散维护在自有项目下版本管理混乱的问题，方便公司内部对 jdk 的管理，方便后期的维护。此次以中台搭建私服为始逐步已应用在其他项目，目前已逐步扩展到内部其他系统接入使用。

2. 统一日志平台。采用 ElasticSearch 搜索引擎，采用 Logstash 进行日志采集，采用 Kibana 进行可视化分析，三个开源组件结合搭建了信息化统一高效的日志收集和分析平台，解决以往日益复杂的内部信息系统下各个模块开发人员存储日志分散、打印日志格式不统一、定位查找问题困难的问题，通过高效、灵活的日志存储和分析方式、多维度展现方面，给故障处理、问题定位提供更好的支持。

3. 统一部署发布平台。通过建设的容器云平台，实现了持续集成一键部署，实施监控应用各节点指标，通过智能化的分析，计算节点进行自动弹性扩缩容计算所需机器与应用部署的数量，具备强大的资源调度能力，避免资源过度分配浪费；通过全链路的监控包括主机、服务、调用的链路等以及智能的故障诊断与定位功能，对应用系统快速定位异常类型与来源进行自动修复。目前，此平台通过中台的应用实践推广，已在鼎和保险内部逐步应用到其他核心业务系统，且运行稳定。

五、项目效果

数字化中台项目作为一个技术支撑类项目，在公司的业务效应体现上是随着业务的逐步拓展应用呈线性增长模式扩大的，目前主要成效体现在以下方面。

（一）产品的上市速度的提升

以往公司开发一个产品需要一个月时间，并且需要做大量定制化程序开发，通过数字化中台搭建初始模型，2～3 小时即可完成投保 H5 页面配置，支持最快 3 天内产品快速上架，无须开发即可生成投保界面，满足市面上 99% 以上投保流程配置。利用产品引擎和商品中心通过所见即所得方式配置产品和商品，产品上线工作减少 60%，效率大幅提升。

（二）渠道接入效率的提升

渠道接入层面可实现产品配置完成即可通过 API 接口直接出单，大部分渠道接入时间小于 1 周（通过标准接口），特殊渠道接入时间小于 3 周（配置方式），100% 支持客户开展互联网业务。同时可以通过配置出单链接嵌入第三方渠道、官网、微信、APP 等各种场景，实现无缝接入，直接触达客户。

（三）客户体验的提升

以客户为中心维度提升用户体验，解决原有客户业务数据无法完全整合管理，难以满足以客户视角关联的业务数据分析、查询等场景的痛点，将客户数据整合到客户统一管理平台，实现一个客户一个 ID，实现对客户全生命周期管理及客户关系管理，由原来的“T＋1”查询提升为可实时查询客户全视角的保单、批单、理赔的信息，构建以家庭为单位的全新用户关系，可快速查询到家庭单位下的所有保单及订单数据，实现“一个账户”满足全家保障需求，致力于构建销售服务一体化的业务体系，为保险消费带来更优的体验。

（四）信息化标准化统一

以中台为基础建立了信息部架构统一规范，建设了企业级统一的公共平台，改善了原有架构管理不规范、缺乏相关资源管理工具和手段、缺少技术手段等问题，实现服务模块化、标准化，部署运维自动化，通过组件化的微服务架构，通过技术手段自动化部署和弹性资源管理，对资源需求量进行更准确的预估，在部署和数据库发布效率上提升60%以上，节约硬件成本，节约26%的人力弹性扩容支持阶段性大型活动，实现应用快速发布，提升了应用系统交付的速度和敏捷性，更好地满足业务不断创新发展的需求。

（五）成本降低

1. 减少了重复开发，通过配置生成出单页面，产品开发成本降低90%。

2. 通过自动化处理手段引入轻量级规则引擎，采用智能核保，减少人工核保件数，大大降低核保的成本。

3. 通过标准化接口对接，减少重复接口开发成本，对于开发能力较弱的渠道，中台提供出单链接无感嵌入渠道方，极大提高和渠道的合作效率，同时减少渠道方的开发成本。

（六）对创新业务的支持

以服务共享的方式建设数字化中台，借助微服务的组件化特性，将共性业务抽象，逻辑解耦，数据隔离，以服务为中心，支持服务能力扩展，将一些公共的比如保费试算、保单承保、电子保单、电子发票、在线批改等服务抽离为一个个共享组件，提供多种开放的应用开发组件。一是解决了传统核心系统烟囱式的重复开发、相互耦合过强不能快速支持创新业务问题；二是通过微服务解耦业务系统的各个业务功能，可以根据用户的需求灵活定制不同的用户界面与具体功能，更快速地响应互联网时代瞬息变化的环境下业务模式的创新。

六、总结

未来将以互联网中台为基础，从业务价值上，将科技的发展与创新应用于保险的全流程，持续优化承保经营效率及用户体验，进一步优化业务结构，加强成本控制，使公司在业务创新、数字化运营、降本增效、风控合规等环节提升业务竞争力，以科技驱动数字化转型，助力业务高质量发展。在“全面融入互联网+时代”战略的背景下，以推进产品创新、服务创新、模式创新和管理创新为数字化转型目标，未来依托互联网中台的线上产品快速上架、客户在线承保、一键续保、批量出单、统一渠道接入能力等方面实现保险服务数字化升维，成为推动互联网业务高质量发展的中枢大脑，为客户画像、精准营销、场景嵌入等环节创新提供有力支撑。结合互联网中台的高扩展性，未来将服务价值链延伸到南网上下游企业生态链等各类生活服务场景中，构建多变互联网生态圈，打造全流程线上服务模式的一站式综合服务平台，充分赋能业务发展，全面支持公司高质量发展和战略转型。

专家点评

鼎和财产保险股份有限公司的数字化中台驱动公司转型项目，主要建设了“以技术驱动、服务共享”的新一代架构的数字化中台。该项目既响应了国家关于保险公司制定数字化转型战略的号召，又充分考虑了其自身在业务上痛点的实际情况，具备较好的实践性和可操作性。该项目作为一个技术支撑类项目，促进了产品上线速度、渠道接入效率与客户体验的提升，推动了信息化标准化统一，降低了公司的运营成本，并且对自身创新业务提供了强大的支持，具备良好的经济效益。公司应当进一步延伸数字化中台，最终打造全流程线上服务模式的一站式综合服务平台，使得“降本、增效、创新”真正落实到各个环节，推动公司在保险数字化时代实现高质量发展和全面战略转型。

华泰移动门店管家

——构建华泰专属门店线上服务生态圈

◎ 华泰财产保险有限公司

一、项目概述

专属代理 EA 渠道（以下简称 EA）是华泰财险重点渠道之一，其秉承为渠道赋能、打造门店的核心竞争力宗旨，以门店“发展能力”为核心维度，重点在 EA 渠道展业和经营管理方面进行数字化建设，构建华泰财险专属门店线上服务生态圈，实现为 EA 门店的全面赋能。

二、项目背景及意义

（一）项目背景

专属代理 EA 模式（英文 Exclusive Agent 的简写，意为专属代理人），是指保险代理人只代理销售一家保险公司产品并提供相关服务的商业模式。EA 模式以门店为组织形式，在保险公司书面授权下，由个人申请设立个体工商户或个人独资企业，并与被代理保险公司签订专属代理合同。

EA 模式起源于美国，目前采用这种模式的有 State Farm（州立农业）和 All State（好事达）、安联保险公司等。在中国境内，华泰财险率先开启 EA 模式，根植于社区，并以门店为载体，在全国范围内开设的 EA 门店已超过 5000 家。

EA 模式的核心优势在于代理人将保险公司的服务带到了消费者的身边，EA 模式是基于人际信赖关系面向社区家庭构建起来的。但随着互联网的发展，单独线下发展的 EA 模式逐渐受到冲击，且简单的线上承保功能并不能满足门店经营的诉求。这种情况下，就需要建立线上服务的生态圈，线上为门店提供优质的客户资源及服务客户的途径，提升 EA 门店营销范围与服务效率，结合线下门店与客户的面对面交流，增强信赖感，满足日益多样化的客户服务需求。

（二）项目目标及收益

华泰财险建立门店线上服务生态圈，实现了运营服务与科技的有效结合，为专属独立代理人（EA）和社区客户带来智能化、电子化、自助化的服务，提升 EA 门店各项服务能力，有效降低门店运营成本，促进门店成长。

三、项目重点解决的问题及主要创新点

（一）项目设计理念

移动门店管家通过线上生态圈模式，使店主可以轻松触达客户，把展业过程中各环节进行串联，形成业务闭环。如图 1 所示。

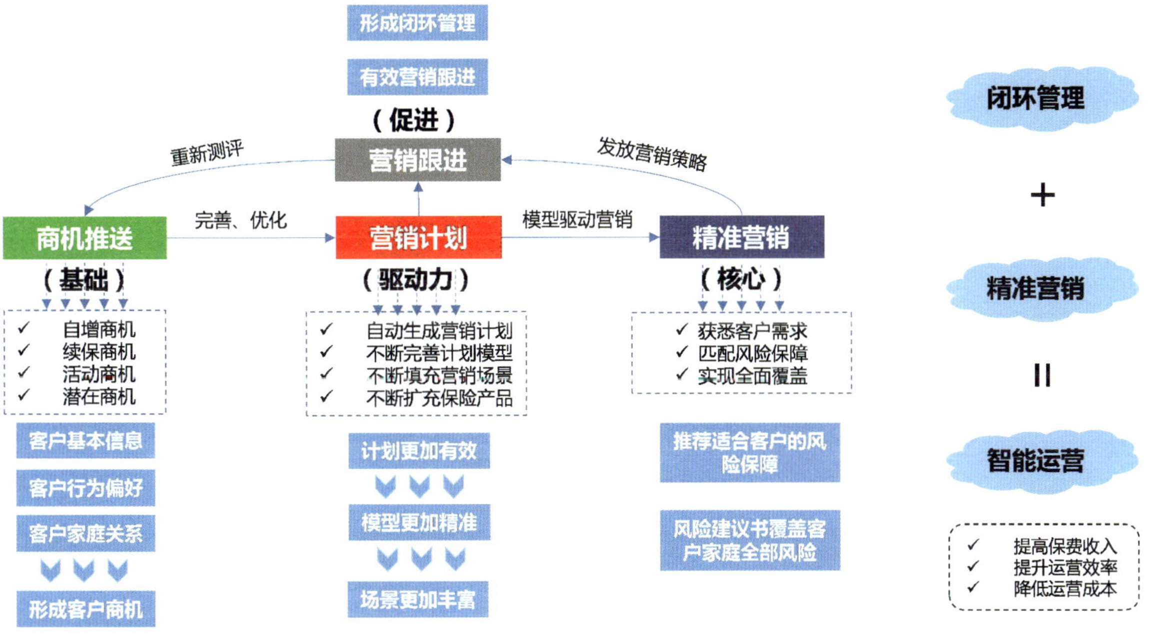

图 1　移动门店管家线上生态圈模式

通过大数据平台提供客户基本信息、行为偏好、家庭关系等数据，经过模型分析，形成各类商机，包括自增商机、续保商机、活动商机、潜在商机等，给店主提供销售线索。

系统自动匹配营销计划，引导门店日常经营行为，逐渐规范门店销售动作，使 EA 门店成为可复制的经营模式。在这个过程中，不断打磨营销计划模型，丰富营销场景，扩充保险产品，使计划更加有效，模型更加精准，场景更加丰富。

客户数据经精准营销模型分析，为门店智能推荐适合客户的风险保障，全面覆盖客户家庭全部风险，并匹配营销策略，促进店主对营销计划进行跟进。

系统自动根据营销跟进结果对商机进行反馈，重新测评商机数据，不断完善和优化模型。

为进一步拓展门店营销范围，在华泰财险服务号搭建门店线上微店，延伸门店获客范围，提升门店客户质量，并通过提供丰富的线上服务功能提升门店服务水平，提升用户体验，并结合 EA 模式把客户引流到线下门店，进行更个性化的客户服务，实现了保险服务的 O2O 闭环。如图 2 所示。

（二）项目解决方案

华泰财险专属门店线上服务生态圈是由移动门店管家、掌上微店两套系统解决方案有机结合而成的，实现了互通融合。

移动门店管家是一款专为 EA 店主设计的移动端销售管理 APP，它集客户管理、商机管理、营销支持、线上出单、理赔查询、客户服务和学习培训等门店日常运营的方方面面，是移动端一站式解决方案，能够有效帮助 EA 店主随时随地管理客户信息，实现商机资源集中管理，对不同客户的多样化需求提供个性化、专属化的产品与服务。

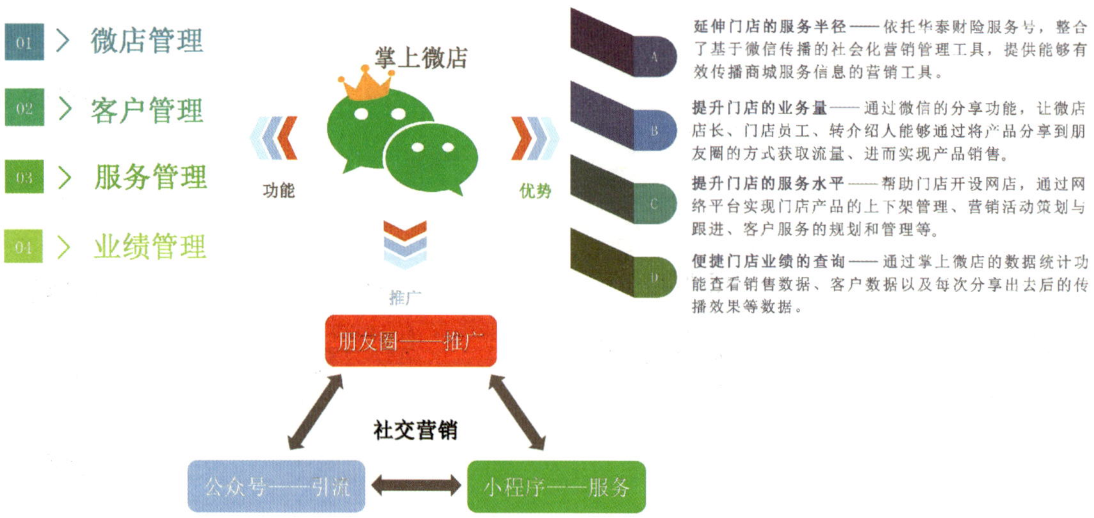

图 2　移动门店的拓展模式

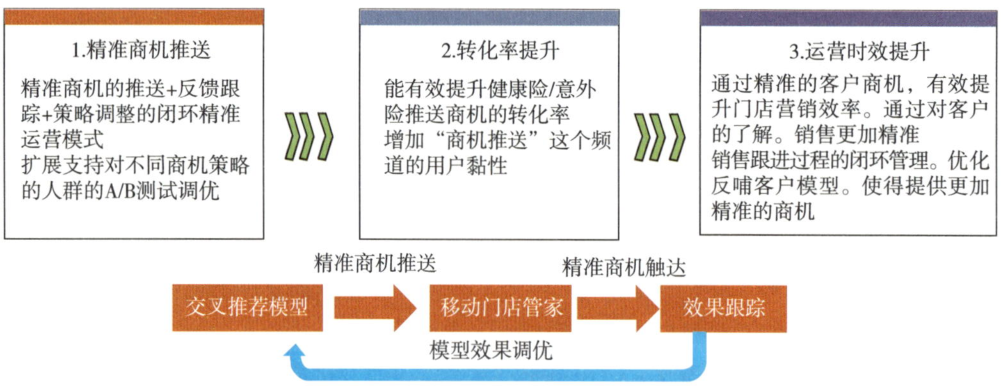

图 3　通过掌上微店引导和规范店主的营销行为

掌上微店是华泰财险基于EA门店推出的线上微门店，能够让社区客户足不出户享受门店的线上服务。社区客户在线能够轻松实现保险产品咨询、购买，联络门店报案、申请救援及申请保险理赔等功能。同时基于根植社区的EA门店，也可针对客户在线上微门店提交的保险需求提供线下的保险咨询，线上与线下相结合，为客户提供全场景、全方位的保险服务，使客户买到真正适合自己的保险产品。

掌上微店定位是客户线上自助服务平台，通过大数据平台分析客户行为、模型分析，形成各类商机，推送到移动门店管家，为门店提供有效的销售线索，辅助门店日常运营。

（三）项目主要创新点

1. 引导及规范门店日常经营行为。从大数据平台提取客户数据，形成客户画像，形成各类商机，推送给门店，并匹配营销计划及相应的营销跟进策略，不断引导并规范店主日常营销行为。如图3所示。

2. 为门店提供社交营销平台。基于华泰财险服务号的掌上微店，依托微信社交网络，构建新型人际关系业务转介绍人网络，挖掘和获取潜在目标客户，延伸门店的服务半径，提升门店的业务量和服务水平。如图 4 所示。

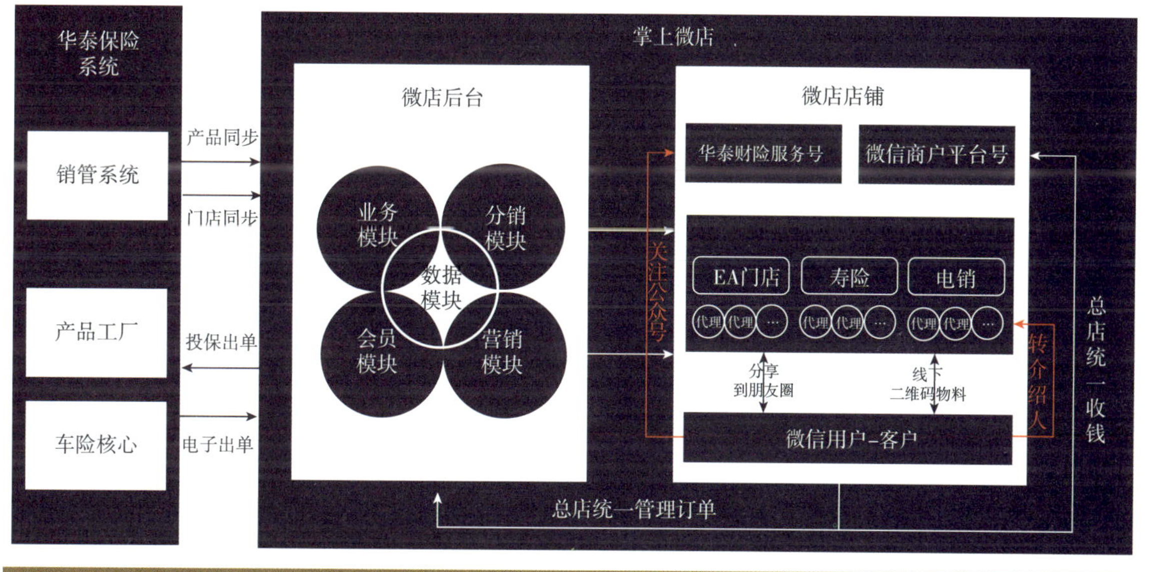

图 4　通过掌上微店提供社交营销平台

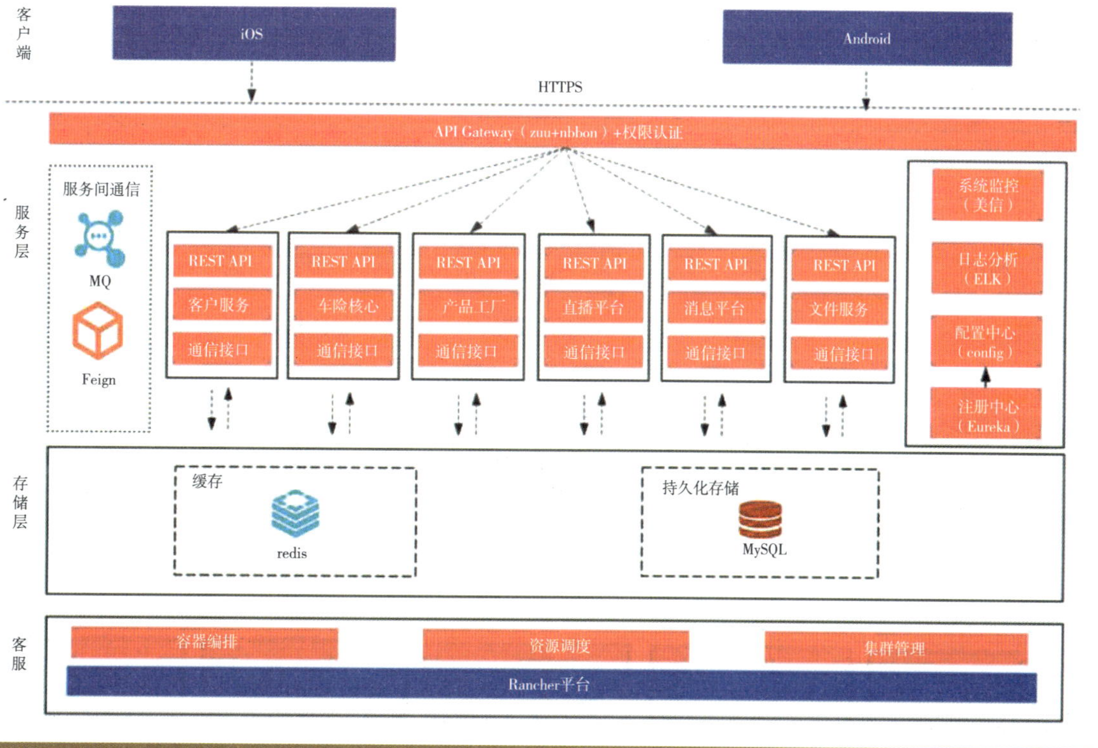

图 5　掌上微店的应用架构

四、项目主要建设内容

（一）技术方案

1. 应用架构。门店移动管家以客户管理和商机管理为核心，周边辅以出单、直播培训等服务。如图5所示。

2. 开发平台。

（1）持续集成。采用DevOps持续集成，把开发、测试、发布、部署的过程整合，实现高度自动化与高效交付。在整个交付过程，最大限度地规避风险，降低代码的出错率，高质量地完成版本发布，大大地降低了运维成本。如图6所示。

（2）版本控制。搭建统一的Gitlab平台。按照公司统一的Gitflow分支工作流管理规范 。并使用Merge Request作代码评审。统一Nexus制品库管理平台，同时采用双机热备的高可用方案。对制品发布设置相关审批机制和分级规范。

（3）项目管理。使用统一的JIRA项目管理平台。建立可复用的流水线方案，通过问题状态的扭转实现各平台环节的自动触发。其中使用了JIRA的Webhook，开发中间服务分别调用Git、Jenkins的API。

实现创建JIRA问题的同时，自动创建feature分支。

实现从feature分支合并到develop分支时，自动关闭JIRA问题，为开发完成并启动Jenkins自动编译部署。

实现在JIRA创建UAT任务问题时，自动创建release分支。新建JIRA的UAT主任务，测试问题作为子任务。关闭主任务的同时，自动Jenkins的构建。主任务可进行多次变更，多次部署。

JIRA发版，触发Jenkins自动将测试环境的镜像推送到生产进行发布。

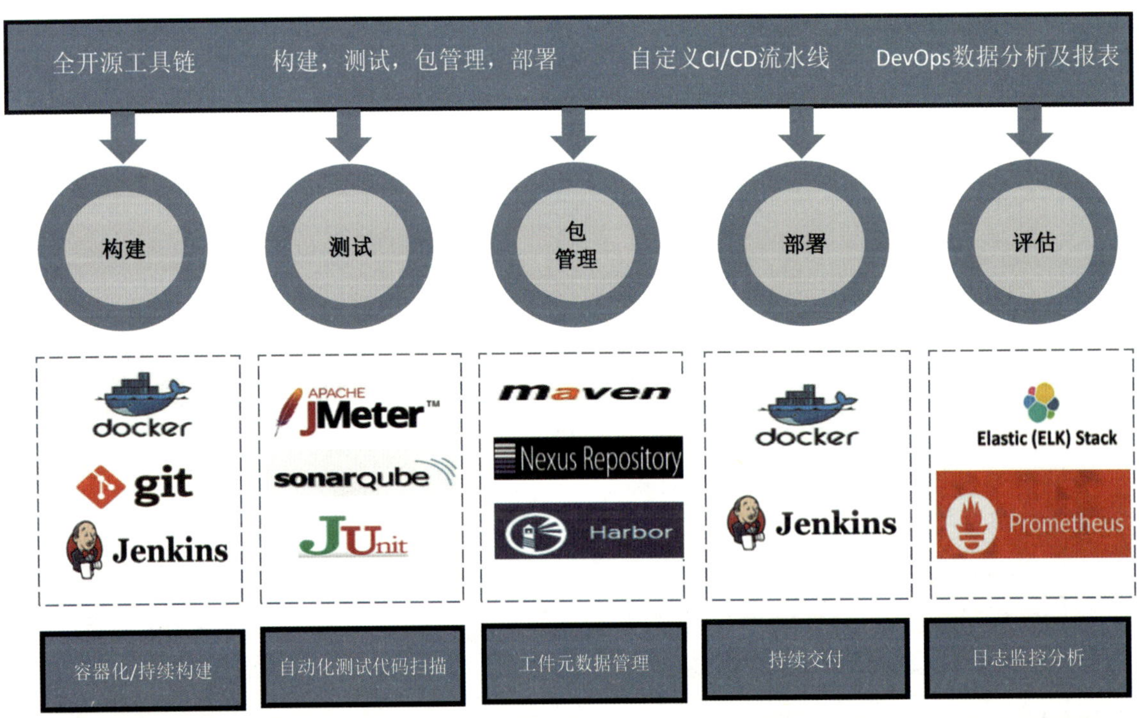

图6　开发平台的集成整合功能

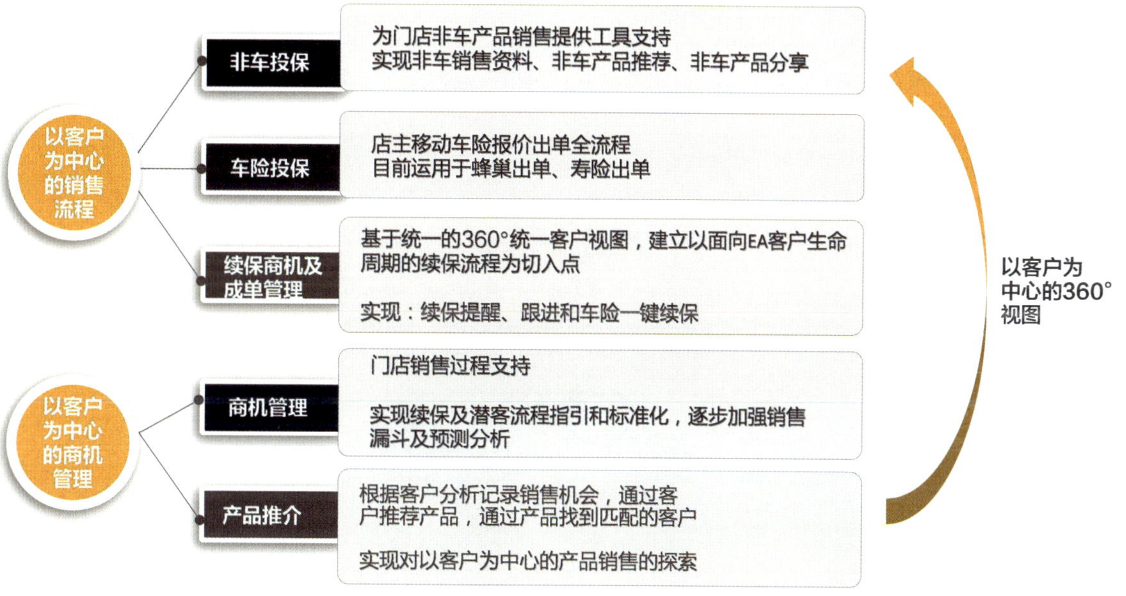

图 7　移动门店管家的功能

3. 数据实时互通。移动门店管家与掌上微店无论在数据上还是在操作上已经实现相互融合，整合成业务闭环。客户从掌上微店浏览保险产品后，系统经过大数据分析，将高购买意愿客户以潜在商机形式推送给门店管家，让店主了解客户意向。店主也可在门店管家中与使用掌上微店的客户进行在线沟通，为客户答疑解惑，促成出单。客户在掌上微店购买保险后，门店管家实时接到通知，告知店主进行售后服务。移动门店管家与掌上微店通过技术支撑，提供客户良好的感受，提升服务体验，深受门店的喜爱。

（二）重点功能介绍

华泰财险移动门店管家的功能建设围绕以客户为中心，搭建商机管理、客户管理功能，并通过精准营销模型辅助营销计划的执行。如图 7 所示。

掌上微店管理后台功能架构，共分为首页、订单、会员、销售、财务、分析六个模块。根据不同权限展示不同功能。实现对客户的触达、社交营销平台、业务分析。如图 8 所示。

五、项目成果

截至 2020 年 8 月，掌上微店开店数量 1 万多家，服务客户近百万人。

店主通过移动门店管家经营管理客户数据达 1000 多万人，实现 EA 渠道客户全覆盖，推送商机近千万次，推送高价值客户占比 20%，移动报价次数占比 40% 以上，门店覆盖率达到 99% 以上，日活 90% 以上。

六、总结及展望

华泰财险通过 EA 模式创新与技术、服务创新，为科技赋能的 EA 门店创造客户价值提供有力支持，门店线上生态圈的构建有效地促进了门店的发展。作为华泰财险开展 EA 渠道业务的重要载体，移动门店管家和掌上微店为公司渠道经营发展战略转型提供了强有力的支持和保障。

（一）高效经营客户

智能分析客户保险诉求，智能匹配保险方案，赋能门店，使其高效经营客户，关怀客户，为客户提供更便捷的服务。

（二）门店线上与线下经营充分融合

通过线上与线下结合的方式，引导门店经营行为，以客户为导向，提供覆盖产寿健养一站式保险服务。

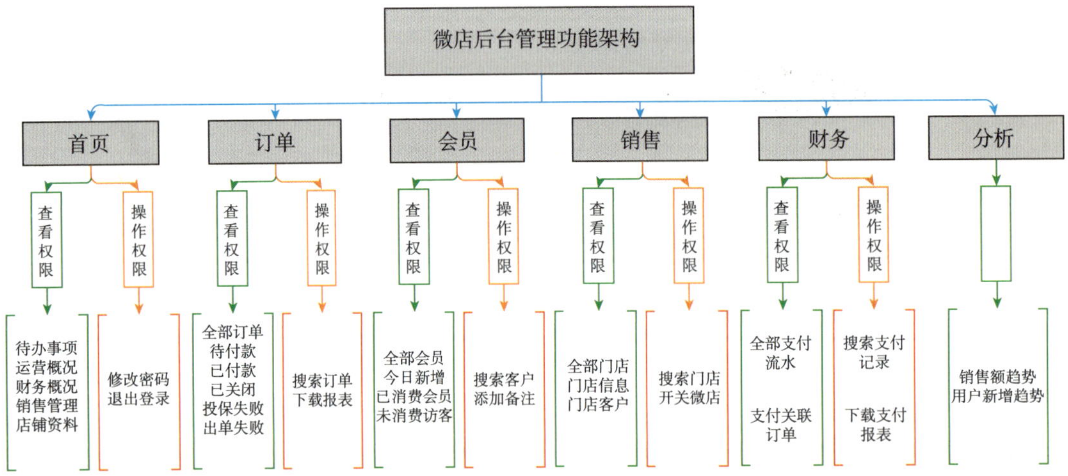

图 8　掌上微店管理后台功能架构

专家点评

华泰财产保险有限公司的移动门店管家项目，实现了科技与运营服务的有效结合。该项目能够为专属独立代理人和社区客户带来智能化、电子化、自助化的服务，从而有助于提升 EA 门店各项服务能力，有效降低门店运营成本，促进门店成长。从项目意义来看，该项目能够推动公司高效经营自身客户，使得线上线下门店融为一体；从项目成效来看，该项目具有服务客户群体多、覆盖面广等特征。总体而言，该项目为公司渠道经营发展战略转型提供了强有力的支持。其通过科技与信息化基础设施建设，打造专属门店线上服务生态圈，从而最终推动精准保险营销和高效客户管理，具有一定的代表意义，值得广大保险公司借鉴与学习。

安心保险基于流计算的 CRM 系统

◎安心财产保险有限责任公司

一、项目概述

如今互联网已改变了人们的生活方式，众多产品销售已逐渐从线下转变为线上，用户在购买产品时越来越追求便捷、高效，因此，通过交易过程实时获取客户信息已变得十分重要。为此，安心保险研发了基于流计算的 CRM 系统，该系统可实时获取客户信息，并可在事后对客户信息进行整合、分类和归纳，从而方便对客户信息进行标签化，形成客户画像，帮助运营商为客户提供精准服务。

二、项目背景及意义

在当今大数据时代，各公司都非常重视数据资产，特别是将客户数据作为重点管理内容。各行各业都建设了以客户为中心的客户关系管理系统（简称 CRM 系统）。大部分公司的 CRM 系统属于事前 CRM，即先收集完备的客户信息，然后再与客户建立业务关系，属于非实时 CRM 系统。这类系统虽然属于以客户为中心的 CRM，但是建立业务关系前增加了客户操作的复杂度，容易造成客户流失。

安心围绕“简化交易、实时计算、事后整合”的建设思想，解决在交易过程中获取客户信、实时准确了解客户的问题，在 2019 年启动了基于流计算的 CRM 系统的项目建设。通过该系统，可与客户先建立业务关系，根据识别规则实时进行客户信息整合及信息补充，该系统属于事后 CRM 系统。基于该系统的建设，对自 2016 年积累的“1.3 亿 +”的客户信息进行客户画像和客户分群，实现精准投放和运营，减低了拉新和促活成本，同时 C 端产品的复购率达 23%。

三、项目重点解决的问题及主要创新点

基于流计算的 CRM 系统主要创新点，主要围绕客户信息的获取、整合、利用和共享四个方面展开，通过对客户信息的挖掘和整合，为运营活动提供有价值的参考。

（一）实时获取客户信息

以往 CRM 系统建设都是交易前收集客户信息，安心基于流计算的 CRM 系统转变为交易过程中收集客户信息，包括客户的基本信息、行为信息、风险信息、服务信息等，通过系统配置的客户识别规则、合并规则、标签体系快速建立客户画像，为精准营销打下基础。

（二）事后整合客户信息

安心基于流计算的 CRM 系统一方面需要在交易过程中实时获取客户信息，另一方面多样的交易渠道，比如公众号、APP、小程序、落地页、直播平台，以及每笔交易的独立性，都加大

了客户信息清洗、识别、合并的难度。为了解决这一系列问题，安心保险制定了一套规范的数据清洗、识别、合并规则，能够实现客户信息的实时自动整合。

（三）客户标签及画像

客户画像多维分析，将客户信息按照基本信息、行为信息、位置信息、关系信息等进行分组、归类，通过对客户展开分组管理，区别不同类型，如按照客户的属性、商圈、偏好、行为、消费水平等进行分类。通过客户标签化的形式，帮助投放及运营团队以更高的质量进行差异化营销投放推送及活动开展，从而有效提升转化率。

（四）实时业务数据共享

核心业务数据库一般是关系型数据库，存在对数据的读写压力，基于流计算的 CRM 系统应用了搜索引擎和大数据技术，拥有数据读取毫秒级响应速度，具备高吞吐能力和高扩容能力。基于流计算的 CRM 系统对外提供以客户、保单号、赔案号维度的实时业务数据查询服务，实现数据共享的同时减少对业务系统的压力。

四、项目主要建设内容

在功能上，该项目主要包括客户信息数据处理、客户信息使用、为客户打标签及画像；在技术上，通过实时客户数据平台整合客户数据，通过实时业务数据平台整合业务数据，最终通过客户信息应用管理平台输出客户信息。

（一）客户信息的数据处理

1. 数据清洗。通过系统定制数据清洗规则，包括去除干扰信息、修正错误信息、信息标准化等方式，使得客户信息更加标准化，建立统一的准入规范。

2. 数据识别。虽然安心拥有大量的用户数据，但并非所有留有数据信息的用户都可以成为自己的客户。因此，系统建立了一套系统识别规则，自动将符合规则的客户进行归集，达到识别客户的目的。

3. 数据合并。当同一个客户信息在不同业务系统、不同环节发生重叠、交叉、相悖时，就需要对同一个客户的各类信息按照一定的原则，比如覆盖原则、增加原则等进行合并，避免同一个客户在客户信息中出现多次。

（二）客户 360°视图

为了更好地对已经处理完毕的客户信息进行使用，必须满足客服团队及运营团队对于客户数据实时性及所涉及业务数据完整性的要求。

为此，开发了客户 360°视图功能。输入客户的姓名/身份证号/手机号等作为查询条件，即可支持实时客户信息查询、历史客户信息查询、客户所有保单信息查询、客户所有赔案信息查询、客户历次订单信息查询、客户历次投诉信息查询。

（三）客户标签及画像

1. 客户标签。客户标签主要包括标签定义、标签生成、标签应用、标签评价等功能，可以实现统计类标签、规则类标签、机器学习挖掘类标签的配置。根据数据监控标签运行情况，为标签优化、停用、下线等提供科学决策支撑。

2. 客户画像。基于业务流用户操作数据，根据用户的属性（如年龄群体、性别）、偏好（如浏览内容、点击内容、咨询）、位置（如一线城市、二线城市）、习惯（如访问时间点、浏览的路径行为、查看内容类型、浏览的产品类型）、设备（如 PC、安卓、iOS）等相关属性进行抽象化标签，依据相关标签进行用户画像描述。

3. 客户分群。基于客户的个体画像，包括客户基础属性、画像数据、行为数据、交易记录、会员档案、营销数据等进行客群的分层，支持选择任意筛选进行多级组合。

（四）项目技术方案

CRM 系统主要由三个部分构成，分别为实时客户数据平台、实时业务数据平台、客户信息应用管理平台。各部分系统整体架构如下。

1. 实时客户数据平台。该平台具有数据清洗、用户归一、实时数据写入功能。包括三个步骤：实时同步、实时数据处理和数据存储。该平台从关系型数据库 mysql 中抽取增量变化数据，并通过消息发给 kafka 进行数据处理。当 Kafka 接收到实时数据后，调用 Spark Streaming 进行数据的流式计算。根据业务规则，将实时数据相关的数据进行计算。最后将实时计算后产生的数据写入 Hbase 中进行保存，并将 hbase 表作分区处理，提高离散度。整体架构如图 1 所示。

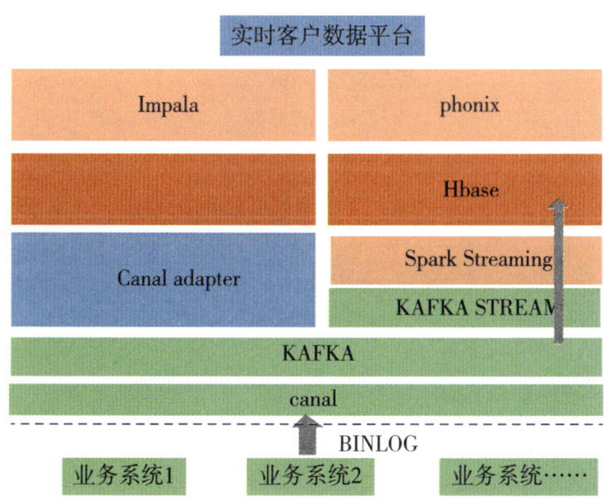

图 1　实时客户数据平台

2. 实时业务数据平台。该平台应用搜索引擎和大数据技术，将数据和资源与业务系统解耦，其具备毫秒级响应速度、高吞吐能力和高扩容能力，对外提供实时业务数据服务实现数据共享。接口方式主要有 restAPI，dubbo，webService。

3. 客户信息应用管理平台。对外接口使用 http 方式进行交互，应用管理系统使用前后台分离技术，前台使用流行前端技术 VUE，后台使用“SpringBoot + Spring + Mybatis”流行框架技术，前后台交互采用 nginx 代理模式。数据存储由“Mysql + ElasticSearch + Hbase + Impala”组成。如图 2 所示。

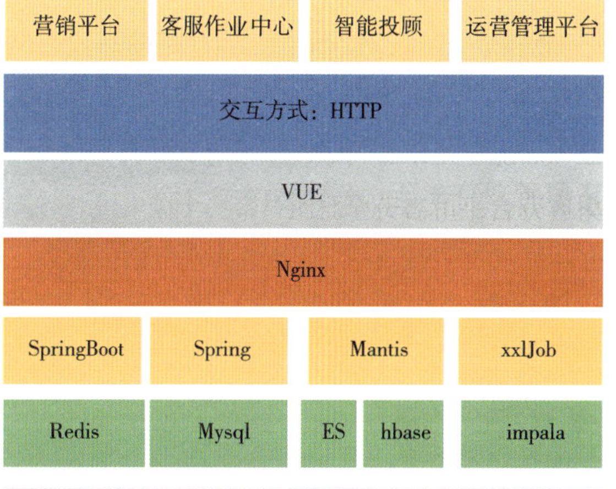

图 2　客户信息应用管理平台

五、项目效果

基于流计算的 CRM 系统项目上线后，取得了显著的项目效果。为公司提供了更加准确、高效的客户信息的应用支撑，为营销活动和运营服务提供了更加准确的数据参考。

（一）提高客户信息的准确率

安心保险自 2016 年开业以来，积累的客户信息总量为1.3亿多条，对客户信息清洗、识别、合并后，使得客户的可用度更高，为营销、运营、客服提供更有效的客户数据支撑服务。

（二）提高客户360°的查询效率

基于流计算的CRM系统的数据库不同于关系型数据库，后者存在对数据库的读取压力，面对业务峰值时容易造成业务系统宕机等问题。前者采用流式计算方式，使用hbase数据存储，ES查询索引的方式实现了海量数据信息的秒级查询，提升了客服人员的作业效率。

（三）提高精准营销能力

通过对客户的标签定义、客户画像和客户分群，能够方便营销投放团队针对不同产品，选择不同的投放人群。投放后再根据效果不断修正客户标签，从而提升营销的精准度，形成良性循环。安心通过对客户打标签及画像，不断优化营销模型，使得C端产品复购率有一定的提升。安心通过客户表现和画像进行精准营销，复购率达到23%。

（四）提高运营能力

安心作为互联网保险公司，与各大流量平台合作进行拉新活动，随着流量红利的极速下降，流量有限的情况下，获客成本越来越高，需要根据用户标签和画像，分析不同人员的特征、喜好以及在不同流量平台的分布，采用不同的营销活动，从而降低拉新和促活成本。

六、总结

互联网时代背景下的保险业，以客户为中心已经成为行业的基本共识。客户信息作为保险公司的核心资产之一，如何利用好这些客户信息对公司的可持续发展起着至关重要的作用。安心保险作为互联网保险公司，一直着力于通过互联网的方式面向C端客户开展营销活动和运营服务。此次建设的基于流计算的CRM系统通过深度分类，整合、挖掘客户信息，并对客户进行标签和画像管理，为业务发展提供了有力支撑和强大动力。

专家点评

安心财产保险有限责任公司的基于流计算的CRM系统具备实时获取客户信息的功能，并且该系统可以通过事后对客户信息的整合与归纳，形成客户画像，这有助于公司根据用户的行为偏好、产品偏好、渠道偏好来提供精准服务。安心财险的CRM系统属于事后CRM系统。基于该系统的建设，安心深度分类、整合、挖掘了客户信息，从而提高了客户信息的准确率，为精准营销提供了更多的支持。提高了客户的查询效率，提升了客服人员的作业效率；提高了精准营销能力，使得C端产品复购率得到了提升；提高了运营能力，从而降低了运营成本。在保险业数字化的时代背景下，数据尤其是客户数据是保险公司的核心资产，安心保险作为一家互联网保险公司，利用事后CRM系统，更高效地获取、管理客户，符合互联网保险未来的发展趋势。

国寿混合云

◎ 中国人寿保险股份有限公司

一、项目概述

为了充分发挥公有云资源快速部署、弹性扩展、成本低廉等优势，同时满足监管机构以及企业自身对于数据安全、核心技术自主掌控的要求，2019 年以来，中国人寿保险股份有限公司（以下简称中国人寿）积极打造涵盖公有云和私有云的混合云，借助公有云网络和 CDN 大幅降低互联网接入成本，通过公私云之间的云专线，将业务系统 Web 前端部署在公有云，业务系统应用端和数据库端部署在私有云内，云上云下混合利用，实现弹性扩展，通过混合云管理平台整合公有云和私有云的服务能力，实现各类资源的统一纳管、统一运维、统一运营，向内外部用户提供统一云服务，成为业内首家完成混合云部署的大型金融保险企业。

二、项目背景及意义

（一）项目背景

从基础设施到平台服务，再到行业应用，云计算正在以前所未有的速度重构整个 IT 产业，业务上云已成为企业共识。中国人寿紧抓云计算发展机遇，深入践行集团“科技国寿”战略，以加快构建更加先进高效、动态灵活的云数据中心为目标，全力打造具有国寿特色的混合云，建成了国内行业首个混合云平台，实现了中国人寿“云化之路”的重要突破。

（二）项目意义

云计算是一种新的资源供给方式，其愿景是获取 IT 资源像获取水、电一样方便快捷。可以说，云服务是一个企业 IT 整体建设和运营水平的集中体现。国寿混合云全面打通公有云和私有云，打造与线上化相适应的信息基础设施，实现了 IT 资源敏捷交付、核心数据安全可靠。在抗击新冠肺炎疫情期间，全面支持了公司爆发式增长的互联网应用需求，有力推动了公司业务线上化转型发展。

互联网化的客户行为模式对业务的敏捷和弹性提出了更高的要求，同时，公司数字化转型的发展也需要更高的 IT 运营效率和客户服务能力。通过混合云，中国人寿可以将非核心类业务直接部署在公有云，甚至可将外部公有云厂商的各类服务直接作为业务组件，面向外部保险用户提供服务。对于核心业务，中国人寿可以将业务前端部署在公有云，通过公有云和私有云之间的云专线，连接后端的业务和数据库系统，这不仅可大幅度降低业务迁移上云的复杂度，便于业务系统充分利用云计算弹性扩展、快速部署的诸多优势，也为后续业务云化改造、平稳迁移奠定了坚实的基础。如图 1 所示。

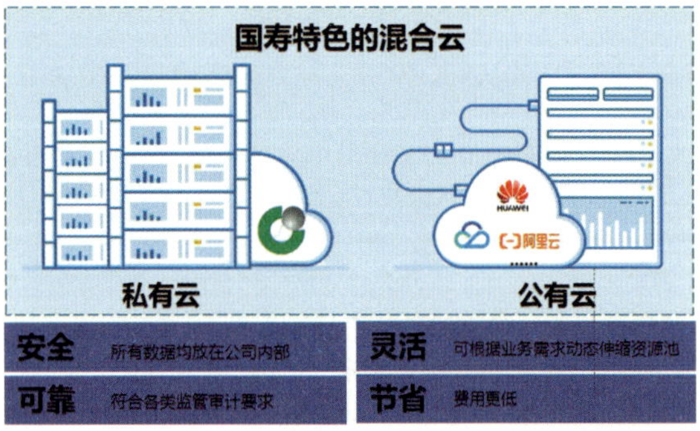

图 1　国寿混合云的优势

三、项目重点解决的问题及主要创新点

近年来，中国人寿依托“大后台 + 小前端”整体 IT 布局，深入推进分布式部署、计算资源虚拟化、私有云与公有云互通，在实践中探索建立了中国人寿特有的混合云模式，基本实现了 IT 基础平台云化。计算单元分布式化率与虚拟化率均接近 100%，分布式存储占比达 26%，且逐年上升，并在北京稻香湖云数据中心投产运营了保险业部署规模领先、承载业务量大的软件定义网络。与此同时，公司采用行业领先的“大外网、小内网”的广域网部署架构，将全国网络由传统的树形结构转为扁平化网络，又逐步转为全互联网架构的全网互联布局（分支机构和所有营销职场通过互联网直连至数据中心），成功将公司搬到互联网上。

国寿混合云一方面充分发挥公有云资源快速部署、弹性扩展、成本低廉等优势，另一方面满足了监管机构以及企业自身对于数据安全、核心技术自主掌控的要求。具体来说，混合云的创新之处体现在如下方面：一是借助公有云网络和 CDN（内容分发网络）大幅降低互联网接入成本；二是通过公私云之间的云专线，将业务系统前端部署在公有云，业务系统应用端和数据库端部署在私有云内，确保数据安全可靠；三是云上云下混合利用，实现弹性扩展；四是通过混合云管理平台整合公有云和私有云的服务能力，实现各类资源的统一纳管、统一运维、统一运营，向内外部用户提供统一云服务。同时，依托业内最大、覆盖最广的全网互联网络环境，国寿混合云将公司各级管理人员、全体员工、销售伙伴、客户、数据、所有业务系统实时连接在一起，提供全天候的连接能力。

四、项目主要建设内容

在业务迁移上云的过程中，国寿将业务系统前后端进行分层部署。将应用和数据库部署于私有云环境中，Web 前端部署于外部公有云中，前后端通过云专线打通，实现了业务跨公有云/私有云、跨数据中心的部署模式。应用前端迁移至公有云环境后，显著降低了中国人寿数据中心的互联网带宽消耗，节约了大量成本；同时，主要的互联网流量都先访问公有云，公有云服务商可以提供更高级别的互联网安全防护能力，如 DDos 攻击、流量清洗等，有效降低外部安全威胁。如图 2 所示。

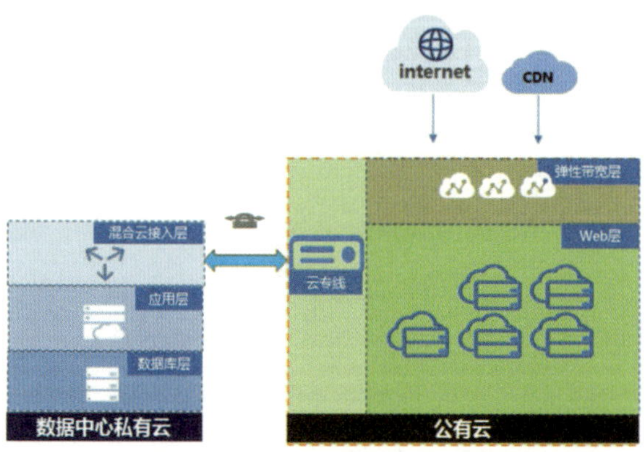

图 2　国寿混合云的部署模式

此外，通过混合云环境中部署于公有云环境中的双向 API 开放平台，实现了内外部服务能力集成，对内可以引入公有云服务商和外部保险科技公司提供的领先能力，对外可以将中国人寿的特色服务能力开放给生态链合作伙伴。

五、项目效果

（一）随需应变，迅捷高效的云端服务成为现实

2020 年抗击疫情以来，中国人寿充分发挥国寿混合云弹性伸缩、方便快捷、安全可靠、不间断运行的优势，积极应对移动办公、远程协同、在线销售等互联网应用爆发式增长的挑战，有效支持了公司各项业务全面线上开工。

1. 云端服务应对大流量视频（直播）挑战。中国人寿作为一家拥有百万营销员的大型保险公司，依托混合云迅速完成资源扩容供给，支持广大销售人员、公司员工远程展业与在线办公的迫切需求。4 小时内为云视频扩容 3 倍公有云资源，支撑云视频同时在线用户数从 8000 人扩容至 25000 人，满足大规模用户互联网应用访问需求；为云助理 E 职场实时扩容 13 倍的网络带宽并实现资源按需伸缩，灵活满足基层一线特殊时期的视频和直播需求；完成外部大型云厂商会议软件与公司自有的互联网视频、硬视频等内部视频软件的融合调试工作，会议效果良好，在董事会、投资者关系会等重大会议中得到了广泛应用，有力地支持了公司日常经营管理和业务发展。

2. 云端服务解决高并发线上销售场景。为确保“康 E 无忧”赠险及时顺利发放，有效应对活动期间的高并发压力，依托混合云 2 小时内完成 6 倍资源的扩容，业务系统高峰处理能力达到 9000 单/分钟，顺利保证公司 1000 万单新冠肺炎赠险的线上发放。

3. 云端服务快速满足智能销售训练需要。为保障非常时期销售训练工作的正常有序开展，中国人寿一方面强化私有云内部署的智能训练、智能语音等相关系统的资源保障与服务支持，另一方面充分利用混合云实时供给互联网云服务的特点，迅速引入公有云语音识别 SAAS 服务，并发能力提升了 10 倍，改善了业务高峰时点的服务质量。

4. 云端服务敏捷交付快速支持全球业务。疫情期间，国寿混合云针对跨境访问出现的性能下降问题，依托公有云厂商遍布全球的 IaaS 资源，迅速打通沪港专线，在云厂商香港公有云上为集团海外公司申请了专属视频服务器，有力地支持了海外公司开展远程办公和职场会议直播工作，这也是混合云首次部署境外资源，借助公有云和混合云平台，实现了云服务全球快速部署。

（二）提质降本，科技运营的云端优势崭露头角

1. 大幅节约运营成本。混合云除具备公有云的弹性伸缩、方便快捷、安全可靠、不间断运行的特点外，还有一个显著优势是节约成本。以互联网带宽为例，公有云侧互联网带宽费用约为私有云费用的 1/10，通过将大流量业务的互联网出口从私有云迁移至公有云侧，带宽费用大幅下降。与此同时，混合云服务器、存储、云服务等也有较为明显的成本优势，综合成本节约可达 50% 左右。

2. 智能提升运营质量。混合云架构极大地提高了相关系统的可靠性。例如，公司互联网视频形成了私有云、华为云、腾讯云多云部署模

式，实现了视频分流和多重备份；云桌面实现私有云、华为云金融专区双活接入；智能训练系统和生物认证识别系统可以在私有云和公有云调用接口间快速切换，进一步提升了系统的可靠性。同时，依托混合云智能运维工具，对基础资源和数据库进行实时监控，及时发现并处置故障隐患，实现了7×24小时不间断运行，服务能力提升了6~8倍，有力保障了生产系统的安全稳定运行。

六、总结

依托云计算提供的强大算力，智能世界为人们提供了丰富的应用，也产生了海量的数据。根据IDC预测，2025年全球物联网连接数将增长至270亿个，物联网设备数量将达到1000亿台，全球数据总量预计达到163ZB。边缘计算被认为是5G与物联网等系统的重要结合点，有望给业务模式带来颠覆性改变，云计算也将向云计算与边缘计算协同转变。后续，中国人寿将紧盯物联网、5G等前沿技术，推动国寿混合云不断向前发展，在IT基础资源云服务的基础上，实现平台、应用级云服务，不仅对内支持集团各单位服务调用，同时积极对外面向合作伙伴开放，实现面向社会的公有云服务，以科技创新赋能价值创造，助力公司数字化转型，实现高质量发展。如图3所示。

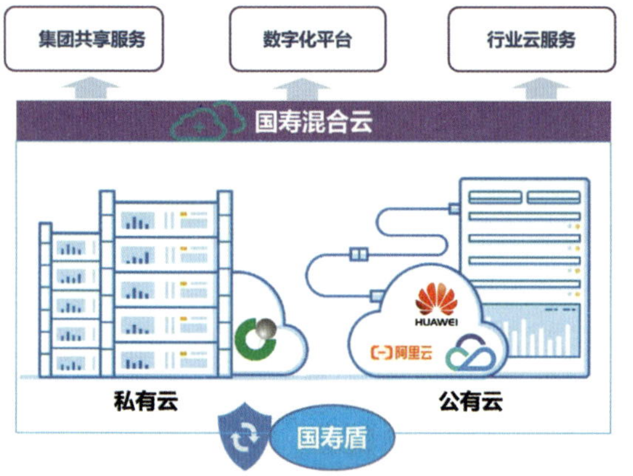

图3　国寿混合云展望

专家点评

中国人寿保险股份有限公司的国寿混合云项目，是国内保险业首个混合云平台，具有一定的行业引领性和前瞻性。该国寿云是涵盖公有云和私有云的混合云，不仅对内支持集团各单位服务调用，同时积极对外面向合作伙伴开放，具备较好的社会意义。该项目能够有效应对大流量视频带来的诸多挑战，解决高并发线上销售场景，并满足智能销售训练需要，加强了公司应对突发状况的能力；该项目能够大幅节约运营成本，智能提升运营质量，有效地促进了公司效益的提升，具备较好的经济意义。在当下疫情和保险业爆发式增长的互联网应用需求的影响下，国寿混合云项目有力推动了公司业务线上化转型发展，体现了以科技创新赋能价值创造的理念，在全行业内发挥了良好的带头作用和示范作用。

中信保诚线上 VR 会客厅项目

◎中信保诚人寿保险有限公司

一、项目概述

中信保诚人寿保险有限公司在 2020 年 5 月推出"线上 VR 会客厅"，通过科技创新，将传统的营销员线下面对面投保模式转移到线上远程视频同框 VR 的模式。在营销员与客户非面对面的情况下，可以通过"线上 VR 会客厅"，打破物理空间的界限，运用实时音视频技术、人脸识别技术以及大数据技术无缝连接营销员与客户；双方通过桌面共享、数据同步、远程同框、人脸识别和音视频在线沟通方式一站式完成投保过程。通过科技手段为客户提供有温度的优质服务，同时大大节省了代理人面访客户的时间成本，为客户带来了全新的体验。

二、项目背景及意义

受 2020 年新冠肺炎疫情影响，国内保险业因经营网点关闭、无法面对面销售等原因，销售、培训等业务基本停顿，整体业务下滑严重。中国银保监会披露，2020 年第一季度，保险公司原保费收入 1.7 万亿元，同比增长 2.3%，明显低于 2019 年第一季度 15.9% 的增速。

另外，疫情也促使越来越多的客户保险意识加强，保险需求越发强烈。然而，健康类保险产品本身的复杂性，导致客户很难在线上独立购买到适合自己的产品。因此，在疫情特殊时期，如何在保证客户和营销员安全的前提下，为客户提供更好的保险咨询体验，满足消费者需求，成为行业目前亟须解决的问题。

在此背景下，中信保诚人寿保险有限公司推出了"线上 VR 会客厅"，在应对疫情影响和科技赋能业务发展中作出了一次有益的尝试。

"线上 VR 会客厅"是基于 5G、互联网和大数据技术搭建的实时在线虚拟洽谈平台，通过 3D、VR 等虚拟现实技术，提升用户体验，同时结合线上全流程技术手段，可以更好地促进合规销售，避免销售误导。

三、项目重点解决的问题及主要创新点

过去的线上展业模式主要是通过营销员向客户转发微信图文、H5 等进行，以便客户在手机端了解保险方案和费用情况。这种模式交互性不强，且由于没有在线创造实时沟通场景，营销人员无法进一步了解客户需求，客户也不能充分了解产品与自身需求的匹配度。而"线上 VR 会客厅"为营销人员和客户创造了一个实时交互的平台，通过 VR 技术模拟真实的会客服务厅，结合现有电子化保单服务技术，引进远程同框、桌面共享、远程同步、视频随录等新技术，打造"零接触"的虚拟现实的全流程销售服务体验。

在"线上 VR 会客厅"，不仅客户可以结合

自身情况进行需求分析，营销人员也能结合客户需求，进行产品介绍和定制个性化建议书。同时，由于从方案定制到身份认证、保单签约，整个过程可以在线上无缝对接，大大增加了沟通效率和可信度。

此外，值得一提的是，在“线上 VR 会客厅”，无论是公司介绍还是产品资讯，内容模块均由公司统一提供和管理，营销人员和客户只需进行桌面同步即可共享内容。

四、项目主要建设内容

为持续推进保险业务发展、提高客户服务体验，中信保诚人寿保险有限公司按新冠疫情防控防治工作部署要求，在政策指引鼓励、科技赋能趋势、需求大幅提升等多重环境因素下，主动探索，以监管文件要求为依归，坚持合规性、安全性和便捷性的设计原则，积极引入 5G、VR、远程云签名、远程双录、人脸识别、文件识别、远程桌面同步、云助理等技术，环环相扣，通过各项科技手段贯彻执行包括准确讲解保险责任、使用统一规范宣传材料、完整留存操作痕迹、公开披露公司信息和资讯等销售行为管理要求，全流程数字化记录销售过程和界面操作轨迹，确保销售过程合法合规和信息资料真实有效，客户权益得到有效保障，打造全新客户沟通和销售平台，创新推出“线上 VR 会客厅”。

“线上 VR 会客厅”系统严格贯彻执行监管要求，对关键销售行为实现可回溯回放，同时辅助身份验证等环节。统一销售场景，规范产品介绍，避免引发销售误导。该系统实现“线上会面、无接触”的保险销售和服务，打破时空限制，契合疫情期间及之后更长时间均需线上服务的趋势，足不出户即可随时随地开展业务。“线上 VR 会客厅”图像声音俱备，真人在线，销售服务更有保证，显著提升了出单效率，平均的交易达成时间缩短到十几分钟。

“线上 VR 会客厅”系统将传统的营销员线下面对面投保模式转化为线上远程视频同框 VR 的模式。在营销员与客户非面对面的情况下，可以通过“线上 VR 会客厅”，打破物理空间的界限，运用实时音视频技术、人脸识别技术以及大数据技术无缝连接营销员与客户，双方在线沟通一站式完成投保过程，通过远程签名技术，即使客户不在身边，也可以完成保单签署。通过科技手段为客户提供有温度的优质服务，大大节省了营销员面访客户的时间成本，提高了出单效率，同时也为客户带来了全新的体验。

五、项目效果

首批使用“线上 VR 会客厅”的营销员平均交易达成时间缩短到十几分钟；有的营销员累计出单超过 45 件；有的营销员在 2 个小时之内出单 7 件；使用“线上 VR 会客厅”大大节省了与客户面谈的时间和交通成本，即使在疫情严重的情况下仍然可以开展保险销售业务。到目前为止，“线上 VR 会客厅”已经支持 10 余款产品，累计使用客户数超过 1 万人次。

六、总结

在新冠疫情发生的情况下，“线上 VR 会客厅”平台的建立，加速了保险业数字化转型脚步，推进线上体系建设和发展，解决了实际问题，实现零接触业务开展。“线上 VR 会客厅”打破传统物理空间的沟通障碍，开创业内全新的服务和销售模式。对于“线上 VR 会客厅”这种新的模式，保险公司将继续探索，不断地融入新的业务场景，助力行业发展。

专家点评

中信保诚人寿保险有限公司的“线上 VR 会客厅”项目，打破物理空间的界限，运用实时音视频技术、人脸识别技术以及大数据技术无缝连接营销员与客户，大大节省了代理人面访客户的时间成本，为客户带来了全新的体验。该项目的创新之处在于，有效改善了传统意义上的“线上营销展业”，规避了营销员向客户转发微信图文这种交互感较差的展业模式。“线上 VR 会客厅”能够拉近客户与保险的距离，使得客户更加了解保险方案和费用情况，更加流畅地完成线上投保。从项目成效来看，“线上 VR 会客厅”缩短了营销展业的时间，有效降低了疫情对保险线下营销展业的影响，对保险业具有一定借鉴意义。

农银人寿创新技术促进线上线下一体化业务发展

◎ 农银人寿保险股份有限公司

一、线上线下一体化平台

如果说保险业的竞争是一场激烈的考场角逐，当各保险公司都在应用云计算、大数据、区块链、人工智能等利器奋笔疾书时，2020 年的新冠疫情则是一道天降难题。农银人寿保险股份有限公司（以下称农银人寿）不忘初心，追求卓越，勇于创新，迎难而上，努力交付一张满意的答卷。农银人寿在新技术赋能方面不断探索和实践，自研了“线上线下一体化平台”，多端布局，自主研发，实现了保险业务的“线上线下一体化”。

（一）技术突破

技术方面，“线上线下一体化平台”基于敏捷迭代的方式快速落地，应用微服架构、集成 AI 技术，高效支撑业务的同时带来全新使用体验。公有云及自建私有云部署，保证了平台在性能上的伸缩性。

（二）业务创新

业务方面，“线上线下一体化平台”实现从获客、销售，到保险服务等业务的高效协同，提升了用户体验，开拓了新的业务模式，助推了公司保险业务的进一步发展。

“线上线下一体化平台”通过线上多端应用联合，进而延伸线下服务链条，将传统复杂场景的保险业务通过线上线下业务融合，突破了线上只能销售简单产品的思维限制，为代理人展业及客户服务提供了一体化支撑的业务平台。

二、“新冠疫情”下的转机

2020 年初暴发的新冠疫情全球蔓延，深刻影响了社会形态及经济，近一步推动了数字经济社会转型。在这种形势下，农银人苦苦思考应对方案。如何将线下流程搬到线上？如何让用户足不出户享受保险服务？如何更好地应用互联网及人工智能技术？如何保证用户网络操作安全？如何在疫情之下突破传统互联网保险模式？针对这一系列的问题，线上线下一体化理念应运而生。

在这个理念的指引下，代理人展业不再局限于面对面，客户服务不再局限于柜台，在线咨询不再局限于微信好友，用户投保完全自助，可以在线浏览、沟通、填单、支付、服务、查询等。虽然用户与代理人素未谋面，但是代理人却可全程陪护，提供贴心服务，伴随整个保单生命周期。

线上线下一体化理念，让农银人在“新冠疫情”下看到了转机。这一创新理念在公司内部讨论通过，以服务用户为宗旨，力求打造一个集创新技术、创新服务于一身的互联网业务平台。

三、"零接触"下的便捷再升级

线上线下一体化平台，实现了真正意义的零接触，完美地避免了疫情风险，同时，在系统建设方面，打造了多个技术亮点，用户操作便捷再升级。

（一）线上流程再造

打破了代理人展业的空间局限性。即便与用户不在一起，也可以通过在线聊天工具与用户进行充分的沟通交流，毫无疫情风险。

提升了代理人展业的便捷程度。代理人使用后反馈，用户只需要进入农银人寿公众号就可以操作，无需下载安装APP。即便用户当时没有时间马上操作，事后也可以找到投保链接继续投保。

加强了用户互联网操作安全保障。人脸识别、OCR、银行鉴权、支付签约等环节，让用户操作更安心。

（二）创新技术护航

更加敏捷易用的系统架构。基于"端＋平台"的建设理念，将前端应用功能及后端处理逻辑按业务域进行"拆分—重组"，形成统一的、可为前端应用提供高可复用的"功能积木"，打造"微前端（前端）＋微中台（服务）"的系统框架，可快速响应前端应用的业务需求，响应市场变化。

多端融合，孕育更加丰富的业务场景。以"对C端""助A端""全流程""全产品""全打通"为建设定位，充分借助平台建设、全产品上线、新技术引入、用户体系重构、平台互通等措施，构建"A端＋C端＋官微"三位一体自营平台体系，承载客户线上化迁移的同时，赋能传统渠道。

高可扩展性的基础环境。通过建立"私有云＋公有云"的新数据中心，为"微前端""微中台"提供有力的基础设施保障，使得前端应用可根据业务量的变化，伸缩自如地分配基础资源，提高基础设施的利用率。

四、科技创新

农银人寿不断学习、尝试、总结，推陈出新，最终形成可迎合行业发展方向、符合自身业务发展需求的系统建设方案，拥抱变化，积极创新，助推业务高速发展。

（一）"端＋平台"的系统架构

"线上线下一体化平台"基于"端＋平台"的建设理念，采用"微前端＋微中台"架构，横纵有序，层次分明。横向为终端应用、微前端、微中台、数据中心、业务中台5个区域，共同支撑终端应用的快速构建与接入；纵向为敏捷交付、数据共享、数据分析、可视化、系统监控5个区域，共同保障应用的高性能、高可用性、高扩展性、高可运维性。如图1所示。

"微前端""微中台"是整个系统架构的核心。"微前端"为终端应用提供面向用户的UI交互，"微中台"服务层统一处理终端的业务逻辑。围绕这两个"核心"，再加上敏捷交付、日志归集、数据共享、数据分析、系统监控等辅助区域，最终形成集开发、交付、运维于一体的架构蓝图。

同时，区域的合理划分，有效降低了系统实施各个环节的耦合性，当新的、更加成熟高效的技术出现时，也可及时灵活调整，拥抱变化。

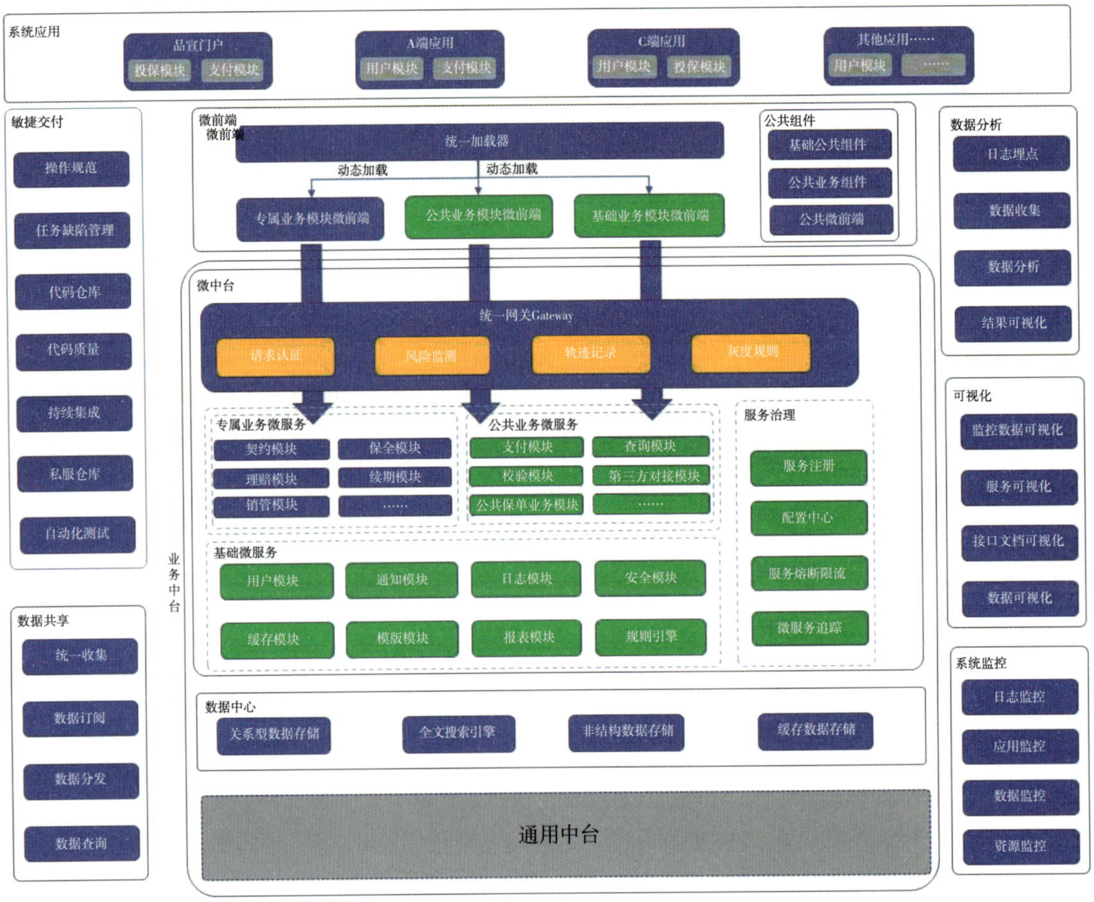

图 1　一体化平台的系统架构

（二）多前端的系统应用

“线上线下一体化平台”包含多个前端线上应用：面向 C 端用户的农银人寿 APP、农银人寿微信公众号，面向 A 端用户的农银 E 家 APP，以及 A 端和 C 端通道桥梁的 IM 工具——即时通。满足不同场景、不同用户的业务需求，端与端相互打通，共同协作，业务流程线上线下一体化运营。

在信息触达上，通过“即时通”消息、公众号消息、APP 消息，多端消息的互通，从而实现消息的多端触达，使得 A 端用户可及时对 C 端用户的操作行为及在线咨询作出响应同时，C 端用户亦可多端获取来自平台的推荐消息或 A 端用户的响应消息。

在业务协作上，前端功能多端分布，但后端业务逻辑统一、数据共享。C 端用户可以通过多个终端应用获取业务服务，而 A 端用户则可以同时跟踪处理 C 端用户在多个平台的业务数据。

在功能交付上，敏捷迭代，快速响应业务需求。平台将前端应用进行功能的分解、归纳、整理，基于统一的规范进行“标准化”重构。按业务类型及功能的可复用性划分为“专属业务模块”“公共业务模块”“基础业务模块”，并进行“微”化处理，最终形成高可复用性的“微前端”。“微前端”为完全自治且可独立运行、开发、部署的页面聚合，实现前端页面松耦合及高复用，做到“一次开发，多端复用”。前端应用按需加载微前端，实现拼图式开发，从而满足业务快速变化及分布式多团队并行开发的需求。

另外，平台引入人脸识别、OCR 等 AI 技术，支持微信支付、银行转账等在线支付方式，通过实名认证、签约、鉴权等措施，全面保障用户操作及数据安全。

（三）双重业务中台支撑

农银业务中台分为两层。通过对前端业务场景逻辑、基础功能的提炼和抽象，在业务中台进行场景服务化改造，形成面向前端应用的统一微中台服务处理层，为微前端提供业物处理逻辑支持，实现服务共享、资源复用、终端互通，并支撑前端业务快速迭代；通过将后台核心业务系统按功能和模块进行封装重构，在中台进行微服务化和容器化改造，形成业务通用服务层，满足线上业务高性能、高可用、高扩展的要求。在服务的治理、监控等方面各有特点。

1. 服务高度复用，快速迭代，赋予业务快速创新能力。平台后端基于微服务的思想，将服务按层级划分，复用度高的功能下沉为公共服务，成为专属服务的开发基础。特色服务上浮为专属服务，保持服务的专有特色，既避免重复的工作又可以保持特色服务。

2. 敏捷高效的服务治理，微服务的坚实地基。随着业务的发展，服务的划分与沉淀，服务的数量越来越多，为了高效管理服务，平台部署了高效的敏捷交付流程，从代码管理、代码质量分析，到服务的自动化部署，提供完整的持续集成方案，使微服务的治理更为简便高效。

3. 高效全面的数据收集，为大数据服务打下基础。平台各端数据规范统一，减少了系统之间标准不一致导致的障碍；平台收集各端的基础日志信息，作为元数据，为后续大数据分析和精准营销提供了数据支持。

4. 多维度的监控，保证服务的稳定高可用。平台服务从日志、进程、数据、资源等多维度实时监控，发生故障时可及时将请求转移到正常的服务节点，保证服务的高可用。

（四）“混合云”的基础设施保障

农银人寿打破资源利用率低的传统数据中心模式，建立“私有云 + 公有云”的新数据中心，将公有云、私有云横向拉通，统一管理。统一调度资源，打破资源孤立，提升资源利用率；有效监控资源，运维管理更加便捷；灵活分配资源，伸缩自如，系统支撑能力随业务变化便捷扩展。

五、全新业务体验

先进成熟的系统架构及技术应用，助推了“线上线下一体化”业务发展；业务模式的不断创新，也推动了 IT 架构的转型。“线上线下一体化平台”从获客、销售、到保险服务，使得业务从线下走到线上，多端融合，构建了全新的服务生态圈。

（一）在线售前咨询

用户进入产品页面，平台根据客户属性、产品特点、GIS 信息等要素，匹配分配算法和规则，向用户精准推送优质的代理人员名片。代理人会第一时间通过“即时通”聊天工具反馈，提供专业高效的一对一服务，提升用户体验，提高转化率。代理人还可依托微信这一强大的社交平台来拓展客户，推送带有自己专属名片的产品信息，并为意向用户提供实时在线的咨询服务，促进意向达成。

（二）安全远程签单

多端应用互联，线上线下协同合作。用户与代理人意向达成一致后，通过代理人转发的预填单链接填写投保信息，通过代理人转发的支付链接在线支付，完成整个签单过程。在全球疫情形势依旧严峻的特殊时期，“线上线下一体化”打破了传统的面对面的展业模式，实现了零接触签单，防疫、签单两不误。

（三）便捷客户服务

代理人通过“即时通”及时响应用户诉求，C 端应用为用户提供在线保全、在线理赔、AI 健康等各项便捷服务，从而构建了集咨询、购买、服务于一体的闭环保险生态圈。

线上线下协同的创新模式、多端融合互联的系统生态，共同打造了全新的作业模式，促进了“对 C 端、助 A 端、全流程、全产品、全打通”的系统目标的实现。

我们从一个案例来呈现极致的“线上线下一体化”业务体验。

假设我（客户 A）关注了农银人寿微信公众号，或收到了代理人转发的产品链接，浏览该产品信息后，对其产生了兴趣，但是心存疑惑，就可以通过页面咨询入口直接进行在线咨询。与此同时，代理人可以在微信公众号或 A 端 APP 应用中接收到该咨询信息的消息提醒，随即与我进行在线沟通、答疑解惑。若我有投保意向，代理人可通过 A 端 APP 应用给我分享该产品的购买链接，并在线指导我完成投保。操作简单便捷，全程零接触。投保完成后，我若有任何疑问，可随时通过“即时通”或“微信”与该代理人取得联系，获取高品质的服务。如图 2 所示。

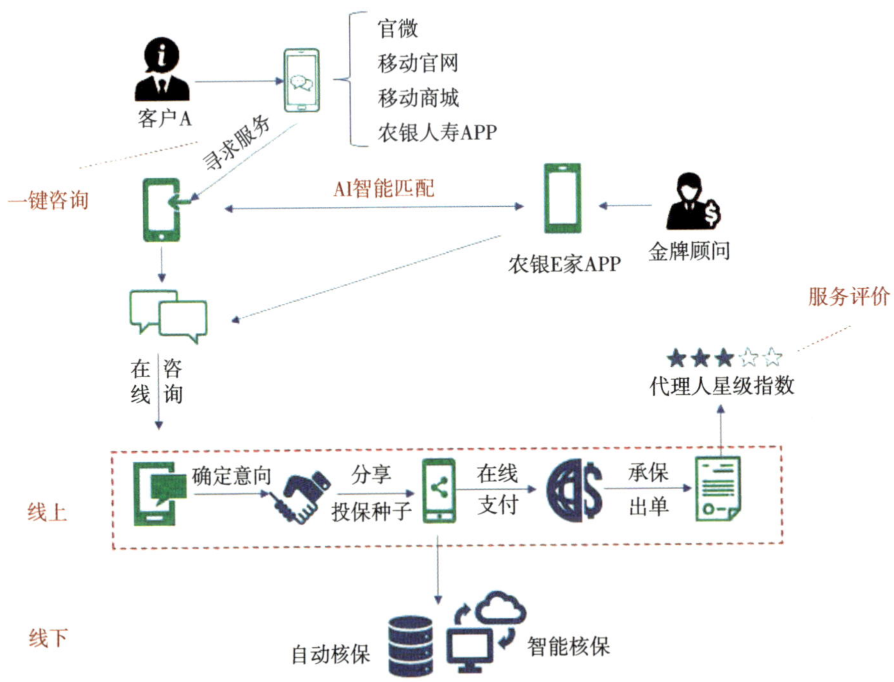

图 2　农银人寿的“线上线下一体化”业务模式

在科技高速发展的时代，利用小小的手机足不出户就能知晓天下，这是大势所趋。农银人寿致力于探索新技术与推出新理念，为客户、代理人提供更便捷高效的服务。

六、创新之上，万物生长

近年来，农银人寿厉兵秣马，砥砺前行，在顺应时代发展、拥抱新兴技术的同时，不忘初心、努力探索，A 端、B 端、C 端业务共同发展，多端布局，延伸服务链条，构建服务生态圈。

创新之上，万物生长。在新冠疫情常态化的背景下，农银人寿将用探索和创新谱写保险的新篇章。未来，农业人寿也将不断提升理念，持续加大科技投入，将越来越多的业务从线下搬到线上，让越来越多的服务从幕后走到前台。

专家点评

新冠肺炎疫情的暴发加速了保险公司向线上线下一体化办公模式的转变，农银人寿保险股份有限公司构建的“线上线下一体化平台”基于敏捷迭代的方式快速落地，应用微服架构、集成 AI 技术、公有云及自建私有云部署，保证了平台在性能上的伸缩性。该平台整合了线上多端应用联合，延伸了线下服务链条，打造了新型服务场景，为疫情后零接触复工复产提供了有力支撑。

中国人民人寿互联网应用中台

◎ 中国人民人寿保险股份有限公司

一、项目概述

为提升中国人民人寿保险股份有限公司（以下简称人保寿险）线上触面应用对业务的响应速度，提高各个应用互联网前端在服务、流程和数据上的共享能力，人保寿险建设了互联网线上服务中台。平台在业务上建设了覆盖保单全生命周期的保险咨询、保险销售、保单服务、客户服务等中台服务，以及增值服务、健康服务、营销活动、企业宣传等中台服务。平台在技术上为公司所有面向客户的互联网应用提供了统一的逻辑运算和数据处理支撑，实现了用户操作在多个触面应用上的连续性和一致性，提升了用户体验，大幅降低了开发成本，最大化提高了软件复用程度，提高了需求响应速度和软件质量，大幅降低了开发成本。同时，平台通过横向互联互通，与面向销售人员的平台和面向内部运营管理的平台数据连通共享，纵向承上启下，保证了面向用户的互联网应用和核心、财务等内部稳定系统安全连通。

二、项目背景及意义

近年来，人保寿险建设了客户 APP、微信小程序、微信公众号、电商网站、支付宝生活号等面向客户的互联网应用。为统一不同应用端的客户数据与操作体验，对各类互联网应用功能进行抽象、重构、扩展，搭建了互联网应用中台，在统一技术路线的基础上，建设了在线投保、订单、收银台、在线保全、在线理赔、投保资料管理、回执回访、增值服务、营销活动、健康服务、互联网应用网关、内网应用网关等 30 多个业务中台服务和技术中台服务，提升了触面应用需求的响应速度，提高了各互联网前端应用前端在服务、流程和数据上的共享能力。

三、项目重点解决的问题及主要创新点

人保寿险建设互联网服务中台之前，客户 APP、公众号、小程序、移动电商等面向客户的互联网应用前端触面系统相互独立部署，客户与业务数据相对独立，导致每个前端触面系统在线保全、在线理赔、增值服务等功能重复建设情况严重，不仅使开发资源造成了一定浪费，而且降低了用户体验。为了解决上述问题，人保寿险对各类互联网应用功能从业务和技术两方面进行抽象、重构和扩展，建设了互联网服务中台。该系统基于业务中台化设计思想理念，为支撑公司所有互联网前端应用这一主导思想，人保寿险互联网服务中台采用时下流行的分布式微服务、云计算、容器化、海量日志分析、持续集成、持续发布、人工智能等技术，保证了技术的先进性，实现了软件复用程度最大化，降低了研发成本，改

善了之前各个前端触面系统重复建设、各自集中部署、一盘散沙的局面，提高了对业务需求的响应速度，提升了用户体验。

四、项目主要建设内容

（一）技术架构升级

在技术上，互联网服务中台采用了 Spring Cloud 微服务生态、K8S + Docker 容器、DevOps 平台、ELK 海量日志分析处理等主流先进技术或工具，实现了分布式微服务化、错误隔离、弹性伸缩、持续集成发布、可视化运维分析，同时引入了人脸识别、图形图像识别 OCR、大数据等人工智能技术。如图 1 所示。

（二）提炼与丰富功能

在功能上，互联网服务中台包含了 30 多个业务和通用技术中台，分别是订单中台、收银台中台、在线保全中台、在线理赔中台、增值服务中台、营销活动中台、用户积分中台、互联网应用网关、内网应用网关等。

订单中台实现了创建订单、取消订单、查询订单等功能，为各个前端触面提供了订单服务，进而支撑了各前端触面系统在线投保、查询订单列表、查看订单详情等功能。

收银台中台实现了用户支付、续期、退款等功能，为各个前端触面提供了支付服务，进而支撑了各前端触面的用户在线投保之后可以完成支付或申请退款等业务场景。

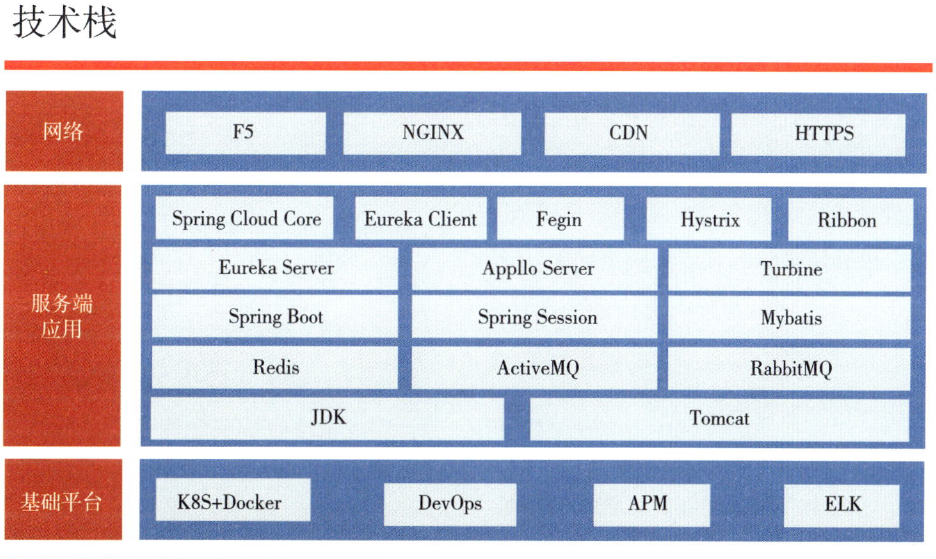

图 1 互联网服务技术栈

在线保全中台实现了满期金领取、生存金领取、红利领取、个险保单贷款、个险贷款清偿、交费银行账户更新、保单挂失、证件有效期更新、退保等功能，为各个前端触面提供了丰富的保全操作，进而支撑了各触面前端用户可以进行红利领取、保单贷款、贷款清偿、保单挂失等操作。

在线理赔中台实现了提交理赔信息、查询理赔列表、查询理赔详情、理赔进度状态查询等功能，为各个前端触面提供了丰富的用户理赔操作，进而支撑了各触面前端用户可以进行个险团险的理赔操作和查询。

增值服务中台实现了健康评测、免息复效、在线问诊、重疾绿通、电话医生、洁牙服务、生日礼遇、海外医疗、代驾服务等功能，为各个前端触面提供了丰富的增值服务，进而支撑了各前端触面系统丰富的增值功能。

营销活动中台实现了活动的配置、活动的用户校验、活动的用户查询等功能，为各个前端触面提供了丰富的营销活动服务，进而支撑了各前端触面系统丰富的营销活动功能。

用户积分中台实现了积分的配置、获取积分、积分查询等功能，为各个前端触面提供了丰富的用户积分服务，进而支撑了各前端触面系统丰富的用户积分功能。

（三）夯实底层架构

上述这些服务中台抽象扩展了各个前端触面系统的对应业务功能，前端直接调用会出现一些问题，比如身份验证和安全性、动态路由转发、洞察和监控、聚合服务等。互联网应用网关应运而生，专注于提供这些系统性、通用性的功能，所有前端触面系统对多个服务中台的调用都要通过互联网应用网关的动态转发。

除人保寿险各前端触面系统会调用服务中台之外，人保集团各个子公司之间的系统也会形成复杂的相互调用关系，中间也需要一层网关进行通用性功能的开发，比如用户身份鉴权、路由转发等，内网应用网关主要担负起了这个职责，夯实了底层架构。

五、项目效果

互联网服务中台经过 1 年的建设，以整合客户数据、提升客户体验为主线，以技术升级、提炼通用业务流程、打通各个接触系统为依托，于 2019 年正式上线。实现了对公司 APP、公众号、小程序、电商网站、移动电商等互联网应用的有效整合与支撑。

现如今，互联网服务中台 7×24 小时连续服务各个前端触面系统近 2 年时间，期间高效率、高可用得到了公司领导和相关部门的肯定，通过互联网服务中台全面提升前端触面系统的应用需求响应速度，进一步提高了互联网需求的开发速度，提升了公司线上化技术的应用水平，为助力公司线上业务的发展保驾护航。

六、总结

综上所述，互联网中台系统整体架构采用了时下流行的微服务架构，Redis 缓存集群部署、CDN 加速、Nginx 负载均衡、应用主机和数据库集群化、分布式部署等使系统具备了承载高并发、高可用、弹性扩缩的能力；在服务中台与各个前端触面系统之间搭建高可用互联网应用网关，完成了身份验证和安全性、动态路由转发、洞察和监控、聚合服务等通用功能保证了系统安全性、稳定性；提炼并简化了之前重复的业务模块，降低了研发成本，提升了业务需求响应速度，提升了用户体验。

专家点评

互联网服务中台建设是实现前端触面系统集成、数据整合的必然选择。客户APP、公众号、小程序、移动电商等面向客户的互联网应用前端触面系统相互独立部署，客户与业务数据相对独立，导致前端触面系统在线保全、在线理赔、增值服务等功能重复建设，最终造成开发资源浪费，运营成本的提升，用户体验下降。人保寿险对各类互联网应用功能从业务和技术两方面进行抽象、重构和扩展，建设互联网服务中台，运用分布式微服务、云计算、容器化、海量日志分析、持续集成、持续发布、人工智能等技术，很好地改善了之前各个前端触面系统重复建设、各自集中部署、一盘散沙的局面，提高了对业务需求的响应速度，提升了用户体验，为行业数据集成与处理提供了借鉴。

鼎诚人寿全云化数据中心，轻资产赋能鼎诚复兴之路

◎鼎诚人寿保险有限责任公司

一、项目概述

作为一家复业的保险公司，鼎诚人寿深知，必须通过科技创新来实现品牌打造，实现追赶超越，进而提升竞争力和对客户的服务水准。为此，必须摒弃原有陈旧的信息架构及部分平台，构建适合自身业务发展的信息化平台，更好地服务于客户。

该项目于2019年11月启动，1个月内完成华为云投产，历时9个月，于2020年7月结项，共下线物理服务器140台，完成包括寿险核心业务系统在内的6个关键系统的换新，30个业务系统的云化改造迁移，15个业务系统下线，10条网络专线重新配置，解决了原信息系统和物理机房架构诟病和痛点，极大优化基础服务架构，有效降低机房维护成本，在加强鼎诚人寿信息建设的同时，让鼎诚人寿向数字化、轻资产转型方向迈出了坚实的一步，为鼎诚人寿发展扫清了最大的科技障碍，铺平了科技驱动的道路。

二、项目背景及意义

目前，随着保险业的快速发展，保险企业所面临的竞争环境以及未来的发展压力非常大，如何能够更快适应环境及用户需求，如何在竞争中更好地脱颖而出，如何选择最新的保险科技，从而全面提升企业的运营能力，是鼎诚人寿当前面临的挑战。因此，云数据中心的建立是顺应目前信息化技术水平发展，符合鼎诚人寿“一年补充、二年追赶、三年形成特色”的信息化战略目标。这既解决了鼎诚人寿信息化基础设施落后的现状，也为后续数字化、数据化转型和科技驱动奠定了基石。

在“轻资产、云架构、科技赋能”等IT变更的大背景下，鼎诚人寿原有建立在北京的传统物理机房架构、设备由于运行时间久，架构陈旧，烟囱式的物理架构下的服务器使用率低、占用大量的机柜空间，后端挂载的阵列存储也会导致性能瓶颈、空间不足的问题，无法实现多种设备的统一化管理和运维，加之采购服务器交付周期长，维护管理成本高，影响到上层信息化建设的进程，严重影响到鼎诚人寿的复业大计。如何利用云技术进行鼎诚人寿信息化改造，搭上互联网这列高速飞奔的列车，构建符合自身发展的信息化基础设施，从而提升竞争力，将成为重要课题。

三、项目重点解决的问题及主要创新点

该项目结合金融机构信息化建设特点，依托

云计算服务完成传统数据中心设备资源的轻资产转化，同时借势完成 PAAS 平台服务、DevOps、消息总线等基础服务建设，最终完成对全部业务系统的云化改造、迁移上线。整个项目在完成 IT 轻资产转型的同时，有效达成了 IT 资源精细化管理、运行资源弹性伸缩、应用运维一体化的目标。这不仅减轻了 IT 资产体量，降低了维护成本，也为鼎诚人寿向科技驱动、数字化经营的转型打下坚实基础。

四、项目主要建设内容

依据鼎诚人寿三年科技规划“急用先行，重点建设，主动谋划”的原则，该项目通过前期充分调研，从稳定性、安全、性能、效益等方面综合考虑，最终选择华为云作为鼎诚人寿云数据中心服务提供商。项目实施内容主要包括建立云计算资源平台、搭建 PaaS 平台以及信息系统上云迁移。

（一）欲善其事，必利其器——打造运营服务化、管理精细化的云计算资源平台

按照基础设施即服务（IaaS）的技术架构，建设以云计算理念为核心，以金融监管合规为准绳，按需分配、敏捷服务的统一细粒度资源池。通过云平台为新建业务应用系统、历史在用系统提供计算资源，实现基础设施共享应用、快速保障、冗余可靠的服务保障目标，为信息系统建设提供一站式的基础保障运维服务。

（二）烈风为马，云霓为裳——构建基于云计算的 PaaS 敏态运行平台

依托云计算资源平台，以平台即服务（PaaS）理念，构建起运行更敏捷、管理单元更细致的服务运行平台。并依托云计算资源平台建立起 DevOps、消息总线等各类基础技术服务。通过将应用运行进行统一管理、合并资源节点减少闲置，降低 IT 硬件投入成本；为开发团队提供按需创建和使用资源，促进业务创新与实现提供基础；运行监控配备更全面，减少应用不可用情况发生，提升整体服务 SLA；从整体上减少开发迭代周期，使敏捷开发成为现实。

（三）移山倒海，云端信步——完成全部系统云迁移，深化云架构实践

结合鼎诚人寿业务发展情况，按调研评估、规划设计、迁移实施、验证优化阶段，全程自主实施物理服务器的下线以及信息系统的上云的改造迁移工作。

首先，通过详细的信息收集，结合应用的关联分析和风险分析，得出迁移的整合评估内容。并基于评估结果，依据科技规划和整体架构设计，制定策略、改造方案、分工及风险应对计划，输出实施手册。其次，通过环境准备以及应急的演练，综合考虑数据同步与验证结果，进行改造、迁移及业务切换。最后，持续监控及评估切换后系统的运行情况，确保业务连续性不受影响。

五、项目效果

（一）经济效益

1. 鼎诚人寿全云化数据中心的顺利实施，构建了更贴合鼎诚人寿规划及业务发展方向的 IT 基础架构。

2. 云计算平台的搭建落成，将 IT 重资产轻量化，每年为鼎诚人寿节省客观的运维成本，同时解决了 IT 基础建设的痛点。

3. PAAS 敏态运行平台的建设及系统全面上

云，极大地推动了鼎诚人寿向数字化、数据化的转型，为公司快速发展打下了基础，敏捷支持业务快速发展与创新。

（二）社会效益

为适应市场科技和信息技术快速迭代，匹配鼎诚人寿战略和业务的快速发展，全云化数据中心项目已成功实施，这有利于提升鼎诚人寿在IT基础资源的利用率，降低IT管理维护成本，最终为鼎诚人寿产品在市场的业务增值，提振公司在市场的科技战略价值。

1. 促进鼎诚人寿信息化基础设施完善。通过不断进行技术迭代创新，为鼎诚人寿信息化建设提供技术基础保障，实现更可靠、更值得信赖的前瞻式主动运维能力，实现高效的智能运维管理。

2. 促进鼎诚人寿信息系统优化升级改造。为迎合鼎诚人寿发展战略目标，快速补齐建设各项业务系统，下线已不适应当前业务发展的信息系统。

3. 提升鼎诚人寿金融科技创新能力。数据中心轻型化、敏捷化的转变，为鼎诚人寿金融科技应用场景开发提供高效持续的交付能力，以满足鼎诚人寿业务的不断拓展，顺应当前瞬息万变的保险市场和用户需求。

六、总结

为应对日趋激烈的市场竞争、把握科技进步和企业发展的巨大机遇，鼎诚人寿深度契合公司轻资产重运营的实际发展战略，打造高性能、高可靠、高可用的全云化数据中心，将资源和精力深度投入至“以客户为中心”的服务。云化数据中心作为公司IT基础设施建设的重要一环，是全面落地新一代系统建设架构、打造科技鼎诚的关键组成部分，是鼎诚人寿开始布局大数据、移动互联、智能化等先进技术的垫脚石，满足未来快速响应的服务要求，并不断提升赋能业务能力，助力公司数字化转型，实现高质量发展。

专家点评

保险业的快速发展推动了保险公司信息化基础设施建设与更新的步伐，是数字化转型和科技驱动发展的基石。该案例结合金融机构信息化建设特点，依托云计算及其他先进技术完成对全部业务系统的云化改造、迁移上线。实现了IT轻资产转型、IT资源精细化管理、运行资源弹性伸缩、应用运维一体化的目标，解决了原有设备由于运行时间久、使用率低、空间不足、维护管理成本高等问题。对于中小公司来讲，加大信息化基础设施建设力度，抓住保险业数字化转型的契机，探究弯道超车之路，具有重要意义。

爱心人寿传统核心系统架构升级实践分享

◎ 爱心人寿保险

一、项目概述

在数字化战略与金融科技浪潮席卷下，保险公司的科技能力已成为公司竞争的核心能力，是构建公司竞争壁垒的关键要素。保险核心业务系统是保险公司科技能力的集中体现，微服务化、高并发处理能力、高可配置性、数字化运维监控是新一代核心业务系统需构建的关键能力。如何在现有传统核心业务系统的基础上进行有效、有序、经济的架构升级改造，对传统的保险公司，特别是中小保险公司来说是一个重大的课题。

爱心人寿自成立以来致力于构建“保险 + 医养”“保险 + 科技”的新型公司商业模式，以“专业化、轻资产、科技型”经营理念为指引，构筑公司核心竞争能力。关于爱心人寿核心业务系统的架构升级工作，自 2019 年下半年开始统筹规划，重点研究在经费预算、科技人才队伍储备、业务人才队伍储备、业务规模等约束条件下如何既经济又有效地开展工作，寻找一条可落地、可执行的实践之路。经充分论证，最终确定在承保端、非承保端、基础平台三个方面分别制定针对性的改造方案，启动核心系统渐进式架构升级工作。

二、项目背景及意义

（一）建设背景

传统保险核心业务系统以集中式的单体架构为主，在面对大流量场景应对能力不足、并发处理能力弱、系统功能可配置性弱、系统智能化监控水平不足时，无法应对互联网与大数据时代的业务发展需求与市场竞争压力。因此，核心业务系统的架构升级工作成为行业的共识和迫在眉睫的工程。但考虑到核心系统架构升级所需投入资金成本与时间成本非常高，如何规划行之有效的升级方案已成为业界的重大课题。爱心人寿经过充分论证，综合考虑各类约束条件，制定了如下工作策略

1. 在承保端，如业务承保交易环节，全面启动传统核心向微服务架构的整体升级改造

2. 在非承保端，如保全、理赔等业务环节，以对当前传统核心优化为主，主要聚焦在性能优化与功能可配置化

3. 在基础平台方面，构建容器管理平台支持升级后的微服务架构，提升系统持续集成与秒级发布，自动扩缩容等能力。

（二）项目目标

项目整体目标旨在“在前行中换轮胎”，实现架构的渐进式优化升级，主要体现如下方面。

1. 建设基于微服务架构体系的保险业务云中台。把与投保交易相关的关键的、高频的、时效性要求高的、公共的服务功能（如试算、核保、承保等）迁移到中台，为核心业务系统减负，使其下连传统核心业务系统，上连互联网前端，有效地解决效率问题，提升客户体验与运营效率。

2. 对非承保端的传统保险核心系统进行整体优化。从业务规则体系、接口体系、批处理体系深度优化传统核心业务系统，旨在提升系统的开发与对接效率，提高系统的运行效率，提升系统在线化与数字化水平。

3. 建设服务于云中台的容器平台，夯实系统运行基础环境。通过容器平台实现基础资源的精细化管理，提高对上层应用/服务的自动化支持，降本增效，实现敏捷研发的目标。

三、项目重点解决的问题及主要创新点

（一）渐进式优化的理念

在建设成本、人才队伍储备、业务现状水平现状等限制条件下，有效地、经济地实现核心系统架构升级。

（二）以微服务模式进行承保的设计与部署

1. 通过产品中心，实现产品线上快速配置产品基础属性、规则和算法，并通过自动化测试平台，提高产品上线的测试覆盖率，提升测试速度和准确率，最快可实现2天上线一款产品。

2. 通过开放接口平台，方便进行渠道基础属性、对接协议、对接报文解析、渠道对接规则、产品开关、访问接口等页面可配置，最快可在几分钟内完成渠道对接。

3. 单服务TPS最高可达3000tps，运营作业效率显著提升。

（三）从算法优化、流程简化、逻辑拆分三个方向实现非承保端的自我升级

1. 提升传统核心业务作业效率。

2. 部署应用监控平台，实现多角度实时监控告警，大幅降低运维工单数量。

3. 实现全接口幂等性及接口日志标准化，降低运维工作难度。

（四）基于Docker容器的新技术、新架构支撑分布式云服务，建立容器管理平台，实现应用容器化部署

1. 容器平台取代虚拟机/物理机。使基于异构混合云的多集群、多租户的统一管理、部署和维护成为可能，并且精细化管理基础设施资源，降本增效。

2. UI图形友好，易操作。解决了Kubernetes原生易用性不佳以及学习曲线陡峭的问题。

3. 敏捷迭代、快速响应。基于容器和K8S的CICD（持续集成和持续发布）流水线，缩短开发和发布周期，一键集成和发布；配置化自动缩放策略，系统可根据网络负载自动扩缩容。

4. DevOps（开发运维一体化）。促进传统开发到DevOps的转变。

四、项目主要建设内容

（一）承保端实现微服务化架构改造，建设保险业务云中台

建设爱心保险云中台项目，上对渠道互联网，下对接核心，起到承上启下的关键作用，把与承保环节相关的服务、功能从传统核心业务系

统中迁移到中台，对公共服务组件进行功能整合，对外提供统一服务。爱心保险云中台由开放接口平台、交易平台、通用服务平台和智能组件平台四部分构成。

1. 开放接口平台为前端提供标准服务，支持 HTTPS、Websocket、TCP＊、UDP＊ 等协议，支持 Restful、SOAP、WebService 等接口规范，通过模板方式进行配置管理接口，可实时监控各接口运行状况，同时也可以根据场景变化快速配置新的服务接口，同时满足通用性和差异性的要求。

2. 交易平台主要按照保险价值链构建业务逻辑服务群，包投保、核保、保全、理赔、支付、客服、营销管理等独立交易服务，为不同场景前端提供交易支持。

3. 通用服务平台包括产品中心、规则引擎、影像管理、消息平台等横向底层服务，为交易中台提供辅助应用支持。

4. 智能组件平台包括智能引擎、机器人引擎、OCR 组件、人脸识别组件、电子签章等组件，为各系统提供智能组件服务支撑。

平台采用 Spring Cloud 作为微服务架构选型，用 Nacos 作为服务注册、配置中心，用 Hystrix 熔断器、Zuul 统一网关、Pinpoint 链路跟踪等微服务组件。系统聚合服务为微服务消费者，各个业务原子服务为微服务提供者，平台服务接入层接入 Nacos，并传递到业务逻辑层，业务逻辑层按照业务逻辑划分为产品、投保、承保、保费试算等服务，每一个都是独立的集群部署应用。缓存中间件 Redis、Mongodb、消息中间件 CMQ 为所有平台共享通信基础组件。技术架构如图 1 所示。

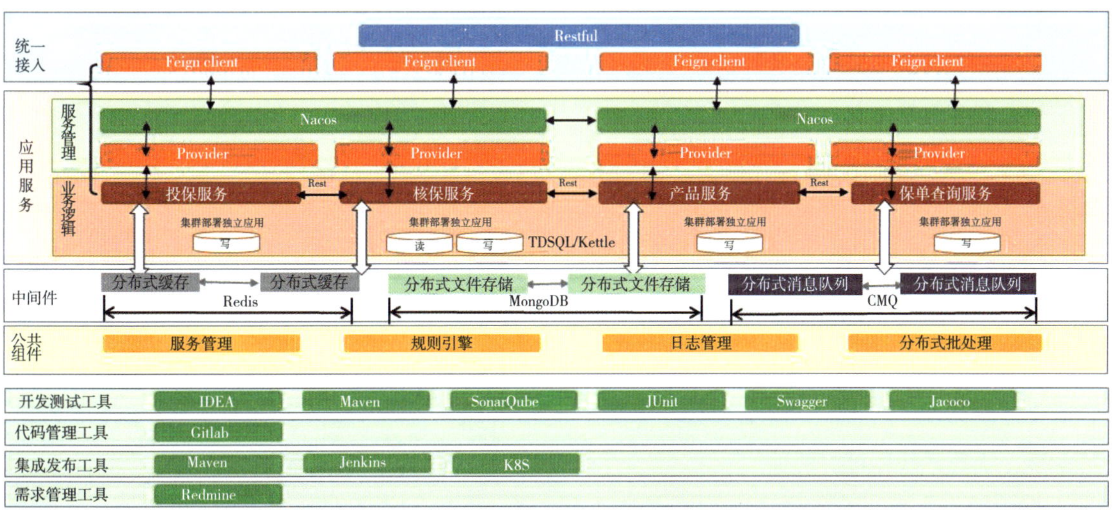

图 1　技术架构

系统功能方面，爱心云中台具备完善的规则配置、权限控制、交易数据分析、交易预警、服务监控、交易查询等功能，以可视化的方式展示出来，降低系统的复杂度，提升系统简洁度、友好性。

在保险业务系统中，投保规则、核保规则较多且比较复杂，规则管理往往是最困难的，为降低规则管理难度，开发基于开源 Drools 的规则引擎，提供可视化的管理功能，业务人员可以直接操作和维护规则，大大提升运行和维护效率。

“云中台”具备完善的接口交易机制，通过可视化界面的方式，解决以往接口服务中最为欠缺的报文查看功能，降低运行维护成本，提升数字化运维能力。

系统具备完善的底层监控机制，有效提升了系统运维效率。在微服务系统中，每个交易涉及的链路多，通过底层监控平台，可实时监控各个链路之间的交易耗时，来反推系统的响应效率提升空间。

（二）从规则体系、接口体系、批处理体系深度优化传统核心业务系统

对传统核心业务系统持续优化，从业务模块、系统瓶颈、效率、投入产出比等方面进行全面梳理分析，然后有针对性地进行优化改造，逐步有序地对核心系统相关模块进行拆解升级，根据当前核心业务系统情况，主要聚焦以下几

1. 对业务操作流与规则控制流进行解耦。传统核心业务系统中投保规则、核保规则等会因产品、渠道、地区等不同而不同，规则复杂导致开发琐，可维护性差、效率慢等。为此引入了规则引擎，通过可视化的规则引擎来降低开发成本，简化运维流程，把业务操作流与规则控制流进行解耦，提升系统的可扩展性。

2. 提高核心业务系统在线化水平。如针对电子保单发送流程进行改造，提高客户在线回访效率，采用 MQ 消息方式对功能模块进行解耦，提升了功能的稳定性和时效性。

3. 全面优化传统核心现有接口体系。对当前数以百计的接口进行系统性归纳整理，删除重复或无效接口，实现全接口幂等机制，实现接口文档线上化；将部分接口进行架构迁移，如查询类、高并发类且与核心逻辑联系不密切的接口迁移到中台处理，极大地降低系统对接难度，提升接口处理效率。

4. 全面优化传统核心现有批处理体系。随着数据量的增大，业务复杂度增加等，批处理效率越来越慢，针对核心中 160 多个批处理进行梳理分析，整合处理，对业务流程复杂的进行拆分，基本解决了未来 3～5 年预估数据量的批处理效率问题。

（三）搭建爱心容器平台，夯实保险业务云平台的运行基础环境

为提升保险云平台系统的持续集成与秒级发布，自动扩缩容等能力，项目搭建爱心容器平台，以实现基础资源的精细化管理，提高对上层应用/服务的自动化支持，实现敏捷研发的目标，主要功能如下。

1. 应用容器化。相较于物理机或虚拟机，容器拥有更高的资源使用效率，且由于应用/服务依赖与 Docker 镜像分离，可以实现一次编译打包，处处部署使用，以此满足快速迭代的需要，缩短研发周期。

2. 应用编排。鉴于保险系统复杂度高、模块关联度强等特点，单一的容器部署无法满足其需求，容器云平台对网络、路由、中间件等作了进一步封装，满足多容器自动编排、统一调度、统一管理的需求。

3. CI/CD 自动流水线。完成从开发人员代码提交、代码扫描、自动化测试到编译、打包、镜像版本化、部署等一系列自动化流程，无须人工介入，提高效率降低成本；且基于同一版本镜像可在开发、测试以及生产各个环境部署，保证系

统代码的一致性，减少代码 Merge 风险和测试成本。

五、项目效果

该项目完成核心承保端由传统单体架构向微服务架构升级的巨大转变，从架构上确保系统具有可扩展性，为后续应对大流量奠定了基础。该项目极大地提升了公司业务的在线化能力，其中在线投保率高达 95%，个险在线理赔率达 97%，个险在线保全率达 90% 以上，相关系统能力在疫情期间为公司正常展业提供了强有力的保障。系统关键运营指标有极大提升，主要体现在如下几个方面。

1. 承保端常规产品上线开发环节由 1～2 周缩短至 2～3 天。

2. 新渠道对接标准接口情况下，开发环节可由之前的 2～3 天提升到可通过配置分钟级内完成。

3. 在现有适度服务资源配置下，试算服务接口、核保接口、签单接口 TPS 均达到 1000 以上，且可根据资源配置横向扩展进一步提升 TPS。

4. 产品规则对接规则引擎，进行可视化规则管理，规则开发效率提升 3～5 倍，规则执行效率提升 10 倍以上。

5. 从签单到收到电子保单的时长由行业平均的 5～10 分钟，优化至 15 秒左右，达到行业先进水平。

6. OCR 影像处理、保全人工核保、累计保费计算等 22 个慢处理节点，从平均 2.23 秒缩短至 0.82 秒，提速约 60%；优化后的批处理运行时长平均缩短 40% 以上。

7. 基于容器化部署可秒级扩展，自动扩缩容和图形化全局监控，对比当前项目在非容器环境中资源使用，CPU 资源节省约 11%，内存节省约 40%。

六、总结

该项目采用渐进式架构升级策略，从承保端、非承保端、基础平台三方面分别制定针对性改造方案，综合兼顾资金投入、人才储备、业务现状等相关限制因素，相比于动辄数千万的整体架构升级方案，极大地降低了公司决策成本，具有良好的投入产出效果。通过“急用先行”的策略，匹配公司的业务发展状态，逐步地、分模块实现微服务架构化改造，使投入产出最大化。同时，该项目也为中小规模保险公司从传统核心业务系统的集中式单体架构向微服务架构升级提供了相关的方案参照与实践经验。

专家点评

保险核心业务系统是保险公司科技能力的集中呈现，微服务化、高并发处理能力、高可配置性、数字化运维监控是新一代核心业务系统需构建的关键能力。本案例从承保端如业务承保交易环节、非承保端如保全和理赔等业务环节、基础平台三方面分别制定针对性改造方案，在现有传统核心业务系统的基础上，进行有效、有序、经济的架构升级改造，在线投保率、个险在线理赔率、在线保全率得以提升，为传统的保险公司，特别是中小保险公司提供了借鉴和参考。

中华人寿投递管理系统

◎ 中华联合人寿保险股份有限公司

一、项目概述

中华人寿投递管理系统（数据进件、质检、投递）集成消息总线模块（Kafka）、数据质检模块、流程引擎模块，利用消息队列、智能算法、服务封装等技术，构建集高性能、高可用、弹性扩展、灵活配置于一体的数据投递平台。实现对海量数据的削峰填谷、对数据规范性的有效控制、对高并发服务下的强力支撑。

二、项目背景及意义

近年来，随着数字化及互联网技术的快速发展，传统保险产品从线下走到线上，在投保方式、承保时效及客户体验等方面取得了长足的进步。与此同时，保险数据电子化也带来了许多新的风险和挑战。最为直接的，就是对数据外发和IT治理带来极大的冲击。业务量增加和业务多样性不但导致各系统数据生成方式形态各异，难以协同化管理，而且发送数据的规范性、正确性越发得不到保障，数据丢失、数据异常等问题与日俱增。新投递模式在寿险数字化平台的应用需求日益迫切，同时也对信息发送工作的时效性、技术性、准确性提出了越来越高的要求。

三、项目重点解决的问题及主要创新点

（一）业务现状

1. 外发的纸质保单、电子保单、邮件、短信、信函、通知书等投递内容大部分由生成系统直接发给终端用户，仅在部分场景下，由质量检查人员进行核查，而通常情况下质量检查人员由于业务量大，核查效率较低，核对工期较长，使数据的规范性、正确性、时效性无法得到有效控制，存在数据异常风险。

2. 对外投递数据均由各系统独立对接或独立完成，投递功能分散，各系统重复开发，造成资源浪费。各系统间协同性较差，无法做到统一规划、统一管理。

（二）项目建设实践

秉承稳定、高效、为客户服务的宗旨，实现以“客户为中心”的服务转型。在对现有各系统投递流程进行优化提高效率的同时，结合质检环节，大大降低投递信息的异常风险。建立智能化、一站式、高效安全的功能服务来完善公司的运营及作业流程，提高运营效率，增强客户体验度。

四、项目主要建设内容

中华人寿投递管理系统根据实际业务场景，

整合企业邮件发送、短信发送、可变数据质检的功能。通过先进技术设计方案，统筹规划，分步实施，建立覆盖全电子数据投递场景的投递管理平台，实现电子数据投递的集中化、规范化、信息化。系统应用架构和数据质检/投递流程分别如图 1 和图 2 所示。

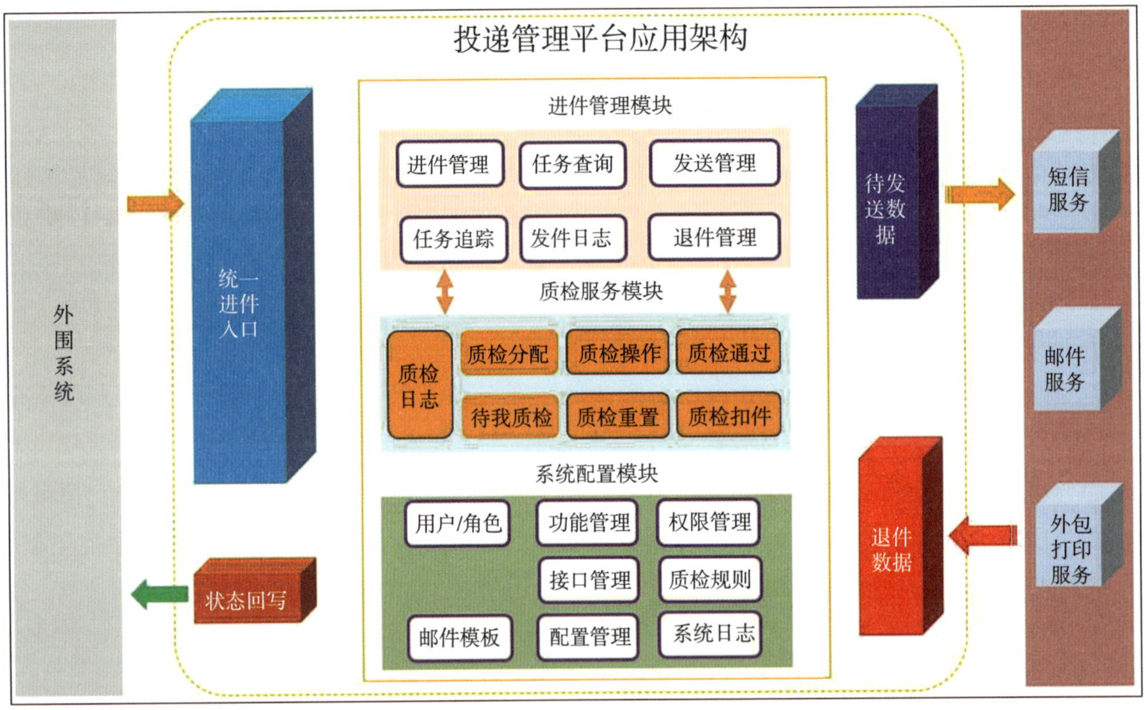

图 1　系统应用架构

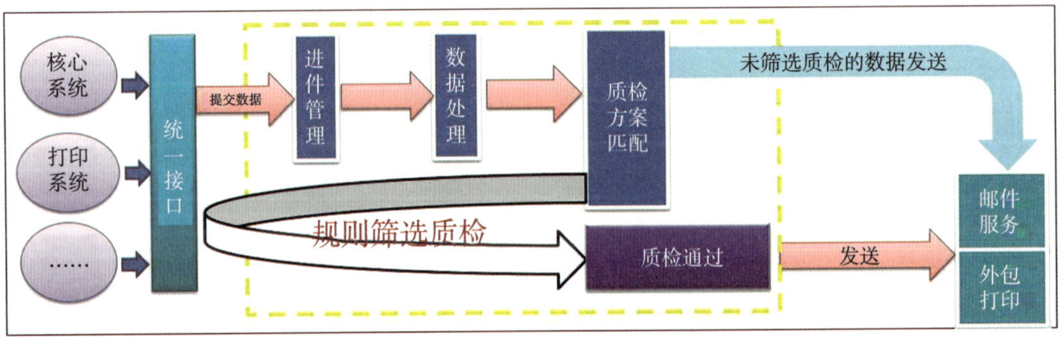

图 2　数据质检/投递流程

（一）数据质检模型

数据检查是维护数据规范和控制数据质量的有效保证。该模型以多维度、可配置质检规则灵活组合为基础，数据交换和数据检查批量自动进行，实现从属性到拓扑关系的全面检测，充分满足业务发展的快速增长及动态变化的业务需要。质检模型分为质检方案、质检任务、质检规则、质检项四部分，并围绕质检规则建立了完善的、行业级热点维度质检规则和算法模型，涵盖了外发数据质量要求的各个方面，大幅度提高了数据外发预处理过程中的检查效率，真正做到既降低检查劳动强度，又提高服务质量和客户满意度。

（二）高效自动化营运作业

通过建立完整成熟的流程引擎服务，7 × 24小时智能数据质检，最大化保证了数据流的准确性和高效性。系统借助先进的科技手段，采用市面上主流架构体系，基于高可用服务，处理能力可快速水平扩充，实现海量数据并发下的极速处理。构建高效自动化的数据投递闭环，包含数据质检、数据投递、扣件管理、数据存储、结果分析等环节，重构投递服务流程，提升数字化水平，改善作业营运效率。

（三）数据监控和分析

数据是反映产品和用户状态最真实的一种方式，数据分析和监控作为指导业务决策不可缺少的一环。系统通过接入 APM 智能监控，实现对每个服务进行可视化链路跟踪，做到实时告警和通知、快速发现问题及定位具体原因。还凭借数据投递信息、用户作业信息、流程跟踪信息，结合饼状图、折线图、柱状图各自形式特点，得出反映客观现象的各种数量特征，提供描述性分析结果，让可视化数据的有针对性的供给服务创造新的商业价值。

（四）资源协同

搭建企业级数据投递平台，建设信息传递枢纽，负责司内所有投递内容对接、质检及分发。为外围调用系统提供统一身份认证与授权、统一数据流控管理，构建高可用、可扩展、松耦合的规范化接口，把数据发送功能从上游系统下沉到底层基础平台，增加功能复用，避免二次开发，改善数据一致性和应用集成能力，实现自身价值提升，进一步提质增效降成本，并从根本上改善客户体验。

五、项目效果

中华人寿投递管理系统将不断实践中总结出的经验、方法用目前可以实现的、最优化的操作程序设计成为细化和量化的标准数据和流程。标准化使得投递作业流程更为稳定，为持续改善减少了风险和不确定性，从而保障了投递数据的安全性和规范性。投递作业流程说明如下（见图 3）。

1. 数据录入，外围系统通过统一进件入口进行数据输入，进件数据支持多种格式、多种类型，如电子保单 PDF 数据、邮件/短信数据和语音数据等。

2. 进件管理，读取各种格式和类型的接入数据，进行预处理，形成结构化规范数据。

3. 数据处理，对结构化数据进行业务类型、优先级划分，分派到对应投递作业流程。

4. 自动化检查，通过质检模型定制数据质检方案，所有输入数据基于数据处理结果选用定制质检方案，进行批量自动检查。若质量评定为不合格，则进行扣件处理，并通知作业发起方。

5. 人工检查/质检作业，支持作业人员对作业分配和申请操作，对不能用于计算机自动检查的内容，进行人工检查。投递数据若质量评定为不合格，则进行扣件处理，并通知作业发起方。若质量评定为合格，则推送至服务转发模块，准备进行发送。

6. 服务转发，屏蔽内部细节，对外统一入口，完成必要的统一处理逻辑，按照路由规则，分发到指定服务进行数据发送，并将结果通知作业发起方。

投递作业流程

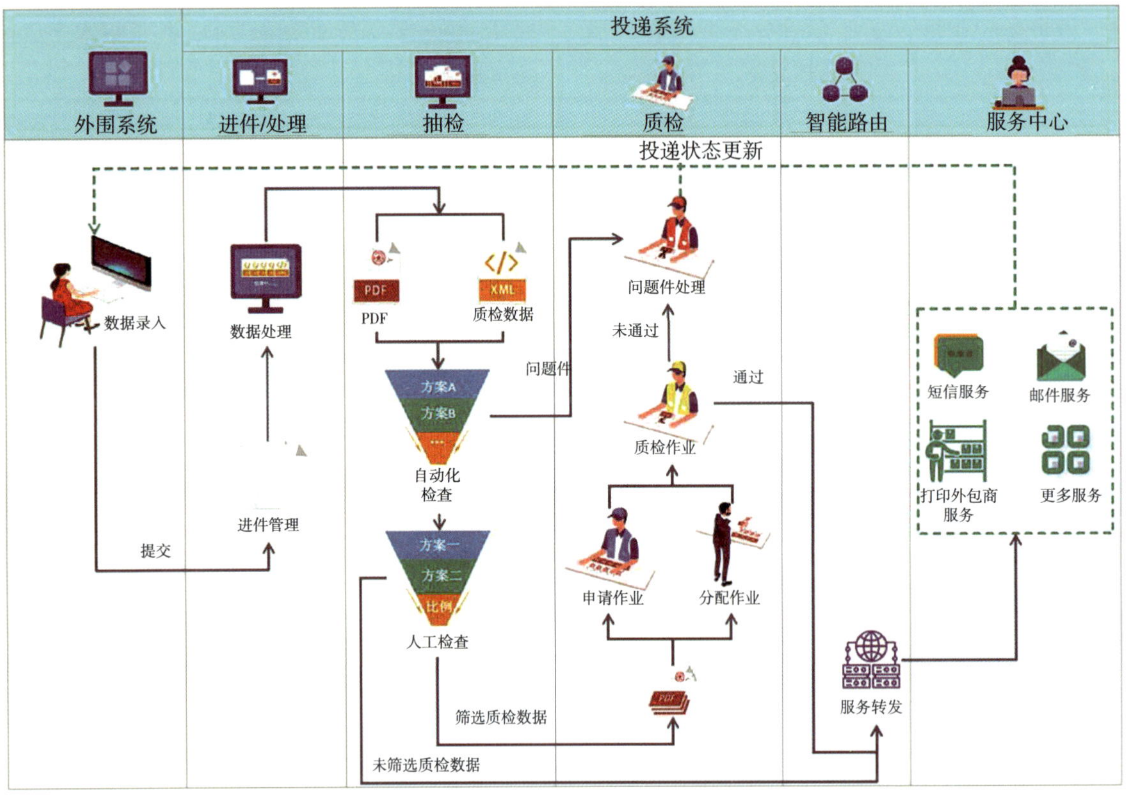

图 3 投递作业流程

六、总结

在数字化浪潮下，保险业也面临着新的行业变革，信息数据呈井喷式增长，传统的服务方式已经无法满足客户日益增长的保险需要。目前中华人寿每天处理的投递数据已达数十万级别，如何精准高效地投递数据显得尤为重要。中华人寿投递管理系统依托于流程引擎服务，搭建了场景化、自动化、闭环式的数据投递体系。与传统业务系统解耦，以统一共享服务的模式，解决整个业务线的信息外发、质检和最终送达服务问题。在改善服务触达能力和强化 IT 治理的基础上，充分整合内部业务职能部门，赋能业务快速创新及试错能力，实现从传统的线下渠道向线上数字渠道的转变。

在保险科技新时代的大环境下，构建数字化生态，运用科技革新为业务全面赋能，深耕保险价值链，创造适应市场和保险客户需求的产品和服务，不断用数据对接客户的需求和自身的变革，是中华人寿未来不断为之奋斗的方向。

专家点评

保险业数字化转型、营销模式线上化发展为保单数据化电子化管理带来了新的风险与挑战。随着业务量的增加，如何保证数据的规范性、正确性、完整性，实现协同化管理变得日益迫切。中华人寿投递管理系统依托于流程引擎服务，搭建了场景化、自动化、闭环式的数据投递体系，实现了对海量数据的削峰填谷、对数据规范性的有效控制，保证了信息发送工作的时效性、技术性、准确性。同时，通过与传统业务系统解耦，以统一共享服务的模式解决整个业务线的信息外发、质检和最终送达服务问题，衔接合理，具有示范效应。

2020 Selected Cases on the Information Mangament to Insurance Industry

保险业信息化优秀案例精编

第 六 章

科技改变人员管理模式

平安产险 AI 及大数据在企业保险营销中的应用

◎ 中国平安财产保险股份有限公司

一、项目概述

近年来，在政府的大力支持下，AI 及大数据取得了长足进展，万物互联、数据赋能已经成为当下最基本的国情，传统营销也正在被重新定义。平安产险团体智慧经营平台项目组借助平安集团内外海量的数据信息，通过数据建模、机器学习等人工智能技术，以销售获客全流程为场景，聚焦营销获客环节，重点规划了智能获客、询报价助手（预报价、保险方案推荐、报价材料推荐）、免核产品智能推荐等功能。

（一）智能获客

通过对集团内的客户数据进行客户特征分析，并基于存客特征对潜在客户进行撞库匹配，找到潜在客户，向业务员推送潜在的商业机会，深挖存量客户，进行二次营销。

（二）询报价助手（保险方案推荐、预报价、报价材料推荐）

业务员仅需输入客户少量信息，即可快速匹配承保方案，支持方案转发到邮箱、微信，Word 版本可编辑，并提供行业风险认知、常见风险、理赔案例、风控服务、方案亮点，同时还可以快速的获取参考报价范围及所需的报价材料，助力业务员高效展业。

（三）免核产品智能推荐

小微企业保险产品智能推荐模型能根据企业客户的行业、企业所在地、企业性质、企业总资产情况、企业员工情况等信息，给客户智能推荐 top3 的保险产品及保障方案。业务员可根据系统推荐的产品，向企业客户进行推荐购买；也可直接将低风险产品开放给客户自选组合购买，减少了业务员的沟通成本，加快企业客户的购买决策。可以帮助保险公司降低运营成本，提升客户满意度。

二、项目背景及意义

（一）项目背景

1. 销售获客难。

（1）新客开源难。依赖自身资源，新客资源拓展困难，对客户不了解，无法判定客户关键决策人及客户价值。

（2）存客挖掘深度不足。单客户价值较低，业务员对存客需求挖掘不足，无法有效挖掘存量客户的新增价值。

2. 客户拓展依赖两核人员。

（1）产品复杂。企业保险产品复杂，业务

员仅对少量常售产品比较了解，对大部分产品了解程度低，无法独立为客户匹配合适的产品、条款，依赖两核人员支持，时效性差。

（2）简单重复问题占用核保人大量时间。核保人需花费大量时间响应业务员关于产品、理赔的问题咨询，以及为业务员找到合适的案例用于公关客户。

3. 客户服务效率低。

（1）服务半径小。保险服务专业性强，大部分客户不清楚哪些风险可以通过保险进行转移，传统服务模式无法实现规模化运营，服务效率低，大量客户面临无服务状态。

（2）需求响应慢。受能力限制，业务员针对客户咨询往往需要进行多轮咨询才能响应。

（二）项目意义

提升销售队伍获客效率和拓客成功率，提升客户服务范围及响应时效。

三、项目重点解决的问题及主要创新点

（一）智能获客

基于 AI 数据建模、知识图谱等创新技术，挖掘潜在客户价值，解决业务员获客难、对存客二次营销不足问题。主要创新点如下。

通过对集团内外数十亿条数据进行梳理和图谱化构建，建立三张图谱网络：

1. 企业关系图谱，基于存量客户特征分析，对全量客户进行了价值评估及打分，从海量的企业用户中筛选了 2800 万高价值潜在客户。

2. 业务员图谱，通过对业务员既往的销售数据、客户分布，建立起以业务员为核心的关系图谱网络，并对业务员的能力、偏好、关系进行分类分级。

3. 公司产品网，通过对公司产品数据的分析，如产品与客户、产品与地域、产品与业务员，产品与产品之间的关联性等，构建以产品为维度的关系网，并通过三网融合，基于智能推送引擎，将合适的客户推荐给合适的业务员，并匹配合适的产品营销策略。

（二）询报价助手

基于机器学习算法，快速地在海量数据中挖掘出相似客户，并从产险海量的历史案例中，为用户智能挑选出符合自身需求的方案、询价材料、意向报价，还原核保人作业逻辑，解决用户服务获取时效慢、专业度不足等难题，提升专家服务的范围。主要创新点如下：

1. 依托产险海量的存客数据及案例数据，借助机器学习算法，进行客户特征分析，构建企业画像体系。

2. 通过智能搜索引擎，根据新客户的特征，快速地在海量数据中挖掘出相似客户及相似案例。

3. 智能推送引擎，为用户智能挑选出符合自身需求的方案，并将承保方案及所需报价材料推送给用户。

4. 结合相似案例的历史承保范围及精算模型，匹配报价参考范围。

（三）免核产品智能推荐

基于 AI 数据建模，构建小微企业数据画像体系，解决小微企业选购保险产品选择难问题，主要创新点如下：

1. 采集近 10 年小微企业所有的投保、批改、理赔数据，如企业行业、企业性质、企业所在地（省市区、详细地址）、企业总资产情况（房屋

建筑、机器设备、存货等占比)、企业员工数量及职业类别等、企业建筑结构、经营年限、企业位置、批改次数及类型、理赔次数、赔付项目、赔付金额等。

2. 对所采集的数据进行清洗，补充缺失，平滑噪声，识别或删除离群点/异常值，解决数据不一致问题。

3. 对清洗过的数据进行冗余和相关分析，集成数据仓库（大数据专用）；对数据进行变量离散化和标准化转换，最后选择特征，提取特征，数据抽样，数据过滤。

4. 根据 RandomForest 和 Adaboost 分类模型，对处理过的数据进行分类处理。

5. 基于处理后的数据，选择贝叶斯网络算法，进行数据训练，建立推荐模型。

6. 将训练集数据输入推荐模型，观察输出的推荐保险产品前 3 是否为企业购买的产品，依据结果不断修正训练推荐模型，直至达到满意的效果。

7. 上线推荐模型，将小微企业特性数据输入，获得推荐模型输出的用户，购买保险产品，取 top 3 展示给企业客户供选择。

四、项目主要建设内容

（一）智能获客

保险业务员在销售保险时，经常主动联系客户，以维护客户关系并获取客户需求，而客户本身又抵触被频繁无故打扰。针对这种矛盾，在当前车险提额降费的大环境下，业务员如何精准地挖掘出高价值且高购买意愿的客户，特别是产险团体非车险客户，是亟待解决的问题。

在 AI 大数据背景下，本文提出面向客户旅程的团体商机精准推荐方案，首先，根据客户当前所处的流程节点 T（承保、报案、理赔、脱保等）及客户特征（企业属性、保险信息、标的信息等），通过机器学习（catboost）方法，筛选高价值的客户。其次，通过自然语言分析客户当前节点的在保保险的保障范围，结合场景节点 T 预测出客户所需的补充保险需求。最后，结合客户特点及需求，整合出营销锦囊，向业务员终端 APP 输出“商机 + 话术 + 推荐产品”，用于转化客户。

1. 模型训练数据。样本选择中，负样本为某渠道反馈的客户（业务员沟通中，客户明确拒绝，无购买产品意向的客户），正样本为已经购买产品的客户。除了企业主本身的特征，还增加了企业维度的信息，如注册资金、所属城市、所属城市 GDP、所属行业、是否曾有团保等。

2. 响应模型结果。响应模型 AUC 等指标在 0.8 左右，预测出响应企业主为 300W。验证预测结果如下：对比剔除样本数据后的“全量”与“响应、高价值”客户的历史与近期销售情况，分别得出后者是前者历史转化率的 4.14 倍，近期转换率的 3.78 倍。

3. 亮点。借助算法模型，业务员根据收到的线索商机提醒，才进行精准触客，减少了业务员频繁触客而带来负面影响的担忧。高转化的客户及其保险需求被及时挖掘预测出来，此时触客是按需触客，可以增强客户的关怀，提升转化的效率。

4. 典型案例。团车理赔商机，是针对团车车险客户，在客户理赔节点触发的一种商机。具体来讲，团车客户如果其车辆出险，在该案件完成理赔且支付到账时，首先通过模型识别出是否是高价值客户。其次，结合其车出险的原因与车类型，预测出补充客户所需的非车产品，扩大客户未来的保障范围（如人伤 + 客车，推荐平安畅行，保驾乘意外伤害；如货损 + 货车/特种车，推荐货运无忧，保运输货物损失）。最后，在好帮手 APP 推送出商机锦囊（客户详情 + 推荐产品 + 话术）。

5. 技术新颖性。

（1）技术整合。使用机器学习（catboost）方法，筛选高价值客户。通过自然语言技术，分析出客户的在保保障范围。

（2）相比传统的低转化无时机的触客营销，本方法不仅筛选出了高价值的客户（客户在哪里），还提供了营销的时机（什么时候触客）和商机锦囊（怎么去销售）。

6. 专利。商机精准推荐中使用的部分发明技术，公司人员已经申请了多个专利，其中已经通过国家的专利有：

（1）徐杰．信息推荐方法、装置、电子设备及介质，2020，申请公布号：CN111460286A.

（2）徐杰．基于隐私保护的用户画像生成方法、装置及存储介质，2020，申请公布号：CN111666460A.

7. 产品 Demo。围绕团体客户旅程服务的各个节点场景，持续动态挖掘出高价值且高购买意愿客户，并结合预测的客户补充保险需求，向业务员输出精准商机锦囊。

（二）询报价助手

1. 保险方案推荐。优先通过行业，在通过地区，历年保单数据，赔案信息等进行最终推荐产品数据的优化（这里可以由大数据老师补充更多细节）。

（1）根据历史保单的全量数据，按行业归集统计出各个行业客户数、保单数、保费，根据保费、保单数、客户数降序排序，得到行业与产品，客户信息的初步关系表 A。

（2）当用户输入客户名字信息时，通过历史保单信息获取客户行业信息，对于新客户则调用企查查等信息得到客户行业 I，通过查询关系表 A 得到初步推荐产品 P1、P2、P3 等。

（3）通过客户名字信息得到客户历史所有赔案、产品信息、计算满期赔付率，根据满期赔付率等筛选产品并优化产品系数：

满期赔付率 ＝（已决赔款 ＋ 未决赔款）/满期保费

历年制赔付率 ＝（已决赔款 ＋ 期末未决赔款 － 期初未决赔款）/（当期保费 － 期末未到期保费 ＋ 期初未到期保费）

（4）基于所有保单数据，根据地区计算销售最好的产品，根据用户的地址和经纬度，计算一定区域内销售最好的产品，并进行推荐。

（5）最后使用 freemarker 模板，基于推荐的产品，配置多种方案，业务员可自行选择修改方案内容（条款、限额、免赔等），补充对应行业 + 产品对应的行业风险认知及风控服务（行业风险情况说明，行业主要出险原因，风险服务介绍）、风控案例、理赔服务能力、理赔案例（行业理赔服务能力，理赔案例），填充模板内容，动态生成 Word 文档，通过微信分享给客户查看。

（6）如果推荐给业务员的产品最后出单转化率较低，则不断优化赔付率、地区等因子的权重。

保险方案推荐见图 1。

2. 预报价。因团体险种投保标的的多样性和复杂性，不同标的风险会有很大不同，对应到价格上就是保费或费率的区别，如企财险，专业的核保人往往会从企业基本信息、建筑结构、货物数量、燃烧特性、电器线路、消防设施等多个风险因子的特征，加上过往经验，综合评判给出报价，这个过程时间往往较长。为了给业务员提供快速预报价功能，本项目基于历史相似方案计算费率区间，只需业务员在好帮手 APP 录入少量客户信息，就能实时提供预报价费率区间，为业务员展业时作参考，该功能还能使输出的预报价在无须人工干涉的条件下，跟随公司政策和市场趋势。

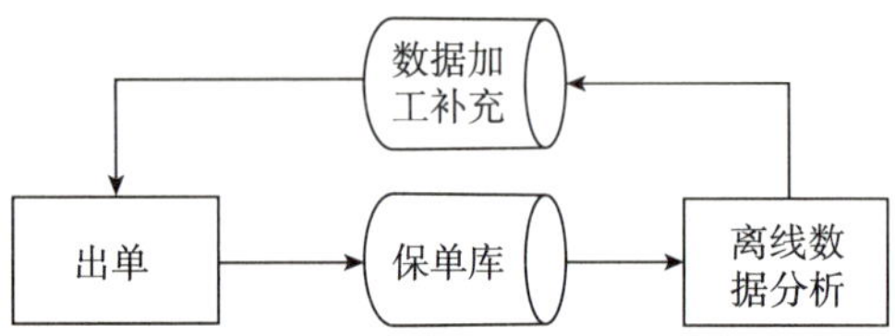

图 1　保险方案推荐流程

3. 价值主张。支持业务员触客时，录入少量业务关键信息，即可实时获取预报价，大幅减少客户等待时长，实现传统人工初始报价向线上化、智能化转型。从 2020 年 5 月 29 日到 10 月 21 日，好帮手团非预报价功能已上线企财险（财产基本险、财产综合险、财产一切险）、雇主责任险（雇主责任险 A）和团意（常规团意、境外劳务）三大险种，10 月 24 日将上线工程险，后续规划还会上线中大、小微等其他险种。好帮手预报价工作台 9 月点击量达 28140 次，点击人数 3613 人，经调研，业务员反馈，现已习惯使用好帮手团非预报价功能进行初始报价。

4. 技术方案。

第一步，获取团体险，根据所述团体险的险种类型获取对应的预报价因子。具体来讲，业务员在团体险预报价系统中点击预报价按键，选择所要预报价的团体险险种类型。团体险包括但不限于企财险、责任险、团体意外先、工程险等险种类型。选定团体险种后，预报价页面输入对应险种的预报价因子，各类型险种对应的预报价因子的具体内容不一样。下面对以上几种类型团体险对应的预报价因子进行具体说明。

（1）企财险的预报价因子包括：

一是财产基本险、财产一切险和财产综合险。客户名称、业务员所在二级机构、是否银抵业务、标的行业、标的地址、房屋建筑保额、机器保额、存货保额、其他标的物保额。

二是机器损坏险。客户名称、业务员所在二级机构、标的行业、机器设备金额。

（2）责任险的预报价因子包括：

一是雇主责任险：客户名称、行业类型、业务员所在二级机构、岗位名称、雇员人数、职业类别、每人死亡伤残限额、每人医疗费用限额。

二是客运承运人责任险。客户名称、行业类型、业务员所在二级机构、车辆使用性质、核定座位数、核定载客数、每座限额。

三是诉讼保全责任险。客户名称、行业类型、业务员所在二级结构、保全金额、保全标的类型、诉讼类型。

四是产品责任险。客户名称、行业类型、业务员所在二级结构、产品名称、销售区域、销售额、累计赔偿限额、每次事故赔偿限额、每人事故赔偿限额。

（3）团体意外险的预报价因子包括：

一是常规团体意外险。客户名称、行业类型、业务员所在二级结构、职业类别、投保人数、年龄范围、险种名称（支持对多个险种的勾选）、意外伤害身故和残疾限额、意外伤害医疗限额、意外住院津贴限额、飞机意外伤害身故和残疾限额、火车意外伤害身故和残疾限额、轮船意外伤害身故和残疾限额、汽车意外伤害身故和残疾限额、交通意外伤害医疗限额、猝死限额。

二是境外劳务。客户名称、行业类型、业务员所在二级机构、职业类别、投保人数、目的地、年龄范围、险种名称（支持对多个险种的勾选）、意外伤害身故和残疾限额、意外住院和门急诊限额、疾病住院和门急诊限额、意外和疾病住院津贴限额、急性病身故或全残限额。

（4）工程险的预报价因子包括：

建筑工程一切险及第三者责任险、安装工程一切险及第三者责任险。客户名称、行业类型、业务员所在二级机构、保险期限、工程地址、物损限额、三者限额、项目名称、建筑安装类型。

第二步，根据所述预报价因子，获取对应险种的历史数据，判断历史数据是否与预置规则逻辑相匹配，所述预置规则逻辑用于筛选与所述团体险相近案例以及相近案例数大于预设阈值的历史数据。

具体来讲，团体险的历史数据按照不同类型单独存放，根据输入的预报价因子具体内容，获取对应险种的历史数据。历史数据中具有多组历史案例，具体包括各组历史案例的预报价因子和对应的费率。对于业务员来说，具有参考价值的是与本团体险具有相似性的历史数据，相似性体现在历史案例和输入的团体险的预报价因子上。各类别因子在风险等级上需要对应，各数值因子相近。通过预置规则逻辑对历史数据进行筛选，筛选出与输入团体险相近的案例，且将相近案例数量与预设阈值比较，如果相似案例数量过少（小于预设阈值），则执行第四步；如果相似案例数足够多（大于或等于预设阈值），则执行第三步。

第三步，若匹配，则计算匹配的历史数据和所述预报价因子中数值因子的欧式距离，并获取排序靠前 n 历史数据中对应的费率，根据排序靠前 n 的费率获取中位费率和最大费率。

具体来讲，当根据预置逻辑规则在历史数据中筛选出与第一步中团体险相似的案例数量足够多，则利用相似性度量的方法从第二步中筛选出的历史数据中，进一步筛选出相似性更高的前 n 个案例作为最终的相似案例，并获取对应的历史数据。这 n 个相似案例的历史数据中包括了这 n 个相似案例对应的费率，根据这 n 个费率计算的最大费率和中位费率作为第一步中输入的团体险可供参考的费率区间。

其中，相似性度量的方法为采用欧式距离度量输入险种和历史数据中的数值因子。具体为从第二步中筛选出的历史数据中计算各案例的数值因子与第一步中输入的数值因子的欧式距离，最终选择距离排前 n 的案例的费率，计算中位数和最大值。且各数值因子除了要加上业务指标，还要附上案例的发生时间。

第四步，若不匹配，则根据所述团体险的险种类型选择对应的第一目标模型和第二目标模型，将所述预报价因子通过所述第一目标模型和第二目标模型，分别获得中位费率和最大费率，根据所述中位费率和所述最大费率获得费率区间，所述第一目标模型是根据多个历史预报价因子和对应的中位费率，对 LightGBM 模型训练得到的，所述第二目标模型是根据多个历史预报价因子和对应的最大费率，对 LightGBM 模型训练得到的。

具体来讲，当根据预置逻辑规则在历史数据

中筛选出与第一步团体险相似的案例数量较少，采用第三步的方法来计算第一步中输入的团体险费率区间不准确。此时，在数据量比较少的情况下通过模型利用机器学习的方法去计算第一步中输入团体险的最大费率和中位费率。根据输入团体险类型选择对应的两个模型，即第一目标模型和第二目标模型，获取两个模型的目标值分别为最大费率和中位费率。更具体的，将第一步中的预报价因子通过采用 LightGBM 算法回归建模的第一目标模型和第二目标模型，提取输入预报价因子的特征，分别得到最大费率和中位费率，将中位费率到最大费率之间的范围作为第一步所要团体险的费率区间。

此外，需要说明的是，当经过第一步筛选出的相似案例数量足够多时，由于在第二步预置规则逻辑下的初步筛选和第三步中欧式距离度量的方法进一步筛选了可以从历史数据中筛选出相似度更高的前 n 组相似案例，而第四步的机器学习过程中是将该险种下的所有历史数据的特征作为参考建模的，并未区分相似案例，因此，在第二步筛选后的相似案例数量多的情况下采用第三步相似性度量进一步筛选方法，会比直接将第一步中的预报价因子输入模型获得的数据更加准确。

5. 报价材料推荐

（1）收集各个产品核保询价阶段、投保阶段所需必备因素，包括员工数、地址、企业信息、证件信息等，整理形成产品与报价材料对应关系：产品—场景—材料—询价内容。

（2）将关系表保存进系统中，进行定期更新维护。

（3）业务员通过选择产品，即可得到对应的投保场景所需材料、询价内容推荐。

五、项目效果

（一）智能获客

2019 年 9 月起，截至 11 月 10 日，全国共分派 110419 条线索，全国线索业务员认领率为 43.1%。

（二）询报价助手

询报价助手月均使用 54539 次，替代等量人工咨询效果明显，极大地减轻了核保人响应简单重复问题的工作压力，客户响应时效提升70%。

六、总结

AI 赋能在平安产险不仅仅是一个口号，而是实打实地站在真实的应用场景中挖掘出来的需求，是需要产生真实效益的智能化应用。

在各级领导的支持下，我们以销售获客全流程为场景，聚焦营销获客环节，重点建设了智能获客、询报价助手、免核产品智能推荐等功能，并取得了一定成效；未来，我们还将继续拓展应用场景，围绕用户核心痛点，逐渐将智能化应用覆盖到出单作业、批改作业、风控服务等领域，实现全场景 AI 赋能。

七、项目参与方

产险总部团体产品及平台运营团队平台产品组、产险总部科技中心线上系统团队团体智慧经营平台组、产险总部科技中心数据平台团队团体建模组、产险总部科技中心线上系统团队团体前置产品组参与了本项目。

专家点评

本案例从项目背景、内容、意义和效果等方面详细介绍了平安产险——团体智慧经营平台的基本概况，所展示的智能获客、精准获客的相关内容对于降低保险公司获客成本，提高获客质量有着良好的启发和启示作用，对于破解目前保险公司以低售价、高成本、高销量为特点的销售痛点具有重要指导意义。案例行文中涉及众多专业术语而未做说明，整体阅读难度偏高，是本文的不足之处，但是瑕不掩瑜，本文仍为十分优秀的保险科技落地案例。

天安人寿 e 新人系统

◎ 天安人寿保险股份有限公司

一、项目概述

（一）项目介绍

该项目可应对疫情对保险公司线下培训的冲击，适应当前线上经营的新趋势，充分满足营销队伍对于线上“新人招募、新人面试、新人培训、自助上岗”的需求，实现员工队伍从选才、面谈、活动、签约的全流程线上功能，为员工队伍的规模稳定提供支撑。项目的实施可转变传统培训模式，依靠线上模式开展形式多样的线上直播培训，向一线提供有力培训支持，依靠线上人脸考勤保证培训过程的真实有效，依靠线上电子签名签章高效便捷生成电子合同生成工号，不仅为营销队伍提供易操作、可复制的线上培训模式，同时强化了新人培训的流程优化和过程管理。

（二）技术创新点

天安人寿 e 新人系统使“招募、面试、培训、上岗”四大流程线上化，采用的技术包含 Spring Cloud 微服务架构、consul 注册中心、Spring Cloud Config 配置中心、OCR 识别技术、人脸识别技术、直播技术、大数据分析、定位识别、Docker 容器等技术。

1. 招募阶段，使用 html2canvas 技术完成页面到海报图片的转换分享。

2. 面试阶段，使用工作流配置，管理人员可通过后台配置伸缩面试流程长度及人员配置；面试阶段利用性格分析数学模型，分析新人的性向测试结果，得出新人性格类型归属。

3. 培训阶段，对接阿里云直接 API，实现直播视频流的推送和用户对于视频流的获取；对接百度云，通过人脸在人脸库的录入和匹配，实现人脸考勤；结合 XmlWorker 技术，生成班级电子档案，并上传保存至 OSS 云端。

4. 上岗阶段，使用 OCR 识别技术，实现对新人上传证件真实性的核实及方案信息录入；对接电子签名接口，让新人在通过上岗审核后自动生成电子合同并归档。

二、项目背景及意义

（一）项目背景

传统寿险的招募模式，是代理人与新人多次交流，经过营业区负责人等面试，通过线下培训后，完成上岗，新人的入司到岗效率直接影响公司业务发展。以往天安人寿采用传统线下培训、人工审核上岗模式，不仅未能打通培训上岗一体化流程，而且受时空制约，参与规模受到限制，培训成本较高，无法满足特殊时期的培训需求；同时，人工审核工作量大且效率低，人员到岗周期过长，制约了业务发展。通过打造“招募、面试、培训、上岗”一体的一站式线上招募平台，将助力新人从招募、面试、培训到入司全流程线上化，能够满足扩大培训规模，降低培训成本，满足特殊时期的线上培训需求，同时能大幅缩短新员工到岗周期。

（二）项目意义

e新人系统依托e点通平台，实现内外勤角色互补，完成了招募培训从线下到线上的升级；通过打通培训与上岗通道，构造了从“小白”到入司的完整体系，使上岗流程变得简单可控。

该项目能够解决传统寿险培训上岗模式的难点与痛点，突破渠道建设投入高且投入期长的问题，助力业务快速发展。e新人直接面对全渠道10余万名代理人，将传统的线下培训模式转化为线上培训，直达一线，确保培训实现全流程精细化管理。系统上线以来替代了多次大规模线下培训，节约直接培训成本120万元，解决了疫情特殊情况下无法出门参与培训的问题，满足了公司快速发展要求。

公司培训管理团队利用e新人后台大数据分析，形成性格分析数据模型和区域化培训模型等，制定针对性培训方案；将性格分析结果推送给面试考官，实现考官对于准新人的性格等信息的及时掌握；招募录入信息88000余人，通过培训上岗28000余人，提升了培训质量和机构工作效率，保证了上岗人员的能力水平。

天安人寿数字化转型战略以“价值、科技、活力”发展主题为引领，科技赋能营销、赋能管理，强有力地支撑公司整体业务发展和管理提升。通过移动、精准、智能的技术实现，构建天安E生态，在业内有较好业务创新和技术创新示范效应。

三、项目重点解决的问题及主要创新点

（一）解决痛点问题

1. 系统覆盖招募到上岗的全部流程，采用大数据分析和人工智能技术，通过新人填写的性向测试内容，分析新人的性格特点，实现针对性培训与个性化发展。

2. 采用角色权限分配互补机制，保证面试流程高效有序，每个环节尽在掌握。

3. 一码通关到底，环节畅通无阻，从入班阶段到自助上岗，一个二维码贯穿两个阶段，流程简单易操作，并采用OCR识别技术与系统真实性校验，保证了每个入司新人信息的真实有效。

4. 线上线下并举，学习深度破局，采用直播技术，突破时间限制，打造稳定流程的线上直播课程，丰富学习平台和学习方式，紧跟当前线上运营潮流。

5. 定位刷脸考勤，锁定真实的TA，采用人脸加地点定位考勤，保证了新人考勤的真实性和唯一性。

6. 自助完成上岗，轻松不同凡响，新人结训后即可线上完成资料填写并提交，避免线下路程奔波，同时大幅减少了上岗审核人员的工作量；采用电子签名技术，保证电子合同的真实性，节约了大量纸张。

（二）创新点

e新人线上培训依托e点通平台和微信端，打通时空壁垒，链接更多目标新人，解决短时间内大规模培训压力；构造从准新人到上岗新人全方位线上培训体系，实现资源利用最大化。

e新人采用大数据分析技术，由新人性向测试答题数据，分析形成新人性格模型，推送给面

试考官，有针对性地制定不同新人的面试及后期培训方案，提升面试效率和上岗成功率。

e新人采用基于云计算的容器技术和云直播技术，对接阿里云直播API，管理直播视频流信息，支持回看等功能，满足媒体资产管理需求；通过防盗链、播放鉴权、视频加密转码等多级安全机制，充分保障视频安全；通过跨运营商、跨地域全网覆盖的视频分发网络进行全网分发加速，提供更稳定、更流畅的极致直播视听体验。

四、项目主要建设内容

（一）系统架构

项目系统架构见图1。

（二）系统架构分析

1. 使用VUE + Spring Cloud前后端分离架构，实现功能模板解耦，自定义Restful API接口规范，使用Swagger2生成前后端开发人员对接接口的实时在线文档，保证接口对接一致性，提升开发效率，保证代码规范性；

2. 使用Spring Cloud微服务架构，使用业务功能解耦合，不同业务模块建立不同的微服务，可使开发人员聚焦指定的业务功能或业务需求，提升后端开发效率，且易于和第三方集成，还可集成容器自动化部署，保证业务不因发布而暂停；

3. 选用Consul作为注册中心，提供强一致保证，支持丰富的监看检查。在服务注册时，通过配置健康检查，利用分布式心跳对服务实现监控和异常报警。

4. 使用容器部署技术，可最大化利用系统运行资源，并可通过快速复制镜像的方式伸缩容器，实现快速扩容。同时保证了开发、测试、生产环境运行的一致性，可实现秒级或毫秒级启动，大幅节约了开发、测试、部署的时间。

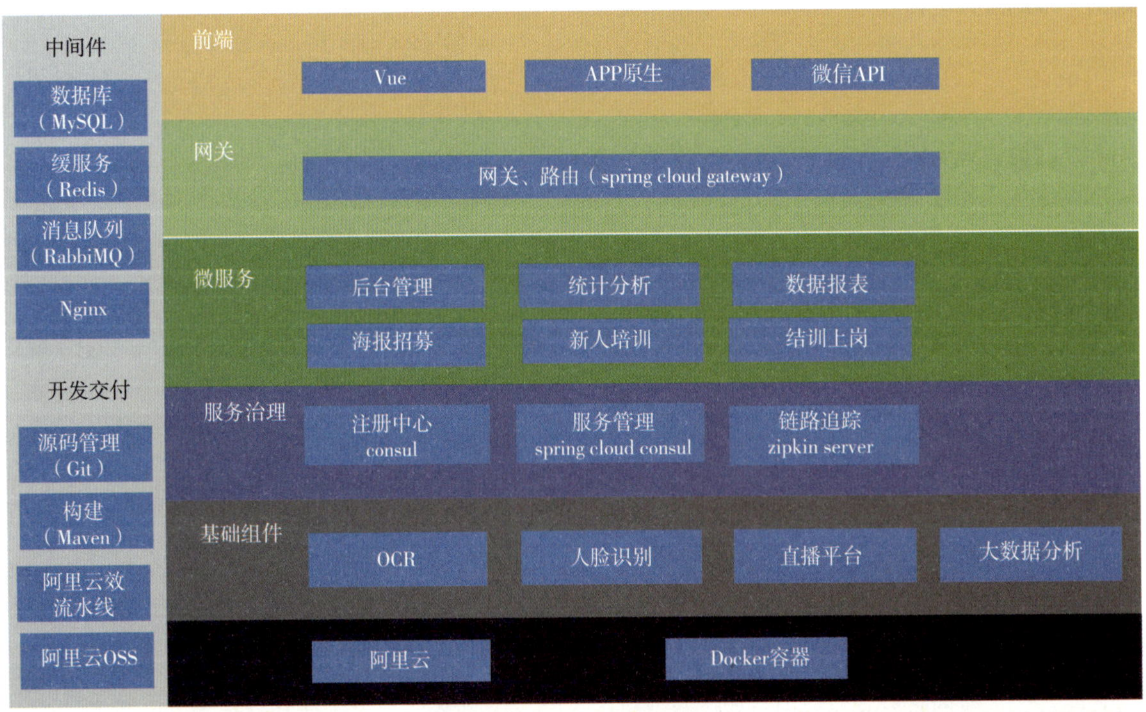

图1　系统架构

五、项目效果

（一）业务流程

项目业务流程见图2。

（二）业务流程分析

1. 招募阶段。

（1）海报招募。业务员可通过分享海报的方式吸引新人加入，海报样式可随业务节奏随时更新、实时生效；有意向的新人通过微信扫描海报上的二维码，完成信息填写、人脸录入、性向测试后即可等待面试通知。

（2）三关面试。录入信息的新人在经历营业区经理、组训、支公司负责人的面试后，即可拥有参加培训的权限；营业区经理、组训、支公司负责人分别包含了内勤和外勤，e点通平台的内外勤登录后，其工号对应分配角色的权限，不同角色人员负责不同的面试环节，在面试阶段系统会根据新人的测试结果分析出新人的性格，成为面试环节的数据支撑。

2. 培训阶段。

（1）新人班开班。班主任通过e新人开班，设计培训课程，安排课程时长，选择课程讲师，培训形式分为线下培训和线上直播培训，开班后生成相应班级的二维码。

（2）讲师管理模块。统一管理各机构讲师，有效统计讲师的讲课时长。

（3）参与培训。新人通过微信扫描班主任分享的班级二维码，可根据自身特点选择线上直播培训或线下培训，培训期间线上班通过人脸考勤，线下班通过人脸定位考勤，不同班级类型采取不同的考勤规则，结训将根据不同考勤规则判断新人是否通过培训。

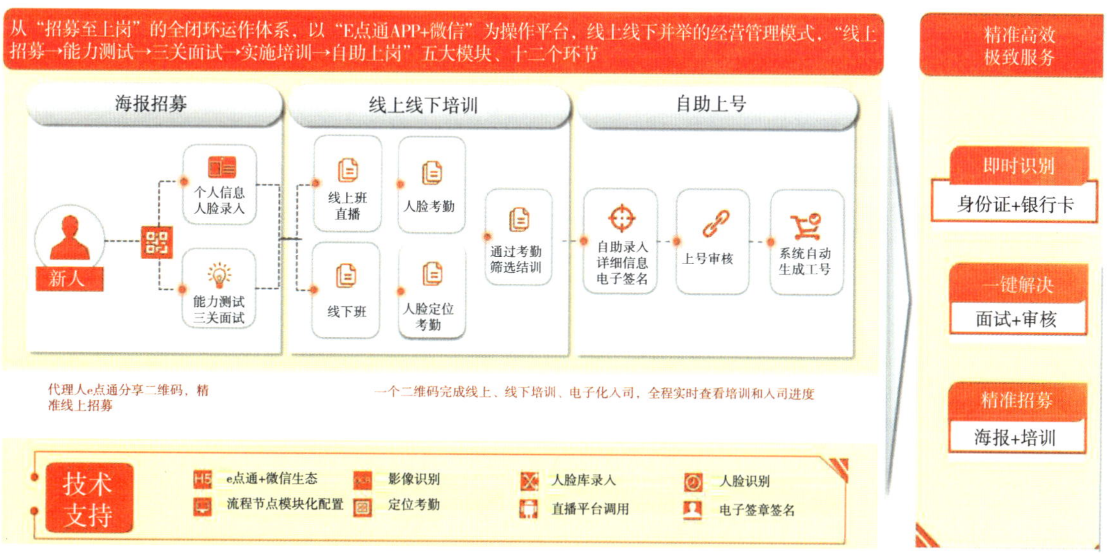

图2　业务流程

（4）结束培训。班主任通过e新人进行结训，结训前需上传相应数量的班级现场照片及考勤表，结训时可在通过系统考勤的新人中，选择通过培训的新人名单，结训后系统会生成该班级的电子档案进行归档，所有资料均保存至OSS云存储中。

3. 上岗阶段。通过培训的新人还是使用微信扫描班主任分享的班级二维码，即可进入上岗信息填写页面，填写好相关信息及上传相关电子资料后，系统将对电子材料进行OCR识别和真实性校验，通过校验后让新人进行电子签名，在通过上岗审核后自动生成电子合同并归档。

4. 上岗审核。上岗审核人员通过e新人系统，对待上岗人员进行审核，审核通过后自动推送至上岗系统，立即生成工号，改变了以往审核人员手工统计并逐条录入的工作方式，极大地提高了工作效率。

六、总结

数字化转型已成为保险业顺应社会变革、落实国家数字化战略、提升发展动力和竞争力的必然选择，天安人寿作为紧跟时代步伐的保险公司，早已意识到培训线上化的重要性，并改变传统培训模式，不断加快培训模式创新，推动培训向线上转移，构造从新人到入司上岗的"一键上号"全流程体系，最大程度提升培训质量和上岗时效。e新人系统是每个业务员入司前使用的第一个公司系统，已成为培训工作中必不可少的管理系统。

专家点评

天安人寿保险股份有限公司的天安人寿e新人系统，适应了当前保险公司大力开展线上经营的行业新趋势，充分满足了营销队伍对于线上"新人招募、新人面试、新人培训、自助上岗"的需求。在疫情影响保险公司开展线下培训的背景下，天安人寿开发的e新人系统有助于提升培训质量和机构工作效率，保障上岗人员的专业素质。该项目具有能够解决短时间内大规模培训压力、因人而异制定面试及后期培训方案、提升面试培训视听体验等三大创新性，具有节约培训成本以及加强员工精细管理等优点。该项目以保险科技赋能保险代理人等从业者，在保险业内具有一定的创新性和示范作用，将使保险公司更好适应互联网保险3.0时代的到来。

百年人寿依托企业微信平台，打造百年人寿线上生态圈

◎百年人寿保险股份有限公司

一、项目概述

2020年，为应对疫情带来的办公模式和社交模式的巨大变化，百年人寿开始逐步打造围绕企业微信平台的线上化生态，主要包括公司内部的沟通、协调、管理以及外部销售的客户触达和客户服务。

二、项目背景及意义

2020年，新冠疫情席卷全球，在给人类带来极大健康威胁的同时，也给组织机构带来了种种考验。如何让公司成员在互不接触的情况下，圆满完成相关工作，成了公司迫切需要解决的难题。同时，随着数字化技术的发展，企业内勤员工出现了更多的线上办公需求，外勤员工亟须线上平台开展业务，满足员工日益增长的数字化办公需求逐渐提上日程。

百年人寿在了解到员工这一需求后，积极进行探索，逐步打造围绕企业微信平台的线上化生态体系。企业微信具有与微信一致的沟通体验、丰富的OA应用以及连接微信生态的能力，可帮助企业连接内部、生态伙伴和消费者，实现专业协作、安全管理、人即服务；同时，企业微信全方位支持外勤员工的客户触达和客户服务，助力员工开展业务，打破了传统的空间限制，满足了新形势下企业的发展需求。

三、项目重点解决的问题及主要创新点

（一）内部沟通、协调和管理

1. 在百年人寿企业微信中打造企业级通信录，无缝对接HR系统与核心业务系统。

2. 百年人寿所有内、外勤员工可在合理的范围内，随时一对一或者多人发起视频或音频形式的在线会议，支持提前预约会议和立即开会。

3. 利用腾讯乐享打造企业内部第三方线上培训服务平台。

4. 通过百年人寿企业微信，可对外勤代理人进行全流程管理。

5. 利用企业微信消息通知取代了传统的短信通知。

（二）外部销售的客户触达和客户服务

1. 利用企业微信生态。
2. 利用企业微信直播。
3. 全线上展业出单流程。
4. 打造全线上化建议书。

5. 精简流程环节。

6. 打造百年全方位的客户服务体系。

四、项目主要建设内容

（一）内部的沟通、协调和管理

1. 在百年人寿企业微信中打造企业级通信录，无缝对接HR系统与核心业务系统。将组织架构、内勤数据、外勤（各渠道代理人）数据及时更新。对所有人员进行多样的标签分类和分层管理，保证企业微信各应用功能的权限有效隔离、灵活配置。

2. 百年人寿所有内、外勤员工可在合理范围内，随时一对一或者多人发起视频、音频在线会议，支持提前预约会议和立即开会。会中可灵活管理参会成员，便捷演示文档或电脑屏幕。比如疫情期间各分支机构日常的早夕会通过企业微信可方便地在线上进行（近一年来累计发起会议51732次，总时长1695578分钟，支持300路并发）。

3. 利用腾讯乐享打造企业内部第三方线上培训服务平台。支持“消息推送”（课程、宣导材料等）、“知识库”“课堂”（开课及分类、素材及分类）、“直播”（内部培训）、“考试与学习地图”“公共课程资源”（第三方课程，方便转化成内部课堂资源），为内外勤培训提供全面保障。

4. 通过百年人寿企业微信，可以对外勤代理人进行全流程管理，实现以下功能。

（1）线上获客活动支持。赠险、预约、抽奖、线上线下名单收集等。

（2）增员支持。甄选测评、面谈、入职前培训、自助入司等。

（3）增收支持。拜访、客户经营（转发/分享软文）、建议书、出单、保单服务等。

（4）活动量管理。通过“代理人—客户—活动”模型，建立全面的活动量管理体系，引导代理人有效开展业务。

（5）信息支持。查询服务（保单、客户以及佣金、业绩、考核、出勤等）、个人中心（个人名片、百年历程、荣誉家园）。

5. 利用企业微信消息功能，将文字、图片、图文消息、文件、音频、视频等方式呈现的通知推送给外勤代理人，取代了传统的短信通知，既节约了成本又使消息效果大幅提高。

（二）外部销售的客户触达和客户服务

1. 利用企业微信生态。百年内、外勤（代理人）可以使用企业微信添加外部客户个人微信或者其他企业微信，在触达时获得百年人寿企业级的信用背书，通过企业微信“客户群”“客户朋友圈”等功能，持续开展客户经营活动。

2. 利用企业微信直播。企业微信直播可以对外实时分享音视频及屏幕内容，外部客户使用微信即可观看（比如疫情期间的线上产说会、业拓会、业培会），人数不限。

3. 全线上展业出单流程。支持个险、银保直销、顾问销售、网销等通过微信平台选产品、填信息、线上分享签名投保、线上实时收费承保、线上回执及线上客户自助回访，完成全线上展业出单流程。

4. 打造全线上化建议书。支持百年全产品建议书计算、制作。通过企业微信分享、转发客户，合规、精致、准确、丰富的建议书内容，极大地促进了外勤代理人展业，是代理人为客户提供专业保险产品服务的有力保障。

5. 精简流程环节。实现全线上化的电子通知书、电话中心新契约函件处理，极大提高了传统线下处理流程时效，减少流程中非必要环节。

6. 通过企业微信平台，打造百年全方位的客户服务体系。

（1）根据客户分类，分配专业、专属的在线客服团队，提供7×24小时有温度的服务，包括解答产品、保全、理赔、续期、营销活动等，引导客户使用百年一保通自助服务，替代传统机构柜面服务，提高线上化服务，降本增效。

（2）将百年电商渠道的断点客户、引流客户统一管理、统一运营，在企业微信平台建立长期、有效的客户联系，并提供专业、贴心的服务，从而促成销售。

（3）由在线客服或外勤代理人，通过在线模式提供外部客户专属、直达的线上保全服务，替代传统柜面。

（4）提供报案查询、理赔申请（录入理赔申请信息、上传影像，生成电子理赔申请书，由客户电子签名确认后，发起理赔申请）、账单录入（根据住院发票信息、明细清单，线上直接录入账单信息）、理赔金实时支付到账等服务。

（5）支持渠道代理人、续期团队在线上进行追踪、复效、预约、递归回访等续期服务。

（6）在客户同意授权的前提下，企业微信可将用户与客户间的会话内容存档，配合质检系统，以满足企业管理客户服务质量以及监管合规相关要求。

五、项目效果

（一）适应新形势下的办公要求，满足员工多样化线上办公需求

百年人寿企业微信继承了个人微信的风格和体验，把个人微信的朋友圈替换成了用于办公的工作台，除了搭建公司完整的组织架构，还增加了轻OA办公（公告、企业邮箱、审批、打卡、日报、企业支付等）、文件盘、回执消息、待办、移动电话视频会议、自动创建部门群、图片标注等功能，满足了员工多样化的线上办公需求。同时，企业微信全方位支持外勤员工的客户触达和客户服务，助力员工开展业务。

（二）丰富客户服务内涵，打造百年全方位的客户服务体系

1. 根据客户分类，分配专业、专属的在线客服团队，提供7×24小时有温度的服务。服务内容包括解答产品、保全、理赔、续期、营销活动等各环节的问题，引导客户使用百年一保通自助服务，替代传统机构柜面服务，提高线上化服务。

2. 为客户提供便利的理赔服务。能够实现报案查询、理赔申请（录入理赔申请信息、上传影像，生成电子理赔申请书，由客户电子签名确认后，发起理赔申请）、账单录入（根据住院发票信息、明细清单，线上直接录入账单信息）、理赔金实时支付到账等功能。

3. 满足企业管理客户服务质量以及监管合规相关要求。在客户同意授权的前提下，企业微信可将用户与客户间的会话内容存档，配合质检系统。

六、总结

依托企业微信，百年人寿适应了新形势下的企业发展要求，打破了空间上的限制，延伸了企业的边界，为员工与客户带来了极大便利。未来，百年人寿将继续探索企业微信等线上平台的

使用，用科技推动企业发展。

专家点评

2020年新冠疫情的暴发对经济社会、生活方式、办公模式提出了新的挑战，通过无接触、线上化办公模式实现复工复产是保证人民生命安全和经济稳定的重要方式。百年人寿依托企业微信，打造企业级通信录，无缝对接HR系统与核心业务系统；通过线上化分支机构日常的早夕会，实现线上化交流；利用腾讯乐享打造企业内部第三方线上培训服务平台，实现外勤代理人的全流程管理等。在疫情期间简化流程环节、配套全方位客服团队等安排，优化客户体验。线上化办公模式适应了新形势下的企业发展要求，打破了空间限制，延伸了企业边界，全方位支持员工的客户触达，并实现了全方位有温度的客户服务，为疫情期间实现复工复产提供帮助。

复星保德信人寿保险营销 AI 赋能

◎复星保德信人寿保险有限公司

一、项目概述

在保险营销过程中，目前保险线下业务团队主要依靠师徒制及业务主管传帮带，针对新进业务员的课程以标准化为主，无法实现千人千面。突如其来的新冠肺炎疫情导致线上培训需求升高，但传统培训的学习进度和效果缺乏有效把控及评估。本项目针对以上痛点，通过用户的现状分析和需求测试，生成个性化课程体系，开展相应课程的学习，结合人机训练场景，通过 AI 对学习效果进行评分并提示不足，完成 AI 培训课程赋能业务一线。

二、项目背景及意义

在目前 183 家保险公司、2500 家经代公司中，约有 870 万名保顾，其中月收入 6 千元以上者占 53%，大专以上占 61%，25～45 岁占 80%，入职 13 个月以内的新人占比为 40%。而在以上众多参与者中，保险公司培训预算约为年度销售额的 5%，2019 年寿险保费收入为 2.96 万亿元，新单保费收入为 1.29 万亿元，增长 12%，财产险保费收入为 1.3 万亿元，培训费用估算约为 600 亿～2000 亿元每年。但保险公司传统培训体系中对新人的培训均采取标准化课程，千人一面，而主管因业绩压力无暇顾及对新人的培训，公司无法做到对新人因材施教，造成高离职率的局面。

对大部分保险从业者而言，其学习意愿不低，个人用于学习时间约占工作时间的 10%，但培训课程形式相对单一且缺乏有效评估，只能在实际展业过程中不断积累经验。

面对以上现状，如何确保培训效果，助推业务指标达成，成为各公司培训体系的最大关注点。

三、项目重点解决的问题及主要创新点

面对以上关注点，本项目通过知识图谱构建、授课体系推荐、AI 导师实战等创新模块，主要解决了传统培训课程体系单一、无法有效评估等问题，相对传统培训，AI 自动化培训更加精准客观，用户体验更好，且效果容易量化，主要创新点如下。

（一）用户能力个性化评估

1. 新登录未测试未更新信息的学员进入后，看到通用页面，并建议学员丰富信息进行测试，以获得更好的体验。

2. 用户填写基本信息后进入测试环节，通过人机语音对练，考察销售技巧及表达力，为用户从基本信息、表达特点、销售技巧情况等维度进行标签登记。

（二）用户课程推荐

1. 以用户标签为不同特点，不同能力层级用户基于大数据运算，自动组成针对用户的课程路径体系，保证针对用户特点，由浅入深地把用户能力逐步提升，用户可以一键批量下单课程。

2. 测试后，根据用户标签，生成千人千面的 APP 主页，只推送与用户相关且符合客户能力的课程，保证最佳学习意愿和学习效果。

（三）AI 交互实战和评估

1. 完成课程学习后，可进行人机练习环节模拟训练，通过 AI 模拟真实场景，检查用户学习情况，解决用户不知道如何实战的痛点。

2. 系统对用户回答声音图像内容等进行分析解读，提取语速、语言连续性、知识点传达、语言结构、语言逻辑等表达特征。

3. 通过深度学习把这些特征与表达力评分相拟合，从而得到评估模型，对用户进行评估。

4. 通过增加更多不同等级人员的表达数据输入以及专家评分，扩大训练集，提升覆盖度，使得模型精准性普适性进一步提升。

四、项目主要建设内容

本项目基于微表情分析、语音分析、自然语言处理、深度学习以及知识图谱构建等 AI 技术，结合大量由专家详细标注过的训练样本，构建评估模型，通过持续的数据积累，提升在线评分模型引擎的准确性。

（一）系统架构

1. 输入数据包括用户基本数据、用户行为数据等结构化数据，也包含用户语音、用户图像、文本、课程信息等非结构化数据。

2. 核心系统基于主流分布式计算平台，包含 Hive、HBase、Mango DB 等结构化以及非结构化数据存储模块，NLU、TensorFlow 等 AI 模型训练模块，以及 Storm 流计算模块用于高效运算结果。

3. 基于输入数据以及核心系统，全面支持用户销售力评估、用户测试报告、课程推荐等前端功能。

（二）AI 导师

通过深度学习算法，为销售力和表达力打分，并以知识图谱和人机模型为依托，向不同学员推荐最匹配的个性化课程及人机训练场景。

1. 数据 AI 提取特征：通过自然语言处理，以及微表情识别等相关技术，对用户联系内容进行特征提取，从而为下一步深度学习提供结构化输入。

2. 数据标注：通过专家对训练样本进行标注，基于专家判断给出销售力评级，每一个样本由两名专家共同评级，如果评级相同则作为该样本的专家评价，如果不一致由五位专家共同评分，加权平均得到结果。

3. 模型训练：通过提取特征以及专家数据标注训练深度学习评分模型，从而得到销售力评估模型。

（三）知识图谱

将销售培训资料碎片化（云端雾化），根据不同险种、不同地区、客户族群、销售流程不同环节等标签，打造保险销售领域知识图谱，从而实现支持问答、改进课程搜索质量等功能。

（四）课程体系

内部挖掘销售达人，通过萃取核心知识技

能，以“达人知识图谱构建+表达特征提取+相似大咖拟合”技术方案，构建与达人相似现有课程体系，人机对练模型及达人独有高标准打磨课程，针对被选模型较多的达人，开通在线辅导及答疑，优秀学员也可被选为保险达人，萃取模型及开通直播课程。

五、项目效果

分期投产后，可从传统的线下培训转为线上，在特殊时期如疫情期间更快满足培训需求。该项目针对场景实操类培训，满足不同用户需求，更好地检测培训效果和实际销售场景需求，且培训成本从线下每年2000元/人以上可大比例降低，对同业而言如10万名销售人员的团队公司可节约1亿元以上。另培训效果全程监控，可匹配培训津贴发放，提高成本效能。

六、总结

该项目针对用户目前销售能力的分析仍需进一步细化，丰富个人标签，对优秀课程萃取的人工智能分析仍需进一步打磨，AI评价体系中微表情销售力识别系统仍需进一步完善。

根据项目后续进展，可考虑单独孵化后，以Saas形式对外输出，带动整个行业培训成本的优化。

专家点评

保险营销员是保险业与客户的直接触点，通过对新进业务员的课程培训，提升其素质和专业水平是保险公司培训的重点。本案例通过知识图谱构建、授课体系推荐、AI导师实战等创新模块，对用户的现状分析和需求测试后生成个性化的课程体系，结合人机训练场景，通过AI对学习效果进行评分并提示不足，完成AI培训课程赋能业务一线，解决了传统培训课程体系单一、无法有效评估等问题，实现对学习进度和效果的有效把控及评估。这一改变有助于为保险营销员打造千人千面的定制化课程，总体来看有助于节约学习成本，提升学习效率。

第 七 章

保险机构数字化转型成果

中再保险集团再·瞰平台项目

◎中国再保险（集团）股份有限公司

一、项目概述

中国是严重的多自然灾害国家，在全球气候变暖的大背景下，自然灾害，尤其是重大自然灾害，如地震、台风、滑坡、泥石流等巨灾发生频次上的增加给国家财产和人民生命财产安全造成巨大损失。目前国内巨灾风险管理体系尚不完善，救灾资金主要依靠财政补偿为主导，给政府的财政预算构成了较大负担，国家迫切需要有效的自然灾害财政投入运行机制。从国家层面上讲，中国巨灾风险管理的完善刻不容缓。因此，中国再保险集团（以下简称中再）将参与完善国家巨灾风险管理制度为出发点，利用超算、大数据、区块链等新技术，推出具有自主知识产权的巨灾平台，积极落实“以再保险为核心”的集团战略，并通过整合行业资源，挖掘再保险业务增长点，实现业务开拓，巩固行业龙头地位。

二、项目背景及意义

中国是严重的多自然灾害国家，在全球气候变暖的大背景下，自然灾害，尤其是重大自然灾害，如地震、台风、滑坡、泥石流等巨灾的频次在增加。巨灾频发给国家财产和人民生命财产安全造成巨大损失。

目前国内巨灾风险管理体系尚不完善，巨灾风险分散能力较弱，存在巨灾保险产品供给短缺、规模较小，巨灾风险转移方式单一的问题。救灾资金主要来源于政府财政，预算难以预测，国家迫切需要有效的自然灾害财政投入运行机制。

三、项目目标

再·瞰平台旨在快速搭建巨灾风险管理信息平台的框架，提供巨灾风险数据的管理和查询功能。通过项目前期对业内先进实施案例的充分调研、对行业发展现状的把握，以及对业务需求的深入了解，2017 年 6 月 22 日，中再巨灾研究中心正式成立。研究中心在公司内外部进行了广泛调研，确立了巨灾平台 CRP V1.0（再·瞰）——巨灾平台建设的第一阶段，并引入多方合作资源形成合力，确保项目快速推进。

项目研发时间节点如下：

1. 2017 年 12 月 11 日，再·瞰 1.0 系统正式发布，以地图方式直观展示灾害相关数据，为直保公司承保理赔、企业风险管理和政府可视化决策分析提供强有力的支撑，向用户提供专业的巨灾风险管理服务；

2. 2018 年 11 月，再·瞰 2.0 系统发布，标志着中再巨灾风险数据库不断丰富完善。

四、项目特点

再·瞰基于现有保险业务背景和各种先进优

势技术，结合地理信息系统（GIS）平台等技术，整合各政府部门及保险大数据，整合不同资源，包括自然灾害数据、经济数据以及人的数据等这些分散的数据，搭建基于云平台的统一巨灾平台 GIS 应用系统，实现一体化的数据管理系统，并综合这些多维度信息助力巨灾保险，为各大保险公司投保业务提供评估专题图服务、数据服务等，为保险公司提供科学决策依据。再·瞰是一套国内领先、国际先进的“巨灾平台 GIS 应用系统”。

五、项目主要建设内容

再·瞰平台利用丰富的灾害数据、人口数据、经济数据，利用 GIS 技术提供了巨灾风险数据的管理和查询功能。平台核心功能如下：

1. 风险识别。通过地名/区域、经纬度查询或使用 i 助手，用户可迅速定位查找任何地方、区域主要灾害风险等级指数。

2. 风险地图。平台为用户提供风险暴露所在地的地震、台风、暴雨、风暴潮、洪水、滑坡/泥石流、雪灾、冰雹、雷电九大灾种的风险地图，指导风险识别。

3. 风险详细专题数据查询。平台提供详细专题图数据。

4. 灾害预警。平台提供气象预警和实时台风，涵盖中国所有县市、4 个预警等级的中国气象全灾种预警信息和台风实时路径信息，利于灾前防御。

5. 历史灾害搜索。平台提供历史灾害信息，支持历史台风回放，典型地震、滑坡/泥石流事件信息查询。

6. 风险累积控制。用户可上传自有保险数据，与风险地图叠加展现风险暴露分布，形成风险累积专题图，支持用户生成定制化的风险地图及报告，为采取风险分散措施及风险管理提供依据。

再·瞰平台其他功能包括基础数据、专家会商等。

六、项目效果

2017 年 12 月，再·瞰平台正式上线。截至目前，共有 50 多家保险公司 90 多个客户申请使用，在巨灾风险防控方面为直保公司提供了技术支持，在保险行内得到了众多直保公司的支持和认可。

七、总结

再·瞰平台是中再打造的第一个行业基础数据平台，为保险业和政府提供了巨灾风险管理的眼睛，让灾害风险“看得清、看得全”。再·瞰平台是定性分析的平台，后续还会推出定量分析的平台产品，实现灾害风险定性 + 定量分析。

专家点评

自然灾害的频发对国家财产和生命安全带来了巨大的财产损失。我国巨灾事件的发生与巨灾风险管理体系的建设存在脱节，救灾资金主要依靠财政补偿，给政府的财政预算造成了较大负担。再保险作为高层次的风险分散安排，天然具有巨灾风险管理的优势。中国再保险集团利用超算、大数据、区块链等新技术，推出的再·瞰平台能够结合地理信息系统（GIS）平台等技术，整合各政府部门及保险大数据，整合不同资源，搭建基于云平台的统一巨灾平台 GIS 应用系统，为各大保险公司投保业务提供评估专题图服务、数据服务等，为保险公司提供科学决策依据。该系统的构建对行业风险管理能力提升、助力国家防灾防损具有重要意义。

人保财险保险业数字化转型成果案例

◎ 中国人民财产保险股份有限公司

一、项目背景及意义

面对国家加快5G数据中心等新型基础设施建设进度、同业积极布局数字化转型、新冠肺炎疫情倒逼商业模式转型等新形势，中国人保财险加快实施数字化战略，依托数字化技术，规划建设了业内领先的新一代IT架构，全面推动IT基础设施、核心平台、客户运营、商业模式的变革与创新，全力推进数字化转型，打造“保险+科技+服务”新商业模式，高效便捷地满足客户保险服务需求。

二、项目主要建设内容及亮点、成果

（一）IT基础设施转型——打造行业领先的人保云，提供高可用、高可靠的弹性基础资源支撑

随着互联网的深度应用和数字化技术的快速发展，传统IT架构的局限性日益凸显，基于分布式和虚拟化技术的云架构替代传统IT架构已成为信息科技发展的必然趋势。顺应技术发展趋势，中国人保充分借鉴了业界的先进技术，采用业界领先的云服务架构体系，结合中国人保实际，大胆开拓创新，高起点规划、高标准建设人保云。

人保云具备四大亮点：一是实现敏捷交付。新架构落地所需的技术支撑组件全部由人保云提供，相较于传统资源交付，平均交付时间由原来1周缩短到1小时内。二是支持在线投产。实现研发、测试和运维的高度自动化，应用发布效率相较于传统架构，由原来1～2周缩短为分钟级。三是实现弹性扩缩。基于容器技术实现了秒级弹性扩缩能力，面对业务访问高峰，可实现秒级扩容，达到性能线性提升。四是支持异地多活。建成南北双活的云数据中心环境，南北中心业务数据实时双向同步，实现了2000公里异地双活，业务智能引流。

2020年6月29日，中国人保财险通过了《保险行业基于云计算平台支撑的研运能力成熟度模型》标准的评估并获得最高等级“先进级”，成为国内保险业独家获此殊荣的公司。该标准由中国保险行业协会在2019年底发布，广泛覆盖了研发、技术运营和系统平台等研发运营工作的各个方面。

（二）核心平台转型——上线分布式核心系统，提升互联网化、场景化保险业务支持能力

为更高效便捷地满足客户保险服务需求，中国人保财险以人保云为基础运行环境，基于人保自主可控的分布式微服务技术架构体系（PDF－C），建设上线了分布式核心系统。

该系统打造了可配置化前台、微服务化中台，支持积木式系统构建，并全面推行了研发运

营一体化（DevOps）体系，实现了小时级新产品发布、分钟级应用发布与秒级资源弹性扩缩，具备千亿级保费、十亿级交易、亿级用户的支撑能力，能够高效支持数字化时代高频、海量、碎片化的保险业务。2020年6月，中国人保财险分布式核心系统项目顺利通过由中国信息通信研究院开展的《研发运营一体化（DevOps）能力成熟度模型 第3部分：持续交付》3级能力成熟度评估，是国内保险业中首个达到DevOps标准持续交付3级能力的IT项目。

同时，该系统全面融合OCR、人脸识别、语音识别、智能客服、智能质检等AI技术，优化重构客户旅程，打造了一个客户、一个账户、多个产品、综合服务的核心平台，有效满足用户一致性和一站式的体验需求。

（三）客户运营转型——以客户为中心打造“一站式保险”平台，加快推进客户线上化迁徙

疫情推动无接触、云端化消费行为急速涌现，客户对线上化保险的需求激增，线上化成为不可逆转的趋势。早在2019年初，中国人保财险就已将客户线上化作为落实数字化战略和以客户为中心理念、打造面向未来核心竞争力的重要战略布局，不断优化线上化技术支撑平台，完善运营体系，加快客户线上化迁徙。

中国人保财险围绕微信和APP两大流量入口，坚持线下客户向线上客户引流、网络平台向移动平台引流、区域平台向集中平台引流、微信平台向APP平台引流的基本原则，建设集保险销售、保全/批改、理赔、续期、客户服务等为一体的“一站式保险”平台，打造架构统一、体验一致、流程深度融合的保险主业“明星产品”，涵盖社交媒体、APP等主流移动应用，成为面向C端用户的核心触面和主打平台，客户最贴心的保险服务专家。一方面，以客户为中心，为客户提供全险种线上保单管理、自助购买、保全/批改、理赔、续期、客户服务、基金理财、小额贷款等一揽子金融保险服务解决方案，实现保单管理统一化、理赔服务简单化、产品购买自助化、理财服务定制化；另一方面，全方位、多视角应用了云、智、物、数、移等前沿高科技，致力于打造技术架构先进、用户体验优质的高品质移动互联应用。

（四）商业模式创新——不断加强科技赋能，打造“保险＋科技＋服务”新商业模式

随着人工智能、大数据、5G、区块链等新技术的发展，中国人保财险加大对新技术的研究和应用，发挥科技赋能作用，推动公司商业模式创新。在区块链领域，上线业界领先的再保合约区块链平台，探索区块链在养殖险食品安全溯源等领域的创新应用，牵头“再保险区块链应用技术标准”制定工作。在物联网领域，推动“电梯卫士系统”等物联创新成果全国推广，规划建设统一物联网基础平台，支撑物联风控应用快速开展。在人工智能领域，上线智能中心，实现AI通用服务共享，支持AI快速赋能，全面推进OCR、人脸识别、语音识别、智能客服、智能质检等AI技术在新架构中的应用。在RPA（机器人流程自动化）领域，探索开展RPA应用，由机器人代替人工执行大量重复手工操作，提高效率，降低人力成本。

截至2020年11月，中国人保财险共向专利局提出专利申请243项，已授权162项，同时在

国家版权保护中心登记软件著作权 294 项；基于新一代架构规划及设施相关成果，累计提出专利申请近 100 项。

面向未来，中国人保财险将继续全面深化数字化转型落地，加快新架构落地，以客户为中心，全面推进线上化，为公司向高质量发展转型提供强有力的支撑。

专家点评

中国人保财险全力推进数字化转型，依托数字化技术规划建设的新一代 IT 架构，达到了业内领先水平。打造了行业领先的人保云，提供高可用、高可靠的弹性基础资源支撑。上线了分布式核心系统，更高效便捷地满足客户保险服务需求，提升了互联网化、场景化保险业务支持能力。加快客户线上化迁徙，以客户为中心打造了“一站式保险”平台。加大对新技术的研究和应用，不断加强科技赋能，打造“保险 + 科技 + 服务”新商业模式。

平安产险创新引领，打造国际领先的科技型财产保险公司

◎ 中国平安财产保险股份有限公司

中国平安财产保险股份有限公司（以下简称平安产险）于1988年在深圳蛇口成立。32年来，平安产险坚持稳定、健康的发展方略。近10年实现保费收入、总客户数复合增长率分别超过25.7%、20%；ROE持续保持15%以上，经营险种超过1000种，为个人、家庭、企业提供全方位的风险保障，切实发挥“保险姓保”的职能，保持高质量发展。

近年来，在平安集团“金融+科技”“金融+生态”战略指引下，平安产险依托人工智能、大数据、云计算等新科技，全面开启数字化转型，致力于实现服务产品化、运营数字化、管理线上化、经营智慧化的“四化”目标，打造“科技产险、数据产险、生态产险”。

随着科技应用与产险业务深度融合，平安产险逐渐构建智慧大脑，其中围绕客户、队伍、经营管理的线上化、数据化、智能化，建立了平安好车主、平安好帮手、创保网、车险智慧经营等11个线上平台，实现了“智能营销—智能定价—智能作业—智能风控—智能理赔—智能经营”，以端到端业务赋能重塑保险产业链，更加灵活地应对市场的变化、客户需求的变化。

一、新挑战 新机遇

近年来，财产保险市场进入加速变革期，迎来新的挑战与机遇。一方面，随着新生代消费者成为消费主力人群，消费需求、消费渠道和消费理念发生深刻变化；另一方面，车险综合费改背景下，简单的价格竞争已经不再行之有效，通过差异化服务提升核心竞争力逐渐成为市场共识。

根据公开数据分析，全国大约有10亿名网民，微信每日在线时长85分钟、抖音60分钟、B站78分钟、直播30分钟，数字生活、去中介化、粉丝经济等时代新特征不断涌现。与互联网经济相比，传统财险经营模式存在触达方式少、接触频率低等劣势，面临新的挑战。与此同时，互联网平台裹挟着巨大的流量迅速介入财险市场，以便捷的用户体验赢得年轻群体的青睐。传统财险公司亟须转变经营模式，改变与客户的互动方式，让产品和服务融入客户的生活场景中，不断提升用户体验。

而新一代信息技术的蓬勃发展为财险公司推动数字化转型以及实施服务差异化创造了新机遇。AI、大数据、区块链、物联网等科技创新技术不断发展，成为推进保险业数字化转型、提升行业效率、优化客户体验的重要驱动力量。

为了抓住数字化转型机遇，平安产险提出全面数字化转型，致力于以“数据驱动经营、连接构建生态，打造以客户为核心的智慧保险新模

式”，强调以更高效率和更优体验在未来客户认知战中赢得先机，以培育更多超级用户作为新科技商业模式的出发点和落脚点，以海量多维实时数据为枢纽，以内外部服务、产品、员工、客户全面线上化的互联互通为纽带，以大数据、人工智能、云计算、生物识别等科技为支点，打造智慧的数字化生态服务体系。

二、全面数字化转型

如果没有前沿科技支撑，数字化转型的战略愿景将是无源之水、无本之木。在新战略的指引下，平安产险大力引入海内外科技人才，重塑敏捷型组织和科技型企业文化，逐步构建包括云计算、大数据、人工智能、移动应用等在内的数字化能力，并强化各项数字化业务，推动数字化的实施落地，最终提升自身核心竞争力。

依托人工智能、大数据、云计算等前沿技术，结合自身业务场景需求，平安产险自主开发出智能单证识别技术、智能图片定损等多项核心技术，为数据化体系构建打下坚实的基础。其中，OCR（智能单证识别）在国际票据扫描件文字识别和信息提取（SROIE）大赛中击败了国内外 100 多家参赛单位和队伍，荣获世界第一。

数字化转型最核心的是数据化体系的构建，即通过建立数据仓库，将产品数据、业务数据等全部标签化，即时即用，为前端的系统平台、业务中台提供强有力的支撑。得益于科技创新支撑，平安产险快速完成了数据库的搭建，在 2020 年启动全面数字化转型，迈入业务与技术双轮驱动的数字化转型新阶段，即在信息化和线上化的基础上沉淀数据后，通过打通公司前中后台系统，搭建起智慧服务与管理平台，实现智能营销—智能定价—智能作业—智能风控—智能理赔—智能经营，对外提升客户体验，对内提升运作效率，成为一家真正由数字驱动的保险公司。

具体而言，平安产险通过销售、运营、管理、科技及组织五大抓手，实施全面数字化转型。

在销售层面，核心是建立统一全渠道的营销平台，打造渠道和队伍的线上化平台。将销售团队和总部进行全面的线上化连接，同时用 AI 销售助手为前端的队伍赋能，以便更精准有效地服务客户。同时，重塑销售流程，先服务再销售。从以前简单地谈销售改变为先给客户提供好服务。在运营层面，需要实现全业务全流程 100% 线上化，打通断点流程；打造智能化作业平台，全面输出中台专业能力，为客户及前线销售提供综合解决方案。

在管理层面，横向联合，通过数据驱动的大中台，由“多点对接到联合决策”的方式，实现敏捷前瞻；纵向打通，通过机构平台化，由“逐级督导到总部决策直达”，实行对一线全面实时跟踪，能够预测和帮助队伍进行现场决策。

在科技层面，进行共享能力中台建设，打造 AI 智能引擎，实现客户洞察、智能交互、智慧经营等。其中最核心的是数据化体系的构建，即通过建立数据仓库，将产品数据、业务数据等全部标签化，即时即用，为前端的系统平台、业务中台提供强有力的支撑。比如，智慧营销基于业务数据，千人千面精准触达，可以精准服务平安好车主的 1 亿 + 用户，通过智能推荐引擎，车险投保方案一次询价成功率由 27% 提升至 70% 。

在智能作业方面，平安产险打造了六大机器人，实现“听说读想做”五大能力，不管是理赔环节、与客户的互动环节，还是客服环节，通过 NLP 服务平台、ASR、OCR 等新的科技应用，真正实现产品流程、运营流程端到端的优化，从而实现效率的提升。比如，智能作业“报价”，过去要经过六七次重复报价，销售—承保—保单服务的整个配送流程需要2天，现在通过作业机器人，仅需识别客户—智能报价—支付出单3步，1次报价成功。同时，个人车险支持免人工录入，从报价到出单全程最快20秒。可以看到，借助AI、大数据等先进的技术手段和科技应用，可以极大地提高效率，提升客户体验。

基于此，平安产险拥有更多更智能化客户服务工具，服务范围和能力延伸至更多领域，通过生态融合、场景连接，逐渐从单纯的保险产品服务提供方转化为以保险为中心的生态服务提供方，通过自身及产业链上下游的合作伙伴，为消费者提供更多元的选择。例如，平安产险的Askbob智能搜索引擎整合车后市场服务内容，全面引入知识图谱以及NLP技术，并通过LBS客户分布、网点分布热力图分析，实现服务网点精准布局，带动产业链其他生态企业一同发展。

三、打造极致服务体验

数字化转型的出发点和落脚点是以客户为中心。为了快速响应用户多样化需求，平安产险搭建了“一站式优质车服务平台”——平安好车主，通过不断推进科技与场景融合，依托“平安好车主”APP聚合广泛优质的车生态服务资源，与全国2.5万余个保养网点、7.3万余间修理厂、3万余家4S汽车经销商和总计17万余个网点深度连接，逐渐建立起一个车服务生态圈，为用户提供多场景、全方位的便捷服务。

2020年初不期而至的疫情给大众工作生活带来诸多不便。为了及时满足车主用车新需求，“平安好车主”APP第一时间上线了无感加油、紧急接电、代办年检、汽车消毒等抗疫服务，让车主享受“一键式”服务，同时获得健康守护。

目前，“平安好车主”APP已上线了车损测算、年检代办、停车交费、查询违章、道路救援、直呼代驾等80余种热门车服务，不断打破保险服务边界，打造极致服务体验。其中，平台升级推出的“一键理赔”功能，进一步简化了查勘、定损、赔付等车险理赔流程，让车主在疫情期间零接触、零等待、更省心，高效解决了车险理赔难题。目前，该项功能使用率达87.93%。

以客户为中心，平安产险积极响应用户需求，不断推动产品创新，让“即便不见面，也很有温度”成为可能，让用车变得更轻松、更简单，顺应了年轻用户的核心诉求。随着科技与场景的深度融合，以数字为驱动的生态模式成效日益显现，“平安好车主”APP受到了越来越多车主的青睐和认可。截至目前，“平安好车主”APP已超1.1亿个注册用户，以2800万个月活用户，位居易观移动应用榜单汽车工具类应用第一位。

四、总结

以人工智能为代表的创新科技，正驱动金融进入自动化、智能化时代。在此背景下，以“金融+科技”“数据+平台”模式开启全面数据化转型是传统金融机构顺应时代潮流的必由之路。

基于“数据驱动”维度回溯，平安产险先后经历了四个发展阶段：1.0系统化时代，做信息化；2.0集中化时代，推动数据后台与服务器集中；3.0数据化时代，搭建内部新一代系统，逐步移动化和数据化；4.0智能化时代，构建智慧大脑，致力于实现先知、先觉、先行，即提前洞察趋势、提前发现问题、提前快速响应，打造速度优势、组织优势、生态优势和成本优势，更加灵活地应对市场的变化、客户需求的变化。

面向未来，平安产险将坚持以打造全球领先的科技型财产保险公司为愿景，不断推动数据化转型，为客户提供更好的体验和服务。

专家点评

随着科技应用与产险业务深度融合，平安集团以“金融+科技”“金融+生态”为战略指引，平安产险依托人工智能、大数据、云计算等新科技，围绕客户、队伍、经营管理的线上化、数据化、智能化，建立了平安好车主、平安好帮手、创保网、车险智慧经营等11个线上平台，实现了“智能营销智能定价智能作业智能风控智能理赔智能经营”全流程的数字化转型，形成了端到端的业务赋能重塑保险产业链。平安集团一直走在科技化发展的前列，其线上化运用对保险业具有引领作用。

华农保险数字化保险中台

◎ 华农财产保险股份有限公司

一、项目概述

华农保险自2019年起实施科技赋能战略，着力构建“大中台、小前台”的科技架构，积极引入互联网行业人才，通过敏捷开发和持续交付（Scrum + DevOps）的实施模式，快速组织了一支涵盖产品经理、前后端开发、架构设计、大数据、测试、运营组成的保险科技团队，以自主研发模式快速搭建完成包括产品中心、渠道中心、数据中心的数字化保险中台系统，且自主研发AI图片分类、高并发高弹性渠道平台、产品配置引擎、千人千面产品货架、自动化单元测试等行业领先技术，结合核心系统产品工厂、埋点分析技术、NLP技术、RPA技术等，提供从前端接入到核心系统承载的全流程互联网产品解决方案，快速响应和支持前线业务场景。

项目上线以来，已助力公司在业务上取得良好进展。科技能力提升带动公司的灵活性和对市场机会的快速反应和落地，已完成对接行业头部互联网平台（字节跳动、蚂蚁保险、水滴、小米、360、美团和滴滴等），快速上线自主展业工具——阿波罗保险商城和众多产品，构建大数据中台体系及天眼系列产品，实现底层数据互联互通，开发更加贴近公司业务情况的华农自主车险定价模型、业务品质监控报表等，切实提升公司核心竞争力，成功走出一条中小保险公司通过科技赋能提升公司核心竞争力的可持续发展道路。

二、项目背景及意义

后疫情时代下，数字化已经成为行业的发展共识，华农保险在尊重行业发展规律的前提下，结合自身实际，通过自研团队的建设和创业文化的打造，循序渐进探索在线化、数字化和智能化发展路径，通过数字化中台能力建设赋能业务发展，成功走出一条中小公司通过科技赋能提升公司核心竞争力、实现差异化发展的道路。

三、项目重点解决的问题及主要创新点

中小保险公司受制于开发能力、应用场景和底层数据等方面的制约，开展线上化建设捉襟见肘，华农保险基于自身实际，从自主能力建设方面入手，按照线上化、数字化和智能化的实施路线，逐步探索出一条成本可控、效果显著的可持续发展之路，为中小公司实现数字化建设进行路径探索，有效地解决了制约公司非车险业务发展的瓶颈，特别是完成对接高并发互联网平台的能力建设，并在大数据应用和智能化方面取得成效。

四、项目主要建设内容

（一）产品中心

解决了传统核心系统的新产品上线速度慢，

无法响应前线需求的业务痛点。通过与非车核心系统打通的“组件+模板”模式，快速完成保险产品生产，前端Web页面的精细化管控使产品配置效率提升，可实现1日内上线新产品。

（二）产品配置引擎

解决移动端新产品上线速度慢的业务痛点，通过产品配置引擎可在3小时内完成移动商城产品配置，无须开发即可直接生成投保界面，同时，与产品工厂结合，快速分发新产品直达一线销售队伍，快速上线产品至公司互联网平台，助力公司产品能力得到充分发挥，快速响应市场变化，满足用户对产品的需求。

（三）阿波罗车险

通过AI赋能车险投保流程体验，是一款AI极速体验车险投保工具，从图片分类识别AI（现已支持身份证、行驶证、新车合格证、平台验证码）、车型智能查询AI、产品方案配置AI，到PC端图片拖拽前端技术、投保查询缓存方案节约报价成本等，满足C端用户和A端用户智能化一键式操作的投保诉求，40秒内实现从信息录入、信息识别、方案选择和报价展示功能。

（四）RPA精灵

7×24小时服务的智能精灵，将RPA机器人落地应用于财务场景，缩短人力和时间成本，将人力成本制证工作由原来7天完成缩短至5分钟完成。

（五）NLP机器人

华小宝智能健康险助手为用户提供高效、便捷、7×24小时的AI投保咨询服务，为客户提供优质投保体验，部分健康告知出现异常的客户，其核保时效也由原先的1～3天缩短到实时。

（六）数据中台

打通公司系统之间的数据“孤岛”，构建基于HADOOP的大数据中台体系，精心打造天眼系列产品，实现分钟级业务数据的在线更新，助力全司实时了解业绩，实现以数字化辅助全司科学决策。

五、项目效果

通过数字化能力的逐步提升，有力地支持了公司的业务发展，在疫情期间实现健康可持续增长态势。截至2020年7月底，公司保费收入同比增长23.0%，人均产能超行业平均2倍以上水平，公司实现整体盈利，综合成本率创近五年最低，保单年度的经营成本率为公司成立以来最好水平。

六、总结

下一步，华农保险将坚持科技赋能战略转型，通过自主能力积累和创业文化建设，成为创新驱动、价值成长的创业型保险公司典范。

专家点评

后疫情时代下，数字化已经成为行业的发展共识，更成为中小公司科技赋能、提升公司核心竞争力、实现差异化发展的重要选择。华农保险确定科技赋能发展战略，通过互联网人才引进，使用新技术构建了从前端接入到核心系统承载的全流程互联网产品解决方案，保证了快速响应和支持前线业务场景。该项目能够对接行业头部互联网平台，实现底层数据互联互通，开发更加贴近公司业务情况的华农自主车险定价模型、业务品质监控报表等，有助于提高中小公司核心竞争力，助力中小公司实现弯道超车，走出一条差异化发展道路。

中国人寿财险打造新引擎，立足新高度，实现新突破

——助力中国人寿财险数字化转型升级

◎ 中国人寿财产保险股份有限公司

一、项目概述

中国人寿财产保险股份有限公司（以下简称中国人寿财险或公司）深入贯彻落实创新驱动发展和“科技国寿”战略，积极适应新技术及“互联网 +”所带来的消费和经营管理模式新要求，全面推进数字化转型工作，通过新一代核心业务系统项目群建设，夯实了公司面向未来的基础能力，推动了销售模式、运营模式以及客户服务模式转型升级，在新领域业务拓展、新的车险经营模式构建、线上线下融合等方面助力公司取得突破并形成优势，从信息技术领域增强了公司核心竞争能力与可持续发展能力，有效覆盖了公司业务发展与经营管理的各个方面、各个环节。

二、项目背景及意义

随着市场竞争的加剧、外部监管和内部管控要求的提高以及信息技术的高速发展，中国人寿财险原有核心业务系统在架构合理性、需求灵活性、功能扩展性和新技术应用等方面逐渐显露不足。经过对战略发展、业务管理、技术架构等多个方面的深入论证研究，公司借鉴国内外先进的保险核心业务系统建设经验，审时度势，果断决策，启动新一代核心业务系统（以下简称新一代系统）建设工作，并于 2019 年 11 月顺利完成全面上线，为公司高质量发展及转型升级提供了有力的科技新引擎。同时，作为近年来保险业内新建系统最多、涉及领域最广、实施周期最短、应用创新最丰富的核心系统建设项目，新一代核心业务系统在行业内也产生了非常积极的影响。

三、项目主要建设内容

作为推动公司转型发展的战略性工程，新一代核心业务系统建设划分为蓝图设计、研发实施等多个阶段。在蓝图设计阶段规划了“1 + 3 + N”的系统架构，其中“1”代表“核心保险服务”“3”代表“客户中心枢纽、多渠道协同平台和认知服务平台”“N”代表“各类前端微应用”，并设计了新一代项目群的建设路径和实施方案。2017 年新一代系统建设工作全面进入研发实施阶段，各个子项目先后启动并陆续上线投产。

（一）“1”：核心保险服务系统全面上线

核心保险服务系统包括新一代产品承保及基础平台、新一代承保系统、新一代理赔系统、新一代收付系统、新一代再保系统。新一代承保系

统落实产品工厂理念，支持多产品组合一体化投保，支撑线上线下渠道融合协同作业，上线以来条款研发时效提升了3倍、IT开发时效提升了7倍。新一代理赔系统在业内第一家实现“案卷引擎”，将理赔作业模式从“串行”转向“并行”，大幅提升了理赔作业效率。新一代收付平台实现了统一账户主数据管理、付款流程自动化等创新功能，上线后支付时效提升了19倍，日结时效提升了10倍，节省财务人力成本1/3。新一代再保系统实现了再保产品建模、交易对手管控、多级风险管理、巨灾智能试算等创新功能，有力地支撑了公司全险种分保方案。

（二）“3”：客户中心枢纽、对接平台、认知平台全面上线

客户中心枢纽通过持续采集触点信息、按需开发标签、迭代优化模型，上线计算类标签200余个，建设完成基本信息类、地理位置类、客户价值类、保险特征类、服务特征类、渠道特征类、兴趣偏好类、风险特征类八大类标签体系，拓展了不同业务场景下的数据需求，展示了丰富的客户标签画像，实现了客户服务的集中管理，向各业务条线、各业务系统进行赋能。

对接平台“国寿易联”支持自主可视化配置及对接联调服务接口，产品已覆盖90%以上的常见对接险种，实现了第三方出单的低成本快速对接。

认知平台全面上线，其中车险辅助核保子系统正式面向全国车险条线使用，货运险智能货品分类模型已完成开发并嵌入新一代承保系统。

（三）“N”前端微应用百花齐放

在“1+3”的基础上，充分利用科技手段，立足自有平台建立起多个易用性、灵活性高的展业及销售管理应用，借助不同终端拓宽客户投保渠道。此外，各类办公类应用的上线，为提升工作效率、合理安排人力资源提供了可靠保障。

四、项目效果

随着“1+3+N”信息系统架构的逐步实现，前台微应用专注创新，不仅解决了一线痛点问题，打通了线上线下流程断点，增强了前台销售综合服务能力，同时也借助科技手段高效整合多方面资源，为提供更灵活的差异化服务提供了有力支持，实现了销售管理流程创新。中台借助客户中心枢纽、对接平台、认知平台等功能强大的基础平台，实现精细化管理，引进NLP自然语言处理相关算法等最新技术赋能提升理赔单据处理效率，控制数据质量。同时，通过客户相关数据的收集及分析，构建客户画像，为进一步提升客户体验，为前台展业提供强有力的数据和管理支持。后台新核心系统的上线及推广，成为前台和中台持续发展的坚实基础。如新一代收付管理平台上线后，运行效果良好，支付时效显著提升，通过自动化管控大幅节省人力成本，稳定支持了公司相关业务的开展。新一代核心再保系统为公司分散风险、稳健经营、精细化管理发挥了更大作用。

1. 赋能销售方面。上线“车险极速报价出单工具”，可嵌入至小程序、企业微信、微信公众号、APP等多种平台，为业务人员移动展业提供便捷支持。优化车险续保线上线下融合流程，建立了“五要素四阶段”销售用户体验管理模型和销售与服务并重的协同体系，打通线上线下流程断点，实现线上流失客户线下100%衔接跟进，切实解决一线痛点问题。推出国寿i农宝APP，利用数字化、网络化、智能化的建设手

段，开启农村保险智慧销售新模式，实现科技赋能农村渠道业务新发展。推出“招标千里眼”系统，可自动监控、筛选保险相关招标信息，并对招标产品类型、招标地区进行自动识别，第一时间向分公司推送当地招标信息，助力分支机构展业。

2. 赋能业管方面。上线全险种移动核保、核批功能，方便业管人员随时随地进行核保、核批操作，大大提升了业务审核速度，解决了基层一线的痛点难题。上线车险超多维度分析功能，实现了上百维度、十亿级别数据量宽表的自主拖拽式即时汇总计算，并支持多种图形图表的展示，车险条线用户使用热情高涨。上线理赔智能管理平台，将调度查勘人员数据、指标数据分别进行汇总，借助于地图平台将数据进行可视化展示，实时监控理赔查勘人员工作情况，为各级理赔管理人员赋能。

3. 赋能员工方面。大力推广流程机器人（RPA）工具，已实现百余个场景的自动化操作，包括财务报告生成、自助调度等，节省操作时间超5.7万个小时，节省了大量人力物力。开发“智能采集助手小程序”，极大地提升了业务系统票证录入和影像上传的效率，为业务人员带来了新型高效的录入体验。上线移动操作平台“国寿财全家福”集移动办公、移动考勤、移动报表、国寿天财等于一体，打通了统一登录、统一认证鉴权体系，保证应用松耦合，实现“一个入口、一致体验、一触即达、一点就通”，员工下载一个APP即可处理各种日常工作。

4. 赋能客户方面。通过各种新技术的应用实现了精准承保、精确理赔，不断优化客户体验，推出“国寿准行”“云端赔”自助报案和查勘服务，日均在线视频查勘2500件，10分钟内即可完成事故现场查勘，实现服务和风险管控双赢。发布中国人寿财险空中服务小程序，通过语音及文本对话的形式，由机器人为客户提供查询类、咨询类、办理类自助服务。将中国人寿财险APP、中国人寿财险微信公众号、中国人寿财险空中服务小程序建设成为互联互通的移动生态圈，为客户提供“1+1+1客户移动服务应用”暨“一站式、全渠道、全方位”移动服务，给客户愉悦体验。

5. 创新应用方面。建设API开放平台，构建开放的保险生态，实现资源共享和服务共建，后续将面向外部合作伙伴全面开发保险服务，嵌入各类场景，构建面向所有场景和用户的平台。应用区块链技术，推出中国人寿财险再保账务结算平台，提高再保账务处理及对外结算的效率，加强再保应收账款管理，降低公司流动性风险，提升再保交易对手管理深度，后续将逐步扩展区块链对接业务范围，实现集团内外部业务的对接共享。

五、总结

中国人寿财险全力推进业务线上化、数字化、智能化，通过一系列数字化转型，夯实了数字化基础平台，大幅提升了信息化能力，构建了较为完善的信息技术体系和领先的信息技术平台；通过全面提升数字化应用能力，推动公司在客户服务、业务结构、渠道结构、客户结构、人员结构等方面的转型升级，提升公司核心竞争力，助力公司高质量发展；强化科技队伍建设，培养了一支专业技术精良、作风过硬的科技队伍，为公司转型升级和高质量发展提供了有力的科技引擎。中国人寿财险将继续加速推进数字化转型进程，进一步拓展公司数字化的广度和深度，努力打造行业领先的“以客户为中心、以数据为依托、以智能为引领”的数字化财险公司，不断支持公司高质量发展和改革创新、转型升级。

专家点评

市场竞争的加剧、外部监管和内部管控要求的提高以及信息技术的高速发展带来了保险行业转型的巨大压力。中国人寿建立的新一代核心业务系统以“1+3+N”为系统架构，构建了包含“核心保险服务”“客户中心枢纽、多渠道协同平台和认知服务平台”“各类前端微应用”在内的新一代项目群的建设路径和实施方案。实现了承保、理赔、收付和再保的线上化协同，有效提高了研发时效、IT开发时效、支付时效等内部业务流程优化。实现了客户信息采集、客户精准画像、第三方对接、智能核保、智能分类等客户服务效率提升，实现了客户多维度的触达等，将推动公司在客户服务、业务结构、渠道结构、客户结构、人员结构等方面的转型升级，有利于公司和行业的高质量发展。

安心保险2020保险业数字化转型成果

◎安心财产保险有限责任公司

一、项目概述

安心保险作为一家互联网保险公司，成立伊始就致力于企业运营和管理的科技化、数字化转型。通过应用科技手段，赋能保险业务场景，实现保险产品和服务的升级。对安心保险而言，数字化运营是公司实现互联网化经营、构建竞争优势的重要基石。在数字化营销、运营管理线上化、客户服务工具、保险与健康服务的生态融合等方面积极应用保险科技，实现线上化、数字化的经营管理。

二、项目重点解决的问题及主要创新点

（一）C端营销

2019年起，安心保险探索直接面向C端客户的营销投放模式，在各大流量平台进行广告投放。为了支撑营销投放并保证投放效果，安心保险进行了较多的IT系统配套建设。

1. 电商系统。综合建设了微信服务号、小程序、落地页、官网等相关系统，在出单方面，解决了页面美观、展现流畅不卡顿、用户录入最简化、防黑产盗刷等各方面用户体验问题，同时保证高并发、大流量场景的处理性能，以满足在头部流量平台的投放要求。在服务方面，将客户的保单服务、健康服务、理赔服务等实现线上化、自助化、自动化，通过科技手段保证对客户服务的效率和服务SLA。

2. 营销数据分析。在用户行为埋点、用户行为画像、流量平台消耗数据、产品续期、投放链路转化效率、客诉等多方面进行准实时的在线分析，以指导营销投放的精准操作。过程中打通了相关的多个业务系统，形成了数据湖，对客户行为数据、客户结果数据进行画像，根据客户画像和客户接触事件对客户采取相关的运营行为。另外需要及时监控和报告业务过程中的异动数据，以便及时应用和更新对应的业务处理策略。营销数据分析系统每日需要处理几亿条数据，同时需要准实时级别地完成相关处理，在数据的抽取、流式计算、数据存储和应用、指标加工、数据对账等方面解决了相关技术问题，有效地支撑了安心保险的C端营销业务。

3. 核心系统架构。承保、收付等核心系统为了满足流量平台的投放，需要保证系统的并发处理性能和高可用性。安心保险在2017年率先开始了核心业务系统的架构换代，对承保渠道、承保核心、收付费、再保、理赔、风控、公共支撑、销管、运营平台（短信、邮件、对象存储）等系统进行了微服务、分布式、异步化的架构升级，业务流程全流程处理能力达3030 QPS（每小时支撑出单1090万单），系统健壮可靠，具备极强的容错和补偿能力。具备降级和熔断能力，

可以短时间完成业务域级、系统级、微服务级的动态伸缩，满足互联网化的业务销售要求。

4. 私域流量运营。安心保险同时探索私域流量的运营。一方面，将自有客户导流到官微，同时在流量平台通过运营活动进行粉丝拉新；另一方面，在“两微一抖”对客户做促活来提高互动频度，坚持定期发布视频和相关文章，并采用多种工具和运营活动来激活沉默客户，通过定期的保险课堂、保障月报进行客户教育，并通过运营活动和增值服务提升客户对品牌的认同以及黏性。通过多种运营手段提升了粉丝数，积累留存了高质量的付费客户全体，通过复购完成了私域流量的价值转化，为公司创造了丰厚的增值利润。

2020 年 1 月 24 日，安心保险参与了快手平台与央视春节晚会合作的红包雨活动（4 次展示露出），同时配合重点合作渠道参与了头条系的线上春晚活动，峰值流量为 520 万次页面请求，IT 系统经受住了流量洪峰的考验，为公司带来了丰厚的利润，助力公司强化了与各流量平台、渠道合作伙伴的合作关系。

（二）运营线上化

安心保险积极应用科技手段，努力实现运营线上化，以提升运营效率，降低运营成本，为客户提供优质服务。

1. 客户与安心保险发生接触。在客户与安心保险发生接触事件时，比如投保试算、承保等业务行为，或者电话、在线咨询等行为，公司按客户情况、保单情况、节日、热点事件等与客户主动接触。为了统合综效所有的客户服务、客户接触活动，安心保险建设了 CRM 系统，打通上下游相关系统，对客户进行归并、画像、业务分析，对客服坐席提供客户 360°视图，对业务系统统一提供客户维度、保单、理赔、增值服务、客户接触等相关数据服务 API。CRM 系统分成 A－CRM、O－CRM、实时数据平台三部分，由 A－CRM 进行数据分析、承担思考者的角色，由 O－CRM 按业务规则进行客户的接触活动，并为客服坐席、业务系统提供相关客户服务小工具。实时数据平台在底层与大数据平台、营销数据分析系统实现了数据共享，并做安全隔离。

2. 客户在电话致电安心保险。客户在电话致电安心保险时，系统对热线电话设置了导航和分流，对标准化服务场景，例如保单查询、报案、案件进度查询等，采用自动语音服务或向客户发送 H5 自助工具，引导客户自助完成相关业务。客户通过在线客服咨询时，系统采用了“客服机器人＋知识库服务”服务方式，有效地降低了客服的人工工作量。

3. AI 外呼机器人。提醒类、关怀类、部分回访类等外呼服务，通过 AI 外呼机器人完成，有效地保证了客户服务的覆盖率，大幅降低了客户服务的人工投入。

4. 自助工具。通过语音自助理赔工具、H5 自助工具等，引导客户进行自助式理赔服务，降低了理赔作业的相关成本。

5. 健康服务。安心保险对相关健康险产品附加了健康服务。在客户使用健康服务时，IT 系统对若干家健康服务厂商的服务进行标准化封装，由安心保险统一提供在线的健康服务界面，通过分流规则将健康服务工单自动派发给对应的健康服务厂商，同时对服务商的线下服务进行状态跟踪，相关环节植入了用户评价，努力提供服务 SLA。IT 系统在后台实现健康服务工单信息的多向同步，为客户提供 7×24 小时在线服务，降低人工参与度。

6. 合作渠道对账结算。针对合作渠道的对账结算问题，安心保险与重点渠道设立了数据对账机制。通过数据对账机制，及时检查双方的数据差异性，解决了一些生产系统BUG，保证了渠道方与安心保险公司的数据一致性，降低了业务部门的对账结算工作量，极大提高了双方结算速度。数据对账机制上线前，几个重点渠道的结算在2周以上；上线后，在每月3日，双方确认具体差异数据的处理结果后即可完成费用结算。

安心保险的业务增长迅猛，特别是2020年初的新冠疫情期间，月保单量约1900万单。受益于运营线上化的战略，安心保险实现了运营人员规模缩减、业务突飞猛进、客户服务质量稳中有升的壮举，降低了运营成本，为公司带来了一定的利润。

三、项目效果

安心保险积极应用相关科技工具和手段，有效地支撑业务发展，在知识图谱和智能核保方面进行了技术创新和应用：在智能核赔中应用知识图谱，识别关联案件，触发反欺诈调查操作。应用多源数据、OCR、语音识别等技术，对健康险的标准体和非标准体进行识别与智能核保，将承保范围扩大到部分特殊人群如糖尿病、高血压、甲状腺结节等人群。

安心保险2017年开始在保险科技方面进行了大规模的投入，2017—2020年累计科技投入超过3.5亿元，占历年保费收入的3%~8%。自有IT人员占公司总人数的20%左右，“自有IT人员+外包IT人员”占公司总人数的35%左右。

从2018年开始，安心保险开始了知识产权方面的申报工作：

（1）2018年申报了48项软著、3个专利，荣获了4项保险业信息化建设优秀案例。

（2）2019年申报通过了北京市2项高新产品认证，荣获了2项行业信息化建设优秀案例，获得华为Taurus竞赛第8名（JAVA组第1名）。

（3）2020年申报了79项软著、5个专利，另有3个专利和4个北京高新产品认证在申报中。

专家点评

安心保险致力于企业运营和管理的科技化、数字化转型，将保险科技运用于直接面向C端客户的营销投放模式，通过优化电商系统实现客户体验、客户转化率的提高，为后端营销数据分析、赋能保险业务场景，实现保险产品和服务的升级提供帮助。可以说，保险科技的发展为保险营销及客户服务提供了重要支撑，保险公司应把握机遇，在数字化营销、运营管理线上化、客户服务工具、保险与健康服务的生态融合等方面积极应用保险科技，实现线上化、数字化的经营管理。

太平 “保宝”
——智能科技平台

◎ 太平人寿保险有限公司

一、项目概述

作为太平人寿的智能科技平台，太平“保宝”通过不断创新，致力于在互联网导流、获客、销售、促成、转化的全流程提升客户与业务员的体验。

太平保宝拥有 APP、公众号、小程序、微店等多个形态，通过多渠道、多触点、多场景的服务及营销，开创代理人与客户之间全新的业务流程，重塑线上下线相融合的保险业务体验。

二、项目背景及意义

“保宝”最大特色是以代理人和目标用户为主导。

（一）功能开发以代理人业务流程为主线

“保宝”把代理人几乎所有的业务动作都转移到了线上，为代理人的“获客→约访→面谈→促成→售后→转介绍→获客”销售全流程闭环的每一步提供科技和网络化支持。对代理人，它提供计划书、核保出单、获客、增员、在线社交、理赔和保全操作，业务咨询、宣传、培训教育等服务，没有它不提供的，只有你想不到的。

（二）客户访问“保宝”采用“代理人伴随模式”

客户或准客户是不会单方面浏览“保宝”的；客户或准客户浏览“保宝”各页面、使用各项功能时，是有代理人陪伴的。打个比方，“保宝”就像是太平人寿在网络上的虚拟营业厅，太平人寿 40 万名代理人就是这个虚拟营业厅的大堂经理，协助和陪伴任何一个进入这个平台的客户或准客户办理各项业务、参加各种活动。他们的所有需求，都有代理人及时回应，所有行动轨迹都有即时的数字化记录或分析，从而获得“保宝”更好的响应和服务。

三、项目重点解决的问题及主要创新点

太平“保宝”不断打破传统模式，在线上重塑业务流程，为客户及代理人带来更优质的产品体验与服务创新。

1. 活动形式重塑。应对疫情的影响，独特打造了线上升级保单的新模式。简单的客户查找与针对性的链接分享，为代理人提供便捷的工具服务；清晰的产品说明，便捷的加保流程，为客户带来了全新的投保体验；整个活动流程也为业内提供了新的思路。

2. 用户服务重塑。为每个客户的全家带来

定制化的保险服务。家庭化产品，提供全体家人的一键投保；家庭化保障解读，为每位成员提供针对性、专业的保险解决方案。

3. 售卖方式重塑。除原有线下的出单方式，结合互联网的新模式，提供网上微投保、微店销售、直播销售等新业态。

4. 服务闭环重塑。代理人除了满足客户的保单销售，还提供全面的售后服务。线上完成理赔、保全等业务，为客户提供快速、安心的服务，为代理人提供便捷、高效的业务流程。

四、项目主要建设内容

（一）线上升级加保新典范

疫情期间，线下的代理人与客户互动活动受到了极大的制约，对业务活动产生了巨大的影响。

太平“保宝”开展了线上全能保 2.0 保障大升级活动。该活动针对重疾险老客户进行目标客户自动筛选，对于符合条件的客户名单自动生成，代理人通过微信分享投保链接，对客户进行加温、回访。客户收到链接后，通过远程身份核实，自助办理加保预约。

在活动形式上，首创从目标客户、到专属链接、到远程身份核实、到完成加保的整体线上流程，既避免了疫情带来的影响，又保证了客户与代理人的能够便捷完成加保。

在客户体验上，通过系统化生成等方式，既避免了投保需要的繁杂录入操作，又保证了数据的完整与正确性，获得了代理人与客户的一致好评。

在技术创新上，采用了银联校验，公安校验、人脸核身、光学字符识别等多种风控技术助力远程业务办理。

在流程创新上，结合保单整理版块，使得代理人在与客户沟通前，做足功课，提高成功率，达到事半功倍的效果。

此次活动，创造了疫情以来业务业绩的新高点。在件均保费仅千元的情况下，活动支撑的保费超过 10 亿元，激发了公司代理人工作的热情和客户投保的积极性。

（二）iFamily 家庭保险账户

根据《2020年中国家庭保险需求调研》，超过六成的用户期望家庭账户来管理全家的保单。

1. 太平“保宝”隆重推出面向客户的 iFamily 家庭保险账户小程序，用以解决以下问题：

（1）家庭保单过多，消费者无法清楚知晓自身及家庭成员的保障情况。

（2）家庭交费情况复杂，无法有效管理家庭财务。

（3）家庭权益割裂，无法有效使用获得的权益。

（4）家庭需求动态变化，无法有效将个人产品与需求联动调整。

2. 在 iFamily 小程序中，可获得如下全新的专业体验。

（1）认证体验提升。免去传统认证登录的繁杂方式，实现用户打开即登录的无感认证体验。

（2）家庭成员一览。免去用户家庭信息录入环节，通过平台数据贯通，实现家庭成员预添加。

（3）一键赠险领取。免去传统赠险领取中，投被保人信息录入的操作，一键点选即可为多个家人领取赠险。

（4）家庭版保障解读。用户可在小程序端向代理人自由申请家庭解读服务，可获得每位家庭成员的由专业代理人解读的保障情况与产品推荐；同时，可获得定制版家庭详细解读报告，该报告从家庭成员保障、个人现金流保障、家庭交费时间表、理赔责任一览表、理赔材料表等多个方面详细反映了每个家庭成员的情况与家庭财富管理。

（5）家庭产品定制。用户可为各家庭成员试算新产品的收益与保费，随时按自身需求调整保额，了解保障信息；避免了传统计划书中通过代理人预录入客户信息，客户无法自由调整的问题。

（6）客代互动效率提升。客户的任何产品需求与动向，均可即时知会对应代理人；同时，首创一键投保，加速保单的出单过程。

（7）家庭服务。汇集家庭成员可享受的权益。

通过 iFamily 家庭保险账户，打造了太平专业化的家庭服务品牌，为客户带来全新的专业体验。

（三）多样化产品销售方式

在太平“保宝”中，除了传统的长线出单流程，还涵盖了互联网式的长短险出单流程。

互联网特色短险，在太平保宝——微商城中，每个代理人均拥有自己的微店，可以通过线上转发分享的方式，实现一传十、十传百的快速销售模式；配合产品特色介绍、短视频、直播等互联网销售模式，实现流量导入、大范围获客；微商城还可支持寿销产、寿销养的业务，将进一步助力于兄弟公司的综合开拓。

高效长险出单，技术上，通过运用 OCR 识别、电子签名、银联校验、人脸识别及活体检测等创新技术，并将技术手段无缝融入业务流程及业务操作场景中，在简化流程提升用户体验的同时，进一步加强风险控制；流程上，通过客户动态即时感知，客户信息一键带出等方式，进一步提升长险出单的便捷性。

在太平保宝中，为代理人提供贴近时代发展的互联网新销售模式，与充满科技力量的高效出单流程。

（四）全流程服务闭环

除了便捷的出单方式，太平“保宝”中还提供了移动保全、秒赔的运营能力。

移动保全与秒赔两大板块，通过人脸核身、远程签名、银联校验等先进技术实现了代理人和客户足不出户即可办理 30 多项保全业务以及大部分理赔业务。不但大大降低柜面收单的内勤人力成本，还减少了代理人往返公司办理业务及递交纸质材料的烦琐，更提升了客户保全及索赔的服务体验；代理人通过手机端帮助客户申请理赔、保全，是在推进公司无纸化进程中迈出的坚实一步，降低了整体经营成本；改变了传统的服务模式，突破了时间、空间的限制，客户可随时随地随心地享受优质的保险服务。

移动保全及秒赔两大板块与“保宝”的便捷出单板块，现已形成保险业务全流程闭环，使得代理人拥有灵活可靠的一站式服务平台，既可线下当面与客户深入交流后办理业务，也可线上远程快捷办理业务，已成为代理人口袋中的移动柜面。“保宝”帮助提升服务品质的同时增加了代理人触点，促进了客户加保的可能，是线上线下服务相融合的创新与突破。

（五）智能客服

太平“保宝”提供面向代理人的智能问答服务，应用 NLP、知识图谱等人工智能技术，整合产品条款、运营规则、系统操作指南、客户服务等代理人展业及服务过程中的常见问题，7 × 24 小时为代理人提供问答服务。

五、项目效果

2020 年上半年，太平“保宝”创造了辉煌的业绩。

短险保费达到 9.79 亿元，同比上升 9%，短险件数 358 万件，获新客户数达到 192 万户。如图 1 所示。

长险保费达 21.15 亿元，同比上升 97.3%，长险承保件数 115 达万件。如图 2 所示。

移动保全提交数量达 19.34 万件，秒赔活动率超过 59%。如图 3 所示。

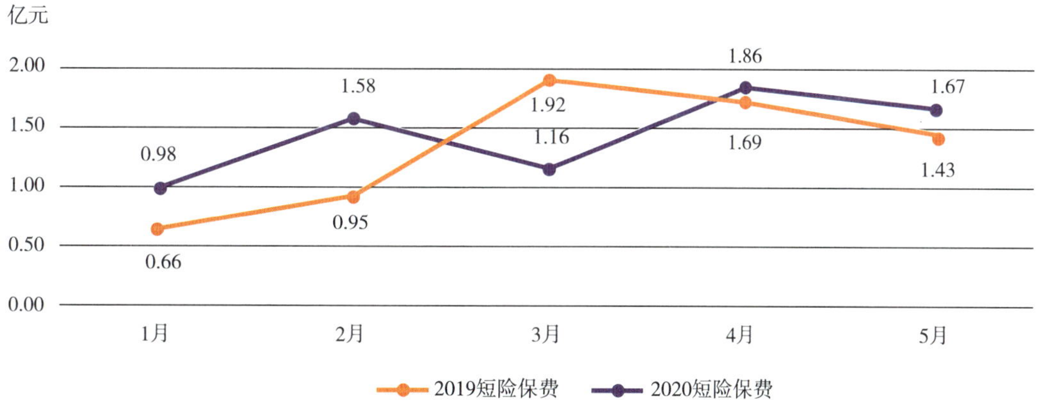

图 1　太平“保宝”短险保费同期对比

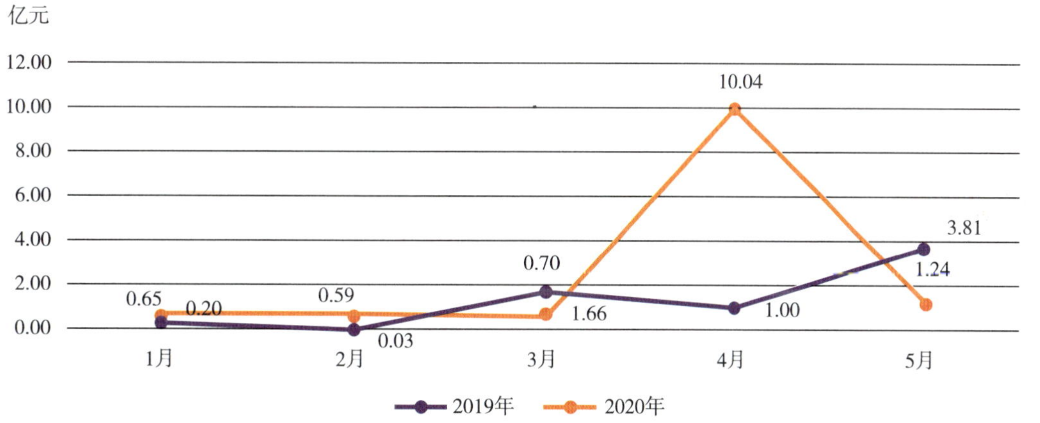

图 2　太平“保宝”长险保费同期对比

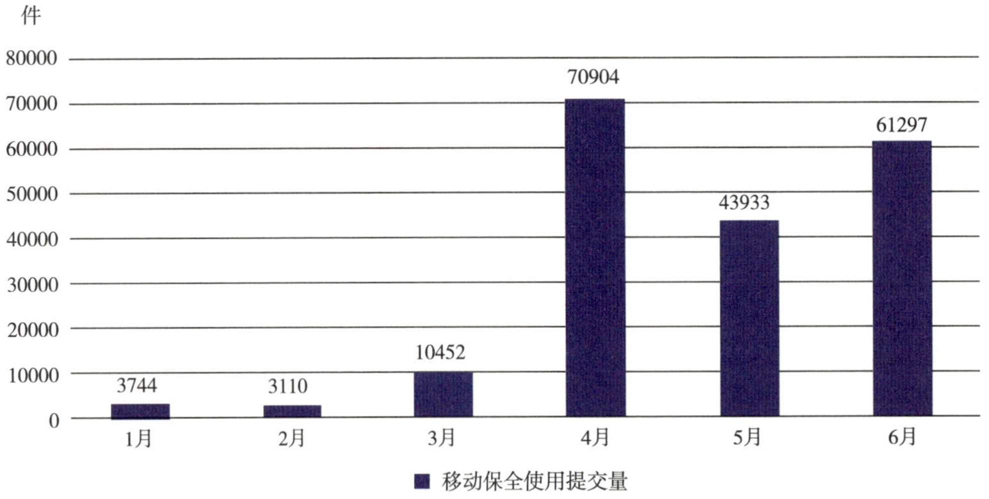

图3 移动保全提交量

六、总结

作为一家传统寿险公司，未来更应该看到保险科技对重塑保险价值链的作用。对于“保宝”来说，目前已走过了基础应用开发阶段，即以产品、公司为中心，快速落地各种应用技术，改变运营流程服务队伍，缓解公司的成本和服务压力。

目前它正处在智能阶段，正在从渠道赋能到基础设施变革转变，即以队伍为中心，以业务模式为重心，集成各技术平台，链接内外部生态圈，为公司取得新一轮竞争优势。

未来，我们寄希望于“保宝”能用科技重塑队伍，进一步重塑保险价值链。以客户为中心，将区块链、人工智能、大数据、AR（现实增强）、VR（虚拟现实）、物联网 IOT 等技术融入保险各个场景中，进一步突显科技这一核心生产力，推动科技金融成为公司新的增长点，更好地实现队伍转型，实现业务的较快增长。

专家点评

保险科技的运用为保险业全流程的客户服务、多样化的客户触达提供便利。传统保险公司如何拥抱保险科技、积极转型发展、创新业务模式具有重要意义。太平人寿推出的太平“保宝”将互联网导流、获客、销售、促成、转化的全流程一体化，提升了客户与业务员的体验。同时，开发了多渠道、多触点、多场景的服务及营销，开创了代理人与客户之间全新的业务流程，重塑线上下线相融合的保险业务体验，增加了保费规模，具有行业示范效应。

天安人寿数字化转型成果

◎天安人寿保险股份有限公司

一、项目概述

天安人寿保险股份有限公司（以下简称天安人寿）数字化转型战略是以“价值、科技、活力”发展主题为引领，科技赋能营销、赋能管理，强有力支撑公司整体业务发展和管理提升。通过移动、精准、智能的技术实现，构建天安E生态，在业内有较好业务创新和技术创新示范效应。2017—2019年，共获得17项信息科技奖项，取得天安E点通、天悦E-HR、E投保、E学堂、E新人五项软件著作权。见图1。

图1　技术架构

天安人寿信息技术队伍力量稳步提升，团队管理日趋完善，多元化的技术配置结构，有效地支撑了业务系统稳定运行，并在科技赋能、智能创新、降本增效方面不断前行。

二、项目背景及意义

天安人寿现已实现98%以上的全线上作业。由银保通、微信投保、中介云平台、渠道公众号、天安E点通、天之羽构成渠道应用；由微服务、云助手、移动官网、视频客服、微信小程序构成客户应用；由核心系统、规则引擎系统构成作业管理平台；由实时支付、统一用户、电子保单、短信、呼叫中心构成公共服务管理；由基本法系统化管理形成经营平台；由视频会议、桌面管理、OA、资产管理构成办公管理；由审计、合规、稽核、反洗钱等系统构成内控管理；由总账、业财一体化平台、费控预算资金管理、投资评估等构成财务投资管理。基于松耦合架构的系统为业务高效、稳定运营提供了强有力的支撑。集中、高可用的分布式部署的数据平台，满足了公司经营管理需求，让数据与管理触手可达。

三、项目重点解决的问题及主要创新点

天安人寿数字化转型实现客户体验重塑、运营数字化和智能化。

（一）客户体验重塑

天安人寿智能在线聊天机器人安小智基于核保作业咨询多轮对话意图识别模型，实现了90%以上核保作业问题咨询的智能回复快速处

理，已广泛应用于个险、中介、核保、理赔条线，服务于天龙营销公众号、天安中介公众号、E点通APP。

天安人寿客户通过一部手机远程视频办理保全及理赔报案业务，将业务办理搬到线上，打破了时间和服务窗口的限制，延伸了业务及服务的办理时间，简化了服务流程，并采用了人脸识别定制化服务，让保险服务更精准更有效。用户可以7×24小时接入视频，有任何问题客服坐席在远程就可以协助用户解决，为用户提供高频化、场景化以及高效贴心的保险服务，解决保险服务的“最后一公里”问题。

天安人寿微服务为客户提供线上查询、业务办理、理赔报案、理赔申请等服务，涵盖追加、领取、信息变更等25项保全服务，大大提升了客户服务体验。

除此以外，天安人寿还为客户提供保单管家服务，以家庭为单位进行保单管理，无论是哪一家公司的产品，都会呈现在每个被保险人的名下，可随时查看家庭保单信息，进行保单管理，再也不用担心纸质保单丢失。保单管家会以表格或图形方式把所有类型的保障都展现出来，每个成员拥有哪些保障，分别有多少保额都能一目了然。真正做到帮助客户买对、买足、买全保险。

（二）运营数字化和智能化

天安人寿通过数字化转型推动运营数字化和智能化，实现内部管理效率提升，可视化数据平台、移动OA、移动费控、E-HR，通过碎片化办公模式支持公司管理效率提升。数据平台及时响应监管要求，先后完成保单登记系统、反洗钱数据报送系统等建设。为满足公司发展对数据分析要求，天安人寿完善了数据治理机制，配合各渠道及后援部门管理数据需求，满足百万清单数据下载。数据同步效率提升800%，高效支撑了公司业务发展所带来的数据需求。

在投保环节，利用外部大数据为传统的核保风控业务赋能，实现线上实时逆选择风险筛查、精细合理核保决策、准确有效风险控制，以风控更加精准、风险识别效率更高、作业流程更顺、客户体验更佳等为目标，多维度构建智能风控体系，全面提升承保效能，为公司价值经营转型护航。

线上获客方面，结合外部数据展开精准营销合作。对于公司存量客户，包括赠险用户、短险用户等，采用联邦学习方式建立长险意向评分模型，从而识别出客户最近是否有购买长险的意向，辅助代理人进行精准的营销动作，达到激活存量用户、提升代理人成单率的效果。

四、项目主要建设内容

天安人寿数字化转型的基础在于对核心系统平台和基础建设方面的转型。

（一）核心系统平台转型

天安人寿对核心系统采取基于互联网思维的“松耦合”架构设计，在不影响生产作业的前提下，逐步对核心系统进行改造和拆分工作。首先完成了对银保通系统的拆解，以天安云保通对接20余家合作银行，创新迁移至MCDE平台，新银行对接速度倍增，产品引擎以内存计算方式工作，确保高并发、高性能和高扩展性，最快出单时间达到140毫秒，在银行排名前列，达到业内领先水平。此后天安人寿重构业务规则管理模式，建立业务规则引擎库，实现多渠道多产品的契约投核保、保全自动审批规则管理，全面提高业务流程效率。经过3年多的系统建设，已将核心系统改造为交易云化、服务E化的“小核心，大外围”架构，有力支持了公司总规模保费从300多亿元到2019年总规模保费超过714亿元的高速业务增长。

（二）基础建设转型

天安人寿在基础建设方面，采用“虚拟化+云计算”的双态数据中心延展型架构，通过弹性、敏捷、自动、开源的IaaS + PaaS服务平台，高效率、低成本支撑了作业互联网化、经营数字化、技术智能化的业务服务转型。实现了软件架构全分布化和硬件资源池化，达到系统高复用度、高弹性、高可用，在业务高峰时可调度资源进行横向扩展，保证高并发业务支撑；实现了系统业务部署、资源调度以及故障处理全自动化，达到故障的灵活处理和资源的灵活调度，无须人工干预，能够更迅捷灵活地满足压力变化，开源技术的推广达到低成本的资源控制效果。同时不断加强信息安全技术和管理体系建设，核心系统、财务系统等关键系统等保测评得分从（哪年?）84.59分提升到2019年的89.08分。

五、项目效果

天安人寿打造高效作业平台以支持业务高速发展，与业务渠道经营节奏保持高度一致；提升后援体系作业能力，强化节点支持运作能力，快速支持新产品上线和推广。积极推动信息技术创新构建智能服务生态，强化大数据、基于云计算的容器技术等新技术应用，强化业务流程E化，提升运营效率，有力推进全媒体应用，显著改善服务体验。构建专业管理机制，搭建风险防范体系，建立预警机制和问责制度，确保公司运营顺利合规开展，在业内有较好业务创新和技术创新示范效应。高效作业平台见图2。

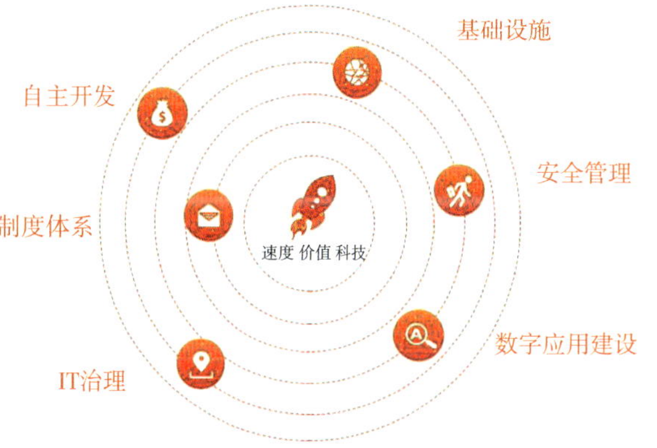

图2　高效作业平台

六、总结

天安人寿数字化转型已实现98%以上的全线上作业，覆盖渠道应用、客户应用、作业管理平台、公共服务管理、经营平台、办公管理、内控管理、财务投资管理等领域。基于松耦合架构的系统为业务高效、稳定运营提供了强有力支撑，重塑了客户体验。集中、高可用的分布式部署的数据平台，满足了公司经营管理需求，让数据与管理触手可达。

未来可进一步打造以客户为中心的保险数字化智能平台，整合客户管理、在线投保、保单整理、精准营销等功能，形成客户需求获取、分析、交互、咨询、购买、维护、新老客户转化全流程闭环，并从A端延伸至C端，为客户提供保单整理、分析、提醒等托管服务。通过个人动态资产负债模型，借助AI模型算法，对个人未来财务及保障情况进行预测。通过将保障缺口量化，为客户提供最专业的保障情况分析及最适合的保险方案配置，提升客户对公司的信任度和黏性。利用直播技术，实现代理人与客户一对一直播交互，应用于保障分析、产品介绍等多种业务场景。

专家点评

天安人寿从渠道、应用、作业管理、公共服务、经营平台、办公管理、内控管理、财务投资管理等方面实现线上化平台搭建，基于松耦合架构的系统为业务高效、稳定运营提供了强有力支撑，实现了数据和管理的便捷化。公司内外部的全流程线上化转变是后疫情时期保险业的转型方向，是公司整合数据资源、提高运营效率、多方触达客户的有力支撑。未来依托线上化布局进一步实现精准化、精细化营销，优化客户服务仍大有作为。

同方全球人寿保险业数字化转型成果

◎同方全球人寿保险有限公司

一、项目概述

2020 年上半年突如其来的疫情给保险业带来了巨大的冲击，也倒逼保险企业线上化差异化发展。对保险业来说，风险与机遇并存。同方全球人寿早在疫情开始之前便已于“数字化”领域提前布局，在战略、文化、组织、能力四大关键领域提升自身数字化成熟度，推进数字化建设与创新布局。此外，同方全球人寿选择每年 10 月 10 日为公司数字化保险日，以数字保险践行者的姿态，不断推动公司数字化革新新举措。同方全球人寿以实时化、场景化、智能化、定制化为方向，依托数字销售、数字服务、数字作业平台，通过建立客户 360°视图，获取全方位客户信息；与合作伙伴系统对接，助力数字销售；帮助渠道深挖客户需求，实现精准营销和差异化服务；同时，对内培养员工数字化技能，建立数字化思维；倡导数字化企业文化，实施全面的数字化管理。

二、项目背景及意义

“数字原住民”井喷，倒逼保险业技术革新。数字时代催生了一个崭新的世界。伴随“80 后”“90 后”新消费群体的崛起，中国新兴的数字消费者呈现出与上一代截然不同的新消费特征和消费偏好。他们追求更优越的品质、更丰富的品类、更便捷的服务。埃森哲最新调研显示，新一代保险客户掌握了更为丰富的信息，拥有越来越强大的自主选择权，他们的要求也更为严苛。

对于保险客户的提供商而言，保险属于低频交易，特别是人身险长期性保单，公司与客户接触甚少，而伴随数字化技术快速发展，“数字原住民”更偏好通过互联网获取信息、消费、投资和社交，期望简单、无缝、个性化、频繁地与它们的服务提供商互动。新一代“数字原住民”的崛起，给寿险行业发展带来了挑战和机遇，保险业的数字化转型迫在眉睫。

三、项目重点解决的问题及主要创新点

数字化践行者，拥抱科技创造领先。数字化的浪潮不可逆，传统的人寿保险亟须激流勇进，满足数字化客户对人寿产品、服务、沟通上的各类需求，破题的关键就在于以科技赋能保险。基于此，同方全球人寿于 2017 年明确提出了数字化保险战略地图，并一直沿着清晰的“数字化”路径坚定前行：达成四个目标——实时化、场景化、智能化、定制化；打造三个平台——数字营销平台、数字服务平台、数字作业平台；满足五类受众需求——合作方、渠道、管理层、员工、客户。

基于清晰的战略目标，数字化的血液流动于

同方全球人寿遍布全身的“血管”之中，从资源配置，到部门设置。在资源配置上，同方全球人寿投入了大量的费用和人力进行核心系统改造；在流程变革上，大力推进营销、服务、运营等各环节的数字化转型升级；该公司明确数字化建设的团队设置以及责任归属，重视数字化人才建设，在部门设置上，专设了创新业务事业部主要负责网销，还建立了支持数据的 IT 构架，加强数字化渠道的搭建与完善。

四、项目主要建设内容

科技驱动 服务和营销创新双管齐下。同方全球人寿致力于将科技与保险业务深度融合，改进服务与交互方式的“数字化转型”，把握行业的脉搏，推动整个商业模式的变革，全面拥抱数字化保险浪潮。10 月 10 日，同方全球人寿 2020 年数字化保险日来临之际，公司全面普及“全球 e 家”和革新升级“宙斯”3.0 系统，驱动数字化服务和数字化营销两翼齐驱并进。

（一）“全球 e 家” 数字化服务联结全球为一家

“全球 e 家”是同方全球人寿聚力科技创新为客户打造的智能服务客户端 APP，是同方全球人寿致力数字战略，为全面铺设数字化保险服务生态圈而自主研发的数字保险平台。

2019 年，同方全球人寿贯彻“以客户为中心”的战略，完成了以“全球 e 家”为重要载体的智能客服体系的全新升级，实现了 APP、官微、官网、支付宝等在线服务平台入口的统一，并且可通过同一个平台办理在线业务或享受服务，全面提升了客户体验、服务效率和公司品牌影响力。通过该智能客服平台，客户用手机可随时随地、方便快捷地查询个人和家庭保单信息，可在线沟通，了解保单状况、保险利益和保障缺口，可在线完成回执签署、新单回访，可查看保单/批单/信函/发票，可进行保单变更、理赔、业务进度查询，获取增值服务等。

数据显示，目前“全球 e 家”APP 注册客户近 40 万户，90% 以上的保单服务项目可线上自助办理，保单服务自助办理率约为 90%；理赔数据中 80% 以上的客户通过“全球 e 家”在线自助办理，小额理赔无须提交纸质单证，符合一定条件的可极速获得赔付，最快 5 秒完成。目前同方全球人寿的理赔“出险支付时效”和“申请支付时效”均处在行业先进水平，客户体验得到极大的提升。在线智能客服 7×24 小时提供服务，回答准确率为 99%。

2020 年以来，同方全球人寿数字化服务平台力求做到全场景覆盖，主要侧重保单服务及理赔功能 e 化建设，保单服务全新上线了新单回访、续期交费、保单借款、复效、客户资料变更、电子信函等 14 项新功能；理赔申请除支持申请人亲办外，还支持亲属或业务员代办，线上理赔申请类型也覆盖了医疗、重疾、轻症、残疾、身故等所有业务场景，同时上线了“指定医院快赔”服务，一定额度且就诊医院符合指定医院的，客户可免交病例资料和医疗费发票而申请理赔，极大地简化了客户办理手续。

（二）“宙斯”系统 3.0 上线“诸神”引领数字化营销革新

在个人业务条线数字化营销平台的“宙斯”系统，2020 年也迎来全面升级。“宙斯”3.0 将打造寿险业一流的个人业务数字生态，以引领未来和营销员需求为导向，利用新技术打造“销售”“团队”“客户”“学习”和“成就”五大数字体系，助力公司个人业务实现突破式发展。

在“销售”方向，“宙斯”推出业内第一款智能销售支持系统 Athena2.0 智能家庭风险管理平台，营销员利用大数据风险模型为客户识别风险，利用推荐模型为客户提供风险数据、风险案例和智能工具进行深度风险分析，最终为客户提供科学的风险管理方案。

在“团队”方向，“宙斯”2020 年将发布 Apollo 人力发展系统和 Apollo 计划，让更多更好的同行加入营销员团队，借助科技的力量科学发展团队。

在“客户”方向，“宙斯”推出 Demeter 智能微店，营销员借助社交力量挖掘更多线上客户需求，提供客户优质的社交选择，同时完善客户标签体系。

在“学习”方向，“宙斯”推出 Olympus 在线学习管理系统，让营销员在日常学习中就能享受到全国最优培训力量的支持，从而打破机构壁垒，提高学习兴趣和质量。

在“成就”方向，“宙斯”推出 Muse 智能数据专家，构建营销员成长模型，实时就团队和个人发展中的各项“异常”及“关键”点进行提醒、报告和分析建议。

五、项目效果

同方全球人寿的数字化战略是围绕客户行为和需求变化进行的。公司将由以产品为中心逐渐转变为以客户为中心，同步建立以客户为中心的生态系统，打破产品、服务和客户之间关系模式的局限，使客户更广泛的需求能够以更轻松、更便捷、更高性价比的方式得到满足。

六、总结

随着市场经济的发展、新兴科技的驱动，产品与市场供给结构发生了迭代变化。现如今，以客户为中心不单单是站在客户角度探索其需求，还需要通过数字技术，准确地理解客户显性和隐性的需求，根据其偏好和所处环境，通过个性和卓越的体验从而有效连接到客户的生态价值链上。未来，同方全球人寿将不断创新科技、拥抱变革，在变幻的用户市场和竞争中奋力前行，披荆斩棘，为客户带来更加普惠、高效、优质的保险服务体验。

专家点评

本案例从项目建设背景与意义、建设创新点、建设内容、项目效果方面对保险业数字化转型成果进行了详细阐述。同方全球人寿以实时化、场景化、智能化、定制化为方向，依托数字销售、数字服务、数字作业平台，建立客户 360°视图，对接合作伙伴线上化系统，帮助渠道深挖客户需求，对内培养员工数字化技能。总体来讲，保险业数字化转型是必然趋势，保险公司应树立数字化思维，加速打造数字化运用平台。

平安健康保险全新线上化团单平台

◎ 平安健康保险股份有限公司

一、项目概述

全新线上化团单平台是平安健康险打造的一套团险产品销售管理和售后服务的整体解决方案，包括业务获客、试算、支付、投保、保全、单证查询、财务开票、理赔等环节。平台显著改善了业务传统线下投保流程长、投保进度慢、过程不透明等问题，将流程搬到线上，进行系统架构新建、业务流程重构，极大地提升了用户体验，助力业务发展，提供保险服务。

平台架构做到了微服务、私有云、容器化、全链路监控、服务治理、7 × 24 小时在线服务、优雅发布；应用上做到全流程移动化、无纸化、透明化、智能化、线上闭环，更加快捷、高效；规模上创新，支持百万级大团单线上承保，时效上 12 小时内完成。

知识产权上，该平台具有发明专利 2 项，系统软件著作权 2 项。功能上实现了行业内多个首创，实现团单产品快速生成、商品包装、快速二维码分发、营业执照 OCR、在线投承保、在线保全、发票单证在线开具等。

全新线上化团单平台项目成功完成了数智化创新转型，对保险公司实现了降本增效，为用户提供了更便捷高效的投保流程和体验，也为国家医保补充保险开拓了创新模式。

二、项目背景及意义

（一）市场意识薄弱

1. 意识弱。国内的团体保险市场起步晚，企业投资团体保险的意识不强，市场初期主要依靠政府行政力量参与和推动。抽样调查显示，截至 2019 年，2/3 被访的中国企业从未投保团体保险，尤其是中小型企业。即便投保团险的企业，其投保的险种多数也仅限于意外伤害险、意外住院险等。加上外资保险企业的进入和互联网个险的冲击，团险市场展业变得越发艰难。

2. 投保难。传统保险投保流程线下手工化操作，手续烦琐，所需材料众多，市场上品牌选择性低，销售队伍素质参差不齐，这些因素导致投保困难，用户体验差，制约了团体保险的发展。

3. 定价难。缺乏目标人群医疗费用数据，难以依据行业经验数据进行风险定价，其核保规则及除外责任设定门槛高，制约了居民购买健康险的可能性。

（二）立足创新，谋求市场突围

随着知识经济时代的到来，立足科技创新和产业互联网化的大环境，更为了在团体保险市场寻找新的效益增长点，全新线上化团单平台深入分析市场形势，依托互联网科技技术，紧密结合人工智能、大数据、区块链等创新应用，精细化团体中客户个性服务，简化投保流程，打造企业专区专属服务、手机 APP 快速理赔服务。

业务上寻求两面突破：一是以企业名义投保的员工福利计划。在西方发达国家，基于员工福利计划的团险已得到长足的发展，而在我国仍处于起步阶段。二是由政府部门主导的公益普惠型补充医疗保险。平安健康险立足各地城市医疗负担水平，设计城市专属定制商业保险产品，旨在完善加强城镇社会保障体系。

（三）响应国家政策，扶持中小企业

平安健康险积极响应国家大力扶持小微企业的号召，同时感知到市场对团体险庞大的需求，搭建全新团单投保服务平台，全线上化操作，投保迅速便捷。优化服务质量，提升客户体验。

针对小微企业投保难、投保贵的问题，平安健康险上线了多种精选套餐产品，既解决了企业需求，保障了员工福利，又尽可能地减轻了企业负担，维护了企业利益。此举无疑为广大企业提供了便利，利于各团体选择最适合自身、性价比更好的服务。

（四）立足城市医疗差异性，定制普惠型商业保险产品

依托区域健康平台，基于区域健康医疗费用数据，运用健康大数据、移动互联网等新技术，设计价格惠民、衔接医保、简单易懂的普惠型商业补充医疗保险，实现商业保险与基本医保的无缝衔接。

城市级惠民保项目立足本地城市医疗负担水平，设计城市专属的商业补充医疗保险，紧密配合医保政策，运用商保产品设计的灵活性，解决医保目录内个人自付负担。同时兼顾重点人群的医疗需求，结合当地用药负担建立目录外特药清单，适度满足外延需求，最大程度降低合理治疗范围内个人的经济负担。区别于传统商保经验定价策略，平安健康险在保证参保规模基础上，以普惠均一价，突破现有运营规则，覆盖传统商保未能覆盖的既往症人群、高龄人群。

城市专属商业补充医疗保险不仅为大量商保空白人群在医保之外提供了二重保障，有效减弱了社会因病返贫、因病致贫状况，而且通过模式创新，为广大市民提供了价格普惠、精准定位刚需的商业补充保险产品，实现政府、商保、市民的多方共赢，为各地探索完善多层次医疗保障体系提供了突破方向，具有较高的社会以及经济价值。

三、项目重点解决的问题及主要创新点

全新线上化团单平台采用微服务系统架构，基于平安科技 CaaS 实现容器化集群部署，系统高可用高拓展。7×24 小时灰度发布，服务不中断、高可用，支持服务动态扩容、收缩。页面可配置化弹性升级系统能力，满足大型项目临时高负载需求，空闲时自动释放系统硬件资源，有效进行降本。

中小微企业团体投保全流程移动化、无纸化、线上闭环，更加便捷、高效。功能上实现了行业内多个首创，实现团单产品快速生成、商品包装、快速二维码分发、营业执照 OCR、在线投承保、发票单证在线开具等。企业投保服务显著改善，客户体验大幅提升。与原本线下承保速度相比，线上投保速度提升了 576 倍，承保时效大步幅提升，支持 100 万人级大团单在线承保，

达到业内较高的水准。

该项目成功获得国家发明专利申请 2 项：《基于二维码的业务信息处理方法、装置和计算机设备》（专利号：201911257488.5）、《基于节点服务器的服务端渲染方法、装置和计算机设备》（专利号：202010758748.3）；软件著作 2 项：《高端员福销售系统软著》（登记号：2020SR0310101）、《线上团险产品配置管理系统》（登记号：731966093928693765）。

四、项目主要建设内容

系统架构内外网络隔离，前后端分离，统一接入层、注册中心、配置中心，统一后台，服务按照领域设计，按照业务中台搭建服务组合微服务，支持服务水平扩展。

（一）技术架构

全新线上化团单平台基于 spring cloud 框架，集成包括 Eureka、apollo、MQ、redis、mysql、sentinel 等开源技术框架，搭建的微服务系统集群。

前后端分离，采用主流的 vue 架构，静态资源接入 CDN。

网关采用 Netflix Zuul 搭建，作为应用服务的统一入口，隔离内外系统，保障了后台服务的安全性，降低客户端与服务端的耦合，服务可以独立迭代开发，通过网关层来做映射

架构安全，对每个请求进行安全校验，全局过滤，防止 XSS 攻击、SQL 注入等，拒绝不符合要求的请求。

配置中心，Apollo 作为全局配置管理中心，提供系统配置的集中化管理，打破不同环境、不同集群之间的界限。支持热发布，配置修改实时生效。

缓存，内存 + Redis（本地 + 远程）的两级缓存架构，有效降低了 cpu 和内存压力，减少 io，减轻了数据库压力，降低了硬件成本，也为更大业务量的出现提供了支持。

系统业务层遵循领域驱动设计原则划分微服务模块，基础领域、组合领域、前台领域三层结构，业务复杂度层层递进。基础领域专注底层通用逻辑，完成数据库、基础业务逻辑的通用能力建设。组合领域聚焦通用业务能力建设，实现下单、支付、核保、承保、保全服务等完整业务能力。前台领域面向业务场景，依据具体业务实现组合领域的快速组合，为互联网时代快速多变的业务场景提供强力支撑。

（二）容器化集群部署

基于平安科技金融云服务，线上化团单平台采用 k8s + CaaS 容器化集群部署，实现容器集群的自动化部署、弹性扩缩容、自动修复等功能。

（三）系统安全及稳定性

1. 灾备环境。线上化团单平台依托平安金融云，在深圳部署西丽数据中心和光明数据中心，实现同城双活，同时在上海建立异地容灾，保证了突发状况下服务可用。

2. 网络隔离。除外网网关服务部署在互联网 DMZ 区外，核心服务和数据均部署在内网 SF 区，不同网络区域进行隔离和授权互访，区域间部署有 DDoS 防御系统，提供 DDoS 攻击自动检测、调度和清洗功能，有效地隔绝了来自互联网的恶意攻击。

3. 链路监控。其支持业务监控、日志监控、流量监控，当接口调用超出阈值时即告警。

4. 监控运营。通过容器服务监控、数据库

监控、链路监控、sentinel 限流等方式，及时预警生产系统及数据故障，进一步加强系统稳定性。

（四）创新应用

1. 智能核保。对于存在既往病症的投保客户，在其如实告知后，自动计算，智能核保，标体通过即可直接投保，对部分客户，可通过加费的方式满足其投保诉求，提升客户转化率，为客户的健康保驾护航。

2. 用户行为分析。对接大数据保单、客户数据中央仓库，依照客户投保行为画像，为其提供定制化保险产品，进行智能推荐，实现不同客户群体的细分管理，实现定制化精准营销。为企业脱保客户推荐个性化保险产品，增加客户留存率，减少客户流失。

3. 区块链。发生理赔行为时，自动识别客户上传的理赔影像资料数据，利用区块链技术保存其医疗信息，保障客户隐私，提升信息的安全性。

4. 风控创新。利用外部企业的 OCR 自动识别、个人实名认证、工商信息认证技术，对注册的企业及个人信息进行合规风控校验，减少误操作或恶意操作带来的合规风险，自动识别，在线提示，减少人工审核环节介入。提升投保效率和质量。

五、项目效果

（一）线上闭环

线上化团单平台利用大数据、移动互联网等技术进行行业破局，通过科技赋能业务，提升传统业务操作效率，降低业务成本，加强风险管控，打造优质产品和极致服务体验。

1. 平台运营。保险公司业务岗选择保险责任套餐，配置投保规则和智能核保问卷，自定义 H5 投保页面，快速生成投保短链，即可分享邀请有意向企业的 HR。后台实时查看企业投保进度，已参与的企业和人数，协助业务分析开展。如图 1 所示。

图 1 线上化平台运营界面

2. 企业运营。企业 HR 进入后一键完成企业注册，后台通过金融壹账通 OCR 认证实时验证企业信息，规避合规风险，提升信息安全性和有效性。设置投保开放期和支付方式，即可生成员工投保短链，分享至员工，即可快速投保。开放期结束后 HR 对本企业员工信息在线确认，12 小时内即可完成百万人团单承保。承保后 HR 可登录平台查询电子保单及电子发票，全流程实现无纸化操作，大大提升了承保时效，节约了人力成本。对于已注册投保的企业，HR 可登录服务平台，开启保单加人、保单减人服务，满足企业员工流动需要，实现企业保单的 HR 自我管理，减少保险公司介入。如图 2 所示。

图 2 线上化企业运营界面

3. 用户运营。企业员工可通过 HR 分享的福利链接，在线登录并提交个人信息，支持亲属并投。对于有既往疾病的客户，在线智能核保，满足客户投保诉求，减少客户流失。支持个人或企业进行在线支付。承保后可登录查看个人投保电子凭证。更多服务可登录平安健康 APP。如图 3 所示。

图 3　线上化用户运营界面

（二）智化风控

应用智能核保、大数据分析、OCR 识别、个人实名认证等技术，增强风控核保能力，提升客户转化率和保费收入，降低合规及投保风险，提升运营质量。

（三）高可用高拓展

平台已实现 7 × 24 小时不间断运行，满足 3000 人同时在线投保，支持 100 万人大团单在线承保。

六、总结

线上化团单平台建设响应国家政策，扶持中小企业发展，满足群众需求，补充社会多层次医疗保障体系。结合集团金融科技战略，大力借助互联网科技进行数字化转型。从上线至今已上线 70 多款健康保障类产品，服务 3000 多家中小企业，满足为企业降低成本、为员工提升福利的需求。此外，城市公益普惠型团单项目也取得较大进展，已经服务两个大型省会城市，覆盖 140 万名市民，保障保额突破 1 万亿元。线上化团单项目在行业内实现了较大的创新转型，使保险公司实现了降本增益，为用户提供了更便捷高效的投保流程，也为国家医保补充保险开拓了创新模式。后续平台将不断优化，致力于为更多企业和员工提供健康保障服务，创造更大价值。

专家点评

平安健康保险股份有限公司打造的全新线上化团单平台是一套团险产品销售管理和售后服务的整体解决方案，包括业务获客、试算、支付、投保、保全、单证查询、财务开票、理赔等环节。该平台的上线有助于传统团险业务投保流程长、投保进度慢、过程不透明等问题的解决，有利于提升用户体验，助力团险业务发展。该平台的运营模式为团险业务线上化平台搭建提供了借鉴和参考。

人保寿险数字化转型成果展示

◎ 中国人民人寿保险股份有限公司

一、项目概述

在时代大背景和保险业数字化转型的号召下，中国人民人寿保险股份有限公司（以下简称人保寿险）认真贯彻落实集团公司战略部署，着力推进集团数字化战略落地执行。一是大力发展移动生态圈建设，打造服务客户、内勤、外勤的移动三端，形成完整的移动互联生态体系；二是依托移动三端，落实磐石计划，夯实基础管理，推进业务模式转型；三是着力推进人工智能、大数据等新技术的探索应用；四是加大 IT 投入，不断夯实信息化基础；五是总揽全局，持续加强数据治理。

二、项目背景及意义

近年来，人保寿险扎实推进集团“数字化战略”，聚焦客户旅程优化，基于“以客户为中心”的视角，在营销销售、经营管理、运营管理、客户服务、风险控制等领域积极开展数字化建设，助力公司向高质量转型发展，取得了丰硕成果。

三、项目重点解决的问题及主要创新点

人保寿险数字化转型，重点解决了部分领域数字化不足、客户体验不佳的问题，不断满足客户一站式、一致性、便捷性、个性化的需求。

主要创新点：一是打造“客户、内勤、外勤—三端互联”移动生态圈；二是打造“磐石计划”，依托“三端互联”，实现外勤自主经营的新型业务模式；三是适应客户行为的线上化、碎片化、场景化等发展趋势。

四、项目主要建设内容

（一）客户体验重塑

2019 年携手 IBM 启动“客户旅程优化项目”，完成人保寿险客户旅程全流程梳理，梳理痛点 142 项，形成“客户旅程全景图”，并制定了作战地图，各个击破，逐步解决痛点。2020 年启动速赢项目三项。

1. 保险产品立体化解读。采用视频、动画、漫画的形式解读保险，立体易懂。

2. 精准营销 – π 计划。挖掘数据资产价值，实现“满期客户加保”“老客户加保重疾险预测”两个模型，优化并丰富客户画像，用模型辅助营销员，实现精准营销。

3. E 动柜面。借助活体检测、人脸比对、OCR 识别、电子签名等综合技术手段实现客户信息真实性核查，确保所采集信息真实准确，加强运营技术智能化，有效提升公司业务受理能力及风险防控水平，提高运营服务质量。临柜客户

在柜面人员的指导下通过平板电脑自助完成业务受理，受理数据无缝对接进入核心业务系统并完成函件处理、扫描打印等后续操作，不断提升客户体验及柜面服务效率，实现“以客户为中心”的运营流程线上化。

（二）运营数字化和智能化

1. 打造移动互联生态圈。建设人保寿险管家 APP、人保 E 家 APP、人保 E 通 APP，为客户、内勤、外勤三端提供高质量服务。

2. 切实落实集团数字化战略。按照集团数字化战略要求，开展核心业务系统的系列改造；中国人保 APP、统一客户服务系统等共享平台建设项目均按集团要求顺利开展；按项目计划开展一体化战略，支持相关系统建设。

3. 推动 IT 战略规划落地。IT 战略规划中的 35 个项目，已完成了 17 个项目的建设，11 个项目处于快速实施阶段。

4. 不断提升信息化销售能力。人保 E 通销售平台完成了销售支持、客户服务、个人/团队管理等方面的功能建设，优化了平台的使用体验；一体化销售支持平台完成了客户分级、报表管理功能、新人自助入司、综拓团队业绩查询等功能；人管系统配合大个险战略完成了大个险互动、银保基本法的改造，于 6 月底正式启用；双录系统实现了移动端双录视频采集、质检平台外包人员时效内质检、双录质检承保前置、银行双录视频对接等功能。

5. 推动数字化、移动化运营。完成了理赔模块、核算模块、单证模块的剥离，新理赔系统、新核算系统、新单证系统、统一输出平台现已上线试运行；持续开展核心系统服务化能力及性能提升、数据读写分离、7 × 24 小时提供服务能力提升等技术改造工作，取得明显进展；并行开展了契约、保全、理赔、团险四个主题的流程梳理与设计开发，在 2020 年完成核心系统的易用性提升；人保 E 管家 APP 完善了移动核保功能，实现了移动运维、移动 OA、移动驾驶舱等功能。

6. 推动数字化客服。客户关系管理系统完成了系统的需求梳理确认、开发框架搭建，完成了客户资源管理模块的开发、支持集团共享客户分配功能使用；大数据平台于上半年正式上线，上线了客户个人画像、家庭画像、保单分析、360°个人视图、客群筛选分析、商机下发等功能；客户线上服务平台完成了多个移动保全项的新增及优化，完成了保单查询、在线保全等多个功能的用户体验优化，上线了客户星级服务功能，采用主流技术对平台进行了技术重构。

7. 大力推进数据治理。建立了数据治理组织架构，包括决策层、管理层、执行层和支持层，明确各部门职责分工；制定了数据治理管理制度系列文件，覆盖了数据标准、数据质量和元数据管理三大数据治理职能领域，并积极推进三大数据治理领域相关工作开展；完成数据管控平台建设。

五、项目效果

2019 年公司启动“磐石计划”，依托数字化建设成果，推进“内勤主导”向“外勤自主经营”的重大转变，收效显著，有效人力提升明显，业务发展质量迅速提高。2020 年应对疫情，人保寿险数字化战略发挥了重要作用，大力支持了公司线上展业营销、移动经营管理、在线客户服务，助力公司业务发展，提升了客户满意度。

六、总结

未来人保寿险将继续大力推进数字化战略，全方位、多领域逐步向数字化人保寿险迈进，始终做人民群众满意的人民保险。

专家点评

保险业数字化转型的发展趋势下，人保寿险重点解决了部分领域数字化不足，客户体验不佳的问题，不断满足客户一站式、一致性、便捷性、个性化的需求。通过打造“客户旅程全景图”，“保险产品立体化解读”“精准营销—π计划”和“E动柜面”“磐石计划”等打造“客户、内勤、外勤——三端互联”移动生态圈；推进“内勤主导”向“外勤自主经营”的重大转变，实现外勤自主经营的新型业务模式；依托线上化转型成果助力公司业务发展，提升客户满意度。人保寿险成为保险业线上化发展、高质量发展的典范。

财信吉祥人寿手机出单营销服务一体化平台

◎财信吉祥人寿保险股份有限公司

一、项目概述

近年来随着保险理念的快速普及，中国保险业发展迅速。但行业长期以来的粗放型发展路线，使得营销员整体素质偏低，收入呈典型的金字塔结构。利益分配不均且无法得到切实保障，导致部分公司营销员流失严重，“大进大出、大浪淘沙”已成为行业常态。而面对营销员的高流动性，繁杂的线下入司流程又极大地制约了增员效率与质量。麦肯锡研究表明，中国营销员的兼职碎片化展业特征，使得传统线下业务模式也逐渐难以跟上时代学习和展业需要的步伐。

2020 年突如其来的新冠疫情，更是让以线下增员和展业为主的公司陷入了业绩下滑、增速放缓的困境，线上化的保险业态愈加成为各家保险公司竞相争夺的高地。谁能更快地抢占这个高地，谁就能在激烈的市场竞争中赢得先机。

手机出单营销一体化平台采在线上数字化布局、业务管理全面融合、智能流程管控三个方面进行特色创新，从售前、售中、售后、管理角度为公司赋能，通过科技赋能为营销员营造更为优质的数字化营销环境，实现营销员管理数据化、业务流程无纸化、客户接触线上化、风险管理智能化、营销服务精准化、IT 管理敏捷化，加快了营销员数字生态建设。

二、项目背景及意义

随着大数据、人工智能、云计算、区块链、5G 等科技的快速崛起和普及，无论是便捷高效的智能人脸支付、满足个人喜好的智能内容推荐、基于实际变化路况的智能出行建议，还是助力于企业经营的数字精细化企业管理、客户精准化一站式解决方案设计、生态化布局和新商业模式的开拓，使人们的生活方式、企业经营受到了空前绝后的冲击和改变。时间越来越零散碎片化，场景切换越来越多样频繁，商品服务越来越丰富多彩，物质与精神要求越来越高，在这种快节奏变化的时代下，企业，尤其是提供保险产品这类特殊商品的企业，如何借助科技抓住客户稍纵即逝的注意力，发现、解决队伍管理的本质问题，并以客户为中心赋能智能精准营销、精细化管理，这成为行业各家企业当前亟待解决的重要问题。

2013 年，公司已开发出为营销员定制的 Pad 版移动展业系统，实现了移动化展业；2016 年即升级为涵盖投保、保全、理赔、续收等多功能的 Pad 版全流程电子化系统，实现了展业和客户服务的移动无纸化；随着互联网快速发展，2016 年为营销员定制开发了满足微信朋友圈客户营销的微信平台；2018 年实现了满足管理需要的营销员线上入司全流程化、出勤管理透明化的手机 APP 平台。为应对市场的快速变化，公司对数字化转型、科技赋能、精准营销越来越重视，2018 年，基于营销一体化建设的智能手机出单方式应运而生，经过近 3 年建设，目前已将营销出单、服务、管理相关功能整合成一个手机 APP 平台，实现了“一机在手，搞定所有”的目标。

借助该平台，无论是营销员选、育、用、留的全生命周期精细化管理和业务营销管理的线上一体化，还是客户服务的体贴专业化和业务流程的便捷透明化，都秉承了“亲和、便捷、高效”的服务理念，以客户为中心赋能营销员便捷展业、场景式营销，在加快企业数字化转型步伐的同时，为平台未来生态布局、应对市场快速变化打下了坚实基础。

三、项目重点解决的问题及主要创新点

（一）线下线上全面过渡

随着公司业务的不断扩大，线下业务开展流转慢、成本高的问题已逐步成为公司业务开展的掣肘。为了解决这些问题，现有的业务流程需要实现线上数字化。

基于业务需要，平台将营销员传统模式中的线下入司流程、业绩管理、人员管理、出单展业、学习培训、客户服务等业务全部实现线上化，营销员足不出户便可以开展工作。

以入司流程为例，入司新人可通过平台的电子邀约函，在线填写健康告知，上传个人相关资料，通过智能认证平台核实身份后，便能在手机上直接阅读并签署入司合同，完成线上入司流程。这既保证了公司入司流程的合规性，又为用户带来了便捷，也为公司节约了纸质合同打印、装订、归档管理的成本。

（二）业务管理融合一体

平台以手机 APP 作为载体，将营销员业务线和管理线进行了融合，同步实现了营销员业务线和管理线的全生命周期的管理。

从纵向来看，平台对营销员入司、考勤、培训、晋升、团队管理的全生命周期进行了全面覆盖；横向来看，平台实现了营销员售前、售中、售后的全部服务支持。营销员只需要通过一个手机 APP，便可以开展横向和纵向的各项业务。

（三）全流程智能化管控

如何通过科技手段来全面实现业务的智能管控，是科技赋能业务的最关键目标。平台也已逐步做到了这一点。

从管理线来看，平台通过在线智能测评、智能核身以及线上合同签署等方式完成人员的入司，通过人脸识别、活体检测等技术辅助进行营销员考勤管理，通过云服务、在线直播培训等技术对营销员进行系统培训和评测，通过大数据管理平台对营销员的考核、晋升提供数据支持。

从业务线来看，营销员可以通过平台提供的智能保顾、保障智能测算、智能计划书等工具开展售前的辅助支持和获客活动；在售中，销售员可通过智能核身平台、大数据管理平台对客户进行风险识别，通过产品引擎、远程影像上传、远程签字等技术辅助完成线上业务开展的远程交互；售后，也可通过平台的远程回执、远程函件、电子回访等功能便捷高效地服务客户。

四、项目主要建设内容

公司一直秉持“大个险 +”的发展战略，始终坚持“适度规模，价值成长”的发展策略。结合大数据、人工智能、云计算、区块链、5G

等技术的发展，公司从2018年起规划营销员数字化生态平台（以下简称平台），希望通过科技赋能业务，助力提升管理和营销效率。经过近两年建设，平台已初步助力公司实现“更高效率、更可获得、更低成本的保险服务”的目标。

平台包含营销员管理数据化、业务流程无纸化、客户接触线上化、营销服务精准化、风险管理智能化、IT管理敏捷化六大方面。如图1所示。

营销员可通过平台触达和服务客户，反之客户也可以借助平台来对营销员进行评价和反馈，平台有效将营销员和客户进行连接，建立起管理和数据的闭环。如图2所示。

在应用架构层面，公司采取“1+3+N”的模式，即营销员仅通过1个APP即可进行增员/入司、培训、出单、计划书、签名、消息、保全、理赔、续期、活动量管理、营销活动发布、考勤、数据管理等N项业务的开展，技术上则通过销售管理中台、客户服务中台、数据中台3个中台为APP提供服务支撑。如图3所示。

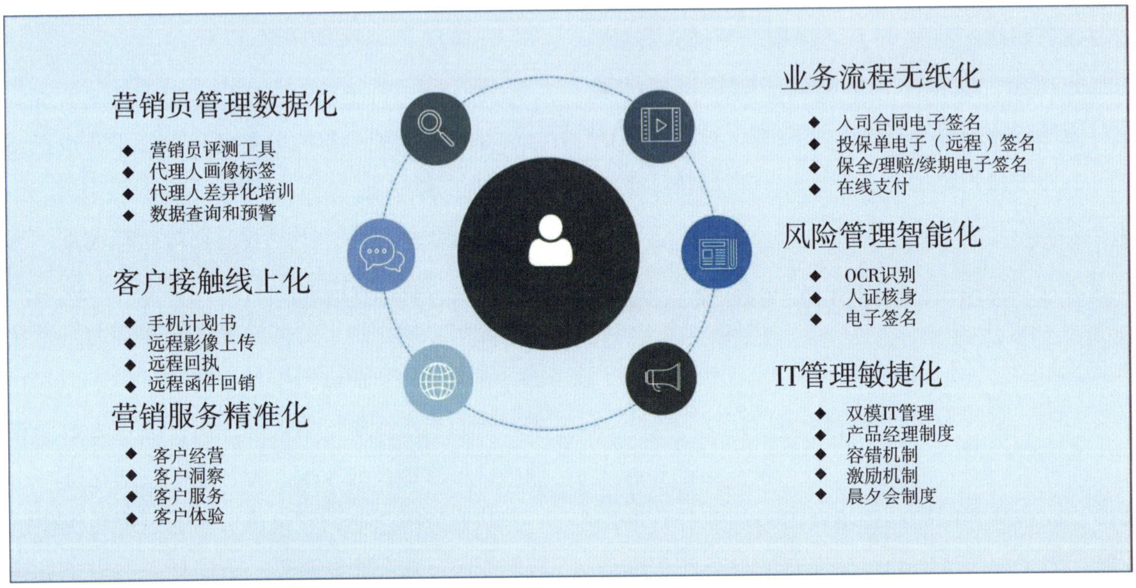

图1　手机营销平台管理功能

图2　营销人员和客户的服务和反馈的平台机制

（一）营销员管理数据化

建立基于大数据和人工智能的营销员分析模型，通过结果分析逐步优化营销员选、育、用、留的数据化管理，最终达到营销员人均产能提升、健康的队伍增长、整体业绩和健康指标提升的目标。同时，2020年引入了在线培训子系统，通过线上模式提升学习体验，营销员可利用碎片化时间学习，摆脱时空约束，提升学习效率。

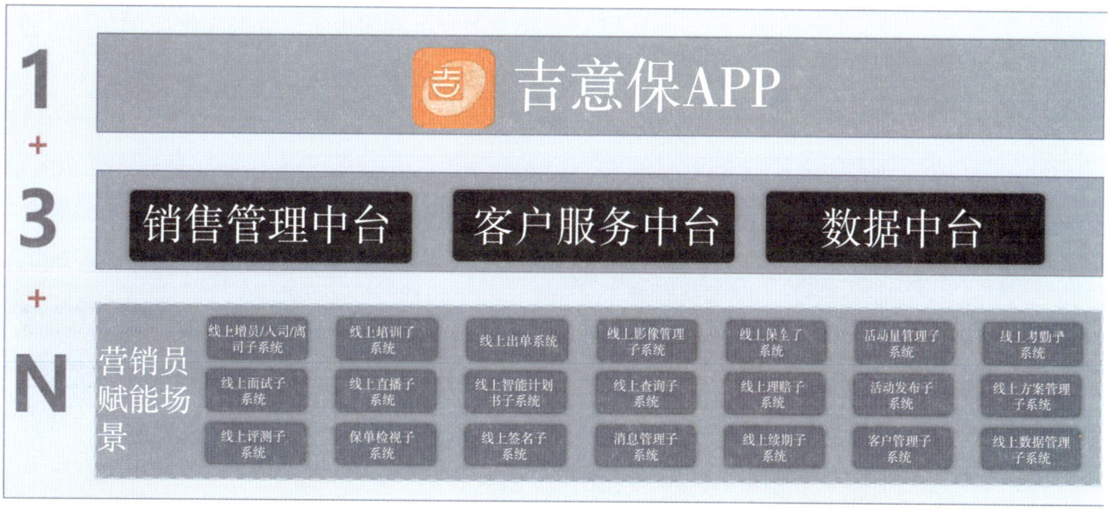

图 3 手机营销平台的应用架构

平台目前已实现线上入司、线上考勤、薪资、预警、培训和考核的营销员全流程管理，通过营销员线上化的操作积累管理数据，为下一步的管理手段提供数据化的支持。如图 4 所示。

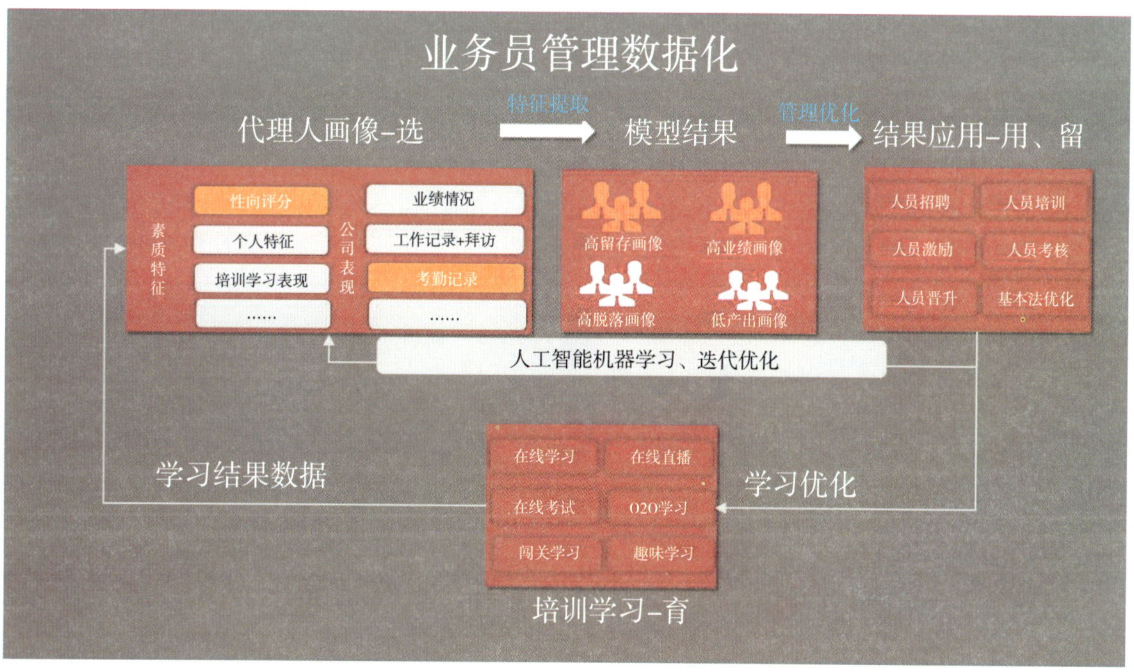

图 4 手机营销平台业务人员管理数据化

（二）业务流程无纸化

平台通过引入手写签名、电子化影像和单证管理等技术，实现营销员从入司、出单、保单查询、服务全生命周期的无纸化操作。在提升用户处理效率的同时也大大降低了纸张的印刷、打印和存储的成本。如图5所示。

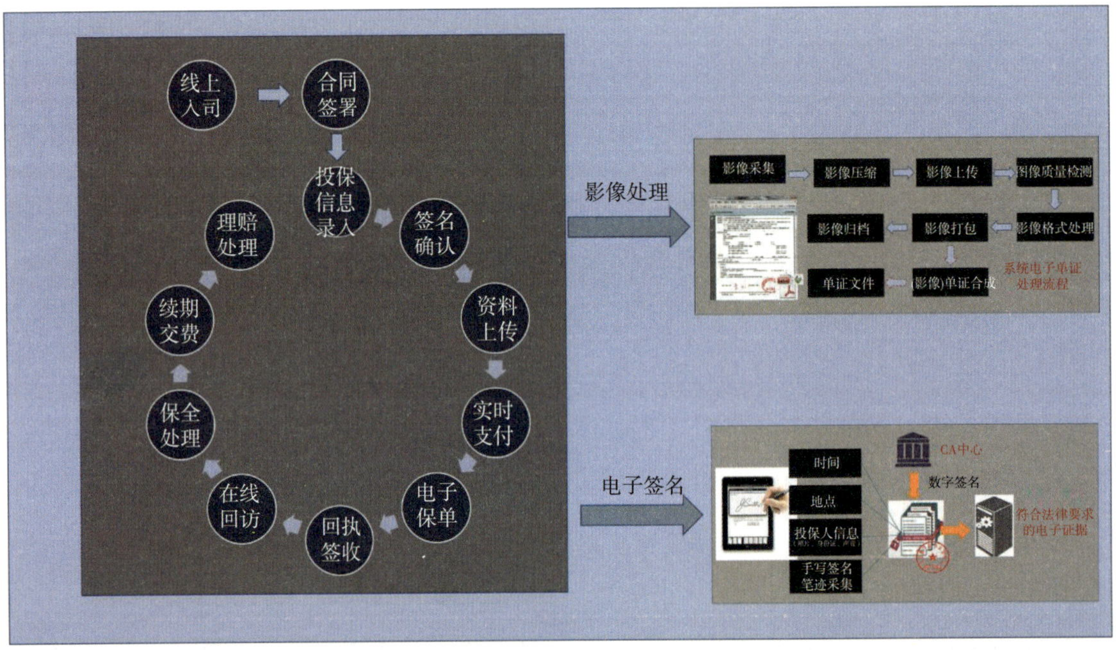

图5 手机营销平台业务流程的无纸化运作

（三）客户接触线上化

为了尽量提升效率，减少营销员频繁拜访客户，平台支持与客户进行互联网互动，客户通过微信即可完成投保和服务过程的产品信息获取、签名、确认、拍照等操作。如图6所示。

1. 智能计划书。随着人们保险意识的提高，越来越多的人认可保险，并且愿意购买保险以分担风险。但市场上的保险产品琳琅满目，保险条款复杂且难懂，从中选出满足自己要求并且性价比高的产品不是一件容易的事情，即便对于一个有很多时间去研究各类保险产品的人来说，选到一款适合自己的产品也不是一件很容易的事情。通过智能计划书系统，代理人将微信链接发给客户，待客户输入年龄和性别几个简单要素之后，该系统就能快速给出清晰简洁的表格化、图形化产品报价、交费期限、产品保障范围、产品特征等信息，协助客户快速获取产品信息并理解复杂的保险产品，有效降低保险门槛。

技术上，通过产品引擎、模板引擎、算法引擎、动态编译等技术的引入，实现了产品数据、页面元素、页面风格的可配置化。

2. 远程影像采集及远程签名。保险业务营销场景中，从第一次接触客户到最终保单成交，往往需要跨度较长时间。传统模式下，营销员需要往客户家跑很多次才能完成一个保单。同时，根据监管要求，客户在购买保险产品必须亲笔签字和亲笔签署38个字的风险提示信息以及需要提供身份证、银行卡等影像文件。传统模式下，因为流程复杂，且客户签字过程无法有效追溯，代签名和营销员销售误导一直是行业顽疾。

为有效监控营销过程、规范营销行为、保护客户利益、便于客户操作，公司基于微信、依托公安部活体检测、人脸比对技术和第三方提供的手写签名认证技术，开发了远程影像采集、远程签名服务，实现对客户身份进行在线验证和远程手写签名，在满足监管和合规的前提下，大大提升了购买保险的便捷性，促使保险产品快速成交。

在远程影像采集功能中，营销员将微信链接发送给客户，客户阅读保险公司采集影像的目的说明，并拍照将身份证和银行等信息直接传送至保险公司，避免通过第三方转交保险公司，有效防止了客户信息泄露的风险。

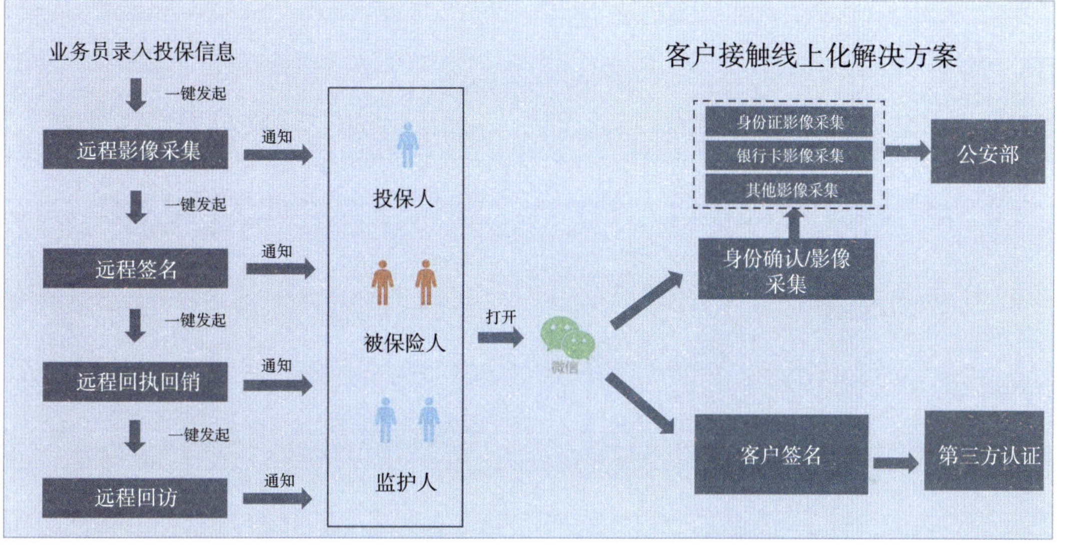

图 6　客户接触线上化解决方案

在远程签名功能中，营销员将微信链接发送给客户，客户在确认信息前，必须先阅读“投保提示书”“电子投保单”“投保申请书”及保险条款等信息，客户在确认信息时，必须先经过公安部的活体检测和人脸识别等验证，然后才能在手机屏幕上签署姓名和意见。随后系统会将人脸识别、签字笔迹、地理位置等信息固化成不可篡改的证件链。整个过程保险公司直接面对客户，明确告知客户投保事项和风险，同时确保购买行为是客户本人真实意愿体现，有效避免销售误导。

3. 远程函件及远程回执。保单成交后，传统模式下，保险公司要打印纸质保单合同，并通过快递或者由营销员上门将纸质保险合同送给客户，然后由客户签收“保单回执”，最后由电话中心对客户完成回访，此时保单交易完成。公司基于微信、依托电子保单、手写签名和短信验证码技术，开发了远程回执功能，实现了保单的快速签收，在减少纸质保单打印节能环保的同时，也大大缩短了保单递送周期，协助客户快速获取合同。

客户交费完成后，保险公司生成电子保单并

发送至客户邮箱，客户收到邮件后，营销员将回执签收功能转发给客户，客户在确保收到电子保单的前提下，在手机屏幕上签署名字，系统会将签字笔迹、地理位置等信息固化成不可篡改的证件链，同时系统会给客户手机发送一条验证码，客户输入正确验证码后，该回执签收完成。

同时，在投保过程中需要客户确认相关函件，营销员可以通过微信发给客户查阅、回销和签字确认。

4. 电子回访。客户收到保单后，系统通过消息提醒的方式通知客户在远程链接中自主完成回访的操作，大大提升了回访时效。

（四）营销服务精准化

通过搭建客户精准营销服务模型，构建精准营销服务生态，形成一个从客户经营、客户洞察、客户服务到提升客户体验的完整链路。如图7所示。

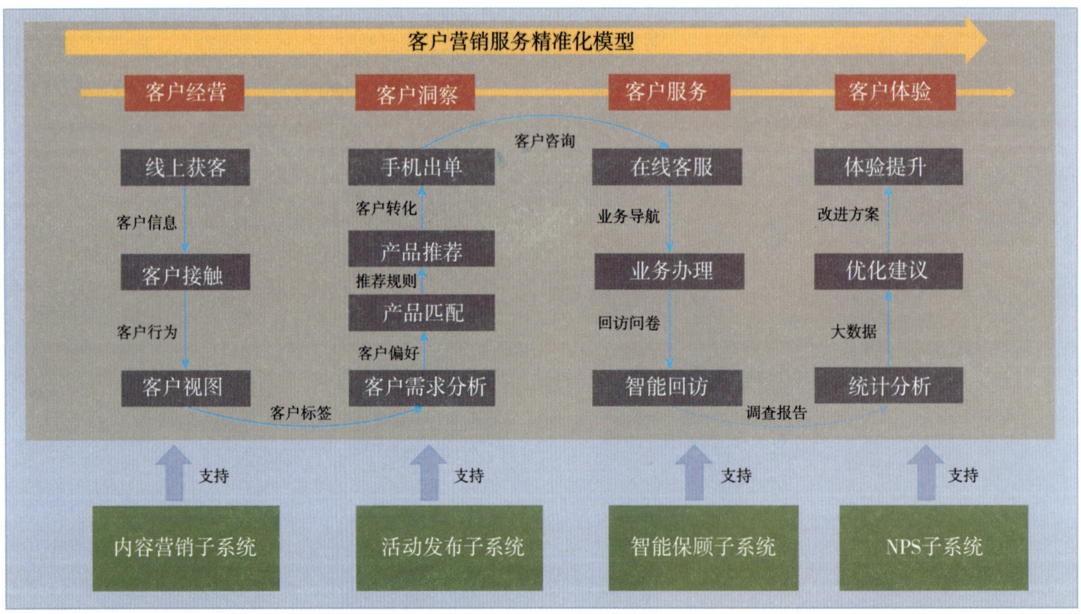

图7 客户营销服务精准化模型

1. 客户经营。对接活动发布平台和内容营销平台，依托微信生态，进行线上线下活动推广和内容分享，通过线上活动推广拉新获客，采集客户信息、客户行为信息，并对采集到的信息进行分析和处理，丰富客户标签，形成360°客户画像。

2. 客户洞察。按客户标签对客户进行分类分群，通过智能保顾模型，分析不同类群的客户需求，进行精准产品匹配，实现精准营销。

3. 客户服务。依托人工智能和NPS自动调查技术，实现智能客户服务，如客户服务自动提醒、线上业务咨询与办理、智能客户回访等。

4. 客户体验。根据对NPS智能调查结果的分析，系统自动对服务流程或产品提出智能化优化建议，通过持续的服务流程和产品优化提升客户体验。

（五）风险管理智能化

在为营销员和客户提供极致体验的同时，如何进行业务风险的控制也尤为重要。客户通过远程的方式提供资料或签名，如何确认客户提供资料的准确性？如何确保投保行为出于客户本人的意愿？如何证明客户的签字信息未被篡改？这些都已通过技术手段予以解决。如图 8 所示。

1. 引入 OCR 影像识别来对客户的影像资料进行自动检核。在客户提交证件或银行卡的影像资料时，自动进行 OCR 影像识别，将影像的文字转换为文本并与客户填写的资料进行比较，如果发现不一致，则进行提示或者作为后续检核的依据。

2. 引入智能核身检核签名人是否客户本人。在客户签名前，对客户的人脸进行采集，并将人脸照片和身份信息与公安部的留存信息进行比对，如果比对不通过，则进行阻挡，有效避免了营销员误导客户和代签字等行业顽疾。

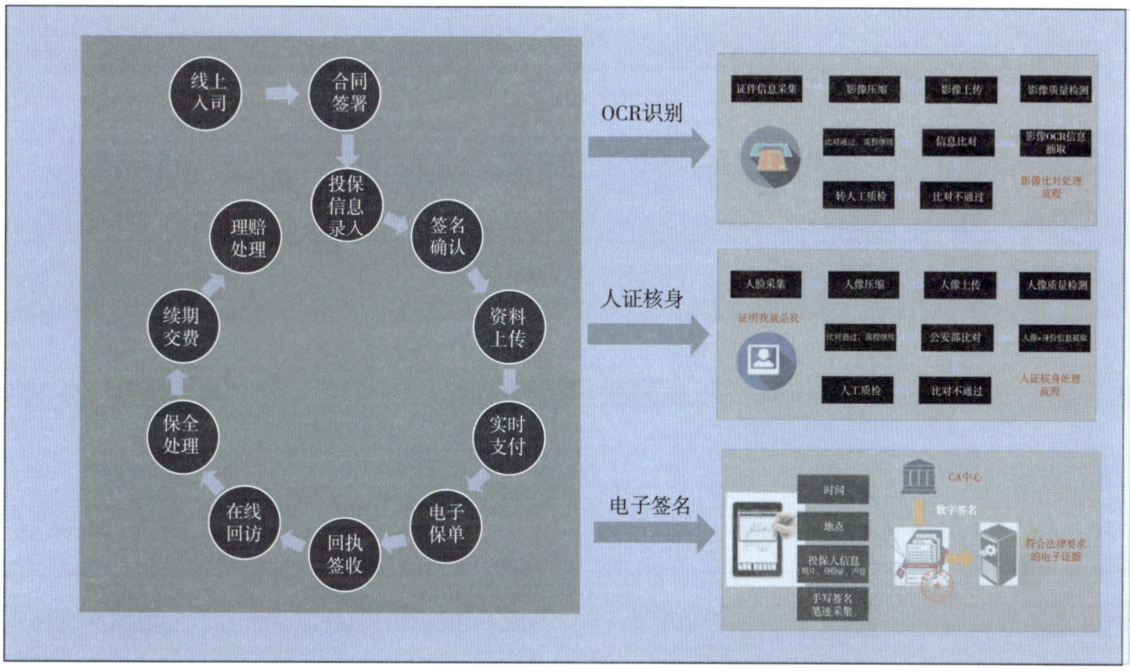

图 8 风险管理智能化

3. 引入电子签名确保客户签字数据不被篡改。客户签字后，系统将对应的单证、签字字迹、人脸照片、时间、地点等数据加密后，通过司法认可的第三方进行数字签名，确保数据高度不可抵赖。电子签名因为有司法认可的第三方进行背书，相对于纸质签名有着更高的法律效力。

（六）IT 管理敏捷化

在公司数字化转型的过程中，通过不断进行组织优化，逐步探索，目前已摸索出敏态和稳态双模管理模式，同时设置产品经理岗位，负责产品规划、实施、推广、总结的全生命周期管理。在实施过程中，采取总体规划、小步快走的实施策略和晨会/夕会制度，并通过一定的容错机制，鼓励员工创造价值，营造较为宽松的团队氛围，针对成功和失败的经验，定期进行复盘。如图 9 所示。

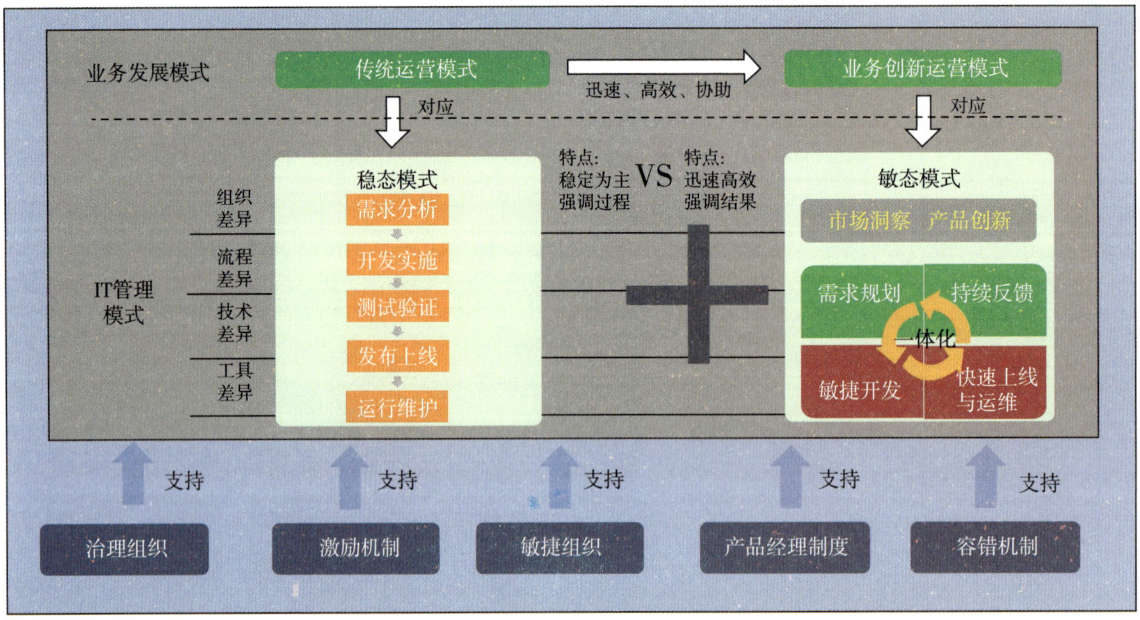

图 9 IT 管理敏捷化

五、项目效果

信任度低、产品复杂难懂、投保流程复杂、代理人增员难、获客难、管理难等问题一直是保险行业几大痛点，公司自主规划、设计和研发的“手机出单营销服务一体化平台”很好地解决了此类问题。其中：“智能计划书”模块能让保险公司更懂得客户需求，客户也更容易理解保险公司产品；“远程影像采集及远程签名”模块在保证客户便捷投保的同时，也很好地解决了保险公司和客户互信的问题，有效避免了营销员误导客户和代签字等行业顽疾。“手机出单营销服务一体化平台”在给客户提供便捷的产品信息获取、便捷投保等功能的同时，也为保险公司风险控制、代理人管理等提供了强有力的技术支撑。

“手机出单营销服务一体化平台”基于自有的“智能认证云平台”搭建，通过引入公安部活体检测、人脸识别、手写签字认证、产品引擎等技术，在满足监管和合规政策的要求下，为客户提供保险产品信息获取、投保签字、保单回执签字、影像采集等特色便捷服务。通过产品引擎技术，将保险产品条款进行细粒度拆解并翻译成易懂的语言呈现给客户查看，让保险更简单易懂；同时，在“远程信息采集”模块远程签名、远程影像采集、远程回执等功能中，首先将保险公司条款、风险提示等信息清晰告知客户，有效避免了营销员的销售误导；客户在确认信息时，必须先经过公安部的活体检测和人脸识别等验证，然后在手机屏幕上签署名字和意见，系统将人脸识别、签字笔迹、地理位置等信息固化成不可篡改证件链，确保购买行为是客户本人真实意愿的体现。

截至目前，如上功能已在公司全面推广，并取得了良好的用户口碑，使用客户已近62万人。其中，为55.6万个客户提供过智能计划书，6.3万个客户使用过“远程信息采集”功能。特别是在疫情期间，使用远程签名的客户比例由31%增长到67.7%，使用远程回执的客户比例由50%增长到84%。客户已经逐渐倾向选择更为先进便捷的线上远程服务，真正实现“让信息多跑路，客户少跑腿”，同时也将疫情对业务的影响程度降到最低。

六、总结

2018—2020年，公司通过近3年的探索，目前已实现业务流程无纸化、客户接触线上化、风险管理智能化、IT管理敏捷化；2020年开始实施营销员管理数据化、营销服务精准化，目前也已初具规模。通过技术赋能业务的方式，实现了提升效率、降低成本、增强体验、风险可控的目标。在建设的过程中，积累了丰富的实践经验，比如敬畏规则、风控合规，总体规划、分步实施，引进消化、自主可控，业务驱动、科技赋能，组织优化、精细管理，等等。

未来，平台将进一步引入大数据分析和人工智能等技术，建设智能核保，加强客户投保过程中的核保体验，进一步丰富客户画像标签，使客户与产品的匹配更加精准，并引入更加精准的营销员评测模型，建设基于情绪识别的视频面试功能，拓展营销员线上招募渠道，最终实现“更高效率、更可获得、更低成本的保险服务”公司目标。

专家点评

新冠疫情的暴发加速了线上化保险生态的布局，“线上化”办公模式和“无接触”客户服务模式在此次新冠疫情中展现出明显优势。“手机出单营销服务一体化平台”实现了对营销员选、育、用、留的全生命周期管理和出单、签单、回访等全流程的客户服务。有助于公司营销员管理数据化、业务流程无纸化、客户接触线上化、风险管理智能化、营销服务精准化、IT管理敏捷化。“手机出单营销服务一体化平台”使用客户已近62万人。其中，为55.6万个客户提供过智能计划书，6.3万个客户使用过“远程信息采集”功能。特别是在疫情期间，使用远程签名的客户比例由31%增长到67.7%，使用远程回执的客户比例由50%增长到84%，成效显著。

后　记

线上化、数字化、智能化转型是保险业应对新业态变化的必然选择，也是“十四五”时期保险业将呈现的必然趋势。只有进一步加深保险科技的应用，保险业才能在变革创新中行稳致远。

作为中国银保监会主管的工作日报，《中国银行保险报》一直高度关注保险业信息化建设的进程。始终坚持“政治家办报”方针，坚持积极宣传国家经济金融大政方针，正确解读金融监管法律法规，紧密围绕服务实体经济、防控金融风险、深化金融改革三大任务，积极服务银保监会中心工作需要、服务银行业保险业改革开放大局、服务人民群众对银行业保险业的需要。

一方面，《中国银行保险报》不断丰富传播媒介，加快推进与媒体的深度融合，打造全媒体传播矩阵，现已形成“六维一体”的传播格局，时刻关注行业信息化建设的政策要求及发展趋势，报道行业信息化建设的理论与实践；另一方面，利用媒体优势搭建交流平台，连续举办了十三届保险业信息化高峰论坛，打造行业最具权威的信息化论坛平台。同时，打开思路、创新形式，多次组织保险机构高管深入前沿企业交流考察，组织保险业信息技术沙龙、保险信息技术论坛等，为行业提供全方位服务，协同保险企业，更加主动、更加积极地拥抱大数据时代。

2019 年 6 月《中国银行保险报》启动了“2019 保险行业信息化案例征集活动”，优秀成果编纂成册的《2019 保险业信息化优秀案例精编》（中国金融出版社出版）得到了社会各界的积极反馈和肯定。2020 年，《中国银行保险报》传承 2019 年将保险业信息化优秀案例的精神，《2020 保险业信息化优秀案例精编》仅是为行业信息化建设以及保险企业数字化转型升级所尽的一份力量，希望能帮助读者对当前保险业信息化建设的进程，保险企业数字化转型升级所面临的机遇与挑战提供较为系统全面的信息参考，也希望本书能给读者以启发，大数据时代升级转型不仅需要信息科技的创新，更需要相关人才的供给，巨大的人才缺口也是未来转型的挑战之一。

最后，感谢参与本书评审和指导的许闲、吴晓军、王和、张鹏飞、郑俊等专家学者，以及相关保险机构的信息技术负责人。本书在成书的过程中，倾听了大量的专家意见，在此一并致谢！

中国银行保险传媒股份有限公司

2020 年 11 月